KB254025

내 눈으로 읽은 주역 — 역전편 · 상권 ☯ 김상섭 지음

내 눈으로 읽은

주역
周易

역전편 ─ 상권

김상섭 지음

지호

하늘과 땅의 도는
바른 것으로 보여주는 것이다.

해와 달의 도는
바른 것으로 밝게 비추는 것이다.

천하의 변화는
바른 것 그 하나인 것이다.

天地之道, 貞觀者也.
日月之道, 貞明者也.
天下之動, 貞夫一者也.

「계사」 하 · 1장에서.

서문

1. 주나라 초기에 쓰인 『주역』이라는 점책

『주역』은 지금으로부터 약 3천여 년 전, 주나라 초기에 점치는 관리들이 자신들의 역사적 경험, 생활상의 경험 등을 반영하여 편집한 점책이다. 점을 치는 책이므로 본 책의 용도는 당연히 미래를 예측하는 점에 있었다. 『주역』을 구성하고 있는 중요한 세 가지 요소는 괘卦와 효爻와 사辭이다. 이들은 당시 점치는 관리들이 점을 치기 위해 만든 것이다. 괘와 효를 그리고 사를 지은 것은 그들이 처음 의도했던 바와 달리, 단순히 점의 차원을 넘어 자연과 인간에 대한 해석의 밑바탕이 놓여진, 중국 문화사에서 획기적인 대사건이었다.

주나라 초기의 점치는 관리들은 여섯 효를 한 괘로 하여 64개의 괘를 그렸다. 왜 여섯 효를 한 괘로 하였는가? 여기에는 당시 사람들의 소박한 천도관이 들어있다. 『주역』에는 7이라는 숫자가 세 번 나온다. 24번 복괘復卦 괘사에 "칠 일이면 돌아온다(七日來復)"고 하였고, 51번 진괘震卦와 63번 기제괘旣濟卦 둘째 음효(六二)에 "칠 일이면 얻는다(七日得)"고 하였는데, 이것은 한 상황은 6에서 종결되며, 7에서 새로운 상황이 전개되는 것을 의미하고 있다. 역법으로 말하면, 양기는 양력 2월에 자라나기 시작하여 6개월 후인 7월에 가장 왕성하며, 7개월이 되는 8월에 이르면 상황은 바뀌어 음기가 자라나기 시작하여 6개월 뒤인 1월이면 음기는 가장 왕성하게 된다. 6개월을 주기로 양기와 음기는 돌아오는 것을 반복하며, 천지의 상황은 바뀌는 것이다. 복復「단」에 "'칠 일이면 돌아온다'는 것은 하늘의 운행이다(七日來復, 天行也)"라고 하였는데, 천도를 가지고 7이라는 숫자를 해석한 「단」의 해석은 곧 『주역』의 본뜻일 것이다. 7은 곧 천도가 운행하는 순환의 수인 것이다. 한 괘의 효가 여섯인 것은 당시 그들의 천도관을 반영한 것이며, 한 괘는 효가 여섯에 이르면 한 상황이 종결되고, 다음 괘에서 다른 상황이 전개되는 것을 나타낸 것이다. 한 괘를 여섯 효로 그리니 자연히 64괘가 완성된 것이다.

주나라 초기의 점치는 관리들은 64괘 384효를 그리고 괘와 효에 점글(辭)을 이어 점책을 완성하였다. 「계사」하 · 9장에 "한 괘의 여섯 효는 음양이 서로 뒤섞여, 다만 어느 한 때(상황)의 일(사건)을 나타낸다(六爻相雜, 唯其時物也)"고 하였고, 또 "처음 효의 효사는 사물(사건)의 시작을 헤아리고, 꼭대기 효의 효사는 그 일의 결과를 결정한 것이다(初辭擬之, 卒成之終)"라고 하였다. 한 괘는 어느 한 상황을 나타낸 것이고, 한 효는 어느 한 상황 속에서 어느 한 단계를 반영하며, 여섯 효는 한 상황의 여섯 가지 발전 단계를 반영한 것이다. 처음 효(初爻)의 효사는 한 상황의 시작을 나타내고, 꼭대기 효(上爻)의 효사는 그 상황의 종결을 나타낸 것이다. 64괘는 각각 하나의 이야기를 기록하고 있으며, 한 효는 한 이야기 속에서 어느 한 단계를 반영하며, 여섯 효는 한 이야기의 여섯 가지 발전 단계를 반영한 것이다. 처음 효의 효사는 한 이야기의 시작이고, 꼭대기 효의 효사는 한 이야기의 종결이다. 효가 꼭대기에 이르면 한 이야기가 종결되며, 다음 괘에서 또 다시 다른 한 이야기가 전개되는 것이다. 『주역』은 64괘로 되어 있으니 64가지 이야기를 기록한 것이며, 384효 또한 각 이야기의 어느 한 단계를 나타낸 것이다.

「계사」하·11장에 "역이 흥한 것은 은의 말세, 주의 덕이 성할 때였는가? 문왕과 주왕 때의 일에 해당하는가?(易之興也, 其當殷之末世, 周之盛德邪? 當文王與紂之事邪?)"라고 하였다. 괘효사는 은말 주초, 왕조의 교체기에 있었던 사건들을 주 내용으로 이루어져 있다. 은의 주왕은 포악했고, 주의 문왕은 덕이 있어 천하의 민심이 따랐으며, 그 아들 무왕이 마침내 군사를 일으켜 '체천행도替天行道'하여 포악한 주왕을 정벌하고 주를 건국한다는 내용이 그 핵심이다. 따라서 괘효사 중에는 왕조 교체기의 급박한 상황을 나타내듯 전쟁을 기록한 내용이 가장 많다.「계사」하·6장에 "점글의 사류를 고찰하면, 은나라 주왕 때의 세상이 쇠퇴하는 의미일 것이다(於稽其類, 其衰世之意邪)"라 하였고, 또 7장에 "역을 만든 사람은 우환이 있어서인가(作易者, 其有憂患乎?)"라고 하였으며, 또 11장에 "그 점글은 위태롭다(其辭危)"라고 하였다. 『주역』을 지은 사람들은 한 왕조가 무너지고 새 왕조가 일어나는 그 격렬한 상황을 배경으로 그 시대의 우환의식을 가지고 위태로운 점글을 지어, 64괘 386효(건괘 용구用九, 곤괘 용육用六을 포함)의 450개의 상황을 설정해 두고 각 괘효사마다 운명을 판단해 두었으니, "그 요지는 사람으로 하여금 허물을 없게 하고자 한 것(其要无咎)"이었다(하·11장).

2. 춘추시대의『주역』의 발전

주나라는 340년 동안 계속되었다. 그 뒤를 이어 약 5백여 년간 계속된 춘추전국시대는 중국 역사에서 가장 혼란한 시기였지만 중국 문화의 전형의 틀이 짜인 위대한 시기였다. 이 혼란한 시대를 배경으로『주역』은 커다란 발전을 이루게 된다. 춘추시대에는 주로 제후들이 주역점을 쳤고, 전국시대가 되면 민간에까지 보편화되었다.

춘추시대에 점친 사례는『좌전』과『국어』에 기록되어 있다.『좌전』에는 주역점을 친 사례가 13조, 괘효사를 인용한 것이 6조가 있고,『국어』에는 주역

점을 친 사례가 3조 기록되어 있다. 이러한 점친 내용은 춘추시대 당시의 『주역』의 발전 상황을 잘 말해주고 있다. 기록한 내용 중 한 가지 중요한 사실은 '팔괘'와 '상象'이 나온다는 것이다. 주나라 초기에 『주역』이 처음 나왔을 때는 64괘를 그렸지 팔괘가 있었다는 흔적은 찾아볼 수 없다. 춘추시대에 이르러 당시 점치는 관리들은 64괘에서 팔괘를 이끌어 내고 팔괘에 여덟 가지 상을 붙여 이 상을 가지고 점을 해석하였다. 예를 들어, 장공莊公 22년(B.C. 672) 기사에 "곤(☷)은 땅입니다. 손(☴)은 바람입니다. 건(☰)은 하늘입니다. 바람(☴)이 하늘(☰)로 변하여 땅(☷) 위에 있으니 산(☶)입니다"는 기록은 당시에 64괘에서 팔괘를 이끌어 내고, 팔괘에 상을 붙여, 이 괘상을 가지고 점을 해석한 가장 확실한 예이다. 『좌전』과 『국어』에 기록되어 있는 22개 조의 점친 사례는 대부분 팔괘의 상을 가지고 점을 해석하고 있는데, 이 시기에 드디어 '상'이 『주역』의 핵심 요소로 등장하게 된 것이다. 괘상을 가지고 점을 해석한 방식은 훗날 『역전』으로 이어져 상수역象數易 출현의 바탕이 되었다.

또 한 가지 중요한 사실은 의리로 점을 해석하였다는 것이다. 예를 들어, 양공襄公 9년(B.C. 564) 기사에 목강穆姜이 "원래 원형리정 네 가지 덕을 갖추어야 수괘隨卦를 얻었다 하더라도 허물이 없는 것인데, 나는 이 네 가지 덕이 없는데 어찌 수괘가 내 운이 되겠는가? 나는 나쁜 짓을 했는데 어찌 허물이 없겠는가? 반드시 여기에서 죽을 것이니 나갈 수 없다"는 기록은 점을 쳐 길한 괘를 얻었으나 자신이 부덕하여 그 길한 운을 받지 못한다는 것을 말하고 있다. 즉 인간사의 길흉은 그 사람의 도덕성과 결부되어 있으며, 도덕성이 나쁘다면 얻은 점이 길하다 해도 그 사람의 처한 상황을 변화시킬 수 없다는 것이다. 『좌전』과 『국어』에 기록되어 있는 22개 조는 종종 의리로 점을 해석하고 있는데, 이 시기에 드디어 '이理(의리)'가 『주역』의 핵심 성분으로 출현하게 된 것이다. 의리로 점을 해석한 방식은 훗날 『역전』으로 이어져 의리역義理易의 출현의 바탕이 되었다. 춘추시대의 22개 조의 점친 사례에서의 주역점의 해석 방식은 훗날 역학에서 상수역과 의리역 출현의 단서가 되었다.

3. 전국시대의『주역』의 상황

　전국시대에 이르러 주역점은 이미 민간에까지 보편화되었다.「계사」상·5장에 "백성은 날마다 시초를 사용하여 주역점을 친다(百姓日用)"고 하였고, 하·12장에 "백성도 더불어 주역점을 운용할 수 있다(百姓與能)"라고 하였는데, 이러한 말은 모두 전국시대의 주역점이 보편화되었음을 말해주고 있다. 그러나 이 시기에 점친 사례를 기록한 문헌은 없다. 전국시대의 지식인들은 종종『주역』의 괘효사를 인용하여 인간사를 논증하거나, 음양 변역, 도덕 수양 등 철학적 원리를 가지고『주역』을 논하는 사례가 많았다.『좌전』선공宣公 6년(B.C. 603)의 기사에 초나라 왕자 백료伯廖가 풍괘 꼭대기 음효(上六)의 효사를 들어 정나라 공자 만만曼滿이 덕이 없으면서 욕심을 부려 장차 반드시 화를 당할 것이라고 말한 것이나, 또 양공襄公 28년(B.C. 545)의 기사에 공자公子 대숙大叔이 복괘 꼭대기 음효(上六)의 효사를 들어 초나라 제후가 정치와 덕을 닦음에 힘쓰지 않고 제후들을 지배하는 일에만 탐내고 있으니 흉을 면할 수 없다고 말한 것 등, 춘추시대의 이러한 풍조가 전국시대에 유행하게 된 것이다. 전국(혹은 한대)시대에『주역』을 말하거나 괘효사를 인용한 문헌은 다음과 같다.

『장자莊子』2곳 …「천운天運」,「천지天地」각각 1곳.

『순자荀子』4곳 …「대략大略」3곳,「비상非相」1곳.

『여씨춘추呂氏春秋』4곳 …「무본務本」,「신대람愼大覽」,「일행壹行」,「소류召類」각각 1곳.

『관자管子』1곳 …「산권수山權數」1곳.

『주례周禮』2곳 …「춘관대복春官大卜」,「춘관서인春官簭人」각각 1곳.

『예기禮記』8곳 …「경해經解」1곳,「표기表記」3곳,「방기坊記」2곳,「치의
　緇衣」1곳,「심의深衣」1곳. 이중「심의」한 곳은 곤괘 둘째 음효「상」
　의 앞부분을 인용하고 있다.
『전국책戰國策』1곳 …「진책秦策」1곳.
『시자尸子』1곳 …「발몽發蒙」1곳.
(고형의『주역대전금주』「선진 제자의 주역설(先秦諸子之周易說)」을 참고
하여 기록하였음)

　이들은 점친 것에 대한 기록이 아니라『주역』의 괘효사를 인용하여 자신의 주장을 논증한 그런 유이다. 당시 지식인들에게 점보다는 의리를, 점보다 사람의 도덕 수양을 중시하는 풍조가 일어난 것이다.

　전국시대는 제자백가들이 활동하던 시기였다. 자연히 유·도·묵·명·법과 음양가의 사상이『주역』의 괘효사의 해석에 영향을 미치게 되었다. 유가는 춘추 후기 공자에서 비롯하여 맹자와 순자로 이어져 중국 문화사에서 황하黃河와 같은 거대한 하나의 흐름을 형성하게 되고, 도가는 노자에서 장자로 이어져 장강長江과 같은 또 하나의 거대한 흐름을 형성하게 된다. 묵가와 명가와 법가는 한 시대를 풍미하였고, 음양가 사상은 또 자연과 인간에 대한 해석에 지대한 영향을 끼치게 되며, 훗날 유가와 도가에 흡수되어 중국 철학사에서 우주론의 핵심 개념으로 자리를 잡게 된다.

　이와 같이 춘추시대『좌전』과『국어』의 점친 사례와 전국시대 주역점의 유행, 그리고 제자백가의 출현 및『주역』의 의리를 중시한 풍조는 전국 후기에 이르러 드디어『역전』의 출현으로 이어지게 되었다.『역전』은 곧 춘추전국시대의『주역』발전의 총결서이다.

4.『역전』의 출현

주나라 초기에『주역』이 출현하고 대략 8백여 년의 세월이 흐른 그 뒤에
『역전』이 출현하였다.『역전易傳』의 '역易'은『주역』을 가리키고, '전傳'은
해설서라는 뜻이다. 한대 학자들이 유가 경전을 해설한 책을 '전'이라고 하
였다.『역전』은 곧 '『주역』에 대한 해설서'라는 뜻이다.『역전』은 전국 후기
에서 진대를 거쳐 한초에 이르기까지 여러 사람들이 쓴『주역』에 대한 최초
의 철학적 해설서이다.

'역전'이라는 명칭은 사마천의『사기史記』「태사공자서太史公自序」에 처
음 나온다. 한대 초 육가陸賈의『신어新語』, 동중서董仲舒의『춘추번로春秋繁
露』,『회남자淮南子』,『한시외전韓詩外傳』등에는『역전』의 문장을 인용하면
서 '역易' 혹은 '전傳'이라고 하였으니, 한대 초에 이미 '역전'이라는 용어를
사용하였다.

『역전』은 모두 7종 10편으로 구성되어 있다.「단彖」상·하,「상象」상·
하,「문언文言」,「계사繫辭」상·하,「설괘說卦」,「서괘序卦」,「잡괘雜卦」가
그것이다. 상·하 편을 각각 한 편으로 셈하므로 모두 10편이다.『역전』을
'십익十翼'이라고도 한다. 이 용어는 전한 후기에 쓰인『역위易緯』「건곤착
도乾坤鑿度 하下·곤착도」에 처음 나오나, 가리키는 것은『역전』10편이 아
니다. 그러나 '십익'이라는 용어는 후한 때 이미『역전』10편을 가리키는 용
어로 사용되었다. '십十'은『역전』10편을 가리키고, '익翼'은 날개이므로
보조하다는 뜻이며, '전傳'과 뜻이 같다. '십익'은 곧 '『주역』에 대한 10편의
해설서'라는 뜻이다. 각「전」의 요지는 다음과 같다.

「단」… 64괘의 괘명과 괘사를 해설한 것.
「상」… 괘상과 효상을 해설한 것. 괘상을 해설한 것을 '대상大象', 효상을
　　　해설한 것을 '소상小象'이라고 한다. 이 명칭은 공영달의『주역정
　　　의』에 처음 나온다.

「문언」… 건곤 두 괘의 괘효사를 해설한 것.

「계사」… 주역점을 찬양한 것이며, 이를 철학화한 글이다.

「설괘」… 팔괘를 해설한 것.

「서괘」… 64괘의 배열 순서를 해설한 것.

「잡괘」… 괘를 섞어서 괘명의 뜻을 해설한 것.

주나라 초기에 쓰인 본래의 『주역』에는 괘효상과 괘효사 간에 아무런 내재적 관계가 없었다. 그러나 「단」에서 괘사는 반드시 괘상과 결부시켜 해석하였고, 「상」에서 효사는 효상을 설명한 글이므로, 괘효상과 괘효사 간에 필연적 내재적 관계가 있게 되었다. 필자가 『내 눈으로 읽은 주역: 역경편』과 달리 본 책에서 괘명과 괘사, 효의 명칭과 효사를 이어서 기술한 것은 바로 이러한 이유에서이다. 『주역』에서 괘효사는 단순히 점글에 불과하였지만, 『역전』에서 괘효사는 이미 점글의 차원을 넘어서게 된 것이다. 또 『주역』에서 한 괘의 괘효사는 한 가지 이야기를 여섯 효의 순서에 따라 전개한 것이지만, 「단」과 「상」에서는 괘사 및 여섯 효사를 하나의 독립된 구절로 해석하였지 이를 연결시켜 해석하지 않았다.

『역전』 각 편은 어느 한 시기 어느 한 사람이 쓴 것이 아니다. 『역전』은 전국 후기에서 진대와 한초에 걸쳐 생존했던, 제나라 직하稷下 출신의 유생儒生들인, 당대 최고의 지적 엘리트들의 작품이다. 각 「전」의 출현 시기, 지은 사람, 내용 분석에 대해 필자는 『역전해설』에서 자세히 설명하였다.

『주역』은 본래 단순히 점치는 책이었다. 『역전』은 점책인 『주역』에 자연과 인간을 결부시켜 철학적 의미를 부여하였다. 주역점은 점의 영역이나, 자연과 인간은 철학의 영역이다. 『역전』이 출현함으로써 『주역』은 점의 영역에서 철학의 영역으로 그 면모를 일신하게 되었다. 그리고 또 『역전』을 바탕으로 '역학易學'이라는 거대한 학문 분야가 형성되는 것이다.

5. 『주역』과 『역전』의 결합

『한서漢書』「예문지藝文志」에 "역경 12편(易經十二篇)"이라고 하였다. 당의 안사고顔師古는 주에서 12편을 "상·하경과 십익(上下經及十翼)"이라고 하였다. 한대에 통행했던 『주역』은 여전히 『경』은 『경』, 『전』은 『전』으로 분리되어, 상경과 하경과 십익 등 12편이 서로 결합되지 않았다는 말이다. 그런데 한대에 이르러 『역전』을 가지고 『주역』을 해석하는 풍조가 생겨났다. 『한서』「유림전儒林傳」에 전한의 비직費直에 대한 다음과 같은 기록이 있다.

> 비직은 … 시초점에 능했는데, 장구 없이, 오로지 「단」, 「상」, 「계사」 10편과 「문언」으로 상·하경을 해설하였다.
>
> 費直 … 長於卦筮, 亡章句, 徒以象象系辭十篇文言解說上下經. (「儒林傳第五十八」)

이 구절은 전한 때에 『역전』을 가지고 『주역』을 해석하게 되었다는 기록이다. 전한의 경학은 고문경학과 금문경학 두 계통으로 나뉘게 된다. 고문경이란 진이 통일하기 이전의 주문籒文(대전大篆)으로 쓰인 경전을 말하고, 금문경이란 한대에 유행했던 예서隸書로 쓰인 경전을 가리킨다. 『주역』에도 당연히 고문역과 금문역이 있게 되었다. 고문역은 민간에 유행하였으므로 '민간역학'에 속하고, 금문역은 이와 반대로 '관방官方역학'에 속한다. 비직은 전한 고문역학 '비씨학'의 창시자이다. 그의 역학은 민간에 유행하였으므로 민간 역학을 대표한다. 후한 때 그의 역학은 크게 유행하여 정중鄭衆, 마융馬融, 정현鄭玄, 순상荀爽 등에게 많은 영향을 끼쳤으며, 왕필 역시 그에게 깊은 영향을 받았다. 왕필 역학의 뿌리가 곧 전한의 비직이었다. 「유림전」의 기록과 같이 그는 『역전』을 가지고 『주역』의 괘효사를 해석하였는데, 의리를 중시하여 그의 역학은 후대에 의리역학파로 발전하였다. 「유림전」의 기록을 보면, 비직 당시에는 여전히 『주역』과 『역전』이 한 책으로 결합되지 않았다.

『삼국지三國志』「위서魏書」에 역박사易博士 순우준淳于俊의 말이 기록되어 있다.

정현이 「단」과 「상」을 경에 붙여 공부하는 사람들이 찾는 번거로움을 줄여 쉽게 이해할 수 있도록 하였다.
鄭玄合彖象于經者, 欲使學者尋省易了也. (「三少帝記第四」)

정현(127~200)은 후한 말의 역학대가이며, 금고문경학에 정통한 사람이다. 「위서」의 기록에 의하면 『역전』의 「단」과 「상」을 『주역』의 괘효사 뒤에 갖다 붙인 사람은 후한 후기 정현이었다. 아마 정현은 현행 통행본의 건괘와 같이 한 괘 괘효사 뒤에 「단」과 「상」을 갖다 붙이고 '단왈彖曰' '상왈象曰'이라는 말을 삽입했을 것이다. 그렇다면 「문언」을 건곤 두 괘 뒤에 나누어 갖다 붙이고, 경문 뒤에 「계사」 이하 각 「전」을 갖다 붙인 사람은 누구인가? 이에 대한 기록은 없다. 그러나 정현 이후 불과 몇 십 년 뒤에 위나라 왕필王弼(226~249)은 『주역주周易注』를 지었는데, 본 책에서 『역전』의 배열 순서는 현행 통행본과 일치한다. 현행 통행본은 각 괘사 뒤에 「단」과 「대상」이, 각 효사 뒤에 「소상」이, 건곤 두 괘 뒤에 「문언」이, 경문 뒤에 「계사」「설괘」「서괘」「잡괘」 순으로 붙어 있는데, 이것은 곧 왕필본과 같다. 왕필은 「단」과 「대상」을 괘사 뒤에, 「소상」을 각 효사 뒤에 나누어 갖다 붙였을 것이다. 건괘 한 괘만 괘효사 뒤에 「단」「상」을 붙인 것은 아마 정현의 방식을 그대로 둔 것일 것이다. 그리고 「문언」을 건곤 두 괘 뒤에 나누어 붙이고, '문언왈文言曰'을 삽입했을 것이다. 그리고 경문 뒤에 「계사」 이하 각 전을 순서대로 갖다 붙였을 것이다. 결국 정현에서 비롯하여 왕필에 이르러 『역전』은 『주역』과 결합하여 현행 통행본으로 완전히 정립된 것이다. 왕필 이후 오늘에 이르기까지 『주역』 책은 왕필본을 기본으로 한 것이며, 왕필본의 뿌리는 전한 고문역학의 비직본이다(이상 주진朱震의 『한상역전漢上易傳』「한상역

총설」을 참고하여 썼음).

『주역』과 『역전』이 결합하자, 주나라 초기의 본래의 『주역』은 '역경'으로, 『역전』은 '역전'으로 부르게 되었으며, 이를 한 권의 책으로 묶어 『주역』이라 하였고, 또 『역경』이라고도 부르게 되었다. 「경」과 「전」이 한 권의 책으로 묶이자, 「경」과 「전」을 하나의 동일한 체계로 여기고, 「전」을 가지고 「경」을 해석하게 되었다(以傳解經). 이러한 풍조는 왕필 이후 오늘에 이르기까지 약 2천여 년 간 이어졌다. 주나라 초기의 본래의 『주역』은 마침내 점책으로서의 자신의 면모를 잃어버리고 『역전』에 의해 철학화되어 지금까지 이르게 된 것이다.

6. 「경」과 「전」의 분리

20세기에 중국의 고증역학파가 출현하였다. 이들의 출현의 배경에는 청나라 건가학파乾嘉學派와 금문학파今文學派가 있었다. 건가학파(考據訓詁學派)는 한대 경학의 훈고 방법을 계승하여 문자의 주석과 고증을 중시하였다. 청초의 고염무顧炎武(1613~1682)와 황종희黃宗羲(1610~1695) 등은 송학을 비판하고 한학을 바탕으로 고증을 중시하고 훈고를 위주로 하는 고증학의 새로운 학풍을 열었다. 모기령毛奇齡(1623~1716), 호위胡渭(1633~1714), 혜동惠棟(1697~1758) 등과 같은 청대의 대학자들이 이 학파에 속한다. 금문학파(疑古派)는 역학에 대한 전통적인 논법에 회의를 품고 이에 반대하는 관점을 제출하여 이후 역학 발전에 깊은 영향을 끼쳤다. 요제항姚際恒(1647~1715), 최술崔述(1740~1816), 료평廖平(1852~1932) 등이 대표적인 학자이다. 이러한 학파의 영향을 받아 20세기 초에 고힐강顧詰剛(1893~1980), 여영량余永梁(1906~1950), 곽말약郭沫若(1892~1978) 등의 고사변파古史辨派가 출현하여 고증역학의 열기를 일으켰고, 이 고사변파의 관점을 계승하여 드디어 고증역학파가 출현하게 되는 것이다. 이들은

『주역』에 대한 전통적인 논법, 예컨대 복희가 팔괘를 그렸고, 문왕과 주공이 괘효사를 지었으며, 공자가 『역전』을 지었다는 등의 설을 부정하고, 또 전통적 『주역』 해석 방식인 상수와 의리에 얽매이지 아니하고, 고문헌과 출토문물 등을 바탕으로 역학 사료의 정리와 문자의 고증에 주력하였다. 문일다聞一多(1899~ 1946), 이경지李鏡池(1902~1975), 굴만리屈萬里(1907~ 1979), 고형高亨(1900~1986) 등이 이 학파에 속한다. 이들은 『주역』을 연구하면서 「경」과 「전」을 분리할 것을 주장하였다. 「경」과 「전」은 출현 시기가 서로 수백 년 떨어져 있고, 시대적으로 출현 배경도 같지 않으며, 또 「경」은 점책이고 「전」은 철학책이어서, 「전」으로 「경」을 해석하는 것은 『주역』 연구의 올바른 방식이 아니라는 것을 강조하였다. 이러한 주장은 당시 중국 역학계에 신선한 바람을 불러 일으켰다. 이들에 의해 『주역』은 마침내 「경」과 「전」이 분리되고, 「경」은 「경」으로(以經解經), 「전」은 「전」으로(以傳解傳) 해석하게 되었다. 이들은 「경」을 해석하면서 「경」이 쓰인 당시의 사용한 문자인 은나라 갑골문과 주나라 금문 등 문자 자료와, 또 「경」의 출현과 시간적으로 가까운 『시경』, 『서경』 등의 고문헌 자료와, 그 시기에 사용했던 출토된 문물 자료 등을 가지고 문자의 고증에 주력하여 3천여 년 전에 쓰인 본래의 『주역』의 모습을 찾고자 하였다. 또 고형은 「전」을 해석하면서 「전」에서 말한 의리와 상수의 성분을 가지고 『역전』의 본모습을 밝히고자 노력하였다. 이들이 「경」과 「전」을 분리하여 『주역』을 연구한 것은 왕필 이후 약 2천여 년의 세월을 도도히 흘러내려온, '이전해경以傳解經'이라는 『주역』 해석 방식의 거대한 흐름을 바꿔놓은, 실로 역학 발전에서의 중대한 공헌이었다. 이것은 곧 「경」과 「전」을 구분하지 못하고, 계통도 분별하지 못하면서, 온갖 잡설들을 마구잡이로 갖다 붙여, 뒤죽박죽 횡설수설 『주역』을 해설하던 시대는 이미 지났음을 의미한다. 고형 이후, 중국이나 대만에서 『주역』을 바르게 공부한 '학자'가 쓴 책이면서 「경」과 「전」을 구분 못한 『주역』 책은 더 이상 나오지 않았다. 앞으로도 영원히 나오지 않을 것이다.

7. 독자들에게

본 책을 가지고 『주역』을 공부하고자 하는 독자들은, 먼저 필자가 쓴 『내 눈으로 읽은 주역: 역경편』부터 읽어야 할 것이다. 본 책은 「경」을 「경」으로 읽어(以經解經), 주나라 초기의 본래의 『주역』을 복원하고자 한 책이며, 설령 주나라 초기의 본래의 『주역』과는 완전히 같지 않다고 하더라도 독자들에게 주나라 초기의 『주역』의 상황이 어떠했는가를 느끼게 해줄 것이다. 필자는 본 책이 지금까지 세상에 나온 그 어느 『주역』에 대한 책보다, 3천여 년 전 주나라 초기에 쓰인 본래의 『주역』에 가장 근접하게 해석한 책이라고 자부한다.

그 다음 필자의 『바르게 풀어쓴 주역 점법』을 읽어야 할 것이다. 본 책은 곧 '춘추전국시대의 『주역』'이다. 본 책에는 『좌전』과 『국어』에 기록되어 있는 22개 조의 점친 기록 전문을 인용하고, 그 내용을 분석하였으며, 정확한 주역점법을 소개해 두었다. 올바른 주역점법을 모르고 「계사」를 이해하기가 어렵다. 「계사」는 시종일관 주역점을 찬양한 글이기 때문이다. 「계사」의 그 유명한 명제인 '일음일양지위도一陰一陽之謂道'(상·5장)라는 것도, 그리고 일인이 '형이상학形而上學'이라는 학명을 얻었던 그 유명한 '형이상자위지도形而上者謂之道, 형이하자위지기形而下者謂之器'(상·12장)라는 것도 주역점에 대해 한 말이다. 우리는 『역전』이 주역점이 성행했던 춘추전국시대를 배경으로 출현한 책임을 알아야 한다. 「계사」를 정확하게 이해하려면 먼저 올바른 주역점법을 알아야 한다. 『바르게 풀어쓴 주역 점법』과 함께 『주역점의 이해』를 읽어보면 주역점에 대해 보다 깊은 이해를 얻을 것이다. 본 책은 중국의 고형, 이경지, 용조조容肇祖 등 3명의 저명한 학자들이 주역점에 대해 쓴 4편의 걸출한 논문을 번역한 것이다. 이중 고형의 「주역점법의 새로운 고증(周易筮法新考)」은 『역전』 이후 오늘까지 잘못 전해 내려온 주역점법을 바르게 밝혀놓은 아주 뛰어난 논문이다. 주역점에 대한 책은 넘쳐나도 주역점에 대한 이론서라고는 한 권도 없는 우리나라에서 본 책은 주역점에 대해 훌륭한 이론서 역할을 할 것이다. 이것이 필자가 이들을 번역한 의도이다.

이런 책들을 먼저 읽고 난 다음에 본 책을 읽어야 할 것이다. 본 책은 곧 '역전의『주역』'이며, 「전」을 「전」으로 해석하여(以傳解傳)『역전』의 참모습을 밝히고자 한 책이다. 따라서 주나라 초기의 본래의『주역』과는 아무런 관련이 없다.『역전』이 쓰인 시기가 전국 후기에서 한대 초기에 이르므로, 본 책은 곧 '전국 후기에서 한대 초기의『주역』'이라고 할 것이다. 필자는 본 책이『역전』이 출현한 이후 오늘에 이르기까지 세상에 나온 그 어느『주역』에 대한 책보다, 2천 2백여 년 전에 쓰인『역전』을 가장 정확하게 해석한 책이라고 자부한다.

본 책 다음으로 독자들이 이해해야 할 것은 '한대의 상수역'이며, 다음으로 이해해야 할 것이 '송대의 도서역'이다. ① 주나라 초기의 본래의『주역』→ ② 춘추전국시대의『주역 점법』→ ③『역전』→ ④ 한대의 상수역→ ⑤ 송대의 도서역에 이르기까지 이해가 되어 있어야『주역』에 대한 기초적이고 일반적인 이해가 확립된 것이다. 필자는 '한대의 상수역'과 '송대의 도서역'이 곧 다음 집필의 과제임을 잘 알고 있다. 계획대로 책을 계속 쓸 수 있는 행운이 있기를 바랄뿐이다.『주역』에 대한 기초적이고 일반적인 이해가 확립되었다면 이제 전문적인 공부로 들어가야 한다. ① 왕필의『주역주』→ ② 공영달의『주역정의』→ ③ 이정조의『주역집해』→ ④ 호원의『주역구의』→ ⑤ 정이의『역전』→ ⑥ 주희의『주역본의』→ ⑦ 래지덕의『주역집주』→ ⑧ 조선역학의 연구로 들어갈 것이다. 이것이『주역』을 공부하는 바른 순서이다.「참고문헌 소개」를 자세히 읽어보라.

8. 이 시대 우리 역학의 선결 과제

　오늘날 우리나라는 역학 분야의 학문 연구가 이웃나라인 중국과 일본에 비해 많이 뒤떨어져 있다. 조선시대 선비들은 『주역』에 대해 대단한 연구 업적을 남겼음에도 오늘날에 와서 오히려 뒤떨어진 이유는 무엇인가? 필자는 잠시 독자들에게 필자의 생각을 간단히 말하고자 한다.

　중국은 시대를 거듭하며 수많은 역학자들이 출현하여, 혹은 상수로, 혹은 의리로, 혹은 상수와 의리를 결합하여, 혹은 도가로, 혹은 유가로, 혹은 역사로, 혹은 불교로, 혹은 의학으로, 혹은 이학으로, 혹은 기학으로, 혹은 심학으로, 혹은 공리功利로, 혹은 점서로, 혹은 기상으로, 혹은 참위로, 혹은 수학으로, 혹은 도서로, 혹은 고증으로, 혹은 과학으로 역학을 탐구하였다. 이들은 어느 한 시대의 어느 한 학파, 어느 한 사람의 학설에만 치우치지 않았고, 한 분야에만 얽매여 연구가 정체되지 않았다. 『주역』에 대해 한 저서가 나오면, 이 저서를 바탕으로 이를 더욱 발전시킨 또 다른 저서가 줄을 이어 나왔다. 역학은 그 시대사조의 영향을 많이 받기도 하였고 또 그 시대사상에 많은 영향을 끼치기도 하였다. 학자들은 서로 다른 역관易觀을 가지고 수용과 비판을 거듭하며, 다양한 분야에서 『주역』을 탐구하여 오늘날 수많은 학파가 있는 역학으로 발전시킨 것이다.

　일본은 과거 『주역』에 대한 자신들의 문헌이 거의 없었다. 막부시대 일본은 좁다란 섬 안에서, 조선의 수준 높은 문화를 수혈받지 못한 채, 사람 죽이는 칼을 허리에 차고 서로 패거리지어 패싸움에 골몰하면서, 한편으로는 조선으로 중국으로 야반 침투하여 강도질을 일삼았지, 역학이라는 심오한 학문을 수용할 만한 정신 수준도 사회 풍토도 조성되어 있지 않았다. 『주역』에 대해 아무것도 없다시피 한 것이 오히려 오늘날 일본 학자들에게 『주역』을 객관적으로 연구할 수 있는 토양을 제공해 주었다. 이것은 마치 메이지유신 때, 조선이나 중국과 달리 그들의 천박하고 졸렬한 문화가 오히려 서양 문화에 쉽게 동화되는 토양을 제공해 준 것과 같다. 오늘날 일본의 『주역』연구는 중국의 어느 한 시대, 어느 한 학파, 어느 한 사람의 학설에만 얽매여 말하지 않기 때문에 우리보다는 차원이 한참 높다. 곧 도고今東光의 『금씨역학사今氏易學史』(1941년), 모로하시 데츠지諸橋轍次의 『역과 중용의 연구』(1943년), 이마이 우사부로今井宇三郎의 『송대 역학의 연구』(1958년), 혼다 와타루本田濟의 『역학』(1961년), 스즈키 요시지로鈴木由次郎의 『한역연구漢易研究』(1963년), 『태현역太玄易의 연구』(1964년), 도다 도요사부로戶田豐三郎의 『역경주석사강易經注釋史綱』(1968년), 야마시타 시즈오山下靜雄의 『주역 십익의 성립과 전개』(1974년), 야스이 고잔安居香山의 『참위讖緯 사상의 종합연구』(1984년) 등등의 굵직한 연구서들이 줄을 이어 나왔다. 우리는 아직 '역학사'는 물론 '한역', '송역'이라는 것이 있다는 사실조차도 모르고 있다. 지금 이 순간에도 일본 학자들은 세월 가는 것도 모르고 연구실에 들어앉아 연구에 몰두하고 있을 것이다. 그리고 깊이 있는 연구서를 끊임없이 내놓을 것이다. 이것이 이 시대 우리가, 지난 시대에도 그랬던 것처럼, 여전히 일본을 두려워해야 하는 이유 가운데 하나이다.

우리나라는 조선 5백여 년 동안 성리학이 국가의 통치 이념이었다. 따라서 『주역』도 이학파 역학인 정이程頤(1033~1107)의 『역전易傳』과 주희朱熹(1130~1200)의 『주역본의周易本義』를 바탕으로 발전되었다. 조선의 선비들은 5백여 년의 세월을 이어오며 성리학적 역학이라는 이 한 분야에, 중국과 일본은 감히 흉내도 내지 못할 엄청난 학문성과를 이룩해 놓았다. 여기에는 성리학이라는 학문적 환경 속에서 한눈팔지 않고 이 분야에 끝까지 매달려 뿌리 뽑고 말겠다는 조선 선비들의 집요한 학문 정신이 있었기 때문에 가능했던 것이다. 그러나 지금 이 시대는 성리학이 지배하는 시대가 아님에도 불구하고 조선시대의 전통이 그대로 이어져 이학파의 역학이 여전히 한국 역학의 모든 것을 지배하고 있는 것이다. 이학파 역학이라는 것은 중국의 그 많은 역학 학파 가운데 비교적 중요한 한 학파에 지나지 않는다. 그런데도 이것을 마치 『주역』 그 자체인 양, 『주역』 그 전부인 양 착각에 빠져, 정주程朱 역학만을 정통 『주역』으로 여기고 다른 학파의 학설은 수용할 자세조차 되어 있지 않은 것이다. 이 시대 한국의 『주역』은 우물 안의 개구리이다. 정주라는 우물에 갇혀 바깥세상이 있는지조차도 모르고 있는 우물 안의 개구리이다. 바깥세상이 얼마나 넓은지 아는가? 우리 역사에는 청나라의 고염무나 황종희 같이 정주 의리학을 배척하고 고증학의 문을 열었던 인물이 없었다. 그래서 이 시대에 아직도 정주 의리학에 갇혀 그 세계만이 전부 인 양 착각에 빠져, 복희가 팔괘를, 문왕과 주공이 괘사와 효사를, 공자가 『역전』을 지었다는 등의 케케묵은 말만 되풀이하고 있는 것이다. 이 나라는 여전히 주자의 나라이다. 정주程朱 역학에 정체되어 다른 학설은 무조건 배척하는 이것이 오늘날 중국과 일본에 비해 『주역』 연구가 형편없이 뒤쳐져 있는 가장 큰 이유이다. 이 시대 우리의 역학에 대한 선결 과제는 하루바삐 성리학적 역학의 틀에서 벗어나 대인적 기질을 가지고 다른 학파의 학설을 인정하고 수용할 줄 아는 자세를 갖는 것이다. 그리하여 『주역』이라는 이 넓고 깊은 학문 분야를 객관적으로 바로 볼 수 있는 넓고 깊은 안목을 갖는 것이다. 시대의 흐름에 걸맞는 열린 자세를 갖지 않고는 한국의 역학은 결코 발전할 수 없으며, 중국과 일본 학자들의 저서를 번역하는 수준에 머물 수밖에 없을 것이다.

2010년 11월 30일
달성 매화골에서 김상섭 씀

일러두기

1. 본 책은 『역전』을 해설한 책이다. 2천 2백여 년 전에 쓰인 『역전』의 참 모습을 바르게 밝히고자 한 책이므로 3천여 년 전 주나라 초기에 쓰인 본래의 『주역』과는 아무런 관련이 없다. 주나라 초기의 본래의 『주역』은 점책이지만, 『역전』은 『역전』을 지은 사람들이 『주역』에 대한 포괄적 이해를 바탕으로 자신들의 철학을 전개한 것이다.

2. 따라서 괘효사의 구두점句讀點은 「단」과 「상」의 구두에 의거하여 찍은 것이다.

3. 또 괘효사의 해석도 「단」과 「상」의 해석에 의거하여 해석한 것이다. 「단」은 「단」을 지은 사람의 괘사의 해석에 대한 기록이며, 「상」은 「상」을 지은 사람의 효사에 대한 이해의 기록이다. 「단」의 해석에 근거하여 괘사를, 「상」의 해석에 근거하여 효사를 해석하였다. 따라서 본 책에서의 괘효사는 곧 '『역전』의 괘효사'이다

4. 「계사」 해설에서 각 장마다 원문 아래에 직역을 하고, 뒷부분에는 이를 다시 쉽게 풀어 써서 독자들의 이해를 돕고자 하였다. 「계사」는 문장이 수려하고 행문이 유창하며 문의가 심오하므로 걸맞는 번역을 하고자 노

력하였다.

5. 본 책에서 문자의 해석은 육덕명의 『경전석문經典釋文』「주역음의周易音義」와 이정조의 『주역집해周易集解』에서 대부분 인용하였다. 여기에는 『역전』과 시간적으로 가장 가까운 한대 금고문경학자들이자 한대 상수역학자들의 문자 해석이 상당수 수록되어 있는데, 이들의 훈고는 『주역』뿐만 아니라 경학 연구에 큰 영향을 끼쳤다. 『주역』을 연구하는 '학자'이면서 이 문헌을 참고하지 않는 사람은 없다. 인용 출처를 구분하기 위해 『경전석문』에서 인용한 것은 반드시 '『석문』'이라고 책이름을 밝혀두었다.

6. 본 책은 문자와 구절을 해석하면서, 『역전』과 시간적으로 비교적 가깝고 또 역학 연구의 기본 서적에 해당되는 3권의 책, 즉 왕필 · 한강백의 『주역주』, 공영달의 『주역정의』, 이정조의 『주역집해』에서 많이 인용하였다.

7. 본 책은 『역전』에서 말한 의리와 상수만을 다루었지, 『역전』 밖의 것은 일체 언급하지 않았다.

8. 왕필 · 한강백의 『주역주』와 공영달의 『주역정의』에서 인용하면서, 그들의 관점으로 개념 혹은 구절을 해설한 내용을 인용하였지, 현학적 성분은 거의 인용하지 않았다. 『역전』은 도가道家의 영향을 많이 받았지만, 현학적 성분은 없다. 부득이하게 현학적 내용을 인용하였을 경우 "이것은 노자를 가지고 해석한 것이다"라고 밝혀 두었다.

9. 정이의 『역전』과 주희의 『주역본의』에서 인용하면서, 그들의 관점으로 개념 혹은 구절을 해설한 내용을 인용하였지, 이학적 성분은 거의 인용하지 않았다. 『역전』은 유가儒家의 작품이지만, 이학적 성분은 없다. 부득이하게 이학적 내용을 인용하였을 경우 "이것은 이학적인 해석이다"라고 밝혀 두었다.

10. 한대 맹희의 괘기卦氣와 십이소식괘十二消息卦, 경방의 호체互體, 효변爻變, 효진爻辰, 팔궁괘八宮卦, 세응世應, 유혼游魂, 귀혼歸魂, 비복飛伏, 납갑納甲 등과 정현의 효체爻體, 효진爻辰, 순상의 승강升降, 우번의 호체互體, 반상半象, 양상역兩象易, 방통旁通, 반괘反卦, 순상과 우번의 괘

변괘變卦 등은 한대 상수역象數易에 나오는 개념들이다. 『역전』에는 본래 이러한 개념들이 없다. 따라서 이러한 개념은 한대 상수역에서 다뤄야 할 것이므로 본 책에서는 전혀 언급하지 않았다.

11. 하도河圖와 낙서洛書, 선천도先天圖와 후천도後天圖 등은 송대 도서역圖書易에서 나오는 그림들이다. 『역전』에는 본래 이러한 그림이 없다. 이러한 그림은 송대 도서역에서 다뤄야 할 것이므로 본 책에서는 전혀 언급하지 않았다. 다만 하도와 낙서라는 용어는 「계사」 상·11장에 나오며, 또 송대의 소옹邵雍(1011~1077)은 「계사」 상·11장의 '역유태극易有太極' 조를 근거로 선천팔괘차서도를, 「설괘」 3장의 '천지정위天地定位' 조를 근거로 선천팔괘방위도를, 「설괘」 10장의 '건곤부모乾坤父母' 조를 근거로 후천팔괘차서도를, 「설괘」 5장의 '제출호진帝出乎震' 조를 근거로 후천팔괘방위도를 그렸음을 밝혀두었다.

12. 본 책에서 여러 주해서를 참고하면서 몇 가지 원칙을 가지고 인용하였다. 첫째, 어느 한 개념의 해석에 대해 최초로 주장한 사람을 밝히기 위해 인용하였다. 둘째, 한 개념을 더욱 자세히 설명하고자 할 때 인용하였다. 셋째, 필자의 주장을 증명하기 위해 인용하였다. 넷째, 필자의 주장을 더욱 분명하게 혹은 보충 설명하기 위해 인용하였다. 다섯째, 필자의 주장과 상반된 것을 인용하여 독자로 하여금 판단하도록 하였다. 여섯째, 한 개념에 대해 각 주석가의 해석이 다를 경우, 모두 인용하여 독자로 하여금 비교하여 판단할 수 있도록 하였다. 일곱째, 필자의 해석과 다른 여러 해석을 소개함으로써 독자로 하여금 비교하여 판단할 수 있도록 하였다.

13. 독자들은 먼저 「참고문헌 소개」부터 읽어, 필자가 참고한 주해서들이 어떤 성격의 책이며, 이를 지은 사람들은 어느 시대 어떤 사람인가를 알고 본 책을 읽는 것이 좋을 것이다.

14. 본 책에서 인용한 인명의 한자어 표기 및 인용문의 출처는 일일이 밝혀두지 않았다. 「참고문헌 소개」에 인명의 한자어 표기 및 인용문의 출처

가 모두 기록되어 있다. 인용한 인명에 해당하는 사람의 저서가 곧 인용문의 출처이다.「참고문헌 소개」를 자세히 참고하라.

15. 고형의 이름을 들어 인용한 것은 모두 그의 대작인『주역대전금주』에서 인용하였다.「참고문헌 소개」를 자세히 읽어보라.

16. 본 책에서『주역정의』를『정의』로,『주역집해』를『집해』로,『설문해자』를『설문』으로,『경전석문』을『석문』으로,『백서주역』을『백서』로 요약하여 기록하였다.

17. 본 책으로『주역』을 공부하고자 하는 독자는 필자의『역전해설』을 반드시 참고하기를 권한다. 본 책을 통해『주역』을 연구하는 방법과 계통을 분별하는 능력, 그리고『주역』을 바로 보는 눈을 스스로 갖게 될 것이다.「경」과「전」도 구분하지 못하고,「경」에서 말해야 하는 것인지,「전」에서 말해야 하는 것인지, '한대 상수역'에서 말해야 하는 것인지, '송대 도서역'에서 말해야 하는 것인지, 현학적 해석인지, 이학적 해석인지, 계통도 분별하지 못하면서 온갖 잡설을 마구잡이로 갖다 붙여, 학문적 근거도 없이 뒤죽박죽 횡설수설『주역』을 해설하는 것이『주역』이 아님을 알게 될 것이다.

목차

상전

1. 건乾

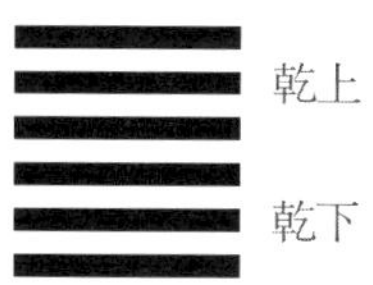

乾. 元亨利貞.

(「단」) 건은 크게 형통하고, 바르게 하여 이롭다.

(「문언」) ① 건은 훌륭하고, 아름답고, 이롭게 하고, 바르다.

② 건은 만물이 비롯되고 형통하다. 만물을 이롭게 하고 바르다.

'건乾'은 괘명이며, 하늘이다. 「단」은 '건. 원형, 이정'으로 읽었다. '원元'은 크다는 뜻의 대大, '형亨'은 형통하다는 뜻의 통通, '이利'는 이롭다, '정貞'은 바르다는 뜻의 정正이다. '원'은 크게라는 부사, '형'은 형통하다는 형용사, '이'는 이롭다는 형용사, '정'은 바르다는 형용사 혹은 바르게 하다는 동사이다. '원형'은 크게 형통하다, '이정'은 바르게 하여 이롭다는 뜻이다. 건은 크게 형통하고(大通), 바르게 하여(正) 이롭다(利)는 것이다.

「문언」은 두 가지로 해석하였다. 하나는 '건. 원, 형, 리, 정'으로 읽고, 군자의 4덕으로 해석한 것이다. '원'은 훌륭하다는 뜻의 선善, '형'은 아름답다는 뜻의 가嘉, '이'는 만물을 이롭게 한다는 뜻의 이물利物, '정貞'은 바르다는 뜻의 정正이다. 건은 훌륭하고(善), 아름답고(嘉), 이롭게 하고(利), 바르다(正)는 4덕을 가지고 있다. 「문언」은 건의 4덕을 가지고 군자가 행하는 4덕으로 해석하였다. 또 하나는 '건. 원형, 이정'으로 읽고, 건의 4덕으로 해석한 것이다. '원'은 비롯되다는 뜻의 시始, '형'은 형통하다는 뜻의 통通, '이'는 만물을 이롭게 한다는 뜻의 이물利物, '정'은 바르다는 뜻의 정正이다. 건은 만물이 비롯되고 형통하다. 만물을 이롭게 하고 바르다는 4가지 덕을 가지고 있다.

初九. 潛龍, 勿用.

(「상」) 처음 양효는 잠겨 있는 용이니, 사용하지 말라.

(「문언」) 처음 양효는 숨어 있는 용이니, 움직이지 말라.

'잠潛'은 잠기다는 뜻의 침沈이다. '용龍'은 양에 속하는 것이며, 변화막측한 것이다. '잠룡'은 물속에 조용히 잠겨 있는 용이다. '물용勿用'은 사용해서는 안 된다(未可施用)는 말이다.

九二. 見龍在田, 利見大人.

둘째 양효는 나타난 용이 밭에 있으니, 대인을 만나보는 것이 이롭다.

『석문』에 "'현見'은 현과 편의 반절(賢遍反)"이라고 하였다. 앞의 '현見'은 나타나다는 뜻의 현現, 뒤의 '견見'은 만나보다는 뜻의 견見으로 읽는다. 처음 양효의 잠겨 있는 곳을 떠나 '나타나는 것(見)'이다. '전田'은 땅 위이다. '대인大人'은 큰 덕을 지닌 사람이며, '군자'와 같은 개념이다.

九三. 君子終日乾乾, 夕惕若, 厲, 无咎.
셋째 양효는 군자는 종일 부지런히 힘쓰고, 저녁에 두려워한다면, 위태로
우나 허물이 없다.

'군자'는 도덕 수양의 경지가 높은 사람이다. '건건乾乾'은 강건하고 또
강건하여(健之又健), 스스로 강하여 멈추지 않는다(自强不息)는 뜻이다. '척
惕'은 『석문』에 정현이 "두려워하다는 뜻의 구懼"라고 하였다. '약若'은 어조
사이다. '척약惕若'은 '척연惕然'과 같으며, 두려워하는 모양을 말한다. '여
厲'는 『석문』에 "위태롭다는 뜻의 위危"라고 하였다. '무无'는 무無의 옛 글
자이다. '구咎'는 허물이라는 뜻의 과過이며, '흉凶'보다 가벼운 재앙이다
(고형).

九四. 或躍在淵, 无咎.
(「상」) 넷째 양효는 용이 혹 못에서 뛰어오르고 있으니, 허물이 없다.
(「문언」) 넷째 양효는 용이 혹 뛰어오르거나 못에 있으니, 허물이 없다.

효사는 앞의 문장을 이어서 말하였으므로 '용龍'자가 생략되어 있다. '혹
或'은 의심하는 것이다(공영달). '약躍'은 뛰어오르다는 뜻의 도약跳躍이다
(공영달). '연淵'은 용이 편안히 머물고 있는 곳이다.

九五. 飛龍在天, 利見大人.
다섯째 양효는 나는 용이 하늘에 있으니, 대인을 만나보는 것이 이롭다.

'견見'은 만나보다는 뜻의 견見으로 읽는다. '대인大人'은 큰 덕을 지닌 사

람이며, '군자'와 같은 개념이다.

上九. 亢龍, 有悔.
꼭대기 양효는 끝까지 올라간 용이니, 뉘우침이 있다.

'항亢'은 높다는 뜻의 고高, 끝이라는 뜻의 극極이다(공영달). '회悔'는 뉘우치다는 뜻이며, 비교적 작은 불행이다. '항룡'은 끝까지 올라간 용이며, 이렇게 되면 뉘우침이 있다는 것이다.

用九. 見羣龍无首, 吉.
용구는 나타난 여러 용들의 우두머리가 없으니, 길하다.

'현見'은 나타나다는 뜻의 현現이다. '군룡羣龍'은 건괘의 여섯 효를 가리킨다. 여섯 효는 여섯 용이며 모두 움직임(動)의 상이다. '수首'는 우두머리를 가리킨다. 고형은 '용왕龍王'이라고 하였다.

象曰 大哉乾'元', 萬物資始, 乃統天. 雲行雨施, 品物流形. 大明終始, 六位時成, 時乘六龍以御天. 乾道變化, 各正性命. 保合大和, 乃'利貞'. 首出庶物, 萬國咸寧.
위대하다, 건이 '크게 형통함'이여. 만물은 이것에서 비롯되나니, 곧 하늘에 속한다. (하늘에서) 구름이 흐르고 비가 내리니, 만물은 형통하다. (하늘에서) 해가 들어가고 나오니, 상하 사방은 이로써 정해지며, (해가) 때에 맞게 여섯 용을 타고 하늘에서 운행한다. 건도가 변화하여 만물은 본성과 운명을 바르게 한다. (하늘은) 큰 조화를 보존하고 이루니, 곧 '바르게 하여 이롭다.' (하늘이) 처음 만물을 만들어내니, 만국이 모두 편안하다.

[大哉乾元, 萬物資始, 乃統天.] 이하 괘사의 '원형元亨'을 해석하였다. '대재 大哉'는 감탄사이며, 위대하다는 뜻이다. '건乾'은 건괘를 가리킨다. '원元' 뒤에 '형亨'자가 있어야 한다. 「단」은 일관되게 '원형'으로 읽고 '크게 형통하다(大亨)'로 해석하였지 '원, 형'으로 끊어 읽지 않았다. 「문언」에서도 이 구절을 인용하면서 '乾元者, 始而亨者也.' (건괘의 '원'은 만물이 비롯되고 형통하다는 것이다)라고 하였는데, '원' 뒤에 '형'자가 빠졌으며, '시이형자야 始而亨者也'는 곧 '원형'을 해석한 것이다. '원형리정'의 해석에 대해 『역전해설』을 참고하라. '원형'은 크게 형통하다는 뜻이며, 뒤의 '이정'과 서로 짝되게 들었다. '만물萬物'은 괘효로 말하면 64괘 384효를 가리킨다. 순상은 "나누어 64괘, 11,520책이 되는 것은 모두 건으로부터 시작됨을 말한 것이다. 책수를 건에서 처음 취하는 것은 만물이 생겨나는 것이 하늘에서 부여받은 것과 같다(謂分爲六十四卦, 萬一千五百二十策, 皆受始於乾也. 冊取始於乾, 猶萬物之生稟於天)"고 하였다. 자연계로 말하면, 만물은 곧 하늘로부터 비롯된다는 말이다. 『주역』의 64괘는 곧 자연계에 있어서 만물이다. '자資'는 의지하다는 뜻의 뢰賴, 빙憑이다. '시始'는 하늘이 만물을 시작하는 것이며, 시간개념이다. '내乃'는 곧 즉卽이다. '통統'에 대해 여러 가지 해석이 있다. 『석문』에 정현은 '통統'은 '본本'이라고 하였다. 즉 "건원은 하늘을 근본으로 한다(乾元乃本乎天)"는 말인데, 굴만리, 유백민이 이렇게 해석하였다. 구가역은 '통'을 잇다는 뜻의 계繼로 읽고, "건의 덕은 곧 천도를 이어 하늘과 더불어 합하고 변화한다(乾之爲德, 乃統繼天道, 與天合化也)"고 하였다. 주준성은 '통'을 본으로 읽었지만 구가역을 따라 해석하였다. 왕필은 "하늘을 거느리는 것이 어찌 지극히 강건하지 않겠는가?(統之者, 豈非至健哉)"라고 하였는데, 공영달은 '통'을 통솔하다는 뜻의 '통령統領'으로 읽고, "건은 지극히 강건하고 사물을 시작하는 것으로 곧 하늘을 통솔할 수 있다(乃統天者, 以其至健而爲物始, 以此乃能統領於天)"고 하였다. 주백곤, 진고응 등이 이렇게 해석

하였다. 진고응은 '통령'을 주재主宰의 뜻으로 읽었다. 주희는 관통하다는 뜻의 관貫으로 읽고, "천덕의 시작과 끝을 관통한다(貫乎天德之始終)"라고 해석하였다. 래지덕은 포괄하다는 뜻으로 새기고, "네 가지 덕을 포괄하니 곧 통천이다(統四德則統天矣)"라고 하였다. 고형은 "『삼국지·위지魏志』「관로전管輅傳」배송지裴松之의 주에「관로별전管輅別傳」을 기재하였는데, 여기에 이 세 구절을 인용하고, '통은 속하다는 뜻의 속(夫統者, 屬也)'이라 하였다"고 하고, "'내통천乃統天'은 만물이 하늘에 귀속된다는 것을 말한 것"이라고 하였다. 필자는 '통'을 속屬의 뜻으로 읽고, '천'은 건괘의 괘상이며 '내통천'은 건괘의 괘상이 곧 하늘에 해당된다는 뜻으로 해석하였다. 이렇게 읽어야 문맥이 자연스럽게 연결되어 건「단」의 문장 전체가 바르게 해석되며, 또 곤「단」의 '내순승천乃順承天'과 뜻이 통한다. 즉 건은 천에 속하고 곤은 천에 순응한다는 말이다. '대재건원(형), 만물자시, 내통천'은 곧 "위대하다, 건이 '크게 형통함'이여. 64괘(만물)는 이것에서 비롯되나니, 곧 하늘에 속한다"는 말이다. '건'은 64괘의 본원이며, '천'은 만물이 비롯되는 우주의 본원이다.

[雲行雨施, 品物流形.] '운행雲行'은 구름이 흐른다, '시施'는 내리다는 뜻의 '강降', '품물品物'은 곧 만물이다. '만물'이라 하지 않고 '품물'이라고 한 것은 바로 앞에 '만물'이 나왔기 때문이다. '유流'는 유동流動하다, 즉 움직여 나아간다는 뜻이다. '형形'은 '형亨'자로 해야 맞다. 곤「단」에도 '품물함형品物咸亨'이라고 하였다. '품물류형品物流亨'은 만물은 형통한 곳으로 나아간다, 즉 만물은 형통하다는 말이다. '품물류형'은 곧 「단」의 '품물함형'과 같은 말이다. 건에서 '품물류형品物流亨'이라 하고 곤에서 '품물함형品物咸亨'이라고 한 것은 당시 사람들의 '천동지정天動地靜' 설을 반영한 것이다. 만약 '형形'자 그대로 해석하게 되면, 형체를 이룬다(成其形)가 되는데, '하늘에서 구름이 흐르고 비가 내리니, 만물은 움직여 형체를 이룬다'는 것과 '형통한 것(亨)'은 아무런 관계가 없다. 「문언」에는 이 구절을 '雲行雨施, 天下平也'(구름이 흐르고 비가 내리니, 천하가 평화롭다)라고 하였는데, '천하

가 평화롭다'는 것은 '만물이 형통하다'는 것과 같은 말이다. 괘효로 말하면, 건괘의 순양의 효는 64괘 384효에 두루 흩어져(운행우시), 그들 모두 형통하다(품물류형)는 말이다. 자연계로 말하면, 하늘에서 구름이 흐르고 비가 내리니, 만물은 형통하다는 말이다. 앞의 '대재건원' 뒤에 '형' 자를 생략한 것은 바로 여기에 '형'자가 나오기 때문이다. 여기까지 괘사 '원형元亨'을 해석하였다.

[大明終始, 六位時成, 時乘六龍以御天.] 이하 괘사의 '이정利貞'을 해석하였다. 이 구절에 대해 두 가지 해석이 있다. 하나는 괘효로 해석하는 것이다. 왕필은 『주역약례周易略例』「명괘적변통효明卦適變通爻」에서 "위는 효가 처해 있는 상이다(位者, 爻所處之象也)"라고 하였으니, 육룡六龍은 또한 여섯 자리의 효가 취한 상으로 여겼다. 그리하여 '종시終始'는 곧 효상의 변동, 즉 처음 효(初爻)에서 꼭대기 효(上爻)에 이르는 변화를 가리키며(大明乎終始之道), '육위六位'는 육효六爻의 자리, 즉 한 괘 여섯 효가 처해 있는 자리이며(故六位不失其時而成), '육용'은 건괘 여섯 효의 용으로 해석하였다(升降无常, 隨時而用. 處則乘潛龍, 出則乘飛龍). 즉 "건괘 처음 효에서 꼭대기 효에 이르는 변화의 도리를 크게 밝혀, 여섯 효의 자리가 때에 맞게 이루어지니, 때에 따라 여섯 용을 타고 하늘을 운행한다"고 해석하였다. 왕필 이후 해석에 약간의 차이는 있어도 모두 괘효로 해석하였다.

또 하나는 고대 신화로 해석하는 것이다. 다음은 고형의 주장이다. 『집해』에 후과는 "대명은 해(大明, 日也)"라 하고 또 "해는 낮과 밤을 끝나고 시작하는 것으로 한다(大明以晝夜爲終始)"고 하였다. 『역전』은 해를 '대명大明' 혹은 '명명'이라고 칭하였다. 진쯤「단」에 "유순하여 해에 붙어 있다(順而麗乎大明)"고 하였는데, '대명'은 곧 해를 가리킨다. 리離「상」에 "해가 두 번 떠오르는 것이 리(明兩作, 離)"라 하고, 진쯤「상」에 "해가 땅 위에 떠오르는 것이 진(明出地上, 晉)"이라고 하였으며, 명이明夷「상」에 "해가 땅 속으로 들어가는 것이 명이(明入地中, 明夷)"라고 하였는데, '명명'은 곧 해를 가리킨다. '종終'은 해가 들어가는 것을 말하고, '시始'는 해가 나오는 것을 말한

다. '대명종시大明終始'는 곧 해가 들어가고 나오는 것을 말한다. '육위六位'
는 상하 사방을 가리킨다. 『이아』「석고」에 "시時는 시是"라고 하였다. 앞의
'시時'는 그리하여(於是)의 뜻이고, 뒤의 '시'는 시간을 말한다. '성成'은 정
하다는 뜻의 정定이다. '육위시성六位時成'은 곧 상하 사방 여섯 자리가 이
러하게 정해진다는 말이다. '승乘'은 수레를 몰다는 뜻의 가駕이다. 『집해』
에 순상은 "'어御'는 운행하다는 뜻의 행行"이라고 하였다. '시승육룡이어
천時乘六龍以御天'은 해가 하늘에서 여섯 마리의 용을 몰고 운행한다는 옛날
의 신화에서 인용한 것이다. 상고 시대의 신화에 해는 하늘에서 수레를 몰
며 운행하는데, 수레에는 여섯 마리 용이 있어 그 어미인 희화羲和가 몰았다
고 한다. 「단」은 신화를 인용하여, 해가 여섯 마리 용을 몰고 때에 맞게 하늘
을 운행한다는 것을 말한 것이다. 이 세 구절은 하늘에서 해가 운행하여, 상
하 사방이 정해지고, 또 낮과 밤과 사계절이 이루어지는 것을 말한 것이다.

　두 가지 해석은 모두 통하나, 고형의 해석이 「단」의 본뜻과 부합한다. 이
구절은 결국 하늘에서 자연의 질서가 이루어진다는 말이다.

　[乾道變化, 各正性命.] '건도乾道'는 곧 천도天道이다. 천도란 하늘에서 일
어나는 각종 자연 현상의 변화를 가리킨다. 이 변화에는 일정한 법칙이 있다
고 여겼으므로 '천도'라고 한 것이다. 요즘말로 '자연의 이법理法'이다. '변
화變化'는 천도의 작용을 가리킨다. '각各'은 괘효로 말하면 64괘 384효를,
자연계로 말하면 만물을 가리킨다. 「단」은 '정正'을 가지고 괘사의 '정貞'을
해석하였으며, 바르게 하다는 동사로 사용하였다. '성性'과 '명命'에 대해,
공영달은 "'성'은 선천적으로 가지고 오는 바탕이다. 강하고 부드럽고 느리
고 빠른 것이 구별되는 것과 같다. '명'은 사람이 선천적으로 부여받은 것이
다. 귀하고 천하고 수명이 짧고 긴 것이 속하는 것이 이와 같다(性者, 天生之
質, 若剛柔遲速之別. 命者, 人所稟受, 若貴賤夭壽之屬是也)"고 하였는데, '성'
은 성질, '명'은 운명으로 보았다. 정이, 주희, 래지덕, 진몽뢰 등은 "하늘이
부여한 것이 명이고, 사물이 부여받은 것이 성이다(天所賦爲命, 物所受爲
性)"라고 하였다. 고형은 '성'은 속성, '명'은 수명으로, 진고응은 '성'은 만

물이 본래 그러한 성, '명'은 만물의 최종 운명, 즉 수명으로, 주백곤은 본성과 수명으로 보았다. 필자는 '성'은 사물의 본성이고, '명'은 사물의 운명으로 해석하였다. 『역전』에 '명'은 모두 21곳 기록되어 있다. 건 「단」의 '명'은 대유大有「상」의 '順天休命'(하늘에 순응하여 자신의 운명을 아름답게 한다), 「계사」상·4장의 '樂天知命'(하늘의 뜻을 즐기고 운명을 안다), 「설괘」1장의 '窮理盡性以至於命'(주역점의 원리를 궁구하고 본성을 극진히 하여 운명의 원리에 통달하는데 이르렀다), 2장의 '順性命之理'(본성과 운명의 원리에 순응하였다) 등과 같은 '명'으로 보았다. 『주역』은 본래 점치는 책이기 때문에 '운명'으로 보는 것이 합당할 것이다. 『역전해설』을 참고하라. '건도가 변화하여 만물은 본성과 운명을 바르게 한다'는 것은 천도가 변화하여 만물은 자신의 올바른 본성과 자신에게 알맞은 운명을 갖게 된다는 말이다. 괘효로 말하면 '성명性命'은 64괘 384효가 가지고 있는 도리를 말하며, 자연계로 말하면 만물이 품고 있는 본성과 운명이다. '건도변화, 각정성명'은 『중용』의 '천명지위성天命之謂性'과 같은 말이다(1장). 다만 『중용』은 참된 본성(誠性)을 말하였고, 「단」은 올바른 본성(貞性)을 말하였다. 정이와 주희 등의 해석은 곧 『중용』을 가지고 「단」의 이 구절을 해석한 것이다.

[保合大和, 乃利貞.] '보保'는 보존하다는 뜻이며, '합合'은 이루다는 뜻의 성成과 같다(고형). '대大'는 태太로 읽는다. '화和'는 『중용』의 "희노애락이 나타나지 않은 것을 '중'이라 하고, 나타나 모두 절도에 맞는 것을 '화'라고 한다(喜怒哀樂之未發謂之中, 發而皆中節謂之和)"의 '화'와 같다(1장). '태화太和'는 곧 큰 조화, 즉 성과 명을 받은 우주 만물의 조화이다. 「단」은 우주 만물의 조화를 말하였고, 『중용』은 인간의 감정의 조화를 말하였다. 하늘의 도가 작용하여 64괘(만물)는 각각 그 도리(본성과 운명)의 바름을 얻으며, 하늘은 큰 조화를 보존하고 이루니, 그래서 '바르게 하여 이롭다'는 것이다. 즉 건도가 '각정성명'하고 하늘이 '보합태화'하여 바르게 하는 것이어서 이롭다는 말이다. 즉 이로움은 건도가 '각정성명'하고 하늘이 '보합태화'하여 바르게 하는 데에 있다는 말이다. 여기까지 괘사의 '이정利貞'을 해

석하였다.

[首出庶物, 萬國咸寧.] 건 「단」의 결어이다. 문장의 주어는 하늘(건)이다. '수首'는 시작이라는 시始의 뜻이다. '출出'은 생출生出과 같다. '서물庶物'는 괘효로 말하면 64괘 384효이며, 자연계로 말하면 만물이다. '수출서물首出庶物'은 곧 '만물자시萬物資始'와 같다. '만국'은 천하라는 뜻이다. '함咸'은 모두라는 뜻의 개皆이다. '녕寧'은 편안하다는 안安이다. 건괘가 64괘 384효를 만들어내니, 천하가 모두 편안하다는 말이다. 자연계로 말하면, 하늘(건)이 처음 만물을 만들어내니, 천하가 모두 편안해진다는 말이다.

「단」은 괘사 '원형, 이정'을 가지고 건을 찬양하였다. 건에서 만물이 비롯되며 하늘에 속하고, 하늘에서 구름과 비를 운행하여 만물은 형통하니, 곧 '크게 형통하다(元亨)'는 것이며, 하늘에서 해가 운행하여 상하 사방이 정해지고, 건도가 작용하여 만물은 본성과 운명을 바르게 하며, 하늘은 큰 조화를 보존하고 이루니 곧 '바르게 하여 이롭다(利貞)'는 것이다.

건 「단」에서 '천天', '형形', '성成', '천天', '명命', '정貞', '녕寧'은 모두 운이다. 「단」은 64괘 모두 운을 사용하고 있다. 『역전해설』을 참고하라.

象曰 天行健, 君子以自强不息.
하늘의 운행은 강건하니, 군자는 이 괘상을 본받아 스스로 강하여 멈추지 않는다.

[天行健] '천天'은 건괘의 상이며, 건괘는 위아래가 모두 건이다. '천'은 천체(하안) 혹은 천도(정이), 두 가지 해석이 모두 통하나 천도로 보는 것이 『역전』의 뜻과 부합한다. '행行'은 운행이다. '건健'은 건괘의 덕이며, 강건하다는 뜻이다. 「상」은 '자강불식自强不息'을 가지고 '건健'을 해석하였는데, '하늘의 운행은 강건하다'는 것은 하늘의 운행은 조금도 멈춤이 없다는 말이다. 즉 봄·여름·가을·겨울 사계절의 순환, 해와 달이 교대로 솟아오

42

르고, 낮과 밤이 번갈아 바뀌는 것, 자라고 무성하고 시들고 사라지는 자연의 이법, 태어나 자라고 늙어서 없어지는 인생의 과정 등 그 어느 것 하나 한 순간 멈추는 것이 없다.

[君子以自强不息] '군자'는 최고 통치자를 가리킨다. 최고 통치자는 마땅히 훌륭한 덕성을 갖춰야 한다. 건「문언」에 "군자는 덕을 이루는 것을 행실로 여긴다(君子以成德爲行)"고 하였다. '이以'에 대해, 공영달은 '용차괘상用此卦象'이라고 하였다. 정이는 취하다는 뜻의 취取, 본받다는 뜻의 법法으로, 주희는 '본받다(法之)'는 뜻으로 새겼다. 래지덕은 '이以'는 용用이라고 하였다. 즉 '군자용천행건君子用天行健'이라는 말이다. 필자는 '이以'는 '이지以之'의 '지之'를 생략한 것이며, '지之'는 '건지상'을 가리키며, '군자이건지상君子以乾之象'의 뜻으로 보았다. 즉 군자는 건괘의 상을 보고 천도의 강건함을 본받는다는 말이다. '강强'은 강하다, 힘쓰다, 노력하다는 뜻이다. '식息'은 멈추다는 뜻의 지止이다. 하늘의 운행은 강건하니, 군자는 이 괘상을 보고 이를 본받아 스스로 노력하여 멈추지 않는다.「상」은 '천天'을 건의 상으로 하여, 그 강건한 덕을 나타내었다.

공영달은 "'천행건'은 하늘의 스스로 그러한 상을 말한 것이다. '군자이자강불식'은 인간사를 가지고 하늘이 하는 것을 본받는 것이니, 군자가 이 괘상을 본받아 스스로 강하여 노력하여 멈추지 않는 것을 말한 것이다(天行健, 此謂天之自然之象. 君子以自强不息, 此以人事法天所行, 言君子之人用此卦象, 自彊勉力不有止息)"라고 하였다.

'潛龍勿用', 陽在下也.
'잠겨 있는 용이니, 사용하지 말라'는 것은 양이 아래에 있다는 것이다.

'잠룡潛龍'은 곧 처음 양효의 상이다.「상」에서 효사는 효상을 설명한 것이다.『역전』384효가 모두 그렇다. '양陽'은 처음 양효를 가리키며, '하下'

는 한 괘의 아랫자리를 가리킨다. 「상」은 '하下'를 가지고 효사의 '잠潛'을 해석하였다. 처음 양효는 한 괘의 아랫자리에 있으니(효위) '잠겨 있는 용'의 상이다(효상). 「상」은 효사의 '잠룡물용潛龍勿用'을, 잠겨 있는 용이니 사용하지 말라는 것은 용을 상징하는 양효가 한 괘의 아랫자리에 있는 것이라고 해석하였다.

'見龍在田', 德施普也.
'나타난 용이 밭에 있다'는 것은 (대인이) 덕을 널리 베푼다는 것이다.

'시施'는 『석문』에 "주다는 뜻의 여與"라고 하였다. '시'는 주다는 뜻의 여與, 펴다는 뜻의 포布, 베풀다는 뜻의 설設이다. '보普'는 넓다는 뜻의 박博, 크다는 뜻의 대大, 두루라는 뜻의 변徧이다. '덕시보德施普'는 보시덕普施德으로 해야 맞다. 운을 맞추기 위해 의도적으로 도치하였다. '보普'는 다음 효의 '도道', '구쑘', '조造', '구久', '수首'와 운이다. 「상」은 효사의 '현룡재전見龍在田'을, 나타난 용이 밭에 있다는 것은 큰 덕을 지닌 대인이 세상에 나타나 덕을 널리 베풀고 있는 것이라고 해석하였다. 그래서 그를 만나보는 것이 이롭다는 것이다.

'終日乾乾', 反復道也.
'종일 부지런히 힘쓴다'는 것은 도를 되풀이한다는 것이다.

'반복反復'은 되풀이하다는 뜻이며, 멈추지 않는다는 말이다. '도'는 고형, 주백곤, 진고응 등은 '정도正道'라고 하였다. 필자는 건건지도乾乾之道, 즉 부지런히 힘쓰는 것(健之又健)으로 보았다. 「상」은 효사의 '종일건건終日乾乾'을, 군자가 종일 부지런히 힘쓴다는 것은 군자가 부지런히 힘쓰는 것을 멈추지 아니하고 되풀이 하는 것이라고 해석하였다. 군자는 되풀이하여 종일 부지런히 힘쓰고, 저녁에는 두려워한다면, 비록 위태로운 지경에 처해 있으나 또한 허물이 없다는 말이다.

'或躍在淵', 進无咎也.
'용이 혹 못에서 뛰어오르고 있다'는 것은 나아가면 허물이 없다는 것이다.

'진進'은 앞으로 나아간다는 뜻이다. 「상」은 '진'을 가지고 효사의 '약躍'을 해석하였다. 「상」은 효사의 '혹약재연或躍在淵'을, 용이 혹 못에서 뛰어오르고 있다는 것은 군자가 앞으로 나아가면 자연히 허물이 없는 것이라고 해석하였다.

'飛龍在天', 大人造也.
'나는 용이 하늘에 있다'는 것은 대인이 하는 바가 있다는 것이다.

'조造'는 하다는 뜻의 위爲(공영달), 짓다는 뜻의 작作과 같다(주희). 「상」은 효사의 '비룡재천飛龍在天'을, 나는 용이 하늘에 있다는 것은 대인이 존귀한 자리에 처하여 하는 바가 있는 것이라고 해석하였다. 그래서 그를 만나보는 것이 이롭다는 것이다.

'亢龍有悔', 盈不可久也.
'끝까지 올라간 용이니 뉘우침이 있다'는 것은 가득 찬 것은 오래 갈 수 없다는 것이다.

‘영盈’은 가득하다는 뜻의 만滿이며, 효사의 ‘항亢’을 해석한 것이다. ‘구久’는 시간적으로 길다는 뜻의 장長이다. ‘불가구’는 오래 갈 수 없다는 말이다. 꼭대기 양효는 한 괘의 꼭대기에 있으니(효위), 오래 갈 수 없는 상이다(효상). 「상」은 효사의 ‘항룡유회亢龍有悔’를, 끝까지 올라간 용이니 뉘우침이 있다는 것은 가득 찬 것은 오래 갈 수 없는 것이라고 해석하였다.

‘用九’, 天德不可爲首也.
‘용구’는 하늘의 덕은 우두머리가 될 수 없다는 것이다.

송충은 “‘용구’는 여섯 효가 모두 양이라는 것이다. 그러므로 ‘현군룡’이라고 하였다. 순양이 곧 천덕이다(用九, 六位皆九, 故曰見羣龍. 純陽則天德也)”라고 하였다. ‘천덕天德’은 곧 건괘 여섯 효, 즉 용구用九를 가리킨다. 여섯 효는 모두 양효(九)이며, 용구는 순양의 강건한 것이므로 하늘의 덕(天德)에 비유하였다. 「상」은 ‘용구’의 효사를, 여섯 효 즉 여러 용들이 함께 나타나니, 각각 하늘의 덕의 강건함을 지니고 있어, 그 가운데 우두머리가 되는 것은 불가하다고 해석하였다.

건 「상」에서 ‘보普’, ‘도道’, ‘구 ’, ‘조造’, ‘구久’, ‘수首’는 모두 운이다. 「상」은 64괘 모두 운을 사용하였다. 『역전해설』을 참고하라.

文言曰 ‘元’者, 善之長也. ‘亨’者, 嘉之會也. ‘利’者, 義之和也. ‘貞’者, 事之幹也. 君子體仁足以長人, 嘉會足以合禮, 利物足以和義, 貞固足以幹事. 君子行此四德者, 故曰 ‘乾. 元, 亨, 利, 貞.’
원은 훌륭함의 으뜸이다. 형은 아름다움이 모인 것이다. 이는 올바름의 조화이다. 정은 일의 근본이다. 군자는 인을 행하여 사람의 어른이 될 수 있고, 아름다움이 모인 것은 예에 합할 수 있으며, 만물을 이롭게 하는 것은

올바름과 조화할 수 있고, 바름을 굳게 지키는 것은 모든 일의 근본이 될
수 있다. 군자는 이 네 가지 덕을 행하는 것이니, 그러므로 '건은 훌륭하고,
아름답고, 이롭게 하고, 바르다'고 한 것이다.

여기에서부터 건「문언」의 첫째 단락이다.「문언」은 괘사 '원형리정'을 두
가지로 해석하고 있는데, 첫째 단락에서는 군자가 행하는 4덕으로, 넷째 단
락에서는 건의 4덕으로 해석하였다. 본 단락은 '원형이정'을 군자가 행하는
4덕으로 해석한 것이다. 이 문장은 『좌전』의 내용을 조금 수정하여 인용한
것에 불과하다. 『역전해설』을 참고하라.

[元者, 善之長也.] '선善'은 착하다는 도덕 개념이 아니라, 좋다, 훌륭하다
는 가치 개념이다. '장長'은 첫째, 으뜸이라는 뜻의 수首이다. '선지장善之
長'은 곧 훌륭함의 으뜸(善之首)이라는 말이다.

[亨者, 嘉之會也.] '가嘉'는 아름답다는 뜻의 미美이다. '회會'는 합하다는
뜻의 합合이다. '가지회嘉之會'는 곧 아름다움이 모인 것이라는 말이다.

[利者, 義之和也.] '의義'는 올바름, 마땅함이라는 뜻의 의宜이며, '화和'는
조화, 화합이라는 뜻이다. '의지화義之和'는 곧 올바름의 조화라는 말이다.

[貞者, 事之幹也.] 『역전』은 '정貞'을 바르다는 뜻의 정正으로 읽었다. 굴만
리, 유백민, 진고응은 '간幹'을 본本으로 읽었다. 근본, 주관하다는 뜻이다.
'사지간事之幹'은 모든 일의 근본이라는 말이다.

[君子體仁足以長人] '원元'의 덕을 말하였다. '체體'는 동사이며, 체득하다
혹은 행하다는 뜻의 행行이다(고형). 정이는 '체득하다'(比而效之謂之體)로
뜻을 새겼으나, 주희는 체용體用의 체(以仁爲體)로 보았는데, 이학적인 해석
이다. '족이足以'는 충분히 무엇을 할 수 있다, 무엇을 하기에 족하다는 뜻이
다. 군자가 인을 행하는 것이 '원元'의 덕德이다. 군자는 원의 덕이 있으니
인을 행하여 사람의 어른이 될 수 있다는 말이다. 공영달은 '체體'를 형체로
보고, "군자는 몸에 인도를 품고 널리 사랑을 베풀므로 사람의 어른이 될 수

있다. 인은 곧 선이니, 인덕을 행하여 하늘의 원덕을 본받는 것을 말한다(君子之人, 體包仁道, 泛愛施生, 足以尊長於人也. 仁則善也, 謂行仁德, 法天之元德也)"고 해석하였다.

[嘉會足以合禮] '형亨'의 덕을 말하였다. 군자는 형의 덕이 있으니 아름다움을 모아 예에 합할 수 있다는 말이다. 공영달은 "'아름다움이 모인 것은 예에 합할 수 있다'는 것은 군자가 만물의 아름다움을 모아 예에 배합할 수 있다는 말이니, 하늘의 형덕을 본받는 것을 말한다(嘉會足以合禮者, 言君子能使萬物嘉美集會, 足以配合於禮, 謂法天之亨也)"고 하였다.

[利物足以和義] '이利'의 덕을 말하였다. 군자는 이의 덕이 있으니 만물을 이롭게 하여 올바름과 조화할 수 있다는 말이다. 공영달은 "'만물을 이롭게 하는 것은 올바름과 조화할 수 있다'는 것은 군자가 만물을 이롭게 하여 각각 그 올바름을 얻게 하니, 올바름과 화합할 수 있다는 말이며, 하늘의 이덕을 본받는 것이다(利物足以和義者, 言君子利益萬物, 使物各得其宜, 足以和合於義, 法天之利也)"라고 하였다.

[貞固足以幹事] '정貞'의 덕을 말하였다. '정고貞固'는 곧 바름(正)을 굳게 지키는 것이다. 군자는 정의 덕이 있으니 바름을 굳게 지켜 일을 성사할 수 있다는 말이다. 공영달은 "'바름을 굳게 지키는 것은 모든 일의 근본이 될 수 있다'는 것은 군자가 바름을 견지하여 사물을 이룰 수 있음을 말한 것이다. 이것은 하늘의 정덕을 본받는 것이다(貞固足以幹事者, 言君子能堅固貞正, 令物得成, 使事皆幹濟. 此法天之貞也)"라고 하였다.

[君子行此四德者] '사덕四德'은 곧 원, 형, 리, 정이다. 고형은 인仁, 예禮, 의義, 정正이라고 하였는데, 진고응이 이를 따랐다. '원元'은 군자가 인을 행하여 훌륭할(善) 수 있는 것이다. '형亨'은 군자가 예를 행하여 아름다울(嘉) 수 있는 것이다. '이利'는 군자가 의를 행하여 만물을 이롭게 할 수 있는 것이다. '정貞'은 군자가 바름을 굳게 지켜 모든 일을 성사할 수 있는 것이다.

[故曰 '乾. 元, 亨, 利, 貞.'] 군자는 이 네 가지 덕을 행하는 사람이니, 그러

므로 '건은 훌륭하고(원), 아름답고(형), 이롭게 하고(리), 바르다(정)'라고 한 것이다.

『주역』 경문에서 건괘의 '원형리정'은 다만 점글(占辭)에 불과하나, 「문언」에서는 건괘의 4덕으로 여겨 이것으로 군자가 행하는 네 가지 덕으로 해석한 것이다. 「문언」의 이러한 해석은 그 이후 깊은 영향을 끼쳤다. 『역전해설』을 참고하라.

아래에서부터 인간사를 가지고 각 효의 효사를 해석하였다.

初九曰'潛龍勿用', 何謂也? 子曰"龍德而隱者也. 不易乎世, 不成乎名, 遯世无悶, 不見是而无悶, 樂則行之, 憂則違之, 確乎其不可拔, '潛龍'也."

처음 양효의 '숨어 있는 용이니, 움직이지 말라'는 것은 무엇을 말한 것인가? 공자께서 말씀하셨다. "용의 덕이 숨어 있는 것이다. 세상에 따라 변하지 않고, 명성을 이루고자 추구하지 않으며, 세상을 숨어서 살아가니 번민이 없고, 옳다고 여기지 않아도 번민이 없다. 즐거우면 행하고, 근심되면 피하며, 확고하여 변할 수 없으니, '숨어 있는 용'이라고 한 것이다."

[子曰 "龍德而隱者也] '자子'는 공자를 가리키며, 공자에 가탁한 것이다. '용덕龍德'은 군자의 덕이다. '이而'는 지之와 같으며, 주격 조사로 사용하였다. 『논어』「헌문憲問」에 "군자는 자신의 말이 행동보다 지나치는 것을 부끄러워한다(君子恥其言而過其行)"고 한 것을 황간皇侃은 『논어의소論語義疏』에서 "이는 지로 한다(而作之)"고 하였는데, '이而'가 주격 조사로 사용된 예이다. 「문언」은 '은隱'으로 효사의 잠룡을 해석하였다. '은'은 곧 처음 양효를 가리켜 말한 것이다. 처음 양효는 한 괘의 아랫자리에 있으니(효위), 군자가 은거하고 있는 상이다(효상). '용덕이은자龍德而隱者'는 용의 덕이 숨어 있다는 말이며, 효사의 '숨어 있는 용(潛龍)'을 은거하는 군자에 비유

한 것이다.

[不易乎世, 不成乎名] '역易'은 변하다는 뜻의 변變, 바꾸다는 뜻의 환換, 옮기다는 뜻의 이移이다. '불역호세不易乎世'는 군자는 은거하여 속세에 영합하지 않는다는 말이며, '불성호명不成乎名'은 군자는 은거하고 있으니 명성을 얻고자 추구하는 일도 없다는 말이다.

[遯世无悶, 不見是而无悶] '둔遯'은 숨다는 뜻의 은隱이다. '민悶'은 번민이다. '둔세무민遯世无悶'은 군자는 숨어서 살아가니 번민이 없다는 말이다. '견見'은 피동을 나타낸 것이며, '불견시不見是'는 옳다고 여기지 않는다는 뜻이다. '불견시이무민不見是而无悶'은 세상 사람들이 옳다고 여기지 않아도 번민이 없다는 말이다. 군자는 이미 세속적인 일을 초월하였다는 말이다. 최경은 "세상 사람들이 비록 자신을 옳다고 여기지 않아도, 자신은 도에 어긋나지 않았음을 알기 때문에 번민이 없다(世人雖不己是, 而己知不違道, 故无悶)"라고 하였다.

[樂則行之, 憂則違之] '행行'은 행하다는 뜻이고, '위違'는 피하다, 즉 행하지 않는다는 뜻이다. '낙樂'과 '우憂', '행지行之'와 '위지違之'는 서로 짝이 된다. '낙즉행지樂則行之'는 군자는 즐거운 일은 행하고, '우즉위지憂則違之'는 근심되는 일은 하지 않는다는 말이다. 즐거운 일은 앞의 네 구절을 가리키고, 근심되는 일은 그 반대를 가리킨다.

[確乎其不可拔, '潛龍'也] '확確'은 확실하다, 확고하다는 뜻이다. 우번은 "강한 모양(確, 剛貌也)"이라고 하였다. '발拔'은 『석문』에 정현이 "변하다, 옮기다는 뜻의 이移"라고 하였다. '잠룡潛龍'은 은거하는 군자에 비유하였다. 군자는 세상에 따라 변하지 않고, 명성을 이루고자 추구하지 않으며, 세상을 숨어서 살아가니 번민이 없고, 옳다고 여기지 않아도 번민이 없다. 즐거우면 행하고, 근심되면 피한다. 이러한 군자의 의지는 확고하여 변할 수 없으니, '잠룡'이라고 하였다는 말이다.

「문언」은 효사의 '잠룡물용'을 군자가 은거하는 것으로 해석하였다.

九二曰 '見龍在田, 利見大人', 何謂也? 子曰 "龍德而正中者也.
庸言之信, 庸行之謹, 閑邪存其誠, 善世而不伐, 德博而化, 易曰
'見龍在田, 利見大人', 君德也."

둘째 양효의 '나타난 용이 밭에 있으니, 대인을 만나보는 것이 이롭다'는
것은 무엇을 말한 것인가? 공자께서 말씀하셨다. "용의 덕이 바르고 알맞
는 것이다. 일상으로 하는 말에는 믿음이 있고, 일상으로 하는 행위는 삼가
며, 사악한 것을 막고 참된 것을 간직하며, 세상 사람을 선하게 만들어도
자랑하지 아니하고, 덕은 넓어서 사람을 감화시키니,『역』에 '나타난 용이
밭에 있으니, 대인을 만나보는 것이 이롭다'고 말한 것은 임금의 덕이다."

[子曰 龍德而正中者也] '이而'는 지之와 같이 주격 조사로 사용하였다. '정
중正中'은 둘째 양효가 아랫괘의 가운데 자리에 있다는 것이며(효위), 대인
이 중정의 도를 행하는 상이다(효상).『역전』에서 음이 음의 자리에 있고,
양이 양의 자리에 있는 것을 '정正'이라 하고, 아랫괘와 윗괘의 가운데 자리
를 '중中'이라고 한다. 여섯 효 중 처음(初), 셋째(三), 다섯째(五)는 양의 자
리이고, 둘째(二), 셋째 (三), 꼭대기(六)는 음의 자리이다. 지금 둘째 양효
는 양이면서 음의 자리에 있으며, 아랫괘의 가운데 자리에 있으니, '중中'이
지만 '정正'이 아니다. 그러나『주역』의 효례爻例에서 무릇 둘째(二), 다섯
째(五)는 또한 '정중正中'이라고도 칭한다. '용덕이정중자龍德而正中者'는
효위를 가지고 용의 덕이 바르고 알맞다는 것을 말한 것이며, 효사의 '밭에
나타난 용'을 바르고 알맞는(正中) 도를 행하는 대인에 비유한 것이다. '바
르고 알맞은' 내용은 다음 구절에서 말하고 있다.

[庸言之信, 庸行之謹] 구가역은 "'용'은 항상이라는 뜻의 상이다. 말은 항상
믿음으로, 행동은 항상 삼가는 것을 말한다(九家易說 庸, 常也. 謂言常以信,
行常以謹矣)"고 하였다. '용庸'은 항상이라는 뜻의 상常이다. '용언庸言'은 일
상으로 하는 말이며, '용행庸行'은 일상으로 하는 행위를 말한다. '지之'는

유有로 읽는다. '근謹'은 조심, 삼가다는 뜻이다. 일상으로 하는 말에는 믿음이 있어야 하고, 일상으로 하는 행위에는 삼가함이 있어야 한다는 말이다. 『중용』의 '용덕지행庸德之行, 용언지근庸言之謹'과 같은 말이다(13장).

[閑邪存其誠, 善世而不伐, 德博而化] '한閑'은 막다는 뜻의 방防이다(송충). '사邪'는 사악함이고, '성誠'은 참됨이다. 사악한 것을 막고 참된 것을 간직한다는 말이다. '선세善世'는 세상 사람을 선하게 만드는 것이다. 공영달은 "세상에 선한 일을 하는 것(爲善於世)"이라고 하였는데, 이렇게 해석하여도 통한다. '벌伐'은 자랑하다는 뜻의 긍矜이다. 세상 사람을 선하게 만들어도 스스로 자랑하지 아니한다는 말이다. '박博'은 넓다는 뜻의 광廣이다. '화化'는 사람을 감화, 교화시키는 것을 말한다. 『설문』에는 '교행敎行'이라고 하였다. 덕은 넓어서 사람을 감화시킨다는 말이다. 이 다섯 구절이 바로 '정중'의 내용이다.

[易曰 '見龍在田, 利見大人', 君德也.] '군덕君德'은 곧 정중正中의 덕을 말한다. '정중'의 내용은 언신言信, 행근行謹, 한사존성閑邪存誠, 선세불벌善世不伐, 덕박교화德博敎化 다섯 가지이다. 이것은 '밭에 나타난 용'이 비록 임금의 자리에 있지 않으나, 임금의 덕을 가지고 있음에 비유한 말이다.

「문언」은 효사를 임금의 덕을 지닌 대인이 바르고 알맞은 도를 행하는 것으로 해석하였다.

九三曰 '君子終日乾乾, 夕惕若, 厲, 无咎', 何謂也? 子曰 "君子進德脩業. 忠信, 所以進德也. 脩辭立其誠, 所以居業也. 知至至之, 可與(言)幾也. 知終終之, 可與存義也. 是故居上位而不驕, 在下位而不憂. 故乾乾因其時而惕, 雖危无咎矣."

셋째 양효의 '군자는 종일 부지런히 힘쓰고 저녁에는 두려워한다면, 위태로우나 허물이 없다'는 것은 무엇을 말한 것인가? 공자께서 말씀하셨다. "군자는 덕에 나아가 사업을 닦는다. 정성과 믿음이 덕에 나아가는 것이다. 말을 닦아 그 참됨을 세우는 것이 사업에 머무는 것이다. 진덕수업이 이를 곳을 미리 알고 그곳에 이르니, 기미를 말할 수 있으며, 진덕수업이 마칠 곳을 미리 알고 그곳에 마치니, 올바름을 보존할 수 있는 것이다. 그러므로 윗자리에 있으면서 교만하지 아니하고, 아랫자리에 있으면서 근심하지 아니한다. 그러므로 부지런히 힘쓰고 때에 따라 두려워하니, 비록 위태로우나 허물이 없는 것이다."

[子曰 君子進德脩業] '진進'은 나아가다, 쌓다는 뜻의 적積이다. '덕德'은 곧 덕성이며, 바로 아래 구절의 '충신忠信'을 가리킨다. '진덕'은 곧 충신忠信의 덕을 쌓는 것이다. '수脩'는 수修와 같으며, 닦는다는 뜻이다. '업業'은 군자가 하고자 하는 일, 즉 사업事業의 뜻이다. 군자의 사업이란 곧 수신修身하는 것이다. '수업'은 아래 구절의 '수사립기성脩辭立其誠'이다. '진덕수업'은 곧 효사의 '군자가 하루 종일 부지런히 힘쓰는 것(君子終日乾乾)'을 설명한 것이다.

[忠信, 所以進德也. 脩辭立其誠, 所以居業也.] '충忠'은 정성이고, '신信'은 믿음이다. 정성과 믿음이 덕에 나아가는 것이라는 말이다. '충신'은 곧 내면적 수양이다. '사辭'는 언사言辭, 즉 말이다. '입立'은 확립하다는 뜻이다. '입기성立其誠'은 곧 참됨을 세우는 것이며, 이것이 업에 머무는 것이라는 말이다. '수사립기성'은 외면적 수양이다. 정이는 "셋째 양효는 아랫괘의 꼭대기에 있어 임금의 덕이 이미 드러난 것이니, 장차 무엇을 하겠는가? 오직 덕에 나아가 사업을 닦는 것뿐이다. 안으로는 정성과 믿음을 쌓으니, 덕에 나아가는 것이다. 말을 가려하고 뜻을 돈독히 하니, 사업에 머무는 것이다(三居下之上, 而君德已著, 將何爲哉? 唯進德脩業而已. 內積忠信, 所以進德也. 擇言篤志, 所以居業也)"라고 하였다.

[知至至之, 可與(言)幾也.] 현행 통행본에는 '여與'자 아래에 '언言'자가 없으나, 완원阮元은 "고본과 족리본에는 '여'자 아래에 '언'자가 있다(古本, 足利本與下有言字)"고 하였다. '언'자가 있어야 아래의 '가여존의야可與存義

也'와 짝이 된다. '지지知至'는 진덕수업의 발전이 어디까지 이르는가를 미리 아는 것이다. '지지至之'는 그곳에 이를 수 있도록 노력한다는 말이다. '여與'는 이以와 같다. 「계사」하·5장에 "'기'는 움직임이 은밀한 것이고, 길흉이 먼저 나타나는 것이다(幾者, 動之微, 吉凶之先見者也)"라고 하였다. '기'는 기미, 낌새라는 뜻이다. 군자는 진덕수업이 어디까지 이를 수 있는가를 미리 알고 그곳에 이를 수 있도록 노력하니, 그 기미를 말할 수 있다는 것이다.

[知終終之, 可與存義也.] '지종知終'은 진덕수업이 장차 어디에서 마칠 것인가를 미리 아는 것이다. '종지終之'는 그곳에서 마칠 수 있도록 노력하는 것이다. '존存'은 보존하다는 뜻이며, '의義'는 알맞다, 올바르다는 뜻의 의宜로 읽는다. 군자는 진덕수업이 장차 어디에서 마칠 것인가를 미리 알고 그곳에서 마칠 수 있도록 노력하니, 그 올바름을 보존할 수 있다는 것이다. 주희는 '지지지지'는 진덕의 일이고, '지종종지'는 거업의 일이라고 하였다.

[是故居上位而不驕, 在下位而不憂. 故乾乾因其時而惕, 雖危无咎矣.] '상위上位'는 셋째 양효가 아랫괘의 가장 위에 있다는 것이며, '하위下位'는 셋째 양효가 한 괘에서 아랫괘에 있다는 것이다. '인시因時'는 때에 따른다는 수시隨時와 같다. '윗자리에 있으면서 교만하지 아니한다'는 것으로 '건건乾乾'을, '아랫자리에 있으면서 근심하지 아니한다'는 것을 가지고 '인시이척因時而惕'을 해석하였다. '불교不驕'와 '불우不憂'는 진덕수업을 한 결과이며, 그 결과 '故乾乾因其時而惕, 雖危无咎矣'가 된다는 것이다. 윗자리에 있으면서 교만하지 아니하고, 아랫자리에 있으면서 근심하지 아니한다. 그러므로 부지런히 힘쓰고 때에 따라 두려워하니, 비록 위태로우나 허물이 없다는 말이다.

「문언」은 효사의 '건건'을 군자가 진덕수업하는 것으로 해석하였다.

九四曰 '或躍在淵, 无咎', 何謂也? 子曰 "上下无常, 非爲邪也.

進退无恒, 非離群也. 君子進德脩業, 欲及時也, 故无咎."

넷째 양효의 '혹 뛰어오르거나 못에 있으니, 허물이 없다'는 것을 무엇을 말한 것인가? 공자께서 말씀하셨다. "윗자리와 아랫자리에 있는 것이 일정함이 없는 것은 사악함을 행해서가 아니다. 나아가고 물러감이 항구하지 않은 것은 무리에 붙어서가 아니다. 군자가 덕에 나아가 사업을 닦는 것은 뜻이 때에 이르러 움직이고자 함이니, 그러므로 허물이 없는 것이다."

'상하上下'는 윗자리와 아랫자리를 가리킨다. '상常'은 일정하다는 뜻이다. '진퇴進退'는 나아가고 물러간다는 뜻이다. '항恒'은 항구하다는 뜻이다. '리離'는 여麗로 읽으며, 붙는다는 뜻이다(진고응). '비리군非離群'은 무리에 빌붙어서 그들과 영합하지 아니한다 말이다.

효사에서 '용이 혹은 뛰어오르거나 못에 있다'는 것은 곧 군자가 혹은 윗자리에 있고 혹은 아랫자리에 있으며 혹은 나아가고 혹은 물러서는 것에 비유한 것이다. 군자는 윗자리로 올라가거나 아랫자리로 내려가는 것이 일정함이 없는 것은 사악함을 행해서가 아니며, 나아가거나 물러가는 것이 항구하지 않는 것은 무리에 빌붙어 세속에 영합하려는 것도 아니다. 다만 군자는 덕에 나아가 사업을 닦으려고 노력한다. 이것은 항상 뜻이 때에 맞게 행동하고자 함이다. 그러므로 '허물이 없다'는 것이다.

「문언」은 효사의 '혹약재연'을 군자가 진덕수업하여 뜻이 때에 맞게 행동하는 것으로 해석하였다.

九五曰 '飛龍在天, 利見大人', 何謂也? 子曰 "同聲相應, 同氣相求. 水流濕, 火就燥. 雲從龍, 風從虎. 聖人作而萬物覩. 本乎天者親上, 本乎地者親下, 則各從其類也."

다섯째 양효의 '나는 용이 하늘에 있으니, 대인을 만나보는 것이 이롭다'는 것은 무엇을 말한 것인가? 공자께서 말씀하셨다. "같은 소리는 서로 응

하고, 같은 기운은 서로 구한다. 물은 습한 곳으로 흐르고, 불은 건조한 것
으로 나아간다. 구름은 용을 좇고 바람은 범을 좇는다. 성인이 일어나니 만
인이 따른다. 하늘에 근본을 둔 것은 위에 따르고, 땅에 근본을 둔 것은 아
래에 따르니, 곧 각각 그 동류를 좇는다.”

[同聲相應, 同氣相求. 水流濕, 火就燥. 雲從龍, 風從虎.] 같은 부류끼리 말이
맞고, 동류는 서로 어울린다. 물은 아래로 흐르고, 불은 위로 나아간다. 용
이 나는 곳에 구름이 일어나고, 범이 가는 곳에 바람이 따른다. 이 구절은
효사의 ‘비룡재천’을 설명한 것이다. 즉 ‘나는 용’과 ‘하늘’이 서로 응한다는
말이다. 정이는 ‘건지이오乾之二五’, 즉 둘째와 다섯째 효가 서로 응하는 것
으로 설명하였다.

[聖人作而萬物覩] ‘성인’은 효사의 대인이다. 『석문』에 정현은 “‘작作’은 일
어나다는 뜻의 기起”라고 하였다. ‘물物’은 사람(人)이라는 뜻이다(정이).
‘도覩’는 보다는 뜻의 견見이며, 우러러 보는 것이다. 우러러 본다는 것은 곧
따른다는 뜻이다. 고형은 “‘도’는 당연히 저著로 읽어야 한다. 두 글자는 같
은 소리 계열이며 옛날에는 통용되었다” 하고, ‘저著’는 따르다는 뜻의 부附
라고 하였다. 이 구절은 성인이 일어나니 만인이 따른다는 뜻이며, 효사의
‘이견대인’을 설명한 것이다.

[本乎天者親上, 本乎地者親下, 則各從其類也.] ‘본本’은 근본을 두다는 뜻이
다. ‘친親’은 친하다, 가깝다는 뜻의 근近이다. 순상은 “동물은 하늘의 움직
임과 가깝고, 식물은 땅의 고요함과 가깝다(動物親於天之動. 植物親於地之
靜)”고 하였고, 정이는 “하늘에 근본을 둔 것은 해와 달과 별과 같은 것이고,
땅에 근본을 둔 것은 벌레와 짐승과 초목과 같은 것이다(本乎天者, 如日月星
辰. 本乎地者, 如蟲獸草木)”라고 하였다. 해와 달과 별과 같이 하늘에 근본을
둔 것은 위에 붙어 있고, 새와 짐승과 초목과 같이 땅에 근본을 둔 것은 아
래에 붙어 있으니, 만물은 각각 그 동류를 좇는다는 말이다. 이 구절은 ‘성
인이 일어나니 만인이 따른다’를 덧붙여 설명하였다.

56

「문언」은 효사를 성인이 일어나니 만인이 따르는 것으로 해석하였다.

上九曰 '亢龍有悔', 何謂也? 子曰 "貴而无位, 高而无民, 賢人在
下位而无輔, 是以動而有悔也."

꼭대기 양효의 '끝까지 올라간 용이니, 뉘우침이 있다'는 것은 무엇을 말
한 것인가? 공자께서 말씀하셨다. "귀해도 지위가 없고, 높은 자리에 있어
도 백성이 없으며, 현명한 사람이 아랫자리에 있어도 도움이 없으니, 그래
서 움직이면 뉘우침이 있는 것이다."

[貴而无位] 순상은 "꼭대기에 있으므로 존귀하고, 자리를 잃었으므로 자리
가 없다(在上, 故貴. 失位, 故无位)"고 하였다. 꼭대기 양효는 가장 높은 곳에
있으므로 존귀하나, 양이 음의 자리에 있으므로 지위가 없다는 말이다.

[高而无民] 하타는 "이미 다섯째 양효의 제왕의 자리에 처하지 않으므로
백성이 없는 것이다(旣不處九五帝王之位, 故无民也)"라고 하였다. 공영달은
"여섯 효 모두 음이 없으니, 백성이 없는 것이다(六爻皆无陰, 是无民也)"라고
하였다.

[賢人在下位而无輔] 순상은 "꼭대기는 셋째와 응하는데, 셋째 양효는 덕이
반듯하므로 '현명한 사람'이라고 하였다. 셋째 양효는 아랫괘에 있으므로
'아랫자리에 있다'고 하였다. 두 양은 서로 응하지 않으므로 '도움이 없다'
고 하였다(謂上應三, 三陽德正, 故曰賢人. 別體在下, 故曰在下位. 兩陽无應, 故
无輔)"고 해석하였다. 순상은 '응'을 가지고 해석하였는데, 「문언」의 본뜻인
지 알 수 없다.

[是以動而有悔也] 순상은 "올라가는 것이 극에 이르면 당연히 내려와야 하
므로 '뉘우침이 있다'고 하였다(升極當降, 故有悔)"고 해석하였다.

「문언」은 효사의 '항룡亢龍'을 '귀해도 지위가 없고, 높은 자리에 있어도
백성이 없으며, 현명한 사람이 아랫자리에 있어도 도움이 없는 것'으로 해석

하였다. 그래서 움직이면 뉘우침이 있다는 것이다.

아래에서부터 건 「문언」의 둘째 단락이며, 인간사를 가지고 각 효의 효사를 해석하였다.

'潛龍勿用', 下也. '見龍在田', 時舍也. '終日乾乾', 行事也. '或躍在淵', 自試也. '飛龍在天', 上治也. '亢龍有悔', 窮之災也. 乾元'用九', 天下治也.

'숨어 있는 용이니 움직이지 말라'는 것은 아래에 있다는 것이다. '나타난 용이 밭에 있다'는 것은 잠시 머무른다는 것이다. '종일 부지런히 힘쓴다'는 것은 일을 행한다는 것이다. '혹 뛰어오르거나 못에 있다'는 것은 스스로 시험한다는 것이다. '나는 용이 하늘에 있다'는 것은 위에서 다스린다는 것이다. '끝까지 올라간 용이니 뉘우침이 있다'는 것은 궁극에는 재앙이 있다는 것이다. 건원의 용구는 천하가 다스려진다는 것이다.

['潛龍勿用', 下也.] '하下'는 처음 양효를 가리키며, 처음 양효는 한 괘의 아랫자리에 있으니(효위) 숨어 있는 용의 상이다(효상). 「문언」은 효사의 '잠룡물용'을, 숨어있는 용이니 움직이지 말라는 것은 처음 양효가 한 괘의 아래 자리에 있는 것이라고 해석하였다. 정괘井卦 처음 음효 「상」에 "'우물에 진흙이 차서 물을 마실 수 없다'는 것은 아래에 있다는 것이다('井泥不食, 下也)"와 같은 말이다.

['見龍在田', 時舍也.] '시時'는 잠시, '사舍'는 머물다는 뜻의 거居이다(고형). '시시時舍'는 잠시 머문다는 말이다. '밭(田)'은 용이 오랫동안 머무는 곳이 아니며, '나타난 용이 밭에 있다'는 것은 대인이 잠시 머무르고 있는 것에 비유한 말이다. 「문언」은 효사의 '현룡재전'을, 나타난 용이 밭에 있다는 것은 잠시 머무르는 것이라고 해석하였다. 정괘井卦 처음 음효 「상」에 "'오래된 우물에 새가 날아오지 않는다'는 것은 때가 지나서 버렸다는 것이

다('舊井无禽', 時舍也)"와 '시사時舍'의 해석이 다르다.

['終日乾乾', 行事也.] '행사行事'는 진덕수업의 일을 행한다(行進德脩業之事)는 말이다. 「문언」은 효사의 '종일건건'을, 종일 부지런히 힘쓴다는 것은 군자가 부지런히 진덕수업의 일을 행하는 것이라고 해석하였다.

['或躍在淵', 自試也.] 넷째 양효는 위로 뛰어오르고자 하고, 또 못에 있고자 한다. 「문언」은 효사의 '혹약재연'을, 혹 뛰어오르거나 못에 있다는 것은 군자가 자신의 재능을 스스로 시험하고 있는 것이라고 해석하였다.

['飛龍在天', 上治也.] 다섯째 양효는 임금의 자리에 있다. 「문언」은 효사의 '비룡재천'을, 나는 용이 하늘에 있다는 것은 대인이 위에서 다스리는 것이라고 해석하였다.

['亢龍有悔', 窮之災也.] 「문언」은 '궁窮'으로 '항亢'을, '재災'로 '회悔'를 해석하였다. '궁窮'은 꼭대기 양효의 효위를 가리켜 한 말이다. 꼭대기 양효는 한 괘의 꼭대기에 있으므로(효위), 궁극에 처해 있는 상이다(효상). 「문언」은 효사의 '항룡유회'를, 끝까지 올라간 용이니 뉘우침이 있다는 것은 모든 일이 지나쳐 궁극에는 재앙을 불러들이는 것이라고 해석하였다. 무망괘 꼭대기 양효 「상」에서도 '궁지재야窮之災也'라고 하였다.

[乾元 '用九', 天下治也.] '건원乾元'은 건괘의 원덕元德이다. 「문언」은 하늘의 원덕은 용구用九에 갖춰있다고 여겼다. '용구'는 건괘 여섯 양효의 종합이다. 「문언」은 용구의 효사를, 나타난 여러 용들의 우두머리가 없으니 길하다고 한 것은 나타난 여러 용들이 우두머리가 없이 모두 하늘의 원덕元德을 지니고 있으니, 천하는 또한 편안히 잘 다스려진다고 해석하였다.

원문에서 '하下', '사舍', '사事'와 '시試', '치治', '재災', '치治'는 모두 운이다.

아래에서부터 건 「문언」의 셋째 단락이며, 천도 사계절의 변화를 가지고 각 효의 효사를 해석하였다.

‘潛龍勿用’, 陽氣潛藏. ‘見龍在田’, 天下文明. ‘終日乾乾’, 與時偕行. ‘或躍在淵’, 乾道乃革. ‘飛龍在天’, 乃位乎天德. ‘亢龍有悔’, 與時偕極. 乾元‘用九’, 乃見天則.

‘숨어 있는 용이니 움직이지 말라’는 것은 양기가 잠기어 감춰 있는 것이다. ‘나타난 용이 밭에 있다’는 것은 천하가 아름답고 밝은 것이다. ‘종일 부지런히 힘쓴다’는 것은 때와 더불어 모두 부지런히 행하는 것이다. ‘혹 뛰어오르거나 못에 있다’는 것은 천도가 변하는 것이다. ‘나는 용이 하늘에 있다’는 것은 곧 하늘의 덕을 이루는 것이다. ‘끝까지 올라간 용이니 뉘우침이 있다’는 것은 때와 더불어 모두 끝에 이른 것이다. 건원의 용구는 곧 하늘의 법칙을 나타낸 것이다.

『집해』에 하타는 건괘 여섯 효를 1년 역력에 안배하여 계절의 변화를 가지고 효사를 해석하였는데, 이러한 해석은 고형의 것이 아주 훌륭하다. 고형은 「문언」은 1년 12개월을 6효에 분배하여, 각 효를 각각 2개월에 안배한 것처럼 보인다. 건괘의 여섯 양효는 위치의 순서에 따라 위로 올라가는데, 곧 하늘의 양기가 시간의 순서에 따라 위로 올라가는 것을 상징하였다. 용의 활동은 양기가 위로 올라가는 것으로 여겼으므로 각 효의 효사는 또 천도 사계절의 변화를 대표한다. 이것은 선진시대 음양가의 설에 가까운 것이다”라고 하였다. 아래에서 하나라의 역력과 주나라의 역력을 가지고 효사를 해석한 것은 고형의 해석을 인용한 것이다.

[‘潛龍勿用’, 陽氣潛藏.] 처음 양효는 양효가 아래에 있으므로 양기가 땅 아래에 잠겨 있는 것을 상징한다. 이 시기는 대략 주나라 역으로 정월과 2월에 해당하고, 하나라의 역으로는 11월과 12월에 해당하며, 용은 물속에 잠기어 움직이지(潛藏) 않는다.

[‘見龍在田’, 天下文明.] 둘째 양효는 양효가 한 자리 위로 올라간 것이니, 양기가 땅 위에 나타난 것을 상징한다. 이 시기는 대략 주나라 역으로 3월과

4월에 해당하며, 하나라의 역으로는 정월과 2월에 해당한다. 초목이 처음 자라나 대지는 아름다운 무늬(文)로 밝음(明)을 이루니, 용 또한 밭에 나타난 것이다.

['終日乾乾', 與時偕行.] '시時'는 곧 천시天時이다. '해偕'는 모두라는 뜻의 구俱이다. '행行'은 곧 건행健行, 즉 부지런히 행한다는 뜻이다. 셋째 양효는 양효가 또 한 자리 위로 올라간 것이니, 양기가 또 위로 올라간 것을 상징한다. 이 시기는 대략 주나라 역으로 5월과 6월에 해당하며, 하나라의 역으로는 3월과 4월에 해당하니, 초목은 때와 더불어 모두 자라난다. 천시와 더불어 모두 부지런히 힘써 게을리 하지 않는다.

['或躍在淵', 乾道乃革.] '건도乾道'는 곧 천도이다. '혁革'은 변하다는 뜻의 개改이다. 넷째 양효는 양효가 또 한 자리 위로 올라간 것이니, 양기가 또 위로 올라가 더욱 번성한 것을 상징한다. 이 시기는 대략 주나라 역으로 7월과 8월에 해당하며, 하나라의 역으로는 5월과 6월에 해당하니, 따뜻한 것에서 더운 것으로 나아가 천도는 곧 변하는 것이다. 용은 때로 못 속으로 뛰어 들어가 더운 기를 피한다. 공영달은 넷째 양효는 "건괘 아랫괘에서 벗어나 윗괘로 진입하는 것이므로 혁이라 하였다(去下體, 入上體, 故云乃革)"고 해석하였고, 정이도 같은 뜻으로 해석하였다.(離下位而升上位, 上下革矣.)

['飛龍在天', 乃位乎天德.] '위位'는 당연히 입立으로 읽어야 한다. 『광아廣雅』「석고釋詁」에 "'입'은 이루다는 뜻의 성(立, 成也)"이라고 하였다. 『장자』「천지天地」에 "덕을 이루는 것을 입立이라 한다(德成之謂立)"고 하였다. '입호천덕立乎天德'은 천덕을 이루는 것을 말한다. 다섯째 양효는 양효가 위로 올라가 매우 높은 자리에 이른 것이니, 양기가 위로 올라가 크게 번성한 것을 상징한다. 이 시기는 대략 주나라 역으로 9월과 10월에 해당하며, 하나라의 역으로는 7월과 8월에 해당하니, 초목은 성장하며 천덕의 공은 이미 이루었으므로 용은 하늘을 나는 것이다.

['亢龍有悔', 與時偕極.] '해극偕極'은 모두 최고점에 이른 것이다. 꼭대기 양효는 양효가 위로 올라가 한 괘의 가장 높은 자리에 이른 것이니, 양기가 극

에 달한 것을 상징한다. 극에 이르면 반드시 쇠퇴하니, 이 시기는 대략 주나라 역으로 11월과 12월에 해당하며, 하나라의 역으로는 9월과 10월에 해당한다. 양기는 극성한 것에서 쇠하며 초목 또한 극성한 것에서 쇠하며, 용 또한 끝까지 올라가서 뉘우침이 있으니, 모두 때와 더불어 극에 이른 것이다.

[乾元 '用九', 乃見天則.] '건원乾元'은 건괘의 원덕元德을 말한다. '천칙天則'은 하늘의 법칙이니, 곧 천도가 운행하는 규율이다. 「문언」은 하늘의 원덕은 용구用九에 갖춰 있다고 여겼다. 용구는 건괘 여섯 양효의 종합이다. 여섯 양효는 자리의 순서에 따라 위로 올라가고, 양기가 시간의 순서에 따라 위로 올라가는 것을 상징하므로 '용구'는 하늘의 법칙을 나타낸 것이다. 효사의 "나타난 여러 용들의 우두머리가 없으니, 길하다(見群龍无首, 吉)"라고 한 것은 여섯 용은 우두머리가 없이 모두 하늘의 법칙에 따라 활동을 하고 있다는 말이다.

원문에서 '장藏', '명明', '행行'과 '혁革', '덕德', '극極', '칙則'은 모두 운이다.

아래에서부터 건 「문언」의 넷째 단락이다. 본 단락에서는 건괘 괘사 '원형리정'을 건괘의 4덕으로 해석하였다. 또 「단」의 내용을 가지고 건괘를 찬양하고 이어서 효사를 해석하였다.

乾 '元(亨)'者, 始而亨者也. '利貞'者, 性情也. 乾始能以美利利天下, 不言所利, 大矣哉. 大哉乾乎! 剛健中正, 純粹精也. 六爻發揮, 旁通情也. 時乘六龍, 以御天也. 雲行雨施, 天下平也.

건괘의 '원(형)'은 만물이 비롯되고 형통하다는 것이다. '이정'은 건의 성정이다. 건은 비로소 커다란 이로움으로 천하를 이롭게 할 수 있으나, 이로운 바를 말하지 않으니, 위대하기도 하다. 위대하다, 건이여! 강건하고 중정하며, 순수하고 정묘하다. 여섯 효가 변동하여, 널리 정황에 통한다. 때에 맞게 여섯 용을 타고 하늘에서 운행한다. 구름이 흐르고 비가 내리니,

천하가 평화롭다.

[乾 '元(亨)'者, 始而亨者也.] 건괘 괘사 '원형'을 해석하였다. '건원乾元' 아래에 당연히 '형亨'자가 있어야 한다. 왕인지王引之는 "위魏나라 당시에 이미 '건원' 아래에 '형'자가 떨어져 나갔다"고 하였는데(『經義述聞』), 이것은 왕필본을 근거하여 말한 것이다. '위나라 당시'가 아니라 「문언」 당시에 이미 '형'자가 빠졌다. 「단」의 '건원'을 그대로 인용하였으므로 '형'자가 빠진 것이다. '시始'는 「단」의 '만물자시萬物資始'의 시이며, 만물이 비롯된다는 말이다. 「계사」 상·1장에 "건은 위대한 시작을 행한다(乾知大始)"고 하였다. 건의 '원형'은 만물이 비롯되고 형통하다는 것이다.

['利貞'者, 性情也.] 건괘 괘사 '이정'을 해석하였다. '이정'도 「단」의 '이정'을 그대로 옮겨 적었다. '성정性情'은 이학에서 말하는 인성론적인 '성', '정'의 개념이 아니라 단순히 성격, 성질, 성미의 뜻이다. '성정'은 곧 건의 성정을 가리킨다. 만물을 이롭게 하고 바른 것이 곧 건의 성정이라는 말이다. 본 단락에서는 '원형리정'을 건괘의 4덕으로 해석하였다. 즉 "건은 만물이 비롯되고 형통하다. 만물을 이롭게 하고 바르다"고 해석한 것이다.

[乾始能以美利利天下, 不言所利, 大矣哉.] 건이 만물을 이롭게 하는 것을 찬양하였다. '미리美利'는 대리大利와 같다. 왕부지는 "'미리'는 이로움이 바른 것이다. 천하를 이롭게 하여 통하지 아니함이 없는 것이다(美利, 利之正也. 利天下無不通也)"라고 하였다. 건은 커다란 이로움으로 천하를 이롭게 하나, 이롭게 하는 바를 말하지 않으니 참으로 위대하기도 하다는 말이다.

[大哉乾乎! 剛健中正, 純粹精也.] 주희는 "'강'은 체로써 말한 것이고, '건'은 용을 겸해서 말한 것이며, '중'은 행함에 지나침도 모자람도 없는 것이며, '정'은 치우치지 않은 것이다(剛以體言, 健兼用言. 中者, 其行无過不及. 正者, 其立不偏)"라고 해석하였는데, '체용'을 가지고 해석한 것은 이학적인 해석이다. 래지덕은 "'순'은 건괘 여섯 효가 모두 순양이어서 음이 섞이지 않은 것이고, '수'는 섞이지 않아서 매우 아름다운 것이며, '정'은 섞이지 않아서

지극한 것이다(純者, 純陽而不雜以陰也. 粹者, 不雜而良美也. 精者, 不雜之極至也)"라고 하였다. 고형은 색이 물들지 않은 것을 '순純'이라 하고, 쌀이 섞이지 않은 것을 '수粹'라 하고, 쌀이 지극히 가는 것을 '정精'이라고 하였다. '강건' '중정' '순수' '정'은 래지덕의 해석처럼 건괘 여섯 효가 모두 양임을 가리켜 말한 것이다. 건이 강건하고 중정하며 순수하고 정묘한 것을 찬양하였다.

[六爻發揮, 旁通情也.] '육효'는 건괘 여섯 양효를 가리킨다. 『석문』에 『광아』를 인용하여 "휘揮는 움직이다는 뜻의 동動"이라고 하였다. '발휘發揮'는 곧 발동, 변동, 변화라는 뜻이다. 육적은 "건괘의 여섯 효가 발휘하여 변동한다(乾六爻發揮變動)"고 하였다. '방旁'은 넓다는 뜻의 광廣이다. '정情'은 정황, 상황이라는 뜻이다. 건괘의 여섯 효가 변동하여 자연과 인간의 일 등의 정황에 넓게 통한다는 말이다.

[時乘六龍, 以御天也.] 「문언」은 「단」의 "해가 들어가고 나오니, 상하 사방은 이로써 정해지며, 때에 맞게 여섯 용을 타고 하늘에서 운행한다(大明終始, 六位時成, 時乘六龍以御天)"는 구절을 다시 기술하였다. 「단」은 '대명大明'을 주어로 하여 '시승육룡'을 말하였지만, 「문언」은 '건'을 주어로 말하였다. '어御'는 운행하다는 뜻의 행行이다(순상). 즉 건이 때에 맞게 여섯 용(六爻)을 타고 하늘에서 운행한다는 말이다. '천天'은 곧 건괘의 상이다.

[雲行雨施, 天下平也.] 「단」의 내용을 인용하고 다시 덧붙여 건괘를 찬양하였다. 건이 여섯 용을 타고 하늘에서 운행하니, 하늘에서 구름이 흐르고 비가 내려 천하가 평화롭다는 말이다.

君子以成德爲行, 日可見之行也. '潛'之爲言也, 隱而未見, 行而未成, 是以君子弗'用'也.

군자는 덕을 이루는 것을 행실로 여기니, (덕을 이루는 것은) 날마다 행실에서 나타난다. '잠'이라는 말은 숨어서 나타나지 않는 것이요, (덕을) 행하고자 하여도 아직 (때가) 되지 않은 것이니, 그래서 군자는 '움직이지 않는 것'이다.

'성成'은 이루다는 성취成就의 뜻이다. '덕德'은 도덕 수양을 말하며, 내적 공부이다. 두 개의 '현見'은 나타나다는 뜻의 현현이다. 앞의 '지之'는 어於와 같다. 행行'은 행실을 말하며, 외적 행위이다. '미성未成'은 아직 때가 되지 않았다는 뜻이다. '불용弗用'은 물용勿用이다. '물勿'과 '불不(弗)'과 '무無'는 모두 '말라', '아니다', '없다'는 뜻을 가지고 있다. 「문언」은 처음 양효의 효사 '잠룡물용'을 군자가 덕행을 실행할 때가 오지 않았다고 해석한 것이다. 주희는 "'성덕'은 이미 이루어진 덕이다. 처음 양효는 이미 덕을 이루었으나 행실은 나타나지 않았을 뿐이다(成德, 已成之德也. 初九固成德, 但其行未可見爾)"고 하였다.

君子學以聚之, 問以辨之, 寬以居之, 仁以行之. 易曰 '見龍在田, 利見大人', 君德也.

군자는 배움으로 지식을 쌓고, 물어서 옳고 그름을 분별하고, 너그러움으로 편안히 머물고, 사랑으로 행한다. 『역』에 "나타난 용이 밭에 있으니, 대인을 만나보는 것이 이롭다"고 한 것은 임금의 덕이다.

[學以聚之, 問以辨之] '학學'은 보고 듣고 배우는 것이다. '취聚'는 쌓는다는 뜻의 적적이다. '지之'는 곧 지식이다. '문問'은 모르는 것을 묻는 것이다. '변辨'은 옳고 그름을 분별하는 것이다. 정이는 '지之'를 덕행으로 보고, "'학취문변'은 덕에 나아가는 것(學聚問辨, 進德也)"이라고 하였다.

[寬以居之, 仁以行之.] '관寬'은 관대하다는 뜻이다. '거居'는 안거安居, 즉 편안히 머문다는 뜻이다. '행行'은 실행하다는 뜻이다. 군자는 모든 사람들에게 관용의 덕으로 대하고, 사랑으로 실행하여 그 덕을 발휘한다는 말이

다. 둘째 양효가 '군덕君德'인 것은 바로 이와 같이 학취學聚 문변問辯하고 관거寬居 인행仁行하기 때문이다. 『중용』에도 이와 유사한 문장이 있다. 즉 "널리 배우고, 자세히 물으며, 신중히 생각하고, 밝게 분별하며, 돈독하게 행한다(博學之, 審問之, 愼思之, 明辨之, 篤行之)"고 하였다(20장).

九三, 重剛而不中, 上不在天, 下不在田, 故'乾乾'因其時而'惕', 雖危'无咎'矣.

셋째 양효는 강이 겹쳤으나 가운데 자리가 아니며, 위로는 하늘에 있지 아니하고, 아래로는 밭에 있지 아니하니, 그러므로 '부지런히 힘쓰고' 때에 따라 '두려워한다면' 비록 위태로우나 '허물이 없다'는 것이다.

[重剛而不中] '중重'은 겹치다는 뜻이다. '강剛'은 양효를 가리킨다. '중강' 에 대해 해석이 여러 가지이다. 우번은 "건과 건이 접하였으므로 중강이다 (以乾接乾, 故重剛)"라고 하였다. 건괘는 아랫괘도 건이고 윗괘도 건이며, 두 개의 건이 접하였으므로 '중강'이라고 하였다는 말이다. 공영달은 "위아래 가 모두 양이므로 중강이다(上下俱陽, 故重剛)"라고 하였다. 셋째 양효의 아 래 효인 둘째 양효와 위 효인 넷째 양효는 모두 강이므로 '중강'이라고 하였 다는 말이다. 정이는 "셋째 양효는 강이 겹쳤으므로 강이 성한 것이다(三重 剛, 剛之盛也)"라고 하여, 양이 양의 자리에 있는 것으로 해석하였다. 주희도 이를 따라 "양효가 양의 자리에 있는 것(陽爻陽位)"이라고 하였다. 즉 한 괘 에서 처음, 셋째, 다섯째는 양의 자리이고, 둘째, 넷째, 꼭대기는 음의 자리 인데, 지금 셋째 양효는 양이 양의 자리에 있으므로 '중강'이라고 하였다는 말이다. 래지덕은 "셋째 양효는 아랫괘의 위에 있고, 넷째 양효는 윗괘의 아 래에 있으니 교접하는 곳이다. 강이 강과 접하였으므로 중강이라 한다(三居 下卦之上, 四居上卦之下, 交接處, 以剛接剛, 故曰重剛)"고 하여, 셋째 양효와 넷째 양효가 접하는 것으로 '중강'을 해석하였다. 고형은 "둘째 양효는 양효

이고 강인데, 셋째 양효 또한 양효이고 강이므로 '중강'이라 한 것이다"라고
하였다. 이러한 해석은 모두 통한다. '중中'은 위 아랫괘의 가운데 자리를
가리킨다. '부중不中'은 셋째 양효는 윗괘와 아랫괘의 가운데 자리에 있지
않다는 것이며(효위), 중정中正의 도를 얻어 행하지 못하는 상이다(효상).

　[上不在天, 下不在田] '천天'은 다섯째 양효를, '전田'은 둘째 양효를 가리
킨다. 셋째 양효는 위로는 하늘의 자리(九五)에 있지 아니하고, 아래로는 땅
의 자리(九二)에 있지 아니하니, 곧 사람의 자리에 있는 것이며, 사람이 중
정中正의 도를 얻어 행하지 못하고 있으니, '부지런히 힘쓰고' 때에 따라
'두려워한다'면 비록 위태로운 지경에 처해 있으나 '허물이 없다'는 것이다.
「문언」은 '위危'를 가지고 효사의 '여厲'를 해석하였다.

九四, 重剛而不中, 上不在天, 下不在田, 中不在人, 故 '或'之. 或
之者, 疑之也. 故 '无咎'.

넷째 양효는 강이 겹쳤으나 가운데 자리가 아니며, 위로는 하늘에 있지 아
니하고, 아래로는 밭에 있지 아니하며, 가운데로는 사람에 있지 아니하니,
그러므로 '혹'이라고 하였다. 혹이라는 것은 의심하는 것이다. 그러므로
'허물이 없다'는 것이다.

　[重剛而不中] '중重'은 겹치다는 뜻이다. '강剛'은 양효를 가리킨다. '중강'
에 대해 앞에서 여러 주장을 들어 설명하였다. 정이와 주희의 설을 가지고
말하면, '중강'은 양효가 양의 자리에 있다는 것인데, 지금 넷째 양효는 양
이 음의 자리에 있는데 '중강'이라고 한 것이다. 이에 대해 주희는 "넷째 양
효는 중강이 아니다. '중重'자는 잘못 들어간 것이 아닌가 한다(九四非中剛.
重字疑衍)"고 하였다. 고형은 "셋째 양효는 양효이고 강인데, 넷째 양효 또
한 양효이고 강이므로 '중강'이라 한 것이다"라고 하였다. '중中'은 위 아랫
괘의 가운데 자리를 가리킨다. '부중不中'은 넷째 양효 역시 윗괘와 아랫괘

의 가운데 자리에 있지 않다는 것이며(효위), 중정中正의 도를 얻어 행하지 못하는 상이다(효상).

 [上不在天, 下不在田, 中不在人] '천天'은 다섯째 양효를, '전田'은 둘째 양효를, '인人'은 셋째 양효를 가리킨다. 「계사」 하·10장에 "천도도 있고, 인도도 있고, 지도도 있다. 삼재를 겸하여 둘로 하므로 여섯 효이다(有天道焉, 有人道焉, 有地道焉. 兼三才而兩之, 故六)"라고 하였는데, 이것은 한 괘 여섯 효 중, 처음(初)과 둘째(二)는 땅(地)에, 셋째(三)와 넷째(四)는 사람(人)에, 다섯째(五)와 꼭대기(上) 하늘(天)에 해당된다는 말이다. 그런데 지금 넷째 양효는 사람의 자리에 해당되는데, '가운데로는 사람에 있지 아니하다'고 한 것은 「문언」은 둘째 양효를 '밭(田)'으로, 셋째 양효를 '사람(人)'으로, 다섯째 양효를 '하늘(天)'로 여겼지, 「계사」와 같은 방식으로 해석하지 않았다는 말이다. 공영달은 "셋째와 넷째는 모두 인도人道이나, 인도 가운데 사람은 아래로 땅에 가깝고 위로는 하늘에서 멀다. 셋째 양효는 둘째와 가까우니, 아래로는 땅에 가까워 바로 인도이므로, 셋째 양효는 '중부재인'이라고 말하지 않았다. 넷째 양효는 위로 하늘에 가깝고 아래로는 땅에서 멀리 있으니, 사람이 처하는 곳이 아니므로 특별히 '중부재인'이라고 말한 것이다(三之與四, 俱爲人道, 但人道之中, 人下近於地, 上遠於天. 九三近二, 是下近於地, 正是人道, 故九三不云 '中不在人'. 九四則上近於天, 下遠於地, 非人所處, 故特云 '中不在人')"라고 하였다. '위로는 하늘에 있지 아니하고, 아래로는 밭에 있지 아니하며, 가운데로는 사람에 있지 아니하다'는 말은 넷째 양효는 다섯째 양효의 자리에도 둘째 양효의 자리에도 셋째 양효의 자리에도 있지 않다는 말이다. 그래서 '혹或'이라고 한 것이다. 「문언」은 '혹或'을 의혹의 혹惑으로 읽었다. '혹'은 의심하는 것을 내보여 정하지 않은 것이다. 그래서 '허물이 없다'는 것이다.

夫 '大人'者, 與天地合其德, 與日月合其明, 與四時合其序, 與鬼
神合其吉凶. 先天而天弗違, 後天而奉天時. 天且弗違, 而況於人
乎, 況於鬼神乎.

무릇 '대인'은 천지와 더불어 그 덕을 합하고, 해와 달과 더불어 그 밝음을
합하며, 사계절과 더불어 그 순서를 합하고, 귀신과 더불어 그 길흉을 합한
다. 하늘보다 앞서 행하나 하늘은 (대인의 뜻을) 어기지 아니하고, 하늘보
다 뒤에 행하나 (대인은) 하늘의 때를 받든다. 하늘도 어기지 않는데 하물
며 사람이겠는가! 하물며 귀신이겠는가!

다섯째 양효의 '이견대인利見大人'의 '대인'을 극력 찬양하였다. '무릇 대
인은 천지와 더불어 그 덕을 합한다'는 것은 대인의 덕이 천지의 덕만큼 넓
다는 말이다. '해와 달과 더불어 그 밝음을 합한다'는 것은 대인이 현명함은
해와 달만큼 밝다는 말이다. '사계절과 더불어 그 순서를 합한다'는 것은 대
인이 행하는 일은 사계절만큼 순서가 바르다는 말이다. '귀신과 더불어 그
길흉을 합한다'는 것은 대인이 길흉을 선견하는 것은 귀신처럼 정확하다는
말이다. '귀신'은 길흉을 행사하는 신령스런 존재이다. '하늘보다 먼저 행하
나 하늘은 어기지 않는다'는 것은 대인이 하늘보다 앞서 행하나 하늘은 대인
이 미리 하는 것을 어기지 않는다는 말이다. '하늘보다 뒤에 행하나 하늘의
때를 받든다'는 것은 대인이 하늘보다 뒤에 행하나 하늘의 때에 부합하여 일
을 행한다는 말이다. 대인이 하늘을 알고 하늘에 순응하여 움직이니, 하늘도
대인의 뜻을 어기지 않거늘 하물며 사람이 어기겠는가! 귀신이 어기겠는가!

'亢'之爲言也, 知進而不知退, 知存而不知亡, 知得而不知喪. 其
唯聖人乎! 知進退存亡而不失其正者, 其唯聖人乎!

'항'이라는 말은 나아가는 것은 알아도 물러나는 것은 알지 못하며, 생존

하는 것은 알아도 망하는 것은 알지 못하며, 얻는 것은 알아도 잃는 것은 알지 못하는 것이다. 오직 성인인 것인가! 나아가고 물러나는 것, 생존하는 것과 망하는 것을 알고 그 바른 것을 잃지 않는 것은, 오직 성인인 것인가!

꼭대기 양효의 효사를 해석한 이 문장에 대해 세 가지 해석이 있다. 하나는 『집해』, 왕필, 정이, 주희, 래지덕 등은 '지득이부지상知得而不知喪' 아래에 점을 찍어 문장을 끊었다. '항'이라는 것은 용이 하늘 끝까지 올라가 더 이상 올라 갈 곳이 없다는 말이다. 더 이상 올라 갈 곳이 없는 높은 곳에 처하여 나아가는 것은 알아도 물러나는 것은 알지 못하며, 생존하는 것은 알아도 망하는 것은 알지 못하며, 얻는 것은 알아도 잃는 것은 알지 못한다. 성인은 나아가고 물러나는 것, 생존하는 것과 망하는 것을 알아 두려움을 간직하고 그 바른 것을 잃지 않으니, 오직 성인만이 그러하다는 말이다.

또 하나는 "나아가는 것은 알아도 물러나는 것은 알지 못하며, 생존하는 것은 알아도 망하는 것은 알지 못하며, 얻는 것은 알아도 잃는 것은 알지 못하니, 그것은 오직 성인이 그러하겠는가?(성인은 그러하게 어리석지가 않다) 나아가고 물러나는 것, 생존하는 것과 망하는 것을 알고 그 바른 것을 잃지 않는 것이 오직 성인인 것이다!"라고 해석하는 것이다.

마지막 하나는, 『석문』에 "왕숙본에서는 '우인'이라 하였고, 뒤의 것은 '성인'이라 하였다(王肅本作愚人, 後結始作聖人)"고 하였다. 앞의 '성인聖人'을 어리석은 사람이라는 뜻의 '우인愚人'이라고 하였다는 것이다. '우인'은 곧 성인에 반대되는 말이다. 즉 "나아가는 것은 알아도 물러나는 것은 알지 못하며, 생존하는 것은 알아도 망하는 것은 알지 못하며, 얻는 것은 알아도 잃는 것은 알지 못하니, 곧 어리석은 사람이다. 나아가는 것과 물러나는 것, 생존하는 것과 망하는 것을 알고 그 바른 것을 잃지 않는 것이 곧 성인이다"는 말이다. 세 가지 해석은 모두 통한다.

2. 곤坤

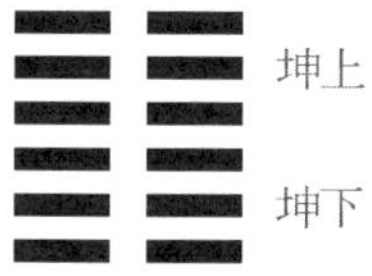

坤. 元亨. 利牝馬之貞. 君子有攸往, 先迷後得主, 利. 西南得朋,
東北喪朋. 安貞吉.
곤은 크게 형통하다. 암말이 바르니 이롭다. 군자가 갈 곳이 있어, 먼저 갈
피를 잡지 못하여 길을 잃으나 뒤에 바른 길을 얻으니 이롭다. 서남쪽은 벗
을 얻고, 동북쪽은 벗을 잃는다. 바름에 안주하면 길하다.

‘곤坤’은 괘명이며, 땅이다. ‘원元’은 크다는 뜻의 대大이다. ‘형亨’은 형통
하다는 뜻의 통通이다. ‘원형’은 크게 형통하다는 말이다. ‘빈牝’은 조수鳥獸
의 암컷이다. ‘빈마牝馬’는 암말이다. ‘정貞’은 바르다는 뜻의 정正이다. ‘이
빈마지정利牝馬之貞’은 암말이 유순하여 바르니 이롭다는 말이다. ‘군자’는
도덕 수양의 경지가 높은 사람이다. ‘유攸’는 『석문』에 “곳이라는 뜻의 소
所”라고 하였다. ‘미迷’는 갈피를 잡지 못하고 길을 잃는 것이다. 「단」은 ‘실
도失道’를 가지고 괘사의 ‘선미先迷’를 해석하였다. 즉 먼저 갈피를 잡지 못
하고 길을 잃는다는 말이다. 「단」은 ‘상常’(바른 길)을 가지고 괘사의 ‘주
主’를 해석하였다. 즉 바른 길을 얻는다는 말이다. ‘상喪’은 『석문』에 “잃다

는 뜻의 실失"이라고 하였다. '붕朋'은 벗(朋友)이다. '안정길安貞吉'은 바름
에 안주하면 길하다는 말이다.

象曰 至哉坤‘元’, 萬物資生, 乃順承天. 坤厚載物, 德合无疆. 含
弘光大, 品物咸‘亨’. ‘牝馬’地類, 行地无疆, 柔順‘利貞’. ‘君子’
攸行, ‘先迷’失道, ‘後’順‘得’常. ‘西南得朋’, 乃與類行. ‘東北喪
朋’, 乃終有慶. ‘安貞’之‘吉’, 應地无疆.

지극하다. 곤이 '크게 형통함'이여. 만물은 이것에서 생겨나느니, 곧 유순
히 하늘을 받든다. 곤은 두터이 만물을 실으니, 덕이 미치는 것이 끝이 없
다. 품은 것이 크고 넓으니, 만물은 모두 '형통하다'. '암말'은 땅과 동류이
니, 땅 위를 가는 것이 끝이 없고, 유순하여 '바르니 이롭다'. '군자'가 갈
곳이 있어 '먼저 갈피를 잡지 못하여' 길을 잃으나, '뒤에' 순조롭게 바른
길을 '얻는다'. '서남쪽은 벗을 얻는다'는 것은 곧 동류와 더불어 함께 간
다는 것이다. '동북쪽은 벗을 잃는다'는 것은 곧 마침내 경사가 있다는 것
이다. '바름에 안주하면 길하다'는 것은 (군자가) 땅에 응하는 것이 끝이
없다는 것이다.

[至哉坤‘元’, 萬物資生, 乃順承天.] 이하 괘사의 '원형元亨'을 해석하였다.
'지至'는 지극하다는 뜻의 극極이다(주희). '지재至哉'는 감탄사이며, 지극
하다는 뜻이다. '곤원坤元' 뒤에 '형亨'자가 있어야 문장이 바르다. '형'자를
생략한 것은 '품물함형品物咸亨'에서 '형'자를 들었기 때문이고, 문구를 네
글자씩 맞추었기 때문이다. 「단」은 일관되게 '원형'으로 읽고 '크게 형통하
다(大亨)'로 해석하였지 '원, 형'으로 끊어 읽지 않았다. 『역전해설』을 참고
하라. '원형'은 크게 형통하다는 뜻이며, 뒤의 '이정'과 서로 짝이 된다. '만
물'은 괘효로 말하면 64괘 384효를 가리킨다. 자연계로 말하면, 만물은 곧
땅으로부터 생겨난다는 말이다. 『주역』의 64괘는 자연계에 있어서 만물이
다. '자資'는 의지하다는 뜻의 뢰賴, 빙憑이다. '생生'은 땅이 만물을 낳는 것

이며, 공간 개념이다. '순順'은 유순하다는 뜻이며, 곤의 덕이다. '승承'은 받들다는 뜻의 봉奉, 받는다는 뜻의 수受이다. '내순승천'은 땅이 하늘을 유순히 받들어 만물을 낳고 기른다는 말이다. 건「단」에서 '만물자시'라 하고, 곤「단」에서는 '만물자생'이라고 하였는데,「단」은 하늘에서 만물이 비롯되며, 땅에서 만물이 생겨난다고 여긴 것이다.

[坤厚載物, 德合无疆.] '후厚'는 두텁다, '재載'는 싣는다, '물物'은 만물이다. 땅이 두터워 만물을 싣는다는 말이다. 『중용』에도 이와 유사한 말이 있다. "지금 땅은 … 그것이 넓고 두터움에 이르러서는 화산과 악산을 싣고 있으나 무겁지 않으며 … 만물이 실려 있다(今夫地, … 及其廣厚, 載華嶽而不重, … 萬物載焉)"고 하였다(26장). '덕德'은 곧 곤의 덕이다. '합合'자에 대해 두 가지 해석이 있다. 하나는 촉재는 "하늘에는 끝없는 덕이 있어 곤이 합하므로 '덕합무강'이라 하였다(天有无疆之德, 而坤合之, 故云德合无疆也)"고 해석하였다. 촉재는 '합'을 합한다는 뜻으로 보고, "곤의 덕이 건의 덕과 합하여 끝이 없다"고 해석한 것이다. 촉재 이후 모두 '합'을 합하다는 뜻으로 해석하였다. 또 하나는 고형의 해석이다. '합合'은 태迨자의 가차이고, 두 글자는 같은 소리 계열이며 옛날에는 통용되었다. 『설문』에 "'태'은 미치다는 뜻의 답(迨, 遝也)"이라고 하였다. 답遝은 이르다는 뜻의 급及이다. 『방언方言 · 삼三』에 "'태'는 이르다는 뜻의 급(迨, 及也)"이라고 하였다. '덕합무강'은 곧 '덕태무강德迨无疆'이다. 고형은 "땅의 덕이 만물에 널리 미쳐 끝이 없다"고 해석한 것이다. 두 가지 해석은 모두 통한다. 필자는 고형의 해석을 따랐다. '무강无疆'은 끝이 없다는 말이다.

[含弘光大, 品物咸 '亨'.] '함含'은 품는다는 뜻이다. '홍弘'은 크다는 뜻의 대大이다. '함홍'은 땅이 품은 것이 크다는 말이다. '광光'은 넓다는 뜻의 광廣으로 읽는다. 『역전』에서 '광光'은 빛(光明)과 넓다는 뜻의 광廣, 두 가지 뜻으로 사용되었다. '광光'과 '광廣'은 옛날에 통용되었다. '광대'는 땅이 품은 것이 넓다는 말이다. 정이는 '함, 홍, 광, 대'로 읽고, 이 네 가지는 곤도를 형용한 것(以含弘光大四者形容坤道)이라고 하였다. '품물品物'은 만물이

다. '함咸'은 모두라는 뜻의 개皆이다. '형亨'은 형통하다는 뜻의 통通이다. 곤은 두터이 만물을 실으니, 덕이 미치는 것이 끝이 없고, 품은 것이 크고 넓으니, 만물은 모두 형통하다는 말이다. 이상 괘사의 '원형'을 해석하였다.

['牝馬'地類, 行地无疆, 柔順'利貞'.] 이하 괘사를 해석하였다. '빈마牝馬'은 암말, '유類'는 동류라는 뜻이다. '지류地類'의 땅과 같은 부류라는 말이다. '빈마'도 '땅'도 모두 음에 속한다. '행行'은 가다는 뜻의 주走이다. '무강无疆'은 끝이 없다는 뜻이다. '행지무강'은 암말이 땅 위를 가는 것이 끝이 없다는 말이다. '유순柔順'은 암말의 성품이 유순하다는 말이다. '이정利貞'은 유순한 것이 암말의 바름이며, 암말이 유순하여 바르니 이롭다는 말이다. 「단」은 괘사의 '이빈마지정利牝馬之貞'을, 암말은 땅과 동류이니 땅 위를 가는 것이 끝이 없고, 유순한 미덕을 가지고 있어 바르니 이롭다고 해석하였다.

['君子'攸行, '先迷'失道, '後'順'得'常.] '유攸'는 소所와 같다. '행行'은 가는 것이다. '미迷'는 갈피를 잡지 못한다는 뜻이다. 「단」은 '실도'를 가지고 괘사의 '선미'를 해석하였다. '도道'는 군자가 가는 길이다. '상常'은 상도常道를 말하니, 곧 바른 길(正路)이다(고형). 「단」은 '상'을 가지고 괘사의 '주'를 해석하였다. 「단」은 괘사의 '군자유유왕君子有攸往, 선미후득주先迷後得主, 이利'를, 군자가 갈 곳이 있어, 먼저 갈피를 잡지 못하여 길을 잃으나 뒤에 순조롭게 바른 길을 얻는다고 해석하였다. 「단」은 '이利'를 해석하지 않았지만, '뒤에 순조롭게 바른 길을 얻는다' 그래서 '이롭다'는 것이다.

['西南得朋', 乃與類行.] '서남'은 서쪽과 남쪽이다. '붕朋'은 벗, '유類'는 동류이다. 「단」은 '유'를 가지고 괘사의 '붕'을 해석하였으니, 동류를 붕이라고 한다. 「단」은 괘사의 '서남득붕西南得朋'을, 서남쪽은 동류의 벗을 얻어 그와 함께 동행한다고 해석하였다. 최경은 "서방은 곤괘와 태괘의 자리이고, 남방은 손괘와 리괘의 자리이니, 두 방위는 모두 음이어서 곤괘와 동류이므로 '서남득붕'이라 하였다(西方坤兌, 南方巽離, 二方皆陰, 與坤同類, 故曰 西南得朋)"고 하였고, 정이 역시 "서남은 음방이니, 동류를 좇으므로 벗을 얻는다(西南陰方, 從其類, 得朋也)"고 해석하였는데, 이것은 「설괘」 5장의 문

장을 가지고 '서남득붕'을 해석한 것이다.

['東北喪朋', 乃終有慶.] '동북'은 동쪽과 북쪽이다. '상喪'은 잃다는 뜻의 실失이다. '경慶'은 경사이다. 「단」은 괘사의 '동북상붕東北喪朋'을, 동북쪽은 벗을 잃으니, 좋지 않은 곳이나 그 결과는 경사가 있다고 해석하였다. 경사가 있는 것은 아래 구절에서 '안정安貞'하여 '길'하기 때문이다. 최경은 "동방은 간괘와 진괘의 자리이고, 북방은 건괘와 감괘의 자리이니, 두 방위는 모두 양이어서 곤괘와 동류가 아니므로 '동북상붕'이라 하였다(東方艮震, 北方乾坎, 二方皆陽, 與坤非類, 故曰東北喪朋)"고 하였고, 정이 역시 "동북은 양방이니, 동류에서 떨어지므로 벗을 잃는다(東北陽方, 離其類, 喪朋也)"고 해석하였는데, 이 역시 「설괘」 5장의 문장을 가지고 '동북상붕'을 해석한 것이다.

['安貞'之'吉', 應地无疆.] '안安'은 편안히 머문다는 안거安居의 뜻이다. '정貞'은 바르다는 뜻의 정正이다. '안정길'은 바름에 편안히 머물면 길하다는 말이다. 「단」은 '응지'를 가지고 '안정길'을 해석하였다. 즉 '안정길'하는 것은 '응지'하기 때문이라는 말이다. '응應'은 서로 응하는 것(相應)이다. '응지應地'는 땅과 응한다는 뜻인데, 이에 대해 해석이 여러 가지이다. 우번은 진괘의 처음 양효가 곤의 음을 이어서 땅의 도와 응하는 것(震爲應. 陽正於初, 以承坤陰, 地道應)이라 하였고, 공영달은 땅과 사람이 응하는 것(地體安靜, 而貞正人若得靜而能正, 即得其吉, 應合地之無疆)이라고 하였다. 정이는 음양이 응하는 것(陰從於陽), 래지덕은 이를 따라 양은 베풀고 음은 받는 것(陽施陰受), 진몽뢰는 사람이 땅의 무강을 본받는 것(人法地之無疆), 왕부지는 군자가 지도와 응하는 것(君子所以應地道), 주준성과 상병화는 하늘과 땅이 덕을 합하는 것(天地合德), 굴만리는 땅이 유순히 하늘을 받드는 것(地順承天)이라고 하였다. 필자는 괘사의 주어가 군자이므로 군자가 지도地道와 서로 응하는 것이라고 해석하였다. '무강无疆'은 끝이 없다는 뜻이다. 「단」은 괘사의 '안정길安貞吉'을, 군자가 바름에 안주하면 길한 것은 군자가 유순한 땅에 응하는 것이 끝이 없기 때문이라고 해석하였다.

象曰 地勢坤, 君子以厚德載物.

땅의 형세는 유순하니, 군자는 이 괘상을 본받아 덕을 두터이 하여 만물을 싣는다.

[地勢坤] '지'는 곤괘의 상이며, 곤괘는 위아래가 모두 곤이다. '세勢'는 형세, 추세라는 뜻이다. 곤坤은 그 덕이 유순하다. '지세곤地勢坤'은 곧 '지세순地勢順'이며, 땅의 형세가 유순하다는 말이다. 송충은 "형세를 가지고 그 성을 말한 것(以形勢言其性也)"이라 하였고, 왕필은 "지형은 유순하지 않으나 그 형세는 유순하다(地形不順, 其勢順)"고 하였는데, 왕필 이후 모두 '곤'을 유순하다는 뜻의 순순으로 새겼다. 이렇게 새겨야 건「단」의 '천행건天行健'과 서로 짝이 된다.

[君子以厚德載物] '후厚'는 두텁다, '재載'는 싣는다는 뜻이다. '물物'은 만물이다. 땅은 천도를 받들어 그 형세는 하늘에 순응하는 것이며, 그 몸은 두터워 만물을 실을 수 있다. 군자는 이 괘상을 보고 이를 본받아 덕을 두터이 하여 모든 것을 포용한다. 『중용』에도 이와 유사한 구절이 있다. 즉 "넓고 두터움은 땅에 짝한다(博厚配地)", '넓고 두터움은 만물을 싣는 것이다(博厚所以載物也)"라고 하였다(26장).「상」은 '지地'를 곤의 상으로 하여, 그 유순한 덕을 나타내었다.

정이는 "곤도의 큼은 건과 같으니, 성인이 아니면 누가 체득할 수 있겠는가? 땅은 두텁고 그 형세는 유순하므로, 유순하고 두터운 상을 취하여 '지세곤'이라고 말하였다. 군자는 곤의 두터운 상을 보고, 깊고 두터운 덕으로 만물을 포용하여 싣는다(坤道之大猶乾也, 非聖人孰能體之? 地厚而其勢順傾, 故取其順厚之象, 而云地勢坤也. 君子觀坤厚之象, 以深厚之德, 容載庶物)"고 하였다.

初六. 履霜, 堅冰至.
처음 음효는 서리를 밟으니, 굳은 얼음이 언다.

'이履'는 밟는다는 뜻의 천踐이다. '상霜'은 서리이며, 음기가 처음 엉기는 것을 나타낸다. '견堅'은 굳다는 뜻의 고固이다. '견빙堅冰'은 굳은 얼음이다. '지至'는 장차 이른다는 뜻이며 필연의 세를 나타낸다.

象曰 '履霜堅冰', 陰始凝也. 馴致其道, 至 '堅冰'也.
'처음 음효가 서리를 밟는다'는 것은 음이 비로소 엉긴다는 것이다. 그 도를 순순히 미루어 '굳은 얼음'에 이르는 것이다.

주희는 "『위지』에 '초육이상初六履霜'이라고 하였는데, 지금 이것을 따른다(魏志作 '初六履霜', 今當從之)"고 하였다. 「상」의 '이상견빙履霜堅冰'은 당연히 '초육이상初六履霜'으로 해야 맞다. 「상」은 '음시응陰始凝'을 가지고 효사의 '이상履霜'을 해석한 것이다. '시始'는 처음 음효를 가리킨다. 처음 음효는 음이 한 괘의 가장 아래에 있으니(효위), 음기가 처음 엉기는 상이다(효상). '응凝'은 응결하다는 뜻이다. '순馴'은 순하다는 뜻의 순순과 같다(구가역). 『석문』에 향수는 "따르다는 뜻의 종從"이라고 하였다. '치致'는 밀다는 뜻의 추推이다. '도道'는 곧 서리에서 얼음에 이르는 도, 즉 자연 규율이다. 이 구절은 본래 '堅冰之至, 馴致其道也'가 되어야 하는데(진고응), 운을 맞추기 위해 의도적으로 도치하였다. '응凝', '빙冰'과 다음 효의 '방方', '광光'은 운이다. 「상」은 효사의 '이상履霜'을, 서리를 밟는다는 것은 음이 비로소 엉기는 것이라고 해석하였다. '견빙지堅冰至'는 음이 엉기는 것을 순순히 미루면, 장차 굳은 얼음이 이르게 된다고 해석하였다.

六二. 直方. 大. 不習无不利.

(「단」) 둘째 음효는 곧고 반듯하다. 크다. 익히지 않아도 이롭지 않음이 없다.

(「문언」) 둘째 음효는 곧고 반듯하니, 크게 익히지 않아도 이롭지 않음이 없다.

'직直'은 곧다, '방方'은 반듯하다, '대大'는 크다는 뜻이다. '습習'은 익히다는 뜻이다. '불습不習'은 익히지 않더라도, 저절로라는 뜻이다.

象曰 '六二'之動, '直'以'方'也. '不習无不利', 地道光也.

'둘째 음효'는 그 덕행이 '곧고' 또 '반듯하다'는 것이다. '익히지 않아도 이롭지 않음이 없다'는 것은 땅의 도가 넓고 크다는 것이다.

'동動'은 둘째 음효의 행동, 즉 덕행을 가리킨다. '이以'는 이而, 차且와 같다. '직이방直以方'은 둘째 음효의 행동이 곧고 또 반듯하다는 말이다. 「단」과 「문언」은 '직방'에서 구절을 끊어 읽었다. 고형은 "「상」에서는 '대大'자를 말하지 않았는데, 아마 「상」이 의거한 경문에는 본래 '대大'자가 없었을 것이다"라고 하였다. 굴만리는 혜정우惠定宇의 『구경고의九經古義』에서 인용하여 "정현의 고역古易에 말하기를 곤괘의 효사 '이상履霜', '직방直方', '함장含章', '괄낭括囊', '황상黃裳', '현황玄黃'은 협운이다. 그러므로 「단」과 「문언」은 '대大'를 해석하지 않았다. '대'자는 잘못 들어간 글이 아닌가 한다"고 하였다. 문일다는 뒤의 '불不'자를 따라 잘못 들어간 글이 아닌가 여겼고, 진고응은 "대大자의 모양과 뜻이 방方자와 비슷하여 잘못 들어간 것이다. 방方에는 대大의 뜻이 있다"고 하였다. 필자는 경문에 '대大'자가 없었거나 잘못 들어간 것이 아니라 '광光'이 곧 '대大'이며, '지도광地道光'은 '지도광

대地道光大'로 해야 맞다고 생각한다. 「단」에서 '함홍광대含弘光大'라 하였고, 또 셋째 음효 「상」에는 '지광대야知光大也'라고 하여, '광대光大'를 이어 쓴 것을 보면 알 수 있다. '광대光大'라 하지 않고 '광光'으로만 한 것은 곧 「상」은 모두 네 글자씩 짝으로 맞추었기 때문이다. '광光'은 넓다는 뜻의 광廣이다. 「상」은 '지도광'을 가지고 효사의 '대'를 해석하였다. '지도광대地道廣大'는 땅의 도가 넓고 커서 만물을 싣고 모든 것을 포용한다는 말이다. 「상」은 둘째 음효가 음이니 땅을 상징하므로 '지도地道'라 하였고(효상), 또 가운데 자리(中)와 바른 자리(正)에 있으므로(효위) '직直'이라 하고 '방方'이라고 한 것이다. 또 효사 '대'를 가지고 효사의 '불습무불리'를 해석하였다. 「상」은 효사의 '직방直方'을, 둘째 음효의 덕행이 곧고 또 반듯하다고 해석하였다. '불습무불리不習无不利'는 땅의 도가 넓고 커서 만물을 싣고 모든 것을 포용하고 있으니, 익히지 않더라도 저절로 그러하여 이롭지 않음이 없다고 해석하였다.

六三. 含章可貞, 或從王事, 无成有終.

(「상」) 셋째 음효는 아름다움을 품고 바를 수 있으니, 혹 왕의 일을 따라도, 이루는 것 없이 마친다.

(「문언」) 셋째 음효는 아름다움을 품고 바를 수 있으니, 혹 왕의 일을 따라도, 이루는 것은 없으나 마치는 것은 있다.

'함含'은 품는다는 뜻이다. '장章'은 아름답다는 뜻의 미美이다. '정貞'은 바르다는 뜻의 정正이다. 「문언」은 '함장가정'을 "음은 비록 아름다움이 있으나 아름다움을 품고 있다(陰雖有美含之)"고 하여, '장章'을 미美로 해석하였다. 왕필은 '含美而可貞者'라고 하여, 셋째 음효는 곤의 아름다운 덕을 품고 바를 수 있다고 해석하였다. 공영달은 "'장'은 아름답다는 뜻의 미(章, 美也)"라고 하였다. 뒷사람들은 모두 이를 따라 '장章'을 '장미章美'라고 해석하였다.

象曰 '含章可貞', 以時發也. '或從王事', 知光大也.
'아름다움을 품고 바를 수 있다'는 것은 때에 맞게 나타내는 것이다. '혹 왕의 일을 따른다'는 것은 지혜가 넓고 크다는 것이다.

'시時'는 때에 맞게 행한다는 뜻이다. '발發'은 나타내 보이는 것이다. '시발時發'은 때에 맞게 품고 있는 아름다움을 밖으로 나타낸다는 말이다. '지知'는 지혜의 지智로 읽는다. '광光'은 넓다는 뜻의 광廣이다. 「상」은 효사의 '함장가정含章可貞'을, 아름다움을 품고 있으니 반드시 때에 맞게 밖으로 나타내어서, 일을 행함에 바르게 할 수 있다고 해석하였다. '혹종왕사或從王事'는 지혜가 넓고 크므로 왕의 일에 따른다고 해석하였다. 그러나 셋째 음효는 지혜가 넓고 커서 왕의 일을 따른다 해도 이루는 것 없이 마친다고 하였다.

六四. 括囊, 无咎无譽.
넷째 음효는 주머니를 묶으니, 허물도 없고 명예도 없다.

'괄括'은 묶다는 뜻의 결結이다(우번). '낭囊'은 주머니이다. '괄낭括囊'은 주머니의 입을 묶는 것이다. '예譽'는 명예라는 뜻이다.

象曰 '括囊无咎', 愼不害也.
'주머니를 묶으니 허물이 없다'는 것은 삼가면 해가 없다는 것이다.

‘신愼’은 삼가다는 뜻이다. 「상」은 ‘신愼’으로 효사의 ‘괄낭’을, ‘불해不害’
로 ‘무구’를 해석하였다. 「상」은 효사의 ‘괄낭무구括囊无咎’를, 주머니 입을
묶으니 허물이 없다는 것은 사람이 삼가면 해가 없는 것이라고 해석하였다.

六五. 黃裳, 元吉.
다섯째 음효는 황색 치마를 입었으니, 크게 길하다.

‘황黃’은 황색을 말한다. ‘상裳’은 치마이다. ‘황상黃裳’은 존귀하고 길한
옷이다. ‘원元’은 크다는 뜻의 대大이다.

象曰 ‘黃裳元吉’, 文在中也.
‘황색 치마를 입었으니, 크게 길하다’는 것은 아름다움이 속에 있다는 것
이다.

「문언」은 “아름다움이 그 속에 있다(美在其中)”고 해석하였는데, ‘문文’은
문채文采, 곧 아름답다는 뜻의 미美이다. ‘중中’은 다섯째 음효가 윗괘의 가
운데 자리에 있다는 것이며(효위), 아름다움이 속(中)에 있는 상이다(효
상). 고형은 “옛날 사람들은 긴 저고리를 입고 아래의 치마를 가렸다”고 하
였다. 「상」은 ‘황색 치마’라는 저고리에 가려진 치마의 아름다움을 사람의
속마음의 아름다움에 비유하였다. 즉 효사의 ‘황상원길黃裳元吉’을, 황색 치
마를 입었으니 크게 길하다는 것은 사람이 아름다운 덕을 마음속에 가지고
있는 것이라고 해석하였다. 간보와 공영달은 ‘문文’을 문덕文德으로, 진고응
은 미덕美德으로, 고형은 꾸미다는 뜻의 식飾으로 해석하였는데, 이렇게 해
석하여도 모두 통한다.

上六. 龍戰于野, 其血玄黃.
꼭대기 음효는 용이 들에서 싸우니, 그 피가 검고 누렇다.

'야野'는 교외郊外이다. '현玄'은 검은 색이고, '황黃'은 누런색이다. '현
황玄黃'은 검고 누렇다는 말이다.

象曰 '龍戰于野', 其道窮也.
'용이 들에서 싸운다'는 것은 그 도가 궁하다는 것이다.

'도道'는 꼭대기 음효의 도, 즉 곤도坤道이다. '궁窮'은 궁하다는 뜻이다.
꼭대기 음효는 한 괘의 꼭대기에 있어(효위) 그 도가 궁한 상이다(효상).
「상」은 효사의 '용전우야龍戰于野'를, 용이 들에서 싸운다는 것은 꼭대기 음
효의 도가 궁한 것이라고 해석하였다.

用六. 利永貞.
용육은 영원히 바르게 하면 이롭다.

'영永'은 영구永久, 오랫동안이라는 뜻이다. '정貞'은 바르다는 뜻의 정正
이다. '이영정'은 영원히 바르게 하면 이롭다는 말이다.

象曰 '用六永貞', 以大終也.
'용육이 영원히 바르게 한다'는 것은 큰 것으로 마친다는 것이다.

'대大'는 크다, '종終'은 끝난다는 뜻이다. '대종'은 크게 일을 끝낸다는 뜻이다. 「상」은 효사 '이영정利永貞'을, 영원히 바르게 하면 크게 일을 끝낸다, 즉 덕업이 광대한 결과를 얻으므로 이롭다고 해석하였다. 주희는 '대'를 양을 가리키는 것으로 여기고, "처음은 음이고 뒤에는 양이므로 '대종'이라 하였다(初陰後陽, 故曰大終)"고 하였고, 상병화는 "양은 대이고 음은 소이다. '이대종'은 음이 극에 이르면 반드시 양으로 돌아가는 것을 말한 것이다(陽大陰小, 以大終者, 言陰極必返陽也)"라고 하였다.

文言曰 坤至柔而動也剛, 至靜而德方. 後得主而有常, 含萬物而化光. 坤道其順乎, 承天而時行.

곤은 지극히 부드러우나 운행은 강하며, 지극히 고요하나 덕은 반듯하다. 뒤에 주인을 얻어 일정한 도가 있으며, 만물을 품어서 기르는 것이 광대하다. 곤의 도는 그 유순한 것인가! 하늘을 받들어 때에 맞게 운행한다.

[坤至柔而動也剛] '유유柔'는 부드럽다는 뜻이며, 곤의 덕성이다. '동動'은 곤의 운행을 말한다. '강剛'은 강하다는 뜻이다. 땅은 하늘을 유순히 받들므로 그 덕은 지극히 부드럽고, 그 운행은 만물을 낳고 기르니 강剛하다. 공영달은 "여섯 효 모두 음인 것이 지극히 부드러운 것이다. 몸은 비록 지극히 부드러우나 움직이는 것은 강하다(六爻皆陰是至柔也. 體雖至柔而運動也剛)"고 하였다.

[至靜而德方] '정靜'은 고요하다는 뜻이며, '방方'은 반듯하다는 뜻이다. 옛날 사람들은 하늘은 움직이나 땅은 고요하며(天動地靜), 하늘은 둥그나 땅은 반듯하다(天圓地方)고 믿었다. 공영달은 "땅은 움직이지 않는 것이 지극히 고요한 것이고, 만물을 낳되 그릇되지 않는 것이 덕은 반듯할 수 있는 것이다(地體不動是至靜, 生物不邪是德能方正)"라고 하였다.

[後得主而有常] 괘사의 '君子有攸往, 先迷後得主'를 해석한 것이다.' 괘사는

본래 군자가 길을 가는 것에 대해 말하였으나 「문언」은 땅의 도를 가지고 해석하였다. '후後'는 하늘보다 뒤에 운행한다는 것이고, '주主'는 곧 하늘을 가리킨다. '상常'은 일정한 도(常道)를 가리킨다. 즉 괘사의 '선미先迷'는 땅의 도가 하늘보다 앞서 운행하면 바른 길을 잃는 것이고, '후득주後得主'는 하늘보다 뒤에 운행하면 하늘을 주인으로 얻는다는 말이다. '유상有常'은 땅에 일정한 규율이 있게 된다는 말이다. '뒤에 주인을 얻어 일정한 도가 있다'는 것은 곧 땅이 하늘보다 뒤에 행하니, 하늘을 주인으로 얻어 일정한 규율을 갖게 된다는 말이다. 하늘은 사계절의 변화 등 일정한 도를 가지고 있고, 곤이 건에 순응하듯 땅도 하늘의 변화에 순응하여 만물을 낳고 기르는 일정한 규율을 갖게 된다는 말이다. 고형은 "천도에 춘하추동의 변화가 있은 후에 지도에는 흙과 물이 따뜻하고 덥고 서늘하고 차가운 변화가 있고, 또 초목이 태어나 자라고 이루고 늙는 변화가 있으며, 동물 또한 천도의 변화에 적응하여 자신이 살아가는 것을 변화하니, 지도와 만물은 모두 하늘을 주인으로 하는 것을 볼 수 있다"고 하였다. '後得主而有常'은 바로 뒤의 '承天而時行'과 같은 말이다.

[含萬物而化光] 「단」의 '含弘光大, 品物咸亨'을 해석하였다. '함含'은 품는다, '화化'는 화육化育, 즉 기른다는 뜻이다. '광光'은 넓다는 뜻의 광廣이다. 땅은 만물을 포용하여 기르는 것이 매우 광대하다는 말이다.

[坤道其順乎, 承天而時行.] 「단」의 '乃順承天'을 해석하였다. '시時'는 때에 맞게 일을 행한다는 것이다. '행行'은 운행이다. 곤의 도는 지극히 유순하니, 하늘의 도를 받들어 때에 맞게 운행한다는 말이다. 순상은 "하늘이 베푸는 것을 받들어, 사계절에 따라 운행한다(承天之施, 因四時而行之也)"고 하였다. 하늘은 춘하추동의 사계절의 운행이 있고, 땅은 이를 받들어 때에 맞게 자라고 무성하고 시들고 사라지게 한다는 것이다.

원문에서 '강剛', '방方', '상常', '광光', '행行'은 모두 운이다.

다음 구절은 처음 음효의 효사 '履霜, 堅冰至.'를 해석하였다.

積善之家, 必有餘慶. 積不善之家, 必有餘殃. 臣弑其君, 子弑其
父, 非一朝一夕之故, 其所由來者漸矣, 由辯之不早辯也.『易』曰
‘履霜, 堅冰至’, 蓋言順也.

선을 쌓은 집안에는 반드시 경사가 남고, 불선을 쌓은 집안에는 반드시 재앙이 남는다. 신하가 그 임금을 시해하고, 자식이 그 아비를 시해하는 것은 하루아침 하루저녁에 그렇게 되는 것이 아니니, 그 유래한 바가 점차 그렇게 된 것이요, 살펴야 할 것을 일찍 살피지 않았기 때문이다. 『역』에 이르기를 ‘서리를 밟으니, 굳은 얼음이 언다’는 것은 대개 필연적 순서를 말한 것이다.

[積善之家, 必有餘慶. 積不善之家, 必有餘殃.] ‘적선積善’은 선을 쌓는 것, ‘적불선積不善’은 불선을 쌓는 것이다. ‘경慶’은 경사, ‘앙殃’은 재앙이다. 선을 쌓은 집안에는 반드시 경사가 남고, 불선을 쌓은 집안에는 반드시 재앙이 남는다는 말이다.

[臣弑其君, 子弑其父, 非一朝一夕之故, 其所由來者漸矣, 由辯之不早辯也.] ‘시弑’는 죽이다는 뜻의 살殺이며, 아랫사람이 윗사람을 죽이는 것이다. ‘변辯’은 변辨으로 읽으며, 살피다는 뜻의 찰察이다. 『석문』에 정현은 “분별하다는 뜻의 별別”이라고 하였다. 신하가 그 임금을 시해하고, 자식이 그 아비를 시해하는 것은 하루아침 하루저녁에 그렇게 되는 것이 아니니, 그 유래한 바가 점차 그렇게 된 것이요, 살펴야 할 것을 일찍 살피지 않았기 때문이라는 말이다.

[『易』曰 ‘履霜, 堅冰至’, 蓋言順也.] ‘순順’은 처음 양효 「상」의 ‘순치기도馴致其道’의 순馴이며, 사물이 되어 가는 필연적 순서를 가리킨다. 고형은 “‘서리를 밟으니, 굳은 얼음이 언다’는 것은 곧 자연계의 일종의 필연적 순서를 말한 것이다. 이것을 인간사에 비유하면, 선이 점차 쌓여 복이 이르고, 악이 점차 쌓여 화가 이르며, 군신과 부자 간의 죄악이 점차 쌓여 신하와 자식이

그 임금과 그 아비를 시해함에 이른다는 것이니, 이것은 곧 필연적 순서라는 것이다"라고 하였다. 주희는 "옛글자에 '순'과 '신'은 통용되었다. '순'은 당연히 '신'으로 해야 한다(古字順愼通用, 按此當作愼)"고 하였다. '순順'을 신중하다는 뜻의 신愼으로 읽었는데, 이렇게 읽어도 통한다. 이 구절은 처음 음효의 효사를 자연계의 필연적 순서로 보고, 이를 인간계에 적용하여 해석하였다.

다음 구절은 둘째 음효의 효사 '直方, 大不習无不利.'를 해석하였다.

'直'其正也, '方'其義也. 君子敬以直內, 義以方外, 敬義立而德不孤. '直方, 大不習无不利', 則不疑其所行也.

'곧은 것'은 곧 바른 것이며, '반듯한 것'은 곧 올바른 것이다. 군자는 경으로써 그 안을 곧게 하고, 의로써 그 밖을 반듯하게 하니, 경과 의가 확립되면 덕은 외롭지 않다. '곧고 반듯하니, 크게 익히지 않아도 이롭지 않음이 없다'는 것은 행하는 바를 의심하지 않는다는 것이다.

['直'其正也. '方'其義也.] '직直'은 곧은 것, '정正'은 바른 것이다. '방方'은 반듯한 것, '의義'는 올바른 것이다. 공영달은 "'직기정'은 보통 곧은 것은 바른 것이라 일컫고, '방기의'는 보통 반듯한 것은 올바른 것이라고 일컫는다(直其正者, 經稱直是其正也. 方其義者, 經稱方是其義也)"고 하여, '직기정'을 직시기정, '방기의'를 방시기의라고 읽었는데, 고형은 "'기其'는 내乃와 같다"고 하였다. '곧은 것'은 곧 바른 것이며, '반듯한 것'은 곧 올바른 것이라는 말이다.

[君子敬以直內, 義以方外] '경敬'은 공경이다. '내內'는 마음속이다. 공영달은 "'내'는 마음을 말한다(內謂心也)"고 하였다. '경이직내'는 공경하는 것으로 마음속을 곧게 한다는 뜻이다. '외外'는 밖을 가리킨다. 밖은 곧 밖으로 드러나는 행동을 가리킨다. '의이방외'는 올바름으로써 밖을 반듯하게

86

한다는 뜻이다. 즉 군자는 경으로 마음을 곧게 가지고, 의로써 행동을 반듯하게 한다는 말이다.

[敬義立而德不孤] '입立'은 확립하다는 뜻이다. '불고不孤'는 외롭지 않다는 뜻이며, 효사 '직直, 방方, 대大'의 '대'를 가리킨다. 즉 경과 의가 확립되면 사람의 덕은 외롭지 않아 반드시 성대(大)하다는 말이다. 고형은 '대大'를 "잘못 들어간 글(衍文)"이라고 하였다. '덕불고德不孤'는 『논어』「이인里仁」에서 인용한 것이다. 경과 의가 확립된다는 것은 도덕적으로 완성된다는 말이다.

['直方, 大不習无不利', 則不疑其所行也.] '소행所行'은 군자가 행하는 것이며, 도덕적 실천이다. '곧고 반듯하니, 크게 익히지 않아도 이롭지 않음이 없다'는 것은 경과 의가 확립되어 도덕적으로 완성되면 군자가 행하는 것은 의심할 여지가 없다는 것이다. 이 구절은 둘째 음효의 '직방'을 윤리적으로 해석한 것이다.

다음 구절은 셋째 음효의 효사 '含章可貞, 或從王事, 无成有終'을 해석하였다.

陰雖有美, '含'之, 以從王事, 弗敢成也. 地道也, 妻道也, 臣道也. 地道 '无成', 而代 '有終'也.
음은 비록 아름다움이 있으나, 아름다움을 '품고', 왕의 일을 따라도 감히 이루지 못한다. 땅의 도요, 아내의 도요, 신하의 도이다. 땅의 도는 '이루는 것은 없으나' 하늘을 대신하여 '마치는 것은 있다'.

'미美'는 곧 효사의 '장章'이다. '대代'는 대신하다는 뜻의 체替이다. 셋째 음효는 비록 아름다움이 있으나, 아름다움을 품고, 왕업에 종사하여도 감히 이루지 못한다. 이것이 곧 땅의 도요, 아내의 도요, 신하의 도이다. 땅의 도는 이루는 것은 없으나 하늘의 대신하여 유종의 미를 이룰 수 있다는 말이다. 이 구절은 셋째 음효가 땅, 아내, 신하를 상징하니, 이들은 각각 하늘, 남편, 임금에 순응한다. '이루는 것'은 하늘, 남편, 임금이니 이루는 것은 없으나, '마치는 것'은 땅, 아내, 신하이니 마치는 것은 있다고 해석하였다.

다음 구절은 넷째 음효의 효사 '括囊, 无咎无譽.'를 해석하였다.

天地變化, 草木蕃. 天地閉, 賢人隱.『易』曰 '括囊, 无咎无譽', 蓋言謹也.

천지가 변화하니, 초목이 무성하다. 천지가 닫히니, 현인이 숨는다.『역』에 이르기를 '주머니를 묶으니, 허물도 없고 명예도 없다'는 것은 대개 근신함을 말한 것이다.

[天地變化, 草木蕃.] '천지변화'는 천지가 변화하여 봄여름이 된다는 말이다. '초목'은 모든 생물을 가리킨다. '번蕃'은 무성하다는 뜻의 무茂이다. 천지가 봄여름이 되어, 음양의 기가 서로 교류하니, 모든 생물이 번성하다는 말이다.

[天地閉, 賢人隱.] '천지폐天地閉'는 천지가 막혀서 가을 겨울이 된다는 말이다. '폐閉'는 막히다는 뜻의 색塞이다.『석문』에 "닫다는 뜻의 합闔"이라고 하였다. 천지가 가을 겨울이 되어, 음양의 기가 교류하지 않으니, 초목은 시들고 모든 일이 막힌다. 이러한 난세를 만나 현인은 은둔한다는 말이다.

[『易』曰 '括囊, 无咎无譽', 蓋言謹也.] '근謹'은 근신하다는 뜻이다. 「문언」은 넷째 음효의 '괄낭括囊'을 천지가 닫혀 현인이 은둔하는 것으로 해석하였는데, 이것은 근신의 도를 행함을 말한 것이다. '괄낭'은 근신하는 태도를 말하고, '무구무예'는 근신한 결과이다(고형).

원문에서 '번蕃', '은隱', '근謹'은 운이다.

다음 구절은 다섯째 음효의 효사 '黃裳, 元吉'을 해석하였다.

君子‘黃’中通理, 正位居體, 美在其中, 而暢於四支, 發於事業, 美
之至也.

군자는 아름다움이 마음속에 있어 사리에 통달하고, 바른 자리에서 예를
지키며, 아름다움이 마음속에 있어 사지에 이르고, 사업에 나타나니, 아름
다움이 지극한 것이다.

[君子‘黃’中通理] ‘황黃’은 효사의 ‘황상黃裳’이며, 아름다움에 비유하였다.
‘황중黃中’은 ‘미재기중美在其中’이며, 「상」의 ‘문재중文在中’과 같다. 아름
다움이 마음속에 있다는 말이다. ‘통리通理’는 사리에 통달한다는 것이다.
‘황중통리’는 아름다움이 마음속에 있어 사리에 통달한다는 말이다. 공영달
은 “황색이 가운데에 거하여 사방의 색을 아우르고, 신하의 직무를 받드니,
사물의 이치를 통달하여 아는 것이다(以黃居中, 兼四方之色, 奉承臣職, 是通
曉物理也)”라고 하여, 오행방위설을 가지고 ‘황중통리’를 해석하였다. 오행
방위설에서 황은 토土이며, 오행의 가운데 자리에 있고, 황색 역시 오색 중
에 가운데 자리에 있다. 그러나 『역전』에는 오행의 관념이 없으며, 오행을
『주역』의 범주에 끌어들인 것은 전한의 경방京房(B.C. 77~37)이었다.

[正位居體] ‘정위正位’는 바른 자리 즉 존위尊位이며, 다섯째 음효의 자리
를 가리킨다. 다섯째 음효는 윗괘의 가운데 자리에 있으며(효위), 군자가 바
른 자리에 있는 상이다(효상). ‘체體’에 대하여 해석이 여러 가지이다. 우번
은 “다섯째는 바로 양의 자리이므로 ‘정위’라고 하였다. 간艮은 머무는 것
(居)이다. ‘체’는 사지를 말한다. 간艮은 두 팔이고, 손巽은 두 다리이다(五
正陽位, 故曰正位. 艮爲居. 體, 謂四支也. 艮爲兩肱, 巽爲兩股)”라고 하여, ‘체’
를 사지四肢로 보고, 간·손 두 괘를 가지고 설명하였다. 공영달은 “가운데
에 거하여 바른 자리를 얻은 것이 ‘정위’이고, 윗괘의 가운데 자리에 처한
것이 ‘거체’이다(居中得正是正位也. 處上體之中是居體也)”라고 하여, ‘체’를
윗괘의 가운데 자리로 본 것이다. 정이는 “바른 자리에 거하나 아래의 몸이

되는 것을 잃지 않는다(居正位而不失爲下之體)"고 하였고, 주희도 "비록 존위에 있으나 하체에 머무니, '상裳'자를 해석한 뜻이다(雖在尊位而居下體, 釋裳字之義也)"라고 하였으며, 래지덕 역시 이들을 따라 "'정위'는 존위에 거하는 것이다. '체'는 건곤의 정체이다. 건양은 곧 상체이고, 곤음은 곧 하체이니, 비록 존위에 있으나 하체에 거한 것을 말한 것이다. 그러므로 의衣라 하지 않고 상裳이라 한 것이다(正位, 居尊位也. 體者, 乾坤之定體也. 乾陽乃上體, 坤陰乃下體, 言雖在尊位, 而居下體, 故不曰衣而曰裳)"라고 하였다. 이들은 '체'를 효사의 치마(裳)는 아래에 입는 옷이므로 하체下體로 본 것이며, '정위거체'는 다섯째 음효는 존위에 있으나 하체에 거하는 것이라고 해석하였다. 고형은 "'체體'는 예禮자의 가차이며, 두 글자는 옛날에 통용되었다. 『역』에도 그런 예가 있다. 「계사」 상에 '지숭례비知崇禮卑'라고 한 것을, 『석문』에 '예는 촉재가 체로 하였다(禮, 蜀才作體)'고 했고, 『집해』에서는 본래 체體로 하였다. 또 '이행기전례而行其典禮'라고 한 것을, 『석문』에서 '전례는 요신이 전체로 하였다(典禮姚作典體)'고 한 것 등이 그 증거이다. '거체居體'는 거례居禮이니, 곧 예를 지킴(守禮)을 말한 것과 같다"고 하였다. 이러한 해석은 모두 통한다. '정위거체'는 맹자의 '立天下之正位(천하의 바른 자리에 선다)'와 같으며(「등문공」 하), '天下之正位'는 곧 예禮를 가리킨다. 즉 천하의 바른 자리에 서는 것은 예를 행하는 것이라는 말이다. 필자는 맹자의 말을 들어 고형과 같이 '체'를 '예'로 읽었다.

[美在其中, 而暢於四支, 發於事業, 美之至也.] 「문언」은 '미美'를 가지고 효사의 '황黃'을 해석하였다. '창暢'은 통하다는 뜻의 통通, 이르다는 뜻의 달達이다. '지支'는 지肢로 읽으며, '사지四肢'는 손과 발이다. '창어사지'는 손과 발에 이른다는 것, 즉 행동에 나타난다는 것이다. 공영달은 "사방에 비유한 것(比于四方)"이라고 하였다. '사업'에 대해, 공영달은 "추구하는 것을 '사'라 하고, 일이 이루어지는 것을 '업'이라 한다(所營謂之事, 事成謂之業)"고 하였다. 군자는 아름다움이 마음속에 있어 사리에 통달하고, 바른 자리에서 예를 지키며, 아름다움이 마음속에 있어 행동에 나타나고 사업에 나타나니,

아름다움이 지극하다는 말이다.

이 구절은 다섯째 음효 효사의 '황상'을, 황색치마는 저고리에 가려진 치마이니, 사람의 마음속이 아름다움에 비유하여 해석하였다.

다음 구절은 꼭대기 음효의 효사 '龍戰于野, 其血玄黃'을 해석하였다.

陰疑於陽必'戰', 爲其嫌於无陽也, 故稱'龍'焉. 猶未離其類也, 故稱'血'焉. 夫'玄黃'者, 天地之雜也. 天玄而地黃.

음이 양에 견주면 반드시 '싸움'을 하게 되니, 양과 비슷하므로 '용'이라고 칭한 것이다. 여전히 음의 유에서 떨어지지 않으므로 '피'라고 칭하였다. '현황'은 하늘과 땅이 뒤섞인 것이다. 하늘은 검고 땅은 누렇다.

[陰疑於陽必'戰'] 이하 효사의 '용전우야'를 해석하였다. 주희는 "'의'는 적과 세력이 균등하여 크고 작은 차이가 없는 것을 말한다(疑, 謂鈞敵而无小大之差也)"고 하였고, 고형은 왕인지의 말을 들어 "'의疑'는 당연히 의擬로 읽어야 한다"고 하였고, 굴만리 역시 '의擬'로 읽었다. '의疑'는 견주다는 뜻의 의擬, 비교하다는 뜻의 비比이다. 맹희는 "음은 곧 꼭대기에 가까워지니, 양과 비슷하여, 반드시 양과 싸우게 된다(陰乃上薄, 疑似于陽, 必與陽戰也)"고 하였다. 꼭대기 음효는 곤괘의 꼭대기에 있으니, 음이 극성한 자리에 있다. 양과 세력이 비슷하여 서로 견줄만하니, 반드시 음과 양이 서로 싸움을 하게 된다는 말이다.

[爲其嫌於无陽也, 故稱'龍'焉.] 『집해』에는 '爲其兼于陽也'로 하여, '무无'자가 없는데, '무'자가 없어야 문장이 통한다. 두 물체가 서로 비슷한 것을 '혐嫌'이라고 한다. '혐'은 '의疑'와 같으며, '혐어양嫌於陽'은 곧 앞의 '의어양疑於陽'과 같다(왕인지). 꼭대기 음효가 극성함에 이르러 그 세력이 양과 같음을 말한 것이다. 꼭대기 음효는 극성한 음이고 그 세력은 양과 비슷하므로 효사에서 '용'이라고 칭하였다는 것이다. 「문언」은 효사의 '용전우야'를

음이 양과 세력이 비슷하여 서로 싸우는 것으로 해석하였다.

[猶未離其類也, 故稱‘血’焉.] 이하 효사의 ‘기혈현황’을 해석하였다. ‘유類’는 동류, 즉 음을 가리킨다. 순상은 “피는 음에 비유한 것(血以喩陰)”이라 하였고, 주희는 “피는 음에 속한다(血. 陰屬)”고 하였다. 꼭대기 음효는 비록 양과 세력을 견줄만하나 자신은 여전히 음의 유에서 떨어지지 않으며, 피 또한 음의 유이기 때문에 효사에서 ‘피’라고 칭하였다는 말이다.

[夫‘玄黃’者, 天地之雜也. 天玄而地黃.] ‘현玄’은 검은 색이고, ‘황黃’은 누런 색이다. ‘천지지잡’은 검은 색과 황색이 뒤섞인 색이다. 대개 하늘의 색은 검고 땅의 색은 누렇다. 용의 피가 하늘과 땅의 색이 혼합된 색, 즉 검은색과 누런색이 뒤섞인 색이라는 말이다.

이 구절은 꼭대기 음효 효사의 ‘용이 들에서 싸우는 것’은 꼭대기 음효가 음의 극성한 자리에 있어 양과 세력이 비슷하여, 음양이 서로 싸우는 것이라고 해석하였다.

3. 준屯

屯. 元亨, 利貞. 勿用有攸往. 利建侯.

준은 크게 형통하고, 바르게 하여 이롭다. 갈 곳이 있어도 가지 말라. 제후를 세우면 이롭다.

'준屯'은 괘명이며, 어렵다는 뜻의 난難, 모으다는 뜻의 취聚이다. 「단」은 '원형이정'을 '원형, 이정'으로 읽었다. '원元'은 크다는 뜻의 대大, '형亨'은 형통하다는 뜻의 통通, '이利'는 이롭다, '정貞'은 바르다는 뜻의 정正이다. '원형'은 크게 형통하다, '이정'은 바르게 하여 이롭다는 뜻이다. '건建'은 세우다는 뜻의 입立이다. '후侯'는 제후이다. '건후建侯'는 제후를 세우는 것이다.

象曰 屯, 剛柔始交而難生, 動乎險中, 大'亨貞'. 雷雨之動滿盈, 天造草昧. 宜'建侯'而不寧.

① 준은 강유가 처음 교합하여 어려움이 생겨난 것이다. 험난한 가운데 움

직이니, 크게 '형통하고 바르다.' 우레와 비의 움직임이 (천지 사이에) 가득하니, 하늘의 조화가 어지럽고 어둡다. (이러한 때에) 마땅히 '제후를 세울 것'이니 편안함을 도모해서는 안 된다.

② 준은 강유가 처음 교합하여 어려움이 생겨난 것이다. 험난한 가운데 움직이니, 크게 '형통하고 바르다.' 우레와 비의 움직임이 (천지 사이에) 가득하니, 하늘은 초목을 만들었다. 마땅히 '제후를 세울 것'이니 (그렇게 하면) 크게 편안할 것이다.

[屯] 괘명이다. '둔'과 '준' 두 가지 발음이 있다. '둔'으로 읽으면 모으다, 축적하다, 주둔하다는 뜻이고, '준'으로 읽으면 어렵다, 망설이다, 머뭇거리며 나아가지 못하다는 뜻이다. 「서괘」에 "'준'은 사물이 처음 생겨나는 것(屯者, 物之始生也)"이라고 하였다. 『설문』에 "'준'은 어렵다는 뜻의 난이다. 초목이 처음 생겨남에 어렵고 또 어려움을 나타낸다. 초屮가 일一을 뚫은 것으로 되어 있으니, 굽어 있는 것이다. 일一은 땅이다(屯, 難也. 象草木之初生, 屯然而難. 从屮貫一, 屈曲之也. 一, 地也)"라고 하였다. '준屯'자의 위 일一은 땅이고, 아래의 초屮는 땅을 뚫고 나오는 싹이 굽어 있는 것을 나타낸 것이며, 이것은 사물이 처음 나올 때 매우 어렵다는 것을 상징하는 것이라는 말이다. 주희는 "'준'은 어렵다는 것이고, 사물이 처음 생겨나 통하지 않는다는 뜻이다. 그러므로 이 글자는 싹이 땅을 뚫고 처음 나와 아직 펴지 못하는 것을 상징한다(屯, 難也. 物始生而未通之意. 故其爲字, 象屮穿地始出而未申也)"고 하였다. 「단」은 어렵다는 뜻의 난難으로, 「상」 역시 이 뜻으로 새겼으나, 다섯째 양효만 모으다(聚)는 뜻으로 새겼다. 괘명으로 '준'이라고 발음한다.

[剛柔始交而難生] 괘상으로 괘명을 해석하였다. 「단」은 『설문』과 같이 '준屯'을 어렵다는 뜻의 난難으로 새겼다. '강'은 양이고, '유'는 음이다. '강유시교剛柔始交'는 음양이 처음으로 교합한다는 것이며, 음양이 처음 교합하여 어려움이 생겨난다는 말이다. 준괘는 윗괘가 감坎이고 아랫괘는 진震이

다. 감은 음괘이고 진은 양괘이다. 감은 비(雨)이고 진은 우레(雷)이다. 준괘의 괘상은 우레와 비가 함께 일어나는 것이니, 음양이 처음 교합하여 어려움이 생겨난다는 말이다. 또 '강'은 건이고, '유'는 곤이다. 준괘는 건곤 두 괘가 서로 배합하여 이루어진 첫 번째 괘이므로 천지가 처음 교합하는 것을 상징한다. 천지의 처음 교합이 순조롭지 않으므로 어려움이 생겨난다는 말이다.

[動乎險中, 大'亨貞'.] 괘덕으로 괘사의 '원형리정'을 해석하였다. 준괘는 아랫괘가 진震이고 윗괘는 감坎이다. 진은 움직임(動)이고 감은 험난함(險)이다. 그런즉 준괘는 '험난한 가운데 움직이는 것'이다. '대형정大亨貞'은 괘사의 '원형리정'을 해석한 것이며, '크게 형통하고 바르다'는 뜻이다. 「단」은 '이利'를 말하지 않았지만, '크게 형통하고, 바르다' 그러므로 '이롭다'고 여긴 것이다. 즉 '바르게 하여 이롭다'는 것이다. 「단」은 괘사 '원형, 리정'을, 험난한 가운데 움직이니, 크게 형통하고, 바르게 하여 이롭다고 해석하였다.

[雷雨之動滿盈] 이하 괘사 '물용유유왕'을 해석하였다. 준괘는 아랫괘가 진震이고 윗괘는 감坎이다. 진은 우레(雷)이고 감은 비(雨)이다. 그런즉 준괘의 괘상은 우레와 비가 함께 일어나는 것이며, 이것이 곧 '우레와 비가 움직인다(雷雨之動)'는 것이다. '만영滿盈'은 가득하다는 뜻이다. 우레와 비가 일어나는 것이 천지 사이에 가득하다는 말이다. 「설괘」 4장에 "우레로써 움직이게 하고, 비로써 윤택하게 한다(雷以動之, 雨以潤之)"고 하였는데, 이것으로 만물은 자라나는 것이다.

[天造草昧] 이 구절에는 몇 가지 해석이 있다. 첫째, 순상은 "양이 아래에서 움직이니, 어둠 속에서 사물을 만드는 것을 말한다(謂陽動在下, 造物於冥昧之中也)"고 하였다. 우번은 "'조'는 생물을 만드는 것이다. '초'는 처음 만물을 만드는 것이다(造, 造生也. 草, 草創物也)"라고 하였다. 왕필은 "준은 천지가 처음 만들 때이다. 사물을 처음 만들 때 어둠에서 시작하므로 '초매'라 하였다(屯者, 天地造始之時也. 造物之始, 始於冥昧, 故曰初昧)"라 했고, 공영달은 "'초'는 처음, '매'는 어둠을 말한다. 하늘이 만물을 처음 만드는 것은

어두울 때와 같음을 말한 것이다(草謂草創, 昧謂冥昧. 言天造萬物於草創之始, 如在冥昧之時也)"라고 하였는데, '천조초매'는 곧 하늘이 처음 만물을 만들 때는 어둡다는 말이다. 둘째, 정이는 '천조'를 시운으로(天造謂時運也), '초'는 풀이 어지러워 질서가 없는 것(草亂无倫序), '매'는 어두워 밝지 않은 것(冥昧不明)으로 해석하였고, 주희는 '천조'는 천운(天造猶言天運), '초'는 뒤섞여 어지러운 것(雜亂), '매'는 어두운 것(昧冥)으로 해석하였다. '시운時運'이나 '천운天運'은 모두 하늘의 조화이다. '천조초매'는 시운(혹은 천운)이 어지럽고 어둡다는 말이다. 즉 음양이 처음 교합하고, 험난한 가운데 움직이며, 우레와 비가 일어나니, 하늘의 조화가 어지럽고 어둡다는 말이다. 셋째, 고형은 "'초매'에 대한 옛날 해석은 모두 잘못되었다. 장병린章炳麟은 '초매는 초목의 가차(草昧借爲草木)'라고 했는데 맞는 말이다. '천조초매天造草昧'는 곧 '천조초목天造草木'이며, 우레와 비의 움직임이 천하에 가득하니 곧 하늘은 우레와 비로써 초목을 만들었다는 말이다. 해解「단」에 '우레와 비가 일어나니 백과와 초목이 모두 땅에서 나와 잎을 피운다(雷雨作而百果草木皆甲坼)'고 하였는데 이것과 같은 뜻이다"라고 하였다. 이러한 해석은 모두 통한다.「단」은 괘사 '물용유유왕'을, 우레와 비의 움직임이 천지 사이에 가득하니, 하늘의 조화가 어지럽고 어두우므로, 갈 곳이 있어도 가지 말라고 해석하였다.

[宜 '建侯'而不寧] 괘사의 '이건후利建侯'를 해석하였다. '녕寧'은 편안하다는 뜻의 안安이다. 이 구절에는 두 가지 해석이 있다. 하나는 전통적인 해석이다. 시운이 어지럽고 어두운 때를 만나 제왕은 마땅히 제후를 세워 스스로 돕게 할 것이지 편안함을 도모해서는 안 된다고 해석한 것이다. 정이는 "이러한 시운을 만나, 마땅히 제후를 세워 보조를 받으면 어려움을 넘을 수 있다. 비록 제후를 세워 스스로 보필을 받으나 또 근심하고 근면하고 조심하고 두려워하여 편안함에 처할 틈이 없으니, 성인의 깊은 경계이다(當此時運, 所宜建立輔助, 則可以濟屯. 雖建侯自輔, 又當憂勤兢畏, 不遑寧處, 聖人之深戒也)"라고 하였다. 주희 역시 "마땅히 제후를 세워 통치할 것이니, 편안할

때라고 서둘러 말해서는 안 된다(宜立君而統治, 而未可遽謂安寧之時也)"고
하였다. 또 하나는 고형의 해석이다. 고형은 "『석문』에 '정현은 이而를 능能
으로 읽었다. 능은 안安과 같다(鄭讀而爲能, 能猶安也)'고 하고 '이불영而不
寧'은 곧 '어찌 편안하지 않겠는가(安不寧)'라는 뜻으로 여겼다. 그러나 '불
不'은 당연히 비조로 읽어야 한다. 고서에서 자주 '불不'을 '비조'로 여겼다.
『이아』「석고」에 '비는 크다는 뜻의 대(조, 大也)'라고 하였다. '비영조寧'은
곧 크게 편안함(大安)이다. 준괘는 험난한 상이 있고, 나라에는 험난함이 있
으니, 마땅히 제후를 세워 나라를 호위하게 한다면 크게 편안할 것이다"라
고 하였다. 두 가지 해석은 모두 통한다.

象曰 雲雷, 屯. 君子以經綸.
구름과 우레가 준괘의 상이다. 군자는 이 괘상을 본받아 천하를 다스린다.

[雲雷, 屯.] 준괘는 윗괘가 감坎이고 아랫괘는 진震이다. 감은 구름(雲)이
고, 진은 우레(雷)이다. 그런즉 '구름과 우레가 일어나는 것'이 준괘의 상
이다.

[君子以經綸] '경륜'의 실을 잘 다듬는다(治絲)는 뜻이다. 주희는 "'경륜'
은 실을 잘 다듬는 일이다. 경은 실을 뽑아내는 것이고, 륜은 실을 가지런히
하는 것이다(經綸, 治絲之事. 經引之, 綸理之也)"라고 하였다. 이 뜻이 발전하
여 나라를 잘 다스린다는 뜻으로 사용되었다. 『중용』에 "오직 천하에 지극
히 참되어야 천하의 대경을 경륜할 수 있다(唯天下至誠, 爲能經綸天下之大
經)"고 하였다(32장). 구름과 우레가 일어나니, 천하가 어려운 상이다. '구
름과 우레가 준괘의 상'이라는 것은 「단」의 '강유가 처음 교합하는 것', '험
난한 가운데 움직이는 것', '우레와 비의 움직임이 천지 사이에 가득한 것'
과 같다. 「상」 역시 '준'을 어렵다는 뜻의 난難으로 새겼다. 군자는 이 괘상
을 보고 이를 본받아 천하의 어려움을 잘 다스린다.

정이는 "감을 비라고 하지 않고 구름이라고 말한 것은 구름은 비가 되지만 아직 비가 되지 않은 것이다. 아직 비가 되지 않았으니 그래서 준이다. 군자는 준괘의 상을 보고 천하의 일을 경륜하여 어려움을 해결한다(坎不云雨而云雲者, 雲爲雨而未成者也. 未能成雨, 所以爲屯. 君子觀屯之象, 經綸天下之事, 以濟於屯難)"고 하였다.

初九. 磐桓, 利居貞, 利建侯.
처음 양효는 머뭇거리며 나아가지 못하니, 바름에 머무르면 이롭고, 제후를 세우면 이롭다.

'반반'은 머뭇거리다, 배회하다는 뜻이고, '환桓' 역시 머뭇거리다는 뜻이다. '반환'은 머뭇거리며 나아가지 못하는 것이다. 공영달은 "나아가지 못하는 모양(不進之貌)", 주희는 "나아가기 어려운 모양(難進之貌)"이라고 하였다. '정貞'은 바르다는 뜻의 정正이다.

象曰 雖 '磐桓', 志行正也. 以貴下賤, 大得民也.
비록 '머뭇거리며 나아가지 못하고' 있으나, 뜻과 행실이 바르다. 귀한 것이 천한 것 아래에 있으니, 크게 백성을 얻는다.

'지행志行'은 뜻과 행위이다. 「상」은 '정正'으로 효사의 '정貞'을 해석하였다. '정正'은 처음 양효가 양이 양의 자리에 있으므로 바른 자리에 있다는 것이며(효위), 뜻과 행실이 바른 상이다(효상). '귀貴'는 처음 양효를 가리키고, '천賤'은 둘째, 셋째, 넷째 음효를 가리킨다. 처음 양효는 양이고, 그 나머지는 모두 음이다. 양은 임금이고 귀하나, 음은 백성이고 천하다. 처음 양효는 둘째, 셋째, 넷째 음효의 아래에 있으니(효위), 이것은 곧 귀한 것이

천한 것 아래에 있고, 자신을 낮추어 백성을 대하니 크게 민심을 얻는 상이
다(효상). 「상」은 효사의 '반환磐桓'을, 처음 양효는 비록 머뭇거리며 나아
가지 못하고 있으나, 양이 양의 자리에 있으므로 뜻과 행실은 바르다고 해
석하였다. '이건후利建侯'는 세워진 제후가 귀한 사람이면서 천한 사람들 아
래에 있으니, 겸허한 태도로 백성을 대하므로 크게 백성을 얻는다고 해석하
였다.

六二. 屯如邅如, 乘馬班如, 匪寇婚媾. 女子貞不字, 十年乃字.
둘째 음효는 어려워하여 머뭇거리며, 말을 타고 선회하니, 도적이 아니라
혼인하는 것이다. 여자가 바르게 하여 허혼하지 않다가 십 년이 되어 곧 허
혼한다.

'준屯'은 어렵다는 뜻의 난難이다. '준여屯如'는 어려워하는 모양(屯然)이
다. '전邅'은 머뭇거리다는 뜻이다. '전여邅如'는 머뭇거리는 모양(邅然)이
다.『석문』에 마음은 "가기 어려워 나아가지 못하는 모양(難行不進之貌)"이
라고 하였다. '반班'은 선회하다는 뜻의 선旋이다. 공영달은 "선회하여 나아
가지 못하는 것(班旋不進也)"이라고 하였다. '반여班如'는 선회하는 모양(般
然)이다. 옛말에 '반사班師'는 회군하다는 뜻이며, '반班'을 반般으로 읽어
'반사般師' 역시 회군하다는 뜻이다.『석문』에 "정현본에는 반으로 하였다
(鄭本作般)"고 하였다. '비匪'는 비非로 읽는다. '혼구婚媾'는 혼인婚姻과 같
다. '정貞'은 바르다는 뜻의 정正이다. '자字'는 결혼을 승낙하다, 허혼하다
(許嫁)는 뜻이다(고형).

象曰 '六二'之難, 乘剛也. '十年乃字', 反常也.
'둘째 음효'가 어려운 것은 강을 탔기 때문이다. '십 년이 되어 곧 허혼한

다'는 것은 일상의 도로 되돌아온다는 것이다.

「상」은 '난難'으로 효사의 '준屯'을 해석하였다. '난難'은 효사의 '준여전
여屯如邅如', 즉 어려워하여 나아가지 못하고 머뭇거리는 '난難'이다. '승乘'
은 효가 효 위에 있는 것이며, '강剛'은 처음 양효를 가리킨다. '승강'은 유柔
가 강剛을 탔다는 것이다. 둘째 음효는 음이면서 처음 양효 위에 있으니, 곧
유승강柔乘剛이며(효위), 어려워하여 머뭇거리며 나아가지 못하는 상이다
(효상). 유가 강을 타면 많이 흉하다. '반反'은 되돌아오다는 뜻의 반返과 같
다. '상常'은 여자가 남자를 따르는 일상적인 윤리이다. 여자가 바르게 하여
허혼하지 않다가 십 년이 되어 허혼하여, 남자를 따르는 일상의 도로 되돌
아왔다는 말이다. 「상」은 효사의 '준여전여屯如邅如'를, 어려워하여 머뭇거
리는 것은 유가 강을 탔기 때문이라고 해석하였다. '십년내자十年乃字'는 여
자가 십 년이 되어 곧 허혼하는 것은 남자를 따르는 일상의 도로 되돌아온
것으로 해석하였다. 고형은 '반反'을 어기다는 뜻의 위반違反으로 새기고,
"'십 년이 되어 곧 허혼한다'는 것은 일상의 도를 어긴 것이다"라고 해석하
였다. 이렇게 해석하여도 통한다.

六三. 卽鹿无虞, 惟入于林中, 君子幾不如舍, 往吝.
셋째 음효는 사슴을 쫓는데 몰이꾼이 없다. 사슴이 숲 속으로 들어갔으니,
군자가 기미를 보고 그만두는 것만 못하므로, 가면 어렵다.

'즉卽'은 나아가다는 뜻의 취취就이다(우번). '즉록卽鹿'은 곧 취록就鹿, 축
록逐鹿과 같으며, 사슴을 쫓는 것이다. 우번은 "'우'는 우인을 말한다. 새와
짐승을 관장하였다(虞謂虞人, 掌禽獸者)"고 하였고, 공영달은 "'우'는 우관
(虞謂虞官)"이라고 하였다. '우虞'는 관명이며, 여기에 소속된 우인虞人은
사냥할 때 새와 짐승을 쫓는 몰이꾼 역할을 하였다. '유惟'는 접속사로 '그

러나, 그런데' 하는 뜻이다. '기幾'는 낌새, 기미幾微의 뜻이다. '사舍'는 사
捨로 읽으며, 포기하다는 뜻의 기棄이다. '인吝'은 어렵다는 뜻의 난難이며,
흉함에 이르지 않은 것이다.

象曰 '卽鹿无虞', 以從禽也. '君子舍'之, '往吝'窮也.
'사슴을 쫓는데 몰이꾼이 없다'는 것은 몰이꾼 없이 사슴을 쫓는 것이다.
'군자가 이를 그만둔다'는 것은 '가면 어려워' 궁하다는 것이다.

'이以'는 이지以之의 지之를 생략한 것이며, '지之'는 몰이꾼이 없는 것을
가리킨다. '종從'은 뒤쫓다는 뜻의 축逐이다. '금禽'은 사슴을 가리킨다. '궁
窮'은 궁하다는 뜻이며, 더 이상 어떻게 할 방도가 없다는 것이다. 「상」은 효
사의 '즉록무우卽鹿无虞'를, 사슴을 쫓는데 몰이꾼이 없다는 것은 몰이꾼 없
이 사슴을 쫓는 것이라고 해석하였다. '군자기불여사君子幾不如舍, 왕린往
吝'은 군자가 기미를 보고 그만두는 것만 못하므로 가면 어려워 더 이상 잡
을 방도가 없는 것이라고 해석하였다.

六四. 乘馬班如, 求婚媾, 往吉, 无不利.
넷째 음효는 말을 타고 선회하며 혼인을 구하니, 가면 길하여 이롭지 않음
이 없다.

'반班'은 선회하다는 뜻의 선旋이다. '반여班如'는 선회하는 모양(般然)이
다. '혼구婚媾'는 혼인婚姻과 같다.

象曰 '求'而'往', 明也.
혼인을 '구하러' '가는 것'은 (앞길이) 밝다는 것이다.

'명明'은 혼인을 구하러 가는 앞길이 밝다는 뜻이다. 「상」은 효사의 '구혼
구求婚媾, 왕길往吉'을, 혼인을 구하러 가면 혼인이 성사될 것이므로 앞길이
밝다고 해석하였다. 그래서 효사에서 '가면 길하여 이롭지 않음이 없다'고
한 것이다. 왕필은 '명'을 "저쪽의 상황을 아는 것(見彼之情狀也)"이라고 하
였는데, "혼인을 구하러 가는 것은 여자의 상황을 명백히 알고자 함이다"라
고 해석한 것이다. 공영달은 "처음 양효에 혼인을 구하러 가니, 처음 양효와
둘째 음효의 상황을 밝게 아는 것을 말한 것이다(言求初而往婚媾, 明識初與
二之情狀)"라고 하였는데, 넷째 음효가 혼인을 구하러 가는 것을 처음 양효
와의 '응應'으로 해석한 것이다. 그러나 처음 양효는 둘째 음효와 가까이 있
으니, 넷째 음효가 처음 양효와 둘째 음효의 상황을 밝게 알아야 한다고 해
석한 것이다.

九五. 屯其膏, 小貞吉, 大貞凶.
다섯째 양효는 재물을 쌓아두니, 작은 일에 바르면 길하나, 큰 일에 바르면
흉하다.

'둔屯'을 모으다는 뜻의 취聚, 쌓다는 뜻의 적積이다. '고膏'는 살진 고기
(肥肉)의 뜻이나 재물, 재화의 뜻으로 발전되었다. 공영달은 "고택, 은혜의
유(膏謂膏澤恩惠之類)"라고 하였는데, '고택膏澤'은 곧 은혜, 혜택의 뜻이며,
재물로 은혜 혹은 혜택을 베푸는 것이다. 「상」은 재물, 재화의 뜻으로 해석
하였다. '정貞'은 바르다는 뜻의 정正이다. '소정小貞'은 작은 일에 바르게
하는 것이고, '대정大貞'은 큰 일에 바르게 하는 것이다.

象曰 ‘屯其膏’, 施未光也.
‘재물을 쌓아둔다’는 것은 베푸는 것이 넓지 않다는 것이다.

‘시施’는 펴다는 뜻의 포布, 베풀다는 뜻의 설設이다. ‘광光’은 넓다는 뜻의 광廣이다. 「상」은 효사의 ‘둔기고屯其膏’를, 재물을 쌓아둔다는 것은 베푸는 것이 넓지 않다고 해석하였다. 이러한 사람은 작은 일은 바르게 할 수 있어 길하나, 큰 일은 바르게 할 수 없으므로 흉하다는 말이다.

上六. 乘馬班如, 泣血漣如.
꼭대기 음효는 말을 타고 선회하며, 피눈물을 줄줄 흘린다.

‘반班’은 선회하다는 뜻의 선旋이다. ‘반여班如’는 선회하는 모양(般然)이다. ‘읍혈泣血’은 피눈물을 흘리는 것이며, 슬픔이 극에 달한 것을 나타낸다. ‘연漣’은 눈물을 줄줄 흘린다는 뜻이다. ‘연여漣如’는 ‘연연漣然’과 같으며, 눈물을 줄줄 흘리는 모양이다.

象曰 ‘泣血漣如’, 何可長也.
‘피눈물을 줄줄 흘리니’ 어찌 오래 갈 수 있겠는가.

「상」은 효사의 ‘읍혈연여泣血漣如’를, 피눈물을 줄줄 흘리는 슬픔이 극에 달한 일은 오래 갈 수 없다고 해석하였다. 꼭대기 음효는 한 괘의 꼭대기에 있으니(효위), 오래 갈 수 없는 상이다(효상). 우번은 "유가 강을 타고 있으니, 오래 갈 수 없다(柔乘於剛, 故不可長也)"고 하였다.

4. 몽蒙

蒙. 亨. 匪我求童蒙, 童蒙求我. 初筮告, 再三瀆, 瀆則不告. 利貞.
몽은 형통하다. 내가 동몽에게 가서 점을 치는 것이 아니라, 동몽이 나에게 와서 점을 친다. 처음 점을 치면 알려주고, 두세 번 점을 치면 욕되게 하는 것이니, 욕되게 하면 알려주지 않는다. 바르게 하여 이롭다.

'몽蒙'은 괘명이며, 몽매하다(昧), 밝지 않다(不明)는 뜻이다. '형亨'은 형통하다는 뜻의 통通이다. '비匪'는 비非로 읽는다. '동몽童蒙'은 몽매한 어린아이, 즉 점을 보고자 하는 사람을, '나(我)'는 점을 치는 사람을 가리킨다. '서筮'는 시초점, 즉 주역점이다. '독瀆'은 더럽히다, 모독하다, 욕되다는 뜻의 욕辱이다. '정貞'은 바르다는 뜻의 정正이다. '이정利貞'은 바르게 하여 이롭다는 말이다.

象曰 蒙, 山下有險, 險而止, 蒙. 蒙'亨', 以亨行時中也. '匪我求童蒙, 童蒙求我', 志應也. '初筮告', 以剛中也. '再三瀆, 瀆則不告’, 瀆蒙也. 蒙以養正, 聖功也.

몽은 산 아래에 험난함이 있는 것이니, 험난하여 멈추는 것이 몽이다. 몽이 '형통하다'는 것은 형통한 것으로 때에 알맞게 행하기 때문이다. '내가 동몽에게 가서 점을 치는 것이 아니라, 동몽이 나에게 와서 점을 친다'는 것은 뜻이 응한다는 것이다. '처음 점을 치면 알려 준다'는 것은 강이 가운데 자리에 있기 때문이다. '두세 번 점을 치면 욕되게 하는 것이니, 욕되게 하면 알려 주지 않는다'는 것은 욕되게 하고 몽매하기 때문이다. 몽매하여 바름을 기르니, 성인의 공덕이다.

[蒙] 괘명이다. '몽蒙'은 초草와 총冡으로 되어 있다. 본뜻은 산꼭대기(冡) 위의 초목(草)이다. 산꼭대기가 초목으로 덮이고 가려져 있으므로, 몽매蒙昧, 유치幼稚, 몽폐蒙蔽의 뜻으로 발전되었다(이경지). 「서괘」에 "사물이 생겨나면 반드시 어리니, 그러므로 몽괘로 받는다. 몽은 어리다는 것이니, 사물이 어린 것이다(物生必蒙, 故受之以蒙. 蒙者, 蒙也, 物之穉也)"라고 하였다. 사물이 어리면 몽매하다. '몽'은 몽매하다는 뜻이다. 정이는 "괘는 간이 위에 있고 감이 아래에 있다. 간은 산이고 멈춤이다. 감은 물이고 험이다. 산 아래에 험난함이 있으니, 험난함을 만나 멈추어 갈 곳을 알지 못하므로 몽의 상이다. 물은 반드시 흘러가는 것인데, 처음 나와 흘러 갈 곳이 없으므로 몽이다(爲卦, 艮上坎下. 艮爲山, 爲止. 坎爲水, 爲險. 山下有險, 遇險而止, 莫知所之, 蒙之象也. 水必行之物, 始出未有所之, 故爲蒙)"라고 하였다. 「단」과 「상」은 '몽'을 몽매하다는 뜻으로 읽었다.

[山下有險, 險而止, 蒙.] 괘상과 괘덕으로 괘명을 해석하였다. 몽괘는 윗괘가 간艮이고 아랫괘는 감坎이다. 간은 산山이고 감은 험險이다. 그런즉 몽괘의 괘상은 '산 아래에 험난함이 있는 것'이다. 또 간은 멈춤(止)이다. 그런즉 몽괘는 또 '험난하여 멈추는 것'이다. 산 아래에 험난함이 있어, 험난하여 멈추고 어디로 가야할지 알지 못하니, 몽매하여 어둡다. 그래서 괘명이 '몽蒙'이다.

[蒙 '亨', 以亨行時中也.] 이하 괘사를 해석하였다. '시중時中'은 때에 알맞다는 뜻이다. 『중용』에 "군자는 때에 알맞게 행한다(君子而時中)"라고 하였다(2장). 「단」은 괘사의 '형亨'을, 몽이 형통하다는 것은 형통한 것으로 때에 알맞게 행하기 때문이라고 해석하였다. 다시 말해 때에 알맞게 행하기 때문에 형통하다는 말이다.

['匪我求童蒙, 童蒙求我', 志應也.] '응應'은 응하다는 뜻이다. 「단」은 괘사의 '비아구동몽, 동몽구아'를, 내가 동몽에게 가서 점을 치는 것이 아니라, 동몽이 나에게 와서 점을 친다는 것은 점을 치는 사람과 동몽이 서로 뜻이 응하는 것이라고 해석하였다. 『석문』에는 '래구아來求我'라고 하였다.

['初筮告', 以剛中也.] '강'은 둘째 양효를 가리키고, '중'은 가운데 자리에 있는 것을 말한다. '강중'은 둘째 양효가 아랫괘의 가운데 자리에 있다는 것이며(효위), 중정의 도를 지니고 있는 상이다(효상). 「단」은 괘사의 '초서고'를, 처음 점을 치면 알려주는 것은 둘째 양효가 가운데 자리에 있기 때문이라고 해석하였다. 왕필은 "둘째 양효는 여러 음의 주인이다. 둘째 양효가 없다면 어디에서 처음 점쳐 알려주겠는가?(二爲衆陰之主也. 无剛失中, 何由得初筮之告乎)"라고 하였는데, 처음 점을 치면 알려주는 것은 둘째 양효가 알려준다고 한 것이다. 왕필 이후 모두 이 해석을 따랐다. 래지덕은 "내(둘째 양효)가 강중의 덕을 지니고 있는데, 다섯째 음효가 또 가운데 자리에 있으며 응하니, 심지가 나와 응하여 서로 믿고 뜻이 맞는 것이다. 그래서 알려주는 것이다(我有剛中之德, 而五又以中應之, 則心志應乎我而相孚契矣, 所以當告之也)"라고 하였다. 고형은 "'처음 점을 치면 알려준다'는 것은 점을 보는 사람이 강건하고 정중正中의 일을 점에 물었기 때문"이라고 하였다. 이러한 해석은 다 통한다.

['再三瀆, 瀆則不告', 瀆蒙也.] '독瀆'은 욕되게 하다는 뜻이다. 『석문』에는 "어지럽다는 뜻의 란亂"이라고 하였다. '몽蒙'은 몽매하다는 뜻이다. 「단」은 괘사의 '재삼독, 독즉불고'를, 두세 번 점을 치면 욕되게 하는 것이니, 욕되게 하면 알려주지 않는다는 것은 점을 보는 사람이 점을 치는 사람을 욕되

게 하고 또 몽매하기 때문이라고 해석하였다. 이렇게 되면 알려주지 않는다는 말이다.

[蒙以養正, 聖功也.] 괘사의 '이정利貞'을 해석하였다. '양養'은 기르다는 뜻의 육育이다. '정正'은 곧 괘사의 정貞이다. 「단」은 괘사의 '이정'을, 몽매하여 분명하게 알지 못하나 바른 덕을 기르니, 곧 성인의 공덕이라고 해석하였다. 즉 바른 덕을 기르니 바르게 하여 이롭다는 말이다.

象曰 山下出泉, 蒙. 君子以果行育德.
산 아래에 샘이 나오는 것이 몽괘의 상이다. 군자를 이 괘상을 본받아 행동을 과감히 하고 덕을 기른다.

[山下出泉, 蒙.] 몽괘는 윗괘가 간艮이고 아랫괘는 감坎이다. 간은 산(山)이고 감은 샘(泉)이다. 그런즉 '산 아래에 샘이 나오는 것'이 몽괘의 상이다.

[君子以果行育德] '과果'는 과감하다는 뜻이다. '행行'은 행위이다. 『논어』「자로子路」에 "행동은 반드시 과감해야 한다(行必果)"고 하였다. '육育'은 기르다는 뜻의 양養이고(우번), '덕德'은 덕성이다. 산 아래에 샘이 나오니, 어디로 흘러가야 할지 모르는 상이다. 군자는 이 괘상을 보고 이를 본받아 망설임 없이 행동을 과감히 하고 물이 만물을 이롭게 하듯 덕을 기른다.

정이는 "산 아래에 샘이 나오니, 물이 흘러나와 험난함을 만나 갈 곳이 없는 것이 몽의 상이다. 사람이 몽매하고 어려서 갈 곳을 알지 못하는 것과 같다. 군자는 몽괘의 상을 보고, 행동을 과감히 하고 덕을 기른다. 물이 흘러나와 흘러 갈 수 없음을 보고 갈 곳을 과감히 결단하고, 처음 흘러 나와 향하는 바가 없음을 보고 밝은 덕을 기른다(山下出泉, 出而遇險, 未有所之, 蒙之象也. 若人蒙穉, 未知所適也. 君子觀蒙之象, 以果行育德. 觀其出而未能通行, 則以果決其所行. 觀其始出而未有所向, 則以養育其明德也)"고 하였다.

初六. 發蒙, 利用刑人, 用說桎梏, 以往吝.
처음 음효는 몽매한 사람을 깨우치니, 형인을 사용하는 것이 이롭고, 형틀
에서 벗어나게 하나, 가면 어렵다.

'발發'은 계발하다, 계몽하다는 뜻이다. '몽蒙'은 몽매한 사람을 가리킨
다. '발몽'은 계몽啓蒙과 같으며, 몽매한 사람을 깨우친다는 뜻이다. '형인
刑人'은 형벌을 주는 사람이다. '열說'은 벗어버리다는 뜻의 탈脫로 읽으며,
'용열用說'은 이탈以脫과 같다(고형). '질桎'은 족쇄이고, '곡梏'은 수갑이
다. '질곡'은 몽매함에 갇힌 것을 나타낸다. '용열질곡用說桎梏'은 형틀에서
벗어나게 한다, 즉 몽매함에서 벗어나게 한다는 뜻이다. '인吝'은 어렵다는
뜻의 난難이다.

象曰 '利用刑人', 以正法也.
'형인을 사용하는 것이 이롭다'는 것은 법을 바르게 하기 때문이다.

'이以'는 인因으로 읽는다. 「상」은 효사의 '이용형인利用刑人'을, 형인을
사용하는 것이 이롭다는 것은 형인이 법을 바르게 하기 때문이라고 해석하
였다. 몽매한 사람을 깨우치는 데는 형인이 법을 바르게 하므로 형인을 사
용하는 것이 이롭다. 형인이 몽매한 사람을 형틀(몽매함)에서 벗어나게 하
나, 몽매한 사람은 몽매함에서 벗어나기가 어렵다는 말이다.

九二. 包蒙吉, 納婦吉, 子克家.
둘째 양효는 몽매한 사람을 포용하니 길하다. 아들이 부인을 맞아들이니
길하며, 아들이 가정을 다스린다.

‘포包’는 포용包容의 뜻이다. ‘몽蒙’은 몽매한 사람이며, ‘부婦’를 가리킨다. ‘포몽包蒙’은 몽매한 사람을 포용하다는 말이다. ‘납納’은 받아들이다는 뜻이다. ‘부婦’는 부인이다. ‘납부納婦’는 자식이 부인을 받아들이는 것이다. ‘극克’은 다스리다는 뜻의 치治이다. ‘자극가子克家’는 아들이 가정을 다스린다는 뜻이다.

象曰 ‘子克家’, 剛柔接也.
‘아들이 가정을 다스린다’는 것은 강과 유가 접해 있기 때문이다.

남자는 양이고 강이며, 여자는 음이고 유이다. 아들이 아내를 얻는 것은 남녀가 서로 결합하는 것이며 강유가 서로 접하는 것이다. 「상」은 효사의 ‘자극가子克家’를, 아들이 가정을 다스린다는 것은 강과 유가 서로 접해 있기 때문이라고 해석하였다. ‘접接’에 대해 몇 가지 해석이 있다. 공영달은 둘째 양효와 여러 음(羣陰)이 접한다고 해석하였다. 정이는 둘째 양효와 다섯째 음효가 접한다고 해석하였다. 주희, 래지덕, 유백민, 진고응 등이 이를 따랐다. 고형은 둘째 양효와 셋째 음효가 접한다고 해석하였다. 공영달의 주장이라면 강과 유가 ‘접’해 있다고 말할 수 없다. 정이의 주장이라면 「상」은 ‘강유제야剛柔際也’라고 하였을 것이다. 고형의 주장이라면 ‘유가 강을 탄 것(柔乘剛)’이 되는데, 유가 강을 타면 흉한 것이므로 ‘아들이 가정을 다스리는’ 길한 일에는 합당한 해석이 될 수 없다. 굴만리는 유를 처음 음효로 보았는데, 필자는 둘째 양효와 처음 음효가 접하는 것이라고 해석하였다. 둘째 양효는 양효이고 강이며, 처음 음효는 음효이고 유이다. 둘째 양효는 처음 음효의 위에 있으니(효위), 이것이 ‘강과 유가 접해 있다(剛柔接)’는 것이며, 남녀가 서로 결합하는 상이다(효상). 아들이 몽매한 사람을 포용하여 부인으로 받아들여 가정을 다스리니 길하다는 말이다.

六三. 勿用取女, 見金夫, 不有躬, 无攸利.
셋째 음효는 여자에게 장가들지 말라. 돈 있는 남자를 보고 몸이 없으니,
이로울 것 없다.

'취取'는 『석문』에서 '취娶'로 하였다(本又作娶). '취娶'는 장가를 가는 것
이다. '금부金夫'는 돈 많은 남자이다. '궁躬'은 몸이라는 뜻의 신身이며,
'여女'의 신身이다. '불유궁不有躬'은 몸이 없다는 말이다.

象曰 '勿用取女', 行不順也.
'여자에게 장가들지 말라'는 것은 행실이 불순하기 때문이다.

'행行'은 여자의 행실, 즉 돈 있는 남자를 보고 사족을 못쓰는 것을 가리킨
다. '금부金夫'에 대해, 우번은 "둘째 양효(金夫謂二)"라 하고, "셋째 음효는
둘째 양효를 타고 있으니 행실이 불순하다(三逆乘二陽, 所行不順)"고 하였
다. 왕필은 '강부剛夫'라 하고, 꼭대기 양효로 보았으며, 공영달은 '꼭대기
양효(見金夫者, 謂上九. 以其剛陽, 故稱金夫)'를 가리키는 것이라고 하였다.
우번의 해석이 좋다. 셋째 음효는 둘째 양효 위에 있으니(효위) 유가 강을
타고 있는 것이며, 여자의 행실이 불순한 상이다(효상). 「상」은 효사의 '물
용취녀勿用取女'를, 여자에게 장가들지 말라는 것은 여자의 행실이 불순하
기 때문이라고 해석하였다. 돈 있는 남자를 보고 몸이 없는 그런 행실이 불
순한 여자에게 장가들면 이로울 것이 없다는 말이다.

六四. 困蒙, 吝.
넷째 음효는 몽매한 사람이 곤경에 처해 있으니, 어렵다.

‘곤困’은 곤경이다. ‘곤몽困蒙’은 몽매한 사람이 곤경에 처해 있다는 뜻
이다.

象曰 ‘困蒙’之‘吝’, 獨遠實也.
‘몽매한 사람이 곤경에 처하여 어렵다’는 것은 홀로 사실과 멀다는 것이다.

‘실實’은 사실이다. 「상」은 효사의 ‘곤몽린困蒙吝’을, 몽매한 사람이 곤경
에 처하여 어려운 것은 몽매하여 보는 것이 사실과 멀리 떨어져 있기 때문
이라고 해석하였다. 왕필은 ‘실’을 양으로 보았는데(陽稱實也), 공영달은
“‘실’은 둘째 양효를 말한다. 둘째 양효는 양이므로 실이라고 칭한 것이다.
셋째 음효는 둘째 양효와 가깝고, 다섯째 음효는 꼭대기 양효와 가깝고 또
둘째 양효와 응하나, 오직 넷째 음효는 둘째와 가깝지도 않고, 또 꼭대기와
도 가깝지 않으니, 그러므로 ‘독원실’이라 하였다(實謂九二之陽也. 九二以陽
故稱實也. 六三近九二, 六五近上九, 又應九二. 唯此六四旣不近二, 又不近上, 故
云獨遠實也)”고 해석하였다.

六五. 童蒙, 吉.
다섯째 음효는 어리고 몽매한 사람이니, 길하다.

‘동몽童蒙’은 어리고 몽매한 사람이다.

象曰 ‘童蒙’之‘吉’, 順以巽也.
‘어리고 몽매한 사람이 길하다’는 것은 유순하여 복종하기 때문이다.

'손巽'은 엎드리다는 뜻의 복伏이다. '이以'는 이而와 같다. '순이손順以 巽'은 유순하여 복종하는 것이다. 다섯째 음효는 꼭대기 양효 아래에 있으니 (효위), 유순한 것이 강한 것에게 복종하는 상이다(효상). 「상」은 효사의 '동몽길童蒙吉'을, 동몽이 유순하여 복종하므로 길하다고 해석하였다.

上九. 擊蒙, 不利爲寇, 利禦寇.
꼭대기 양효는 몽매한 사람을 공격하니, 도적이 되면 이롭지 않고, 도적을 막으면 이롭다.

'격擊'은 치다는 뜻의 타打이다. '몽蒙'은 몽매한 사람이며, '구寇'이다. '격몽'은 몽매한 사람을 공격하는 것이다. '구寇'는 도적이다. '어禦'는 막 다는 뜻의 거拒이다. 『석문』에는 "막다, 지키다는 뜻의 위衛"로 하였다(本又 作衛).

象曰 '利'用 '禦寇', 上下順也.
'도적을 막으면 이롭다'는 것은 상하가 순종한다는 것이다.

'용用'은 '어於'와 같다. 「상」은 효사의 '이어구利禦寇'를, 위로는 대신에 서 아래로는 백성에 이르기까지 모두 순종하여 도적을 막으니 이롭다고 해 석하였다. 몽매한 도적이 되면 이롭지 않고, 몽매한 도적을 공격하여 이를 막으면 이롭다는 말이다.

5. 수需

需. 有孚, 光亨, 貞吉. 利涉大川.

수는 믿음이 있고, 밝아서 형통하고, 바르게 하여 길하다. 큰 내를 건너면 길하다.

'수需'는 괘명이며, 기다리다는 뜻의 대待이다. 「단」은 괘사를 '유부, 광형, 정길.'로 읽었다. '부孚'는 믿음이라는 뜻의 신信이다. '유부有孚'는 믿음이 있다는 뜻이다. '광光'은 밝음(光明)이다. '형亨'은 형통하다는 뜻의 통通이다. '광형'은 밝아서 형통하다는 뜻이다. '정貞'은 바르다는 뜻의 정正이다. '섭涉'은 건너다는 뜻의 도渡이다.

象曰 需, 須也. 險在前也, 剛健而不陷, 其義不困窮矣. 需, '有孚, 光亨, 貞吉', 位乎天位, 以正中也. '利涉大川', 往有功也.

수는 기다리는 것이다. 험난함이 앞에 있으나, 강건하여 험난함에 빠지지 않으니, 마땅히 곤궁하지 않은 것이다. 수는 '믿음이 있고, 밝아서 형통하고, 바르게 하여 길하다'는 것은 임금의 자리에 위치하여 정중正中을 얻었기 때문이다. '큰 내를 건너면 길하다'는 것은 가면 공이 있다는 것이다.

[需] 괘명이다. '수需'는 우雨와 이而로 되어 있다. '이而'는 천天자가 예서隸書에서 잘못 변한 것이다(이경지). 따라서 수需는 우雨와 천天으로 되어 있으며, 이것은 괘상과 부합한다. 수괘는 윗괘가 감坎이고 아랫괘는 건乾이다. 감은 구름이고 또 우雨이며, 건은 천天이다. 구름이 하늘 위에 있으니, 때를 기다리면 비가 내려 만물이 윤택하게 된다. 그러므로 수需는 기다리다는 뜻의 대待이다. 「서괘」에 "사물이 어리면 기르지 않을 수 없으니, 그러므로 수괘로 받는다. 수는 음식의 도이다(物穉不可養也, 故受之以需. 需者, 飮食之道也)"라고 하였다. 정이는 "무릇 사물이 어리면 반드시 기름을 기다려서 이룬다. 사물이 기르는 데 필요한 것은 음식이다. 그러므로 '수는 음식의 도'라 한 것이다(夫物之幼穉, 必待養而成. 養物之所需者飮食也, 故曰 '需者, 飮食之道也')"라고 하였다. 주희는 "수는 기다리는 것이다. 건이 감을 만났으니, 건은 강건함이고 감은 험난함이다. 강이 험을 만나 서둘러 들어가 험난함에 빠지지 않으니 기다리다는 뜻이다(需, 待也. 以乾遇坎, 乾健坎險, 以剛遇險, 而不遽進以陷於險, 待之義也)"라고 하였다. 「단」과 「상」은 '수'를 기다리다는 뜻의 대待로 읽었다.

[需, 須也.] 괘명인 '수'는 기다리다는 뜻의 수須라는 말이다.

[險在前也] 괘상을 말한 것이다. 수괘는 윗괘가 감坎이고 아랫괘는 건乾이다. 감은 험난함(險)이다. 그런즉 감의 험난함이 건의 앞에 있다. 그래서 '험난함이 앞에 있다'고 하였다.

[剛健而不陷, 其義不困窮矣.] 괘덕을 말한 것이다. '강건'은 건이 강건하다는 것이다. '불함不陷'은 험난함에 빠지지 않는다는 말이다. '의義'는 마땅하다는 뜻의 의宜로 읽는다. 수괘는 아랫괘가 건乾이고 윗괘는 감坎이다. 건은 강건함(健)이다. 감은 험난함(險)이고 또 빠짐(陷)이다. 강건하여 험난함을 만나도 때를 기다려 험난함에 빠지지 않으니, 마땅히 곤궁하지 않은

것이라는 말이다.

[需, '有孚, 光亨, 貞吉', 位乎天位, 以正中也.] 괘체를 가지고 괘사를 해석하였다. '위位'는 위치하다, 자리잡다는 뜻이다. 고형은 '입立'으로 읽고 처하다는 뜻의 처處로 해석하였는데, 같은 말이다. 굴만리는 "금문은 대부분 입立을 위位로 하였다(金文多以立爲位)"고 했다. '천위天位'는 임금의 자리이며, 다섯째 양효를 가리킨다. '정正'은 양 혹은 음이 자신의 자리에 있는 것이며, '중中'은 가운데 자리이다. 다섯째 양효는 양이 천위에 있으며, 자신의 자리에 있고(正) 또 가운데 자리(中)에 있으니(효위), 이것은 임금의 자리에 처하여 정중의 덕을 지니고 있는 상이다(효상). 「단」은 괘사의 '유부, 광형, 정길'을, 믿음이 있고, 밝아서 형통하고, 바르게 하여 길하다는 것은 임금의 자리에 위치하여 정중을 얻었기 때문이라고 해석하였다.

['利涉大川', 往有功也.] 「단」은 '왕往'으로 괘사의 '섭涉'을, '공功'으로 '이利'를 해석하였다. 「단」은 괘사의 '이섭대천'을, 큰 내를 건너면 이로운 것은 가면 공이 있기 때문이라고 해석하였다.

象曰 雲上於天, 需. 君子以飮食宴樂.

구름이 하늘 위에 있는 것이 수괘의 상이다. 군자는 이 괘상을 본받아 마시고 먹으며 편안하게 즐긴다.

[雲上於天, 需.] 수괘는 윗괘가 감坎이고 아랫괘는 건乾이다. 감은 구름(雲)이고 건은 하늘(天)이다. 그런즉 '구름이 하늘 위에 있는 것'이 수괘의 상이다. 『석문』에 왕숙은 '雲在天上'으로 하였다.

[君子以飮食宴樂] '연宴'은 『석문』에 "편안하다는 뜻의 안安"이라고 하였다. 구름이 하늘 위에 있으니, 비가 되려면 때를 기다려야 한다. 군자는 이 괘상을 보고 이를 본받아 먹고 마시며 편안하게 즐기면서 때가 오기를 기다린다.

정이는 "구름의 기운이 증발하여 하늘로 올라가면 반드시 음양과 화합을 기다린 후에 비가 된다. 구름이 이제 하늘로 올라가 아직 비가 되지 않았으므로 기다린다는 뜻이다. 음양의 기가 교감하였으나 아직 비가 되지 않은 것은 군자가 재덕을 길렀으나 아직 쓰이지 않는 것과 같다. 군자는 구름이 하늘로 올라가 기다려서 비가 되는 상을 보고, 도와 덕을 간직하고 편안히 때를 기다린다. 음식을 먹으며 기체를 기르고, 편안하게 즐기며 심지를 부드럽게 하니, 이른바 편안히 머물며 명을 기다리는 것이다(雲氣蒸而上升於天, 必待陰陽和洽, 然後成雨. 雲方上於天, 未成雨也, 故爲須待之義. 陰陽之氣交感而未成雨澤, 猶君子畜其才德而未施於用也. 君子觀雲上於天, 需而爲雨之象, 懷其道德, 安以待時, 飮食以養其氣體, 宴樂以和其心志, 所謂居易以俟命也)"라고 하였다.

初九. 需于郊, 利用恒, 无咎.
처음 양효는 넓은 들에서 기다리니, 그대로 기다리면 이로워 허물이 없다.

'수需'는 기다리다는 뜻의 대待이다. '교郊'는 고을 밖(邑外)의 평평하고 넓은 들이다. '이용利用'은 이어利於와 같다(굴만리). '항恒'은 상常의 뜻이며(공영달), 하는 그대로 기다린다는 뜻이다.

象曰 '需于郊', 不犯難行也. '利用恒无咎', 未失常也.
'넓은 들에서 기다린다'는 것은 어려움을 범하지 아니하고 행한다는 것이다. '그대로 기다리면 이로워 허물이 없다'는 것은 하는 그대로 기다리는 것을 잃지 않는다는 것이다.

'불범不犯'은 범하지 않는 것이다. 왕필은 처음 양효는 윗괘인 감괘의 어려움에서 가장 멀다(最遠於難)고 하였는데, 공영달은 "어려움에서 이미 멀

리 떨어져 있으므로 어려움을 범하지 아니하고 행하는 것이다(去難旣遠, 故
不犯難而行)”라고 하였다. 정이는 “넓고 먼 곳에 처한 것은 험난함을 무릅쓰
는 것을 범하지 아니하고 행하는 것이다(處曠遠者, 不犯冒險難而行也)”라고
하였다. 「상」은 ‘상常’으로 효사의 ‘항恒’을 해석하였다. 하는 그대로 한다는
뜻이다. 「상」은 효사의 ‘수우교需于郊’를, 넓은 들에서 기다린다는 것은 어
려움을 범하지 아니하고 행하는 것이라고 해석하였다. 즉 넓은 들에서 기다
리는 것은 쉬운 일이라는 말이다. ‘이용항利用恒, 무구无咎’는 넓은 들에서
기다리는 것이 이로우니 하는 그대로 기다리는 것을 잃지 않으므로 허물이
없다고 해석하였다.

九二. 需于沙, 小有言, 終吉.
둘째 양효는 모래밭에서 기다리니, 조금 말이 있으나, 마침내 길하다.

‘사沙’는 모래밭이다. ‘소유언小有言’은 조금 말이 있다는 뜻이며, 조금 과
실이 있다는 말이다. 모래밭에서 기다리는 것이 조그마한 과실이 있다는 말
이다.

象曰 ‘需于沙’, 衍在中也. 雖 ‘小有言’, 以 ‘吉’ ‘終’也.
‘모래밭에서 기다린다’는 것은 물이 가운데로 흐르기 때문이다. 비록 ‘조
금 말이 있으나’ 길로써 마친다는 것이다.

공영달의 『정의』에는 ‘종길終吉’로 되어 있는데, 왕필본과 『집해』 등 다른
책에는 모두 ‘길종吉終’으로 되어 있다. ‘종終’은 처음 양효 「상」의 ‘행行’,
‘상常’, 앞의 ‘중中’과 뒤의 ‘청聽’, ‘정正’과 함께 운이다. ‘연衍’은 흐르다는
뜻의 유流이다(우번), ‘중’은 둘째 양효가 아랫괘의 가운데 자리에 있다는

것이며(효위), 물이 모래밭 가운데로 흐르는 상이다(효상). 「상」은 효사의 '수우사需于沙'를, 모래밭에서 기다린다는 것은 물이 모래밭 가운데로 흐르기 때문이라고 해석하였다. '소유언小有言, 종길終吉'은 모래밭에서 기다리는 것이 비록 조그마한 말이 있으나 길로써 마친다고 해석하였다.

고형은 "'연衍'은 건愆자를 생략한 글자이다. '연衍'은 과실이라는 뜻의 '건愆'으로 읽으며, 두 글자는 옛날에 통용되었다. '중中'은 안이라는 뜻의 내內와 같으며, 그 사람 자신을 가리킨다"고 하였다. 즉 효사의 '수우사需于沙'를, 모래밭에서 기다린다는 것은 과실이 자신에 있다는 것이라고 해석하였다. 이러한 해석도 통한다. 고형은 『논어』「위령공衛靈公」의 "군자는 자신을 책하고, 소인은 남을 탓한다(君子求諸己, 小人求諸人)와 같은 의미의 의리로 해석하였는데, 「상」은 상수로 해석하였다. 「상」에서 둘째와 다섯째 효에 '중中'을 사용한 곳이 모두 30곳인데, 하나같이 효위를 가지고 효상을 해석하였다.

九三. 需于泥, 致寇至.
셋째 양효는 진흙탕에서 기다리니, 도적을 불러들인다.

'니泥'는 진흙탕이다. '치致'는 끌어들이다, 불러들이다는 뜻이다. '구寇'는 도적이다. 『석문』에 정현과 왕숙은 "도적 융戎"으로 하였다. '지至'는 이르게 한다는 뜻이다.

象曰 '需于泥', 災在外也. 自我 '致寇', 敬愼不敗也.
'진흙탕에서 기다린다'는 것은 재앙이 밖에 있다는 것이다. 내가 스스로 '도적을 불러들인다'는 것은 공경하고 삼가면 그르치지 않는다는 것이다.

'재災'는 재앙이며, 도적을 가리킨다. '경신敬愼'은 공경하고 삼간다는 뜻이다. '패敗'는 망치다, 그르치다는 뜻이다. 「상」은 효사의 '수우니需于泥'를, 진흙탕에서 기다린다는 것은 재앙이 밖에 있어 장차 재앙이 밖에서 온다고 해석하였다. '치구지致寇至'는 내가 스스로 도적을 불러들이는 것이나, 공경하고 삼가면 그르치지 않는다고 해석하였다. 최경은 "진흙탕은 밖에 가까운 것이다. 셋째 양효는 감에 가깝고, 감은 위험한 도적이므로 '치구지'라고 하였다. 이것이 '재재외'이다(泥近乎外者也. 三逼於坎, 坎爲險盜, 故致寇至. 是災在外也)"라고 하였다. 즉 '외外'는 윗괘(外卦)를 가리키고, 감이 곧 도적이며, 도적이 윗괘에 있는 것이 '재앙이 밖에 있는 것'이라고 해석하였다.

六四, 需于血, 出自穴.
넷째 음효는 피에 젖어 기다리니, 움혈에서 나온다.

'혈血'은 피를 흘리는 것을 말한다. '수우혈需于血'은 피에 젖어 기다린다는 것이다. '혈穴'은 움혈(同穴)이다. '출자혈出自穴'은 움혈에서 나온다는 말이다.

象曰 '需于血', 順以聽也.
'피에 젖어 기다린다'는 것은 순순히 명을 듣는다는 것이다.

'순이청順以聽'은 순순히 명을 듣는다는 뜻이다. 넷째 음효는 다섯째 양효의 아래에 있으니(효위), 약한 자가 강한 자의 명을 듣는 상이다(효상). 「상」은 효사의 '수우혈需于血'을, 피에 젖어 기다린다는 것은 순순히 명을 듣는 것이라고 해석하였다. 주희는 "피라는 것은 죽이고 다치는 곳이고, 움

혈이라는 것은 위험하여 빠지는 곳이다. 넷째 음효는 감괘의 위험 속으로 들어가는 것이니, 그러므로 죽이고 다치는 위험한 곳에서 기다리는 상이다. 그러나 유가 그 바른 자리를 얻어, 기다리나 나아가지 않으므로, 또 움혈에서 나오는 상이다(血者, 殺傷之地. 穴者, 險陷之所. 四爻坎體入乎險矣, 故爲需于血之象. 然柔得其正, 需而不進, 故又爲出自穴之象)"라고 해석하였다.

九五. 需于酒食, 貞吉.
다섯째 양효는 술과 음식 앞에서 기다리니, 바르게 하여 길하다.

象曰 '酒食貞吉', 以中正也.
'술과 음식 앞에서 기다리니, 바르게 하여 길하다'는 것은 중정을 얻었기 때문이다.

'이以'는 인因으로 읽는다. '중中'은 다섯째 양효가 윗괘의 가운데 자리에 있다는 것이고, '정正'은 다섯째 양효는 양이 양의 자리에 있다는 것이며(효위), 중정의 덕을 지니고 있는 상이다(효상). 「상」은 효사의 '주사정길酒食貞吉'을, 술과 음식 앞에서 기다리니 바르게 하여 길하다는 것은 다섯째 양효가 중정을 얻었기 때문이라고 해석하였다.

上六. 入于穴, 有不速之客三人來, 敬之終吉.
꼭대기 음효는 움혈에 들어가면 청하지 않은 손님 세 사람이 올 것이니, 그들을 공경하면 마침내 길하다.

'혈穴'은 움혈(穴居)이다. '속速'은 『석문』에 마융이 "청하다는 뜻의 소召"라고 하였다.

象曰 ‘不速之客來, 敬之終吉’, 雖不當位, 未大失也.
‘청하지 않은 손님이 오니, 그들을 공경하면 마침내 길하다’는 것은, 비록
합당한 것은 아니나, 크게 잃지 않는다는 것이다.

『역전』은 양효가 양의 자리에, 음효가 음의 자리에 있는 것을 ‘당위當位’
라 하고, 양효가 음의 자리에, 음효가 양의 자리에 있는 것을 ‘부당위不當
位’라고 한다. 처음(初), 셋째(三), 다섯째(五)는 양의 자리이고, 둘째(二),
넷째(四), 꼭대기(上)는 음의 자리이다. 꼭대기 음효(上六)는 음효이고 음의
자리에 있으니 당위인데, 지금 「상」에서 ‘부당위’라고 하였다. 이에 대해 몇
가지 해석이 있다. 왕필은 “지위가 없는 곳에 처하는 것이 ‘부당위’이다(處
无爲之地, 不當位者也)”라고 하였다. 정이는 “음은 마땅히 아래에 있어야 하
는데, 위에 있으니 부당위이다(陰宜在下, 而居上爲不當位也)”라고 하였다. 음
은 본래 천한 것이어서 아래에 있어야 하는데, 지금 꼭대기에 있으니 ‘부당
위’고 하였다는 말이다. 그러나 주희는 “음이 꼭대기에 있는 것은 당위인데,
‘부당위’라고 하니 확실히 알 수 없다(以陰居上, 是爲當位, 言不當位, 未詳)”
고 하였다. 굴만리는 “이 ‘위位’자는 미未자와 음이 비슷하여 잘못 들어간
글자가 아닌가 한다. 뜻은 청하지 않은 손님이므로 본래 공경하는 것이 합당
하지 않으나 지금 공경하니, 비록 합당하지 않으나 또한 크게 잃지 않는다
는 것이다. ‘대실大失’은 ‘부당不當’과 응한다. 곤困「상」에서도 ‘미당야未當
也.’라고 하였다” 하고, “‘청하지 않은 손님이 오니, 그들을 공경하면 마침내
길하다’는 것은, 비록 합당한 것은 아니나 크게 잃지 않는다는 것이다”라고
해석하였다. 고형은 “‘수雖’는 당연히 유唯로 읽어야 하며, ‘부不’는 당연히
‘기其’로 해야 한다. 전문篆文에서 글자의 모양이 비슷하여 잘못되었다. 효
사는 주인이 손님을 공경하는 것은 그 자리에 합당한 것이고, 오직 당위이
므로 크게 잃는 것이 아니라는 말이다. 그래서 마침내 길하다는 것이다”라
고 하고, “‘청하지 않은 손님이 오니, 그들을 공경하면 마침내 길하다’는 것

은, 오직 합당한 자리이므로 크게 잃지 않는다는 것이다"라고 해석하였다.
이러한 해석은 모두 통한다. 필자는 굴만리의 해석을 따랐다. 「상」은 '부당
不當'으로 효사의 '경지敬之'를, '미대실'을 가지고 '종길'을 해석하였다.

6. 송訟

訟. 有孚, 窒惕, 中吉, 終凶. 利見大人. 不利涉大川.

송은 믿음이 있으나, 막혀 있어 두려워하니, 중간은 길하나, 끝은 흉하다.
대인을 만나보는 것이 이롭다. 큰 내를 건너면 이롭지 않다.

'송訟'은 괘명이며, 송사이다. '부孚'는 믿음이라는 뜻의 신信이다. '질窒'
은 막히다는 뜻의 색지塞止이다(우번). '척惕'은 두려워하다는 뜻의 구懼이
다. '섭涉'은 건너다는 뜻의 도渡이다.

象曰 訟, 上剛下險, 險而健, 訟. 訟, '有孚, 窒惕, 中吉', 剛來而得
中也. '終凶', 訟不可成 也. '利見大人', 尚中正也. '不利涉大川',
入于淵也.

송은 위는 강이고 아래는 험이니, 험난하고 강건한 것이 송이다. 송은 '믿
음이 있으나, 막혀 있어 두려워하니, 중간은 길하다'는 것은 강剛이 와서 가
운데 자리를 얻었기 때문이다. '끝은 흉하다'는 것은 송사는 이루는 것이

없기 때문이다. '대인을 만나보는 것이 이롭다'는 것은 (대인이) 중정을 숭
상하기 때문이다. '큰 내를 건너면 이롭지 않다'는 것은 연못 속으로 **빠져**
들기 때문이다.

[訟] 괘명이다. 「서괘」에 "음식에는 반드시 소송이 있게 되니, 그러므로 송
괘로 받는다(飮食必有訟, 故受之以訟)"고 하였다. 『설문』과 『석문』에 "'송'은
다투다는 뜻의 쟁(訟, 爭也)"이라고 하였다. '송訟'은 언言과 공公으로 되어
있는데, 말을 공정하게 한다는 뜻이다. 송괘는 윗괘가 건乾이고 강건하며,
아랫괘는 감坎이고 험난한 것이니, 서로 합하면 반드시 문제를 일으켜 소송
을 하게 된다. '송'은 송사라는 뜻이다. 정이는 "괘는 건이 위에 감이 아래에
있다. 두 괘상으로 말하면 하늘의 양은 위로 운행하고, 물의 성은 아래로 내
려가니, 그 운행은 서로 어긋나므로 그래서 송을 이룬다. 두 괘체로 말하면,
위는 강이고 아래는 험이다. 강과 험이 서로 접하니 송사가 없을 수 있겠는
가? 또 사람은 안으로는 험난하나 밖으로는 강건하니, 그래서 송이다(爲卦,
乾上坎下. 以二象言之, 天陽上行, 水性就下, 其行相違, 所以成訟也. 以二體言之,
上剛下險, 剛險相接, 能无訟乎? 又人, 內險阻而外剛强, 所以訟也)"라고 하였다.

[上剛下險, 險而健, 訟.] 괘상과 괘덕으로 괘명을 해석하였다. 송은 윗괘가
건乾이고 아랫괘는 감坎이다. 건은 강剛이고 강건함(健)이며 감은 험난함
(險)이다. 그런즉 송괘는 '위는 강이고 아래는 험하니'(괘상), '험난하고 강
건한 것'(괘덕)이다. 험난함과 강건함이 서로 합하여 송사가 일어난다. 그래
서 괘명이 '송'이다. 정이는 "만약 강건하나 험난하지 않으면 송사가 일어나
지 않으며, 험난하나 강건하지 않으면 송사를 할 수 없다. 험난하고 또 강건
하니, 그래서 송이다(若健而不險, 不生訟也. 險而不健, 不能訟也. 險而又健, 是
以訟也)"라고 하였다.

[訟, '有孚, 窒惕, 中吉', 剛來而得中也.] 이하 괘사를 해석하였다. '강剛'에
대해 왕필은 둘째 양효를 가리킨다고 하였는데, 공영달은 둘째 양효가 아랫
괘로 와서 아랫괘의 가운데 자리에 처하여 '송사의 주인(訟之主)'이 되었다

고 하였다. 뒷사람들은 모두 이를 따랐다. 고형은 둘째와 다섯째 양효를 가리킨다고 하였다. '래來'에 대해, 촉재는 "송괘는 둔괘遯卦를 바탕으로 하였다. 둔괘의 둘째 음효가 나아가 셋째 양효의 자리에 있게 되고, 셋째 양효는 내려와 둘째 음효의 자리에 있게 되었다. 이것이 '강래이득중'이다(此本遯卦, 二進居三, 三降居二, 是剛來而得中也)"라고 하였다. 둔괘의 둘째 음효와 셋째 양효가 자리를 바꾸어 송괘가 되었다는 말이다. 주희가 이를 따랐다. 래지덕은 "수괘와 송괘는 서로 종괘이다. 수괘의 윗괘인 감괘가 송괘의 아랫괘로 와서 거하니 둘째 양효가 가운데 자리를 얻은 것이다(需訟相綜, 需上卦之坎, 來居訟之下卦, 九二得中也)"라고 하였다. 굴만리와 유백민이 이를 따랐다. '득중得中'은 둘째 양효가 아랫괘의 가운데 자리를 얻었다는 것이며(효위), 강건한 사람이 중정의 도를 얻은 상이다(효상). '강래이득중剛來而得中'은 둘째 양효가 와서 가운데 자리를 얻었다는 말이다. 「단」은 괘사의 '유부, 질척, 중길'을, 송사는 믿음이 있으나 막혀 있어 두려워하니 중간은 길하다는 것은 둘째 양효가 와서 가운데 자리를 얻었기 때문이라고 해석하였다.

['終凶', 訟不可成也.]「단」은 괘사의 '종흉'을, 끝이 흉한 것은 송사는 이루는 것이 없기 때문이라고 해석하였다. 결국 송사는 이기든 지든 이롭지 않다는 말이다.

['利見大人', 尙中正也.]'상尙'은 숭상하다는 뜻의 숭崇이다. '중정中正'에 대해, 순상은 다섯째 양효를 가리킨다고 하였는데(五以中正之道, 解其訟也), 뒷사람들은 모두 이를 따랐다. 정이는 "중정대인은 다섯째 양효이다(中正大人, 九五是也)"라고 하였다. 고형은 둘째와 다섯째 양효를 가리킨다고 하였다. 둘째와 다섯째 양효는 양이 윗괘와 아랫괘의 가운데 자리에 있어(효위) '중정'이라고 하였으며, 곧 대인이 중정의 도를 얻은 상이다(효상).「단」은 괘사의 '이견대인'을, 대인을 만나보는 것이 이로운 것은 대인이 중정을 숭상하기 때문이라고 해석하였다.

['不利涉大川', 入于淵也.]'대천大川'은 곧 송사를 가리킨다.「단」은 괘사의 '불리섭대천'을, 큰 내를 건너면 이롭지 않은 것은 송사를 하면 깊은 연못

속으로 빠져들기 때문이라고 해석하였다.

象曰 天與水違行, 訟. 君子以作事謀始.
하늘과 물이 어긋나게 운행하는 것이 송괘의 상이다. 군자는 이 괘상을 본
받아 일을 도모함에 그 시작을 깊이 생각한다.

[天與水違行, 訟.] '위違'는 어긋나다는 뜻의 배背, '행行'은 운행하다는 뜻
의 운運이다. 송괘는 윗괘가 건乾이고 아랫괘는 감坎이다. 건은 하늘(天)이
고 감은 물(水)이다. 그런즉 하늘은 위에서 운행하고, 물은 아래에서 흐르는
것이니, '하늘과 물이 서로 어긋나게 운행하는 것'이 송괘의 상이다. 순상은
"하늘은 서쪽을 향해 운행하고, 물은 동쪽을 향해 흐른다. 위아래가 어긋나
서 운행하니, 송사를 이루는 상이다(天自西轉, 水自東流, 上下違行, 成訟之象
也)"라고 하였고, 공영달은 "천도는 서쪽을 향해 운행하고, 물은 동쪽을 향
해 흐르니, 이것은 하늘과 물이 서로 어긋나서 운행하는 것이며, 사람이 피
차 서로 어긋나는 것을 상징하므로 송사에 이르는 것이다(天道西轉, 水流東
注, 是天與水相違而行, 象人彼此兩相乖戾 故致訟也)"라고 하였다.

[君子以作事謀始] '작사作事'는 일을 도모하는 것이다. '모시謀始'는 일을
처음 시작할 때 깊이 생각한다는 뜻이다. 하늘과 물이 어긋나게 운행하니,
사람과 사람이 서로 어긋나게 행동하면 송사가 일어난다. 군자는 이 괘상을
보고 이를 본받아 일을 도모함에 반드시 그 시작을 깊이 생각하여, 분쟁의
단서를 미리 막아 뒷날에 송사가 없도록 한다.

初六. 不永所事, 小有言, 終吉.
처음 음효는 송사가 오래 가지 않으니, 조금 말이 있으나, 마침내 길하다.

'영永'은 오래라는 뜻의 장長이다. 「상」은 '장長'으로 효사의 '영永'을 해석하였다. '사事'는 송사를 가리킨다. '소유언小有言'은 조금 말이 있다는 뜻이며, 조금 과실이 있다는 말이다.

象曰 '不永所事', 訟不可長也. 雖 '小有言', 其辯明也.
'송사가 오래 가지 않는다'는 것은 송사는 오래 해서는 안 된다는 것이다. 비록 '조금 말이 있다'는 것은 분별이 분명해졌다는 것이다.

「상」은 '송訟'으로 효사의 '사事'를, '장長'으로 '영永'을 해석하였다. '변辯'은 변변으로 읽으며, 사리를 분별하는 것이고, '명明'은 분명히 밝힌다는 뜻이다. 공영달은 '변석분명辯析分明'이라고 하였다. 「상」은 효사의 '불영소사不永所事'를, 송사가 오래 가지 않는다는 것은 송사는 오래 해서는 안 되는 것이라고 해석하였다. '소유언小有言'은 송사가 오래 가지 않으니 비록 조금 말이 있으나 시비가 분명해졌으므로 마침내 길하다고 해석하였다.

九二. 不克訟, 歸而逋, 其邑人三百户, 无眚.
둘째 양효는 송사에 이기지 못하여 돌아가 도망을 가니, 고을 사람 삼백 호가 재앙이 없다.

'극克'은 이기다는 뜻의 승勝이다. '극송克訟'은 곧 승소勝訴이다. '포逋'는 도망가다는 뜻의 도逃이다. 『논어』 「공야장公冶長」에 "집이 열 채 정도의 고을에도 반드시 정성과 믿음이 나와 같은 사람이 있다(十室之邑, 必有忠信如丘者焉)"고 하였는데, '십실十室'은 작은 고을이니, '삼백호'는 큰 고을이다(굴만리). '생眚'은 『석문』에 마융이 "재앙이라는 뜻의 재災"라고 하였다.

象曰 '不克訟', '歸逋', 竄也. 自下訟上, 患至掇也.
'송사에 이기지 못하여', '돌아가 도망을 간다'는 것은 도망을 가는 것이다. 아랫사람들이 윗사람을 소송하니 환난이 멈추었다는 것이다.

'찬竄'은 『석문』에 "도망가다는 뜻의 도逃"라고 하였다. '하下'는 고을 사람이고, '상上'은 송사에 패하여 도망간 윗사람이다. 정이는 '하下'는 둘째 양효를, '상上'은 다섯째 양효를 가리키는 것으로 보았다. 「상」은 '환지철患至掇'을 가지고 효사의 '무생无眚'을 해석하였다. '지至'는 이르다는 뜻의 도到이다. '철掇'은 철輟로 읽으며, 멈추다는 뜻의 지止이다(고형). '환지철患至輟'은 환난이 멈추었다는 뜻이다. 「상」은 효사의 '불극송不克訟, 귀이포歸而逋'를, 송사에 패하여 돌아가 도망을 간다고 해석하였다. '기읍인삼백호其邑人三百戶, 무생无眚'은 아랫사람인 고을 사람들이 윗사람을 소송하니, 환난이 이로 인해 멈추었다고 해석하였다.

六三. 食舊德, 貞, 厲終吉. 或從王事, 无成.
셋째 음효는 옛날의 덕을 먹으니, 바르며, 위태로우나 마침내 길하다. 혹 왕의 일을 따라도 이루는 것이 없다.

'구덕舊德'은 지난날의 미덕을 말한다. '식구덕食舊德'은 지난날의 미덕을 먹는다는 말이며, 옛날에 쌓아놓은 선행의 덕을 본다는 말이다. '정貞'은 바르다는 뜻의 정正이다. '여厲'는 위태롭다는 뜻의 위危이다.

象曰 '食舊德', 從上 '吉'也.
'옛날의 덕을 먹는다'는 것은 윗사람을 따르면 '길'하다는 것이다.

'상上'에 대해 몇 가지 해석이 있다. 후과는 '상上'을 꼭대기 양효로 보았다. 셋째 음효는 꼭대기 양효와 음양이 응하고 있다. 뒷사람들은 대개 이 해석을 따랐다. 상병화는 '상上'을 윗괘인 건괘로 보고, '종상從上'은 곧 '승건承乾'이라고 하였다. 고형은 '상上'을 넷째 양효로 보았다. 셋째 음효와 넷째 양효는 서로 이웃하고(比) 있으며, 셋째 음효는 넷째 양효 아래에 있으니(효위), 아랫사람이 윗사람을 따르는 상이다(효상). 이러한 해석은 모두 통한다. 「상」은 효사의 '식구덕食舊德'을 지난날의 미덕을 먹으니, 이것은 바른 것이며, 윗사람을 따르면 비록 위태로우나 마침내 길하다고 해석하였다.

九四. 不克訟, 復卽命渝. 安貞吉.
넷째 양효는 송사에 이기지 못하여 돌아오니 왕명이 바뀌었다. 바름에 안주하면 길하다.

'극克'은 이기다는 뜻의 승勝이다. '복復'은 돌아오다는 뜻의 반返이다. '명命'은 왕명이다. '유渝'는 바뀌다, 변하다는 뜻의 변變이다(우번). '정貞'은 바르다는 뜻의 정正이다. '안정安貞'은 바름에 안주하는 것, 바르게 처신하는 것이다.

象曰 '復卽命渝', '安貞'不失也.
'돌아오니 왕명이 바뀌었다'는 것은 '바름에 안주하면' 잃지 않는다는 것이다.

「상」은 '불실不失'로 효사의 '길吉'을 해석하였다. 즉 효사의 '복즉명유復卽命渝'를, 송사에 이기지 못하여 돌아오니 왕명이 바뀌었는데, 바름에 안주하면 (자신의 생명을) 잃지 않으므로 길하다고 해석하였다.

九五. 訟, 元吉.
다섯째 양효는 송사에 크게 길하다.

'원元'은 크다는 뜻의 대大이다.

象曰 '訟元吉', 以中正也.
'송사에 크게 길하다'는 것은 중정을 얻었기 때문이다.

'이以'는 인因으로 읽는다. '중정中正'은 다섯째 양효가 윗괘의 가운데 자리와 바른 자리에 있다는 것이며(효위), 송사하는 사람이 중정의 도를 지니고 있는 상이다(효상). 「상」은 효사의 '송원길訟元吉'을, 송사에 크게 길한 것은 다섯째 양효가 중정을 얻었기 때문이라고 해석하였다. 왕필은 "존위에 처하여 송사의 주인이 된다. 중정을 사용하여 시비를 결단한다. 중은 지나치지 아니하고, 정은 사악하지 아니하며, 강은 미혹하는 바가 없고, 공은 치우치는 바가 없으므로, '송사에 크게 길하다'는 것이다(處得尊位, 爲訟之主. 用其中正, 以斷枉直. 中則不過, 正則不邪, 剛无所溺, 公无所偏, 故訟元吉)"라고 하였다.

上九. 或錫之鞶帶, 終朝三褫之.
꼭대기 양효는 혹 왕이 허리띠를 내려주었으나, 아침나절에 세 번 빼앗아 간다.

'석錫'은 『석문』에 "주다는 뜻의 사賜"라고 하였다. '반대鞶帶'는 가죽으로 만든 허리띠이다. 대부 이상이 이를 하사받아 사용하였다(고형). '종조終

朝'에 대해, 『석문』에 마융은 "아침이 끼니 때에 이른 것이 종조이다(旦至食時爲終朝)", 왕필은 "조회를 마치는 동안(終朝之間)", 공영달은 "아침나절 동안(終―朝之間)", 고형은 '종일終日'이라고 하였다. 모두 통한다. '치褫'는 빼앗다는 뜻의 탈탈奪이다.

象曰 以訟受服, 亦不足敬也.
송사하여 의복을 받으나, 또한 공경을 받기에는 부족하다는 것이다.

'복服'은 곧 효사의 '반대鞶帶'이다(우번). 「상」은 효사를, 송사에 이겨 허리띠가 달린 의복을 하사받으나, 왕이 아침나절에 세 번 빼앗아 가니, 이것은 공경받기에는 여전히 부족한 것이라고 해석하였다.

7. 사師

師. 貞, 丈人吉, 无咎.
사는 바르니, 장인은 길하여 허물이 없다.

'사師'는 괘명이며, 무리라는 뜻의 중衆이다. '정貞'은 바르다는 뜻의 정正이다. 「단」에서 '장인丈人'은 임금을 가리킨다.

象曰 師, 衆也. '貞', 正也. 能以衆正, 可以王矣. 剛中而應, 行險而順, 以此毒天下而民從之, '吉'又何'咎'矣.
사는 무리이다. '정'은 바르다는 것이다. (장인이) 많은 사람을 바르게 할 수 있으니, 왕업을 이룰 수 있다. 강이 가운데 자리에 와서 유와 응하고, 험난함에 행하나 순종하며, 이것으로 천하를 다스려 백성들이 따르니, '길'하여 또 무슨 '허물'이 있겠는가?

[師] 괘명이다. 「서괘」에 "소송에는 반드시 무리들의 일어남이 있으니, 그

러므로 사괘로 받는다. 사는 무리이다(訟必有衆起, 故受之以師. 師者, 衆也)"
라고 하였다. 『설문』에 "이천오백 인이 사이다. … 무리라는 뜻이다(二千五
百人爲師 … 衆意也)"라고 하였다. '사'는 곧 무리라는 뜻의 중衆이고, 중은
곧 군대이다. 하안은 "사는 군대라는 뜻이다. 그러므로 『주례』에서 '이천오
백 인이 사이다'고 하였다(師者, 軍旅之名, 故周禮云 '二千五百人爲師'也)"고
했다. 주희 역시 "사는 군대(師, 兵衆也)"라 하고, "사괘는 둘째 양효의 한 양
만이 아랫괘의 가운데에 거하니, 장수의 상이다. 위아래 다섯 개의 음은 이
에 순종하여 따르니, 군대의 상이다(又卦唯九二一陽居下卦之中, 爲將之象. 上
下五陰順而從之, 爲衆之象)"라고 하였다. 「단」은 '무리'라는 뜻으로, 「상」은
'무리'와 '군대'의 뜻으로 해석하였다.

[師, 衆也.] 괘명인 '사師'는 무리라는 뜻의 중衆이라는 말이다.

['貞', 正也. 能以衆正, 可以王矣.] 괘사의 '정貞'을 해석하였다. '정'은 바르
다는 뜻의 정正이다. '왕王'은 천자의 개념이며, 제후를 가리키는 것이 아니
다. 「단」이 쓰인 당시 제후들은 제각기 '왕'이라고 칭하였다. 그러나 여기의
'왕'은 동사이며, 곧 천하를 통일하여 왕업을 이루는 것을 뜻한다(고형). 장
인이 많은 사람들을 바르게 할 수 있으니, 왕업을 이룰 수 있다는 말이다.

[剛中而應] 이하 괘사의 '장인길丈人吉, 무구无咎'를 해석하였다. 이 구절
은 괘체를 가지고 해석하였다. '강剛'은 둘째 양효를 가리키고, '중中'은 아
랫괘의 가운데 자리를 가리킨다. '강중'은 둘째 양효가 아랫괘의 가운데 자
리에 있다는 것이며(효위), 중정의 도를 지니고 있는 상이다(효상). '응應'
에 대해서 두 가지 해석이 있다. 하나는 전통적인 해석이다. 둘째 양효가 다
섯째 음효와 응하는 것이다. 공영달은 "'강중'은 둘째 양효를, '응'은 다섯째
음효를 말한다(剛中謂九二, 而應謂六五)"고 하였다. 정이는 "둘째 양효는 강
이 가운데 자리에 있으니, 강이면서 중도를 얻었다. 다섯째 음효인 임금과
정응하여 신임을 독차지한다(言二也. 以剛處中, 剛而得中道也. 六五之君爲正
應, 信任之專也)"고 하였다. 주희 역시 "'강중'은 둘째 양효를 말하고, '응'은
다섯째 음효와 응하는 것을 말한다(剛中, 謂九二. 應, 謂六五應之)"고 하였

다. 굴만리, 유백민, 진고응 등 모두 이를 따랐다. 또 하나는 고형의 해석이
다. 둘째 양효와 나머지 다섯 음이 응하는 것이다. 고형은 "사괘의 다섯 음
효는 모두 음이고 유이며 둘째 양효인 강을 둘러싸고 있다. 이것은 다섯 유
가 한 강에 응하고 있는 것이니, 상하 모두가 응하고 있으므로 이를 간단히
칭하여 '응應'이라 한 것이다"라고 하였다. 두 가지 해석은 모두 통한다.

[行險而順] 괘덕으로 해석하였다. 사괘는 아랫괘가 감坎이고 윗괘는 곤坤
이다. 감은 험험이고 곤은 순順이다. 그런즉 사괘는 '험난함에 행하나 순종
하는 것'이다.

[以此毒天下而民從之, '吉'又何'咎'矣.] '독毒'에 대해 두 가지 해석이 있다.
하나는 전통적인 해석이다. '독'은 해롭다는 뜻의 해害이다. 왕필은 '역役'
이라고 하였는데(毒猶役也), '역役'은 '역疫'이며, 병이라는 뜻이다. 공영달
은 왕필을 따라 '독'은 역과 같다고 하였으나(毒猶役也), '사역使役'의 뜻으
로 읽었다. 정이와 주희는 '해害'의 뜻으로 읽었다. 주희는 "'독'은 해롭다는
해害이다. 군대가 일어나는 데 천하에 해롭지 않음이 없다. 그러나 올바른
재덕을 가지고 있으니, 백성들이 기뻐하여 따르는 것이다(毒, 害也. 師旅之
興, 不无害於天下. 然以其有是才德, 是以民悅而從之也)"라고 하였다. 또 하나
는 고형의 해석이다. '독'은 다스리다는 뜻의 치治이다. "『석문』에 마융의
말을 인용하여 '독은 다스리다는 뜻의 치(毒, 治也)'라고 하였다. 유월兪樾
은 '독毒은 독督으로 읽으며, 다스리다는 뜻의 치(毒讀爲督, 治也)'라고 하였
다." 굴만리는 '안安'으로, 진고응은 '보保'로 읽었는데, 뜻은 비슷하다. 두
가지 해석은 모두 통한다. 강(장인)이 가운데 자리에 와서 유와 응하고, 또
험난함에 행하나 민심에 순종하며, 이것으로 천하를 다스려(혹은 천하를 해
롭게 하나) 백성들이 따르니, 길하여 허물이 없다는 말이다.

象曰 地中有水, 師. 君子以容民畜衆.
땅 가운데 물이 있는 것이 사괘의 상이다. 군자는 이 괘상을 본받아 백성을

포용하여 무리를 기른다.

[地中有水, 師.] 사괘는 윗괘가 곤坤이고 아랫괘는 감坎이다. 곤은 땅(地)이고 감은 물(水)이다. 그런즉 '땅 가운데 물이 있는 것'이 사괘의 상이다.

[君子以容民畜衆.] '용容'은 받아들이다는 뜻의 납納이다. '축畜'은 『석문』에 "기르다는 뜻의 양養"이라고 하였다. '민民'은 곧 '중衆'과 같다. 백성들이 모이면 무리가 된다. 땅 가운데 물이 있으니, 무리들이 모여 있는 상이다. 군자는 이 괘상을 보고 이를 본받아 백성을 포용하여 무리를 기른다.

정이는 "땅 가운데 물이 있다는 것은 물이 땅 가운데 모여 있는 것이니, 무리들이 모여 있는 상이다. 그러므로 사이다. 군자는 땅 가운데 물이 있는 상을 보고, 백성을 포용하여 보호하고, 무리를 모아서 기른다(地中有水, 水聚於地中, 爲衆聚之象, 故爲師也. 君子觀地中有水之象, 以容保其民, 畜聚其衆也)"고 하였다.

初六, 師出以律, 否臧凶.
처음 음효는 출병은 기율로써 할 것이니, 기율을 지키지 않으면 흉하다.

'사師'는 군대이다. '율律'은 기율紀律이다. '부否'는 불不로 읽어야 한다(주희). 『백서』에도 '부否'를 불不로 하였다. '장臧'은 지키다는 뜻의 준遵으로 읽는다(고형). '부장否臧'은 곧 부준不遵이며, 기율을 지키지 않는 것을 말한다.

象曰 '師出以律', 失律 '凶'也.
'출병은 기율로써 한다'는 것은 기율을 잃으면 흉하다는 것이다.

「상」은 '실율失律'로 효사의 '부장否臧'을 해석하였다. 즉 효사의 '사출이율師出以律'을, 출병을 기율로써 한다는 것은 기율을 잃으면 패할 것이니 흉하다고 해석하였다. 이정조는 "처음 음효는 음이면서 양의 자리에 있으니, 그 자리를 잃은 것이다. 자리가 이미 바르지 않으니, 비록 영을 내려도 따르지 않는다. 이것으로 군사를 일으키니, 기율을 잃은 것이다(初六以陰居陽, 履失其位. 位旣匪正, 雖令不從. 以斯行師, 失律者也)"라고 하였다.

九二. 在師中吉, 无咎, 王三錫命.
둘째 양효는 군대 안에 있으면 길하여 허물이 없으니, 왕이 세 번 명령을 내린다.

'사중師中'은 군대 안이다. '석錫'은 『석문』에 "정현본에는 주다는 뜻의 사賜로 하였다(鄭本作賜)"고 했다. '석명錫命'은 왕이 신하에게 명령을 내리는 것이다.

象曰 '在師中吉', 承天寵也. '王三錫命', 懷萬邦也.
'군대 안에 있으면 길하여 허물이 없다'는 것은 왕의 은총을 받는다는 것이다. '왕이 세 번 명령을 내린다'는 것은 만국을 품는다는 것이다.

'승承'은 받는다는 뜻의 수受이다. '총寵'은 사랑하다는 뜻의 애愛이다. '천총天寵'은 곧 왕(천자)의 은총이다. 둘째 양효는 가운데 자리에 있으니 '중'이라 하였고(효위), 다섯째 음효와 응하고 있으므로 '승천총'이라고 하였다. '회懷'는 품는다는 뜻이다. '만방萬邦'은 만국이며, 제후들의 나라를 가리킨다. 둘째 양효는 나머지 다섯 음을 품으므로 '회만방'이라고 한 것이다(효상). 「상」은 효사의 '사중재길在師中吉'을, 군대 안에 있으면 왕의 은

총을 받아 길하여 허물이 없다고 해석하였다. '왕삼석명王三錫命'은 왕이 여러 번 명을 내려 제후들을 격려하고 만국을 품는다고 해석하였다.

六三. 師或輿尸, 凶.
셋째 음효는 군대가 혹 시체를 수레에 실으니. 흉하다.

'여輿'는 수레에 싣는 것이다. '시尸'는 시체라는 뜻의 시屍이다. '여시輿尸'는 수레에 죽은 사람을 실은 것이다.

象曰 '師或輿尸', 大无功也.
'군대가 혹 시체를 수레에 싣는다'는 것은 크게 공이 없다는 것이다.

「상」은 효사의 '사혹여시師或輿尸'를, 군대가 시체를 수레에 싣는다는 것은 군대가 출병하였으나 전쟁에 패하여 많은 군졸들이 죽었으니, 크게 공이 없는 것이라고 해석하였다. 셋째 음효는 음이면서 양의 자리에 있고(失位), 강을 타고 있으며(乘剛), 응하는 것이 없으니(无應) '크게 공이 없는 것'이다(노씨).

六四. 師左次, 无咎.
넷째 음효는 군대가 왼쪽에 주둔하면 허물이 없다.

'차次'는 집이란 뜻의 사舍이며(순상), 주둔하다는 주駐의 뜻이다(고형). '좌차左次'는 곧 거좌居左이며, 왼쪽에 주둔하는 것이다.

象曰 '左次无咎', 未失常也.
'왼쪽에 주둔하면 허물이 없다'는 것은 (진법의) 상도를 잃지 않는다는 것
이다.

'상常'은 일상의 도, 즉 진법의 상도常道를 가리킨다. 「상」은 효사의 '좌차
무구左次无咎'를, 군대가 왼쪽에 주둔하면 진법의 상도를 잃지 않는 것이므
로 허물이 없다고 해석하였다.

六五. 田有禽, 利執言, 无咎. 長子帥師, 弟子輿尸, 貞凶.
다섯째 음효는 밭에 새와 짐승이 있으니, 잡으면 이롭고 허물이 없다(적이
침입하였으니 토벌해야 한다). 큰아들은 군사를 거느리고, 둘째아들은 수
레에 시체를 실으니, 바르고 흉하다.

'전田'은 밭이다. 순상은 사냥하다는 뜻의 엽獵으로 읽었다. '금禽'은 새와
짐승의 통칭이다. '집執'은 새와 짐승을 잡는 것이다. '언言'은 언焉과 같으
며, 어조사이다. '장자長子'는 맏아들이다. '제자弟子'는 둘째아들이다. '정
貞'은 바르다는 뜻의 정正이다. '정흉貞凶'에 대해 고형은 "'정'은 '장자솔사
長子帥師'를 가리키고, '흉'은 '제자여시弟子輿尸'를 가리킨다. 이것은 큰아들
을 부리면 그 바름(貞)을 얻고, 둘째아들을 부리면 흉凶을 초래한다는 말이
니, 비록 바르나 또한 흉하다는 말이다"라고 하였다. 고형의 해석을 따랐다.

象曰 '長子帥師', 以中行也. '弟子輿尸', 使不當也.
'큰아들은 군사를 거느린다'는 것은 중도를 행하기 때문이다. '둘째아들
은 수레에 시체를 싣는다'는 것은 시킨 것이 합당하지 않기 때문이다.

'이以'는 인因으로 읽는다. 우번과 순상은 '장자'는 둘째 양효를 가리킨다 하고, 또 우번과 송충은 '제자'는 셋째 음효를 가리킨다고 하였다. '중中'은 둘째 양효가 아랫괘의 가운데 자리에 있다는 것이며(효위), 큰아들이 중도를 행하는 상이다(효상). '부당不當'은 셋째 음효가 음이면서 양의 자리에 있다는 것이며(효위), 둘째아들을 부리는 것이 합당하지 않은 상이다(효상). 고형은 '중'도 '부당'도 다섯째 음효를 가리키는 것으로 보았다. 즉 '중'은 다섯째 음효가 윗괘의 가운데 자리에 있는 것이며, '부당'은 다섯째 음효가 음이면서 양의 자리에 있는 것이라고 하였다. 「상」은 효사의 '장자솔사長子帥師'를, 큰아들이 군사를 거느리는 것은 중도를 행하기 때문이라고 해석하였다. 그러므로 효사에서 '정貞'을 말하였다. '제자여시弟子輿尸'는 둘째아들이 수레에 시체를 싣는 것은 부림이 합당하지 않기 때문이라고 해석하였다. 그러므로 효사에서 '흉凶'을 말하였다.

上六. 大君有命, 開國承家. 小人勿用.

꼭대기 음효는 대군의 명이 있어 나라를 받고 고을을 받는다. 소인은 쓰지 말라.

'대군大君'은 곧 천자이다. '명命'은 제후와 대부로 봉하는 명령이다. '개開'는 봉封과 같다. '국國'은 제후의 봉국을 가리킨다. '승承'은 받는다는 뜻의 수受이다(우번). '가家'는 대부의 봉읍을 가리킨다. '소인小人'은 도덕 수양이 천박한 사람, 오늘날의 소인배이다.

象曰 '大君有命', 以正功也. '小人勿用', 必亂邦也.

'대군의 명이 있다'는 것은 공을 바르게 한다는 것이다. '소인은 쓰지 말라'는 것은 반드시 나라를 어지럽히기 때문이다.

  '이以'는 '이지以之'의 지之를 생략한 것이며, '지之'는 대군의 명을 가리킨다. 「상」은 효사의 '대군유명大君有命'을, 대군이 명을 내려, 공이 큰 사람은 나라를 받고 공이 작은 사람은 고을을 받으니, 여러 신하들의 공을 바르게 한다고 해석하였다. '소인물용小人勿用'은 도덕 수양이 천박한 소인배를 쓰면 반드시 나라를 어지럽힌다고 해석하였다.

8. 비比

比. 吉. 原筮元永貞无咎. 不寧方來, 後夫凶.

비는 길하다. 원래의 점은 크고 영원히 바르게 하면 허물이 없다. 평안하지 않아 바야흐로 오는데, 뒤에 오는 사람은 흉하다.

'비比'는 괘명이며, 보필하다, 친근하다는 뜻이다. '원서原筮'는 원래의 점이다. '원元'은 크다는 뜻의 대大이다. '정貞'은 바르다는 뜻의 정正이다. '녕寧'은 평안하다는 뜻의 안安이다. '방方'은 바야흐로, 이제라는 뜻의 금今이다. '후부後夫'는 뒤에 오는 사람이다.

象曰 比, '吉'也, 比, 輔也, 下順從也, '原筮元永貞无咎', 以剛中也. '不寧方來', 上下應也. '後夫凶', 其道窮也.

비는 보필하는 것이다. 비가 '길'한 것은 아랫사람이 순종하기 때문이다. '원래의 점은 크고 영원히 바르게 하면 허물이 없다'는 것은 강이 가운데 자리에 있기 때문이다. '평안하지 않아 바야흐로 온다'는 것은 상하가 응한다는 것이다. '뒤에 오는 사람은 흉하다'는 것은 그 도가 궁하기 때문이다.

[比] 괘명이다. '비比'라는 글자는 두 사람이 나란히 서서 아주 친근한 것을 상징한다. 「서괘」에 "무리에는 반드시 친근한(보필하는) 바가 있으니, 그러므로 비괘로 받는다. 비는 친근(보필)하다는 것이다(衆必有所比, 故受之以比. 比者, 比也)"라고 하였다. 『설문』에 "'비'는 친밀하다는 뜻의 밀(比, 密也)"이라고 하였다. 「단」은 보필하다는 뜻으로, 「상」은 친근하다는 뜻으로 새겼다. 주희는 "'비'는 보필하는 것이다. 다섯째 양효는 양강으로 윗괘의 가운데 자리에 거하여 바름을 얻었고, 위아래 다섯 음이 보필하여 따르니, 한 사람이 만방을 어루만지고, 사해가 한 사람을 우러러보는 상이다(比, 親輔也. 九五以陽剛居上之中而得其正, 上下五陰, 比而從之. 以一人而撫萬邦, 以四海而仰一人之象)"라고 하였다.

[比, '吉'也. 比, 輔也, 下順從也.] 이하 괘체를 가지고 괘사를 해석하였다. 주희는 "'비길야比吉也'세 글자는 잘못 들어간 글자가 아닌가 한다(此三字疑衍文)"고 하였고, 고형은 '비길야比吉也'의 '야也'자는 잘못 들어간 것이라고 하였다. 필자는 '비길야'와 '비보야'는 자리가 바뀌었다고 생각한다. 「단」은 먼저 괘명을 해석하고 이어 괘사를 해석하였다. 이것은 「단」의 통례이다. '비보야'는 괘명을 해석한 것이며, '비는 보필하는 것이다'는 말이다. 이어 괘사 '길'을 해석하였다. '하순종下順從'에 대해, 공영달은 "여러 음이 다섯째 양효에 순종하는 것(衆陰順從九五)"이라고 하여, '하下'를 다섯째 양효를 제외한 '중음衆陰'으로 보았다. 정이는 "다섯째는 양효가 존위에 있고, 여러 아래가 순종하여 보필하니, 그래서 비이다(五以陽居尊位, 羣下順從以親輔之, 所以爲比也)"라고 하여, '하下'를 비괘의 아래 네 음효로 해석하였다. 굴만리는 "아랫괘가 곤이므로 순종이다(下坤故順從)"라고 하였다. '비'의 괘사에서 '길吉'이라고 말한 것은 아랫사람이 윗사람에게 순종하기 때문이라는 말이다.

['原筮元永貞无咎', 以剛中也.] '강剛'은 다섯째 양효를 가리키고, '중中'은

다섯째 양효가 가운데 자리에 있다는 말이다. '강중'은 다섯째 양효가 가운데 자리에 있다는 것이며(효위), 임금이 중도를 지니고 있는 상이다(효상). 「단」은 괘사의 '원서원영정무구原筮元永貞无咎'를, 원래의 점은 크고 영원히 바르게 하면 허물이 없다는 것은 다섯째 양효가 가운데 자리에 있기 때문이라고 해석하였다.

['不寧方來', 上下應也.] '상하上下'에 대해 두 가지 해석이 있다. 우번은 윗괘인 감과 아랫괘인 곤이 응하는 것이라고 하였다. 왕필은 '상上'은 꼭대기 음효이고, '하下'는 아래 네 음효이며, 이들 상하가 다섯째 양효에 응한다는 것이라고 해석하였다. 뒷사람들은 모두 이를 따랐다. 「단」은 괘사의 '불영방래'를, 평안하지 않아 바야흐로 온다는 것은 상하 음효가 모두 다섯째 양효에게 응하는 것이라고 해석하였다.

['後夫凶', 其道窮也.] '도'는 '비지도比之道' 즉 보필하는 도이다. '그 도가 궁하다'는 것은 보필하는 것이 궁하다는 말이다. 공영달은 "이 구절은 꼭대기 음효를 말한다(此謂上六也)"고 하였다. 꼭대기 음효는 다섯째 양효를 타고 있으니, '후부흉'이며, 한 괘의 꼭대기(上)에 있으니(효위), 그 도가 궁한 상이다(효상). 「단」은 괘사의 '후부흉'을, 뒤에 오는 사람은 흉하다는 것은 그 도가 궁하기 때문이라고 해석하였다.

象曰 地上有水, 比. 先王以建萬國, 親諸侯.
땅 위에 물이 있는 것이 비괘의 상이다. 선왕은 이 괘상을 본받아 만국을 세우고 제후와 친근하게 지낸다.

[地上有水, 比.] 비괘는 아랫괘가 곤坤이고 윗괘는 감坎이다. 곤은 땅(地)이고 감은 물(水)이다. 그런즉 '땅 위에 물이 있는 것'이 비괘의 상이다.

[先王以建萬國, 親諸侯.] '건建'은 분봉分封의 뜻이다. '건만국'은 천자가 제후를 분봉하여 나라를 세우는 것이다. 「상」은 '친親'으로 '비比'를 해석하였

다. 땅 위에 물이 있으니, 서로 친근하여 해치지 않는다. 선왕은 이 괘상을 보고 이를 본받아 만국을 세우고 제후와 친근하게 지낸다. 「상」은 '비'를 친근하다는 뜻으로 새겼다.

정이는 "무릇 사물이 서로 친근하여 틈이 없는 것은 물이 땅 위에 있는 것만한 것이 없으니, 그래서 비이다. 선왕은 이 비괘의 상을 보고 만국을 세우고 제후와 친근하게 지낸다. 만국을 세우는 것은 백성과 친근한 것이고, 제후를 친히 돌보는 것은 천하와 친근한 것이다(夫物相親比而无閒者, 莫如水在地上, 所以爲比也. 先王觀比之象, 以建萬國, 親諸侯. 建立萬國, 所以比民也, 親撫諸侯, 所以比天下也)"라고 하였다.

初六. 有孚比之, 无咎. 有孚盈缶, 終來有它, 吉.
처음 음효는 믿음을 가지고 친근하니, 허물이 없다. 믿음이 동이에 가득하니, 마지막에 뜻밖의 환난이 있으나 길하다.

'부孚'는 믿음이라는 뜻의 신신信이다. '유부有孚'는 믿음이 있다는 뜻이다. '비比'는 친근하다는 뜻이다. '부缶'는 『석문』에 "질그릇(瓦器)"이라고 하였는데, 곧 동이이다. '유부영부有孚盈缶'는 믿음이 동이 속에 가득한 것을 말한다. 정이는 "믿음이 마음속에 충실한 것이 물건이 동이 속에 가득한 것과 같다(誠信充實於內, 若物之盈滿於缶中也)"고 하였다. '래來'는 어조사이다. '타它'는 『석문』에 '타他'로 하였는데(本亦作他), 옛말에서 뜻밖의 환난을 말한다.

象曰 比之 '初六', '有它吉'也.
비의 '처음 음효'는 '뜻밖의 환난이 있으나 길하다'는 것이다.

진고응은 '비지초육比之初六'은 '초육비지初六比之'의 뜻이며, 처음 음효가 다른 사람과 친한 것을 말한다고 하였다. 「상」은 효사를, 믿음을 가지고 친근하니 허물이 없고, 믿음이 동이에 가득하니, 마지막에 뜻밖의 환난이 있으나 길하다고 해석하였다.

六二. 比之自內, 貞吉.
둘째 음효는 친근한 것은 자신으로부터이니, 바르게 하여 길하다.

'비比'는 친근하다는 뜻이다. '자내自內'는 자신으로부터라는 뜻이다. '비지자내比之自內'는 친근한 것은 자신으로부터라는 말이다. '정貞'은 바르다는 뜻의 정正이다.

象曰 '比之自內', 不自失也.
'친근한 것은 자신으로부터이다'는 것은, 스스로 (중정의 도를) 잃지 않는다는 것이다.

'내內'는 둘째 음효를 가리킨다. 둘째 음효는 아랫괘(內卦)의 가운데 자리를 얻었고, 음이 음의 자리에 있으니(효위), 중정의 도를 얻은 상이다(효상). '실失'은 중정의 도를 잃지 않는다는 말이다. 정이는 "둘째 음효와 다섯째 양효는 서로 응하며 모두 중정을 얻었으니, 중정의 도를 가지고 서로 친근한 것이다. 둘째는 아랫괘에 있으니, '자내'는 자신으로부터라는 말이다(二與五爲正應, 皆得中正, 以中正之道相比者也. 二處於內, 自內, 謂由己也)"라고 하였고, 주희 역시 "유순하고 중정하여 다섯째 양효와 서로 응한다. 자신으로부터 밖으로 친근하여 그 바름을 얻은 것이니, 길의 도이다(柔順中正, 相應九五. 自內比外而得其貞, 吉之道也)"라고 하였다. 「상」은 효사의 '비지자

내比之自內'를, 친근한 것은 자신으로부터라는 것은 자신이 스스로 중정의
도를 잃지 않는 것이라고 해석하였다.

六三. 比之匪人.
셋째 음효는 친근한 것은 그 사람이 아니다.

『석문』에 마융도『집해』에 우번도 '비匪'를 비非로 읽었다. '비지비인比之
匪人'은 친근한 것은 그 사람이 아니다, 즉 친근하지 말아야 할 사람과 친근
하다는 말이다.

象曰 '比之匪人', 不亦傷乎.
'친근한 것은 그 사람이 아니니' 또한 마음 아픈 일이 아닌가.

'상傷'에 대해, 공영달은 슬프고 마음이 쓰리다는 뜻의 비상悲傷으로, 래
지덕은 비통해하다는 뜻의 애상哀傷으로 해석하였다. 「상」은 효사의 '비지
비인比之匪人'을, 친근하지 말아야 할 사람과 친근하니, 또한 마음이 아픈
일이라고 해석하였다. 왕필은 "넷째 음효는 밖에서 친근하고, 둘째와 다섯
째는 응하니, (셋째 음효는) 가까이는 서로 얻지 못하고, 멀리는 응하는 것
이 없다. 더불어 친한 것은 모두 자신과 친한 것이 아니므로 '비지비인'이라
하였다(四自外比, 二爲五應, 近不相得, 遠則无應. 所與比者皆非己親, 故曰比之
匪人)"고 했다. 주희는 "오직 셋째 음효는 꼭대기 음효와 응하나, 꼭대기 음
효는 곧 '친근하려다가 머리가 없는 것'이다. 그러므로 '친근한 것은 그 사
람이 아니다'가 되는 것이다(惟三乃應上, 上爲比之无首者, 故爲比之匪人也)"
라고 하였다. 고형은 "'호乎'는 당연히 '야也'로 해야 한다. 「상」은 효사를
해석하면서 구법이 모두 같아, 386효 구절의 끝에는 모두 '야也'자를 사용

하였고, 두 구절 끝에만 '의矣'자를 사용하였다. 지금 이 구절만 예외로 '호乎'자를 사용한 것은 잘못 기록한 것이다. '호'자는 당연히 '야'자로 해야 한다"고 하였다.

六四. 外比之, 貞吉.
넷째 음효는 밖에서 현인과 친근하니, 바르게 하여 길하다.

'외外'는 밖이라는 뜻이다. 「상」은 '지之'를 현인을 가리키는 것으로 해석하였다. '정貞'은 바르다는 뜻의 정正이다.

象曰 '外比'於賢, 以從上也.
'밖에서 현인과 친근하다'는 것은 윗사람을 따르기 때문이다.

'이以'는 인因으로 읽는다. 넷째 음효는 윗괘(外卦)에 있으므로 '외外'라고 하였다(우번). '현賢'과 '상上'은 다섯째 양효를 가리킨다. 넷째 음효는 다섯째 양효의 아래에 있으니(효위), 음이 양의 아래에 있으므로 윗사람을 따르는 상이다(효상). 공영달은 "무릇 아랫괘를 '내'라 하고, 윗괘를 '외'라고 한다. 넷째 음효는 다섯째 양효와 친근하므로 '외비'라 말한 것이다(凡下體爲內, 上體爲外. 六四比五, 故云外比也)"라고 하였다. 「상」은 효사의 '외비外比'를, 밖에서 현인과 친근한 것이라 하고, 이것은 윗사람을 따르기 때문이라고 해석하였다.

九五. 顯比, 王用三驅, 失前禽, 邑人不誡, 吉.
다섯째 양효는 친근함을 드러내니, 왕이 삼면에서 몰아 사냥을 하는데, 앞면으로 짐승을 놓쳐버렸다. 고을 사람들이 경계하지 않으니, 길하다.

'현顯'은 현저하다, 뚜렷하다는 뜻이다. '현비顯比'는 친근함을 드러낸다는 말이다. 왕이 고을 사람에게 친근함을 드러내는 것을 가리킨다. '구驅'는 몰다는 뜻이다. '삼구三驅'는 왼쪽 오른쪽 뒷쪽, 삼 면에서 짐승을 모는 것이다. '실전금失前禽'은 열어놓은 앞면으로 짐승이 도망을 갔다는 뜻이다. '읍인邑人'은 몰이꾼 역할을 한 고을 사람이다. '계誡'는 경계하다는 뜻의 계戒이다. 희평熹平 석경石經에 「상」의 '계誡'를 '계戒'로 하였다(굴만리).

象曰 '顯比'之'吉', 位正中也. 舍逆取順, '失前禽'也. '邑人不誡', 上使中也.

'친근함을 드러낸다'는 것이 '길'한 것은 정중의 자리를 얻었기 때문이다. 다가오는 짐승을 버려두고 도망가는 짐승을 취하니, '앞면으로 짐승을 놓친 것'이다. '고을 사람이 경계하지 않는다'는 것은 왕이 바르게 행하였기 때문이다.

'위位'는 자리에 있다는 뜻이다. '정중正中'은 곧 다섯째 양효가 양의 자리에 있고, 또 윗괘의 가운데 자리에 있다는 것이며(효위), 임금이 정중의 도를 행하는 상이다(효상). '사역취순, 실전금'은 마땅히 '실전금, 사역취순'으로 해야 한다(진고응). 「상」은 먼저 효사를 들고 그 다음 해석하는 것이 통례이다. 운을 맞추기 위해 의도적으로 도치하였다. '상傷', '상上', '중中', '금禽', '중中', '종終'은 모두 운이다. '사舍'는 버리다는 뜻의 사捨로 읽는다. '역逆'은 거스르다, 거역하다는 뜻이며, 앞면의 왕을 향해 다가오는 짐승을 가리킨다. '취取'는 사捨의 반대말이다. '순順'은 역逆의 반대말이며, 왕에게서 도망가는 짐승을 가리킨다. '사역취순'은 다가오는 짐승은 버려두고 도망가는 짐승을 잡는다는 말이다. 그래서 앞면으로 짐승을 놓친 것이

다. 고형은 "짐승이 사냥꾼을 향해 다가와서 사냥꾼에게 대항하는 것이 '역逆'이고, 짐승이 사냥꾼에 돌아서서 도망가는 것이 '순順'이다. 사냥꾼은 다가오는 짐승은 쉽게 잡을 수 있지만, 도망가는 짐승은 쉽게 잡을 수 없다"고 하였다. '상上'은 왕을 가리키며, '사使'는 '王用三驅'의 용用으로 읽는다. '중中'은 중도를 행한다는 것이다. '중도'는 곧 뜻과 행실을 바르게 행하는 것이다. 「상」은 효사의 '현비顯比 길吉'을, 친근함을 드러내니 길하다는 것은 다섯째 양효가 정중의 자리를 얻었기 때문이라고 해석하였다. '실전금失前禽'은 다가오는 짐승은 버려두고 도망가는 짐승을 잡으려고 하다가 앞면으로 짐승을 놓쳤다고 해석하였다. '읍인불계邑人不誡'는 왕이 중도를 행하므로 고을 사람이 경계하지 않았다고 해석하였다.

上六. 比之无首, 凶.
꼭대기 음효는 친근하려다가 머리가 없으니, 흉하다.

'비지무수比之无首'는 친근하려다가 머리가 없다는 뜻이다.

象曰 '比之无首', 无所終也.
'친근하려다가 머리가 없다'는 것은 마치는 것이 없다는 것이다.

「상」은 '수首'를 종終으로 읽어, '무수无首'를 무종无終으로 해석하였다. 옛말에 좋은 결과를 '종終'이라고 하였다. 「상」은 효사의 '비지무수比之无首'를, 친근하려다가 머리가 없다는 것은 좋은 결과가 없는 것이라고 해석하였다.

9. 소축小畜

小畜. 亨. 密雲不雨, 自我西郊.
소축은 형통하다. 짙은 구름이 일어도 비는 오지 않으니, 우리 서쪽 들에서
부터이다.

'소축小畜'은 괘명이며, 축적한 것이 적다는 뜻이다. '형亨'은 형통하다는
뜻의 通通이다. '밀운密雲'은 짙은 구름이며, '밀운불우密雲不雨'는 짙은 구
름이 일어도 비는 오지 않는다는 뜻이다.

象曰 小畜, 柔得位而上下應之, 曰小畜. 健而巽, 剛中而志行, 乃
'亨'. '密雲不雨', 尙往也. '自我西郊', 施未行也.
소축은 유가 바른 자리를 얻어 상하가 응하니 소축이라고 한다. 강건하면
서 겸손하고, 강이 가운데 자리를 얻어 뜻이 실행되니, 곧 '형통하다'. '짙
은 구름이 일어도 비는 오지 않는다'는 것은 구름이 위로 간다는 것이다.
'우리 서쪽 들에서부터'라는 것은 구름이 뒤덮여 있으나 비는 아직 오지
않는다는 것이다.

[小畜] 괘명이다.『설문』에 축畜자 아래의 중문重文은 축蓄이라 하고 "전田
과 자玆로 되어 있다. 자玆는 더하다는 뜻의 익益이다(从田从玆. 玆, 益也)"
라고 하였다. 또 자玆를 해석하여 "초목이 자라나는 것(草木多益也)"이라고
하였다. 즉 '축畜'은 축蓄의 간체이고, 뜻은 밭에서 곡물이 자라나는 것이니,
곧 농작물을 축적하다는 뜻이다(이경지).『석문』에 "'축'은 본래 또 축蓄이
라 하였으며, 쌓는다는 뜻의 적, 모으다는 뜻의 취이다(本又作蓄, 積也, 聚
也)"라고 하였다.「서괘」에 "친근(보필)하면 반드시 축적하는 바가 있으니,
그러므로 소축괘로 받는다(比必有所畜, 故受之以小畜)"고 하여, '축畜'을 축
적하다는 뜻으로 해석하였다. '소축小畜'은 축적한 것이 적다는 뜻이다. 주
희는 "위는 손이고 아래는 건이니, 음이 양을 축적한다. 또 괘는 넷째만 한
음효이고, 위아래 다섯 양 모두 축적을 받으니, 그러므로 소축이다(上巽下
乾, 以陰畜陽. 又卦唯六四一陰, 上下五陽皆爲所畜, 故爲小畜)"라고 하였다.

[柔得位而上下應之, 曰小畜.] 괘체를 가지고 괘명을 해석하였다. '유柔'는
넷째 음효를 가리킨다. '득위得位'는 음이 음의 자리에 있다는 것이다. '유
득위'는 넷째 음효는 음이 음의 자리에 있어 바른 자리를 얻었다는 말이다.
왕필은 '상하응지上下應之'를 위의 넷째 음효와 아래의 처음 양효가 응하는
것으로 보았다. 공영달은 "이 괘는 오직 한 음이 있어, 상하 여러 양이 모두
응한다(此卦唯有一陰, 上下諸陽皆來應之)"고 하여, 위아래의 다섯 양효가 모
두 넷째 음효와 응하고 있는 것으로 해석하였다. '상하上下'는 다섯 양효를
가리킨다. '지之'는 넷째 음효를 가리킨다. 소축괘는 넷째 음효가 바른 자리
를 얻어 위아래 다섯 양효가 이에 응하니, 음이 하나에 양이 다섯이다. 음은
적고 양은 많으니, 적은 것으로 많은 것을 축적하는(以小畜大) 상이다. 그래
서 괘명이 '소축'이다.

[健而巽, 剛中而志行, 乃 '亨'.] 괘덕으로 괘사의 '형亨'을 해석하였다. '건
健'은 강건함이다. '손巽'은 겸손함이다. 소축괘는 아랫괘가 건乾이고 윗괘
는 손巽이다. 건은 강건함(健)이고 손은 겸손함(巽)이다. 그런즉 소축괘는
'강건하면서 겸손한 것'이다. '강剛'은 둘째와 다섯째 양효를 가리킨다. '강

'중강中'은 양이 가운데 자리에 있다는 말이며, '지행志行'은 뜻이 실행된다는 말이다. 소축괘의 둘째와 다섯째 양효는 각각 아랫괘와 윗괘의 가운데 자리에 있으니(효위), 군자가 중정의 도를 지니고 있어 뜻이 실행되는 상이다(효상). 소축괘는 강건하면서 겸손하고, 강이 가운데 자리를 얻어 뜻이 실행되니, 곧 '형통하다'는 말이다.

['密雲不雨', 尙往也. '自我西郊', 施未行也.] 괘사를 해석하였다. 우번은 '상왕尙往'을 상왕上往이라 하였고, 공영달은 상진上進으로 해석하였는데, 뒷사람들은 이를 따랐다. '상尙'은 상上으로 읽는다. '시施'는 뒤덮다는 뜻의 포布이다.「단」은 괘사의 '밀운불우密雲不雨'를, 짙은 구름이 일어도 비는 오지 않는 것은 구름이 위로 가기 때문이라고 해석하였다. '자아서교自我西郊'는 구름이 서쪽 들에 뒤덮여 있으나 비는 아직 오지 않는다고 해석하였다.

고형은 이 구절은 당연히 '密雲不雨, 施未行也. 自我西郊, 尙往也'로 해야 한다고 하였다. "'시미행施未行'은 구름이 뒤덮여 있으나 비는 오지 않는다는 말이다. '시施'자는 밀운密雲을 해석한 것이고, '미행未行'은 불우不雨를 해석한 것이니, '시미행야'는 당연히 '밀운불우' 뒤에 있어야 하는 것이 명백하다. '상왕尙往'은 상왕上往이며, 구름이 위로 간다는 말이다. 우리 서쪽 들에서 구름이 위로 가는 것이다. '상왕上往'은 자아서교自我西郊를 해석한 것이니, 당연히 '자아서교' 뒤에 있어야 하는 것이 명백하다"고 하였다.

象曰 風行天上, 小畜. 君子以懿文德.
바람이 하늘 위에서 운행하는 것이 소축괘의 상이다. 군자는 이 괘상을 본받아 문덕을 아름답게 한다.

[風行天上, 小畜.] '행행行'은 운행하다는 뜻이다. 소축괘는 윗괘가 손巽이고 아랫괘는 건乾이다. 손은 바람(風)이고 건은 하늘(天)이다. 그런즉 '바람이 하늘 위에서 운행하는 것'이 소축괘의 상이다.

[君子以懿文德] ‘의懿’는 아름답다는 뜻의 미美이다(우번). ‘문덕文德’은 곧 문장의 재능과 기예(文章才藝)를 가리킨다(정이). 바람이 하늘 위에서 운행하니, 아직 땅에는 미치지 않아 그 축적한 것이 적다. 군자는 이 괘상을 보고 이를 본받아 문덕을 아름답게 하여 백성에까지 미치도록 노력한다. 『논어』「안연顔淵」에 “군자의 덕은 바람과 같다(君子之德風)”고 하였다.

初九. 復自道, 何其咎, 吉.
처음 양효는 바른 길로 돌아오니 무슨 허물이 있겠는가? 길하다.

‘복復’은 돌아오다는 뜻의 반返이다. ‘자自’는 유由와 같다. ‘도道’는 바른 길(正道)이다. ‘기其’는 유有로 읽는다.

象曰 ‘復自道’, 其義 ‘吉’也.
‘바른 길로 돌아온다’는 것은 마땅히 길하다는 것이다.

‘의義’는 마땅하다는 뜻의 의宜로 읽는다. 「상」은 효사의 ‘복자도復自道’를, 바른 길로 돌아온다는 것은 마땅히 길하다고 해석하였다.

九二. 牽復, 吉.
둘째 양효는 끌면서 돌아오니, 길하다.

‘견牽’은 끌다는 뜻의 인引이다. ‘견복牽復’은 끌면서 바른 길로 돌아오는 것이다.

象曰 '牽復'在中, 亦不自失也.
'끌면서 돌아온다'는 것이 가운데 자리에 있으니, 또한 스스로 (중도를) 잃지 않는다는 것이다.

'중中'은 둘째 양효가 아랫괘의 가운데 자리에 있다는 것이며(효위), 중도를 얻은 상이다(효상). '중도'란 뜻과 행실이 바르다는 말이다. 「상」은 효사의 '견복牽復'을, 끌면서 바른 길로 돌아온다는 것은 둘째 양효가 가운데 자리에 있으니, 또한 스스로 중도를 잃지 않는 것이라고 해석하였다.

九三. 輿說輻, 夫妻反目.
셋째 양효는 수레에 바퀴살이 떨어져나가니, 남편과 아내가 반목한다.

'여輿'는 수레 거車이다(우번). '열說'은 이탈하다는 뜻의 탈脫로 읽는다. '복輻'은 수레의 바퀴살이다. '반목反目'은 서로 적대시하는 것이다. '부처반목夫妻反目'은 남편과 아내가 서로 증오하여 얼굴을 돌리고 보지 않는 것이다.

象曰 '夫妻反目', 不能正室也.
'남편과 아내가 반목한다'는 것은 집안을 바르게 할 수 없다는 것이다.

'실室'은 집안, 가정이다. 「상」은 효사의 '부처반목夫妻反目'을, 남편과 아내가 반목하는 것은 집안을 바르게 할 수 없는 것이라고 해석하였다.

정이는 "셋째 양효는 양효이면서 가운데 자리를 얻지 못하고 넷째 음효와 가깝게 있으니, 음양의 정을 서로 구하는 것이다. 또 서로 친밀하나 가운데 자리를 얻지 못하고, 음에 의해 제어를 당하는 것이므로 앞으로 나아가지 못하는 것이 수레의 바퀴살이 떨어져나간 것과 같으니, 갈 수 없음을 말한 것이다. '부처반목'은 음이 양에게 제어를 당하는 것이나 지금 오히려 양을 제어하니, 부부가 반목하는 것과 같다. 반목은 노한 눈으로 서로 보는 것이니, 남편에게 순종하지 않고 오히려 제어하는 것이다(三以陽爻, 居不得中, 而密比於四, 陰陽之情, 相求也. 又暱比而不中, 爲陰畜制者也, 故不能前進, 猶車輿說去輪輻, 言不能行也. 夫妻反目, 陰制於陽也, 今反制陽, 如夫妻之反目也. 反目謂怒目相視, 不順其夫, 而反制之也)"라고 해석하였다.

六四. 有孚, 血去惕出, 无咎.
넷째 음효는 믿음이 있으면, 다치고 두려워하는 것이 없어지니, 허물이 없다.

'부孚'는 믿음이라는 뜻의 신信이다. '혈血'은 피를 흘리는 것, 즉 다치다는 뜻이다. '척惕'은 두려워하다는 뜻의 구懼이다. '거去'와 '출出'은 짝으로 사용되었으며, 없어지다는 뜻이다.

象曰 '有孚惕出', 上合志也.
'믿음이 있으면, 두려워하는 것이 없어진다'는 것은 위와 뜻이 부합하기 때문이다.

'상上'에 대해, 왕필과 공영달은 꼭대기 양효를 가리킨다 하였고, 정이, 래지덕, 왕부지 등은 다섯째 양효를 가리킨다 하였고, 진고응은 다섯째와 꼭대기 두 양효 다 가리킨다고 하였다. 고형은 '상尙'으로 읽었다. 이러한 해석은 모두 통한다. 필자는 정이의 해석을 따랐다. '상上'은 다섯째 양효를 가리키며, 넷째 음효는 다섯째 양효와 서로 이웃하고 있으니(효위), 뜻이 부합하는 상이다(효상). 「상」은 효사의 '유부출척有孚惕出'을, 믿음이 있으면 다치고 두려워하는 것이 없어진다는 것은 다섯째 양효와 뜻이 부합하기 때문이라고 해석하였다. 정이는 "넷째 음효는 이미 믿음이 있으니, 다섯째 양효가 이를 신임을 하여, 이와 더불어 뜻을 합하니, 두려워하는 것이 없어져 허물이 없는 것이다(四旣有孚, 則五信任之, 與之合之, 所以得惕出而无咎也)"라고 하였다.

九五. 有孚攣如, 富以其鄰.
다섯째 양효는 믿음이 있어 (이웃과) 이어지니, 부유함이 이웃에 미친다.

'부孚'는 믿음이라는 뜻의 신信이다. '연攣'은 『석문』에 마음이 '연連'이라고 하였다. '연連'은 잇다, 매다는 뜻의 계係이다. '유부련여有孚攣如'는 믿음이 있어 이웃과 이어진다는 뜻이다. '이以'는 미치다는 뜻의 급及이다(우번). '부富'는 부유함이다. 믿음이 있어 이웃과 이어지니, 부를 이웃과 더불어 누린다는 말이다.

象曰 '有孚攣如', 不獨富也.
'믿음이 있어 (이웃과) 이어진다'는 것은 홀로 부유한 것이 아니라는 것이다.

「상」은 효사의 '유부련여有孚攣如'를, 믿음이 있어 이웃과 이어지니, 부유함이 이웃에 미친다는 것은 이웃과 더불어 부를 누린다는 것이니, 홀로 부유한 것이 아니라고 해석하였다.

上九. 旣雨旣處, 尙德載. 婦貞厲. 月幾望, 君子征凶.

꼭대기 양효는 비는 왔다가 이미 갰으니, 아직 수레에 실을 수 있다. 부인
이 바르게 하여도 위태롭다. 보름이 지나서 군자가 정벌한다면 흉하다.

'처處'는 멈추다는 뜻의 지止이다. '기처旣處'는 기지旣止와 같다. '덕德'
은 '득得'으로 읽는다. 『백서』에는 '득得'으로 하였고, 『집해』에도 '득得'으
로 하였다. '재載'는 싣는다는 뜻이다. '덕재德載'는 농작물을 수레에 실을
수 있다는 것이다. '정貞'은 바르다는 뜻의 정正이다. '여厲'는 위태롭다는
뜻의 위危이다. '부정려婦貞厲'는 부인이 비록 바른 정조를 지니고 있다 해
도 위태롭다는 말이다. 기幾는 기旣로 읽는다. '망望'은 보름날(음력 열닷
새)이다. '기망'은 음력 열엿새, 즉 보름이 지난 후이다. 『석문』에 "자하전에
는 근近으로 하였다"고 하였고, 우번도 근近으로 읽었다. '근'으로 읽어 "보
름이 가까워"라고 해석하여도 통한다.

象曰 '旣雨旣處', '德'積'載'也. '君子征凶', 有所疑也.

'비는 왔다가 이미 개었다'는 것은 수레에 실을 수 있다는 것이다. '군자가
정벌한다면 흉하다'는 것은 의심하는 바가 있기 때문이다.

'덕德'은 득得으로 읽는다. '적재積載'는 수레에 싣는 것이다. 「상」은 효사
의 '기우기처旣雨旣處'를, 비는 왔다가 이미 갰으니 수레에 실을 수 있다고
해석하였다. '군자정흉君子征凶'은 군자가 정벌하면 흉한 것은 의심하는 바
가 있기 때문이라고 해석하였다.

10. 이履

乾上
兌下

履虎尾, 不咥人, 亨.
호랑이 꼬리를 밟았으나, 사람을 물지 않으니, 형통하다.

'이履'는 괘명이며, 밟는다는 뜻의 천踐이다. '절咥'은 『석문』에 "물다는 뜻의 설齧, 마융은 물다는 뜻의 흘齕"이라고 하였다. '형亨'은 형통하다는 뜻의 통通이다.

彖曰 履, 柔履剛也. 說而應乎乾, 是以 '履虎尾, 不咥人, 亨.' 剛中正, 履帝位而不疚, 光明也.
이는 유가 강을 밟고 있는 것이다. 기뻐하여 강건함에 응하니, 그래서 '호랑이 꼬리를 밟았으나 사람을 물지 않으니 형통하다'고 한 것이다. 강이 가운데와 바른 자리를 얻고, 제왕의 자리에 처하여 과실이 없으니, 밝은 것이다.

[履] 괘명이다. 『설문』에 "'이'는 발이 의지하는 것(履, 足所依也)"이라고 하였다. '이履'는 명사로 신이라는 뜻의 혜鞋이고, 동사로 밟는다, 행동하다는 뜻의 천踐이다. 사람의 행동과 실천에는 반드시 일정한 준칙이 있으니, 이 준칙을 옛날에 '예禮'라고 칭하였다. 그래서 '이履'에는 예의 뜻이 있다. 『백서』에는 '이履'를 예禮라 하였고, 「서괘」에서는 "사물이 축적된 연후에 예가 있으니, 그러므로 이괘로 받는다. 이는 예이다(物畜然後有禮, 故受之以履. 履者, 禮也)"라고 하였다. 정이는 "이는 예이다. 예는 사람이 실천하는 것이다. 괘는 하늘이 위에 있고 못이 아래에 있다. 하늘이 위에 있고 못이 아래에 처하니, 위아래의 분별과 높고 낮음의 올바름은 이치가 당연한 것이요, 예의 근본이며, 변하지 않는 이履의 도이니, 그러므로 이이다(履, 禮也. 禮, 人之所履也. 爲卦, 天上澤下. 天而在上, 澤而處下, 上下之分, 尊卑之義, 理之當也, 禮之本也, 常履之道也, 故爲履)"라고 하였다. 「단」은 밟다, 「상」은 밟다, 행하다는 뜻으로 새겼다.

[柔履剛也] 괘체를 가지고 괘명을 해석하였다. '유柔'는 셋째 음효를, '강剛'은 처음과 둘째 양효를 가리킨다. 셋째 음효는 처음과 둘째 양효 위에서 두 양을 밟고 있다. 이것이 '유이강柔履剛'이다. 그래서 괘명이 '이履'이다. 진고응은 '유'는 셋째 음효, '강'은 넷째 양효를 가리킨다 하고, "셋째 음효가 위로 올라가니, '유이강'의 상이 있다"고 하였다. 굴만리는 '유'는 아랫괘인 태, '강'은 윗괘인 건으로 보았고, "태가 건을 밟고 있다(兌履乾)"고 하였다.

[說而應乎乾, 是以'履虎尾, 不咥人, 亨.'] 괘덕을 가지고 괘사를 해석하였다. '열說'은 열悅로 읽으며, 기뻐하다는 뜻이다. 이괘는 아랫괘가 태兌이고 윗괘는 건乾이다. 태는 기뻐함(說)이고 건은 강건함(健)이니, 이괘는 '기뻐하여 강건함에 응한다'는 것이다. 기뻐하여 강건함에 응하니, 그래서 '호랑이 꼬리를 밟았으나 사람을 물지 않으니 형통하다'고 한 것이다. 이괘의 괘상은 유약한 것(兌)이 사나운 것(乾)을 범하나 기뻐하는(說) 태도로 사나운 것(健)을 대하니, 사나운 것이 해치지 않는 것이다. 이것은 사람이 호랑이 꼬

리를 밟았으나 호랑이가 사람을 물지 않는 것과 같다. 그래서 형통하다고
한 것이다.

[剛中正, 履帝位而不疚, 光明也.] '강剛'은 다섯째 양효를 가리킨다. '중中'
은 다섯째 양효가 윗괘의 가운데 자리를 얻었다는 것이고, '정正'은 다섯째
양효는 양이 양의 자리에 있다는 것이며(효위), 임금이 중정의 덕을 지니고
있는 상이다(효상). 또 이괘는 윗괘가 건이고 건은 하늘(天)이며, 다섯째 양
효는 건괘의 가운데 자리에 있으니, 이것이 '제왕의 자리에 처한다(履帝
位)'는 것이다. '구疚'는 『석문』에 마음이 "병病"이라고 하였다. 여기에서는
잘못, 과실의 뜻이다(정이). 이괘는 다섯째 양효가 가운데와 바른 자리를 얻
고, 제왕의 자리에 처하여 과실이 없으니, 밝은 것이라는 말이다. 정이는
"다섯째 양효는 양강으로 중정하고, 임금의 자리에 있으니 진실로 과실이
없으며, 이도履道의 지극히 선함을 얻었으니, 밝은 것이다. '구疚'는 과실을
말하니, 곧 '강하게 결단하여 행하는 것(夬履)'이다. '광명'은 덕이 성대하
여 빛나는 것이다(九五以陽剛中正, 尊履帝位, 苟无疚病, 得履道之至善, 光明者
也. 疚謂疵病, '夬履'是也. 光明, 德盛而輝光也)"라고 하였다. 정이의 해석이
아주 좋다.

象曰 上天下澤, 履. 君子以辯上下, 定民志.
위는 하늘이고 아래는 못인 것이 이괘의 상이다. 군자는 이 괘상을 본받아
상하를 분별하여 백성의 뜻을 안정시킨다.

[上天下澤, 履.] 이괘는 윗괘가 건乾이고 아랫괘는 태兌이다. 건은 하늘(天)
이고 태는 못(澤)이다. 그런즉 '위는 하늘이고 아래는 못인 것'이 이괘의 상
이다.

[君子以辯上下, 定民志.] '변辯'은 변辨으로 읽으며, 분별하다는 뜻의 별別
이다(우번). '상하上下'는 군신, 부자, 부부, 남녀 등의 존비 서열이다. '정

定'은 안정시키다는 뜻이다. '정민지'는 곧 민심을 안정시킨다는 말이다. 하늘은 위에 있고, 못은 아래로 있으니, 각각 자신의 자리를 밟고 있다. 군자는 이 괘상을 보고 이를 본받아 상하의 지위를 분별하여 백성의 뜻을 안정시킨다.

정이는 "하늘은 위에, 못은 아래에 있으니, 위아래의 바른 이치이다. 사람이 밟는 것이 마땅히 이와 같아야 하니, 그러므로 그 상을 취하여 이가 되었다. 군자는 이괘의 상을 보고 상하의 나뉨을 분별하여 백성의 뜻을 안정시킨다(天在上, 澤居下, 上下之正理也. 人之所履當如是, 故取其象而爲履. 君子觀履之象, 以辨別上下之分, 以定其民志)"고 하였다.

初九. 素履, 往, 无咎.
처음 양효는 평소의 뜻을 행하니, 가면 허물이 없다.

'소素'는 평소, 본래라는 뜻이다. '소이素履'는 평소의 생각을 행한다는 뜻이다.

象曰 '素履'之'往', 獨行願也.
'평소의 뜻을 행하여' '간다'는 것은 홀로 원하는 바를 행한다는 것이다.

「상」은 효사의 '소이素履, 왕往'을, 평소의 뜻을 행하여 간다는 것은 홀로 평소에 원하는 바를 행하는 것이라고 해석하였다. 그러므로 허물이 없다는 것이다. 순상은 '소이素履'를 포의지사布衣之士라고 하였다. '소素'는 본래 꾸밈이 없다는 뜻인데, 이 뜻이 발전하여 무명 옷(布衣)을 입은 초야의 선비가 되었다. '소이'는 곧 가난한 선비가 밟는 길이라는 뜻이다. 순상은 "'소이'는 무명옷을 입은 선비를 말한다. 앉아야 할 자리를 얻지 못하고, 홀로 예

의를 행하여, 그 바름을 잃지 아니하므로 허물이 없는 것이다(素履者, 謂布
衣之士, 未得居位, 獨行禮義, 不失其正, 故无咎也)"라고 하였다.

九二. 履道坦坦, 幽人貞吉.
둘째 양효는 밟는 길이 평탄하니, 숨은(혹은 갇힌) 사람이 바르게 하여 길
하다.

'이履'는 밟는다는 뜻의 천踐이다. '탄탄坦坦'은 『석문』에 『광아』를 인용하
여 "평탄하다는 뜻의 평平"이라고 하였다. '유幽'에 대해 왕필은 숨다는 뜻
의 은隱으로 읽었는데, 공영달은 '유은지인幽隱之人'이라고 하여 은자로 해
석하였다, 우번은 옥獄으로 읽고 갇힌 사람으로 보았다. 두 가지 모두 통한
다. '정貞'은 바르다는 뜻의 정正이다.

象曰 '幽人貞吉', 中不自亂也.
'숨은 (갇힌) 사람이 바르게 하여 길하다'는 것은 가운데 자리에서 스스로
어지럽게 하지 않는다는 것이다.

「상」은 '중中'을 가지고 효사의 '정貞'을 해석하였다. '중中'은 둘째 양효
가 아랫괘의 가운데 자리에 있다는 것이며(효위), 바르게 하여 스스로 어지
럽게 하지 않는 상이다(효상). 「상」은 효사의 '유인정길幽人貞吉'을, 숨은
(갇힌) 사람이 바르게 하여 길하다는 것은 둘째 양효가 가운데 자리를 얻어
바르게 하므로 스스로 어지럽게 하지 않는 것이라고 해석하였다.

六三. 眇能視, 跛能履, 履虎尾, 咥人, 凶. 武人爲于大君.
셋째 음효는 눈 먼 사람이 볼 수 있고, 절름발이가 걸을 수 있으니, 호랑이
꼬리를 밟아 호랑이가 사람을 물어, 흉하다. 무인이 대군이 되었다.

'묘眇'는 『석문』에 "눈이 멀다는 뜻의 맹盲"이라고 하였다. '파跛'는 절름
발이이다. '절咥'은 물다는 뜻의 설齧이다. 두 개의 '능'자는 『집해』에서 '이
而'로 하였다. "눈이 멀면서 보려고 하고, 절름발이이면서 걸으려고 한다"는
뜻이다. 이렇게 해석하여도 통한다.

象曰 '眇能視', 不足以有明也. '跛能履', 不足以與行也. '咥人'
之'凶', 位不當也. '武人爲于大君', 志剛也.
'눈 먼 사람이 볼 수 있다'는 것은 밝기에는 부족하다는 것이다. '절름발이
가 걸을 수 있다'는 것은 걷기에는 부족하다는 것이다. '사람을 물어' '흉
하다'는 것은 자리가 합당하지 않기 때문이다. '무인이 대군이 되었다'는
것은 뜻이 강하다는 것이다.

'여與'는 유有와 같다(배학해裵學海). '위부당位不當'은 셋째 음효는 음이
면서 양의 자리에 있다는 것이며(효위), 처한 자리가 합당하지 않는 상이다
(효상). 「상」은 효사의 '묘능시眇能視'를, 눈 먼 사람이 볼 수 있다는 것은
그 눈이 밝기에는 부족하다고 해석하였다. '파능이跛能履'는 절름발이가 걸
을 수 있다는 것은 그 발이 걷기에는 부족하다고 해석하였다. '절인咥人, 흉
凶'은 밝기에도 부족하고 걷기에도 부족한 사람이 호랑이 꼬리를 밟아 물리
니, 자신이 처한 자리가 합당하지 않아 흉하다고 해석하였다. '무인위우대
군武人爲于大君'은 무인이 대군이 되었다는 것은 무인의 뜻이 강하다고 해석
하였다.

九四. 履虎尾, 愬愬, 終吉.
넷째 양효는 호랑이 꼬리를 밟아 두려워하나, 마침내 길하다.

'색愬'은 두려워하다는 뜻의 구懼이다. '색색愬愬'은 『석문』에 "자하전에
는 두려워하는 모양(子夏傳云恐懼貌)"이라고 하였다. '색색'은 놀라 두려워
하는 모양이다. 우번과 왕필은 '다구多懼', 공영달은 '위구危懼'로 해석하
였다.

象曰 '愬愬終吉', 志行也.
'두려워하나 마침내 길하다'는 것은 뜻이 행하여진다는 것이다.

'지행志行'은 뜻을 행하여 이루어진다 말이다. 「상」은 효사의 '색색종길愬
愬終吉'을, 호랑이 꼬리를 밟아 두려워하나 마침내 길한 것은 뜻대로 이루어
지기 때문이라고 해석하였다.

九五. 夬履, 貞厲.
다섯째 양효는 강하게 결단하여 행하니, 바르게 해도 위태롭다.

'쾌夬'는 '결決'이며, 강하게 결단하다(剛決)는 뜻이다(공영달). '정貞'은
바르다는 뜻의 정正이다. '여厲'는 위태롭다는 뜻의 위危이다.

象曰 '夬履貞厲', 位正當也.
'강하게 결단하여 행하니, 바르게 해도 위태롭다'는 것은 자리가 바르고

합당하기 때문이다.

'위정당位正當'은 다섯째 양효는 윗괘의 가운데 자리에 있고, 또 양이 양의 자리에 있다는 것이며(효위), 합당한 자리에 처해 있는 상이다(효상). 「상」은 효사의 '쾌이정려夬履貞厲'를, 강하게 결단하여 행하니, 바르게 해도 위태롭다는 것은 다섯째 양효의 자리가 바르고 합당하기 때문이라고 해석하였다. 공영달은 "'쾌'는 결단하다는 뜻의 결決이다. '여'는 위태롭다는 뜻의 위危이다. '쾌이정려'라고 하는 것은 그 자리가 바르고 합당한 것으로 다섯째 양효의 자리에 있으니, 그 이치를 결단하지 않을 수 없고, 바르게 해도 위태로움이 있지 않을 수 없으니, 자리가 여기에 있는 까닭이다(夬者, 決也. 厲, 危也. 所以夬履貞厲者, 以其位正當, 處在九五之位, 不得不決斷其理, 不得不有其貞厲 以位居此故也)"라고 하였다. 정이는 "다섯째 양효는 양이고 강이며 건체乾體이면서 지존의 자리에 있고, 강한 결단을 맡아 행하는 것이다. 이렇게 하면 곧 비록 바른 자리를 얻었으나 오히려 위태로운 것이다(五以陽剛乾體居至尊之位, 任其剛決而行者也. 如此則雖得正, 猶危厲也)"라고 하였다. 진고응은 '정려貞厲' 아래에 '무구无咎' 두 글자가 빠졌다 하고, "과감하게 결단하여 나아가니, 바르게 해도 위태로우나 허물이 없는 것은 다섯째 양효의 자리가 바르고 합당하기 때문이다"라고 해석하였다. 진고응의 해석이 비교적 매끄럽다.

上九. 視履, 考祥, 其旋元吉.
꼭대기 양효는 살펴서 행하고, 고려하는 것이 자세하니, 돌아오는 것이 크게 길하다.

'시視'는 자세히 살피는 것이다. '고考'는 고려, 고찰하다는 뜻이다. '상祥'은 『석문』에서 '상詳'으로 하였는데(本亦作詳), 자세하다는 뜻이다. '선

旋'은 돌아오다는 뜻의 還이다.

「상」은 '대경大慶'을 가지고 효사의 '원길'을 해석하였다. 상上은 꼭대기 양효를 가리키며, 꼭대기 양효는 한 괘의 윗자리에 있으니(효위), 크게 경사가 있는 상이다(효상). 「상」은 효사의 '원길元吉'을, 돌아오는 것이 크게 길하다는 것은 가장 높은 자리에서 크게 경사가 있는 것이라고 해석하였다.

11. 태泰

泰. 小往大來, 吉, 亨.

태는 작은 것은 가고 큰 것은 오니, 길하고 형통하다.

'태泰'는 괘명이며, 형통하다는 뜻의 통通이다. 「단」에서 '소小'는 음陰, 순順, 소인小人을, '대大'는 양陽, 건健, 군자君子를 가리키며, 또 '왕往'은 외外, '래來'는 내內를 가리킨다. '소왕대래'는 곤(음)은 위로 올라가고, 건(양)은 아래로 내려온다는 말이다.

象曰 '泰, 小往大來, 吉, 亨', 則是天地交而萬物通也, 上下交而其志同也. 内陽而外陰, 内健而外順, 内君子而外小人. 君子道長, 小人道消也.

'태는 작은 것은 가고 큰 것은 오니, 길하고 형통하다'는 것은 곧 천지가 교합하여 만물이 형통하고, 상하가 교합하여 그 뜻이 같은 것이다. 안은 양이고 밖은 음이며, 안은 강건하고 밖은 유순하며, 안은 군자이고 밖은 소인이다. 군자의 도는 자라나고 소인의 도는 사라진다.

[泰] 괘명이다. 「단」과 「상」은 '태泰'를 형통하다는 뜻의 통通으로 읽었다.
「서괘」에서도 "태는 형통하다는 뜻의 통(泰者, 通也)"이라고 하였다. 태괘는
음양이 교합하고 상하가 교통하는 것을 가지고 형통하는 원리를 말하였다.
정이는 "괘는 음인 곤괘가 위에 있고 양인 건괘가 아래에 있다. 천지 음양의
기가 서로 교접하여 조화하니, 만물이 생성하므로 형통한 태가 된다(爲卦,
坤陰在上, 乾陽居下. 天地陰陽之氣相交而和, 則萬物生成, 故爲通泰)"고 하였다.

[泰, 小往大來, 吉, 亨.] 괘사를 들은 것이다. 태는 작은 것은 가고 큰 것은
오니, 길하고 형통하다는 말이다. 즉, 곤은 위로 올라가고 건은 아래로 내려
오니 길하고 형통하다는 말이다.

[天地交而萬物通也] 괘상을 가지고 괘명과 괘사를 해석하였다. 태괘는 아
랫괘가 건乾이고 윗괘는 곤坤이다. 건은 하늘(天)이고 곤은 땅(地)이다. 그
런즉 태괘의 괘상은 천기天氣는 아래로 내려오고 지기地氣는 위로 올라가
니, 하늘과 땅이 서로 교합한다. 하늘과 땅이 서로 교합하면 만물은 생을 얻
어 자라난다. 그래서 '천지가 교합하여 만물이 형통하다'고 한 것이다.

[上下交而其志同也] 이하 괘체를 가지고 해석하였다. '상上'은 윗괘 곤이고
'하下'는 아랫괘 건이다. 건은 윗사람이고 곤은 아랫사람이다. 그런즉 태괘
는 윗사람의 뜻이 아래에 이르고 아랫사람의 뜻이 위에 이르니, 윗사람과
아랫사람이 서로 교합한다. 윗사람과 아랫사람이 서로 교합하면 그 뜻이 서
로 같게 된다. 그래서 '상하가 교합하여 그 뜻이 같다'고 한 것이다.

[內陽而外陰] 『역전』은 아랫괘를 안(內)이라 하고 윗괘를 밖(外)이라고 하
였다. 태괘는 아랫괘가 건乾이고 윗괘는 곤坤이다. 건은 양이고, 곤은 음이
다. 그래서 '안은 양이고 밖은 음이다'고 한 것이다.

[內健而外順] 괘덕으로 해석하였다. 건은 강건함(健)이고 곤은 유순함(順)
이다. 그래서 '안은 강건하고 밖은 유순하다'고 한 것이다. 래지덕은 "음양
은 기로 말한 것이고, 건순은 덕으로 말한 것이다(陰陽以氣言, 健順以德言)"

라고 하였다.

[內君子而外小人] 건은 군자를 상징하고, 곤은 소인을 상징한다. 그래서 '안은 군자이고 밖은 소인이다'고 한 것이다.

[君子道長, 小人道消也.] 태괘는 세 양이 아래에 있으니, 양이 점차 자라나는 상이다. 그러므로 '군자의 도는 자라난다'고 한 것이다. 세 음은 위에 있으니 음이 점차 사라지는 상이다. 그러므로 '소인의 도는 사라진다'고 한 것이다.

象曰 天地交, 泰. 后以財成天地之道, 輔相天地之宜, 以左右民.
천지가 교합하는 것이 태괘의 상이다. 임금은 이 괘상을 본받아 천지의 도를 헤아려 이루고, 천지의 알맞음을 도와서 백성을 인도한다.

[天地交, 泰.] 태괘는 아랫괘가 건乾이고 윗괘는 곤坤이다. 건은 하늘(天)이고 곤은 땅(地)이다. 천기는 아래로 내려오고 지기는 위로 올라가니, 하늘과 땅이 서로 교합한다. 그런즉 '천지가 교합하는 것'이 태괘의 상이다.

[后以財成天地之道, 輔相天地之宜, 以左右民.] '후后'는 임금이라는 뜻의 군君이다(우번). '재財'는 재재로 읽는다. 『석문』에 순상은 "재재"로 하였다(荀作裁). 옛날에 두 글자는 통용되었다. '재재'는 헤아리다는 뜻의 탁도度이다. '재성財成'은 곧 재성裁成이며, 헤아려서 이룬다는 뜻이다. '천지지도天地之道'는 천지가 교합하는 도이다. 고형은 "천지가 사계절의 변화와 만물을 낳아 기르는 규율"이라고 하였다. '보輔'와 '상相'은 돕는다는 뜻의 조助이다(정현). '천지지의天地之宜'는 천지가 교합하는 알맞음, 즉 천지가 만물을 낳고 기르는 알맞음을 말한다. '좌우左右'는 좌우하다, 인도하다는 뜻이다. 천지가 교합하니, 만물은 형통한다. 임금은 이 괘상을 보고 이를 본받아 천지가 교합하는 도를 헤아려 이루고, 천지가 만물을 낳고 기르는 알맞음을 도와서 백성을 이끌어 나간다.

初九. 拔茅茹以其彙, 征吉.
처음 양효는 띠 뿌리와 그 동류의 것을 뽑으니, 정벌하면 길하다.

'모茅'는 띠이다. '여茹'는 띠 뿌리(茅根)이다(우번). '모여茅茹'는 곧 띠 뿌리이다. '이以'는 더불어라는 뜻의 급及, 여與이다. '휘彙'는 동류라는 뜻의 유類이다(우번).

象曰 '拔茅征吉', 志在外也.
'띠 풀을 뽑으니 정벌하면 길하다'는 것은 뜻이 밖에 있다는 것이다.

'외外'에 대해 몇 가지 해석이 있다. 우번은 처음 양효는 넷째 음효와 응한다(初應四)고 해석하였다. 왕필은 아랫괘의 세 양은 뜻이 같으며, 모두 윗괘(外卦)에 뜻이 있다(三陽同志, 俱志在外)고 하였다. 정이는 '외'는 윗괘(外卦)를 가리키며, 위로 올라간다(上進也)고 해석하였다. 고형은 "뜻이 다른 나라를 정벌하는 데 있다"고 해석하였다. 이러한 해석은 모두 통한다. 「상」은 효사의 '발모정길拔茅征吉'을, 띠 풀을 뽑으니 정벌하면 길하다는 것은 뜻이 (마음이 향하는 바가) 외부에 있는 것이라고 해석하였다.

九二. 包荒用馮河, 不遐遺朋亡, 得尚于中行.
둘째 양효는 굶주림을 안고 걸어서 내를 건너는데, 멀리 버려두지 않은 벗이 없어졌으나, 중도에서 상을 얻는다.

'포包'는 안다는 뜻의 포抱이다. '황荒'은 기황饑荒의 황荒이며, 굶주림의 뜻이다. '포황'은 굶주림을 안다는 뜻이다. '용用'은 이以와 같다. '빙馮'은

걸어서 건너다(徒涉)는 뜻이다. '빙하'는 걸어서 내를 건너다는 뜻이다. 하
遐는 멀다는 뜻의 원遠이다(우번). '유遺'는 버리다는 뜻의 기棄, 떨어지다
는 뜻의 리離로 읽는다. '붕朋'은 벗이다. '망亡'은 없어지다는 뜻의 실失이
다. '붕망朋亡'은 벗이 없어졌다는 뜻이다. '상尚'은 상賞으로 읽는다. '행
行'은 길이라는 뜻의 도道이다. '중행中行'은 곧 중도中道이다.

象曰 '包荒得尚于中行', 以光大也.
'굶주림을 안고 중도에서 상을 얻는다'는 것은 (둘째 양효의 덕이) 넓고 크
기 때문이다.

'이以'는 인因으로 읽는다. '광光'은 넓다는 뜻의 광廣이다. 「상」은 효사
를, 굶주림을 안고 걸어서 강을 건너는데, 멀리 버려두지 않은 벗이 없어졌
으나, 중도에서 상을 얻는 것은 둘째 양효의 덕이 넓고 크기 때문이라고 해
석하였다. 둘째 양효는 아랫괘의 가운데 자리에 있으며(효위), 그 덕이 넓고
큰 상이다(효상).

九三. 无平不陂, 无往不復, 艱貞无咎. 勿恤, 其孚于食有福.
셋째 양효는 평평한 것은 기울지 않음이 없고, 간 것은 돌아오지 않음이 없
으니, 어려움에 처하여 바르게 하면 허물이 없다. 근심하지 말라. 믿음이
있으면 먹음에 복이 있다.

'피陂'는 기울다는 뜻의 경傾이다(우번). '복復'은 돌아오다는 뜻의 반返
이다. '정貞'은 바르다는 뜻의 정正이다. '간정무구艱貞无咎'는 어려움에 처
하여 바름을 지키면 허물이 없다는 말이다(주희). '휼恤'은 근심이라는 뜻
의 우憂이다(우번). '기부其孚'는 유부有孚로 읽는다. '부孚'는 믿음이라는

뜻의 신신이다(우번).

象曰 '无往不復', 天地際也.
'간 것은 돌아오지 않음이 없다'는 것은 천지가 교합하기 때문이다.

'제際'에 대해 여러 가지 해석이 있다. 송충은 '제'를 응應의 뜻으로 읽고, "건괘의 끝에 자리하여 곤괘의 끝과 응하고 있다(位在乾極, 應在坤極)"고 하였다. 셋째 양효는 꼭대기 음효와 응하고 있다는 말이다. 주준성과 상병화 등이 이를 따랐다. 공영달은 '제際'를 교접하다는 뜻으로 읽고, "셋째 양효는 하늘과 땅이 교접하는 곳에 처해 있다(三處天地交際之處)"고 하였는데, 주백곤, 굴만리, 유백민, 진고응 등이 이를 따랐다. 정이 역시 "천지가 교접하는 것을 말한다(言天地之交際也)"고 하였다. 래지덕은 "셋째 양효와 넷째 음효의 교접(九三六四之際)"이라고 하였는데, 왕부지가 이를 따랐다. 고형은 "'제'는 당연히 채蔡로 읽어야 한다. 두 글자는 같은 소리 계열이며 옛날에는 통용되었다. 『소이아小爾雅』「광고廣詁」에 '채는 법(蔡, 法也)'이라 하였고, 『서경』「우공禹貢」에 '이백리채二百里蔡'라고 한 것을, 『위공전僞孔傳』에 '채는 법(蔡, 法也)'이라고 하였는데, 이것이 '채'에 법의 뜻이 있다는 증거이다"라고 하였다. 즉 '간 것은 돌아오지 않음이 없다'는 것은 천지의 법칙이요, 자연의 규율이라고 해석한 것이다. 이러한 해석은 모두 통한다. 필자는 '제際'는 모이다는 뜻의 회會, 어울리다, 합하다는 뜻의 합合으로 읽었다. '천'은 아랫괘 건을, '지'는 윗괘 곤을 가리키며, 셋째 양효는 천지가 교합하는 곳이다. 「상」은 효사의 '무왕불복无往不復'을 천지가 교합하기 때문에 간 것은 돌아오지 않는 것이 없다고 해석하였다.

六四. 翩翩, 不富以其鄰, 不戒以孚.
넷째 음효는 우쭐거리다가 이웃과 가난하게 되었으니, 경계하지 아니하고
믿었기 때문이다.

'편편翩翩'은 새가 빨리 나는 모양이며, 사람에 비유하면 스스로 만족하여
우쭐거리는 모양이다. '부富'는 부유하다는 뜻이며, '불부不富'은 곧 가난하
게 되었다는 뜻이다. '이以'는 더불어라는 뜻의 급及, 여與와 같다. '인鄰'은
이웃이다. '계戒'는 경계하다는 뜻이다. '이以'는 이而와 같다(굴만리). 부
孚'는 믿음이라는 뜻의 신신이다.

象曰 '翩翩不富', 皆失實也. '不戒以孚', 中心願也.
'우쭐거리다가 가난하게 되었다'는 것은 모두 재물을 잃었다는 것이다.
'경계하지 아니하고 믿었다'는 것은 마음속으로 (믿기를) 원했기 때문이다.

'실實'은 재물이다(고형). '실실失實'은 재물을 잃는다는 말이다. '중심中
心'은 곧 심중心中이다. 「상」은 효사의 '편편불부翩翩不富'를, 우쭐거리다가
이웃과 가난하게 되었다는 것은 그 사람과 그 이웃이 모두 재물을 잃은 것
이라고 해석하였다. '불계이부不戒以孚'는 경계하지 아니하고 믿었다는 것
은 마음속으로 스스로 믿기를 원했기 때문이라고 해석하였다. 송충은 '실'
을 양으로 해석하고 "곤이 윗괘에 있으므로 양을 잃었다고 말한 것이다(陰
虛陽實, 坤今居上, 故言失實也)"라고 하였다.

六五. 帝乙歸妹, 以祉, 元吉.
다섯째 음효는 제을이 딸을 시집보내는데, 복이 있으니, 크게 길하다.

'제을帝乙'은 은의 마지막 왕 주紂의 아버지이다. '귀歸'는 시집가다는 뜻의 가嫁이다(우번). '매妹'는 누이동생 혹은 여자아이 두 가지 뜻이 있는데, 여기에서는 여자아이를 가리키며, 소녀의 통칭이다(왕필). '지祉'는 복福이다(우번). '이지以祉'는 유복有福과 같다.

象曰 '以祉元吉', 中以行願也.
'복이 있으니 크게 길하다'는 것은 중도를 지니고 원하는 바를 행한다는 것이다.

'中以行願'은 以中行願이다. '중中'은 다섯째 음효가 윗괘의 가운데 자리에 있다는 것이며(효위), 원하는 바를 행하는 상이다(효상). 「상」은 효사의 '이지원길以祉元吉'을, 제을이 딸을 시집보내는 데 복이 있어 크게 길하다는 것은 중도를 지니고 원하는 바를 행하는 것이라고 해석하였다.

上六. 城復于隍, 勿用師, 自邑告命, 貞吝.
꼭대기 음효는 성이 구덩이로 무너졌으나, 출병하지 말라고 고을에서 명을 알린다. 바르게 해도 어렵다.

'복復'은 복覆으로 읽으며, 기울어 넘어지다는 뜻이다(고형). 우번은 "'황'은 성 아래의 구덩이이다. 물이 없으면 황이라 하고, 물이 있으면 지라 한다(隍, 城下溝. 無水稱隍, 有水稱池)"고 하였다. '용사用師'는 군사를 일으키는 것이다. '명命'은 명령이다. '정貞'은 바르다는 뜻의 정正이다. '인吝'은 어렵다는 뜻의 난難이다.

象曰 '城復于隍', 其命亂也.

'성이 구덩이로 무너졌다'는 것은 그 명이 어지럽다는 것이다.

'기명란其命亂'은 고을에서 알리는 명이 혼란하다는 말이다. 「상」은 효사의 '성복우황城復于隍'을, 성이 구덩이로 무너졌으나 출병하지 말라고 고을에서 명을 알리니, 그 명이 어지러워 바르게 해도 어렵다고 해석하였다.

12. 비否

否之匪人, 不利君子貞, 大往小來.

막혀야 할 것은 그 사람이 아니니, 군자가 바르게 하여도 이롭지 않다. 큰 것은 가고 작은 것은 온다.

'비否'는 괘명이며, 막히다는 뜻의 폐閉, 색塞이다. '비匪'는 비非로 읽는다. '비지비인否之匪人'은 당연히 막혀야 하지 않을 사람이 막혀 있다는 것이다. 주희는 "'지비인之匪人' 세 글자는 잘못 들어간 것이 아닌가 의심이 간다(或疑 '之匪人' 三字衍文)"고 하였다. 고형은 "'비否'는 당연히 중복하여 써야 한다. 앞의 '비'자는 괘명이고, 뒤의 '비'자는 괘사이다"라고 하였다. 두 주장은 모두 통한다. '군자'는 도덕 수양의 경지가 높은 사람, 훌륭한 덕성을 갖춘 사람이다. '정貞'은 바르다는 뜻의 정正이다. 「단」에서 '소小'는 음陰, 유柔, 소인小人을, '대大'는 양陽, 강剛, 군자君子를 가리키며, 또 '왕往'은 외外, '래來'는 내內를 가리킨다. '대왕소래'는 건(양)은 위로 올라가고, 곤(음)은 아래로 내려온다는 말이다.

象曰 ‘否之匪人, 不利君子貞, 大往小來’, 則是天地不交而萬物
不通也, 上下不交而天下无邦也. 內陰而外陽, 內柔而外剛, 內小
人而外君子. 小人道長, 君子道消也.

‘막혀야 할 것은 그 사람이 아니니, 군자가 바르게 하여도 이롭지 않다. 큰
것은 가고 작은 것은 온다’는 것은 곧 천지가 교합하지 못하여 만물이 통하
지 아니하고, 상하가 교합하지 못하여 천하에 나라가 없는 것이다. 안은 음
이고 밖은 양이며, 안은 유순하고 밖은 강건하며, 안은 소인이고 밖은 군자
이다. 소인의 도는 자라나고 군자의 도는 사라진다.

[否] 괘명이다. 『석문』에 “‘비’는 막히다는 뜻의 폐, 색(否, 閉, 塞也)”이라
고 하였다. 「서괘」에 “태는 형통하다는 것이다. 사물은 끝까지 형통할 수 없
으니, 그러므로 비괘로 받는다(泰者, 通也. 物不可以終通, 故受之以否)”고 하
였고, 「잡괘」에서는 “비와 태는 그 사류가 반대되는 것(否泰, 反其類也)”이
라고 하였다. 태의 뜻이 형통하는 것이고, 비와 태의 뜻이 서로 반대되는 것
이므로, 「단」과 「상」은 ‘비’의 뜻을 막혀서 통하지 않는 것(閉塞不通)으로 새
겼다. 정이는 “괘는 하늘이 위에 있고 땅이 아래에 있다. 천지가 서로 교합
하여 음양이 조화롭고 순조로우면 곧 태이나, 하늘이 위에 있고 땅이 아래
에 있어, 천지가 막혀 서로 교통하지 못하니, 그래서 비이다(爲卦, 天上地下.
天地相交, 陰陽和暢, 則爲泰. 天處上, 地處下, 是天地隔絶, 不相交通, 所以爲否
也)”라고 하였다.

[否之匪人, 不利君子貞, 大往小來.] 괘사를 들은 것이다. 막혀야 할 것은 그
사람이 아니니, 군자가 바르게 하여도 이롭지 않다. 큰 것은 가고 작은 것은
온다는 말이다. 즉 건은 위로 올라가고 곤은 아래로 내려온다는 말이다.

[天地不交而萬物不通也] 괘상을 가지고 괘명과 괘사를 해석하였다. 비괘는
윗괘가 건乾이고 아랫괘는 곤坤이다. 건은 하늘(天)이고 곤은 땅(地)이다.
그런즉 비괘의 괘상은 천기天氣는 아래로 내려오지 못하고 지기地氣는 위로

올라가지 않으니, 하늘과 땅이 서로 교합하지 못한다. 하늘과 땅이 서로 교합하지 못하면 만물은 막힌다. 그래서 '천지가 교합하지 못하여 만물이 통하지 아니한다'고 한 것이다.

[上下不交而天下无邦也] 이하 괘체를 가지고 해석하였다. '상上'은 윗괘 건이고 '하下'는 아랫괘 곤이다. 건은 윗사람이고 곤은 아랫사람이다. 그런즉 비괘는 윗사람의 뜻이 아래에 통하지 못하고 아랫사람의 뜻이 위에 통하지 못하니, 윗사람과 아랫사람이 서로 교합하지 못한다. 윗사람과 아랫사람이 서로 교합하지 못하면 장차 천하에는 나라가 없게 된다. 그래서 '상하가 교합하지 못하여 천하에 나라가 없다'고 한 것이다.

[內陰而外陽] 『역전』은 아랫괘를 안(內)이라 하고 윗괘를 밖(外)이라고 하였다. 비괘는 아랫괘가 곤坤이고, 윗괘는 건乾이다. 곤은 음이고, 건은 양이다. 그래서 '안은 음이고 밖은 양이다'라고 한 것이다.

[內柔而外剛] 괘덕으로 해석하였다. 곤은 유순함(柔)이며 건은 강건함(健)이다. 그래서 '안은 유순하고 밖은 강건하다'고 한 것이다.

[內小人而外君子] 곤은 소인을 상징하고, 건은 군자를 상징한다. 그래서 '안은 소인이고 밖은 군자이다'라고 한 것이다.

[小人道長, 君子道消也.] 비괘는 세 음이 아래에 있으니, 음이 점차 자라나는 상이다. 그러므로 '소인의 도는 자라난다'고 한 것이다. 세 양은 위에 있으니, 양이 점차 사라지는 상이다. 그러므로 '군자의 도는 사라진다'고 한 것이다.

象曰 天地不交, 否. 君子以儉德辟難, 不可榮以祿.
천지가 교합하지 못하는 것이 비괘의 상이다. 군자는 이 괘상을 본받아 덕을 감추어 어려움을 피하고, 녹위를 영예롭게 여기지 아니한다.

[天地不交, 否.] 비괘는 윗괘가 건乾이고 아랫괘는 곤坤이다. 건은 하늘(天)

이고 곤은 땅(地)이다. 천기는 아래로 내려오지 못하고 지기는 위로 올라가
지 않으니, 하늘과 땅이 서로 교합하지 못한다. 그런즉 '천지가 교합하지 못
하는 것'이 비괘의 상이다.

[君子以儉德辟難, 不可榮以祿.] '검儉'은 감추다는 뜻의 염斂으로 읽는다.
'벽辟'은 피하다는 뜻의 피避이다. '난難'은 소인들이 일으킨 어려움이다.
주희는 '검덕피난儉德辟難'을 "그 덕을 감추고 밖으로 드러내지 아니하여,
소인이 일으킨 어려움을 피한다(收斂其德, 不形於外, 以避小人之難)"고 하였
는데, 좋은 해석이다. '영榮'은 영예이고, '녹祿'은 녹위이다. 주희는 "사람
은 녹위를 영예롭게 여겨서는 안 된다(人不得以祿位榮之)"고 해석하였다. 천
지가 교합하지 못하니, 만물은 막힌다. 군자는 이 괘상을 보고 이를 본받아
천지가 막혀 통하지 않을 때, 덕을 감추어 드러내지 아니하여 소인들이 일
으키는 어려움을 피하고, 녹위를 영예롭게 여겨 입신출세를 도모하지 아니
한다.

初六. 拔茅茹以其彙, 貞吉, 亨.
처음 음효는 띠 뿌리와 그 동류의 것을 뽑으니, 바르게 하여 길하고 형통
하다.

'모茅'는 띠이다. '여茹'는 띠 뿌리이다. '모여茅茹'는 곧 띠 뿌리이다. '이
以'는 더불어라는 뜻의 급及, 여與이다. '휘彙'는 동류라는 뜻의 유類이다(순
상). '정貞'은 바르다는 뜻의 정正이다. '형亨'은 형통하다는 뜻의 통通이다.

象曰 '拔茅貞吉', 志在君也.
'띠 풀을 뽑으니 바르게 하여 길하다'는 것은 뜻이 임금에게 있다는 것이다.

「상」은 '발모拔茅'를 소인을 제거하는 것으로 해석하였다. 효사의 '발모정길拔茅貞吉'은 소인을 제거하는 것이 곧 바르게 하는 것이고 길한 것이며, 그 뜻은 임금을 향하고 있기 때문이라고 해석하였다. 또 처음 음효의 효위와 효상에 근거하여, '군君'을 넷째 양효로 보고, 처음 음효의 뜻이 넷째 양효의 군과 응하는 데 있다고 해석할 수 있다.

六二. 包承, 小人吉, 大人否亨.
둘째 음효는 경계하는 마음을 품으니, 소인은 길하고 대인은 형통하지 아니한다.

'포包'는 마음에 품는다는 뜻의 포抱이다. '승承'은 징懲으로 읽으며, 경계하다는 뜻의 계戒이다(고형). 「상」은 '대인비형大人否亨'을 한 구절로 읽었다. 우번은 '부否'를 불不이라고 하였다. '부형否亨'은 형통하지 아니한다는 말이다.

象曰 '大人否亨', 不亂羣也.
'대인은 형통하지 아니한다'는 것은 (소인의) 무리들과 어지럽게 행동하지 않기 때문이다.

'부否'는 희평 석경에 '불不'로 하였다(굴만리). '군羣'은 소인의 무리이다. '불란군不亂羣'은 대인이 소인의 무리와 더불어 휩쓸려 어지럽게 행동하지 않는다는 말이다. 「상」은 효사의 '대인비형大人否亨'을, 천지가 막히는 때에 대인이 경계하는 마음을 품고 소인의 무리들과 더불어 휩쓸려 어지럽게 행동하지 않으므로 대인은 형통하지 아니한다고 해석하였다. 즉 천지가 막히는 때에 대인은 경계하는 마음을 품지 않고, 소인배들과 더불어 어지럽

게 행동한다면 형통할 것인데, 그렇지 않기 때문에 형통하지 아니한다는 말
이다.

六三. 包羞.
셋째 음효는 수치스러운 마음을 품는다.

'포包'는 마음에 품는다는 뜻의 포抱이다. 순상, 왕필, 공영달은 '수羞'를
수치羞恥의 수羞로 읽었다. '포수包羞'는 마음에 수치스러움을 품는다는 말
이다.

象曰 '包羞', 位不當也.
'수치스러운 마음을 품는다'는 것은 자리가 합당하지 않기 때문이다.

'위부당位不當'은 셋째 음효가 음이면서 양의 자리에 있다는 것이며(효
위), 수치스런 마음을 품고 있는 상이다(효상).「상」은 효사의 '포수包羞'를,
수치스런 마음을 품는다는 것은 셋째 음효의 자리가 합당하지 않기 때문이
라고 해석하였다.

九四. 有命, 无咎, 疇離祉.
넷째 양효는 천명이 있으니, 허물이 없으며, 복을 받는다.

'명命'은 천명天命이다. '주疇'는 어조사이다. 『예기』「단궁檀弓」 상上에
'予疇昔之夢(나는 어제밤 꿈에)'라고 하였는데, '주'가 어조사로 쓰인 예이
다. '리離'는 붙다는 뜻의 부附이다(구가역). 공영달은 "'리'는 여이며, 붙는

것을 말한다(離, 麗也. 麗謂附著也)"고 하였다. '지止'는 복福이다. '주리지疇
離止'는 복을 얻는다는 뜻이다.

象曰 '有命无咎', 志行也.
'천명이 있으니 허물이 없다'는 것은 뜻이 실행된다는 것이다.

'지행志行'은 바라는 것을 실행한다는 것이다. 「상」은 효사의 '유명무구有
命无咎'를, 천명이 있으니 허물이 없다는 것은 천명을 받들어 뜻을 실행하
니, 허물이 없으며 복을 받는다고 해석하였다.

九五. 休否, 大人吉. 其亡其亡, 繫于苞桑.
다섯째 양효는 막히는 것을 멈추니, 대인은 길하다. 망한다 망한다고 하면
서, 무성한 뽕나무에 묶어두었다.

'휴休'는 『석문』에 '식息'이라고 하였는데, 멈추다는 뜻의 지止이다. '대인
大人'은 도덕 수양의 경지가 높은 사람이다. '기망기망其亡其亡'은 생사 존망
의 위기를 두려워하는 것이다. '계繫'는 묶다는 뜻의 결結, 매다는 뜻의 유維
이다. '포苞'는 무성하다는 뜻의 무茂이다. '계우포상繫于苞桑'은 무성한 뽕
나무에 묶어두었다는 뜻이며, 이것은 안정되고 견고한 것에 비유한 말이다.

象曰 '大人'之 '吉', 位正當也.
'대인'이 '길'한 것은 자리가 바르고 합당하기 때문이다.

'위정당位正當'은 다섯째 양효는 윗괘의 가운데 자리에 있고, 또 양이 양

의 자리에 있다는 것이며(효위), 대인이 중정의 도를 지니고 정당한 자리에 처해 있는 상이다(효상). 「상」은 효사의 '대인길大人吉'을, 대인이 길한 것은 다섯째 양효의 자리가 바르고 합당하기 때문이라고 해석하였다.「계사」하·5장에 "위태로운 것은 그 자리를 안전하게 하는 것이요, 망하는 것은 그 생존을 보존하게 하는 것이요, 어지러운 것은 다스림을 있게 하는 것이다. 그러므로 군자는 편안해도 위태로움을 잊지 아니하고, 생존해도 망하는 것을 잊지 아니하며, 다스려져도 어지러워지는 것을 잊지 아니하니, 이로써 몸은 편안하고 국가는 보존할 수 있는 것이다. 『역』에 이르기를 '망한다 망한다고 하면서, 무성한 뽕나무에 묶어두었다'고 하였다(子曰 危者, 安其位者也. 亡者, 保其存者也. 亂者, 有其治者也. 是故君子安而不忘危, 存而不忘亡, 治而不忘亂, 是以身安而國家可保也. 易曰 '其亡其亡, 系于苞桑')"라고 하였다. 「상」은 상수로, 「계사」는 의리로 해석하였다.

上九. 傾否, 先否後喜.
꼭대기 양효는 막힘이 기울어지니, 먼저 막히나 뒤에는 기쁘다.

'경傾'은 기울다, 뒤집다는 뜻의 복覆이다(후과).

象曰 '否'終則 '傾', 何可長也.
'막힘'이 끝나면 '기울어'지니, 어찌 오래 갈 수 있겠는가?

「상」은 효사의 '경비傾否'를, 막힘이 끝에 이르러 기울어지니 오래가지 못한다고 해석하였다. '하가장何可長'은 꼭대기 양효의 효위와 효상을 가지고 한 말이다. 꼭대기 양효는 비괘의 꼭대기에 있으며(효위), 막히는 것이 끝(終)에 이르러 오래 가지 못하는 상이다(효상). 정이는 "막힘이 끝에 이르면 반드시 기울어지니, 어찌 오랫동안 막히는 이치가 있겠는가? 극에 이르면 반드시 되돌아오니, 이치가 항상 그러함이다. 그러나 위태로움이 도리어 편안함이 되고, 어지러움이 바뀌어 다스림이 되는 것은 반드시 양의 강건한 재질을 갖춘 후에 할 수 있는 것이다(否終則必傾, 豈有長否之理? 極而必反, 理之常也. 然反危爲安, 易亂爲治, 必有剛陽之才而後能也)"라고 하였다.

13. 동인同人

同人于野, 亨. 利涉大川. 利君子貞.

사람들과 들에서 함께 하니, 형통하다. 큰 내를 건너면 이롭다. 군자가 바르게 하여 이롭다.

'동同'은 모이다는 뜻의 회會이다. '동인同人'은 사람들과 함께 하는 것이다. '야野'는 교외의 땅이다. '섭涉'은 건너다는 뜻의 도渡이다. '군자'는 최고 통치자를 가리킨다. '정貞'은 바르다는 뜻의 정正이다.

象曰 同人, 柔得位得中, 而應乎乾, 曰同人. 同人曰 '同人于野, 亨. 利涉大川', 乾行也. 文明以健, 中正而應, '君子'正也. 唯君子爲能通天下之志.

동인은 유가 바른 자리와 가운데 자리를 얻었고, 건에 응하니, 동인이라고 한다. '사람들과 들에서 함께 하니, 형통하다. 큰 내를 건너면 이롭다'는 것은 임금이 행하는 것이다. 문명하고 강건하며, 중정의 자리에 있으면서 응하니, ‘군자’의 바름이다. 오직 군자만이 천하의 뜻에 통할 수 있다.

[同人] 괘명이다. 『설문』에 “‘동’은 모이는 것(同, 合會也)”이라고 하였다. ‘동’은 모이다는 뜻의 회會이며, ‘동인同人’은 사람들과 함께 하는 것이다. 「서괘」에 “사물은 끝까지 막힐 수 없으니, 그러므로 동인괘로 받는다. 사람과 함께 하면 사물은 반드시 돌아온다(物不可以終否, 故受之以同人. 與人同者, 物必歸焉)”고 하였고, 「잡괘」는 “동인은 친하다는 것(同人, 親也)”이라고 하였으니, ‘사람과 함께 하는 것’, ‘사람과 친한 것’이 곧 ‘동인’이다. 주희는 “괘는 한 개의 음이 다섯 양과 함께 더불어 있으므로 동인이다(又卦唯一陰而五陽同與之, 故爲同人)”라고 하였다. 「단」은 ‘응하는 것’, 「상」은 ‘함께 하는 것’으로 해석하였는데, 같은 뜻이다. 응하니 곧 함께 하는 것이다.

[柔得位得中, 而應乎乾, 曰同人.] 괘체를 가지고 괘명을 해석하였다. ‘유柔’는 둘째 음효를 가리킨다. ‘득위得位’는 둘째 음효는 음이 음의 자리에 있다는 것이고, ‘득중得中’은 둘째 음효가 아랫괘의 가운데 자리에 있다는 것이다. ‘응호건應乎乾’에 대해 두 가지 해석이 있다. 하나는 공영달의 해석이다. ‘건乾’은 곧 건괘의 다섯째 양효를 가리키며, 둘째 음효가 다섯째 양효와 응한다는 것이다. 뒷사람들은 모두 이를 따랐다. 또 하나는 고형의 해석이다. 동인괘의 윗괘는 건乾이며, 둘째 음효는 건괘의 아래에 있으므로 이것이 ‘건에 응한다(應乎乾)’는 것이다. 두 가지 해석은 모두 통한다. 바로 뒤에 ‘중정이응中正而應’이라고 하였는데, 이것은 다섯째 양효와 둘째 음효의 응을 말한 것이므로 공영달의 해석이 「단」의 본뜻일 것이다. 동인괘는 아랫괘의 둘째 음효가 바른 자리와 가운데 자리를 얻고 윗괘의 다섯째 양효인 건과 응하는 것이다. 그래서 ‘동인同人’이라고 한다. 「단」은 ‘동인’을 응하는 것으로 해석하였다.

[同人曰 ‘同人于野, 亨. 利涉大川’, 乾行也.] 괘사를 해석하였다. ‘동인왈同人曰’ 세 글자에 대해, 정이와 주희는 ‘잘못 들어간 글(衍文)’이라고 하였다. ‘건행乾行’은 건도乾道요(왕인지), 건도는 곧 군도君道를 말한다(고형). 동

인괘는 윗괘가 건乾이고 아랫괘는 리離이다. 건은 임금이고 리는 백성이다. 그런즉 동인괘의 괘상은 임금이 위에 있고 백성은 아래에 있는 것이니, 백성이 임금에게 응하는 것이다. '사람들과 들에서 함께 하니, 형통하다. 큰 내를 건너면 이롭다'는 것이 임금이 행하는 것, 즉 '건행乾行'이며 곧 군도君道이다.

[文明以健, 中正而應, '君子'正也.] 괘사 '이군자정利君子貞'을 해석하였다. 동인괘는 아랫괘가 리離이고 윗괘는 건乾이다. 리는 문명이고 건은 강건함이다. 그런즉 동인괘는 '문명하고 강건함'이니, 즉 문명과 강건의 덕이 있다는 것이다. '이以'는 이而와 같다. '중정中正'은 다섯째 양효를 가리킨다. 다섯째 양효는 윗괘의 가운데 자리에 있으며, 양이 양의 자리에 있다. '응應'은 다섯째 양효와 둘째 음효와의 응이다. 둘째 음효와 다섯째 양효는 같은 효위에 있으니, 둘째 음효인 유는 다섯째 양효인 강과 응한다. 문명과 강건의 덕을 지니고, 중정의 도를 지켜 백성과 응하는 것이 곧 군자의 바름(正)이라는 말이다.

[唯君子爲能通天下之志] 군자는 문명과 강건한 덕을 지니고 중정의 도를 지켜 백성과 호응하여, 군도를 실행할 수 있다. 그러므로 오직 군자만이 천하 사람의 뜻에 통할 수 있는 것이다.

象曰 天與火, 同人. 君子以類族辨物.

하늘과 불이 함께 하는 것이 동인괘의 상이다. 군자는 이 괘상을 본받아 종류를 분류하여 사물을 분별한다.

[天與火, 同人.] 동인괘는 윗괘가 건乾이고 아랫괘는 리離이다. 건은 하늘(天)이고 리는 불(火)이다. 그런즉 '하늘과 불이 함께 하는 것'이 동인괘의 상이다.

[君子以類族辨物.] '유類'는 분류하다는 뜻의 분分이다. 「계사」 하 · 2장에

"만물의 정황을 분류하였다(以類萬物之情)"의 '유'와 같다. '족族'은 종족種族, 종류種類의 뜻이다. '유족類族'은 종류를 분류하는 것이다. '변辨'은 분변分辨, 즉 분별하다는 뜻이다. '물物'은 사물이다. '변물辨物'은 사물을 분별하는 것이다. '유족변물'은 「계사」 상·1장의 '方以類聚, 物以群分(동류는 같은 방향으로 모이고, 만물은 무리에 따라 갈라진다)', 「문언」의 '同聲相應, 同氣相求(같은 소리는 서로 응하고, 같은 기운은 서로 구한다)'와 같은 말이다. 하늘과 불이 함께 하니, 천하가 밝다. 군자는 이 괘상을 보고 이를 본받아 하늘과 불처럼 밝게 살펴 종류를 분류하여 사물을 분별한다.

初九. 同人于門, 无咎.
처음 양효는 사람들과 문 밖에서 함께 하니, 허물이 없다.

'동인同人'은 사람들과 함께 하는 것이다. '문門'은 문 밖, 즉 왕문王門 밖을 가리킨다. '동인우문同人于門'은 적이 침입하여 왕이 백성들과 왕문 밖에서 함께 한다는 말이다.

象曰 '出門同人', 又誰 '咎'也.
'문 밖을 나서 사람들과 함께 하니', 또 누구의 '허물'이겠는가?

「상」은 효사의 '동인우문同人于門'을 '출문동인出門同人'이라 하고, 문 밖을 나서 문 밖에서 사람들과 함께 하여 적이 침입한 사실을 알리는 것은 그 누구의 탓도 아니라고 해석하였다.

六二. 同人于宗, 吝.
둘째 음효는 사람들과 종묘에서 함께 하니, 어렵다.

'종宗'은 종묘이다. '인吝'은 어렵다는 뜻의 난難이다.

象曰 '同人于宗', '吝'道也.
'사람들과 종묘에서 함께 한다'는 것은 '어려움'의 도이다.

「상」은 효사의 '동인우종同人于宗'을, 사람들과 종묘에서 함께 하는 것은 왕이 백성들과 종묘에서 함께 제사를 올리며 출정을 고하나, 적과의 싸움이 어렵다고 해석하였다.

九三. 伏戎于莽, 升其高陵, 三歲不興.
셋째 양효는 복병을 풀숲에 숨겨두었으나, 높은 언덕에 올라갔으니, 삼 년 동안 일어나지 못한다.

'복伏'은 매복埋伏이다. '융戎'은 군사라는 뜻의 병兵이다. '망莽'은 풀숲이다. '복융우망伏戎于莽'은 복병을 풀숲 속에 매복시켜둔 것이다. '승升'은 오르다는 뜻의 등登이다. '능陵'은 언덕이다. '흥興'은 일어나다는 뜻의 기起이다(우번).

象曰 '伏戎于莽', 敵剛也. '三歲不興', 安行也.
'복병을 풀숲에 숨겨두었다'는 것은 적이 강하기 때문이다. '삼 년 동안 일어나지 못한다'는 것은 어찌 행할 수 있겠는가 하는 것이다.

'강강剛'은 강강强이다. '안安'은 하何(공영달), 언焉과 같다(굴만리). '행行'은 작위이다. '안행安行'은 행하는 것이 없다는 말이다. 최경은 '안가행安可行', 공영달은 '하가행何可行'(어찌 행할 수 있겠는가?), 주희는 "행할 수 없다는 말이다(言不能行)"라고 하였다. 「상」은 효사의 '복융우망伏戎于莽'을, 적이 강하기 때문에 복병을 풀숲 속에 숨겨두었다고 해석하였다. '삼세불흥三歲不興'은 삼 년 동안 일어나지 못한다는 것은 전쟁에 패하여 오랫동안 행할 수 없는 것이라고 해석하였다. 즉 출병하여 복병을 풀숲 속에 매복시켜 두었으나, 높은 언덕에 올라가 적에게 발각되었다. 전쟁에 패하여 삼 년 동안 일어나지 못하니, 어찌 행할 수 있겠는가 하는 말이다.

九四. 乘其墉, 弗克, 攻吉.
넷째 양효는 (적이) 성벽에 올라왔으나 아직 성이 함락되지 않았으니, (적을) 공격하면 길하다.

'승乘'은 오르다는 뜻의 등登이다. '용墉'은 성벽(城墙)이다. '극克'은 이기다는 뜻의 승勝이며, 성을 함락하는 것이다.

象曰 '乘其墉', 義 '弗克'也. 其 '吉', 則困而反則也.
'(적이) 성벽에 올라왔다'는 것은 마땅히 '함락되지 않았다'는 것이다. '길하다'는 것은 곤경에 처하나 정도로 돌아간다는 것이다.

'의義'는 의宜로 읽는다. '반反'은 돌아오다는 뜻의 반返으로 읽는다. '칙則'은 왕필 이하 모두 '법칙'으로 읽었다. 원칙, 법칙, 정도라는 뜻이다. '반

칙反則'은 정도로 돌아간다는 뜻이다. 「상」은 효사의 '승기용乘其墉'을, 적이 성벽에 올라왔다는 것은 당연히 아직 성이 함락되지 않은 것이라고 해석하였다. '길'은 적이 성벽을 올라와 우리가 곤경에 처하였으나 항복하지 않고 정도로 돌아가 도리어 공격하기 때문이라고 해석하였다.

九五. 同人先號咷而後笑. 大師克, 相遇.
다섯째 양효는 사람들과 함께 먼저 울부짖다가 뒤에는 웃는다. 대군이 적을 이겨 서로 만난다.

'호도號咷'는 『석문』에 '제호啼呼'라고 하였는데, 크게 울부짖는 것(大哭)이다. '대사大師'는 주력군, 즉 원병이다. 굴만리는 '원병(救兵)'이라고 하였다. '극克'은 이기다는 뜻의 승勝이다. '상우相遇'는 원병과 서로 만나는 것이다.

象曰 '同人'之 '先', 以中直也. '大師相遇', 言相 '克'也.
'사람들과 함께' '먼저 울부짖다가 뒤에는 웃는다'는 것은 중정을 얻었기 때문이다. '대군이 적을 이겨 서로 만난다'는 것은 서로가 적을 '이겼다'는 말이다.

'이以'는 인因으로 읽는다. '직直'은 곧 정正이다. 「문언」에 "곧은 것은 곧 바른 것이다(直其正也)"라고 하였다. '중직中直'은 곧 중정中正이다. '정'을 '직'이라고 한 것은 앞의 '극克', '칙則'과 뒤의 '극克', '득得'과 함께 운이 되기 때문이다. '중직'은 곧 다섯째 양효를 가리킨다. 다섯째 양효는 양이 양의 자리에 있고 또 윗괘의 가운데 자리에 있으며(효위), 중정의 도를 얻은 상이다(효상). '극克'은 이기다는 뜻의 승勝이다. 「상」은 효사의 '동인선호

도이후소同人先號咷而後笑'를, 사람들과 함께 먼저 울부짖다가 뒤에는 웃는다는 것은 다섯째 양효가 중정을 얻었기 때문이라고 해석하였다. '대사극大師克, 상우相遇'는 대군이 적을 이겨 서로 만난다는 것은 곧 양군이 서로 적을 이긴 것이라고 해석하였다. 「계사」 상·8장에 "'사람들과 함께 먼저 울부짖다가 뒤에는 웃는다.' 공자께서 말씀하셨다. '군자의 도는 혹 나가며 혹 머무르고, 혹 말이 없으며 혹 말하기도 한다. 두 사람이 마음을 같이하면 그 예리함은 쇠도 자른다. 마음을 같이한 말은 그 향기가 난초와 같다'(同人先號咷而後笑. 子曰 君子之道, 或出或處, 或默或語. 二人同心, 其利斷金. 同心之言, 其臭如蘭)"고 하였는데, 곧 동심同心을 가지고 '동인'을 해석하였다. 즉 두 사람이 마음을 같이하면 그 예리함은 쇠도 자르고, 그 향기는 난초와 같다는 말이다. 「상」은 상수로, 「계사」는 의리로 해석하였다.

上九. 同人于郊, 无悔.
꼭대기 양효는 사람들과 교외에서 함께 하니, 뉘우침이 없다.

'교郊'는 고을 밖의 땅이다. 옛날 사람들은 교외에서 하늘에 제사를 지냈으므로 그 제사 또한 '교郊'라고 하였다. '무회无悔'는 전쟁에 승리하여 교외에서 승전의 제사를 올리니, 후회가 없다는 말이다.

象曰 '同人于郊', 志未得也.
'사람들과 교외에서 함께 한다'는 것은 뜻을 얻지 못하였다는 것이다.

'지미득志未得'은 미득지未得志가 바르다. 운을 맞추기 위해서 의도적으로 도치하였다. '지미득'은 뜻을 실현하지 못하였다는 말이다. 「상」은 효사의 '동인우교同人于郊'를, 사람들과 교외에서 함께 승전의 제사를 올리나 그 뜻은 실현하지 못하였다, 즉 뜻대로 전쟁을 수행하지 못하였다고 해석하였다. '미득未得'은 곧 셋째 양효에서 복병을 풀숲에 숨겨두었으나 크게 패한 것, 넷째 양효에서 적이 성벽에 올라온 것, 다섯째 양효에서 성이 함락되어 많은 사람들이 모여 울부짖은 것 등을 가리킨다. 혹은 '미未'를 '대大'자가 잘못 쓰인 것으로 보고, "뜻을 크게 얻은 것"이라고 해석하여도 통한다. 또는 '미未'를 뜻 없는 어조사 혹은 잘못 들어간 글자로 보고, "뜻을 이루었다는 것"이라고 해석하여도 통한다. 뒤의 두 가지 해석이 비교적 자연스럽다.

14. 대유大有

大有. 元亨.

대유는 크게 형통하다.

'대유大有'는 괘명이며, 가진 것이 크다는 뜻이다. '원元'은 크다는 뜻의
대大이다. '형亨'은 형통하다는 뜻의 통通이다. '원형'은 크게 형통하다는
뜻이다.

彖曰 大有, 柔得尊位大中, 而上下應之, 曰大有. 其德剛健而文
明, 應乎天而時行, 是以'元亨'.

대유는 유가 존귀한 자리와 한가운데 자리를 얻었고, 상하가 이에 응하니,
대유라고 한다. 그 덕은 강건하고 문명하며, 하늘에 응하여 때에 맞게 행하
니, 그래서 '크게 형통하다'는 것이다.

[大有] 괘명이다. '유有'자의 본뜻은 손(手)이 월月을 잡고 밭을 가는 것이

다. ‘월月’은 쟁기 류의 농구이다. ‘유有’는 쟁기를 잡고 밭을 가는 것이므로, 옛날 사람들은 농사의 풍작을 ‘유有’라 하고, 또 ‘유년有年’이라고 하였다. ‘대유大有’는 곧 대풍년이라는 뜻이다(이경지). 이것이 ‘대유’의 본래의 뜻이다. 「서괘」에 “사람과 함께 하면 사물은 반드시 돌아올 것이니, 그러므로 대유괘로 받는다. 가진 것이 큰 것은 가득 찰 수 없으니, 그러므로 겸괘로 받는다(與人同者, 物必歸焉, 故受之以大有. 有大者不可以盈, 故受之以謙)”고 하였고, 「잡괘」에는 “‘대유’는 많다는 것(大有, 衆也)”이라고 하였으니, 『역전』에서 ‘대유’는 가진 것이 크다는 뜻으로 여겼다. 우번은 “크게 풍부하다(大富有)”고 해석하였다. 대유괘는 한 개의 음이 존위에 거하여 다섯 양의 호응을 받고 있으니, 크게 풍부한 상이다. 공영달은 “유가 존위에 처하여 여러 양이 함께 호응하니, 가진 바가 크므로 ‘대유’라 한다(柔處尊位, 群陽幷應, 大能所有, 故曰大有)”고 하였고, 주희는 “‘대유’는 가진 것이 크다는 것이다. 리괘가 건괘 위에 있으니, 불이 하늘 위에서 비추지 않는 곳이 없다. 또 다섯째 음효 한 음이 존위에 거하여 가운데 자리를 얻었고, 다섯 양이 이에 호응하므로 ‘대유’이다(大有, 所有之大也. 離居乾上, 火在天上, 无所不照. 又六五一陰居尊得中, 而五陽應之, 故爲大有)”라고 하였다. ‘대유’는 곧 가진 것이 크다는 뜻이다.

[柔得尊位大中, 而上下應之, 曰大有.] 괘체를 가지고 괘명을 해석하였다. ‘유柔’는 다섯째 음효를 가리킨다. ‘존위尊位’는 다섯째 효의 자리를, ‘대중大中’은 윗괘의 가운데 자리를 가리킨다. 『역전』에서 ‘대중’을 말한 곳은 이 한 곳뿐이다. ‘유득존위대중’은 다섯째 음효가 다섯째 효의 자리에 있고, 또 윗괘의 가운데 자리에 있다는 말이다. ‘상하上下’는 위아래의 다섯 양을 가리킨다. ‘상하응지’는 위아래 다섯 양효 모두 한 개의 유에 응하고 있다는 말이다. 대유괘는 유가 존귀한 자리와 한가운데 자리를 얻었고, 상하가 이에 응하니, 그래서 괘명을 ‘대유’라고 한다는 말이다.

[其德剛健而文明] 이하 괘사를 해석하였다. ‘기덕其德’은 괘의 덕이다(정이). 대유괘는 아랫괘가 건乾이고 윗괘는 리離이다. 건은 강건剛健한 것이고

리는 문명文明이다. 그런즉 대유괘는 '강건하고 문명한' 것이다. 대유괘의
덕이 강건하고 문명하다는 말이다.

[應乎天而時行, 是以 '元亨'.] '응호천應乎天'에 대해 전통적인 해석은 다섯
째 음효가 둘째 양효와 응하는 것이다. 공영달이 이렇게 해석하자(六五應乾
九二), 뒷사람들은 모두 이를 따랐다. 정이는 "다섯째 음효의 임금은 건의
둘째 양효와 응한다. 다섯째 음효의 성은 유순하고 밝아서 둘째 양효에 순
응할 수 있다. 둘째 양효는 건괘의 주인이니, 이것이 건에 응한다는 것이다
(六五之君, 應於乾之九二. 五之性柔順而明, 能順應乎二. 二, 乾之主也, 是應乎乾
也)"라고 하였다. 주희 역시 "'하늘에 응한다'는 것은 다섯째 음효를 가리킨
다(應天, 指六五也)"라고 하였다. 고형은 "리는 밝게 살피는 것(明察)이고 건
은 하늘(天)이다. 대유괘의 괘상은 또 사람이 천도를 밝게 살피는 것이다.
천도를 밝게 살피면 이에 적응할 수 있어 때에 맞게 일을 행한다"고 하였다.
고형은 '천天'을 천도로 여기고, '응호천應乎天'을 사람이 천도와 응한다고
해석하였다. 두 가지 해석은 모두 통한다. 대유괘의 덕은 강건하고 문명하
며, 하늘에 응하여 때에 맞게 행하니, 그래서 괘사에서 '크게 형통하다'고
하였다는 말이다.

象曰 火在天上, 大有. 君子以遏惡揚善, 順天休命.
불이 하늘 위에 있는 것이 대유괘의 상이다. 군자는 이 괘상을 본받아 악을
막고 선을 높이 들어, 하늘에 순응하여 자신의 운명을 아름답게 한다.

[火在天上, 大有.] 대유괘는 윗괘가 리離이고 아랫괘는 건乾이다. 리는 불
(火)이고 건은 하늘(天)이다. 그런즉 '불이 하늘 위에 있는 것'이 대유괘의
상이다.

[君子以遏惡揚善, 順天休命.] '알遏'은 『석문』에서 "그치다는 뜻의 지止", 우
번은 "막다는 뜻의 절絶"이라고 하였다. '알악遏惡'은 악을 막는다는 뜻이

다. '양揚'은 들다는 뜻의 거擧이다(우번). '양선揚善'은 선을 높이 들다는 뜻이다. 『중용』에 '은악이양선隱惡而揚善'이라고 하였는데(6장), 같은 말이다. '휴休'는 아름답다는 뜻의 미美이다(공영달). '명命'에 대해 몇 가지 해석이 있다. 첫째, 왕필은 '사물의 명(休物之命)'이라 하였고, 공영달은 '사물의 성명(休美物之性命)'이라고 하였다. 둘째, 정이는 '순천휴명順天休命'을 '순천휴지명順天休之命'으로 읽어, "하늘의 아름다운 명을 받든다(奉順天休美之命)"고 해석하였고, 주희 역시 '천명(天命有善无惡)'으로 읽었으며, 래지덕 역시 "하늘의 아름다운 명(順天之美命也)"이라고 하였다. 뒷사람들은 모두 '명'을 천명天命으로 읽었다. '휴명休命'은 곧 천명을 아름답게 하는 것이다. 셋째, 고형은 '명'을 운명으로 보고, '휴명'을 자신의 운명을 아름답게 하는 것(使己之命運美好)이라고 하였다. 넷째, 진고응은 '명'을 인사규율, 사회법칙으로 보고, 천도가 결정한 합리적 사회법칙에 순응하는 것이라고 하였다. 이러한 해석은 모두 통한다. 『주역』은 본래 점치는 책이므로 「단」과 「설괘」의 '명'과 같이 운명으로 보는 것이 타당할 것이다. '휴명'은 자신의 운명을 아름답게 하는 것이며, 곧 '알악양선'하는 것이다. 불이 하늘 위에 있으니, 세상을 비추는 것이 밝다. 군자는 이 괘상을 보고 이를 본받아 하늘 위의 불처럼 밝게 살펴 악한 것을 막고 선한 것을 높이 들어, 하늘에 순응하여 자신의 운명을 아름답게 한다.

初九. 无交害, 匪咎. 艱則无咎.

처음 양효는 서로 해를 끼치는 것이 없으니, 허물이 아니다. 어려움에 처하여도 허물이 없다.

'해害'는 해롭게 하다는 뜻의 화禍이다. '교해交害'는 서로 해를 끼치는 것이다. '비匪'는 비非로 읽는다. '간艱'은 어렵다는 뜻의 난難이다(우번).

象曰 大有'初九', 无交害也.
대유의 처음 양효는 서로 해를 끼치는 것이 없다는 것이다.

「상」은 효사를, 서로 해를 끼치는 것이 없는 것이라고 해석하여, 효사를 그대로 인용하였다.

九二. 大車以載, 有攸往, 无咎.
둘째 양효는 큰 수레에 실었으니, 갈 곳이 있으면 허물이 없다.

'거車'는 『석문』에 촉재가 수레 '여輿'로 하였다. '대거大車'는 큰 수레이다. '재載'는 싣는다는 뜻이다. '유攸'는 곳이라는 뜻의 소所이다.

象曰 '大車以載', 積中不敗也.
'큰 수레에 실었다'는 것은 수레 속에 물건을 실어도 넘어지지 않는다는 것이다.

「상」은 '적積'으로 효사의 '재載'를 해석하였다. '중'은 둘째 양효가 아랫 괘의 가운데 자리에 있다는 것이며(효위), 큰 수레 가운데 물건을 가득 실은 상이다(효상). '적중積中'은 곧 '적대거지중積大車之中'이며, 큰 수레 속에 물건을 싣는다는 뜻이다. '패敗'는 망치다는 뜻의 괴壞이다. 즉 전복되다는 말이다. 「상」은 효사의 '대거이재大車以載'를, 큰 수레 속에 가득 물건을 실었으나 뒤집어지지 않는다고 해석하였다. 뒤집어지지 않는 것은 둘째 양효가 가운데 자리를 얻었기 때문이다. 『집해』에 노씨는 "건은 큰 수레이므로 '대거이재'라고 하였다. 둘째 양효는 강이 가운데 자리에 있으니, 임무가 무겁다고 할 수 있다(乾爲大車, 故曰大車以載. 體剛履中, 可以任重)"고 하여, '중中'을 둘째 양효가 아랫괘의 가운데 자리에 있어 임무가 무거운 것으로 해석하였다.

九三. 公用亨于天子, 小人弗克.
셋째 양효는 공후가 천자에게 조공을 바치나, 소인은 할 수 없다.

'공公'은 제후를 가리킨다. '형亨'에 대해, 『석문』에 경방은 "바치다는 뜻의 헌獻", 간보는 "연회라는 뜻의 연宴", 요신은 "제사라는 뜻의 향사享祀"라고 하였다(京云 獻也. 干云 亨宴也. 姚云 享祀也). '형亨'은 곧 '향享'이며, 바치다는 뜻의 헌獻이다. 주희는 "조공을 바치는 것(朝獻也)"이라고 하였는데, 「상」의 뜻과 부합한다. '소인小人'은 일반 백성을 가리킨다. '극克'은 능하다는 뜻의 능能이다. '불극弗克'은 할 수 없다는 뜻의 불능不能과 같다.

象曰 '公用亨于天子', '小人'害也.
'공후가 천자에게 조공을 바친다'는 것은 '소인'이 (그렇게 하면) 해를 입는다는 것이다.

「상」은 '해害'를 가지고 효사의 '불극弗克'을 해석하였다. 즉 효사의 '공용형우천자公用亨于天子'를, 공후가 천자에게 조공을 바치는 것은 가하나, 소인은 천자에게 조공을 바칠 수 없으며, 만약 그렇게 하면 화를 당한다고 해석하였다. 고형은 '형亨'을 통하다는 뜻의 통通으로 읽고, "공후는 천자에게 곧장 통할 수 있으나 서민은 불가능하다"고 해석하였다.

九四. 匪其彭, 无咎.
넷째 양효는 바르지 않은 것을 배척하니, 허물이 없다.

'비匪'는 비非로 읽으며(우번), 배척하다는 뜻이다(고형).『집해』에는 '방彭'을 왕尪으로 하였다. 우번은 "'왕'은 혹 방彭으로 하고, 방으로 발음하는데, 글자가 잘못된 것이다(尪或作彭, 作旁聲, 字之誤)"라 하고, 바르지 않다(不正)는 뜻으로 새겼다.

象曰 '匪其彭无咎', 明辨晳也.
'바르지 않은 것을 배척하니, 허물이 없다'는 것은 살피고 분별하는 것이 명확하다는 것이다.

'명明'은 살피다는 뜻의 찰察이다. '변辨'은 분별하다는 뜻의 별別이다. '석晳'은 분명하다는 뜻의 이明이다. '명변석明辨晳'은 살피고 분별하는 것이 명확하다는 뜻이다.「상」은 효사의 '비기팽무구匪其彭无咎'를, 바르지 않은 것을 배척하니 허물이 없다는 것은 살피고 분별하는 것이 명확하다고 해석하였다. 즉 살피고 분별하는 것이 명확하니, 바르지 않은 것을 배척하여 허물이 없다는 말이다.

六五. 厥孚交如威如, 吉.
다섯째 음효는 믿음으로 (사람과) 사귀며, 위엄이 있으니, 길하다.

'궐厥'은 기其이다. '부孚'는 믿음이라는 뜻의 신信이다. '교交'는 서로 사귀는 것이다. '교여交如'는 교연交然과 같으며, 서로 사귀는 모양이다. '위여威如'는 위연威然과 같으며, 위엄이 있는 모양이다.

象曰 ‘厥孚交如’, 信以發志也. ‘威如’之‘吉’, 易而无備也.
‘믿음으로 사귄다’는 것은 믿음으로 뜻을 드러낸다는 것이다. ‘위엄이 있
으니’ ‘길하다’는 것은 평이하게 행동하여 방비하는 바가 없다는 것이다.

「상」은 ‘신信’으로 ‘부孚’를 해석하였다. ‘발發’은 펴다는 뜻의 서舒, 드러
내다는 뜻의 현現이다. ‘발지發志’는 뜻을 드러낸다는 것이며, 효사의 ‘교여
交如’를 해석한 것이다. ‘이易’는 간이簡易, 평이平易의 뜻이다. ‘무비无備’는
방비하는 바가 없다는 뜻이다. 후과는 “오직 행위가 간이하여 방비하는 바
가 없으니, 사물도 그 덕에 감화한다(唯行簡易, 無所防備, 物感其德)”고 하였
고, 공영달은 “다만 행위가 간이하여 방비하는 바가 없으니, 사물은 스스로
두려워한다(唯行簡易, 无所防備, 物自畏之)”고 하였다. 「상」은 효사의 ‘궐부
교여厥孚交如’를, 믿음으로 사귄다는 것은 믿음으로 사귀는 뜻을 드러내는
것이라고 해석하였다. ‘위여威如, 길吉’은 행동을 평이하게 하여 방비하는
바가 없으니, 스스로 위엄이 있어 길하다고 해석하였다.

上九. 自天祐之, 吉, 无不利.
꼭대기 양효는 하늘에서 도우니, 길하여 이롭지 않음이 없다.

‘우祐’는 돕는다는 뜻의 조助이며, 귀신이 돕는 것이다.

象曰 大有‘上’吉, 自天祐也.
대유의 ‘꼭대기 효’가 길한 것은 하늘에서 돕기 때문이다.

'상上'은 꼭대기 양효를 가리킨다. '상길上吉'은 꼭대기 양효의 효사의 '길'을 가리킨다. 「상」은 효사의 '길吉'을 하늘에서 돕기 때문에 길하다고 해석하였는데, 효사를 그대로 인용하였다. 「계사」상·12장에 『역』에 말하였다. '하늘에서 도우니 길하여 이롭지 않음이 없다.' 공자께서 말씀하셨다. '우祐는 돕는다는 것이다. 하늘이 돕는 것은 순응하기 때문이다. 사람이 돕는 것은 믿음이 있기 때문이다. 믿음을 지키고, (하늘에) 순응하는 것을 생각하고, 또 현인을 숭상하기 때문에 그래서 하늘에서 도우니, 길하여 이롭지 않음이 없다는 것이다'(易曰 自天祐之, 吉无不利. 子曰 祐者, 助也. 天之所助者, 順也. 人之所助者, 信也. 履信, 思乎順, 又以尙賢也, 是以自天祐之, 吉无不利也)"라고 하였다.

15. 겸謙

謙. 亨. 君子有終.

겸은 형통하다. 군자는 마침이 있다.

'겸謙'은 괘명이며, 겸허하다는 뜻이다. '형亨'은 형통하다는 뜻의 통通이
다. '군자'는 도덕 수양의 경지가 높은 사람을 가리킨다. '종終'은 좋은 결과
(善終)이다.

彖曰 謙, '亨', 天道下濟而光明, 地道卑而上行. 天道虧盈而益謙,
地道變盈而流謙. 鬼神害盈而福謙, 人道惡盈而好謙. 謙, 尊而光,
卑而不可踰, '君子'之'終'也.

겸은 '형통하다'는 것은 천도는 아래로 내려가서 밝게 빛나며, 지도는 낮
고 위로 운행한다. 천도는 가득 차면 덜어내고 겸허하면 보태며, 지도는 가
득 차면 덜어내고 겸허하면 보탠다. 귀신은 가득 차면 해치고 겸허하면 복
을 주며, 인도는 가득 차면 싫어하고 겸허하면 좋아한다. 겸허하면 존귀한

자리에 처하여 (그 겸허함이) 빛나고, 낮은 곳에 처하여도 (남이) 업신여기
지 못하니, '군자의 마침'이다.

[謙] 괘명이다. 『설문』에 "'겸'은 공경하다는 뜻의 경(謙, 敬也)"이라 하였
고, 『옥편玉篇』에 "'겸'은 사양하다는 뜻의 양(謙, 讓也)"이라고 하였다.
'겸'은 곧 겸허, 겸양의 뜻이다. 「서괘」에 "가진 것이 큰 것은 가득 찰 수 없
으니, 그러므로 겸괘로 받는다(大有者不可以盈, 故受之以謙)"고 하였다. 정이
는 "괘는 곤이 위에 간이 아래에 있으니, 땅 속에 산이 있는 것이다. 땅은 낮
아 아래에 있는 것인데 산은 높고 큰 것이나 땅 아래에 있으니, 겸손한 상이
다. 숭고한 덕을 가지고 낮은 것의 아래에 처하니 겸손한 뜻이다(爲卦, 坤上
艮下, 地中有山也. 地體卑下, 山高大之物, 而居地之下, 兼之象也. 以崇高之德, 而
處卑之下, 兼之義也)"라고 하였다. 「단」과 「상」은 겸허의 뜻으로 새겼다.
　[兼, 亨] 괘명과 괘사 '형亨'을 들은 것이다.
　[天道下濟而光明] 괘명과 괘사의 '형亨'을 해석하였다. '천도天道'는 하늘
의 법칙이다. '제濟'는 건너다는 뜻의 도渡이다. '하제下濟'는 곧 하도下渡이
며, 아래로 내려간다는 뜻이다. '광명光明'은 천도가 밝게 빛난다는 말이다.
'천도하제이광명'은 하늘의 법칙은 아래로 내려가서 밝게 빛난다는 말이다.
굴만리는 "비와 눈은 아래로 내리고, 해와 달은 아래를 비춘다(雨雪下降, 日
月照下)"고 하였다. 진고응은 '天道光明而下濟'라고 하여야 아래 구절과 짝이
되나, 운을 위해 그 순서를 바꾸었다고 하였다. '명明'과 '행行'은 운이다.
　[地道卑而上行] '지도地道'는 땅의 법칙이다. '비卑'는 땅이 낮다는 것이다.
'상행上行'은 위로 운행한다는 말이다. '지도비이상행'은 땅의 법칙은 낮고
위로 운행한다는 말이다. 굴만리는 "생물은 모두 위로 자란다(生物皆上長)"
고 하였다. '하제下濟'와 '비卑'는 괘명 '겸'을 해석한 것이고, '광명光明'과
'상행上行'은 괘사 '형亨'을 해석한 것이다. 정이는 "하늘의 도는 그 기가 아
래로 내려가 교합하므로 만물을 낳아 기를 수 있으니, 그 도가 밝게 빛난다.
땅의 도는 낮은 곳에 처하여 그 기가 위로 운행하여 하늘과 교합하니, 모두

낮고 내려오는 것으로써 형통하다(天之道, 以其氣下際, 故能化育萬物, 其道光明. 地之道, 以其處卑, 所以其氣上行, 交於天, 皆以卑降而亨也)"라고 하였다.

[天道虧盈而益謙] '휴虧'는 덜어내다는 뜻의 손損이다. '영盈'은 가득하다는 뜻의 만滿이다. '익益'은 보태다는 뜻의 보補이다. '천도휴영이익겸'은 하늘의 법칙은 가득 차면 덜어내고 겸허하면 보탠다는 말이다. 정이는 "하늘의 운행으로 말하면, 가득한 것은 덜어내고, 겸허한 것은 보태니, 일월과 음양이 그렇다(以天行而言, 盈者則虧, 謙者則益, 日月陰陽是也)"라고 하였다. 즉 '휴영虧盈'은 해가 높이 솟으면 아래로 내려가고, 달이 가득 차면 점차 기우는 것 등이며, '익겸益謙'은 해가 뜨면 위로 오르고, 달이 기울면 점차 가득 차는 것 등이라는 말이다. 고형은 "이 구절은 천도를 가지고 겸허하면 형통하고, 겸허하지 않으면 형통하지 않는다는 원리를 설명한 것"이라고 하였다.

[地道變盈而流謙] '변變'은 훼손하다는 뜻의 훼毁이며, 앞의 '휴虧'와 같은 뜻이다. '유流'는 흘러 들어가다는 뜻이며, 앞의 '익益'과 같은 뜻이다. 물과 모래 흙 등이 움푹 패인 곳으로 흘러 들어가서, 움푹 패인 곳이 높아지는(增益) 것이다. '지도변영이류겸'은 땅의 법칙은 가득 차면 덜어내고 겸허하면 보탠다는 말이다. 정이는 "땅의 형세로 말하면, 가득한 것은 기울어서 오히려 움푹 패이고, 낮고 아래에 있는 것은 흘러 들어가서 움푹 패인 곳이 높아지는 것이다(以地勢而言, 滿盈者傾變而反陷, 卑下者流注而益增也)"라고 하였다. 즉 '변영變盈'은 언덕이 점차 낮아지고, 하천이 넘으면 둑이 무너지는 것 등이고, '유겸流謙'은 땅이 패이면 모래가 흘러들어 점차 평평해지고, 구덩이가 비면 물이 흘러들어 차는 것 등이라는 말이다. 고형은 "이 구절은 지도를 가지고 겸허하면 형통하고, 겸허하지 않으면 형통하지 않는다는 원리를 설명한 것"이라고 하였다.

[鬼神害盈而福謙] '귀신鬼神'은 인간에게 복도 주고 해로움도 행하는 존재, 즉 인간의 길흉화복을 주재하는 신령스런 존재이다. 귀신은 가득 차면 해치고, 겸허하면 복을 준다는 말이다. 정이는 "귀신은 조화의 흔적을 말한다. 가득한 것은 해치고, 겸손한 것은 복을 주니, 무릇 지나치면 덜어내고, 부족

하면 보태는 것이 모두 이렇다(鬼神謂造化之跡. 盈滿者禍害之, 謙損者福祐之, 凡過而損, 不足而益者, 皆是也)”고 하였다. 고형은 “이 구절은 신도를 가지고 겸허하면 형통하고, 겸허하지 않으면 형통하지 않는다는 원리를 설명한 것”이라고 하였다.

[人道惡盈而好謙] ‘인도人道’는 사람의 법칙이다. 정이는 ‘인정人情’이라고 하였다. ‘오惡’는 싫어하다는 뜻이다. 인도는 가득 차면 싫어하고 겸허하면 좋아한다는 말이다. 정이는 “인정은 가득한 것을 싫어하고 겸손한 것을 좋아한다. 겸허는 사람의 지극한 덕이므로 성인이 (겸허해야 할 이유를) 상세히 말하였으니, 가득한 것을 경계하고 겸허한 것을 권하는 것이다(人情疾惡於盈滿, 而好與於謙巽也. 謙者人之至德, 故聖人祥言, 所以戒盈而勸謙也)”라고 하였다. 고형은 “이 구절은 인도를 가지고 겸허하면 형통하고, 겸허하지 않으면 형통하지 않는다는 원리를 설명한 것”이라고 하였다.

[謙, 尊而光, 卑而不可踰, ‘君子’之‘終’也.] 괘사의 ‘군자유종君子有終’을 해석하였다. ‘존尊’은 존귀한 자리를 말한다. ‘광光’은 겸허함이 빛난다는 말이다. ‘존이광’은 겸허하면 존귀한 자리에 처하여 겸허함이 빛난다는 말이다. ‘비卑’는 낮은 자리이다. ‘유踰’는 넘다는 뜻의 월越이며, 능멸하다, 업신여기다는 뜻이다(고형). ‘비이불가유’는 겸허하면 낮은 곳에 처하여도 (남이) 업신여기지 못한다는 말이다. 이것이 ‘군자의 마침이다’는 말이다.

象曰 地中有山, 謙. 君子以裒多益寡, 稱物平施.
땅 속에 산이 있는 것이 겸괘의 상이다. 군자는 이 괘상을 본받아 많은 것을 덜어 적은 것에 보태고, 재물을 가늠하여 공평하게 베푼다.

[地中有山, 謙.] 겸괘는 윗괘가 곤坤이고 아랫괘는 간艮이다. 곤은 땅(地)이고 간은 산山이다. 그런즉 ‘땅 속에 산이 있는 것’이 겸괘의 상이다.

[君子以裒多益寡, 稱物平施.] 『석문』에 정현, 순상, 동우, 촉재는 ‘부裒’를 부

抒로 하고, "취하다는 뜻의 취取"라고 하였다. 『집해』에는 부抒로 하였는데, 우번은 "취하다는 뜻의 취取"라고 하였다. '부다'는 많은 것을 들어낸다는 뜻이다. '과寡'는 적다는 뜻이다. '익과'는 적은 것에 보탠다는 뜻이다. '부裒'와 '익益', '다多'와 '과寡'는 서로 짝으로 사용하였다. '칭稱'은 무게를 달다, 저울질 하다는 뜻의 전銓, 가늠하다는 뜻의 양量이다. '물物'은 재물이다. '칭물'은 재물을 저울질한다는 뜻이다. '평平'은 고르다는 뜻의 균均이다. '시施'는 주다는 뜻의 여予이다. '평시'는 공평하게 베푼다는 뜻이다. 땅속에 산이 있으니, 산은 본래 땅 위에 높이 있는 것이나 지금 땅 아래에 있다. 군자는 이 괘상을 보고 이를 본받아 많은 것을 덜어 적은 것에 보태고, 재물을 저울질하여 공평하게 베푼다.

정이는 "땅은 낮은 것인데, 산은 높고 크면서 땅 속에 있으니, 밖으로는 낮으면서 안으로 높고 큰 것을 품고 있는 상이므로 겸이다(地體卑下, 山之高大而在地中, 外卑下而內蘊高大之象, 故爲謙也)"고 하였다.

初六. 謙謙君子, 用涉大川, 吉.
처음 음효는 겸허하고 또 겸허한 군자는, 큰 내를 건너면 길하다.

'겸겸謙謙'은 겸허하고 또 겸허한 것을 말한다. '군자'는 도덕 수양의 경지가 높은 사람이다. '섭涉'은 건너다는 뜻의 도渡이다.

象曰 '謙謙君子', 卑而自牧也.
'겸허하고 또 겸허한 군자'는 (자신을) 낮추어 스스로 (그 덕을) 기르는 것이다.

'목牧'은 기르다는 뜻의 양養이다(구가역). '비이자목卑而自牧'은 자신을

낮추어 스스로 겸허의 덕을 기르는 것이다. 「상」은 효사의 '겸겸군자兼兼君子'를, 겸허하고 또 겸허한 군자는 자신을 낮추어 스스로 겸허의 덕을 기르는 것이라고 해석하였다.

六二. 鳴謙, 貞吉.
둘째 음효는 명성이 있으나 겸허하니, 바르게 하여 길하다.

'명鳴'은 명성이라는 뜻의 명名이다. '명겸鳴謙'이 명성이 있으나 겸허한 것이다. '정貞'은 바르다는 뜻의 정正이다.

象曰 '鳴謙貞吉', 中心得也.
'명성이 있으나 겸허하니, 바르게 하여 길하다'는 것은 마음이 바름을 얻는다는 것이다.

'중심득中心得'에 대해 몇 가지 해석이 있다. 첫째, 정이와 래지덕 등 전통적인 해석은 '중中'을 둘째 음효가 아랫괘의 가운데 자리(中)에 있는 것으로 여기고, "가운데(中心)에 처하여 얻는 바(得)가 있다"고 해석하였다. 둘째, 진고응은 '중심득中心得'을 심중득心中得으로 읽어, "마음속에 얻는 바가 있다"고 해석하였다. 셋째, 고형은 '중심득中心得'을 '심득중心得中'으로 읽어, "마음이 바름을 얻는다"고 해석하였다. 고형은 "'심득중心得中'이라 말하지 않고 '중심득中心得'이라고 말한 것은 '득得'자로 운을 하였기 때문이다. '중中'은 바르다(正)는 뜻이다. 「상」은 '중中'자를 가지고 효사의 '정貞'자를 해석하였다"고 하였다. 필자는 고형의 해석을 따랐다. 「상」 여섯 구절의 '목牧', '득得', '복服', '칙則', '복服', '득得', '국國'은 모두 운이다. '중中'은 둘째 음효를 가리키며, 둘째 음효는 아랫괘의 가운데 자리에 있고(효위), 바름

(正)을 얻은 상이다(효상). 「상」은 효사의 '명겸정길鳴謙貞吉'을, 명성은 있으나 겸허하니 마음이 바름을 얻어 길하다고 해석하였다.

九三. 勞謙君子, 有終, 吉.
셋째 양효는 공로가 있으나 겸허한 군자는, 마침이 있으니 길하다.

'노勞'는 공로功勞이다. '노겸勞謙'은 공로가 있으나 겸허한 것이다. '종終'은 좋은 결과를 말한다.

象曰 '勞謙君子', 萬民服也.
'공로가 있으나 겸허한 군자'는 만백성이 복종하는 것이다.

「상」은 효사의 '노겸군자勞謙君子'를, 공로가 있으나 겸허한 군자는 만백성이 복종하니, 마침이 있어 길하다고 해석하였다. 겸괘는 셋째 양효 홀로 양이고, 나머지는 모두 음이다. 양은 군자를, 다섯 음효는 만백성을 상징한다. 「계사」 상·8장에 "'공로가 있으나 겸허하니, 군자는 마침이 있어 길하다'. 공자께서 말씀하셨다. '공로가 있으나 자랑하지 아니하고, 공이 있으나 자신의 덕으로 여기지 아니하니, 두터움이 지극한 것이다. 이것은 공이 있으면서도 자신을 낮추는 사람을 말한 것이다. 그 덕은 성대하고 예는 공손하다. 겸허라는 것은 공손하여 그 자리를 보존하는 것이다'(勞謙, 君子有終吉. 子曰 勞而不伐, 有功而不德, 厚之至也. 語以其功下人者也. 德言盛. 禮言恭. 謙也者, 致恭以存其位者也)"라고 하였다. 정이는 "셋째 양효는 양강의 덕을 지니고 아랫괘에 거하고 있어 여러 음이 받들고, 바른 자리를 얻어 아랫괘의 꼭대기에 있다. 이것은 위로는 임금의 신임을 받고 아래로는 백성이 따르는 것이니, 공로가 있으나 겸허의 덕을 지닌 것이다. 그러므로 '공로가 있으나

겸허한 것'이라 말하였다(三以陽剛之德而居下體, 爲衆陰所宗, 履得其位, 爲下
之上, 是上爲君所任, 下爲衆所從, 有功勞而持謙德者也, 故曰勞謙)"라고 하였다.

六四. 无不利, 撝謙.
넷째 음효는 이롭지 않음이 없으니, (사람에게) 베푸나 겸허하다.

'撝謙'에 대해, 순상은 들다는 뜻의 '거擧'라 하였고, 왕필은 '이르는 곳
(所到之處)'으로 해석하였다. 정이는 '겸허함을 베푸는 상(施布之象)'으로
해석하였고, 주희는 '撝謙'를 발휘하다는 뜻의 휘揮로 읽고, '휘겸撝謙'은 겸
허함을 발휘한다(發揮其謙)고 해석하였다. 고형은 『석문』의 정현을 따라(鄭
讀爲宣) '撝謙'를 선宣으로 읽고, '선宣'은 밝은 지혜(明智)의 뜻이며, '휘겸
撝謙'은 지혜로우나 겸허하다는 뜻으로 해석하였다. 굴만리는 "경방은 '휘
揮'로 하였고, 희평 석경에도 '휘揮'로 하였다"고 하고, 주희와 같이 "겸허함
을 발휘한다"는 뜻으로 새겼다. 이러한 해석은 모두 통한다.

象曰 '无不利撝謙', 不違則也.
'이롭지 않음이 없으니, 베푸나 겸허하다'는 것은 법칙에 어긋나지 않는다
는 것이다.

'칙則'은 법칙이며, 겸허의 도를 가리킨다. 「상」은 효사의 '무불리휘겸无
不利撝謙'을, 사람에게 베푸나 겸허하다는 것은 겸허의 도에 어긋나지 아니
하니 이롭지 않음이 없다고 해석하였다.

六五. 不富以其鄰, 利用侵伐, 无不利.
다섯째 음효는 이웃과 가난하게 되었으니, 정벌하면 이로우며, 이롭지 않
음이 없다.

'부富'는 부유하다는 뜻이며, '불부不富'는 곧 가난하게 되었다는 뜻이다.
'이以'는 더불어라는 뜻의 급及, 여與와 같다. '인鄰'은 이웃이다. '이용利
用'은 이어利於와 같다. '침벌侵伐'은 정벌征伐이다.

象曰 '利用侵伐', 征不服也.
'정벌하면 이롭다'는 것은 복종하지 않는 자를 정벌한다는 것이다.

「상」은 '정征'을 가지고 효사의 '침벌侵伐'을 해석하였다. 즉 효사의 '이용
침벌利用侵伐'을, 적의 약탈로 인해 이웃과 가난하게 되었으니, 복종하지 않
는 자를 정벌하면 이롭지 않음이 없다고 해석하였다.

上六. 鳴謙, 利用行師征邑國.
꼭대기 음효는 명성이 있으나 겸허하니, 군사를 일으켜 읍국을 정벌하면
이롭다.

'명鳴'은 명성이라는 뜻의 명名이다. '명겸鳴謙'은 명성이 있으나 겸허한
것이다. '용행사用行師'는 군사를 일으켜 출병하는 것이다. 11번 태괘 꼭대
기 음효의 '용사用師', 24번 복괘 꼭대기 음효의 '용행사用行師'와 같다. '읍
국邑國'은 대부가 다스리는 곳을 읍邑, 제후의 나라를 국國이라고 하였다.

象曰 '鳴謙', 志未得也. 可 '用行師', '征邑國'也.
'명성이 있으나 겸허하다'는 것은 뜻을 얻지 못하였다는 것이다. '군사를 일으킨다'는 것은 '읍국을 정벌'할 수 있다는 것이다.

'지미득志未得'은 미득지未得志가 바르다. 운을 맞추기 위해서 의도적으로 도치하였다. '지미득'은 뜻을 실현하지 못하였다는 말이다. 「상」은 효사의 '명겸鳴謙'을, 명성이 있으나 겸허한 것은 아직 뜻을 얻지 못한 것이며, '용행사用行師'는 군사를 일으켜 복종하지 않는 읍국을 정벌하여 뜻을 얻을 수 있다고 해석하였다.

16. 예豫

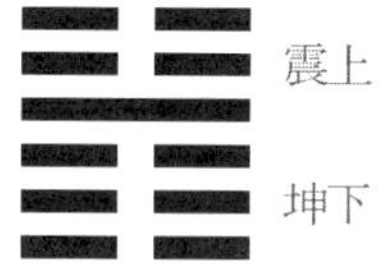

豫. 利建侯行師.
예는 제후를 세우고 군사를 일으키는 것이 이롭다.

'예豫'는 괘명이며, 즐겁다는 뜻의 락樂이다. '건후建侯'는 제후를 세우는
것이다. '행사行師'는 군사를 일으키는 것, 즉 출병이다.

象曰 豫, 剛應而志行, 順以動, 豫. 豫, 順以動, 故天地如之, 而況
'建侯行師'乎? 天地以順動, 故日月不過, 而四時不忒. 聖人以順
動, 則刑罰淸而民服. 豫之時義大矣哉.
예는 강이 응하여 뜻은 행할 수 있고, 유순하여 움직이는 것이 예이다. 예
는 유순하여 움직이는 것이니, 그러므로 천지도 이와 같은데, 하물며 '제
후를 세우고 군사를 일으키는 것'이겠는가? 천지는 유순하게 움직이므로
해와 달은 잘못됨이 없고, 사계절은 어긋남이 없다. 성인이 유순하게 움직
이면 형벌은 분명하고 백성이 복종한다. 예의 때의 의의는 크기도 하다.

[豫] 괘명이다. 「서괘」에 "가진 것이 크면서 겸허할 수 있으면 반드시 즐거우니, 그러므로 예괘로 받는다(有大而能謙必豫, 故受之以豫)"고 하였는데, 가진 것이 크고 겸허하면 즐겁다(樂)는 말이다. 『이아』「석고」에 "'예'는 즐겁다는 뜻의 락(豫, 樂也)"이라 하였고, 『석문』에도 마융은 "'예'는 즐겁다는 뜻의 락(豫, 樂也)"이라고 하였다. '예'는 즐겁다는 뜻의 락樂, 즐기다는 뜻의 오娛이다. 『설문』에 "'오'는 즐겁다는 뜻의 락(娛, 樂也)"이라고 하였다. 「단」과 「상」은 즐겁다는 뜻으로 새겼다.

[剛應而志行, 順以動, 豫.] 괘체와 괘덕을 가지고 괘명을 해석하였다. '강강剛'은 넷째 양효를 가리킨다. '응應'에 대해, 후과는 넷째 양효가 다섯 음효와 응한다고 해석하였다.(四爲卦主, 五陰應之, 剛志大行.) 넷째 양효는 양이고 강이다. 위아래 다섯 효는 모두 음이고 유이다. 다섯 유가 한 강에 응하고 있으니, '강응剛應'이라고 한 것이라는 말이다. 정이와 래지덕 등 뒷사람들은 모두 후과의 해석을 따랐다. 공영달은 넷째 양효와 처음 음효가 서로 응한다고 하였다.(剛爲九四也, 陰爲初九也.) 주백곤이 이 해석을 따랐다. '지행志行'은 한 강이 다섯 유와 응하니, 그 뜻은 행할 수 있다는 것이다. 예괘는 아랫괘가 곤坤이고 윗괘는 진震이다. 곤은 유순함(順)이고 진은 움직임(動)이다. 그런즉 예괘는 '유순하여 움직이는 것'이다. 넷째 양효는 여러 음과 응하니 뜻은 순조롭게 실현할 수 있으며, 유순하여 움직이니 즐겁다. 그래서 괘명이 '예'이다.

[豫, 順以動, 故天地如之, 而况 '建侯行師'乎.] 괘덕으로 괘사를 해석하였다. '천지天地'는 자연법칙을 가리킨다. '여지如之'는 이와 같이 유순하여 움직인다는 뜻이다. '건후행사建侯行師'는 인간사를 가리킨다. 예는 유순하여 움직이는 것이다. 천지자연의 법칙이 모두 유순하여 움직이는데, 하물며 제후를 세우고 군사를 일으키는 인간사 또한 이와 같지 않을 수 있겠는가 하는 말이다.

[天地以順動, 故日月不過, 而四時不忒.] 이하 괘의를 말하였다. '특忒'은 『석문』에 정현이 "어긋나다는 뜻의 차差"라고 하였다. '천지이순동'은 천지는

유순하게 자연규율을 따라 운행한다는 말이다. 즉 당시 사람들은 하늘은 좌선左旋하고 땅은 우선右旋한다고 믿었다. 천지는 유순하게 이러한 자연규율에 따라 운행하니, 그래서 해와 달의 운행은 그르침이 없고, 사계절이 순환은 어긋남이 없다는 말이다.

[聖人以順動, 則刑罰淸而民服.] '청淸'은 맑다, 분명하다는 뜻의 명明이다(우번). 성인이 유순하게 인간사의 규율에 따라 움직이면 형벌은 분명하고 백성이 복종한다는 말이다.

[豫之時義大矣哉] '의義'는 의의意義이며, 중요함의 정도가 큰 것임을 나타낸 말이다. '시의時義'는 곧 때의 의의이다. 우번은 "천지는 유순하게 운행하니, 해와 달과 사계절은 모두 그르침과 어긋남이 없고, 형벌은 분명하고 백성이 복종하므로 의의가 큰 것이다(順動天地, 使日月四時, 皆不過差. 刑罰淸而民服 故義大也)"라고 하였다.

「단」에는 '시의時義'와 '시용時用'과 '시時'를 말하였다. '시의時義'는 16번 예豫, 17번 수隨, 33번 둔遯, 44번 구姤, 56번 여旅에서, '시용時用'은 29번 감坎, 38번 규睽, 39번 건蹇에서, '시時'는 27번 이頤, 28번 대과大過, 40번 해解, 49번 혁革 등에서 말하였다. 이 괘들은 모두 '대의재大矣哉'라는 감탄사와 함께 사용하였다.

象曰 雷出地奮, 豫. 先王以作樂崇德, 殷薦之上帝, 以配祖考.
우레가 땅에서 나와 움직이는 것이 예괘의 상이다. 선왕은 이 괘상을 본받아 음악을 만들어 공덕을 높이 받들고, 성대하게 상제에게 제사를 올리고 조상에게 배향한다.

[雷出地奮, 豫.] '분奮'은 움직이다는 뜻의 동動이다(정현). 예괘는 윗괘가 진震이고 아랫괘는 곤坤이다. 진은 우레(雷)이고 곤은 땅(地)이다. 그런즉 '우레가 땅에서 나와 위로 올라가 분발하여 움직이는 것'이 예괘의 상이다.

[先王以作樂崇德, 殷薦之上帝, 以配祖考.] ‘작作’은 만들다는 뜻이다. ‘악樂’
은 음악이다. ‘숭崇’은 높이다는 뜻의 존尊, 공경하다는 뜻의 경敬이다. ‘덕’
은 공덕이다. ‘숭덕崇德’은 공덕을 우러러 받든다는 말이다. 은殷은 성대하
다는 뜻의 성盛이다(정현). 천薦은 올리다, 바치다는 진헌進獻의 뜻이며 곧
제사를 올리는 것이다(정현). ‘상제上帝’는 천제이며, 하느님이다. ‘이以’는
이而와 같다. ‘배配’는 올리다는 뜻의 헌獻이며, 곧 제사를 올리는 것이다.
『한서』「예문지」에 배配를 향享으로 인용하였는데, 향享 또한 헌獻이다(고
형). ‘배配’와 ‘향享’은 같은 뜻이므로 함께 이어 쓴다. ‘조고祖考’는 조상이
다. 천기가 따뜻할 때 우레는 땅 위에 나온다. 우레가 땅에서 나와 움직이
니, 때는 봄이다. 만물은 다시 생을 얻어 천지가 즐겁다. 선왕은 이 괘상을
보고 이를 본받아 음악을 만들어 공덕을 찬양하고, 성대하게 상제와 조상에
게 제사를 올린다.

　고형은 다음과 같이 주장하였다. “『역전』은 우레에 대해 과학적이지 못한
지식을 가지고 있었다. 대륙지역에서는 천기가 따듯할 때 우레는 땅 위로
나온다고 여겼으니, 예괘「상」의 ‘우레가 땅에서 나와 움직이는 것이 예괘
의 상이다(雷出地奮, 豫)’고 한 것이 그렇다. 천기가 차가울 때 우레는 땅 속
으로 들어간다고 여겼으니, 복괘「상」의 ‘우레가 땅 속에 있는 것이 복괘의
상이다(雷在地中, 復)’고 한 것이 그렇다. 물가지역에서는 천기가 따뜻할 때
우레는 못 위로 나온다고 여겼으니, 귀매괘「상」의 ‘못 위에 우레가 있는 것
이 귀매괘의 상이다(澤上有雷, 歸妹)’고 한 것이 그렇다. 천기가 차가울 때
우레는 못 속으로 들어간다고 여겼으니, 수괘「상」의 ‘못 속에 우레가 있는
것이 수괘의 상이다(澤中有雷, 隨)’고 한 것이 그렇다.” 고형은 정확하고 명
확하게 설명을 하였다. 『역전』은 천기가 따뜻할 때 우레는 땅 위로 나오고,
차가울 때 우레는 땅 속으로 들어가며, 또 천기가 따뜻할 때 우레는 못 위로
나오고, 차가울 때 우레는 못 속으로 들어간다고 여긴 것이다.

初六. 鳴豫, 凶.
처음 음효는 명성이 있어 즐거워하니, 흉하다.

'명鳴'은 명성이라는 뜻의 명名이다. '예豫'는 즐겁다는 뜻의 락樂이다.

象曰 ‘初六鳴豫’, 志窮 ‘凶’也.
‘처음 음효가 명성이 있어 즐거워한다’는 것은 뜻이 궁하여 ‘흉하다’는 것이다.

「상」은 효사의 ‘명예鳴豫’를, 명성이 있어 즐거워하는 것은 뜻이 궁하다고 해석하였다. 명성이 있어 즐거워하는 것은 가슴속에 무슨 큰 뜻이 없다는 것이며, 뜻이 궁하니 흉하다는 말이다.

六二. 介于石, 不終日, 貞吉.
둘째 음효는 돌 틈에 끼였으나, 종일을 가지 않으니, 바르게 하여 길하다.

‘개介’는 끼다는 뜻의 협夾이다. ‘개우석介于石’은 돌 틈에 끼여 있다는 뜻이다. ‘정貞’은 바르다는 뜻의 정正이다.

象曰 ‘不終日貞吉’, 以中正也.
‘종일을 가지 않으니, 바르게 하여 길하다’는 것은 중정의 도를 행하기 때문이다.

‘이以’는 인因으로 읽는다. ‘중정中正’은 둘째 음효가 아랫괘의 가운데 자리에 있고, 음이 음의 자리에 있다는 것이며(효위), 중정의 도를 행하는 상이다(효상). 「상」은 효사의 ‘부종일정길不終日貞吉’을, 돌 틈에 끼였으나, 종일을 가지 않으니 바르게 하여 길하다는 것은 둘째 음효가 중정의 자리에서 중정의 도를 행하기 때문이라고 해석하였다. 「계사」 하ㆍ5장에 “공자께서 말씀하셨다. 기미를 아는 것은 신묘한 것인가! 군자는 윗사람을 사귀어도 아첨하지 아니하고, 아랫사람과 사귀어도 업신여기지 아니하니, 기미를 아는 것이다. 기미란 움직임이 은밀한 것이고, 길흉이 먼저 나타나는 것이다. 군자는 기미를 보고 일을 하되, 날이 다할 때까지 기다리지 않는다. 『역』에 이르기를 ‘돌처럼 단단하나 종일을 가지 않으니, 바르게 하면 길하다’고 하였다. 돌과 같이 단단하나, 어찌 종일을 기다리겠는가? 단연히 알 수 있는 것이다. 군자는 은밀한 것을 알면 드러난 것을 알며, 부드러운 것을 알면 강한 것을 아니, 모든 사람이 우러러 본다’(子曰 知幾其神乎. 君子上交不諂, 下交不瀆, 其知幾乎. 幾者, 動之微, 吉凶之先見者也. 君子見幾而作, 不俟終日. 易曰 ‘介于石, 不終日, 貞吉.’ 介如石焉, 寧用終日, 斷可識矣. 君子知微知彰, 知柔知剛, 萬夫之望)”고 하였다. 「계사」에서 ‘개介’는 개吤로 읽으며, 단단하다는 뜻의 견堅이다. ‘우于’는 여如와 같다. ‘개우석介于石’은 돌과 같이 단단하다는 뜻이다. 「계사」는 군자의 품성이 돌과 같이 단단하나, 기미를 알면 기다리지 않고 즉시 행동을 취하는 것으로 해석하였다. 「상」은 상수로, 「계사」는 의리로 해석하였다.

六三. 盱豫, 悔, 遲有悔.
셋째 음효는 우러러보며 즐거워하니, 뉘우치며, 더디나 뉘우침이 있다.

‘우盱’는 눈을 크게 뜨고 쳐다보는 것이며, 득세하여 기뻐하는 모양이다. 향수는 “소인이 기뻐하며 아첨하는 모양(小人喜悅佞媚之貌也)”이라고 하였

다. ‘우예盱豫’는 윗사람을 우러러보며 아첨하는 얼굴로 권세에 빌붙어 즐거워한다는 뜻이다. ‘회悔’는 뉘우치다는 뜻이며, 조그마한 불행이다. ‘지遲’는 더디다는 뜻의 완緩이다.

象曰 ‘盱豫有悔’, 位不當也.
‘우러러보며 즐거워하니, 뉘우친다’는 것은 자리가 합당하지 않기 때문이다.

‘위부당位不當’은 셋째 음효는 음이면서 양의 자리에 있다는 것이며(효위), 처한 자리가 합당하지 않는 상이다(효상).「상」은 효사의 ‘우예유회盱豫有悔’를, 우러러보며 즐거워하니 뉘우침이 있다는 것은 셋째 음효의 자리가 합당하지 않기 때문이라고 해석하였다. 정이는 “셋째 음효는 음이면서 양의 자리에 있으니, 바르지 못한 사람이다. 바르지 못하면서 즐거움에 처하고 있으니, 움직이면 모든 것이 뉘우친다. ‘우盱’는 위로 보는 것이다. 넷째 양효를 우러러보고 있으나, 바르지 못한 것이어서 넷째 양효가 취하지 않으므로 뉘우침이 있는 것이다(六三陰而居陽, 不中不正之人也. 以不中正而處豫, 動皆有悔. 盱, 上視也. 瞻望於四, 則以不中正, 不爲四所取, 故有悔也)”라고 하였다. 정의는 의리로『역』을 해석하였지만 상수에서 벗어나지 못하였다.

九四. 由豫, 大有得. 勿疑, 朋盍簪.
넷째 양효는 (뜻을) 행하여 즐거워하니, 크게 얻는 것이 있다. 의심하지 않아도 벗들이 모여든다.

‘유由’는 행하다는 뜻의 행행行이다.『맹자』「등문공」하에 “得志, 與民由之. 不得志, 獨行其道.”라고 하였는데, ‘유由’는 ‘행행行’과 같다. 뜻을 얻으면 백성들과 함께 행하고, 뜻을 얻지 못하면 홀로 자신의 길을 걸어간다는 말이다. 「상」은 '행行'으로 '유由'를 해석하였다. '물勿'은 불不과 같다. '붕朋'은 벗 (朋友)이다. '합盍'은 합하다는 뜻의 합합이다(우번). '잠簪'은 본래 비녀의 뜻이나, 모이다는 취취取聚, 회會의 뜻으로 발전되었다. 비녀는 머리를 모아 꼽 는 것이다.

象曰'由豫大有得', 志大行也.
'(뜻을) 행하여 즐거워하니, 크게 얻는 것이 있다'는 것은 뜻이 크게 실행 된다는 것이다.

「상」은 '지대행志大行'으로 효사의 '대유득大有得'을 해석하였다. 정이는 "'대유득'은 그 뜻이 크게 실행됨을 얻는다는 말이다(大有得, 謂其志得大行 也)"라고 하였다. 「상」은 또 '행行'으로 효사 '유有'를 해석하였다. '행行'은 실행한다는 뜻이다. 「상」은 효사의 '유예대유득由豫大有得'을, (뜻을) 행하 여 즐거워하니 크게 얻는 것이 있다는 것은 뜻이 크게 실행되는 것이라고 해석하였다. 그래서 의심하지 않아도 벗들(다섯 음효)이 모여든다는 말이 다. 넷째 양효는 양효이고 다섯 음이 순종하고 있으니, 뜻이 크게 실행되는 상이다.

六五. 貞疾, 恒不死.
다섯째 음효는 바르게 하면 병들어도, 오랫동안 죽지 않는다.

'정貞'은 바르다는 뜻의 정正이다. '질疾'은 병이다. '항恒'은 오래라는 뜻 의 구久이다.

象曰 ‘六五貞疾’, 乘剛也. ‘恒不死’, 中未亡也.
‘다섯째 음효가 바르게 하면 병이 든다’는 것은 강을 탔기 때문이다. ‘오랫
동안 죽지 않는다’는 것은 가운데 자리에 있어 죽지 않는다는 것이다.

‘승강乘剛’은 유승강柔乘剛이다. 유가 강을 타는 것, 즉 음효가 양효 위에
있는 것이다. ‘중中’은 다섯째 음효가 윗괘의 가운데 자리에 있다는 것이며
(효위), 중정의 도를 행하는 상이다(효상). ‘중미망中未亡’은 가운데 자리에
있어 죽지 않는다는 말이다. 「상」은 ‘육오정질六五貞疾’을, 바르게 하면 병
이 든다는 것은 다섯째 음효인 유가 넷째 양효인 강을 탔기 때문이라고 해
석하였다. ‘항불사恒不死’를, 오랫동안 죽지 않는다는 것은 다섯째 음효가
윗괘의 가운데 자리에 있어 죽지 않는다고 해석하였다.

上六. 冥豫, 成有渝, 无咎.
꼭대기 음효는 어두운데 즐거워하니, 이루어 놓은 일에 변함이 있을 것이
나, 허물이 없다.

‘명冥’은 어둡다는 뜻의 회晦이다. ‘유渝’는 변하다는 뜻의 변變이다(우
번).

象曰 ‘冥豫’在‘上’, 何可長也.
‘어두운데 즐거워하는 것’이 ‘위에’ 있으니, 어찌 오래 갈 수 있겠는가?

‘상上’ 꼭대기 음효를 가리키며, 꼭대기 음효는 괘의 꼭대기에 있으니(효
위), 오래 가지 못하는 상이다(효상). 「상」은 효사의 ‘명예冥豫’를, 해가 져

어두운 때에 즐거워하는 것이 꼭대기에 이르렀으니, 오래 가지 못한다고 해석하였다. 고형은 "「상」은 '하가장何可長'을 가지고 효사의 '성유유成有渝'를 해석하였지, '무구无咎'는 해석하지 않았다. '하가장'과 '무구'는 뜻이 서로 모순되니, 「상」의 지은이가 의거한 『역경』에는 본래 '무구' 두 글자가 없었을 것이다"라고 하였다.

17. 수隨

隨. 元亨, 利貞. 无咎.
수는 크게 형통하고, 바르니 이롭다. 허물이 없다.

'수隨'는 괘명이며, 따르다는 뜻의 종從이다. '원元'은 크다는 뜻의 대大이다. '형亨'은 형통하다는 뜻의 통通이다. '이利'는 이롭다는 뜻이다. '정貞'은 바르다는 뜻의 정正이다. 「단」은 '원형, 이정'으로 읽었다. '원형'은 크게 형통하다, '이정'은 바르니 이롭다는 뜻이다.

象曰 隨, 剛來而下柔, 動而說, 隨. 大 '亨貞无咎', 而天下隨時, 隨時之義大矣哉.
수는 강이 와서 유 아래에 있고, 움직여 기뻐하는 것이 수이다. 크게 '형통하고 바르고 허물이 없어', 천하 사람들이 모두 따르니, 수의 때의 의의는 크기도 하다.

[隨] 괘명이다. 『설문』에 "'수'는 따르다는 뜻의 종(隨, 從也)"이라 하였고, 『석문』에도 "'수'는 따르다는 뜻의 종(隨, 從也)"이라고 하였다. 『광아』「석고」에 "'수'는 순종하다는 뜻의 순(隨, 順也)"이라고 하였다. '수隨'는 따르다, 순종하다는 뜻이다. 「서괘」에 "즐거우면 반드시 따르는 사람이 있으니, 그러므로 수괘로 받는다. 기쁨으로 남을 따르는 사람은 반드시 일을 처리하니, 그러므로 고괘로 받는다(豫必有隨, 故受之以隨. 以喜隨人者必有事, 故受之以蠱)"고 하였으니, '수'를 따르다는 종從의 뜻으로 새겼다. 「단」은 따르다는 뜻의 종從, 「상」은 처음 양효에서 따르다는 뜻의 종으로, 셋째 음효와 넷째 양효에서는 뒤쫓다는 뜻의 추追로 새겼다.

[剛來而下柔] 괘체를 가지고 괘명을 해석하였다. '강래이하유'에 대해 여러 가지 해석이 있다. 첫째, 우번의 해석이다. 수는 비괘否卦에서 온 것이다. 비괘의 윗괘인 건괘의 꼭대기 양효가 곤괘 처음 음효의 자리에 왔다는 것이다(否乾上來之坤初). 왕부지와 주준성이 이를 따랐다. 둘째, 왕필의 해석이다. 수괘는 아랫괘가 진震이고 윗괘는 태兌이다. 진은 양괘이고 강이다. 태는 음괘이고 유이다. 그런즉 수괘는 강이 유 아래에 있다는 것이다.(震剛而兌柔也. 以剛下柔) 공영달, 고형, 진고응이 이를 따랐다. 셋째, 정이의 해석이다. "건의 꼭대기 양효가 곤의 아래에 와 있고, 곤의 처음 음효가 건의 꼭대기에 가 있다(乾之上來居坤之下, 坤之初往居乾之上)"는 것이다. 넷째, 주희의 해석이다. "괘변으로 말하면, 본래 곤괘困卦에서 둘째 양효가 와서 수괘 처음 효의 자리에 있고, 또 서합괘에서 꼭대기 양효가 와서 수괘 다섯째 효의 자리에 거하고, 미제괘에서 온 것은 이 두 변화를 겸하고 있으니, 모두 강이 와서 유를 따르는 뜻이다(以卦變言之, 本自困卦九來居初, 又自噬嗑九來居五, 而自未濟來者兼此二變, 皆剛來隨柔之義)"라고 하였다. 즉 곤괘의 처음 음효와 둘째 양효가 자리를 바꾸었고, 서합괘의 꼭대기 양효가 다섯째 음효와 자리를 바꾸어 수괘가 되었는데, 이러한 두 가지 괘의 변화는 미제괘가 겸하고 있으니, 모두 강이 와서 유를 따르는 것이라는 말이다. 진몽뢰가 이를 따랐다. 다섯째, 래지덕의 해석이다. 수는 고괘蠱卦에서 온 것이며, 수의 처음 양

효는 고괘 꼭대기 양효에서 온 것이라는 주장이다. 이것은 종괘綜卦로 해석한 것이다. 굴만리와 유백민이 이를 따랐다. 주백곤은 "괘 중 각 효는 위아래로 왕래할 수 있다. 위에서 아래로 내려오는 것은 '래來'이고, 아래에서 위로 올라가는 것은 '왕往'이다. 수괘의 '강래이하유'는 윗괘의 양효가 아랫괘의 두 음 아래에 거하여 진괘가 되는 것이다"라고 하였다. 이러한 해석은 모두 통한다.

[動而說, 隨.] 괘덕으로 괘명을 해석하였다. '열說'은 기뻐하다는 뜻의 열悅이다. 수괘는 아랫괘가 진이고 윗괘는 태이다. 진은 움직임(動)이고, 태는 기뻐함(悅)이다. 그런즉 수괘는 또 '움직여 기뻐함'이다. 움직여 기뻐하니 천하 사람들이 모두 따른다. 그래서 괘명이 '수隨'이다.

[大'亨貞无咎', 而天下隨時, 隨時之義大矣哉.] 괘사를 해석하였다. 『석문』에 "'대형정'은 본래 또 '대형리정'으로 하였다('大亨貞'本又作'大亨利貞')"고 하였다. 크게 형통하고, 바르니 이롭다는 뜻이다. '천하수시天下隨時'에 대해, 주희는 "왕숙본은 '시時'를 '지之'로 하였다. 지금 이를 따른다(王肅本, 時作之. 今當從之)"고 하였다. '천하수시天下隨時'는 '천하수지天下隨之'로 해야 한다. 『석문』에도 이와 같이 기록하였다. 천하 사람들이 모두 따른다는 말이다. 정현은 "아랫괘는 덕으로 움직이고, 윗괘는 말로 기뻐하니, 천하 사람들이 모두 그 행실을 흠모하여 따른다(內動之以德, 外說之以言, 則天下之人咸慕其行而隨從之)"고 하였다. 또 주희는 '수시지의隨時之義'를 "왕숙본은 시時자가 지之자 아래에 있다. 지금 이를 따른다(王肅本, 時字在之字下. 今當從之)"고 하였다. '수시지의隨時之義'는 '수지시의隨之時義'로 해야 맞다. 이것이 「단」의 통례이다. 『석문』에도 이와 같이 기록하였다. 「단」은 괘사의 '원형리정무구'를, 크게 '형통하고 바르고 허물이 없어', 천하 사람들이 모두 따르니, 수의 때의 의의는 크기도 하다고 해석하였다.

象曰 澤中有雷, 隨. 君子以嚮晦入宴息.

못 속에 우레가 있는 것이 수괘의 상이다. 군자는 이 괘상을 본받아 날이 저물면 내실에 들어가 편안히 쉰다.

[澤中有雷, 隨.] 수괘는 윗괘가 태兌이고 아랫괘는 진震이다. 태는 못(澤)이고 진은 우레(雷)이다. 그런즉 '못 속에 우레가 있는 것'이 수괘의 상이다.

[君子以嚮晦入宴息.] '향嚮'은 향向의 본 글자이며, '향向'은 향嚮의 속자이다. 『석문』에는 "본래 또 향으로 하였다(本又作向)"고 하였다. '회晦'는 어둡다는 뜻의 명冥이다(적원). '향회向晦'는 저물녘이라는 뜻이다. '입入'은 곧 입내入內, 내실로 들어가는 것이다. '연宴'은 편안하다는 뜻의 안安이다. '연식宴息'은 휴식休息이다. 공영달은 "임금은 해가 진 뒤에 침실에 들어가 쉰다(人君旣夕之後, 入於宴寢而止息)"고 하였다. 못 속에 우레가 있으니, 천기가 차가울 때 우레는 못 속으로 들어간다. 이것은 곧 우레가 천시天時를 따라 휴식하는 것이다. 군자는 이 괘상을 보고 이를 본받아 천기가 차가울 때 날이 저물면 내실에 들어가 편안히 휴식을 취한다.

初九. 官有渝, 貞吉. 出門交有功.

처음 양효는 벼슬에 변고가 있으니, 바르게 하면 길하다. 문 밖을 나가 사귀면 공이 있다.

'관官'은 벼슬이라는 뜻의 직職이다. '유渝'는 사고, 변고라는 뜻의 변變이다(구가역). '교交'는 사귀다는 뜻의 제際이다.

象曰 ‘官有渝’, 從正 ‘吉’也. ‘出門交有功’, 不失也.
‘벼슬에 변고가 있다’는 것은 바름을 따르면 ‘길하다’는 것이다. ‘문 밖을
나가 사귀면 공이 있다’는 것은 (바름을 따르는 것을) 잃지 않기 때문이다.

‘종從’은 따르다는 뜻의 수隨이다. 「상」은 ‘수隨’를 종으로 새겼다. ‘정길
正吉’은 효사의 ‘정길貞吉’을 해석한 것이다. 「상」은 ‘정貞’을 정正으로 읽었
다. ‘정正’은 처음 양효는 양이 양의 자리에 있다는 것이며 (효위) 바름을 따
르는 상이다(효상). ‘불실不失’은 당연히 불실종정不失從正이다. 즉 문 밖을
나가는 것이 바르다는 말이다. 「상」은 효사의 ‘관유유官有渝’를, 벼슬에 변
고가 생겼는데, 바름을 따르면 길하다고 해석하였다. ‘출문교유공出門交有
功’은 문 밖을 나가 사귀면 공이 있다는 것은 바름을 좇는 것을 잃지 않기 때
문이라고 해석하였다.

六二. 係小子, 失丈夫.
둘째 음효는 어린아이를 묶고, 어른을 잃는다.

‘계係’는 계繫이며, 끈으로 묶는 것이다. ‘소자小子’는 어린아이이고, ‘장
부丈夫’는 어른이다.

象曰 ‘係小子’, 弗兼與也.
‘어린아이를 묶는다’는 것은 아울러 함께 할 수 없다는 것이다.

‘겸兼’은 겸하다, 아우르다는 뜻의 병幷이다. ‘여與’는 함께, 더불어라는
뜻의 공共이다. 「상」은 효사의 ‘계소자係小子’를, 어린아이를 묶고 어른을 잃

는 것은 어른과 어린아이를 아울러 함께 할 수 없는 것이라고 해석하였다.

六三. 係丈夫, 失小子, 隨有求得. 利居貞.
셋째 음효는 어른을 묶고, 어린아이를 잃으니, 뒤쫓아 가서 구하면 얻게 된다. 바름에 머물면 이롭다.

‘계係’는 계繫이며, 끈으로 묶는 것이다. ‘장부丈夫’는 어른이고, ‘소자小子’는 어린아이이다. ‘수隨’는 뒤쫓다는 뜻의 추追이다. ‘유有’는 이以와 같다. ‘수유구득隨有求得’은 뒤쫓아가서 구하면 다시 잡을 수 있다 뜻이다. ‘이거정利居貞’은 바른 것을 지키면 이롭다는 말이다.

象曰 ‘係丈夫’, 志舍下也.
‘어른을 묶는다’는 것은 뜻이 낮은 것을 버린다는 것이다.

‘사舍’는 버리다는 뜻의 사捨로 읽는다. 왕필은 ‘하下’를 처음 양효를 가리킨다고 하였다(下, 謂初也). “처음 양효를 버리고 넷째 양효에 묶여 있으니, 뜻이 장부에 있다(舍初係四, 志在丈夫)”고 하였는데, ‘장부丈夫’는 넷째 양효를, ‘소자小子’는 처음 양효를 가리키며, 셋째 음효는 넷째 양효를 따르고 처음 양효는 버린다는 말이다. 왕필의 해석이 「상」의 본뜻과 부합하는지는 알 수 없다. 고형은 “사람이 포로를 잡았는데, 어른도 있고 어린아이도 있다. 어른은 힘이 세어 가치가 높으므로 묶어두고, 어린아이는 힘이 약해 가치가 낮으므로 묶어두지 않았다. 그 뜻은 가치가 낮은 어린아이를 버리기를 원한다는 말이다”고 하였다. 「상」은 효사의 ‘계장부係丈夫’를, 어른을 묶고 어린아이는 잃는다는 것은 낮은 것(어린아이)을 버리는 것이라고 해석하였다.

九四. 隨有獲, 貞凶. 有孚在道, 以明何咎.
넷째 양효는 쫓아가면 잡을 수 있으니, 바르게 해도 흉하다. 길에서 믿음이
있고, 밝게 살피니 무슨 허물이 있겠는가?

'수隨'는 뒤쫓다는 뜻의 추追이다. '획獲'은 얻는다는 뜻이며, '수유획'은
셋째 음효의 '수유구득'과 같다. '정貞'은 바르다는 뜻의 정正이다. '부孚'는
믿음이라는 뜻의 신信이다. '도道'는 길 로路이다. '이以'는 용用이다.

象曰 '隨有獲', 其義 '凶'也. '有孚在道', '明'功也.
'쫓아가면 잡을 수 있다'는 것은 마땅히 '흉하다'는 것이다. '길에서 믿음
이 있다'는 것은 '밝게 살피는' 공이라는 것이다.

'의義'는 마땅하다는 뜻의 의宜로 읽는다. '명明'은 밝게 살피는 것(明察)
을 말한다. '공功'은 밝게 살피는 공이다. 「상」은 효사의 '수유획隨有獲'을,
뒤쫓아 가면 잡을 수 있다는 것은 어린아이를 잡는 것이므로 당연히 흉하다
라고 해석하였다. '유부재도有孚在道'는 길에서 믿음이 있다는 것은 믿음을
가지고 어린아이를 잡기 위해 밝게 살피는 공이 있으니 허물이 없다고 해석
하였다.

九五. 孚于嘉, 吉.
다섯째 양효는 올바름에서 믿음을 지니면, 길하다.

'부孚'는 믿음이라는 뜻의 신信이다. 「상」은 '가嘉'를 올바름(正中)으로 해
석하였다. 공영달은 선善이라고 하였는데, 정이, 주희, 고형 등 대부분 이를

따랐다. ‘가嘉’는 곧 올바름(中正)이요, ‘부우가’는 올바름에서 믿음을 지닌
다는 말이다.

象曰 ‘孚于嘉吉’, 位正中也.
‘올바름에서 믿음을 지니면 길하다’는 것은 자리가 정중이기 때문이다.

‘정正’은 다섯째 양효는 양이 양의 자리에 있다는 것이고, ‘중中’은 윗괘
의 가운데 자리에 있다는 것이며(효위), 올바름을 지니고 있는 상이다(효
상). 「상」은 효사의 ‘부우가길孚于嘉吉’을, 올바름에서 믿음을 지니면 길하
다는 것은 다섯째 양효가 정중의 자리를 얻었기 때문이라고 해석하였다.

上六. 拘係之, 乃從維之, 王用亨于西山.
꼭대기 음효는 잡아매었다가 곧 묶어놓고, 또 뒤쫓아 가서 잡아 묶는다. 왕
이 서산에 제사를 지낸다.

‘구拘’는 잡다는 뜻의 집執이다. ‘계係’는 계繫이며, 끈으로 묶는 것이다.
‘내乃’는 ‘우又’와 같다. ‘종從’은 수隨이며, 뒤쫓는다는 뜻의 추追이다. ‘유
維’는 매다, 묶어놓다는 뜻의 계繫이다. ‘유지’는 ‘계지係之’와 같다. ‘내종유
지’는 또 뒤쫓아 가서 잡아 묶는다는 뜻이다. ‘형亨’은 『석문』에 육적이 ‘제
祭’라고 하였다. ‘형’은 향享이며, 제사를 지낸다는 뜻이다.

象曰 ‘拘係之’, 上窮也.
‘잡아 묶는다’는 것은 꼭대기가 궁하다는 것이다.

‘상上’은 꼭대기 음효를 가리키며, 꼭대기 음효는 한 괘의 꼭대기 자리에 있으니(효위), 궁한 지경에 처해 있는 상이다(효상). 「상」은 효사의 ‘구계지拘係之’를, 잡아 묶는다는 것은 꼭대기 음효가 꼭대기에 이르러 궁한 지경에 처해 있는 것이라고 해석하였다. 고형은 ‘상’을 효사의 왕으로 읽고, "왕이 구금을 당하여 곤궁한 지경에 처해 있다"고 해석하였다.

18. 고蠱

蠱. 元亨. 利涉大川, 先甲三日, 後甲三日.

고는 크게 형통하다. 큰 내를 건너면 이로우니, 갑일의 삼 일 전과 갑일의 삼 일 후에 건너야 한다.

'고蠱'는 괘명이며, 일이라는 뜻의 사事이다. '원元'은 크다는 뜻의 대大이다. '형亨'은 형통하다는 뜻의 통通이다. '원형'은 크게 형통하다는 뜻이다. '섭涉'은 건너다는 뜻의 도渡이다. 갑일의 삼 일 전은 신일辛日이고, 삼 일 후는 정일丁日이다.

象曰 蠱, 剛上而柔下, 巽而止, 蠱. 蠱'元亨', 而天下治也. '利涉大川', 往有事也. '先甲三日, 後甲三日', 終則有始, 天行也.

고는 강이 위에 있고 유가 아래에 있으며, 겸손하여 멈추는 것이 고이다. 고가 '크게 형통하니' 천하는 다스려진다. '큰 내를 건너면 이롭다'는 것은 가면 일이 있다는 것이다. '갑일의 삼 일 전과 갑일의 삼 일 후에 건너야 한다'는 것은 끝나면 또 시작하는 것이니, 하늘의 운행이다.

　[蠱] 괘명이다. 『설문』에 "뱃속의 벌레(腹中蟲也)"라고 하였다. '고'의 본 뜻은 그릇(皿) 속에 음식이 썩어서 벌레(蟲)가 생기는 것이다. 「서괘」에 "기 쁨으로 남을 따르는 사람은 반드시 일을 처리하니, 그러므로 고괘로 받는 다. 고는 일이다(以喜隨人者必有事, 故受之以蠱. 蠱者, 事也)"고 하였다. '고' 는 일이라는 뜻의 사事이다. 「단」과 「상」 모두 이 뜻으로 새겼다.

　[剛上而柔下] 괘체를 가지고 괘명을 해석하였다. '강상이유하'에 대해 여 러 가지 해석이 있다. 첫째, 우번의 해석이다. "태괘의 처음 양효가 고괘의 꼭대기로 갔으므로 강이 위에 있는 것이고, 곤괘의 꼭대기 음효가 고괘의 처음 효로 왔으므로 유가 아래에 있는 것이다(泰初之上, 故剛上. 坤上之初, 故柔下)"라고 하였다. '강상'은 꼭대기 양효를, '유하'는 처음 음효를 가리키 는 것으로 보았다. 둘째, 왕필의 해석이다. "윗괘의 강은 법령을 결정할 수 있고, 아랫괘의 유는 법령을 시행할 수 있다(上剛可以斷制, 下柔可以施令)"고 하였다. 고괘는 윗괘가 간艮이고 아랫괘는 손巽이다. 간은 양괘이고 강이며, 손은 음괘이고 유이다. 그런즉 고괘는 강이 위에 있고 유가 아래에 있다는 것이다. 공영달, 진몽뢰, 왕부지, 고형, 진고응 등이 이를 따랐다. 셋째, 정이 의 해석이다. "'강상이유하'는 건괘의 처음 양효가 위로 가서 고괘의 꼭대기 양효가 되었고, 곤의 꼭대기 음효가 아래로 와서 고괘의 처음 음효가 되었 다는 말이다(剛上而柔下, 謂乾之初九上而爲上九, 坤之上六下而爲初六也)"고 하였다. 우번의 해석과 비슷하다. 넷째, 주희의 해석이다. "'강상이유하'는 괘가 변한 것이 비괘賁卦에서 온 것은 비괘의 처음 양효는 위로 가고 둘째 음효는 아래로 내려왔고, 정괘井卦에서 온 것은 다섯째 양효는 위로 가고 꼭 대기 음효는 아래로 내려왔음을 말한 것이다. 기제괘에서 온 것은 이 두 가 지를 겸하였으니, 또한 강이 위에 있고 유가 아래에 있는 것이며, 모두 고가 되는 것이다(或曰剛上而柔下, 謂卦變自賁來者, 初上二下. 自井來者, 五上上下. 自旣濟來者兼之, 亦剛上而柔下, 皆所以爲蠱也)"라고 하였다. 주희는 괘변으로

해석하였는데, 비괘의 처음 양효와 둘째 음효가 자리를 바꾸어 고괘의 아랫 괘가 되었고, 정괘의 다섯째 양효와 꼭대기 음효가 자리를 바꾸어 고괘의 윗괘가 되었다는 것이며, 기제괘가 이 두 변괘를 겸하고 있다는 것이다. 다섯째, 래지덕의 해석이다. "고괘의 종괘는 수괘인데, 수괘의 처음 양효인 진괘의 강剛이 위로 가서 간괘가 되었다. 꼭대기 음효인 태괘의 유柔는 아래로 와서 손괘가 되었다(蠱綜隨, 隨初震之剛, 上而爲艮. 上六兌之柔, 下而爲巽也)"고 하였다. 유백민이 이를 따랐다. 이러한 해석은 모두 통하나, 왕필의 해석이 「단」의 본뜻에 비교적 부합하는 것이 아닌가 한다.

[巽而止, 蠱.] 괘덕으로 괘명을 해석하였다. 고괘는 아랫괘가 손이고 윗괘는 간이다. 손은 겸손함(巽)이고 간은 멈춤(止)이다. 그런즉 고괘는 또 '겸손하여 멈춘다'는 것이다. 겸손하여 멈추면 일은 이루어진다. 그래서 괘명이 '고蠱'이다.

[蠱 '元亨', 而天下治也.] 「단」은 괘사의 '원형'을, 크게 형통하니, 천하는 다스려진다고 해석하였다.

['利涉大川', 往有事也.] 「단」은 괘사의 '이섭대천'을, 큰 내를 건너면 이롭다는 것은 가면 일이 있는 것이라고 해석하였다. 「단」 역시 '고'를 일이라는 뜻의 사事로 새겼다.

['先甲三日, 後甲三日', 終則有始, 天行也.] '유有'는 우又로 읽는다(고형, 굴만리). '천행天行'은 곧 천도天道, 즉 하늘의 운행이라는 뜻이며, 천도 운행의 규율, 자연의 이법을 가리킨다. '종즉유시, 천행야'의 구절에 대해 고형의 해석이 매우 뛰어났으므로 잠시 그 내용을 인용하겠다.

괘사의 '선갑삼일先甲三日, 후갑삼일後甲三日'은 곧 천도에 근거한 것이다. 갑일 전의 3일에서 갑일 후의 3일까지 모두 7일이다. 천도의 운행은 1에서 시작하여 7에서 돌아오니, 끝나면 다시 시작하여 왕복 순환한다. 그런즉 갑일 전의 3일인 신일辛日은 이미 큰 내를 건너면 길하고, 신일부터 아래로 셈하여 7일째 되는 날에 이르러, 즉 갑일 후 3일인 정일丁日에도 또한 큰 내를 건너면 길하다. 「단」이 천도는 7에 이르러 돌아온다고 여긴 것은 천도의 사계절에 근거한 것이다. 고대의 기후학으로 말하면, 봄과 여름은 양기가 다스림의 자리에 있는 시기이며, 모두 6개월이다. 가을과 겨울은 음기가 다스림의 자리에 있는 시기이며, 모두 6개월이다. 음기는 정월부터 다스림의 자리에서 물러나, 7월에 이르러 또 다스림의 자리로 나아가니, 음기는 7에 이르러 돌아오는 것이다. 양기는 7월부터 다스림의 자리에서 물러나, 정월에 이르러 또 다스림의 자리로 나아가니, 양기는 7에 이르러 돌아오는 것이다. 음양 두 기는 모두 7개월에 이르러 돌아오며, 끝나면 다시 시작하여 순환이 그치지 않으니, 「단」의 이른바 '끝나면 또 시작하는 것이니 하늘의 운행이다(終則有始, 天行也)'는 것이다. 복괘復卦 괘사에 "그 길을 되돌아오는데, 칠 일이면 돌아온다(反復其道, 七日來復)"고 한 것을, 「단」은 "'그 길을 되돌아오는데, 칠 일이면 돌아온다'는 것은 하늘의 운행이다(反復其道, 七日來復, 天行也)"고 하였는데, 역시 천도를 가지고 7에 이르러 돌아온다는 것을 해석한 것이니, 뜻은 이것과 같다.(『주역』괘의 효수 또한 7에 이르러 돌아온다. 각 괘의 6효는 처음(初), 둘째(二), 셋째(三), 넷째(四), 다섯째(五), 꼭대기(上)의 차례로 헤아린다. 수가 7에 이르면 원래의 효로 돌아오니, 꼭 7에 이르러 돌아오는 것이다. 『역전』은 역괘의 효수가 7에 이르러 돌아오는 것이 곧 천도를 대표한다고 여긴 것이다.) 필자는 고형의 이 해설을 통해 한 괘의 효가 왜 여섯인가를 나름대로 이해하게 되었다.

象曰 山下有風, 蠱. 君子以振民育德.
산 아래에 바람이 있는 것이 고괘의 상이다. 군자는 이 괘상을 본받아 백성을 구제하고 덕을 기른다.

[山下有風, 蠱.] 고괘는 윗괘가 간艮이고 아랫괘는 손巽이다. 간은 산(山)이고 손은 바람(風)이다. 그런즉 '산 아래에 바람이 있는 것'이 고괘의 상이다.
　[君子以振民育德] '진振'은 『석문』에 "구제하다는 뜻의 제濟"라고 하였다.

'육育'은 기르다는 뜻의 양養이다. 왕필은 '진민육덕'을 '제민양덕濟民養德'이라고 하였다. 산 아래에 바람이 불고 있으니, 세상이 평온 무사하지 못하고 일이 일어난다. 군자는 이 괘상을 보고 이를 본받아 백성을 구제하고 덕을 기른다.

정이는 "산 아래에 바람이 있으니, 바람이 산을 만나면 돌아가므로 만물은 모두 흩어져 어지럽다. 그러므로 일이 있는 상이 된다. 군자는 일이 있는 상을 보고 백성을 구제하고 그 덕을 기른다(山下有風, 風遇山而回, 則物皆散亂, 故爲有事之象. 君子觀有事之象, 以振濟於民, 養育其德也)"고 하였다.

初六. 幹父之蠱, 有子, 考无咎, 厲, 終吉.
처음 음효는 아버지의 일을 처리하는 아들이 있으니, 아버지는 허물이 없으며, (아들은) 위태로우나 마침내 길하다.

'간幹'은 간사幹事의 간이며, 일을 담당하다, 일을 맡아 처리하다는 뜻이다. '고蠱'는 일이라는 뜻의 사事이다. '고考'는 아버지(父)이다. 옛날에는 아버지가 살아 있거나 죽었거나 모두 '고考'라고 칭하였다(고형, 굴만리). 「상」은 '고考'를 죽은 아버지(亡父)로 여겼다(굴만리). '여厲'는 위태롭다는 뜻의 위危이다.

象曰 '幹父之蠱', 意承 '考'也.
'아버지의 일을 처리한다'는 것은 뜻이 '아버지'를 계승한다는 것이다.

'승承'은 잇는다는 뜻의 계繼이다. 「상」은 '승承'을 가지고 효사의 '간幹'을 해석하였다. 효사의 '간부지고幹父之蠱'는 아들이 아버지의 일을 처리하는 것은 뜻이 그 아버지를 계승하는 데 있으니, 아버지는 허물이 없다고 해석하였다.

九二. 幹母之蠱, 不可貞.
둘째 양효는 어머니의 일을 처리하니, 바르다고 할 수 없다.

'간幹'은 일을 맡아 처리하다는 뜻이다. '고蠱'는 일이라는 뜻의 사事이다.
'정貞'은 바르다는 뜻의 정正이다.

象曰 '幹母之蠱', 得中道也.
'어머니의 일을 처리한다'는 것은 중도를 얻었기 때문이다.

'중도中道'는 둘째 양효가 아랫괘의 가운데 자리를 얻었다는 것이며(효위), 중도를 얻은 상이다(효상). '중도'란 뜻과 행실이 바르다는 말이다. 「상」은 효사의 '간모지고幹母之蠱'를, 아들이 그 어머니의 일을 처리한다는 것은 둘째 양효가 중도를 얻었기 때문에 바르다고 할 수 없는 것이라고 해석하였다. 「상」은 '중도'를 가지고 효사의 '정貞'을 해석하였다. 즉 어머니의 일을 처리하는 것은 바른 일(中道)이 아니라는 말이다.

九三. 幹父之蠱, 小有悔, 无大咎.
셋째 양효는 아버지의 일을 처리하니, 조금 뉘우침이 있으나, 큰 허물은 없다.

'간幹'은 일을 맡아 처리하다는 뜻이다. '고蠱'는 일이라는 뜻의 사事이다.
'회悔'는 뉘우치다는 뜻이다.

象曰 ‘幹父之蠱’, 終 ‘无咎’也.
‘아버지의 일을 처리한다’는 것은 마침내 ‘허물이 없다’는 것이다.

「상」은 효사의 ‘간부지고幹父之蠱’를, 아버지의 일을 처리한다는 것은 조금 뉘우침이 있으나 마침내 허물이 없는 것이라고 해석하였다. 즉 아버지의 일을 처리하는 것은 당연한 것이라는 말이다.

六四. 裕父之蠱, 往見吝.
넷째 음효는 아버지의 일을 더욱 빛나게 하려 하나, 가면 어려움을 만난다.

‘유裕’는 『석문』에 마음이 “넉넉하다는 뜻의 관寬”이라고 하였다. 한층 더 빛나게 한다는 말이다. ‘고蠱’는 일이라는 뜻의 사事이다. ‘인吝’은 어렵다는 뜻의 난難이다.

象曰 ‘裕父之蠱’, 往未得也.
‘아버지의 일을 더욱 빛나게 하려 한다’는 것은 가면 (결과를) 얻을 수 없다는 것이다.

‘미득未得’은 좋은 결과를 얻을 수 없다는 뜻이다. ‘왕미득往未得’은 효사의 ‘왕견린往見吝’을 해석한 것이다. 「상」은 효사의 ‘유부지고裕父之蠱’를, 아버지의 일을 더욱 빛나게 하려 하나, 가면 어려움을 만나므로 좋은 결과를 얻을 수 없다라고 해석하였다.

六五. 幹父之蠱, 用譽.
다섯째 음효는 아버지의 일을 처리하니, 명예가 있다.

'간幹'은 일을 맡아 처리하다는 뜻이다. '고蠱'는 일이라는 뜻의 사事이다. '용用'은 이以이며, 따라서라는 인이因而의 뜻이다(굴만리). '예譽'는 명예이다.

象曰 '幹父用譽', 承以德也.
'아버지의 일을 처리하니, 명예가 있다'는 것은 덕으로 계승한다는 것이다.

'승承'은 잇는다는 뜻의 계繼이다. '덕德'은 곧 중덕中德이다. 다섯째 음효는 윗괘의 가운데 자리에 있으니(효위), 중덕을 얻은 상이다(효상). 「상」은 효사의 '간부용예幹父用譽'를, 아버지의 일을 처리하니 명예가 있다는 것은 아들이 덕으로 그 아버지를 계승하는 것이라고 해석하였다.

上九. 不事王侯, 高尚其事.
꼭대기 양효는 왕을 섬기지 않으니, 그 일이 고상하다.

앞의 '사事'는 섬기다는 뜻이고, 뒤의 '사事'는 왕을 섬기지 않는 일을 가리킨다. '고상高尚'은 왕을 섬기지 않는 일이 고상하다는 것이다.

象曰 '不事王侯', 志可則也.

'왕을 섬기지 않는다'는 것은 뜻은 본받을 수 있다는 것이다.

'칙則'은 본받다는 뜻의 법法, 효效이다. '지가칙志可則'은 그 뜻은 본받을
수 있다는 말이다. 「상」은 효사의 '불사왕후不事王侯'를, 왕을 섬기지 않는
그 고상한 뜻은 본받을 만하다고 해석하였다.

19. 임臨

臨. 元亨, 利貞. 至于八月有凶.

임은 크게 형통하고, 바르니 이롭다. 팔월에 이르면 흉함이 있다.

‘임臨’은 괘명이며, 백성에 임하다는 뜻이다. ‘원元’은 크다는 뜻의 대大이다. ‘형亨’은 형통하다는 뜻의 통通이다. ‘이利’는 이롭다는 뜻이다. ‘정貞’은 바르다는 뜻의 정正이다. 「단」은 ‘원형, 이정’으로 읽었다.

象曰 臨, 剛浸而長, 說而順, 剛中而應. 大 ‘亨’以正, 天之道也. ‘至于八月有凶’, 消不久也.

임은 강이 점점 자라나고, 기뻐하여 유순하며, 강이 가운데 자리에서 응한다. 크게 ‘형통하고’ 바른 것은 하늘의 도이다. ‘팔월에 이르러 흉함이 있다’는 것은 (양기가) 쇠퇴하여 오래갈 수 없다는 것이다.

[臨] 괘명이다. ‘임臨’자의 신臣은 목目자가 예서隸書에서 변한 것이다. 금

문金文은 목目으로 되어 있다. 높은 곳에서 아래를 보는 것이다(이경지). 『설문』에는 "살피다는 뜻의 감(監也)"이라 하였고, 『이아』「석고」에는 "보다는 뜻의 시(視也)"라고 하였다. 이 뜻이 발전되어 나아가다는 진進, 다스리다는 치治의 뜻으로 사용되었다. 『국어』「주어周語」에 "왕으로부터 직위를 받아 그 백성에 임한다(受職于王, 以臨其民)"고 하였는데, '임'은 다스리다는 치治의 뜻이다. 「단」과 「상」에서 '임臨'은 곧 백성에 임하는 것(臨民), 백성을 다스리는 것(治民)이다. 「서괘」는 "일을 처리한 이후에 클 수 있으니, 그러므로 임괘로 받는다. 임은 크다는 것이다(有事而後可大, 故受之以臨. 臨, 大也)"라고 하였는데, 「단」「상」과 뜻이 다르다. 정이는 "괘는 못 위에 땅이 있다. 못 위의 땅은 기슭이며, 물과 서로 접하고 있고 물에 근접(臨近)하고 있으므로 임이다(爲卦, 澤上有地. 澤上之地, 岸也, 與水相際, 臨近乎水, 故爲臨)"고 하였다.

[剛浸而長] 괘체를 가지고 괘명을 해석하였다. '강剛'은 임괘의 아래 두 양효를 가리킨다. '침浸'은 점점이라는 뜻의 점漸이다(정이). 임괘의 아래에 있는 두 효는 양효이고, 강이다. 위에 있는 네 효는 모두 음효이고 유이다. 그런즉 임괘는 '강이 점점 자라나는 것(剛浸而長)'이며, 군자의 도가 점차 자라나는 것을 상징한다.

[說而順] 괘덕으로 괘명을 해석하였다. 임괘는 아랫괘가 태兌이고 윗괘는 곤坤이다. 태는 기뻐함(悅)이고 곤은 유순함(順)이다. 그런즉 임괘는 '기뻐하여 유순하다'는 것이다.

[剛中而應] 괘체를 가지고 괘명을 해석하였다. '강剛'은 둘째 양효를 가리키고, '중中'은 가운데 자리를 얻었다는 말이다. 둘째 양효는 양이고 강이며 아랫괘의 가운데 자리에 있다. 다섯째 음효는 음이고 유이며 윗괘의 가운데 자리에 있다. 두 효는 음양이 가운데 자리에서 서로 응한다. 임괘는 양이 점차 자라나고, 기뻐하여 유순하며, 또 음양이 가운데 자리에서 서로 응하니, 곧 나라를 다스리고 백성에 임하는 도이다. 그래서 괘명이 '임臨'이다.

[大'亨'以正, 天之道也.] 이하 괘사를 해석하였다. 「단」은 괘사의 '원형이

정'을, '대형이정大亨以貞'으로 읽었는데, 크게 형통하고 바르다는 뜻이다. 「단」은 '이利'를 말하지 않았으나, '크게 형통하고, 바르다' 그러므로 이롭다고 여긴 것이다. 즉 '바르니 이롭다'는 것이다. 「단」은 괘사의 '원형이정'을 하늘의 도라고 해석하였다. 즉 크게 형통하고 바른 것은 곧 하늘의 도라는 말이다. '천도天道'는 하늘에서 일어나는 각종 자연 현상의 변화를 가리킨다. 『중용』에 "誠者, 天之道也"(참된 것은 하늘의 도이다)라고 하였는데(22장), 『중용』은 천도天道를 성誠(참됨)으로, 「단」은 정正(바름)으로 인식하였다. '성誠'과 '정正'은 결국 같은 뜻이다. 고형은 "크고 형통하고 바른 것은 하늘의 도이다. 백성에 임하는 사람은 이 세 가지 덕을 지녀야 하니, 하늘을 본받는 것이다"라고 하였다. 고형은 '원형리정'을 네 가지 덕으로 여겼는데, 「단」의 본뜻이 아니다.

['至于八月有凶', 消不久也.] '소消'는 사라지다는 뜻의 멸滅이다. 임괘는 양이 점차 자라나는 것이며, 양기는 봄에 점차 자라나 음력 8월에 이르면 쇠퇴하기 시작한다. 왕필은 "팔월은 양이 쇠퇴하고 음이 자라나니, 소인의 도는 자라나고 군자의 도는 사라진다(八月陽衰而陰長, 小人道長, 君子道消也)"라고 하였다. 「단」은 괘사의 '지우팔월유흉'을, 팔월에 이르러 흉함이 있는 것은 팔월이 되면 양기는 이미 쇠퇴하여 오래 갈 수 없기 때문이라고 해석하였다. 고형은 "백성에 임하는 사람은 그 덕을 더욱 닦지 않으면 장차 소멸하는 운으로 들어갈 것이니, 천도가 본래 이러한 것이다"라고 하였다.

象曰 澤上有地, 臨. 君子以敎思无窮, 容保民无疆.
못 위에 땅이 있는 것이 임괘의 상이다. 군자는 이 괘상을 본받아 백성을 교화하고 생각하는 것이 끝이 없고, 백성을 포용하고 보호하는 것이 한이 없다.

[澤上有地, 臨.] 임괘는 아랫괘가 태兌이고 윗괘는 곤坤이다. 태는 못(澤)이

고 곤은 땅(地)이다. 그런즉 '못 위에 땅이 있는 것'이 임괘의 상이다.

[君子以教思无窮, 容保民无疆.] '교사教思' 아래에 '민民'자가 있어야 한다. 그래야 '용보민무강'과 서로 짝이 된다(고형). '교教'는 교화하다는 뜻이다. '사思'는 생각하다는 뜻의 염念이다(굴만리). '교사민'은 백성을 교화시키고 관심을 가진다는 말이다. '용容'은 관용, 포용의 뜻이다. '용보민'은 백성을 포용하고 보호한다는 말이다. '무궁无窮'과 '무강无疆'은 같은 말이며, 끝이 없다, 한이 없다는 뜻이다. 못 위에 땅이 있으니, 땅은 높고 못은 낮아 높은 곳에서 아래에 임하고 있다. 군자는 이 괘상을 보고 이를 본받아 끝없이 백성을 교화하고 생각하며, 한없이 백성을 포용하고 보호한다.

初九. 咸臨, 貞吉.
처음 양효는 감응하여 백성에 임하니, 바르게 하여 길하다.

우번과 왕필은 '함咸'을 감응하다는 뜻의 감感으로 읽었다. 함咸「단」에도 "함은 감응하다는 뜻의 감(咸, 感也)"이라고 하였다. 정이는 감동하다는 뜻의 감感으로 읽었다. '임臨'은 백성에 임하는 것(臨民)이다. '함림咸臨'은 감응하여 백성에 임하는 것이다. '정貞'은 바르다는 뜻의 정正이다.

象曰 '咸臨貞吉', 志行正也.
'감응하여 백성에 임하니, 바르게 하여 길하다'는 것은 뜻과 행실이 바르다는 것이다.

「상」은 '정正'으로 효사 '정貞'을 해석하였다. '정正'은 처음 양효는 양이 양의 자리에 있다는 것이며(효위), 뜻과 행실이 바른 상이다(효상). 「상」은 효사의 '함림정길咸臨貞吉'을, 임금이 감응하여 백성에 임하니, 그 뜻과 행실이 바른 것이므로 길하다고 해석하였다.

九二. 咸臨, 吉, 无不利.
둘째 양효는 위엄으로 백성에 임하니, 길하여 이롭지 않음이 없다.

고형은 "'함咸'자는 위엄이라는 뜻의 위威자로 써야 한다. 글자 모양이 비슷하여 잘못되었을 것이다"고 하였다. 「상」의 해석을 보면 고형의 주장이 타당하다. '임臨'은 백성에 임하는 것(臨民)이다. '위림威臨'은 위엄으로 백성에 임하는 것이다.

象曰 '咸臨吉无不利', 未順命也.
'위엄으로 백성에 임하니, 길하여 이롭지 않음이 없다'는 것은 (백성이) 명령에 순종하지 않기 때문이다.

「상」은 효사의 '함림길무불리咸臨吉无不利'를, 백성이 임금의 명령에 복종하지 아니하므로, 위엄으로 백성에 임하니 길하여 이롭지 않음이 없다고 해석하였다. 배학해裴學海는 『고서허자집석古書虛字集釋』에서 '미未'를 뜻이 없는 어조사로 새겼다. 이 경우, "위엄으로 백성에 임하니, 백성들이 명령에 순종하므로 길하여 이롭지 않음이 없다"고 해석할 수 있다.

六三. 甘臨, 无攸利, 旣憂之, 无咎.
셋째 음효는 달콤한 말로 백성에 임하니, 이로울 것 없다. 이미 이를 근심한다면, 허물이 없다.

‘감甘’은 감언甘言이다. ‘감림甘臨’은 감언이설로 백성에 임하는 것이다.
‘이旣’는 이미라는 뜻의 이己이다. ‘우憂’는 근심하다는 뜻의 수愁이다.

象曰 ‘甘臨’, 位不當也. ‘旣憂之’, ‘咎’不長也.
‘달콤한 말로 백성에 임한다’는 것은 자리가 합당하지 않기 때문이다. ‘이
미 이를 근심한다’는 것은 ‘허물’이 오래 가지 않는다는 것이다.

‘위부당位不當’은 셋째 음효가 음이면서 양의 자리에 있다는 것이며(효
위), 처한 자리가 합당하지 않는 상이다(효상). 「상」은 효사의 ‘감림甘臨’을,
달콤한 말로 백성에 임하는 것은 셋째 음효가 양의 자리에 있어 그 자리가
합당하지 않기 때문이라고 해석하였다. ‘기우지旣憂之’는 달콤한 말로 백성
에 임하는 것이 이미 옳지 않음을 알고 이를 근심한다면 허물은 오래 가지
않는다고 해석하였다.

六四. 至臨, 无咎.
넷째 음효는 지극한 마음으로 백성에 임하니, 허물이 없다.

‘지림至臨’은 지극한 마음으로 백성에 임하는 것이다.

象曰 ‘至臨无咎’, 位當也.
‘지극한 마음으로 백성에 임하니, 허물이 없다’는 것은 자리가 합당하기
때문이다.

‘위당位當’은 넷째 음효는 음이 음의 자리에 있다는 것이며(효위), 합당한

자리에 처해 있는 상이다(효상). 「상」은 효사의 '지림무구至臨无咎'를, 지극한 마음으로 백성에 임하니 허물이 없다는 것은 넷째 음효가 음의 자리에 있어 그 자리가 합당하기 때문이라고 해석하였다.

六五, 知臨, 大君之宜, 吉.
다섯째 음효는 지혜로 백성에 임하는 것이 대군의 마땅함이니, 길하다.

'지知'는 지혜라는 뜻의 지智로 읽는다. '지림知臨'은 지혜로 백성에 임하는 것이다. '의宜'는 마땅하다는 뜻의 당當이다.

象曰 '大君之宜', 行中之謂也.
'대군의 마땅함이다'는 것은 중도를 행하는 것을 말한다.

'중中'은 다섯째 음효가 윗괘의 가운데 자리에 있다는 것이며(효위), 중도를 행하는 상이다(효상). '중도'는 뜻과 행실이 바른 것을 말한다. 「상」은 효사의 '대군지의大君之宜'를, 지혜로 백성에 임하는 것이 대군의 마땅함이라는 것은 다섯째 음효가 가운데 자리에서 중도를 행하는 것을 말하는 것이라고 해석하였다. 즉 지혜로 백성에 임하는 것이 대군의 마땅함이고, 이것이 곧 중도를 행하는 것이라는 말이다.

上六. 敦臨, 吉, 无咎.
꼭대기 음효는 돈후하게 백성에 임하니, 길하여 허물이 없다.

'돈敦'은 두텁다는 뜻의 후厚이다(순상). '돈림敦臨'은 돈후하게 백성에 임하는 것이다.

象曰 ‘敦臨’之‘吉’, 志在內也.
‘돈후하게 백성에 임하니’ ‘길하다’는 것은 뜻이 안에 있기 때문이다.

‘내內’에 대해 몇 가지 해석이 있다. 공영달은 “아랫괘의 두 양효(志意恒在於內之二陽)”라고 하였는데, 뒷사람들은 모두 이를 따랐다. 고형은 ‘내內’를 마음속으로 보고, “돈후하게 백성에 임하니 길한 것은 곧 돈후한 마음이 임금의 마음속에 있기 때문”이라고 해석하였다. 진고응은 ‘내內’를 아랫괘(內卦)로 보고, 아랫괘의 태는 못이고 백성을 상징하므로, “돈후하게 백성에 임하니 길한 것은 뜻이 백성에 있기 때문”이라고 해석하였다. 이러한 해석은 모두 통한다. 「상」은 효사의 ‘돈림敦臨’을, 돈후하게 백성에 임하니 길한 것은 꼭대기 음효의 뜻이 안에 있기 때문이라고 해석하였다.

20. 관觀

觀. 盥而不薦, 有孚顒若.

관은 제사에 술을 땅에 뿌렸으나 제물을 올리지 않았으니, 믿음을 지니고
공경해야 한다.

'관觀'은 괘명이며, 보다는 뜻의 시視, 살피다는 뜻의 찰察이다. '관盥'은
뿌리다는 뜻의 관灌으로 읽으며, 제사를 지낼 때 술을 땅에 뿌려 귀신을 맞
이하는 것이다(마융). '천薦'은 올리다는 뜻의 헌獻이며, 귀신에게 제물을
올리는 것이다. '부孚'는 믿음이라는 뜻의 신信, '옹顒'은 공경하다는 뜻의
경敬이다(마융). '옹약顒若'은 공경하여 우러러는 모양이다.

象曰 大觀在上, 順而巽, 中正以觀天下, 觀. '盥而不薦, 有孚顒
若', 下觀而化也. 觀天之神道, 而四時不忒. 聖人以神道設敎, 而
天下服矣.

큰 것(양)이 위에서 보며, 유순하여 겸손하고, 중정하여 천하를 보는 것이

관이다. ‘제사에 술을 땅에 뿌렸으나 제물을 올리지 않았으니, 믿음을 지니고 공경해야 한다’는 것은 아래의 네 음효(백성)가 위의 양(임금)을 보고 감화하는 것이다. 하늘의 신묘한 도를 보니, 사계절은 어긋나지 않는다. 성인은 신묘한 도로 교화를 베푸니, 천하 사람이 복종한다.

[大觀在上] 괘체를 가지고 괘명을 해석하였다. ‘대大’는 관괘의 다섯째 양효, 즉 임금을 가리킨다. 『역전』은 ‘양’을 대大라 하고, ‘음’을 소小라고 하였다. ‘관觀’은 보다는 뜻의 시視, 살피다는 뜻의 찰察이다. ‘재상在上’은 높은 자리에 있다는 것이다. 다섯째 양효는 양이 윗괘의 가운데 자리에 있으니, 한 괘의 높은 자리에 있다. 그 아래의 네 효(백성)는 모두 음효이다. 다섯째 양효는 네 음효의 위에 있으니, 위에서 내려보고 있는 상이다. ‘대관재상’은 다섯째 양효(임금)가 위에서 내려본다는 뜻이다.

[順而巽] 괘덕으로 괘명을 해석하였다. 관괘는 아랫괘가 곤坤이고 윗괘는 손巽이다. 곤은 유순함(順)이고 손은 겸손함(巽)이다. 그런즉 관괘는 ‘유순하여 겸손한 것’이다.

[中正以觀天下, 觀.] 괘체를 가지고 괘명을 해석하였다. ‘중정中正’은 다섯째 양효를 가리킨다(우번). 다섯째 양효는 윗괘의 가운데 자리에 있고(中), 양이 양의 자리에 있다(正). 관괘의 괘상은 양효(임금)가 윗자리에서 여러 음(백성)을 살피며, 유순하고 겸손한 덕을 지니고 있고, 중정의 도를 지니고 천하를 보는 것이다. 그래서 괘명이 ‘관觀’이다.

[‘盥而不薦, 有孚顒若’, 下觀而化也.] 괘체를 가지고 괘사를 해석하였다. ‘하下’는 아래의 네 음효, 즉 백성을 가리킨다. ‘관觀’은 아래의 네 음효가 위의 양효, 즉 임금을 본다는 것이다. ‘화化’는 감화이다. ‘하관이화下觀而化’는 아래 네 음효(백성)가 위의 양효(임금)를 보고 감화한다는 말이다. 「단」은 괘사를, 위(임금)가 귀신에게 제사를 올리는데 술을 땅에 뿌렸으나 제물을 올리지 않았으니, 믿음을 지니고 공경한다면, 아래(백성)가 위(임금)를 보고 감화한다고 해석하였다.

[觀天之神道, 而四時不忒.] 괘의를 말하였다. '신神'은 신묘하다는 뜻이다. '도道'는 자연 법칙이다. '신도'는 곧 신묘한 자연 법칙이라는 뜻이다. 자연 법칙이란 해와 달이 교대로 솟아오르고, 낮과 밤이 번갈아 바뀌며, 사계절이 어김없이 순환하는 것 등이다. 정이는 "천도는 지극히 신묘하므로 신도라 한다(天道至神, 故曰神道)"고 하였다. '사시四時'는 사계절이다. '특忒'은 어긋나다는 뜻의 차差이다(우번). 하늘의 신묘한 법칙을 보니, 사계절의 운행은 어긋남이 없다는 말이다. 정이는 "하늘의 운행을 보면, 사계절이 어긋남이 없으니, 그 신묘함을 보는 것이다(觀天之運行, 四時无有差忒, 則見其神妙)"라고 하였다.

[聖人以神道設敎, 而天下服矣.] '설設'은 베풀다는 뜻의 진陳이다. '교敎'는 교화이다. '복服'은 복종하다는 뜻의 종從이다. 성인이 하늘의 신묘한 법칙으로써 교화를 베푸니, 천하 만민이 이에 복종한다는 말이다. 정이는 "성인이 천도의 신묘함을 보고, 신묘한 도를 체득하여 교화를 베풀므로 천하가 복종하지 않음이 없다(聖人見天道之神, 體神道以設敎, 故天下莫不服也)"고 하였다.

象曰 風行地上, 觀. 先王以省方觀民設敎.

바람이 땅 위에서 부는 것이 관괘의 상이다. 선왕은 이 괘상을 본받아 나라를 순시하여 백성을 살피며 교화를 베푼다.

[風行地上, 觀.] 관괘는 윗괘가 손巽이고 아랫괘는 곤坤이다. 손은 바람(風)이고 곤은 땅(地)이다. 그런즉 '바람이 땅 위에서 부는 것'이 관괘의 상이다.

[先王以省方觀民設敎.] '성省'은 보다는 뜻의 시視, 살피다는 뜻의 찰察이다. '방方'에 대해, 공영달은 나라라는 뜻의 방邦과 같다 하였고, 『집해』에 구가역과 정이 등은 사방四方이라고 해석하였다. 두 가지 모두 통한다. '교敎'는 교화, 혹은 정교政敎이다. 바람이 땅 위에서 불고 있으니, 이르지 않는

곳이 없고 보지 않는 것이 없다. 선왕은 이 괘상을 보고 이를 본받아 나라를 순시하여 백성을 살피며 교화를 베푼다.

정이는 "바람이 땅 위에 불어 만물에 두루 미치니 빠짐없이 보는 상이다. 그러므로 선왕은 이를 체득하여 사방을 순시하는 예로 하여 백성의 풍속을 살펴서 정교를 베푼다(風行地上, 周及庶物, 爲由歷周覽之象, 故先王體之爲省方之禮, 以觀民俗而設政敎也)"고 하였다.

初六. 童觀, 小人无咎, 君子吝.
처음 음효는 어리게 살피니, 소인은 허물이 없으나, 군자는 어렵다.

『석문』에 정현은 "'동童'은 어리다는 뜻의 치稚"라고 하였다. '동관童觀'은 어리게 살핀다는 뜻이며, 보는 것이 얕다는 말이다. '소인'은 백성을, '군자'는 최고 통치자를 가리키며, 넷째 음효의 '왕'이다. '인吝'은 어렵다는 뜻의 난難이다.

象曰 '初六童觀', '小人'道也.
'처음 음효가 어리게 본다'는 것은 '소인'의 (사물을 살피는) 방법이다.

「상」은 '소인'을 처음 음효에 비유하였다. 『역전』에서 '음'은 소인이다. 처음 음효는 음이고 아래에 처하여 있으니(효위), 소인이 어리게 보는 상이다(효상). '도道'는 방법이라는 뜻이다. '소인도小人道'는 소인이 사물을 살피는 방법이라는 말이다. 「상」은 효사의 '동관童觀'을, 어리게 살피는 것은 소인이 사물을 살피는 방법이라고 해석하였다. 소인은 어리게 살피므로 허물이 없으나, 나라를 이끌어 가는 군자가 어리게 살피면 어렵다는 말이다.

六二. 闚觀, 利女貞.
둘째 음효는 엿보니, 여자가 바르게 하여 이롭다.

'규闚'는 엿보다는 뜻의 규窺이다. '규관闚觀'은 문틈이나 구멍으로 엿보
는 것이다. 우번은 "훔쳐보는 것(竊觀稱闚)"이라고 하였다. '정貞'은 바르다
는 뜻의 정正이다.

象曰 '闚觀女貞', 亦可醜也.
'엿보니, 여자가 바르게 하여 이롭다'는 것은 또한 추한 일이라는 것이다.

'추醜'는 추하다는 뜻이다. 「상」은 효사의 '규관窺觀'을, 여자가 엿보는 것
은 바르게 하여 이롭다 해도 또한 추한 일이라고 해석하였다.

六三. 觀我生, 進退.
셋째 음효는 나의 백성을 살펴서, 나아가고 물러간다.

'관觀'은 살피다, 고찰하다는 뜻이다. 「상」은 다섯째 양효에서 효사의 '생
生'을 백성(民)으로 해석하였다. '진퇴進退'는 정령政令을 시행하고 시행하
지 않음을 말한다. '진進'은 정령을 시행하는 것을, '퇴退'는 정령을 시행하
지 않는 것을 말한다.

象曰 '觀我生進退', 未失道也.
'나의 백성을 살펴서, 나아가고 물러간다'는 것은 (살피는) 도를 잃지 않는

다는 것이다.

'도道'는 관도觀道, 즉 살피는 도이다. 고형과 진고응은 '정도'라고 하였는데, 이렇게 해석해도 통한다. 「상」은 효사의 '관아생진퇴觀我生進退'를, 나의 백성을 살펴서 나아가고 물러간다는 것은 살피는 도를 잃지 않는 것이라고 해석하였다. 즉 백성을 잘 살펴서 정령을 시행하고 시행하지 않는 것이 곧 살피는 도이며, 이것을 잃지 않는다는 말이다.

六四. 觀國之光, 利用賓于王.
넷째 음효는 나라의 찬란함을 살피고, 왕의 빈객이 되니 이롭다.

'국지광國之光'은 나라의 문물의 찬란함을 말한다. '빈賓'은 손님이라는 뜻의 객客이다.

象曰 '觀國之光', 尙 '賓'也.
① '나라의 찬란함을 살핀다'는 것은 왕의 빈객이 되기를 바란다는 것이다.
② '나라의 찬란함을 살핀다'는 것은 왕이 빈객을 숭상한다는 것이다.
③ '나라의 찬란함을 살핀다'는 것은 왕의 빈객이 된다는 것이다.

이 구절은 몇 가지로 해석할 수 있다. 첫째, 전통적인 해석이다. 왕필은 "지존에 가장 가까이 있어 나라의 빛을 보는 사람이다(最近至尊, 觀國之光者也)"고 하였는데, '관국지광'하는 것은 넷째 음효이고, '왕'은 다섯째 양효로 보았다. 공영달은 이를 따라 "지존의 도에 가까이 있어, 뜻은 왕의 빈객이 되기를 바라는 것이다(居近至尊之道, 志意慕尙爲王賓也)"라고 하였다. 뒷

사람들은 대개 이를 따랐다. 정이는 "'상'은 뜻이 바라는 것이다. 그 뜻은 왕조에 빈객이 되기를 원하고 생각하는 것이다(尙謂志尙, 其志意願慕賓于王朝也)"라고 하였고, 래지덕은 "'상'은 심지가 바라는 것이다. 그 뜻은 왕조에 빈객이 되기를 원하는 것이다(尙謂心志之所尙, 其志意願賓于王朝)"라고 하였다. 「상」의 효사의 '관국지광觀國之光'을, 나라의 찬란함을 살핀다는 것은 조정에 빈객이 되기를 바라는 것이라고 해석하였다. 둘째, 필자의 해석이다. '상尙'은 숭상하다는 뜻의 숭崇이다. '상빈尙賓'은 왕이 빈객을 숭상한다는 것이다. 「상」은 효사의 '관국지광'을, 제후가 왕의 조정에 가서 나라의 찬란함을 살피고 왕의 빈객이 되니, 왕이 빈객을 숭상하여 이롭다고 해석하였다. 셋째, 이부손李富孫의 『역경이문석易經異文釋 이二』에 "'상尙'은 경방과 육적이 상上으로 하였다. 경전에서 상尙과 상上 두 글자는 통용되었다(尙, 京陸績作上, 經典尙上二字通用)"고 하였다. '상尙'은 상上으로 읽으며, 효사의 '왕' 혹은 다섯째 양효를 가리킨다. '상빈尙賓'은 곧 상빈上賓이며, 제후가 왕의 빈객이 되는 것을 말한다. 「상」은 효사의 '관국지광觀國之光'을, 제후가 왕의 조정에 가서 나라의 찬란함을 살피고 왕의 빈객이 되는 것이라고 해석하였다. 고형, 굴만리, 진고응 등은 '상尙'을 상上으로 읽었다. 이러한 해석은 모두 통한다.

九五. 觀我生, 君子无咎.
다섯째 양효는 나의 백성을 살피니, 군자는 허물이 없다.

'생生'은 백성이다. 우번은 '생민生民'이라고 하였는데, 역시 백성이라는 뜻이다.

象曰 ‘觀我生’, 觀民也.
‘나의 백성을 살핀다’는 것은 백성을 살핀다는 것이다.

「상」은 ‘민民’으로 효사의 ‘생生’을 해석하였다. 효사의 ‘관아생觀我生’은
곧 백성을 살피는 것이라고 해석하였다.

上九. 觀其生, 君子无咎.
꼭대기 양효는 다른 나라의 백성을 살피니, 군자는 허물이 없다.

‘기其’는 저것 피彼와 같으며, 다른 나라를 가리킨다(고형). ‘생生’은 백성
이다.

象曰 ‘觀其生’, 志未平也.
‘다른 나라의 백성을 살핀다’는 것은 뜻이 (나의 백성과) 고르지 않는가를
살피는 것이다.

‘지志’는 다른 나라의 백성을 살피는 뜻이다. ‘평平’은 평평하다, 고르다
는 뜻의 균均이다. 「상」은 효사의 ‘관기생觀其生’을, 다른 나라의 백성을 살
피는 것은 살피는 뜻이 나의 백성과 서로 고르지 않는가를 살피는 데 있는
것이라고 해석하였다. 즉 다른 나라의 백성을 살피는 뜻은 나의 백성과 서
로 고르게 하기 위함이니, 군자는 허물이 없다는 말이다.

21. 서합噬嗑

噬嗑. 亨. 利用獄.

서합은 형통하다. 형벌을 사용하면 이롭다.

'서합噬嗑'은 괘명이며, 입 속에 음식물을 넣고 씹는다는 뜻이다. '형亨'은 형통하다는 뜻의 통通이다. '옥獄'은 형옥刑獄, 즉 형벌이다(우번, 이정조).

象曰 頤中有物, 曰噬嗑. 噬嗑而'亨', 剛柔分, 動而明, 雷電合而章. 柔得中而上行, 雖不當位, '利用獄'也.

입 속에 음식물이 있는 것이 서합이다. 서합(입 속에 음식물이 있어서)이 '형통하다'는 것은 강과 유가 교합하고, 움직여 밝으며, 우레와 번개가 합하여 선명하기 때문이다. 유가 가운데 자리를 얻어 위로 올라가니, 비록 합당한 자리는 아니나, '형벌을 사용하면 이롭다'는 것이다.

[頤中有物, 曰噬嗑.] 괘체를 가지고 괘명을 해석하였다. '이頤'는 턱이라는

뜻의 시頤이며, 곧 입을 가리킨다. '이중頤中'은 곧 구중口中이다. '물物'은 음식물이다. 「단」은 '서합'을 입 속에 음식물이 있는 것이라고 해석하였다. 「서괘」에 "볼 수 있는 이후에 합하는 바가 있으니, 그러므로 서합괘로 받는다. 합嗑은 합한다는 것이다(可觀而後有所合, 故受之以噬嗑. 嗑者, 合也)"라고 하였다. 왕필은 "'서'는 씹는다는 뜻의 설, '합'은 합한다는 뜻의 합(噬, 齧也. 嗑, 合也)"이라고 하였다. 이로 음식물을 씹는 것이 '서噬'이고, 입을 닫는 것이 '합嗑'이다. '서합噬嗑'은 곧 입 속에 음식물을 넣고 씹는 것이다. 정이는 "괘는 위아래가 두 강효이고 가운데는 유이므로, 밖은 강이나 가운데는 허하니, 사람의 입의 상이다. 가운데가 허한 속에 또 한 강효가 있으니 입 속에 음식물이 있는 상이다. 입 속에 음식물이 있으면 위아래가 떨어져 있어 입을 닫을 수 없으니, 반드시 씹어야 입을 닫을 수 있으므로 서합이다(卦, 上下二剛爻而中柔, 外剛中柔, 人頤口之象也. 中虛之中, 又一剛爻, 爲頤中有物之象. 口中有物, 則隔其上下, 不得嗑, 必齧之, 則得嗑, 故爲噬嗑)"라고 하였다.

[噬嗑而'亨'] 괘명과 괘사의 '형亨'을 들었다.

[剛柔分] 괘체를 가지고 괘사 '형'을 해석하였다. '강유분剛柔分'에 대해 몇 가지 해석이 있다. 첫째, 노씨는 "서합괘는 비괘否卦를 바탕으로 하였다. 비괘의 건의 다섯째 양효가 곤괘의 처음 음효의 자리로 나뉘어 내려왔고, 곤의 처음 음효가 건의 다섯째 양효의 자리로 나뉘어 올라갔다. 이것이 '강과 유가 나뉘어졌다'는 것이다(此本否卦. 乾之九五, 分降坤初. 坤之初六, 分升乾五. 是剛柔分也)"라고 하였다. 왕부지와 주준성이 이를 따랐다. 둘째, 왕필은 "강과 유가 나뉘어 움직이니, 어지럽지 않고 곧 밝다(剛柔分動, 不溷乃明)"고 하였는데, 공영달은 "'강유분'은 강인 진震이 아래에, 유인 리離가 위에 있어, 강과 유가 나뉘어졌다고 말한 것이다(剛柔分, 謂震剛在下, 離柔在上, 剛柔云分)"라고 하였다. 강은 아랫괘인 진震을, 유는 윗괘인 리離를 가리킨 것이라는 말이다. 래지덕, 굴만리가 이를 따랐다. 셋째, 정이는 "강효와 유효가 서로 떨어져 있어, 강과 유가 나뉘어져 서로 섞이지 아니하니, 밝게 분별되는 상이다(剛爻與柔爻相間, 剛柔分而不相雜, 爲明辨之象)"라 하였고,

주희 역시 "세 개의 음과 세 개의 양이 있어, 강유가 각각 반이다(三陰三陽, 剛柔中半)"라고 하였다. 진몽뢰, 상병화, 유백민, 진고응 등이 이를 따랐다. 이들의 해석은 모두 통한다. 우번은 "비괘否卦의 다섯째 양효가 곤괘의 처음 효로 가고, 곤괘의 처음 음효가 다섯째 효로 가서 강과 유가 교합하므로 '형통하다'는 것이다(否五之坤初, 坤初之五, 剛柔交, 故亨也)"라고 하였는데, '강유분剛柔分'을 '강유교剛柔交'라고 하였다. 고형은 다음과 같이 주장하였다. "'분分'은 당연히 '교交'로 해야 한다. 글자 모양이 비슷하여 잘못된 것이다. 『역전』의 예를 살펴보면, 양괘가 위에 있고 음괘가 아래에 있으면 '강유분剛柔分'이라고 하였다. 절괘節卦 「단」에 '강유가 나뉘어진다(剛柔分)'고 하였는데, 절괘는 윗괘가 감坎이고 아랫괘는 태兌이다. 감은 양괘이고 강이며, 태는 음괘이고 유이다. 그러므로 '강유분剛柔分'이라고 한 것이다. 양괘가 아래에 있고 음괘가 위에 있으면 '강유교剛柔交'라고 하였다. 태괘泰卦 「단」과 「상」에 '천지가 교합한다(天地交)'고 하였는데, 태괘는 아랫괘가 건乾이고 윗괘는 곤坤이다. 건은 하늘(天)이고 곤은 땅(地)이다. 그러므로 '천지교天地交'라고 한 것이다. 건은 양괘이고 강이며, 곤은 음괘이고 유이다. 그러므로 '천지교'는 '강유교'와 같다. 이것이 그 예이다. 서합괘는 아랫괘가 진震이고 윗괘는 리離이다. 진은 양괘이고 강이며, 리는 음괘이고 유이니, 당연히 '강유교剛柔交'라고 해야 하지 '강유분剛柔分'이라고 할 수 없는 것이 명백하다. 서합괘는 강이 아래에 있고 유가 위에 있으니, 이것이 '강과 유가 교합한다(剛柔交)'는 것이다." 고형의 주장이 맞다. '강유분'은 곧 괘사 '형'에 대한 해석이다. 강과 유가 서로 교합한다는 것은 입 속의 음식물을 강한 이와 부드러운 혀가 서로 작용하여 씹어 삼킨다는 말이다. 그래서 '서합이 형통하다'는 것이다.

[動而明] 괘덕을 가지고 괘사 '형'을 해석하였다. 서합괘는 아랫괘가 진震이고 윗괘는 리離이다. 진은 움직임(動)이고, 리는 밝음(明)이다. 그런즉 서합괘는 또 '움직여 밝은 것'이다.

[雷電合而章.] 괘상을 가지고 괘사 '형'을 해석하였다. '장章'은 뚜렷하다,

현저하다는 뜻의 창彰이다. 서합괘는 아랫괘가 진震이고 윗괘는 리離이다.
진은 우레(雷)이고, 리는 번개(電)이다. 그런즉 서합괘의 괘상은 또 '우레와
번개가 합하여 선명한 것'이다. 「단」은 괘사의 '형亨'을, 강과 유가 교합하
고, 움직여 밝으며, 우레와 번개가 합하여 선명하기 때문에 형통하다고 해
석하였다.

　[柔得中而上行] 이하 괘체를 가지고 괘사의 '이용옥利用獄'을 해석하였다.
'유득중이상행'에 대해 여러 가지 해석이 있다. 첫째, 후과는 "곤괘의 처음
음효가 건의 다섯째 양효의 자리로 올라간 것이다. 이것이 '유가 가운데 자
리를 얻어 위로 올라간다'는 것이다(坤之初六, 上升乾五, 是柔得中而上行)"라
고 하였다. 왕부지와 주준성이 이를 따랐다. 둘째, 왕필은 '유柔'는 다섯째
음효를 가리키며, '상행上行'은 앞으로 나아가는 것(所之在進也)이라고 하였
다. 공영달이 이를 따랐다. 셋째, 정이는 '유柔'는 다섯째 음효를 가리키며,
'상행上行'은 다섯째 음효가 존위에 처하는 것(居尊位)이라고 하였다. 넷째,
주희는 "익괘의 넷째 음효의 유가 위로 올라가 다섯째 자리에 이르러 그 가
운데를 얻은 것이다(本自益卦六四之柔, 上行以至於五而得其中)"라고 하였다.
다섯째, 래지덕은 "비괘賁卦의 아랫괘인 리離의 유가 가운데 자리를 얻어 위
로 올라가 서합괘의 윗괘에 거한다(以賁下卦離之柔, 得中上行, 而居于噬嗑之
上卦也)"고 하였다. 이것은 종괘로 해석한 것이다. 진몽뢰, 굴만리, 유백민
등이 이를 따랐다. 여섯째, 고형은 '유柔'는 둘째 음효와 다섯째 음효를 가리
키며, 이들은 위아래의 가운데 자리에 있다 하고, '상행上行'은 유가 둘째 효
에서부터 위로 올라가 셋째와 다섯째 효에 이르는 것이라고 하였다. 진고응
이 이를 따랐다. 이러한 해석은 모두 통한다. 필자는 고형의 해석을 따랐다.

　[雖不當位, '利用獄'也.] 둘째 음효의 유가 위로 올라가 셋째 음효와 다섯째
음효에 오르니, 두 음효는 양의 자리에 있는 것이므로, '합당한 자리가 아니
다(不當位)'고 한 것이다. 「단」은 괘사의 '이용옥利用獄'을, 유가 가운데 자
리를 얻었고, 그 세력이 위로 올라가는 것이며, 올라간 자리가 양의 자리여
서 비록 합당하지 않으나, 부드러움(柔)으로써 형벌을 사용하는 것이 이롭

다고 해석하였다.

象曰 雷電, 噬嗑. 先王以明罰勑法.
우레와 번개가 함께 일어나는 것이 서합괘의 상이다. 선왕은 이 괘상을 본
받아 형벌을 밝게 살펴 법령을 정리한다.

[雷電, 噬嗑.] 주희는 "'뇌전雷電'는 당연히 '전뢰電雷'로 해야 한다(雷電當
作電雷)"고 하였다. 「단」에서도 '뇌전합이장雷電合而章'이라고 하였다. 「단」
과 「상」은 괘상을 말하면서 먼저 윗괘를 말하고 이어서 아랫괘를 말하였다.
풍豐「상」에서도 '雷電皆至, 豐.'이라고 하였다. 서합괘는 아랫괘가 진震이고
윗괘는 리離이다. 진은 우레(雷)이고 리는 번개(電)이다. 그런즉 '우레와 번
개가 함께 일어나는 것'이 서합괘의 상이다.

[先王以明罰勑法.] '명明'은 밝게 살핀다(明察)는 뜻이다. '벌罰'은 형벌刑
罰이다. '칙勑'은 '칙勅'이며, 『석문』에 정현은 "다스리다는 뜻의 이理, 또 정
리하다는 뜻의 정整(鄭云 勑猶理也, 一云整也)"이라고 하였다. '법法'은 법령
이다. 번개와 우레가 함께 일어나니, 천하가 밝다. 선왕은 이 괘상을 보고
이를 본받아 형벌을 밝게 살펴 그 법령을 정리한다.

정이는 "번개는 밝고 우레는 위엄이 있다. 선왕은 우레와 번개의 상을 보
고 그 밝음과 위엄을 본받아 형벌을 밝게 하고 법령을 정비한다. 법이라는
것은 사리를 밝혀서 방비하는 것이다(電明而雷威. 先王觀雷電之象, 法其明與
威, 以明其刑罰, 飭其法令. 法者, 明事理而爲之防者也)"라고 하였다.

初九. 屨校滅趾, 无咎.
처음 양효는 족쇄를 끌며 발이 잘려나가나, 허물이 없다.

'구屨'는 끌다는 뜻의 예曳이다. '교校'는 나무로 만든 형구刑具를 가리키는 일반적인 이름이다. 목에 사용하는 것은 칼(枷), 손에 사용하는 것은 수갑(梏), 발에 사용하는 것을 족쇄(桎)라고 하는데, 이들을 통틀어 '교校'라고 한다(고형). 여기에서는 족쇄(桎)를 가리킨다. '멸滅'은 없애다는 뜻의 거去, 끊다는 뜻의 절絶이다. '지趾'는 발(足)이다(우번). 발이 잘려나가는 형벌을 '월형刖刑'이라고 하였다.

象曰 '屨校滅趾', 不行也.
'족쇄를 끌며 발이 잘려나간다'는 것은 다시 나쁜 일을 저지르지 않는다는 것이다.

'불행不行'은 다시 나쁜 일을 저지르지 않는다는 뜻이다. 「상」은 효사의 '구교멸지屨校滅趾'를, 족쇄를 끌며 발이 잘려나가나 허물이 없다는 것은 다시는 나쁜 일을 저지르지 않기 때문이라고 해석하였다. 「계사」 하·5장에 "공자께서 말씀하셨다. 소인은 인자하지 않음을 부끄럽게 여기지 아니하고, 의롭지 않음을 두렵게 여기지 아니하며, 이로움을 보지 않으면 힘쓰지 아니하고, 위엄이 아니면 징계할 수 없다. 작은 징계를 받고 큰 일을 경계하니, 이것은 소인의 복이다. 『역』에 이르기를 '족쇄를 끌며 발이 잘려나가나, 허물이 없다'고 한 것은 이것을 말한 것이다(子曰 小人不恥不仁, 不畏不義, 不見利不勸, 不威不懲, 小懲而大誡, 此小人之福也. 易曰 屨校滅趾, 无咎. 此之謂也)" 라고 하였다. 「계사」 역시 작은 징계를 받고 큰일을 경계하니, '다시 나쁜 일을 저지르지 않는다'고 해석하였다.

六二. 噬膚滅鼻, 无咎.
둘째 음효는 고기를 씹다가 코가 잘려나가나, 허물이 없다.

'서噬'는 씹다는 뜻의 설齧이다. '부膚'는 고기(肉)이다(고형). '멸滅'은
없어지다는 뜻의 몰沒이며(굴만리), 잘려나가다는 뜻이다(고형). 코가 잘려
나가는 형벌을 '의형劓刑'이라고 한다.

象曰 '噬膚滅鼻', 乘剛也.
'고기를 씹다가 코가 잘려 나간다'는 것은 유가 강을 탔기 때문이다.

'승강乘剛'은 유승강柔乘剛이다. 둘째 음효가 처음 양효를 타고 있는 것이
다. 둘째 음효는 음이고 유이며, 처음 양효는 양이고 강이다. 둘째 음효는
처음 양효의 위에 있으니(효위), 아랫사람이 윗사람을 범하고 있는 상이다
(효상). 「상」은 효사의 '서부멸비噬膚滅鼻'를, 고기를 씹다가 코가 잘려 나
가는 것은 유가 강을 탔기 때문이라고 해석하였다. 즉 아랫사람이 윗사람을
범하였기 때문에 고기를 씹다가 코가 잘려나간다는 말이다.

六三. 噬腊肉遇毒, 小吝, 无咎.
셋째 음효는 마른 고기를 씹다가 독을 만났으니, 조금 어려우나 허물이
없다.

'서噬'는 씹다는 뜻의 설齧이다. 『석문』에 "'석腊'은 마른 고기(乾肉)"라고
하였다. '독毒'은 나쁜 것(惡), 해로운 것(害) 등이다. 우번은 "화살 독(毒謂
矢毒也)"이라고 하였다. '인吝'은 어렵다는 뜻의 난難이다.

象曰 ‘遇毒’, 位不當也.
‘독을 만났다’는 것은 자리가 합당하지 않기 때문이다.

‘위부당位不當’은 셋째 음효는 음이면서 양의 자리에 있다는 것이며(효위), 처한 자리가 합당하지 않는 상이다(효상). 「상」은 효사의 ‘우독遇毒’을, 마른 고기를 씹다가 독을 만난 것은 셋째 음효의 자리가 합당하지 않기 때문이라고 해석하였다.

九四. 噬乾胏, 得金矢, 利艱貞吉.
넷째 양효는 뼈가 있는 마른 고기를 씹다가 금화살촉을 얻었으니, 어려움 속에서도 바르게 하여 이롭고 길하다.

‘서噬’는 씹다는 뜻의 설齧이다. 육적은 “고기에 뼈가 있는 것을 ‘자’라 한다(肉有骨, 謂之胏)”고 하였다. ‘시矢’는 화살촉이다. ‘간艱’은 어렵다는 뜻의 난難이다. ‘정貞’은 바르다는 뜻의 정正이다. ‘이간정길’은 어려움 속에서도 바르게 하여 이롭고 길하다는 뜻이다.

象曰 ‘利艱貞吉’, 未光也.
‘어려움 속에서도 바르게 하여 이롭고 길하다’는 것은 밝지 않다는 것이다.

「상」은 효사의 ‘이간정길利艱貞吉’을, 뼈가 있는 마른 고기를 씹다가 금화살촉을 얻었으니, 어려움 속에서도 바르게 하여 이롭고 길하나, 어려움으로 인해 밝지 않다고 해석하였다.

六五. 噬乾肉, 得黃金, 貞厲无咎.
다섯째 음효는 마른 고기를 씹다가 황금을 얻었으니, 바르게 해도 위태로
우나 허물이 없다.

'서噬'는 씹다는 뜻의 설齧이다. '여厲'는 위태롭다는 뜻의 위危이다.

象曰 '貞厲无咎', 得當也.
'바르게 해도 위태로우나 허물이 없다'는 것은 합당한 자리를 얻었기 때문
이다.

'득당得當'은 다섯째 음효가 윗괘의 가운데 자리에 있다는 것이며(효위),
합당한 자리에 처해 있는 상이다(효상). 다섯째 음효는 음이면서 양의 자리
에 있으므로 '득당'이라 할 수 없고, 가운데 자리에 있으므로 '재중在中' 혹
은 '이중以中' 혹은 '득중得中'이라고 해야 맞다. '득당'이라고 한 것은 위아
래 여섯 구절 '행行', '강剛', '당當', '광光', '당當', '명明'이 모두 운韻이기
때문이다. 「상」은 효사의 '정려무구貞厲无咎'를, 바르게 해도 위태로우나 허
물이 없는 것은 다섯째 음효가 합당한 (가운데) 자리를 얻었기 때문이라고
해석하였다.

上九. 何校滅耳, 凶.
꼭대기 양효는 형틀을 지고 귀가 잘려나가니, 흉하다.

'하何'는 하荷로 읽으며, 어깨에 지다는 뜻의 부負이다. '교校'는 칼(枷)이
라는 형구이다. '멸滅'은 잘려나가다는 뜻이다.

象曰 ‘何校滅耳’, 聰不明也.

‘형틀을 지고 귀가 잘려나간다’는 것은 듣는 것이 분명하지 않다는 것이다.

쾌괘夬卦 넷째 양효 「상」에도 “聞言不信, 聰不明也.”라고 하였다. ‘총聰’은 듣다는 뜻의 문聞, 청聽이며(공영달), 『석문』에 왕숙이 “‘총불명’은 듣는 것이 분명하지 않다는 말(言其聰之不明)”이라고 하였다. 「상」은 효사의 ‘하교멸이何校滅耳’를, 형틀을 지고 귀가 잘려나가니 분명하게 들을 수 없어 흉하다고 해석하였다. 「계사」 하·5장에 다음과 같이 말하였다. “공자께서 말씀하셨다. 선행을 쌓지 않으면 이름을 이루기에 부족하고, 악행을 쌓지 않으면 몸을 망치기에 부족하다. 소인은 조그마한 선행도 이로움이 없다고 여겨 하지 않고, 조그마한 악행도 해로울 것이 없다고 여겨 버리지 않는다. 그러므로 악행이 쌓이면 가릴 수 없고, 죄가 커지면 풀 수 없다. 『역』에 이르기를 ‘형틀을 지고 귀가 잘려나가니 흉하다’고 하였다(子曰 善不積, 不足以成名. 惡不積, 不足以滅身. 小人以小善爲无益而弗爲也, 以小惡爲无傷而弗去也, 故惡積而不可掩, 罪大而不可解. 易曰 何校滅耳, 凶)." 「계사」는 소인의 악행이 쌓이고 죄가 커져 형틀을 지고 귀가 잘려나가니 흉하다고 해석하였는데, 「상」의 해석과는 아주 다르다.

22. 비賁

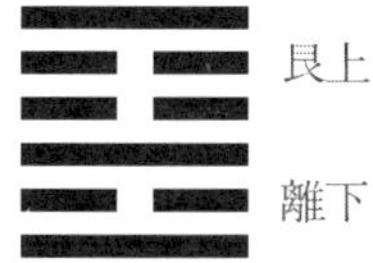

賁. 亨. 小利有攸往.

비는 형통하다. 갈 곳이 있으면 조금 이롭다.

'비賁'는 괘명이며, 꾸미다는 뜻의 식飾이다. '형亨'은 형통하다는 뜻의 통通이다. '유攸'는 곳이라는 뜻의 소所이다.

象曰 賁'亨', 柔來而文剛, 故'亨'. 分剛上而文柔, 故'小利有攸往'. (剛柔交錯), 天文也. 文明以止, 人文也. 觀乎天文, 以察時變. 觀乎人文, 以化成天下.

비가 '형통하다'는 것은 유가 와서 강을 꾸미므로, '형통하다'는 것이다. 강이 위에서 유를 꾸미므로, '갈 곳이 있으면 조금 이롭다'는 것이다. (강유가 서로 뒤섞이는 것은) 하늘이 꾸미는 것이요, 문명하여 멈추는 것은 사람이 꾸미는 것이다. 하늘이 꾸미는 것을 보고 사계절이 바뀌는 변화를 살피고, 사람이 꾸미는 것을 보고 천하의 사람을 교화하여 이룬다.

[賁] 괘명이다. 「서괘」에 "사물은 아무렇게나 합할 수 없을 뿐이니, 그러므로 비괘로 받는다. 비는 꾸민다는 것이다(物不可以苟合而已, 故受之以賁. 賁, 飾也)"라 하였고, 「잡괘」에 "비는 색이 없는 것(賁, 无色)"이라고 하였다. 색이 없는 것은 바탕이며, 곧 바탕으로 꾸민다는 뜻이다. 『설문』에 "'비'는 꾸미다는 뜻의 식飾이다. 패貝와 분奔의 성음으로 되어 있다(賁, 飾也, 从貝奔聲)"고 하였다. 『석문』에 "부씨가 말하기를, '비賁는 옛 반斑자이다. 무늬가 빛나는 모양이다'고 하였고, 정현이 말하기를 '변하다는 뜻의 변變이며, 꾸미는 모양이다'(傳氏云 '賁, 古斑字, 文章貌.' 鄭云 '變也, 文飾之貌.')"고 하였다. 비는 꾸미다는 뜻이다. 정이는 "괘는 산 아래에 불이 있다. 산은 초목과 만물이 모이는 곳이고, 아래에 불이 있으면 곧 그 위를 밝게 비추어 초목과 만물이 모두 그 광채를 입으니, 꾸미는 상이 있다. 그러므로 비이다(爲卦, 山下有火. 山者, 草木百物之所聚也, 下有火, 則照見其上, 草木品彙皆被其光采, 有賁飾之象, 故爲賁也)"라고 하였다. 「단」은 '비賁'를 꾸미다는 뜻의 문文으로 읽었고, 「상」 역시 꾸미다는 뜻으로 해석하였다.

[賁 '亨', 柔來而文剛, 故 '亨'.] 이하 괘체로 괘사를 해석하였다. '문文'은 꾸미다는 뜻의 식飾이다. '유래이문강'에 대해 여러 가지 해석이 있다. 첫째, 순상은 "비괘는 태괘를 바탕으로 하였다. 태괘의 음이 위에서 와서 건의 가운데 자리에 있는 것이다(此本泰卦, 謂陰從上來, 居乾之中)"라고 하였다. 즉 비괘는 태괘가 변하여 된 것인데, 태괘의 둘째 양효와 꼭대기 음효가 서로 자리를 바꾸어 비괘가 되었다는 것이다. 둘째, 왕필은 "곤의 꼭대기 음효가 둘째 자리에 와서 있는 것이 '유래문강'의 뜻이다(坤之上六來居二位, 柔來文剛之義也)."고 하였다. 공영달이 이를 따랐고, 정이도 이와 같이 해석하였다. 정이는 "아랫괘는 본래 건인데, 유가 와서 그 가운데를 꾸미니 리離가 되었다(下體本乾, 柔來文其中而爲離)"고 하였다. 셋째, 주희는 "괘는 손괘에서 온 것은, 유가 손괘 셋째 음효에서 와서 비괘 둘째 음효를 꾸미고, 강은 손괘 둘째 양효에서 위로 가서 비괘 셋째 양효를 꾸민다. 기제괘에서 온 것은, 유가 기제괘 꼭대기 음효에서 와서 비괘 다섯째 음효를 꾸미고, 강은 기제괘

다섯째 양효에서 위로 가서 비괘 꼭대기 음효를 꾸민다(卦自損來者, 柔自三來文二, 剛自二上而文三. 自旣濟而來者, 柔自上來而文五, 剛自五上而文上)"고 하였다. 즉 손괘의 셋째 음효와 둘째 양효가 자리를 바꾸어 비괘의 아랫괘가 되었고, 기제괘의 꼭대기 음효와 다섯째 양효가 자리를 바꾸어 비괘의 윗괘가 되었다는 것이다. 넷째, 래지덕은 "서합괘의 윗괘의 유가 괘의 둘째 음효로 와서 강을 꾸민다. 유는 리의 음괘를 가리키고, 강은 간의 양괘이다(噬嗑卦之柔, 來文賁之剛也. 柔指離之陰卦, 剛則艮之陽卦也)"라고 하였다. 다섯째, 고형은 "비의 아랫괘는 리離이고 윗괘는 간艮이다. 리는 음괘이고 유이며 또 꾸미다는 문文이다. 간은 양괘이고 강이다. 그런즉 비의 괘상은 '유가 와서 강을 꾸미는 것(柔來而文剛)'이다"라고 하였다. 여섯째, 진고응은 "비의 아랫괘는 리이고, 리의 둘째 음효는 본래 곤의 유효가 아래로 와서 건괘 강을 꾸미는 것이다"라고 하였다. 이러한 해석은 모두 통하나, 고형의 해석이 비교적 「단」의 본뜻과 부합한다. 「단」은 괘사의 '형亨'을, 유가 와서 강을 꾸미므로 형통하다고 해석하였다.

[分剛上而文柔, 故 '小利有攸往'.] '분分'은 잘못 들어간 글자이다. '분分'이 없어야 앞 구절 '유래이문강'과 서로 짝이 된다. 고형은 "'분分'은 강유가 나뉘는 것을 말하니, 위의 구절을 이어 썼으므로 '강유' 두 글자를 생략하였다. 비괘는 양괘인 간이 위에 있고, 음괘인 리가 아래에 있으니, 이것이 강과 유가 '나뉜다(分)'는 것이다"라고 하였다. '강상이문유'에 대한 해석도 앞에서 말한 것과 같이 여러 가지이다. 왕필은 태괘의 윗괘인 곤의 꼭대기 음효가 변하여 아랫괘인 건의 둘째 양효의 자리에 이른 것이라 하였고, 정이도 "윗괘는 본래 곤인데 강이 가서 그 꼭대기를 꾸미니 간艮이 되었다(上體本坤, 剛往文其上而爲艮)"고 하였다. 주희는 앞에서 인용한 구절 그대로이다. 래지덕은 역시 종괘로 해석하였다. "서합괘의 아랫괘의 강이 위로 올라가 간이 되어 유를 꾸민다. 강은 진의 양괘를 가리키고, 유는 리의 음괘이다(噬嗑下卦之剛, 上而爲艮, 以文柔也. 剛指震之陽卦, 柔則離之陰卦也)"라고 하였다. 고형은 "윗괘인 간은 산(山)이고, 산은 초목으로 꾸밈(文)이 있다. 아랫

괘인 리 또한 꾸미는 것(文)이다. 그런즉 비의 괘상은 또 '강이 위에서 유를 꾸미는 것(剛上而文柔)'이다'라고 하였다. 진고응은 "비의 윗괘는 간이고, 간의 꼭대기 양효는 본래 건의 양효가 앞으로 가서 곤괘 유를 꾸미는 것이다"라고 하였다. 「단」은 괘사의 '소리유유왕小利有攸往'을, 강이 위에서 유를 꾸미므로 갈 곳이 있으면 조금 이롭다고 해석하였다.

[(剛柔交錯), 天文也.] 이하 괘의를 말하였다. '천문야' 앞에 '강유교착剛柔交錯' 네 글자가 있어야 한다. 왕필, 공영달, 주희 등은 모두 '강유교착' 네 글자가 있다고 여겼다. 왕필은 "강유가 서로 뒤섞여 문채를 이루니 하늘이 꾸미는 것이다(剛柔交錯而成文焉, 天之文也)"라 하였고, 공영달은 "강유가 서로 뒤섞여 문채를 이루는 것은 하늘이 꾸미는 것이다(剛柔交錯成文, 是天文也)"라고 하였다. '강유교착'은 음양강유가 번갈아 운행하며 뒤섞인다는 뜻이다. '천문天文'은 곧 하늘이 꾸미는 것이다. 음양강유가 서로 뒤섞여 자연계의 천만 가지 물상을 만들어 내는 것이 바로 하늘이 꾸미는 것이라는 말이다.

[文明而止, 人文也.] 비괘는 아랫괘가 리離이고 윗괘는 간艮이다. 리는 문명文明이고 간은 멈춤(止)이다. 그런즉 비괘는 또 '문명하여 멈추는 것'이다. '인문人文'은 사람이 꾸미는 것이다. 사회의 예의 제도 등은 사람이 만들어 낸 것이다. 문명하여 멈추어 사회의 예의 제도 등을 만들어 내는 것이 바로 사람이 꾸미는 것이라는 말이다.

[觀乎天文, 以察時變. 觀乎人文, 以化成天下.] '시時'는 사시四時, 즉 사계절이다. '화化'는 교화 혹은 화육化育이다. 하늘이 꾸미는 것(天文)은 '강유교착'이고, 사람이 꾸미는 것(人文)은 '문명이지'이다. 하늘이 꾸미는 것을 보고 사계절이 바뀌는 변화를 살피고, 사람이 꾸미는 것을 보고 천하의 사람을 교화하여 이룬다는 말이다.

象曰 山下有火, 賁. 君子以明庶政, 无敢折獄.
산 아래에 불이 있는 것이 비괘의 상이다. 군자는 이 괘상을 본받아 온갖
정사를 살피고, 함부로 송사를 판결하지 아니한다.

[山下有火, 賁.] 비괘는 윗괘가 간艮이고 아랫괘는 리離이다. 간은 산(山)이
고 리는 불(火)이다. 그런즉 '산 아래에 불이 있는 것'이 비괘의 상이다.

[君子以明庶政, 无敢折獄.] '명明'은 살피다는 뜻의 찰察이다. '서庶'는 여럿
이라는 뜻의 중衆이다. '정政'은 정사이다. '서정庶政'은 온갖 정사를 말한
다. '절折'은 『석문』에 정현이 "판단하다는 뜻의 단斷"이라고 하였다. '절옥
折獄'은 송사를 판결하는 것이다. 『논어』 「안연」에 "한마디로써 송사를 판결
할 수 있는 사람은 자로일 것이다(片言可以折獄者, 其由也與)"라고 하였다.
산 아래에 불이 있으니, 산이 꾸미는 것은 밝다. 군자는 이 괘상을 보고 이
를 본받아 온갖 정사를 밝게 살피고, 감히 송사를 가볍게 판결하지 않는다.

初九. 賁其趾, 舍車而徒.
처음 양효는 그 발을 꾸미니, 수레를 버리고 걸어서 간다.

'비賁'은 꾸미다는 뜻의 식飾이다. '지趾'는 발(足)이다(우번). '비기지賁
其趾'는 발에 꽃신 등을 신고 발을 꾸민 것이다. '사舍'는 버리다는 뜻의 사
捨로 읽는다. '도徒'는 걸어가는 것(步行)이다(우번).

象曰 '舍車以徒', 義弗乘也.
'수레를 버리고 걸어서 간다'는 것은 마땅히 수레를 타지 않는다는 것이다.

'의義'는 마땅하다는 뜻의 의宜로 읽는다. '불弗'은 불不이다. 「상」은 효사의 '사거이도舍車以徒'를, 수레를 버리고 걸어서 간다는 것은 그 발을 꾸몄으므로 마땅히 수레를 타지 않는 것이라고 해석하였다.

六二. 賁其須.
둘째 음효는 그 수염을 꾸민다.

'비賁'는 꾸미다는 뜻의 식飾이다. '수須'는 수鬚로 읽으며, 턱수염이라는 뜻이다.

象曰 '賁其須', 與上興也.
'그 수염을 꾸민다'는 것은 위를 따라 흥한다는 것이다.

'여與'는 따르다는 뜻의 종從이다. '상上'은 셋째 양효를 가리킨다. '흥興'은 흥하다는 뜻이다. '여상흥與上興'은 아래에 있는 둘째 음효가 위에 있는 셋째 양효를 따라 흥한다는 말이다. 수염은 입 아래에 있어 입이 움직이면 수염도 따라 움직인다. 둘째 음효는 가운데(中)와 바른(正) 자리를 얻었으나(효위) 셋째 양효 아래에 있으니 이를 따라 흥하는 상이다(효상). 「상」은 효사의 '비기수賁其須'를, 그 수염을 꾸민다는 것은 둘째 음효가 셋째 양효를 따라 흥하는 것이라고 해석하였다.

九三. 賁如濡如, 永貞吉.
셋째 양효는 화려하게 꾸미고 땀에 젖었다. 영원히 바르게 하면 길하다.

‘비여賁如’는 화려하게 꾸민 모양이다. ‘유濡’는 젖다는 뜻의 점霑이다. 땀에 젖은 것이다. ‘정貞’은 바르다는 뜻의 정正이다. ‘영정永貞’은 영원히 바르게 한다는 뜻이다.

象曰 ‘永貞’之 ‘吉’, 終莫之陵也.
‘영원히 바르게 하면 길하다’는 것은 끝내 아무도 업신여기지 않는다는 것이다.

‘능陵’은 업신여기다는 뜻의 능凌이다. 왕필, 공영달이 이렇게 읽었다. 「상」은 효사의 ‘영정길永貞吉’을, 영원히 바르게 하면 끝내 아무도 업신여기지 않으므로 길하다고 해석하였다.

六四. 賁如皤如, 白馬翰如, 匪寇婚媾.
넷째 음효는 화려하게 꾸미고 (수염이) 새하얗고, 백마는 나는 듯 달린다. 도적이 아니라 혼인하는 것이다.

‘파皤’는 희다는 뜻의 백白이다. ‘파여皤如’는 새하얀 모양이다. ‘한翰’은 날개라는 뜻의 우羽, 날다는 뜻의 비飛이며, 말이 나는 듯 달리는 것을 가리킨다. ‘비匪’는 비非로 읽는다. ‘혼구婚媾’는 혼인婚姻과 같다.

象曰 ‘六四’, 當位疑也. ‘匪寇婚媾’, 終无尤也.
‘넷째 음효’는 합당한 자리이나 (도적이 아닌가) 의심하는 것이다. ‘도적이 아니라 혼인하는 것이다’ 하는 것은 끝내 허물이 없다는 것이다.

'당위當位'는 넷째 음효는 음이 음의 자리에 있다는 것이며(효위), 합당한 자리에 처해 있는 상이다(효상). '의疑'는 의심하는 것이다. '우尤'는 허물 구咎와 같다. 「상」은 효사를, 넷째 음효는 합당한 자리에 있으나 한 무리가 말을 타고 있으니 도적이 아닌가 의심하는 것이라고 해석하였다. '비구혼구 匪寇婚媾'는 도적이 아니라 혼인하는 사람임이 밝혀졌으니, 끝내 허물이 없 다고 해석하였다.

六五. 賁于丘園, 束帛戔戔, 吝, 終吉.
다섯째 음효는 사는 집을 꾸미나, 폐백이 보잘것없으니, 어려우나 마침내 길하다.

'구원丘園'은 신부가 거주하는 집이다. '비우구원賁于丘園'은 폐백을 받아 들이는 날에 신부 쪽에서 그 집을 아름답게 꾸미는 것을 말한다. '속束'은 『석문』에 자하전은 "비단 다섯 필이 속이다(五匹爲束)"라고 하였다. '백帛' 은 비단이다. '속백束帛'은 비단 다섯 필을 묶은 것이며, 신랑이 신부에게 보 내는 폐백이다. 옛날 한 속백의 길이는 2백 자(尺)였다(고형). '전전戔戔'은 얼마 되지 않는 모양이다. '인吝'은 어렵다는 뜻의 난難이다. 신랑 쪽에서 신 부 집으로 폐백을 보내는 것을 납징納徵이라고 하였다.

象曰 '六五'之'吉', 有喜也.
'다섯째 음효가 길한 것은' (혼인의) 기쁨이 있기 때문이다.

'유희有喜'는 혼인의 기쁨을 가리킨다. 「상」은 다섯째 음효가 길한 것은 혼인의 기쁨이 있기 때문이라고 해석하였다.

上九. 白賁, 无咎.
꼭대기 양효는 하얗게 꾸미니, 허물이 없다.

'백비白賁'는 흰색으로 아름답게 꾸미는 것이며, 신부가 얼굴에 흰 분을 발라 예쁘게 꾸민 것을 나타낸 것이다.

象曰 '白賁无咎', 上得志也.
'하얗게 꾸미니, 허물이 없다'는 것은 꼭대기 효가 뜻을 얻었다는 것이다.

'상上'은 꼭대기 양효를 가리키며, 한 괘의 꼭대기에 있어(효위) 뜻을 얻은 상이다(효상). '득지得志'는 혼사가 뜻대로 이루어졌음을 말한다. 「상」은 효사의 '백비무구白賁无咎'를, 하얗게 꾸미니 허물이 없다는 것은 꼭대기 양효가 자신의 뜻대로 혼사가 이루어진 것이라고 해석하였다.

23. 박剝

剝. 不利有攸往.

박은 갈 곳이 있으면 이롭지 않다.

'박剝'은 괘명이며, 떨어져나가다는 뜻이다.

象曰 剝, 剝也, 柔變剛也. '不利有攸往', 小人長也. 順而止之, 觀象也. 君子尚消息盈虛, 天行也.

박은 떨어져나가는 것이니, 유가 강을 변하게 하는 것이다. '갈 곳이 있으면 이롭지 않다'는 것은 소인이 자라나기 때문이다. 유순하여 멈추는 것은 (박괘의) 상을 살피는 것이다. 군자는 사라지고 자라나며 가득하고 비는 것을 중시하니, 하늘의 운행이다.

[剝] 괘명이다. 『설문』에 "'박'은 찢다는 뜻의 열이다. 도刀와 녹彔의 성음 으로 되어 있다(剝, 裂也, 从刀, 彔聲)"고 하였다. '박'의 본뜻은 칼로 물건을

자르는 것이다.『석문』에 마융은 "'박'은 떨어지다는 뜻의 낙(剝, 落也)"이라고 하였는데, 곧 파생된 뜻이다.「서괘」에 "꾸밈을 다한 연후에 아름다움은 다하니, 그러므로 박괘로 받는다. 박은 떨어진다는 것이다(致飾然後, 亨則盡矣, 故受之以剝. 剝者, 剝也)"라고 하였다.「단」과「상」역시 이 뜻으로 새겼다. 정이는 "괘는 다섯 음에 한 개의 양이다. 음이 아래에서 처음 생겨나 점차 자라나서 극성한 데에 이르니, 여러 음이 양을 떨쳐내므로 박이다(卦, 五陰而一陽, 陰始自下生, 漸長至于盛極, 羣陰消剝於陽, 故爲剝也)"고 하였다.

[剝, 剝也, 柔變剛也.] 괘체를 가지고 괘명을 해석하였다. 앞의 '박'은 괘명이고, 뒤의 '박'은 괘명을 설명한 것이다. '박'은 떨어져나가다는 뜻이라는 말이다. '유柔'는 아래의 다섯 음효를 가리킨다. '변變'은 변하게 하는 것이다. '강剛'은 꼭대기의 한 양효를 가리킨다. 박괘는 아래의 다섯 음효가 세력이 매우 강성하여 꼭대기의 미약한 한 양효를 떨쳐내고 있다. 꼭대기의 한 양효는 장차 떨어져나가는 상이니, 유가 강을 변하게 하기에 충분하므로 '유변강'이라고 하였다. 자연계로 말하면 음기가 성하나 양기는 미약하다. 음기가 양기를 압도하면 만물은 시들어 떨어진다. 인간계로 말하면 소인의 세력은 강하나 군자의 세력은 약하다. 소인의 세력이 군자의 세력을 압도하면 나라는 무너진다. 박의 괘상은 유가 강을 변하게 하는 것이니, 강은 장차 떨어져나간다. 그래서 괘명이 '박剝'이다.

['不利有攸往', 小人長也.] 괘체를 가지고 괘사를 해석하였다. '소인'은 다섯 음을 가리킨다. '장長'은 자라난다는 뜻이다.「단」은 괘사를, 다섯 음이 더불어 자라나고, 소인의 무리들의 세력이 자라나니, 소인이 득세할 때 갈 곳이 있으면 이롭지 않다고 해석하였다.

[順而止之, 觀象也.] 괘덕으로 괘의를 해석하였다. '관상觀象'은 곧 관박괘지상觀剝卦之象이다.「단」은 괘덕을 또 괘상이라고도 하였다. 박괘는 아랫괘가 곤坤이고 윗괘는 간艮이다. 곤은 유순함(順)이고 간은 멈춤(止)이다. 그런즉 박괘는 '유순하여 멈춘다'는 것이며, 소인의 세가 홍성하고 군자의 세가 미약할 때, 군자는 당연히 박괘의 상을 살펴, 형세에 순응하여 멈추어 나

아가지 않는다는 말이다. '관상'은 곧 박괘의 상을 살피는 것이니, 곧 유순하여 멈추는 상을 살피는 것이다.

[君子尙消息盈虛, 天行也.] '상尙'은 귀히 여기다, 중시하다는 뜻이다. '소消'는 사라지는 것이고, '식息'은 장長과 같으며 자라나는 것이다. '영盈'은 가득한 것이고, '허虛'는 빈 것이다. '천행天行'은 천도, 즉 하늘의 운행이며, 천도 운행의 규율, 자연의 이법이다. 천지 만물에는 사라지고(消) 자라나고(息) 가득하고(盈) 비는(虛) 자연 규율이 있으니, 군자와 소인의 세력 또한 소식영허의 규율이 있는 것이다. 군자가 소식영허를 중시하여, 소인이 득세하고 군자가 미약할 때, 형세에 순응하여 멈추어 나아가지 않는 것은 곧 천도, 즉 하늘의 운행에 부합한다는 말이다. '소식영허', '천행'은 모두 『장자』의 용어이다.

象曰 山附於地, 剝. 上以厚下安宅.
산이 땅에 붙어 있는 것이 박괘의 상이다. 윗사람은 이 괘상을 본받아 아랫사람을 후하게 대하며 편안히 거한다.

[山附於地, 剝.] '부附'는 붙는다는 뜻이다. 박괘는 윗괘가 간艮이고 아랫괘는 곤坤이다. 간은 산(山)이고 곤은 땅(地)이다. 그런즉 '산이 땅에 붙어 있는 것'이 박괘의 상이다.

[上以厚下安宅.] '상上'은 위에 있는 군자를 가리키고, '하下'는 아래에 있는 백성을 가리킨다. '택宅'은 거하다는 뜻의 거居이다(노씨). 산이 땅에 붙어 있으니, 아래의 다섯 음에 의해 산의 밑 부분이 떨어져나가고 있다. 공영달은 "산은 본래 높은 것이나, 지금 땅에 붙어 있으니, 곧 떨어져나가는 상이다. 그래서 '산이 땅에 붙어 있으니, 떨어져나가는 것이다'라고 말하였다(山本高峻, 今附於地, 卽是剝落之象, 故云山附於地剝也)"고 하였다. 그러나 땅이 두터우면 산은 편안히 붙어 있고, 백성에게 베풀면 윗사람은 편안하다.

윗사람은 이 괘상을 보고 이를 본받아 아랫사람을 후히 대하며 편안히 거한다. 이렇게 하면 떨어져나가는 것을 면할 수 있다.

정이는 "아랫사람은 윗사람의 근본이다. 근본이 단단하면서 떨어져나가는 것은 없다. 그러므로 윗사람이 떨어져나가는 것은 반드시 아랫사람으로부터이니, 아랫사람이 떨어져나가면 윗사람은 위험해진다. 위에 있는 사람은 이치가 이러함을 알고, 백성을 편안히 길러 그 근본을 두터이 하는 것이 곧 그 거함을 편안히 하는 것이다. 『서경』에 '백성은 나라의 근본이다. 근본이 단단해야 나라가 편안하다'고 말하였다(下者, 上之本. 未有基本固而能剝者也. 故上之剝必自下, 下剝則上危矣. 爲人上者知理之如是, 則安養人民以厚其本, 乃所以安其居也. 書曰 '民惟邦本, 本固邦寧.')"고 하였다.

初六. 剝牀以足, 蔑貞, 凶.
처음 음효는 침상의 다리가 떨어져나가니, 바름을 없애버려 흉하다.

'박剝'은 떨어져나가다는 뜻이다. '상牀'에 대해 왕필은 "사람이 편안한 곳(人之所以安者)"이라고 하였는데, 침상을 가리킨다. 또 '박상이족剝牀以足'은 '삭상지족削牀之足'과 같다고 하였는데, '이以'를 '지之'로 읽은 것이다. '멸蔑'은 없다는 뜻의 무无(우번), 없어지다는 뜻의 멸滅(노씨)이다. 옛날에는 멸蔑과 멸滅은 통용되었다. '정貞'은 바르다는 뜻의 정正이다. '멸정흉蔑貞凶'에 대해 왕필은 "바른 것이 떨어져나가니 흉함이 오는 것(正削而凶來也)"이라고 하였다.

象曰 '剝牀以足', 以滅下也.
'침상의 다리가 떨어져나간다'는 것은 침상의 다리를 없앤다는 것이다.

‘하下’는 침상의 다리를 가리킨다. 「상」은 ‘멸滅’을 가지고 효사의 ‘멸蔑’
을, ‘하下’를 가지고 ‘족足’을 해석하였다. 효사의 ‘박상이족剝牀以足’은 침
상의 다리가 떨어져나간다는 것은 침상의 다리를 없애는 것이니, 흉하다고
해석하였다. 공영달은 “‘박상이족’의 뜻은 침상은 사람 아래에 있고, 다리는
또 침상 아래에 있다. 지금 침상의 다리가 떨어져나갔으니, 이것은 아래에
서 다 없어졌다는 것이다(剝牀以足之義, 牀在人下, 足又在牀下. 今剝牀之足,
是盡滅於下也)”라고 하였다.

六二. 剝牀以辨, 蔑貞, 凶.
둘째 음효는 침상의 장부가 떨어져나가니, 바름을 없애버려 흉하다.

‘박剝’은 떨어져나가다는 뜻이다. ‘이以’는 지之와 같다. ‘변辨’에 대해, 정
현은 “침상의 다리 위(足上稱辨)”라고 하였는데, 왕필도 “침상의 다리 위(足
之上也)”라고 하였다. 공영달은 “침상 몸체의 아래, 다리의 위를 말하며, 다
리와 몸체가 구분되는 곳이다(辨謂牀身之下, 牀足之上. 足與牀身分辨之處也)”
고 하였다. ‘변’은 침상의 몸체와 다리가 연결되는 부분이며, 우리말에서
‘장부’이다. 최경은 ‘상폐牀椑(침상의 마름쇠)’라고 하였다. 고형은 ‘변辨’
을 판이라는 뜻의 ‘편牑’으로 읽고, “침상의 판이 떨어져나갔다”고 해석하였
다. ‘멸蔑’은 없다는 뜻의 무无, 없어지다는 뜻의 멸滅이다. ‘정貞’은 바르다
는 뜻의 정正이다.

象曰 ‘剝牀以辨’, 未有與也.
‘침상의 장부가 떨어져나간다’는 것은 함께 하는 것이 없다는 것이다.

‘여與’는 함께, 더불어라는 뜻의 공共이다. 「상」은 효사의 ‘박상이변剝牀

以辨'을, 침상의 장부가 떨어져나가니 몸체와 다리가 함께 하는 것이 없어
흉하다고 해석하였다. 최경은 "셋째 음효에 이르면 꼭대기 양효와 응하므로
둘째 음효는 함께하는 것이 없다는 말이다(言至三則應, 故二未有與也)"고 하
였다.

六三. 剝之, 无咎.
셋째 음효는 침상의 몸체와 다리가 떨어져나가나, 허물이 없다.

'박剝'은 떨어져나가다는 뜻이다. '박지'는 침상의 몸체와 다리가 떨어져
나갔다는 말이다. 순상은 "뭇 음이 모두 양을 떨쳐내는데, 셋째 음효 홀로
꼭대기 양과 응하고 있으니, 떨쳐낼 의도가 없는 것이다. 그래서 허물이 없
는 것이다(衆皆剝陽, 三獨應上, 无剝害意, 是以无咎)"라고 하였다.

象曰 '剝之无咎', 失上下也.
'침상의 몸체와 다리가 떨어져나가나, 허물이 없다'는 것은 위아래를 잃었
다는 것이다.

'상'은 침상의 몸체를, '하'는 다리를 가리킨다. 「상」은 효사의 '박지무구
剝之无咎'를, 침상의 몸체와 다리가 떨어져나가나 허물이 없다는 것은 침상
의 몸체와 다리를 잃었다는 것이라고 해석하였다. 또 '상하'는 셋째 음효의
위아래 네 음효를 가리킨다. 셋째 음효는 홀로 꼭대기 양효와 응하고 있으
니 위아래 네 음효와 서로 어긋나서 위아래를 잃었다는 것이다. 「상」은 효사
의 '박지무구剝之无咎'를, 침상의 몸체와 다리가 떨어져나가나 허물이 없다
는 것은 셋째 음효가 홀로 꼭대기 양효와 응하여 위아래의 네 음효를 잃었
기 때문이라고 해석하였다. 두 가지 해석은 모두 통한다.

六四. 剝牀以膚, 凶.

넷째 음효는 침상의 자리가 떨어져나가니, 흉하다.

'박剝'은 떨어져나가다는 뜻이다. '이以'는 '지之'와 같다. '부膚'는 자리
라는 뜻의 석席이다. 최경은 "침상의 자리를 짚방석이라고 하며, 짐승에게
모피가 있는 것과 같다(牀之膚謂薦席, 若獸之有皮毛也)"고 하였다. 침상에 자
리가 있는 것은 짐승에게 가죽껍질이 있는 것과 같으니, 침상의 자리를 '부
膚'라고 칭하였다는 말이다.

象曰 '剝牀以膚', 切近災也.

'침상의 자리가 떨어져나간다'는 것은 재앙에 가깝다는 것이다.

'절근切近'은 아주 가깝다는 뜻이다. '재災'는 재앙이다. 「상」은 '재災'를
가지고 효사의 '흉凶'을 해석하였다. 효사의 '박상이부剝牀以膚'는 침상의
자리가 떨어져나가면 침상은 사용할 수 없으므로 재앙에 가깝다고 해석하
였다. 왕필은 "넷째 음효에 이르러, 박도는 점차 자라나, 침상은 이제 다 떨
어져나가 사람의 몸에 미친다(至四, 剝道浸長, 床旣剝盡, 以及人身)"고 하여
효사의 '재災'를 설명하였다.

六五. 貫魚以宮人寵, 无不利.

다섯째 음효는 고기를 꿴 것처럼 궁인들을 총애하면, 이롭지 않음이 없다.

'관貫'은 『석문』에 "꿰다, 뚫다는 뜻의 천穿"이라고 하였다. '관어貫魚'는
끈으로 물고기를 뚫어 차례대로 꿴 것이며, 차례에 비유한 것이다. '이以'는

같다는 뜻의 사似로 읽는다(굴만리). '궁인宮人'은 궁중의 왕비나 후궁을 말한다. '총寵'은 사랑하다는 뜻의 애愛이다. 하안은 "무릇 박괘는 아래의 다섯 음이 서로 이웃하여, 머리를 나란히 하여 순서대로 있는 것이 물고기를 차례대로 꿰어 맨 것과 같다. 물고기는 음에 속하고 여러 음에 비유한 것이다. 궁인이라는 것은 왕비와 후궁이니, 각각 순서가 있어 서로 어지럽혀서는 안 된다. 이것이 곧 귀천에 질서가 있고 총애에 순서가 있다는 것이다(夫剝之爲卦, 下比五陰, 駢頭相次, 似貫魚也. 魚爲陰物, 以喩衆陰也. 夫宮人者, 后夫人嬪妾, 各有次序, 不相瀆亂. 此則貴賤有章, 寵御有序)"라고 하였다. 그는 '이以'를 사似로 읽었는데, 공영달이 이를 따라 이 구절을 "머리를 나란히 하여 순서대로 있는 것이 물고기를 차례대로 꿰어 맨 것과 같다(駢頭相次, 似貫魚也)"고 하였다.

象曰 '以宮人寵', 終无尤也.
'궁인들을 총애한다'는 것은 끝내 허물이 없다는 것이다.

'우尤'는 허물이라는 뜻의 과過이다. 「상」은 '우尤'를 가지고 효사의 '불리不利'를 해석하였다. 효사의 '이궁인총以宮人寵'은 궁인을 차례로 총애하면 끝내 허물이 없어 이롭지 않음이 없다고 해석하였다.

上九. 碩果不食, 君子得輿, 小人剝廬.
꼭대기 양효는 큰 과실이 있으나 먹지 않으니, 군자는 수레를 얻고, 소인은 초가를 무너뜨린다.

'석碩'은 크다는 뜻의 대大이다. '군자'는 지위가 높은 사람을 가리킨다. '여輿'는 수레(車)이다. '소인'은 지위가 없는 사람을 가리킨다. '박剝'은 허물다는 뜻이며, 이것은 파생된 뜻이다. ‘여廬’는 초가이다.

象曰 ‘君子得輿’, 民所載也. ‘小人剝廬’, 終不可用也.
‘군자는 수레를 얻는다’는 것은 백성이 실어준다는 것이다. ‘소인은 초가
를 무너뜨린다’는 것은 끝내 사용할 수 없다는 것이다.

‘여輿’는 수레이며, 백성에 비유하였다. ‘군자득여’는 곧 ‘군자득민君子得
民’과 같다. ‘민소재民所載’는 곧 위민소재爲民所載이며, 백성의 지지를 받는
다는 뜻이다. ‘용用’은 사용하다는 뜻이다. 「상」은 효사의 ‘군자득여君子得
輿’를, 군자는 수레를 얻는다는 것은 백성의 지지를 받는 것이라고 해석하였
다. ‘소인박려小人剝廬’는 소인은 초가를 무너뜨린다는 것은 끝내 초가를 사
용할 수 없는 것이라고 해석하였다.

24. 복復

復. 亨. 出入无疾, 朋來无咎. 反復其道, 七日來復. 利有攸往.

복은 형통하다. 나가고 들어감에 질병이 없고, 벗이 오니 허물이 없다. 그 길을 되돌아오는데, 칠 일이면 돌아온다. 갈 곳이 있으면 이롭다.

'복復'은 괘명이며, 돌아오다는 뜻의 반反이다. '형亨'은 형통하다는 뜻의 통通이다. '붕朋'은 벗이다. '반反'은 돌아오다는 뜻의 반返으로 읽는다. '도道'는 길이다.

象曰 復'亨', 剛反. 動而以順行, 是以'出入无疾, 朋來无咎'. '反復其道, 七日來復', 天行也. '利有攸往', 剛長也. 復, 其見天地之心乎!

복이 '형통하다'는 것은 강이 돌아왔기 때문이다. 움직여 유순함으로 행하니, 그래서 '나가고 들어감에 질병이 없고, 벗이 오니 허물이 없다'는 것이다. '그 길을 되돌아오는데, 칠 일이면 돌아온다'는 것은 하늘의 운행이다.

‘갈 곳이 있으면 이롭다’는 것은 강이 자라나기 때문이다. 복은 천지의 마음을 보는 것인가!

[復] 괘명이다. 『설문』에 “‘복’은 갔다 오는 것(復, 往來也)”이라고 하였다. 「서괘」에 “사물은 끝까지 떨어질 수 없고, 위가 궁하면 아래로 돌아오니, 그러므로 복괘로 받는다(物不可以終盡剝, 窮上反下, 故受之以復)”고 하였고, 「잡괘」에서도 “‘복’은 돌아오다는 뜻의 반(復, 反也)”이라고 하였다. ‘반反’은 반返이다. 『설문』에 “‘반’은 돌아오다는 뜻의 환(返, 還也)”이라고 하였다. 복은 돌아오다는 뜻이다. 「단」과 「상」은 이 뜻으로 새겼다. 정이는 “괘는 한 양이 다섯 음 아래에서 생겨나고 있으니, 음이 극에 이르러 양이 돌아온 것이다. 시월이면 음이 성하여 이미 극에 이르고, 겨울이 오면 한 양이 다시 땅 속에서 생겨나므로 복이다(爲卦, 一陽生於五陰之下, 陰極而陽復也. 歲十月, 陰盛旣極, 冬至則一陽復生於地中, 故爲復也)”라고 하였다.

[復‘亨’, 剛反.] 괘체를 가지고 괘명과 괘사 ‘형亨’을 해석하였다. ‘강반剛反’에 대해 몇 가지 해석이 있다. 첫째, 왕필은 “들어가면 되돌아오는 것이고, 나가면 강이 자라나는 것이다(入則爲反, 出則剛長)”라고 하였는데, ‘위반爲反’은 곧 양반陽反이며, 양이 되돌아온 것을 말한다. 공영달은 “양이 되돌아와서 형통한 것이다(以陽復則亨)”라고 하였다. 정이는 “‘복형復亨’은 강이 돌아와서 형통하다는 말이다. 양강이 사라져 극에 이르러 돌아오는 것이니, 이미 돌아왔으니, 점차 자라나 형통하다는 것이다(復亨, 謂剛反而亨也. 陽剛消極而來反, 旣來反, 則漸長而亨通矣)”라고 하였다. 이들은 ‘강반’을 복괘의 아래에 양효가 돌아왔다고 해석한 것이다. 둘째, 래지덕은 “‘반’은 박괘의 꼭대기 양효의 강이 끝이 궁하여 아래로 돌아와 복괘의 처음 양효의 강이 되었다는 말이다(反者, 言剝之剛, 窮上反下而爲復也)”라고 하였는데, 이것은 종괘로 해석한 것이다. 굴만리, 유백민, 진고응이 이를 따랐다. 셋째, 고형은 “복괘는 아랫괘가 진震이고 윗괘는 곤坤이다. 진은 양괘이고 강剛이며, 곤은 음괘이고 유柔이다. 그런즉 복의 괘상은 ‘강반剛反’이니, 곧 강(진)이

아랫괘에 돌아온 것이라는 말이다"라고 하였다. 이러한 해석은 모두 통한다. 「단」은 '강이 돌아온 것(剛反)'을 가지고 괘명 '복復'을 해석하였고, 또 괘사의 '형亨'은 강이 돌아왔기 때문에 형통하다고 해석하였다.

[動而以順行, 是以'出入无疾, 朋來无咎'.] 괘덕을 가지고 괘사의 앞 구절을 해석하였다. 복괘는 아랫괘가 진震이고 윗괘는 곤坤이다. 진은 움직임(動)이고 곤은 유순함(順)이다. 그런즉 복괘는 '움직여 유순함으로 행하는 것'이다. 「단」은 괘사의 '출입무질出入无疾, 붕래무구朋來无咎'를, 움직여 유순함으로 행하기 때문에 나가고 들어감에 질병이 없고, 벗이 오니 허물이 없는 것이라고 해석하였다. 정이는 "움직여 유순함으로 행하니, 그래서 나가고 들어감에 질병이 없고, 벗이 오니 허물이 없다는 것이며, 괘재卦才를 가지고 그렇게 되는 연유를 말한 것이다(動而以順行, 是以出入无疾, 朋來无咎, 以卦才言其所以然也)"라고 하였다.

['反復其道, 七日來復', 天行也.] 괘사의 가운데 구절을 해석하였다. '천행天行'은 천도, 즉 하늘의 운행이며, 천도 운행의 규율, 자연의 이법이다. 괘사는 7에 이르러 돌아온다는 것이니, 효는 꼭대기(上) 다음 7에 이르러 처음(初)으로 돌아온다는 것이다. 「단」은 박괘의 꼭대기 양효가 7에 이르러 복괘의 처음 양효로 돌아오는 것으로 여기고, 이것을 천도로 해석한 것이다. 7은 천도가 운행하여 순환하는 수이다. 정월에 음기가 처음 물러나기 시작하여 7개월이 되는 7월에 이르러 돌아오고, 7월에 양기가 처음 물러나기 시작하여 7개월이 되는 정월에 이르러 돌아오는 것과 같다(18번 고괘蠱卦 괘사의 '천행'에 대한 고형의 해설을 참고하라). 「단」은 괘사의 '반복기도反復其道, 칠일래복七日來復'을, 그 길을 되돌아오는데 칠 일이면 돌아온다는 것은 하늘의 운행이라고 해석하였다.

['利有攸往', 剛長也.] 괘사의 끝 구절을 해석하였다. '강장剛長'은 강이 자라나는 것이다. 「단」은 괘사의 '이유유왕利有攸往'을, 갈 곳이 있으면 이로운 것은 복괘의 아랫괘의 한 강이 자라나기 때문이라고 해석하였다. 강이 자라난다는 것은 군자의 세력이 자라나고 있음을 상징하니, 그래서 갈 곳이

있으면 이롭다는 것이다.

[復, 其見天地之心乎.] 괘의를 말하였다. ‘심心’에 대해 몇 가지 해석이 있다. 첫째, 순상은 “양이 처음 양효에서 비롯되니, 천지의 심이다(陽起初九, 爲天地心)”라고 하였다. 복괘의 처음 양효가 곧 심이라는 말이다. 둘째, 왕필은 ‘심心’을 ‘본本’으로 보았다. “‘복’은 근본으로 돌아가는 것을 말한다. 천지는 근본을 심으로 여긴다(復者, 反本之謂也. 天地以本爲心)”고 하였다. ‘본本’은 곧 세계 만물의 근본이다. 왕필의 이러한 해석은 노자를 가지고 『역』을 해석하였기 때문이다. 왕필은 노자의 허무虛無, 적정寂靜을 세계 만물의 근본으로 여긴 것이다. 공영달이 이를 따랐다. 셋째, 정이는 ‘심’을 돌아온 한 개의 양이라 하고, 이것은 곧 천지가 만물을 낳는 심으로 여겼다. “한 양이 아래에 돌아오니, 곧 천지가 만물을 낳는 심이다. 앞의 선비들은 모두 고요함(靜)을 천지의 심을 보는 것으로 여겼는데, 대개 움직임의 단서가 곧 천지의 심임을 알지 못하였다. 도를 아는 사람이 아니면 누가 그것을 알 수 있겠는가!(一陽復於下, 乃天地生物之心也. 先儒皆以靜爲見天地之心, 蓋不知動之端乃天地之心也. 非知道者, 孰能識之)”라고 하였다. ‘움직임의 단서(動之端)’라는 것이 곧 복괘의 한 양효이며, 이것이 곧 천지가 만물을 낳는 심이라는 것이다. 주희, 래지덕, 진몽뢰 등이 이를 따랐다. 넷째, 상병화는 “천행은 천도이며, 음양강유왕래소장을 말한다. 천도는 본래 이와 같으니, 이것이 천지의 심이다. 곤은 심이다(天行, 天道也, 言陰陽剛柔往來消長. 天道固如斯也, 此天地之心也. 坤爲心)”라고 하였다. 다섯째, 고형은 ‘심心’을 천지의 중심 규율로 여겼다. “가는 것은 반드시 돌아와야 한다. 왕복하여 순환하는 것은 곧 천지의 중심 규율이다”라 하고, 천지에 왕복 순환하지 않는 것이 없으며, 천지의 중심 규율에 따라 왕복 순환한다고 하였다. 여섯째, 주백곤은 “천지의 본성”이라고 하였다. 일곱째, 진고응은 “천지 우주의 근본 규율”이라고 하였다. 이러한 해석은 모두 통한다. 「단」은 복괘의 괘의를 말하면서, 천지의 심은 오직 복괘에서 볼 수 있다고 말한 것이다. ‘심’은 곧 천지 운행의 중심 규율이다. 즉 복괘에서 천지 운행의 중심 규율을 볼 수 있다는 말이다.

象曰 雷在地中, 復. 先王以至日閉關, 商旅不行, 后不省方.

우레가 땅 속에 있는 것이 복괘의 상이다. 선왕은 이 괘상을 본받아 동짓날에 성문을 닫아, 상인과 나그네는 길을 가지 아니하며, 임금은 나라를 순시하지 아니한다.

[雷在地中, 復.] 복괘는 아랫괘가 진震이고 윗괘는 곤坤이다. 진은 우레(雷)이고 곤은 땅(地)이다. 그런즉 '우레가 땅 속에 있는 것'이 복괘의 상이다.

[先王以至日閉關, 商旅不行, 后不省方.] '선왕先王'은 「대상」에 비比, 예豫, 관觀, 서합噬嗑, 복復, 무망无妄, 환渙 등 7곳 기록이 되어 있는데, 모두 최고 통치자를 가리킨다. '지일至日'은 곧 동지일冬至日이다(우번). '폐관閉關'은 성문을 닫는 것이다. '상商'은 상인이고, '여旅'는 나그네이다. '후后'는 「대상」에 태泰, 복復, 구姤 등 세 곳 기록되어 있는데, 군君의 뜻이며 최고 통치자를 가리킨다. '선왕'과 '후'는 최고 통치자를 가리키며, 제왕帝王의 개념이다. '선왕'과 '후'는 다른 괘에서 각각 쓰인 것으로 보아 본 구절은 '后以不省方'으로 하는 것이 맞다. 네 글자씩 짝으로 맞추기 위해 의도적으로 '이以'자를 생략하였다. '성省'은 살피다는 뜻의 찰察이다. '방方'은 나라라는 뜻의 방邦이다. 사방四方으로 읽어도 무방하다. 우레가 땅 속에 있으니, 천기가 차갑다. 선왕은 이 괘상을 보고 이를 본받아 동짓날에 성문을 닫아, 상인과 나그네는 길을 가지 아니하며, 임금은 나라를 순시하지 않는다.

정이는 "임금이 사방을 순시하지 않는 것은, 복괘의 상을 보고 천도에 순응하는 것이다(人君不省視四方, 觀復之象而順天道也)"라고 하였다.

初九. 不遠復, 无祗悔, 元吉.

처음 양효는 멀리 가지 아니하고 돌아오니, 큰 뉘우침이 없으며, 크게 길하다.

‘복復’은 돌아오다는 뜻의 반返이다.「상」은 ‘복復’을 바른 길(正道)로 돌아오는 것으로 해석하였다. ‘불원복不遠復’은 멀리 가지 아니하고 바른 길로 돌아오는 것이다. ‘지祗’는 크다는 뜻의 대大이다(후과). ‘회悔’는 뉘우치다는 뜻이며, 비교적 작은 불행이다. ‘원元’은 크다는 뜻의 대大이다.

象曰 ‘不遠’之 ‘復’, 以脩身也.
‘멀리 가지 아니하고 돌아온다’는 것은 수신하기 때문이다.

‘이以’는 인因으로 읽는다. ‘수脩’는 수修로 읽는다. 『집해』에는 ‘수修’로 하였다. ‘수신修身’은 인간 수양이다.「상」은 효사의 ‘불원복不遠復’을, 바르지 않음을 알고 멀리 가지 아니하고 바른 길로 돌아와, 수신하여 잘못을 고치므로 큰 뉘우침이 없으며 또 크게 길하다고 해석하였다.「계사」하 · 5장에 “공자께서 말씀하셨다. 안회는 대개 도에 가까웠다. 잘못이 있으면 반드시 알았고, 잘못을 알았으면 다시 저지르지 않았다. 『역』에 이르기를 ‘멀리 가지 아니하고 돌아오니, 큰 뉘우침이 없으며, 크게 길하다’고 하였다(子曰 顔氏之子, 其殆庶幾乎. 有不善未嘗不知, 知之未嘗復行也. 易曰 ‘不遠復, 无祗悔, 元吉)”라 하였는데, 잘못을 알고 고치는 것으로 ‘불원복’을 해석하였으니, 「상」의 해석과 같다. 정이는 “복은 양이 되돌아온 것이다. 양은 군자의 도이니, 그러므로 복은 선으로 돌아온다는 뜻이다. 처음 양효가 돌아와 괘의 처음에 거하니, 돌아옴에 가장 앞선 것이다. 이것이 멀리 가지 않고 돌아오는 것이다(復者, 陽反來復也. 陽, 君子之道, 故復爲反善之義. 初陽剛來復, 處卦之初, 復之最先者也, 是不遠而復也)”라고 하였다. 「상」과 「계사」는 의리로 해석하였으나, 정이는 의리와 상수를 겸하여 해석하였다.

六二. 休復, 吉.

둘째 음효는 (잘못을) 멈추고 돌아오니, 길하다.

'휴休'는 멈추다는 뜻의 지止이다. '휴복休復'은 잘못을 멈추고 돌아오는
것이다.

象曰 '休復'之'吉', 以下仁也.

'(잘못을) 멈추고 돌아오니, 길하다'는 것은 아래가 어질기 때문이다.

'이以'는 인因으로 읽는다. '하下'는 처음 양효를 가리킨다. 둘째 음효는
아래의 처음 양효에 친하게 붙어 있으니(효위), 잘못을 멈추고 돌아오는 상
이다(효상). 「상」은 효사의 '휴복길休復吉'을, 처음 양효가 어질기 때문에
둘째 음효는 잘못을 멈추고 바른 길로 돌아오니 길하다고 해석하였다.

六三. 頻復, 厲, 无咎.

셋째 음효는 급박하게 돌아오니, 위태로우나 허물이 없다.

'빈頻'은 급하다는 뜻의 급急이다. '빈복頻復'은 급박하게 돌아오는 것이
다. '여厲'는 위태롭다는 뜻의 위危이다.

象曰 '頻復'之'厲', 義'无咎'也.

'급박하게 돌아오니, 위태롭다'는 것은 마땅히 '허물이 없다'는 것이다.

‘의義’는 마땅하다는 뜻의 의宜로 읽는다. 「상」은 효사의 ‘빈복려頻復厲’를, 급박하게 바른 길로 돌아오니, 위태로우나 마땅히 허물이 없다고 해석하였다.

六四. 中行獨復.
넷째 음효는 중도에서 혼자 돌아온다.

‘행行’은 길이라는 뜻의 도道이며, ‘중행中行’은 중도中道와 같다(고형). ‘독복獨復’은 혼자 돌아오는 것이다.

象曰 ‘中行獨復’, 以從道也.
‘중도에서 혼자 돌아온다’는 것은 정도를 따르기 때문이다.

‘이以’는 인因으로 읽는다. ‘도道’는 곧 정도正道이다. 정이는 ‘군자의 선도(君子之善道)’라 하였고, 래지덕은 ‘수신하는 일(修身之事)’이라고 하였다. 「상」은 효사의 ‘중행독복中行獨復’을, 정도를 따르기 때문에 중도에서 혼자 바른 길로 돌아온다고 해석하였다. 이 구절에 대한 전통적인 해석은 ‘중’을 넷째 음효가 다섯 음의 가운데에 있는 것으로 해석하는 것이다. 왕필은 “넷째 음효는 위아래에 각각 두 음이 있고, 그 가운데에 처하여, 자신의 자리를 얻어 처음 양효와 응하고 있으니, 홀로 돌아오는 것을 얻었다(四, 上下各有二陰, 而處闕中, 履得其位, 而應於初, 獨得其復)”고 하였는데, 뒷사람들은 모두 이를 따랐다. 주희는 “넷째 음효는 여러 음의 가운데에 처해 있으면서 홀로 처음 양효와 응하고 있으며, 여러 음과 함께 가다가 홀로 선을 따르는 상이다(四處群陰之中, 而獨與初應, 爲與衆俱行, 而獨能從善之象)”라고 하였다. 래지덕은 “‘중행’은 가운데에서 행한다는 것이다. 다섯 음에 넷째가 그 가운데에 있으니, '중'의 상이다(中行者, 在中行也. 五陰而四居其中, 中之象也)"하고 또 "넷째 음효는 유가 바른 자리를 얻어 여러 음의 가운데에 있으며, 홀로 아래의 양강과 응할 수 있으므로 '중행독복'의 상이 있다(六四柔而得正, 在羣陰之中, 而獨能下應于陽剛, 故有中行獨復之象)"고 하였다.

六五. 敦復, 无悔.
다섯째 음효는 돈후하게 돌아오니, 뉘우침이 없다.

'돈敦'은 도탑다는 뜻의 후厚이며, 돈후하다는 뜻이다.

象曰 '敦復无悔', 中以自考也.
'돈후하게 돌아오니, 뉘우침이 없다'는 것은 중도를 지켜 스스로 (잘못을) 살핀다는 것이다.

'중中'은 다섯째 음효가 윗괘의 가운데 자리에 있다는 것이며(효위), 중도를 행하는 상이다(효상). '고考'는 살피다는 뜻의 성省(후과), 살피다는 뜻의 찰察이다(항수). 「상」은 효사의 '돈복무회敦復无悔'를, 돈후하게 바른 길로 돌아오는 것은 다섯째 음효가 가운데 자리에서 중도를 행하여 스스로 잘못을 살피기 때문이니 뉘우침이 없다고 해석하였다.

上六. 迷復, 凶, 有災眚. 用行師, 終有大敗, 以其國君凶, 至于十年不克征.
꼭대기 음효는 길을 잃고 돌아오니 흉하며 재앙이 있다. 출병하였으나 마침내 크게 패한 것은 임금으로 인하여 흉하게 된 것이니, 십 년이 되어도 정벌하지 못한다.

'미복迷復'은 길을 잃고 돌아오는 것이다. '생眚'은 재災와 같으며, 재앙이라는 뜻이다. '용행사用行師'는 출병하는 것이다. 「상」은 효사의 '이以'를 인因으로 읽었다. '극克'은 할 수 있다는 뜻의 능能이다.

象曰 '迷復'之 '凶', 反君道也.
'길을 잃고 돌아오니, 흉하다'는 것은 임금의 도를 어겼기 때문이다.

'반反'은 어기다는 뜻의 위違이다. '군도君道'는 위군지도爲君之道, 즉 임금이 해야 할 도리이다. '반군도'는 임금이 해야 할 도리를 어겼다는 말이다. 「상」은 효사의 '미복흉迷復凶'을, 군사가 출정하여 길을 잃고 돌아오니 크게 패한 것은 곧 임금이 해야 할 도리를 위반했기 때문이라고 해석하였다. 정이는 "돌아오는 것은 곧 도와 합하는 것인데, 이미 돌아옴에 길을 잃었으니, 도와 상반되는 것이어서 그 흉함을 알 수 있다. 임금으로 인하여 흉하게 되었다는 것은 임금의 도를 어겼음을 말한 것이다. 임금은 위에서 백성을 다스리니, 당연히 천하의 선을 따라야 하나, 곧 돌아옴에 길을 잃었으니, 임금의 도에 어긋나는 것이다. 임금에게만 국한하지 않고, 범인이라도 돌아옴에 길을 잃은 자는 모두 도에 어긋나 흉한 것이다(復則合道, 旣迷於復, 與道相反也, 其凶可知. 以其國君凶, 謂其反君道也. 人君居上而治衆, 當從天下之善, 乃迷於復, 反君之道也. 非止人君, 凡人迷於復者, 皆反道而凶也)"라고 하였다.

25. 무망无妄

无妄. 元亨, 利貞. 其匪正有眚, 不利有攸往.

무망은 크게 형통하고, 바르니 이롭다. 하는 것이 바르지 못하면 재앙이 있으니, 갈 곳이 있으면 이롭지 않다.

'무망无妄'은 괘명이며, 도리에 어긋남이 없다는 뜻이다. '원元'은 크다는 뜻의 대大이다. '형亨'은 형통하다는 뜻의 통通이다. '이利'는 이롭다는 뜻이다. '정貞'은 바르다는 뜻의 정正이다. 「단」은 '원형, 이정'으로 읽었다. '비匪'는 비非로 읽는다(우번). '생眚'은 재앙이라는 뜻의 재災이다.

彖曰 无妄, 剛自外來而爲主於内, 動而健, 剛中而應. 大'亨'以正, 天之命也. '其匪正有眚, 不利有攸往', 无妄之往何之矣? 天命不祐, 行矣哉?

무망은 강이 윗괘에서 와서 아랫괘의 우두머리가 되고, 움직여 강건하며, 강이 가운데 자리에서 응한다. 크게 '형통하고' 바른 것은 하늘의 명이다.

‘하는 것이 바르지 못하면 재앙이 있으니, 갈 곳이 있으면 이롭지 않다'는
것은 ‘도리에 맞지 않게 행하면 어디로 가겠는가?', ‘천명이 도와주지 않는
데 행할 수 있겠는가?'라는 것이다.

[无妄] 괘명이다. 「서괘」에 “돌아오면 망령되지 않으니, 그러므로 무망괘
로 받는다(復則不妄矣, 故受之以无妄)”고 하였다. 『설문』에 “‘망’은 어지럽다
는 뜻의 난(妄, 亂也)”이라고 하였다. ‘망妄’은 도리에 맞지 않고 터무니없는
것이다. ‘무망无妄’은 진실하고 거짓 없이 행하는 것이다. 「단」과 「상」은 이
뜻으로 새겼다.

[剛自外來而爲主於內] 괘체를 가지고 괘명을 해석하였다. ‘강자외래'에 대
해 몇 가지 해석이 있다. 첫째, 촉재는 “무망괘는 둔괘를 바탕으로 하였다.
강이 위에서 내려와 처음 양효에서 우두머리가 되었다(此本遯卦, 剛自上降,
爲主於初)”고 하였다. 둔괘 셋째 양효가 아래로 내려와 처음 양효가 되었다
는 것이다. 둘째, 공영달은 “진의 처음 양효가 윗괘에서 와서 아랫괘의 우두
머리가 되었다(以震之剛, 從外而來, 爲主於內)”고 하였다. 셋째, 정이는 “곤
괘의 처음 효가 변하여 진괘가 되었는데, 이것이 강이 밖에서 왔다는 것이
다(坤初六變而爲震, 剛自外而來也)”라고 하였다. 넷째, 주희는 “무망괘는 송
괘에서 변한 것이다. 양효는 둘째 자리에서 와서 처음 자리에 있게 되어, 또
진의 우두머리가 되었다(爲卦自訟而變. 九自二來而居於初, 又爲震主)”라고 하
였다. 즉 송괘의 둘째 양효와 처음 음효가 자리를 바꾸어 무망괘의 아랫괘
인 진괘가 되었다는 것이다. 다섯째, 래지덕은 “대축괘의 윗괘 간이 무망괘
의 아랫괘로 와서 진이 되었다(大畜上卦之艮, 來居无妄之下卦, 而爲震也)”고
하였다. 여섯째, 고형의 해석이다. ‘외外'는 윗괘를, ‘내內'는 아랫괘를 가리
킨다. 무망괘의 윗괘는 건이고 세 효 모두 양이며 강이다. 아랫괘는 진이고
처음 효가 양이며 강이다. 아랫괘의 유일한 양효는 윗괘인 건괘에서 와서
아랫괘의 우두머리 효가 되었다는 것이다. 진고응도 이와 같이 해석하였다.
굴만리는 “대축괘의 꼭대기 양효가 와서 무망괘의 처음 효가 되었다”고 하

였다. 유백민도 이렇게 해석하였다. 이러한 해석은 모두 통한다. '주主'는 주효主爻, 즉 우두머리 효이다. 『역전』에서 진震(☳), 감坎(☵   ), 간艮(☶) 세 양괘는 양효를 우두머리 효로 하고, 손巽(☴), 리離(☲), 태兌(☱) 세 음괘는 음효를 우두머리 효로 한다. 무망괘의 아랫괘인 진은 처음 양효를 우두머리 효로 한다. 무망괘의 괘체는 '강이 윗괘에서 와서 아랫괘의 우두머리가 되었다'는 것이다.

[動而健] 괘덕으로 괘명을 해석하였다. 무망괘는 아랫괘가 진이고 윗괘는 건이다. 진은 움직임(動)이고 건은 강건함(健)이다. 그런즉 무망괘는 '움직여 강건함'이다.

[剛中而應] 괘체를 가지고 괘명을 해석하였다. '강'은 다섯째 양효를 가리킨다. '중'은 다섯째 양효가 윗괘의 가운데 자리에 있다는 것이다. '응'은 둘째 음효와 응하는 것이다. 다섯째 양효는 양효이고 강이며 윗괘의 가운데 자리에 있다. 둘째 음효는 음효이고 유이며 아랫괘의 가운데 자리에 있다. 두 효는 같은 자리에서 음양이 서로 응한다. 무망괘의 괘체는 강이 윗괘에서 와서 아랫괘의 우두머리가 되고, 움직여 강건하며, 강이 가운데 자리에서 유와 응하는 것이니, 도리에 맞지 않고 터무니없는 것이 아니므로, 그래서 괘명이 '무망无妄'이다.

[大 '亨'以正, 天之命也.] 괘사 '원형이정'을 해석하였다. '대형이정'은 크게 형통하고 바르다는 뜻인데, 「단」은 '이利'를 말하지 않았지만, "크게 형통하고, 바르다" 그러므로 이롭다고 여긴 것이다. '천명天命'은 곧 천도이며, 하늘의 운행의 규율이다. 19번 임괘에서 '大亨以正, 天之道也'라고 하였다. 정이는 "천명은 천도를 말한 것이고, 이른바 도리에 어긋남이 없는 것(무망)이다(天命謂天道也, 所謂无妄也)"라고 하였다. 「단」은 괘사 '원형리정'을, 크게 형통하고 바른 것은 하늘의 운행의 규율이며, 이것은 곧 진실 무망한 것이라고 해석하였다.

['其匪正有眚, 不利有攸往', 无妄之往何之矣? 天命不祐, 行矣哉?] 괘사의 뒷부분을 해석하였다. '무망지왕无妄之往' 이하의 구절에 대해 몇 가지 해석이

있다. 왕필은 "도리에 맞지 않고 터무니없이 행하여서는 안 될 때에 거하여, 바르지 않는 것으로 가려고 하니, 장차 어디로 가려 하는가?(居不可以妄之時, 而欲以不正有所往, 將欲何之?)"라고 하였다. 왕필은 '무망지왕'의 '무无'를 불가不可로 해석하였다. 공영달은 "몸은 이미 바르지 않은데, 도리에 어긋남이 없는 세상에서 갈 곳이 있어도 어디로 가겠는가?(身旣非正, 在无妄之世, 欲有所往, 何所之適矣?)"고 하였다. 공영달은 '무망지왕'을 몸은 이미 바르지 않은데 도리에 어긋남이 없는 세상에서 간다고 해석하였다. 정이는 "무망은 이치가 바른 것이다. 다시 또 가니 장차 어디로 가겠는가? 곧 도리에 맞지 않고 터무니없는 것으로 들어가는 것이다. 가면 천리에 어긋나는 것이므로, 천도가 돕지 않으니, 갈 수 있겠는가?(无妄者, 理之正也. 更有往, 將何之矣? 乃入於妄也. 往則悖於天理, 天道所不祐, 可行乎哉?)"라고 하였다. 정이는 '무망지왕'을 '이치가 바른데, 또 다시 간다'고 해석하였다. 고형은 '무망无妄'의 '무无'자는 곧 괘명을 따라 잘못 쓴 것이라 하고, '망지왕妄之往'은 괘사의 '비정匪正'을 해석한 것이라고 하였다. "망행을 하면 통할 길이 없으니 또한 어디로 가겠으며, 망행을 하면 천명이 도와주지 않으니 또한 행할 수 있겠는가?"라고 해석하였다. 이러한 해석은 모두 통하나, 문맥으로 보아 고형의 해석이 타당하다. '하지何之'는 '하왕何往'이다. '지之'는 가다는 뜻의 왕往이다. '의矣'는 호乎와 같다. '우祐'는 돕는다는 뜻의 조助이다. 「단」은 괘사의 '기비정유생其匪正有眚, 불리유유왕不利有攸往'을, 행하는 것이 바르지 않은 것이 망행妄行이고, 망행을 하면 갈 곳이 없으니 또한 어디로 갈 수 있겠으며, 망행을 하면 천명이 도와주지 않으니 또한 무엇을 행할 수 있겠는가라고 해석하였다.

象曰 天下雷行, 物與无妄. 先王以茂對時, 育萬物.
하늘 아래에 우레가 운행하는 것이 무망괘의 상이다. 선왕은 이 괘상을 본받아 힘써 때에 맞추어 만물을 기른다.

[天下雷行, 物與无妄.] ‘물여物與’는 잘못 들어간 글자이다. 「상」은 먼저 상하 두 괘의 괘상을 말하고 곧바로 이어서 괘명을 들었다. 이것은 64괘 전체의 통례이며, 예외가 없다. 무망괘는 윗괘가 건乾이고 아랫괘는 진震이다. 건은 하늘(天)이고 진은 우레(雷)이다. 그런즉 ‘하늘 아래에 우레가 운행하는 것’이 무망괘의 상이다. 왕필은 ‘여與’를 모두라는 뜻의 개皆로 읽었는데(猶皆也), 공영달은 ‘天下雷行, 物皆无妄’이라고 하였다. 하늘 아래에 우레가 운행하니, 만물은 모두 도리에 맞지 않음이 없다는 말이다.

[先王以茂對時, 育萬物.] ‘무茂’는 『석문』에서 마융이 ‘면勉’이라고 하였다. ‘무茂’는 무懋로 읽으며 힘쓰다, 노력하다는 뜻의 면勉이다. ‘대對’는 응하다는 뜻의 응應과 같다. 공영달은 당當이라고 하였는데(對, 當也), 같은 말이다. 정이는 ‘시時’를 천시天時라 하고, ‘대시對時’를 “천시에 유순히 합하는 것(對時, 謂順合天時)”이라고 하였다. ‘육育’은 기르다는 뜻의 양養이다. 하늘 아래에 우레가 운행하니, 만물은 나서 자라나는 것이 도리에 맞지 않음이 없다. 선왕은 이 괘상을 보고 이를 본받아 힘써 때에 맞추어 만물을 기른다.

初九. 无妄往, 吉.
처음 양효는 도리에 어긋남이 없이 가니, 길하다.

‘무망无妄’은 도리에 어긋남이 없다는 뜻이다. ‘왕往’은 행行의 뜻이다.

象曰 ‘无妄’之 ‘往’, 得志也.
‘도리에 어긋남이 없이 간다’는 것은 뜻을 얻었다는 것이다.

「상」은 ‘득지得志’를 가지고 효사의 ‘길吉’을 해석하였다. 즉 효사의 ‘무망왕无妄往’을, 도리에 어긋남이 없이 가니 뜻을 얻어 길하다고 해석하였다.

六二. 不耕穫, 不菑畬, 則利有攸往.

둘째 음효는 밭을 갈지 않으니 수확이 없으며, 개간하지 않아 경작할 것이
없으니, 갈 곳이 있으면 이롭다.

'경耕'은 경작하다, '확穫'은 수확하다는 뜻이다. '불경확不耕穫'은 경작하
지 않으니 수확이 없다는 말이다. '치菑'는 황무지를 개간하는 것이다. '여
畬'는 경작지이다. '불치여不菑畬'는 황무지를 개간하지 않아 경작할 땅이
없다는 말이다. '왕往'은 앞의 효사의 '왕往'과 같으며, 행하는 바가 있으면
이롭다는 말이다.

象曰 '不耕穫', 未富也.

'밭을 갈지 않으니 수확이 없다'는 것은 부유하지 않다는 것이다.

「상」은 효사의 '불경확不耕穫'을, 밭을 갈지 않아 수확이 없으니, 부유하
지 않다고 해석하였다.

六三. 无妄之災, 或繫之牛, 行人之得, 邑人之災.

셋째 음효는 도리에 어긋남이 없는 재앙이다. 어떤 사람이 매어둔 소를 행
인이 얻었으니, 고을 사람의 재앙이다.

'무망지재无妄之災'는 도리에 어긋남이 없는 재앙이라는 뜻이다. 즉 재앙
이 도리에 맞지 않는 것에서 나온 것이 아니라 도리에 어긋남이 없는 것에
서 나온 것이라는 말이다. '혹或'은 어떤 사람이다.

象曰 ‘行人得’牛, ‘邑人災’也.
‘행인이 소를 얻은 것’은 ‘고을 사람의 재앙’이라는 것이다.

「상」은 효사를, 매어둔 소를 행인이 얻은 것은 고을 사람의 재앙이며, 이
것은 도리에 어긋남이 없는 재앙이라고 해석하였다.

九四. 可貞, 无咎.
넷째 양효는 바르게 할 수 있으니, 허물이 없다.

‘정貞’은 바르다는 뜻의 정正이다.

象曰 ‘可貞无咎’, 固有之也.
‘바르게 할 수 있으니, 허물이 없다’는 것은 본래 (바른 품성을) 가지고 있
다는 것이다.

‘고유固有’는 본래부터 있었다는 뜻이다. 「상」은 효사의 ‘가정무구可貞无
咎’를, 본래 바른 품성을 가지고 있으므로 바르게 할 수 있어 허물이 없다고
해석하였다.

九五. 无妄之疾, 勿藥有喜.
다섯째 양효는 도리에 어긋남이 없는 병이니, 약을 먹지 않아도 낫는다.

‘무망지질无妄之疾’은 도리에 어긋남이 없는 병이라는 뜻이다. 즉 병이 도

리에 맞지 않는 것에서 나온 것이 아니라 도리에 어긋남이 없는 것에서 나온 것이라는 말이다. '유희有喜'는 병이 낫는 것이다.

象曰 '无妄'之'藥', 不可試也.
'도리에 어긋남이 없는 병이니, 약을 먹지 않아도 낫는다'는 것은 약을 복용해서는 안 된다는 것이다.

『석문』에 "'가시'는 시험하는 것이며, 또 용이라 한다(可試, 試驗. 一云用也)"고 하였는데, '용'은 먹다, 복용하다는 뜻이다. 「상」은 효사를, 도리에 어긋남이 없는 병이니, 약을 먹지 않아도 낫는다는 것은 약을 복용해서는 안 된다고 해석하였다. 고형은 이 구절을 '무망지질无妄之疾, 약불가시야藥不可試也'로 해야 한다고 하였다.

上九. 无妄行, 有眚, 无攸利.
꼭대기 양효는 도리에 어긋남이 없이 행하나, 재앙이 있어, 이로울 바 없다.

'무망행无妄行'은 도리에 어긋남이 없이 행한다는 뜻이다. '생眚'은 재앙이라는 뜻의 재災이다.

象曰 '无妄'之'行', 窮之災也.
'도리에 어긋남이 없이 행한다'는 것은 궁극에는 재앙이 있다는 것이다.

'궁窮'은 꼭대기 양효의 효위를 가리켜 말한 것이며, 꼭대기 양효는 한 괘의 꼭대기에 있으니(효위), 행하는 것이 궁극에 이른 상이다(효상). 「상」은 효사의 ‘무망행无妄行’을, 도리에 어긋남이 없이 행한다는 것은 궁극에는 재앙이 있다고 해석하였다. 즉 도리에 어긋남이 없이 행하나 꼭대기 양효의 효위가 극에 이른 것이므로 궁극에는 재앙이 있다는 것이다. 고형은 ‘무망행无妄行’의 ‘무无’자는 잘못 들어간 것이라 하고, “터무니없는 행동은 반드시 곤궁하여 통하지 않으니 재앙을 불러온다”고 해석하였다.

26. 대축大畜

大畜. 利貞. 不家食吉. 利涉大川.

대축은 바르니 이롭다. 집에서 먹지 않으면 길하다. 큰 내를 건너면 이롭다.

'대축大畜'은 괘명이며, 축적한 것이 크다는 뜻이다. '정貞'은 바르다는 뜻의 정正이다. '이정'은 바르니 이롭다는 말이다. '불가식不家食'은 밥을 집에서 먹지 않는 것이다.

象曰 大畜, 剛健篤實, 輝光日新. 其德剛上而尚賢, 能止健, 大正也. '不家食吉', 養賢也. '利涉大川', 應乎天也.

대축은 강건하고 두터우며, 찬란한 빛이 날로 새롭다. 그 덕은 강이 위에 있어 현인을 숭상하며, 강건하여 멈추니, 크게 바르다. '집에서 먹지 않으면 길하다'는 것은 현인을 기른다는 것이다. '큰 내를 건너면 이롭다'는 것은 하늘에 응한다는 것이다.

[**大畜**] 괘명이다. 「서괘」에 "망령됨이 없는 것이 있은 연후에 축적할 수 있으니, 그러므로 대축괘로 받는다(有无妄, 物然後可畜, 故受之以大畜)"고 하였다. 『석문』에 "'축畜'은 본래 또 축蓄으로 하였다. 칙과 육의 반절이다. 뜻은 소축과 같다(本又作蓄, 勑六反, 義與小畜同)"고 하였다. 소축『석문』에 "'축'은 축적하다는 뜻의 적, 모으다는 뜻의 취(畜, 積也, 聚也)"라고 하였다. 그런즉 대축은 축적한 것이 크다는 뜻이다. 주희는 "축적한 것이 큰 것(畜之大者也)"이라고 하였다.

[**剛健篤實, 輝光日新.**] 괘상을 가지고 괘명을 해석하였다. '독篤'은 두텁다는 뜻의 후厚이다. 대축괘는 아랫괘가 건乾이고 윗괘는 간艮이다. 건은 하늘(天)이고 간은 산(山)이다. 하늘은 강건하고(剛健) 산은 두텁다(篤實). '휘輝'는 빛나다는 뜻이고, '광光'은 빛이다. '휘광輝光'은 빛이 빛나다는 뜻이다. '일신日新'은 날마다 새롭다는 뜻이다. 대축괘의 괘상은 '강건하고 두터우며, 찬란한 빛이 날로 새롭다'는 것이다. 하늘은 강건하고 산은 두터우며, 찬란한 빛이 날로 새로우니, 온갖 생물이 자라나 축적한 것이 크게 된다. 그래서 괘명이 '대축大畜'이다.

'剛健篤實輝光日新其德剛上而尚賢'의 독법은 서로 다르다.

1. 정현: 大畜剛健, 篤實輝光, 日新, 其德剛上而尚賢.(『석문』)

2. 우번: 剛健篤實, 輝光日新, 其德剛上而尚賢.(『집해』)

3. 왕필과 공영달: 剛健篤實, 輝光日新其德, 剛上而尚賢.

4. 정이와 주희와 래지덕: 剛健篤實輝光, 日新其德, 剛上而尚賢.

우번의 독법이 맞다. 다음은 왕념손王念孫의 주장이다. 「단」은 '신新', '정正', '현賢', '천天'을 함께 운으로 하였다. 만약 '일신기덕日新其德' 아래에 점을 찍는다면 그 운을 잃게 된다. 또 본괘 「단」에서 '其德剛上而尚賢'이라고 한 것과 대유괘大有卦 「단」에서 '其德剛健而文明'이라는 구절의 예가 꼭 같다. 왕념손이 정확하게 말하였다.

[**其德剛上而尚賢**] 이하 괘사의 '이정利貞'을 해석하였다. '기덕其德'은 괘덕이며, 곧 괘상을 가리킨다. '강상이상현'에 대해 몇 가지 해석이 있다. 첫

째, 촉재는 "대축괘는 대장괘를 바탕으로 하였다. 대장괘의 강이 처음 효에서 위로 올라가 윗괘의 우두머리가 되니, 강양이 꼭대기에 거하여 존귀한 것이 현인을 숭상하는 것이다(此本大壯卦. 剛自初升, 爲主於外, 剛陽居上, 尊尙賢也)"라고 하였다. 둘째, 왕필은 '강剛'을 꼭대기 양효를 말한 것이라 하고(謂上九也), "꼭대기에 처하여 크게 형통하고, 강이 와서 떨어지지 않으니, 현인을 숭상하는 것을 말한다(處上而大通, 剛來而不距, 尙賢之謂也)"고 하였다. 공영달은 이를 따랐다. 정이는 "'강상剛上'은 양이 꼭대기에 있는 것이다. 양강이 존위의 위에 거하는 것이 현인을 숭상한다는 뜻이다(剛上, 陽居上也. 陽剛居尊位之上, 爲尙賢之義)"라고 하였다. 이들은 '강상'을 양효가 대축괘의 꼭대기에 있는 것이며, 이것이 곧 현인을 숭상하는 것이라고 해석하였다. 굴만리, 진고응이 이를 따랐다. 셋째, 주희는 "이 괘는 수괘에서 왔는데, 양이 다섯째 효에서 위로 올라간 것이다. 괘체로 말하면, 다섯째 음효가 꼭대기 양효를 높이고 숭상하는 것이다(此卦自需而來, 九自五而上. 以卦體言, 六五尊而尙之)"라고 하였다. 넷째, 래지덕은 종괘로 해석하였다. "'강상'은 대축괘의 종괘가 무망괘인데, 무망괘의 아랫괘 진震이 위로 올라가 대축괘의 간艮이 되었다. 위로 올라가 간이 되었으니, 양강의 현인이 위에 있는 것이다. 이것이 현인을 숭상하는 것이다(剛上者, 大畜綜无妄, 无妄下卦之震, 上而爲大畜之艮也. 上而爲艮, 則陽剛之賢在上矣, 是尙其賢也)"라고 하였다. 유백민이 이를 따랐다. 다섯째, 고형은 "대축의 윗괘는 간艮이고 아랫괘는 건乾이다. 간은 산(山)이고 양괘이며 강이고, 재능과 덕행이 높은 현인을 상징한다. 건은 하늘(天)이고 조정을 상징한다. 그런즉 대축의 괘상은 강의 괘가 건괘乾卦의 위에 있으니, 이것이 '강이 위에 있다(剛上)'는 것이며, 현인이 조정의 위에 있는 것을 상징하니, 임금이 '현인을 숭상한다(尙賢)'는 것이다"라고 하였다. 이러한 해석은 모두 통한다. 대축괘의 괘상은 ①강효가 꼭대기에 있어, 이것이 현인을 숭상하는 것을 나타낸다는 것, 혹은 ②현인인 간괘가 조정인 건괘 위에 있어, 이것이 현인을 숭상하는 것이라는 말이다.

[能止健, 大正也.] '능지건能止健'에 대해, 진몽뢰는 "강폭한 것을 금하는

것(禁强暴之類, 能止健也)"이라고 하였는데, 진고응은 이를 따라 "대축괘는 네 양효를 현인에, 두 음효를 어리석은 것에 비유하였다. 어리석은 사람은 억지할 수 있으니 비로소 현인을 숭상할 수 있는 것이다"라고 해석하였다. 고형은 다음과 같이 주장하였다. "『집해』에는 '능지건能止健'를 '능건지能健止'로 하였다. 그러나 이것은 당연히 '건능지健能止'로 해야 한다. 「단」은 먼저 아랫괘를 말하고 뒤에 윗괘를 말하였는데, 이것은 「단」의 통례이다. '능能'은 당연히 이而로 읽어야 한다. '건능지健能止'는 곧 '건이지健而止'이다. 몽괘蒙卦「단」에 '험이지險而止', 고괘蠱卦에 '손이지巽而止', 비괘賁卦에 '문명이지文明而止', 박괘剝卦에 '순이지지順而止之'라고 하였다." 고형의 주장이 타당하다. 대축괘는 아랫괘가 건乾이고 윗괘는 간艮이다. 건은 강건함(健)이고 간은 멈춤(止)이다. 그런즉 대축괘는 '강건하여 멈추는 것(健而止)'이다. 「단」은 괘사의 '이정'을, 강이 위에 있어 현인을 숭상하며, 강건하여 멈추는 것이니, 이것은 크게 바름을 얻은 것이라고 해석하였다. 「단」은 '대정大正'을 가지고 괘사의 '이정利貞'을 해석하였다. 「단」은 '이'를 말하지 않았지만, '크게 바르다' 그러므로 '이롭다'고 여긴 것이다. 즉 '바르니 이롭다'는 것이다.

['不家食吉', 養賢也.] '양현養賢'은 앞의 상현尚賢과 같다. 「단」은 괘사의 '불가식길不家食吉'을, 집에서 먹지 않으면 길한 것은 강(임금)이 현인을 숭상하여 현인을 기르기 때문에, 현인은 집에서 먹지 않고 조정에서 녹을 먹는다고 해석하였다.

['利涉大川', 應乎天也.] 이 구절에 대해 몇 가지 해석이 있다. 공영달은 "윗괘의 간이 아랫괘의 건에 응하는 것이다(上體之艮應下體之乾)"라고 하였다." 정이는 '응應'을 다섯째 음효가 아랫괘 건의 둘째 효에 응한다고 해석하였다(六五, 君也, 下應乾之中爻, 乃大畜之君, 應乾而行也). 주희, 래지덕, 굴만리 등 뒷사람들은 이를 따랐다. 고형은 문장 그대로 '천도에 응한다'고 해석하였다. 이러한 해석은 모두 통한다. 「단」은 괘사의 '이섭대천利涉大川'을, 천도에 순응하므로 큰 내를 건너면 이롭다고 해석하였다.

象曰 天在山中, 大畜. 君子以多識前言往行, 以畜其德.

하늘이 산 속에 있는 것이 대축괘의 상이다. 군자는 이 괘상을 본받아 성현의 언행을 널리 학습하여 자신의 덕을 기른다.

[天在山中, 大畜.] 대축괘는 아랫괘가 건乾이고 윗괘는 간艮이다. 건은 하늘(天)이고 간은 산(山)이다. 그런즉 '하늘이 산 속에 있는 것'이 대축괘의 상이다.

[君子以多識前言往行, 以畜其德.] '식識'은 학습하는 것이다. '전언왕행前言往行'은 성현의 언행이다. 하늘이 산 속에 있으니, 산이 축적하고 있는 것이 크다. 군자는 이 괘상을 보고 이를 본받아 성현의 언행을 널리 학습하여 자신의 덕을 축적한다.

공영달은 "사물은 이미 크게 축적하였다면, 덕 또한 크게 축적할 수 있다. 그러므로 고인의 말과 현인의 행동을 많이 학습하여, 많이 듣고 많이 보아서 자신의 덕을 축적하므로 '이축기덕'이라 하였다(物旣大畜, 德亦大畜. 故多記識前代之言, 往賢之行, 使多聞多見, 以畜積己德, 故云以畜其德也)"라 하였다.

初九. 有厲, 利已.

처음 양효는 위태로움이 있으니, 멈추는 것이 이롭다.

'여厲'는 위태롭다는 뜻의 위危이다. '이已'는 멈추다는 뜻의 지止이다.

象曰 '有厲利已', 不犯災也.

'위태로움이 있으니, 멈추는 것이 이롭다'는 것은 재난을 범하지 않는다는 것이다.

「상」은 '재災'를 가지고 효사의 '여厲'를 해석하였다. 효사의 '유려리이有厲利已'는 위태로움이 있으니 멈추어 하지 않으면, 재난을 범하지 않는 것이라고 해석하였다.

九二. 輿說輹.
둘째 양효는 수레에 바퀴통이 떨어져나갔다.

'여輿'는 수레(車)이다. '열說'은 이탈하다는 뜻의 탈脫로 읽는다. '복輹'은 수레의 바퀴통이다.

象曰 '輿說輹', 中无尤也.
'수레에 바퀴통이 떨어져나갔다'는 것은 중도를 행하여 허물이 없다는 것이다.

'중中'은 둘째 양효가 아랫괘의 가운데 자리에 있다는 것이며(효위), 중도를 행하는 상이다(효상). '우尤'는 허물 구씀이다. 「상」은 효사의 '여탈복輿說輹'을, 둘째 양효가 아랫괘의 가운데 자리에 있어, 수레에 바퀴통이 떨어져나갔지만 중도를 행하여 허물이 없다고 해석하였다.

九三. 良馬逐, 利艱貞, 曰閑輿衛, 利有攸往.
셋째 양효는 좋은 말이 쫓아가니, 어려움에 바르게 하여 이롭다. 매일 수레를 타고 지키는 것을 익히니, 갈 곳이 있으면 이롭다.

'축逐'은 쫓아가다는 뜻의 추追이다. '양마축'은 좋은 말이 쫓아간다는 말이다. '간정艱貞'은 어려움에 바르게 한다는 뜻이다. '왈曰'은 『집해』에서 일日로 하였다. 매일이라는 뜻이다. '한閑'은 『석문』에 마융과 정현이 "연습하다, 익히다는 뜻의 습習"이라고 하였다. '여위輿衛'는 수레를 타고 지키는 것을 말한다.

象曰 '利有攸往', 上合志也.
'갈 곳이 있으면 이롭다'는 것은 위와 뜻을 합하기 때문이다.

'상上'은 꼭대기 양효를 가리킨다. 「상」은 효사의 '이유유왕利有攸往'을, 꼭대기 양효와 뜻을 합하므로 갈 곳이 있으면 이롭다고 해석하였다. 정이는 "갈 곳이 있으면 이롭다는 것은 꼭대기에 있는 것과 뜻을 합하기 때문이다. 꼭대기 양효의 양성이 위로 나아가고, 또 기르는 것은 이미 끝이므로, 아래의 셋째 양효를 기르지 않고, (셋째 양효와) 더불어 뜻을 합하여 위로 나아가는 것이다(所以利有攸往者, 以與在上者合志也. 上九陽性上進, 且畜已極, 故不下畜三, 而與合志上進也)"라고 하였다. 굴만리는 '상'을 넷째 음효로 보았다. 고형은 '상上'을 상尚으로 읽고 "또한 뜻에 부합한다는 것이다"라고 해석하였다.

六四. 童牛之牿, 元吉.
넷째 음효는 송아지의 뿔에 나무를 대어놓으니, 크게 길하다.

'동우童牛'는 송아지이다. '곡牿'은 소의 뿔에 가로로 대어놓은 나무(橫木)이다. 『집해』에는 고告로 하였다. '원元'은 크다는 뜻의 대大이다.

象曰 '六四元吉', 有喜也.
'넷째 음효가 크게 길하다'는 것은 기쁨이 있다는 것이다.

「상」은 효사의 '원길元吉'을, 송아지 뿔에 나무를 대어 놓으면 사람과 물건이 다치지 않고, 그 뿔도 상하지 않게 될 것이니, 크게 길하여 기쁨이 있다고 해석하였다.

六五. 豶豕之牙, 吉.
다섯째 음효는 거세한 돼지의 어금니이니, 길하다.

'분豶'은 『석문』에 유표가 "거세한 돼지(豕去勢曰豶)"라고 하였다. '아牙'는 어금니이다.

象曰 '六五'之'吉', 有慶也.
'다섯째 음효'가 '길한 것'은 경사가 있다는 것이다.

'경慶'은 경사라는 뜻이다. 「상」은 '경'을 가지고 효사의 '길'을 해석하였다. 효사의 '길吉'을, 경사가 있어 거세한 돼지를 잡아 어금니를 얻었으니, 길하다고 해석하였다.

上九. 何天之衢, 亨.
꼭대기 양효는 하늘의 대도를 짊어지니, 형통하다.

‘하何’는 매다는 뜻의 하荷로 읽는다. ‘구衢’는 『석문』에 마융이 “사방으로 이르는 것을 구라 한다(四達謂之衢)”고 하였고, 우번은 “사방으로 통하는 큰 길(大道)”이라고 하였다.

象曰 ‘何天之衢’, 道大行也.
‘하늘의 대도를 짊어진다’는 것은 도가 크게 행한다는 것이다.

「상」은 ‘도道’를 가지고 효사의 ‘구’를, ‘대행大行’을 가지고 ‘형’을 해석하였다. 효사의 ‘하천지구何天之衢’는 하늘의 대도를 짊어지니, 그 도가 크게 행하여 형통하다고 해석하였다.

27. 이頤

頤. 貞吉. 觀頤, 自求口實.

이는 바르게 하면 길하다. 남이 먹는 것을 보고, 스스로 먹을 것을 구해야
한다.

'이頤'는 괘명이며, 기르다는 뜻의 양養이다. '정貞'은 바르다는 뜻의 정正
이다. '이頤'의 본뜻은 뺨(顋)이나, 『역전』에서는 기르다는 뜻의 양養이며,
양생養生, 즉 먹는 것을 가리킨다. '구실口實'은 구량口糧, 즉 식량이다.

象曰 頤'貞吉', 養正則吉也. '觀頤', 觀其所養也. '自求口實', 觀
其自養也. 天地養萬物, 聖人養賢以及萬民. 頤之時大矣哉.

이가 '바르게 하면 길하다'는 것은 기르는 것이 바르면 길하다는 것이다.
'남이 먹는 것을 본다'는 것은 기르는 바를 본다는 것이다. '스스로 먹을
것을 구해야 한다'는 것은 스스로 기르는 것을 본다는 것이다. 천지는 만물
을 기르고, 성인은 현인과 만민을 기른다. 이의 때는 크기도 하다.

[頤] 괘명이다. 「서괘」에 "재물이 축적된 연후에 기를 수 있으니, 그러므로 이괘로 받는다. 이는 기른다는 것이다(物畜然後可養, 故受之以頤. 頤, 養也)"라고 하였다. 『설문』에 이頤자는 본래 臣으로 하였다. 모양을 본뜬 것인데, 뺨을 가리킨다. 『이아』「석고」에 "'이'는 기르다는 뜻의 양(頤, 養也)"이라 하였고, 『석문』에도 "기르다는 뜻의 양養"이라고 하였다. '이頤'의 본뜻은 뺨인데, 음식물이 입으로 들어가 생명을 기르므로 파생된 뜻이 양養이다. '양養'은 곧 생명을 기르는 것(養生)이며, 먹는 것을 가리킨다. 「단」은 기르다는 뜻의 양養, 「상」은 턱과 먹는 것으로 해석하였다. 주희는 "괘는 위아래의 두 양이 안으로 네 음을 품고 있으니, 밖은 실하나 안은 허하고, 위는 멈추고 있으나 아래는 움직이는 것이니, 턱의 상이며, 기르다는 뜻이다(爲卦上下二陽, 內含四陰, 外實內虛, 上止下動, 爲頤之象, 養之義也)"라고 하였다.

[頤 '貞吉', 養正則吉也. '觀頤', 觀其所養也. '自求口實', 觀其自養也.] 괘명과 괘사를 해석하였다. 「단」은 '양養'을 가지고 괘명 '이頤'를, '정正'을 가지고 괘사의 '정貞'을 해석하였다. '이정길頤貞吉'은 기르는 것이 바르면 길하다고 해석하였다. '관이觀頤'는 남이 먹는 것을 본다는 것은 그 사람이 생명을 기르는 바(먹는 것)를 보는 것이라고 해석하였다. '자구구실自求口實'은 스스로 먹을 것을 구해야 한다는 것은 자신이 스스로 생명을 기르는 것(먹는 것)을 보는 것이라고 해석하였다.

[天地養萬物, 聖人養賢以及萬民. 頤之時大矣哉.] 괘의를 말하였다. 기르는 것이 바름을 얻는 것은 오직 천지와 성인뿐이니, 천지는 때에 맞게 만물을 기르고, 성인도 때에 맞게 현인과 만민을 기른다. 그러므로 이괘의 때는 크다는 말이다. 적원은 "'천'은 꼭대기 양효이고, '지'는 처음 양효이며, '만물'은 가운데의 여러 음이다. 천지는 원기로 만물을 기르고, 성인은 정도로써 현인과 만물을 기른다(天, 上. 地, 初也. 萬物, 衆陰也. 天地以元氣養萬物, 聖人以正道養賢及萬民)"고 하였다. 「단」에서 '시대의재時大矣哉'라고 한 것은 이頤, 대과大過, 해解, 혁革 등 모두 4괘이다.

象曰 山下有雷, 頤. 君子以愼言語, 節飮食.
산 아래에 우레가 있는 것이 이괘의 상이다. 군자는 이 괘상을 본받아 말을
삼가고 음식을 절제한다.

[山下有雷, 頤.] 이괘는 윗괘가 간艮이고 아랫괘는 진震이다. 간은 산(山)이
고 진은 우레(雷)이다. 그런즉 '산 아래에 우레가 있는 것'이 이괘의 상이다.

[君子以愼言語, 節飮食.] '신愼'은 삼가다는 뜻이다. '절節'은 절제하다는 뜻
이다. 산 아래에 우레가 있으면, 산은 고요하나 우레는 움직인다. 이것은 사
람이 음식을 먹을 때 위의 턱은 움직이지 않으나, 아래턱은 움직이는 것과
같다. 군자는 이 괘상을 보고 이를 본받아 입에서 나오는 말은 삼가고 입으
로 들어가는 음식은 절제하여 생명을 기른다.

공영달은 "사람이 언어를 개발하고 음식을 씹는 것은 모두 턱을 움직이는
일이다. 그러므로 군자는 턱의 상을 보고 말을 삼가고 음식을 절제한다. 앞
의 선비들은 재앙은 입에서 나오고 우환은 입으로 들어간다고 말하였다. 그
러므로 턱에서 기르는 것을 삼가고 절제하는 것이다(人之開發言語, 咀嚼飮
食, 皆動頤之事. 故君子觀此頤象, 以謹愼言語, 裁節飮食. 先儒云禍從口出, 患從
口入. 故於頤養而愼節也)"라고 하였다.

初九. 舍爾靈龜, 觀我朶頤, 凶.
처음 양효는 너의 영험한 거북은 버려두고, 내가 먹는 것을 보고 있으니,
흉하다.

'사舍'는 버리다는 뜻의 사捨로 읽는다. '영귀靈龜'는 영험한 거북이라는
뜻이다. 그 껍질은 점(卜)을 칠 때 사용하였고 고기는 먹었다(고형). '아我'
는 음식을 먹고 있는 사람을 가리킨다. '타朶'는 꽃봉오리이다. '이頤'는 양

생, 즉 먹는 것을 가리킨다. '타이朵頤'는 뺨이 꽃봉오리 같다는 말이다. 입속에 음식물이 가득 있어 뺨이 터질 듯이 통통한 것이 마치 꽃봉오리 같으므로 '타이'라고 한 것이다.

象曰 '觀我朵頤', 亦不足貴也.
'내가 먹는 것을 보고 있다'는 것은 또한 귀하게 여기기에는 부족하다는 것이다.

「상」은 효사의 '관아타이觀我朵頤'를, 자신의 영험한 거북은 버려두고 남이 먹는 것을 보고 침을 흘리고 있으니, 영험한 거북이를 귀하게 여기기에는 부족하다고 해석하였다.

六二. 顚頤, 拂經于丘. 頤, 征凶.
둘째 음효는 잘 먹기 위해 언덕에 황무지를 개간한다. 먹기 위해 정벌하면 흉하다.

'전顚'은 신愼으로 읽으며, 잘하다는 선善의 뜻이다. '이頤'는 양생, 즉 먹는 것을 가리킨다. '전이顚頤'는 잘 먹는다는 뜻이다. '불拂'은 불刜로 읽으며, 『설문』에는 치다는 뜻의 격擊, 「석언」에는 자르다는 뜻의 작斫이라고 하였다. '경經'은 『광아』 「석언」에 길이라는 뜻의 경徑이라고 하였는데, 곧 논밭길을 가리킨다. '불경刜徑'은 곧 황무지를 개간한다는 뜻이다. '구丘'는 언덕이다. (이것은 이경지의 해석이다)

316

象曰 ‘六二征凶’, 行失類也.
‘둘째 음효가 정벌하면 흉하다’는 것은 행하면 동류를 잃는다는 것이다.

「상」은 ‘행行’으로 효사의 ‘정征’을, ‘실류失類’로 ‘흉凶’을 해석하였다. ‘유류’는 동류이다. ‘행실류行失類’는 행하면 잘못해서 동류를 잃는다는 것이다. 「상」은 효사의 ‘정흉征凶’을, 잘 먹기 위해 언덕에 황무지를 개간하는 것이 바르지, 만약 먹기 위해 다른 사람의 식량을 약탈한다면, 동류를 잃어 오히려 피해를 입어 흉하다고 해석하였다.

六三. 拂頤, 貞凶. 十年勿用, 无攸利.
셋째 음효는 그릇되게 먹으니, 바르게 해도 흉하다. 십 년을 행할 수 없으니, 이로울 것 없다.

‘불拂’은 거스르다는 뜻의 역逆, 어기다는 뜻의 위違이다. ‘이頤’는 양생, 즉 먹는 것을 가리킨다. ‘불이拂頤’는 그릇되게 먹는다는 뜻이다. ‘십 년’은 구체적인 햇수를 나타내는 것이 아니라 긴 세월을 뜻한다.

象曰 ‘十年勿用’, 道大悖也.
‘십 년을 행할 수 없다’는 것은 도가 크게 어긋났기 때문이다.

‘도道’는 이도頤道, 즉 양생지도養生之道이다. ‘패悖’는 어긋나다는 뜻의 여戾이다. 「상」은 효사의 ‘십년물용十年勿用’을, 그릇되게 먹으니 바르게 해도 흉하며, 오랜 세월 행할 수 없으니, 먹는 도가 크게 어긋났기 때문이라고 해석하였다.

六四. 顚頤, 吉. 虎視耽耽, 其欲逐逐, 无咎.
넷째 음효는 잘 먹으니 길하다. 호랑이가 노려보며 잡아채려고 하나, 허물
이 없다.

'전이顚頤'는 잘 먹는다는 뜻이다. '탐탐耽耽'에 대해, 왕필, 『집해』, 정이 등은
'眈'으로, 공영달, 『석문』, 주희, 래지덕 등은 '耽'으로 하였다. '眈'과 '耽'은
같은 뜻이고 통용되었다. 『석문』에 마융은 "호랑이가 내려보는 모양(馬云 虎
下視貌)"이라고 하였는데, '탐탐眈眈'과 '탐탐耽耽'은 눈을 부릅뜨고 노려보
고 있는 모습이다. '기其'는 호虎를, '욕欲'은 시視처럼 동사로 사용되었다.
『석문』에 설우薛虞는 "축은 빠른 것(速也)"이라고 하였는데, '축축逐逐'은
재빠르게 움직이는 것이다.

象曰 '顚頤'之'吉', 上施光也.
'잘 먹으니, 길하다'는 것은 위에서 널리 베풀기 때문이다.

'상上'은 꼭대기 양효를 가리킨다. '광光'은 넓다는 뜻의 광廣이다. 「상」은
효사의 '전이길顚頤吉'을, 잘 먹으니 길하다는 것은 꼭대기 양효가 널리 베
풀기 때문이라고 해석하였다. 공영달은 '상上'은 넷째 음효를 가리킨다 하
고, 아래로 처음 양효를 기르므로 이것이 '상시광'이라고 하였다. 고형은
'상上'을 임금으로 읽어, 임금이 널리 베풀기 때문이라고 해석하였다. 이러
한 해석은 모두 통한다.

六五. 拂經, 居貞吉. 不可涉大川.
다섯째 음효는 황무지를 개간하니, 바름에 머물어 길하다. 큰 내를 건너서

는 안 된다.

'불경拂經'은 '불경制徑'이며, 황무지를 개간한다는 뜻이다. '정貞'은 바르다는 뜻의 정正이다.

象曰 '居貞'之'吉', 順以從上也.
'바름에 머물어 길하다'는 것은 유순하여 위를 따르기 때문이다.

'상上'은 꼭대기 양효를 가리킨다. '순이종상順以從上'은 다섯째 음효가 유순하여 꼭대기 양효를 따른다는 말이다. 다섯째 음효는 꼭대기 양효의 아래에 있으니(효위), 유가 유순하여 강을 따르는 상이다(효상).「상」은 효사의 '거정길居貞吉'을, 황무지를 개간하는 것은 바름에 머무는 것이고, 이것은 곧 다섯째 음효가 유순하여 꼭대기 양효를 따르기 때문이라고 해석하였다. 고형은 '상'을 임금으로 해석하였다.

上九. 由頤, 厲, 吉. 利涉大川.
꼭대기 양효는 바르게 먹으니, 위태로우나 길하다. 큰 내를 건너면 이롭다.

우번은 "'유'는 스스로 따르는 것(由, 自從也)"이라고 하였다. '유由'는 따르다는 뜻의 종從이다. '유이由頤'는 올바른 방법을 따라 먹는다는 뜻이다.

象曰 '由頤厲吉', 大有慶也.
'바르게 먹으니 위태로우나 길하다'는 것은 크게 경사가 있다는 것이다.

「상」은 '경慶'으로 효사의 '길'을 해석하였다. 효사의 '유이려길由頤厲吉'
을, 올바른 방법을 따라 먹으니 위태로움을 극복할 수 있어, 크게 경사가 있
다고 해석하였다.

28. 대과大過

大過. 棟橈, 利有攸往, 亨.

대과는 마룻대가 굽었으니, 갈 곳이 있으면 이롭고 형통하다.

'대과大過'는 괘명이며, 큰 것이 잘못되었다는 뜻이다. '동棟'은 마룻대이다. '요橈'는 굽다는 뜻의 곡곡曲曲이다. '동뇨棟橈'는 마룻대가 지붕의 무게를 지탱하기에 부족하여 굽었다는 것이다.

象曰 大過, 大者過也. '棟橈', 本末弱也. 剛過而中, 巽而說, 行. '利有攸往', 乃'亨'. 大過之時大矣哉.

대과는 큰 것이 잘못되었다는 것이다. '마룻대가 굽었다'는 것은 처음과 끝이 약하기 때문이다. 강이 잘못되었으나 가운데 자리에 있고, 겸손하여 기뻐하며 행한다. '갈 곳이 있으면 이롭다'는 것은 곧 '형통하다'는 것이다. 대과의 때는 크기도 하다.

[大過] 괘명이다. 「서괘」에 “기르지 않으면 움직일 수 없으니, 그러므로 대과괘로 받는다(不養則不可動, 故受之以大過)”고 하였다. ‘기르지 않으면 움직일 수 없다’는 것은 크게 잘못된 것이다. 「단」은 ‘대과’를 큰 것이 잘못되었다, 「상」은 크게 잘못되었다고 해석하였다. 정이는 “괘는 윗괘가 태이고 아랫괘는 손이다. 못이 나무 위에 있으니 나무를 없애는 것이다. 못은 나무를 윤택하게 기르는 것인데, 나무를 없애는 데 이르렀으니, 대과의 뜻이다(爲卦, 上兌下巽, 澤在木上, 滅木也. 澤者潤養於木, 乃至滅沒於木, 爲大過之義)”라고 하였다.

[大過, 大者過也.] 괘체를 가지고 괘명을 해석하였다. 괘명이 ‘대과大過’인 것은 큰 것이 잘못되었다는 것이라는 말이다. ‘대大’는 곧 양陽이다. 대과괘의 가운데 네 양이 지나치게 강함을 말한 것이다. 주희는 “‘대大’는 양이다. 네 양이 가운데에 있어 지나치게 성하므로 대과이다(大, 陽也. 四陽居中過盛, 故爲大過)”라고 하였다.

[‘棟橈’, 本末弱也.] 괘체를 가지고 괘사를 해석하였다. 주희는 “‘본’은 처음 음효를, ‘말’은 꼭대기 음효를, ‘약’은 음이 유약한 것을 말한다(本謂初, 末謂上, 弱謂陰柔)”라고 하였다. 대과괘의 중간의 네 효는 양효이고 강이다. 처음과 꼭대기는 음효이고 유이다. 처음 효는 괘체의 근본(本)이고, 꼭대기 효는 괘체의 끝(末)이다. 그런즉 대과는 가운데 부분은 단단하나 ‘처음과 끝은 약하니(本末弱)’, 마룻대가 굽었다는 것이다. 「단」은 괘사의 ‘동요棟橈’를, 마룻대의 가운데 부분은 단단하나 처음과 끝이 약하기 때문에 마룻대가 굽었다고 해석하였다.

[剛過而中] ‘강과이중’에 대해 몇 가지 해석이 있다. 우번은 “‘강과이중’은 둘째 양효를 말한다(剛過而中, 謂二也)”고 하였다. 왕필은 ‘강剛’은 둘째 양효이고, 둘째 양효가 음의 자리에 있으니 잘못되었고, 또 가운데 자리에 있으니 중이라고 하였다(謂二也. 居陰, 過也. 處二, 中也). 공영달이 이를 따랐다. 정이는 ‘강과剛過’는 네 양효가 두 음효보다 성하다는 것이고, ‘중中’은 둘째 양효와 다섯째 양효가 각각 가운데 자리에 있는 것을 가리킨다고 하였

다(剛雖過, 而二五皆得中, 是處不失中道也). 주희, 래지덕, 진몽뢰 등이 이를 따랐다. 고형은 '강과剛過'는 둘째 양효, 넷째 양효가 음의 자리에 있는 것이라 하고, '중中'은 둘째, 다섯째 양효가 각각 가운데 자리에 있는 것이라고 하였다. 진고응도 이렇게 해석하였다. 이러한 해석은 모두 통한다.

[巽而說, 行.] 대과괘는 아랫괘가 손巽이고 윗괘는 태兌이다. 손은 겸손함(巽)이고 태는 기뻐함(悅)이다. 그런즉 대과괘는 또 '겸손하여 기뻐함'이다. 겸손하여 기뻐하며 행한다는 말이다.

['利有攸往', 乃'亨'.] 괘사를 해석하였다. 갈 곳이 있으면 이로운 것은 곧 형통하기 때문이라는 말이다. 다시 말해 대과괘가 형통한 것은 갈 곳이 있어 이롭기 때문이라는 말이다. 「단」은 괘사 '형'을 가지고 괘사 '이유유왕'을 해석하였다. 정이는 "아랫괘는 손이고 윗괘는 태이니 그래서 겸손하여 기뻐함의 도로써 행하는 것이다. 크게 잘못되었을 때, 중도를 지니고 겸손하여 기뻐함으로 행하니, 그러므로 갈 곳이 있으면 이롭고 곧 형통할 수 있는 것이다(下巽上兌, 是以巽順和說之道而行也. 在大過之時, 以中道巽說而行, 故利有攸往, 乃所以能亨也)"라고 하였다.

[大過之時大矣哉.] 괘의를 말하였다. 대과의 때는 크기도 하다는 말이다. 우번은 효사를 인용하여 "나라의 대사는 제사와 군사에 있다. 제사에 흰 띠풀로 짠 자리를 사용하고, 젊은 아내가 자식을 낳고, 대를 이어 제사를 받드니, 그러므로 크기도 하다(國之大事, 在祀與戎. 藉用白茅, 女妻有子, 繼世承祀, 故大矣哉)"고 하였다. 정이는 "대과의 때는 그 일이 매우 크니, 그러므로 이를 찬양하여 '대의재'라고 하였다. 예컨대, 평범하지 않은 큰일을 세우고, 백세의 큰 공을 일으키고, 세속을 뛰어넘는 큰 덕을 이루는 것이 모두 '대과'의 일이다(大過之時, 其事甚大, 故贊之曰大矣哉. 如立非常之大事, 興百世之大功, 成絶俗之大德, 皆大過之事也)"라고 하였다.

象曰 澤滅木, 大過. 君子以獨立不懼, 遯世无悶.

못이 나무를 침몰시키는 것이 대과괘의 상이다. 군자는 이 괘상을 본받아 홀로 서서 두려워하지 아니하고, 세상을 숨어서 살아가니 번민이 없다.

[澤滅木, 大過.] '멸滅'은 없어지다는 뜻의 몰沒, 침몰시키다는 뜻의 엄淹이다. 대과괘는 윗괘가 태兌이고 아랫괘는 손巽이다. 태는 못(澤)이고 손은 나무(木)이다. 그런즉 '못이 나무를 침몰시키는 것'이 대과괘의 상이다.

[君子以獨立不懼, 遯世无悶.] '구懼'는 두려워하다는 뜻의 공恐이다. '둔遯'은 숨다는 뜻의 은隱이다. 못이 나무를 침몰시키니, 크게 잘못되었다. 군자는 이 괘상을 보고 이를 본받아 홀로 서서 두려워하지 아니하고, 벼슬에 나아가지 않고 세상을 숨어서 살아가니 번민이 없다.

初六. 藉用白茅, 无咎.

처음 음효는 흰 띠 풀로 짠 자리를 깔았으니, 허물이 없다.

'자藉'는 자리를 깔다는 뜻의 천薦이다. '백모白茅'는 풀 이름이다

象曰 '藉用白茅', 柔在下也.

'흰 띠 풀로 짠 자리를 깔았다'는 것은 유가 아래에 있다는 것이다.

「상」은 '유柔'를 가지고 효사의 '백모白茅'를, '하下'를 가지고 '자藉'를 해석하였다. '유柔'는 처음 음효를 가리키며, '하下'는 처음 음효가 아래에 있다는 것이다. 처음 음효는 유이며 한 괘의 아랫자리에 있으니(효위), 부드러운 것이 아래에 있는 상이다(효상). 「상」은 효사의 '자용백모藉用白茅'를,

부드러운 흰 띠 풀로 짠 자리를 아래에 깔았다고 해석하였다. 「계사」 상·8 장에 "처음 음효에 '흰 띠 풀로 짠 자리를 깔았으니, 허물이 없다'고 하였다. 공자께서 말씀하셨다. '땅에 놓아도 좋으나 띠 풀을 사용하여 깔았으니, 무슨 허물이 있겠는가? 신중함이 지극한 것이다. 띠 풀의 물건 됨은 얇으나 쓰임은 중하다. 신중한 도를 따라 행하니, 잃는 바가 없다'(初六 藉用白茅, 无咎. 子曰 苟錯諸地而可矣. 藉之用茅, 何咎之有, 愼之至也. 夫茅之爲物薄, 而用可重也. 愼斯術也以往, 其无所失矣)"고 하였다. 「계사」는 '흰 띠 풀로 짠 자리를 깔았다'는 것을, 지극히 신중하게 일을 처리하는 것으로 해석하였다. 「상」은 상수로, 「계사」는 의리로 해석하였다.

九二. 枯楊生稊, 老夫得其女妻, 无不利.
둘째 양효는 마른 버드나무에 새잎이 나고, 늙은 사내가 젊은 처를 얻었으니, 이롭지 않음이 없다.

'제稊'는 『석문』에 정현이 '제荑'로 하였다(鄭作荑). 잎이 처음 나는 것이다. '부夫'는 남자를, '여女'는 젊은 여자를 가리킨다.

象曰 '老夫女妻', 過以相與也.
'늙은 사내가 젊은 처를 얻었다'는 것은 잘못하여 서로 짝이 되었다는 것이다.

'과過'는 과실, 잘못이다. '이以'는 이而다. '상여相與'는 두 사람이 함께 있는 것을 여與라고 하므로, 짝이 맞다는 뜻의 상배相配와 같다(고형). 「상」은 효사의 '노부여처老夫女妻'를, 늙은 사내가 젊은 처를 얻었다는 것은 서로 나이가 맞지 않는데 짝이 되어 잘못되었다고 해석하였다. 「상」은 효사의

‘무불리无不利’는 해석하지 않았다.

九三. 棟橈, 凶.
셋째 양효는 마룻대가 굽었으니, 흉하다.

‘동棟’은 마룻대이다. ‘요橈’는 굽다는 뜻의 곡曲이다. 『석문』에는 ‘곡절曲折’이라고 하였다.

象曰 ‘棟橈’之‘凶’, 不可以有輔也.
‘마룻대가 굽었으니, 흉하다’는 것은 도울 수 없다는 것이다.

‘보輔’는 돕는다는 뜻의 조助, 부扶이다. 굽은 마룻대를 바르게 할 수 있도록 나무를 갖다 대어 돕는다는 뜻이다. 「상」은 효사의 ‘동뇨흉棟橈凶’을, 마룻대가 굽었으나 도와서 바로잡지 못하기 때문에 흉하다고 해석하였다.

九四. 棟隆, 吉. 有它, 吝.
넷째 양효는 마룻대가 높이 솟아올랐으니, 길하다. 뜻밖의 환난이 있으면 어렵다.

‘동棟’은 마룻대이다. ‘융隆’은 높다는 뜻의 고高이다. 옛말에 뜻밖의 환난을 ‘타它’라고 하였다. ‘유타有它’는 뜻밖의 환난이 있다는 말이다. ‘인吝’은 어렵다는 뜻의 난難이다.

象曰 '棟隆'之'吉', 不橈乎下也.

① '마룻대가 높이 솟아올랐으니 길하다'는 것은 아래에 굽히지 않는다는
   것이다.

② '마룻대가 높이 솟아올랐으니 길하다'는 것은 아래가 굽지 않았기 때문
   이다.

이 구절은 두 가지로 해석할 수 있다. 하나는 전통적인 해석인데, 효위를
가지고 해석한 것이다. '하下'를 처음 음효로 보고, 넷째 양효는 처음 음효
와 서로 응하나, 아래(처음 음효)를 향해 굽히지 않기 때문에 길하다고 해석
하는 것이다. 왕필이 이렇게 해석하자 뒷사람들은 이를 따랐다. 또 하나는
고형의 해석이다. 그는 효사의 '동융길棟隆吉'을 마룻대 아래의 마룻대를 받
치는 기둥이 굽지 않았기 때문에 길하다고 해석하였다. 두 가지 해석은 모
두 통한다.

九五. 枯楊生華, 老婦得其士夫, 无咎无譽.
다섯째 양효는 마른 버드나무에 꽃이 피고, 늙은 여자가 젊은 남편을 얻었
으니, 허물도 명예도 없다.

'화華'는 화花의 옛 글자이다. '부婦'는 이미 시집 간 여자 혹은 시집 간 적
이 있는 여자이고, '사士'는 아직 장가들지 않은 남자이다(고형).

象曰 '枯楊生華', 何可久也. '老婦士夫', 亦可醜也.
'마른 버드나무에 꽃이 핀다'는 것은 오래 갈 수 없다는 것이다. '늙은 여
자가 젊은 남편을 얻는다'는 것은 또한 추할 수 있다는 것이다.

「상」은 효사의 '고양생화枯楊生華'를, 마른 버드나무에 핀 꽃은 오래 갈 수 없다고 해석하였다. '노부사부老婦士夫'는 늙은 여자가 젊은 남편을 얻는 것은 또한 추할 수 있다고 해석하였다. 「상」은 효사의 '무구무예无咎无譽'는 해석하지 않았다.

上六. 過涉滅頂, 凶, 无咎.
꼭대기 음효는 물을 잘못 건너다가 머리가 잠기니, 흉하나 허물이 없다.

'과過'는 잘못하다는 뜻의 오誤이다. '섭涉'은 건너다는 뜻의 도渡이다. '과섭過涉'은 오섭誤涉과 같으며, 물을 잘못 건너다는 뜻이다. '멸滅'은 없어 지다는 뜻의 몰沒이다. '멸정滅頂'은 머리가 물에 잠긴다는 뜻이다.

象曰 '過涉'之'凶', 不可'咎'也.
'물을 잘못 건너다가 머리가 잠기니 흉하다'는 것은 허물이라고 할 수 없 다는 것이다.

'구咎'는 허물이라는 뜻의 과過이다. 「상」은 '불가구不可咎'를 가지고 효 사의 '무구无咎'를 해석하였다. 효사의 '과섭멸정흉過涉滅頂凶'은 물을 잘못 건너다가 머리가 잠기니 흉하나 이미 물을 건넜으므로 허물이라고 할 수 없 다고 해석하였다. 정이는 "물을 건너다가 빠진 것은 스스로 그렇게 한 것이 므로, 허물이 있다고 할 수 없으니, 원망할 바가 없음을 말한다(過涉至溺, 乃 自爲之, 不可以有咎也, 言无所怨咎)"고 해석하였다.

29. 감坎

習坎. 有孚, 維心亨, 行有尚.

감은 믿음이 있으면 오로지 마음은 형통하니, 가면 상이 있다.

'습감習坎'의 '습習'자는 잘못 들어간 것이다. '감坎'은 괘명이며, 물(水)이고, 험난함(險)이다. '부孚'는 믿음이라는 뜻의 신신이다. '유維'는 유惟로 읽으며(고형), 다만, 오직, 오로지라는 뜻이다. '형亨'은 형통하다는 뜻의 통通이다. '상尙'은 상賞으로 읽는다.

象曰 '習坎', 重險也. 水流而不盈, 行險而不失其信. '維心亨', 乃以剛中也. '行有尙', 往有功也. 天險, 不可升也. 地險, 山川丘陵也. 王公設險, 以守其國. 險之時用大矣哉.

'습감'은 험난함이 겹친 것이다. 물이 흐르나 가득 차지 않으며, 험난함 속에 행하나 믿음을 잃지 않는다. '오로지 마음은 형통하다'는 것은, 강이 가운데 자리에 있기 때문이다. '가면 상이 있다'는 것은 가면 공이 있다는 것이다. 하늘이 험난한 것은 오를 수 없기 때문이다. 땅이 험난한 것은 산천 구릉이 있기 때문이다. 왕과 제후는 험난한 것을 만들어 그 나라를 지킨다. 감의 때의 쓰임은 크기도 하다.

[習坎] '습감'은 습襲으로 읽으며, 겹치다는 뜻의 중重이다(육적). 두 개의 감坎이 서로 겹쳐 있으므로 '습감習坎'이라고 한 것이다. 이것은 괘체가 '습감'이라는 것이지, 괘명이 '습감'이라는 말이 아니다. 손巽「단」에 "손을 겹쳐 교명을 거듭 펼친다(重巽以申命)"고 하였는데, '중손重巽'은 손괘의 괘체를 말한 것이지, 괘명을 가리키는 것이 아닌 것과 같다. 괘사의 '습감習坎'의 '습習'자는 처음 음효의 효사와 「단」의 '습감習坎' 두 글자와 관련되어 잘못 들어간 것이다(고형). 「상」의 '습감習坎'도 '습習'자가 잘못 들어간 것이다. 「서괘」와 「잡괘」는 모두 감坎이라고 하였다. 『석문』에 "'감'은 본래 또한 감으로 하였다 … 험난하다는 뜻의 험, 구덩이라는 뜻의 함이다(本亦作埳, … 險也, 陷也)"라고 하였다. 「서괘」에 "사물은 끝까지 그릇될 수 없으니, 그러므로 감괘로 받는다. 감은 구덩이이다(物不可以終過, 故受之以坎. 坎者, 陷也)"라고 하였다. 「단」은 '감坎'을 험난하다는 뜻의 험險, 「상」은 구덩이라는 뜻의 함陷으로 새겼다. 정이는 "괘 가운데는 한 양이고 위아래는 두 음이다. 양은 실하고 음은 허하니, 위아래는 의지할 곳이 없다. 한 양이 두 음 속에 빠져 있으므로 구덩이라는 뜻이다(卦中一陽上下二陰, 陽實陰虛, 上下无據, 一陽陷於二陰之中, 故爲坎陷之義)"라고 하였다.

['習坎', 重險也.] 괘상으로 괘명을 해석하였다. '습習'은 겹치다는 뜻의 중重이고, '감坎'은 험난하다는 뜻의 험險이다. 감괘는 위아래 모두 감이니, 험난함이 겹친 것이다. 「단」은 '중重'으로 습習을, '험險'으로 감坎을 해석하였다.

[水流而不盈, 行險而不失其信.] 괘상으로 괘사 '유부有孚'를 해석하였다. 감은 또 물(水)이다. 감이 겹쳐 있으니, 물이 서로 접하여 흐르나 가득 차지 않는 것이다. '행험'은 감은 위아래 모두 감이니, 험난함 속에 행한다는 말이

다. 「단」은 '부孚'를 믿음이라는 뜻의 신信으로 해석하였다. 험난함(坎) 속에 행하나 그 믿음(孚)을 잃지 않는다는 말이다. 「단」은 '감'을 또 물(水)로 해석하였고, 「상」도 같다.

['維心亨', 乃以剛中也. '行有尙', 往有功也.] '강剛'은 둘째와 다섯째 양효를 가리키며, '중中'은 두 효가 윗괘와 아랫괘의 가운데 자리에 있다는 것이다. 「단」은 괘사의 '유심형維心亨'을, 오로지 마음이 형통한 것은 강이 가운데 자리에 있기 때문이라고 해석하였다. '행유상行有尙'은 가면 공이 있기 때문에 상을 받는다고 해석하였다. 물이 흐르나 가득 차지 않으며, 험난함 속에 행하나 그 믿음을 잃지 않고, 강건하고 중정의 덕을 지니고 있으니, 가면 공이 있다는 것이다.

[天險, 不可升也. 地險, 山川丘陵也. 王公設險, 以守其國.] 이하 괘의를 말하였다. '능릉陵'은 재라는 뜻의 영嶺이다. 하늘이 험난한 것은 오를 수 없기 때문이다. 땅이 험난한 것은 산천구릉이 있기 때문이다. 왕과 제후는 성곽 등의 험난한 것을 만들어 그 나라를 지킨다. 험난한 것은 때에 맞게 사용하면 이로운 것이다.

[險之時用大矣哉.] '험險'은 당연히 '감坎'으로 해야 한다. 앞의 '천험天險' '지험地險' '왕공설험王公設險'의 세 험險자를 따라 잘못 쓴 것이다. 「단」에서 '대의재大矣哉'를 말한 것은 모두 11괘인데, 먼저 괘명을 들고, 그 다음 '시時' 혹은 '시의時義' 혹은 '시용時用'을 말한 후 '대의재'라고 하였다. '시용時用'은 때에 알맞게 사용한다는 뜻이다. 험난한 것을 만들어 때에 알맞게 사용하니, 감의 때의 쓰임은 크기도 하다는 말이다. 「단」에서 '시용時用'을 말한 괘는 감坎, 규睽, 건蹇 등 3괘이다.

象曰 水洊至, 習坎. 君子以常德行, 習敎事.

물이 연이어 이르는 것이 감괘의 상이다. 군자는 이 괘상을 본받아 항상 도덕 수행을 하고, 정교의 일을 익힌다(혹은 덕행을 숭상하고, 가르치는 일을 익힌다).

[水洊至, 習坎.] '천洊'은 다시라는 뜻의 재再이다(육적). '수천지水洊至'는
물이 연이어 이르는 것이다. '습習'자는 잘못 들어간 글자이다(고형). 감괘
의 위 아랫괘는 모두 감坎이다. 감은 물(水)이다. 그런즉 '물이 연이어 이르
는 것'이 감괘의 상이다.

[君子以常德行, 習敎事.] '상常'은 항상, 영구히라는 뜻이다. '덕행德行'은
도덕 수행이다. 상덕행常德行은 항상 도덕 수행을 한다는 뜻이다. '습習'은
익히는 것이다. '교敎'는 정교政敎(공영달), 교령敎令(우번, 정이)이다. 래지
덕은 '백성을 가르치는 것(敎民)'이라고 하였다. 두 개의 감坎이 겹쳐 있어
물이 연이어 이르니, 물은 끊임없이 앞으로 흘러간다. 군자는 이 괘상을 보
고 이를 본받아 끊임없이 도덕 수행을 하고, 정교를 익혀 앞으로 나아간다.
고형은 '상常'을 상尙으로 읽고, 숭상하다는 뜻이며, '상덕행尙德行'은 덕행
을 숭상한다는 뜻이라 하고, "덕행을 숭상하고 가르치는 일을 학습한다"고
해석하였다.

初六. 習坎, 入于坎窞, 凶.
처음 음효는 구덩이가 겹쳐 있어, 구덩이 속에 들어가니 또 구덩이가 있다.
흉하다.

'습習'은 습襲으로 읽으며, 겹치다는 뜻의 중重이다. '감坎'은 구덩이라는
뜻의 갱坑이다. '습감習坎'은 구덩이가 겹쳐 있다는 말이다. '담窞'은 역시
구덩이라는 뜻(坎中小坎)이다. 구덩이가 겹쳐 있으니(習坎), 당연히 구덩이
속에 또 구덩이가 있는 것이다(坎窞).

象曰 '習坎入坎', 失道 '凶'也.

'구덩이가 겹쳐 있어 구덩이 속에 들어간다'는 것은 길을 잃어 '흉하다'는 것이다.

「상」은 효사의 '습감입감習坎入坎'을, 길을 잃고 구덩이 속으로 들어가니 또 구덩이가 있어 흉하다고 해석하였다.

九二. 坎有險, 求小得.

둘째 양효는 구덩이 속에 위험이 있으나, 구하면 조금 얻는다.

'감坎'은 구덩이라는 뜻의 갱坑이다. '소득小得'은 조금 얻는다는 뜻이다.

象曰 '求小得', 未出中也.

'구하면 조금 얻는다'는 것은 중도에서 벗어나지 않았기 때문이다.

'중中'은 둘째 양효가 아랫괘의 가운데 자리에 있다는 것이며(효위), 중도를 행하는 상이다(효상). 「상」은 효사의 '구소득求小得'을, 둘째 양효가 가운데 자리에 있어, 중도를 행하는 것에서 벗어나지 않았기 때문에, 구덩이 속에 위험이 있으나 구하면 조금 얻는다고 해석하였다. 순상은 '중'을 험중 險中으로 보고, "위험 속에서 나오지 못한다(未出於險中)"고 해석하였는데, 왕필도 '중'을 '험지중險之中'으로 보고, "위험 속에서 나올 수 없다(未能出 險之中)"고 하였고, 공영달도 "위험 속에서 나올 수 없다(未得出險之中)"고 하였다. 정이는 '중中'을 감중지험坎中之險으로 보고, "구덩이 속의 위험에 서 나올 수 없다(未能出坎中之險)"고 해석하였다. 고형은 '중中'을 바르다는 뜻의 정正으로 읽고, "구덩이 속에 위험이 있으니, 구하는 것이 있으면 본래 매우 얻기 어려우나, 조금 얻을 수 있는 것은 구하는 바가 바름(正道)에서 떨어지지 않았기 때문"이라고 해석하였다. 이러한 해석은 모두 통한다.

六三. 來之坎坎, 險且枕. 入于坎窞, 勿用.
셋째 음효는 오고 가도 모두 구덩이이며, 위험하고 또 깊다. 구덩이 속에 들어가니 또 구덩이가 있다. 움직이지 말라.

'지之'는 가다는 뜻의 왕往이다. '래지來之'는 래왕來往과 같다(굴만리). '침枕'은 침沈으로 읽으며, 깊다는 뜻의 심深이다. '담窞'은 역시 구덩이라는 뜻이다. '물용勿用'은 물동勿動과 같으며, 움직이지 말라는 뜻이다.

象曰 '來之坎坎', 終无功也.
'오고 가도 모두 구덩이이다'는 것은 끝내 공이 없다는 것이다.

왕필은 "셋째 음효는 음의 자리가 아닌 곳에 있으며, 또 두 구덩이 사이에 처하여, 나가도 구덩이이고 머물러도 구덩이이므로 '래지감감'이다(旣履非 其位, 而又處兩坎之間, 出則之坎, 居則亦坎, 故曰來之坎坎也)"라고 하였다. 「상」은 효사의 '래지감감來之坎坎'을, 오고 가도 모두 구덩이 뿐인데, 구덩이 속에 들어가 함부로 움직이면 끝내 구덩이에서 빠져 나오는 공이 없다고 해석하였다.

六四. 樽酒簋貳用缶, 納約自牖, 終无咎.
넷째 음효는 술병의 술과 밥그릇 두 개는 질그릇을 사용하여, 창을 통해 들리고 받으니, 마침내 허물이 없다.

'준樽'은 술을 담는 그릇, 즉 술병이다. '궤簋'는 밥을 담는 그릇, 즉 밥그릇이다. '이貳'는 두 이二이다. '부缶'는 질그릇이다. '납納'은 들여보내는 것이다. '약約'은 탁擢으로 읽으며, 받아내는 것이다(고형). '유牖'은 집 벽 위의 창窓이다.

象曰 '樽酒簋貳', 剛柔際也.
'술병의 술과 밥그릇 두 개'라는 것은 강과 유가 교접하고 있다는 것이다.

'강剛'은 다섯째 양효를, '유柔'는 넷째 음효를 가리킨다. 넷째 음효와 다섯째 양효는 음과 양이 위아래에 있으니(효위), 서로 교접하고 있는 상이다(효상). '제際'는 교접交接하다는 뜻이다. 왕필은 "강유가 서로 이웃하여 친한 것을 제際라 이른다(剛柔相比而相親焉, 際之謂也)"고 하였고, 정이는 "강유는 넷째 음효와 다섯째 양효를 가리키며, 군신이 교제하는 것을 말한다(剛柔指四與五, 謂君臣之交際也)"고 하였다. 「상」은 효사의 '준주궤이樽酒簋貳'를, 술병의 술과 밥그릇 두 개를 창을 통해 들리고 받는다는 것은 넷째 음효와 다섯째 양효가 서로 교접하고 있기 때문이라고 해석하였다.

九五. 坎不盈, 祗旣平, 无咎.
다섯째 양효는 구덩이는 가득 차지 않았는데, 작은 언덕은 이미 평평하게 되었으나, 허물이 없다.

『석문』에 정현은 "'지祗'는 당연히 저이며, 작은 언덕이다(當爲坻, 小丘也)"라고 하였다.

象曰 '坎不盈', 中未大也.
'구덩이는 가득 차지 않았다'는 것은 중도를 행하나 (공이) 크지 않다는 것
이다.

'중中'은 다섯째 양효가 윗괘의 가운데 자리에 있다는 것이며(효위), 중도
를 행하는 상이다(효상). 또 다섯째 양효는 윗괘의 가운데 자리에 있으나 두
음 사이에 있으므로(효위), 공이 크지 않는 상이다(효상). 「상」은 효사의
'감불영坎不盈'을, 구덩이는 가득 차지 않았는데 작은 언덕은 이미 평평하게
되었으니, 다섯째 양효가 가운데 자리에서 중도를 행하나 구덩이를 채우는
공이 크지 않다고 해석하였다. 고형은 "중정의 도를 행하는 것이 크지 않다"
고 해석하였다.

上六. 係用徽纆, 棘于叢棘, 三歲不得, 凶.
꼭대기 음효는 밧줄로 단단히 묶어 감옥에 놓아두었는데, 삼 년이 되어도
풀려나지 않으니, 흉하다.

'계係'는 묶다는 뜻의 계繫이다. 『석문』에 유표는 "'휘徽'는 세 가닥으로
꼰 줄, '묵纆'은 두 가닥으로 꼰 줄이며, 모두 줄 이름이다(三股曰徽, 兩股曰
纆, 皆索名)"라고 하였다. '휘묵徽纆'은 밧줄이며, 죄인을 묶을 때 사용하였
다. 우번은 '검은 밧줄(黑索)'이라고 하였다. '치寘'는 놓다는 뜻의 치置이다
(우번). '총극叢棘'은 감옥을 가리킨다. 우번은 "옥사 밖에 아홉 그루의 가
시나무를 심었으므로 '총극'이라 한다(獄外種九棘, 故稱叢棘)"고 하였고, 고
형은 "감옥 주위에 가시나무를 심어 죄인이 도망가지 못하게 하였으므로 감
옥을 '총극'이라 칭하였다"고 하였다. '삼세三歲'는 삼 년이다. '득得'은 놓
다, 석방하다는 치置의 뜻이다. 우번은 "'부득'은 감옥에서 나올 수 없다는

말이다(不得謂不得出獄)"고 하였다. '삼세부득三歲不得'은 삼 년이 되어도
풀려나지 않는다는 말이다.

象曰 '上六'失道, '凶三歲'也.
'꼭대기 음효가 흉한 것이 삼 년'이라는 것은 정도를 잃었다는 것이다.

이 구절은 '흉삼세凶三歲, 실도야失道也'라고 하는 것이 바르다. 「상」의 여
섯 효사의 끝 글자 '흉凶', '중中', '공功'은 운이며, '제際', '대大', '세歲' 또
한 운이다. 운을 맞추기 위해 의도적으로 도치하였다. '도道'는 정도이다.
「상」은 효사의 '흉삼세凶三歲'를, 삼 년이 되어도 풀려나지 않으니 흉한 것
은 가둔 사람이 정도를 잃은 것이라고 해석하였다.

30. 리離

離上

離下

離. 利貞, 亨. 畜牝牛吉.

리는 바르니 이롭고, 형통하다. 암소를 기르면 길하다.

'리離'는 괘명이며, 붙다는 뜻의 려麗, 부착하다는 뜻의 부附이다. '이利'는 이롭다는 뜻이다. '정貞'은 바르다는 뜻의 정正이다. '이정'은 바르니 이롭다는 말이다. '형亨'은 형통하다는 뜻의 통通이다. '축畜'은 기르다는 뜻의 양養이다(우번). '축'은 '훅'으로도 발음한다. 『석문』에 "'축畜'은 허와 육의 반절(許六反)"이라고 하였는데, '훅'으로 발음한다는 것이다. '축'은 중국 발음에 기르다는 동사로는 '쉬xu', 짐승 가축이라는 명사로는 '추chu', 두 가지 발음이 있다. 우리 발음으로 앞의 것은 '훅'이고 뒤의 것은 '축'이다. 그러나 우리는 동사로도 축양畜養, 축견畜犬, 축우畜牛와 같이 습관적으로 '축'으로 발음한다. '빈牝'은 조수鳥獸의 암컷이다. '빈우牝牛'는 암소이다. '축빈우길畜牝牛吉'은 암소의 성질이 유순하여 사람에게 붙을 수 있어 암소를 기르면 길하다는 말이다.

象曰 離, 麗也. 日月麗乎天, 百穀草木麗乎土. 重明以麗乎正, 乃
化成天下. 柔麗乎中正, 故'亨', 是以'畜牝牛吉'也.

리는 붙어 있는 것이다. 해와 달은 하늘에 붙어 있고, 백곡과 초목은 땅에
붙어 있다. 밝음이 겹쳐서 바름에 붙어 있으니, 곧 천하를 교화하여 이룬
다. 유가 가운데 자리에 붙어 있으므로 '형통하다'는 것이고, 그래서 '암소
를 기르면 길하다'는 것이다.

[離] 괘명이다. 「서괘」에 "구덩이에는 반드시 붙는 곳이 있으니, 그러므로
리괘로 받는다. 리는 붙는다는 것이다(陷必有所麗, 故受之以離. 離者, 麗也)"
라고 하였는데, 「단」과 「상」의 뜻과 같다. '려麗'는 붙다는 뜻의 착着, 부附이
며, 곧 부착하다는 뜻이다. '리離'는 곧 붙다는 뜻의 려麗이다. 정이는 "리는
붙다는 뜻의 리, 밝다는 뜻의 명이다. 음이 위아래의 양에 붙어 있는 것을
취하면 붙다는 뜻이 되고, 가운데가 허한 것을 취하면 밝다는 뜻이 된다(離,
麗也, 明也. 取其陰麗於上下之陽, 則爲附麗之義. 取其中虛, 則爲明義)"라고 하
였다.

　[離, 麗也.] 괘명을 해석하였다. 괘명이 리離인 것은, '리離'는 붙다는 뜻의
려麗라는 말이다.

　[日月麗乎天, 百穀草木麗乎土.] 괘의를 가지고 괘명을 해석하였다. '토土'는
『집해』에 '지地'로 되어 있다. 『석문』에 "'토'는 왕숙본에 지로 하였다(王肅
本作地)"고 하고, 『설문』 역시 '지地'로 하였다. 『역전』은 주로 '천지天地'를
함께 말하였으니, 지地로 하는 것이 바르다(고형). 「단」이 '지地'로 하지 않
고 '토土'로 한 것은 '토土'와 아래 문장 '화성천하化成天下'의 '하下'는 협운
이 되기 때문이다(진고응). 리는 붙어 있다는 뜻인데, 해와 달은 하늘에 붙
어 있고, 백곡 초목은 땅에 붙어 있다는 말이다.

　[重明以麗乎正, 乃化成天下.] 괘상으로 괘사 '이정利貞'을 해석하였다. '중
명重明'은 밝음이 겹쳐 있다는 뜻이다. 리괘는 위아래 모두 리이며, 리는 곧

해이고 밝음(明)이다. 그런즉 그 괘상은 '밝음이 겹쳐 있다(重明)'는 것이다. 「단」은 '정正'을 가지고 괘사의 '정貞'을 해석하였다. '정正'은 곧 정도正道이며, 어긋남이 없는 것이다. '화化'는 화육化育 혹은 교화敎化의 뜻이다. 「단」은 괘사의 '이정利貞'을, 밝음이 겹쳐서 바름에 붙어 있으니, 곧 천하를 교화하여 이룬다고 해석하였다. 그래서 바르니 이롭다는 것이다.

[柔麗乎中正, 故 '亨', 是以 '畜牝牛吉'也.] 괘체를 가지고 괘사를 해석하였다. '유柔'는 둘째와 다섯째 음효를 가리킨다. '중정中正'은 두 음효가 각각 위 아래괘의 가운데 자리에 있고, 둘째 음효는 또 바른 자리에 있다는 것이다. 정이는 "둘째와 다섯째는 유순하여 중정에 붙어 있으므로 형통할 수 있다(二五以柔順麗於中正, 所以能亨)"고 하였다. 「단」은 괘사의 '형亨'을, 유가 가운데 자리에 붙어 있으므로 형통하다고 한 것이며, 또 괘사의 '축빈우길畜牝牛吉'은 암소의 성질이 유순하여 사람에게 붙으니, 암소를 기르면 길하다고 해석하였다.

象曰 明兩作, 離. 大人以繼明照于四方.
해가 두 번 떠오르는 것이 리괘의 상이다. 대인은 이 괘상을 본받아 밝음을 이어서 사방을 비춘다.

[明兩作, 離.] 『역전』은 해(日)를 '대명大明'이라 칭하고 또 '명명明明'이라고 칭하였다. '작作'은 『석문』에 정현이 "일어나다는 뜻의 기起"라고 하였다. 떠오르다는 뜻이다. 리괘는 위 아래괘가 모두 리이다. 리는 해이고 밝음이다. 그런즉 '해가 두 번 떠오르는 것'이 리괘의 상이다.

[大人以繼明照于四方.] '대인大人'은 「문언」에서 "해와 달과 더불어 그 밝음을 합하는 사람(夫大人者, 與日月合其明)"이라고 하였다. 정이는 "대인은 덕으로 말하면 성인이고, 자리로 말하면 곧 왕된 자이다(大人, 以德言則聖人, 以位言則王者)"라고 하였다. '사방四方'은 곧 천하이다. 해가 두 번 떠오르

니, 천하가 밝다. 대인은 이 괘상을 보고 이를 본받아 그 밝음을 이어서 천
하를 밝게 비춘다.

初九. 履錯然, 敬之, 无咎.
처음 양효는 앞으로 나아감에 신중하고 경계하면, 허물이 없다.

'이履'는 밟다, 즉 앞으로 나아간다는 뜻이다. 왕필은 "'착연'은 경계하고
삼가는 모양(錯然者, 警愼之貌也)"이라고 하였다. '착연'은 곧 신중하다는 뜻
이다. 『석문』에는 '경敬'을 경警으로 하였다. '경敬'은 경계하다는 뜻의 경
警, 삼가다는 뜻의 신愼이다.

象曰 '履錯'之 '敬', 以辟咎也.
'앞으로 나아감에 신중하고 경계한다'는 것은 허물을 모면한다는 것이다.

'벽辟'은 피避로 읽으며 피하다, 모면하다는 뜻이다. 「상」은 효사의 '이착
경履錯敬'을, 앞으로 나아감에 신중하고 경계한다면 허물을 모면할 수 있다
고 해석하였다.

六二. 黃離, 元吉.
둘째 음효는 황색이 붙었으니, 크게 길하다.

'황黃'은 황색이다. 『역전』은 황색을 길한 것으로 여겼다. '리離'는 붙다는
뜻의 려麗이다. '황리黃離'는 황색이 붙어 있다는 것이다. '원元'은 크다는
뜻의 대大이다.

象曰 '黃離元吉', 得中道也.
'황색이 붙었으니, 크게 길하다'는 것은 중도를 얻었기 때문이다.

'중中'은 둘째 음효가 음의 자리에 있으면서 아랫괘의 가운데 자리에 있다는 것이며(효위), 중도를 얻은 상이다(효상). '중도'란 뜻과 행실이 바르다는 말이다. 「상」은 효사의 '황리원길黃離元吉'을, 황색이 붙었으니 크게 길하다는 것은 둘째 음효가 가운데 자리에 있어 중도를 얻었기 때문이라고 해석하였다. 왕필은 '중'을 가지고 효사의 '황'을 해석하여, '황리黃離'를 리괘의 가운데 자리를 얻은 것으로 해석하였다.

九三. 日昃之離, 不鼓缶而歌, 則大耋之嗟, 凶.
셋째 양효는 해가 기우는데 붙어 있으니, 부를 두드리고 노래를 부르지 않으면, 늙은이는 탄식하니, 흉하다.

'일측日昃'은 일측日側이며, 해가 기우는 것이다. '리離'는 붙다는 뜻이다. 『석문』에 정현은 "'고鼓'는 두드리다는 뜻의 격擊"이라고 하였다. '부缶'는 질그릇이다. 옛날에는 이것을 악기로도 사용하였다. '대질大耋'은 늙은이이다. 『석문』에 마융은 "70을 질이라 한다(七十曰耋)", 왕숙은 "80을 질이라 한다(八十曰耋)"고 하였다. '차嗟'는 탄식하는 것이다.

象曰 '日昃之離', 何可久也.
'해가 기우는데 붙어 있다'는 것은 오래 갈 수 없다는 것이다.

「상」은 효사의 '일측지리日昃之離'를, 해가 서쪽으로 기우는데 하늘에 붙

어 있으니 오래 가지 않아 해가 떨어질 것이라고 해석하였다. 마찬가지로 사람이 늙어 오래 가지 않아 죽을 것이니, 부를 두드리고 노래를 불러 즐기기 않는다면, 늙은이는 탄식할 것이니, 흉하다는 말이다.

九四. 突如其來如, 焚如, 死如, 棄如.
넷째 양효는 갑자기 와서 불태우고, 죽이고, 던져버린다.

'돌突'은 갑자기라는 뜻이다. '여如'는 '지之'와 같다. '분焚'은 불태우는 것이다.

象曰 '突如其來如', 无所容也.
'갑자기 왔다'는 것은 받아들이는 곳이 없다는 것이다.

「상」은 효사의 '돌여기래여突如其來如'를, 갑자기 와서 불태우고 죽이고 던져버리니, 받아들이는 곳이 없다고 해석하였다. 즉 받아들이는 곳이 없으므로 갑자기 와서 불태우고 죽이고 던져버린다는 것이다. 「상」은 효사를 어떻게 이해한 것인지, 필자는 알 수 없다. 고형은 해석하지 않았다.

六五. 出涕沱若, 戚嗟若, 吉.
다섯째 음효는 눈물을 줄줄 흘리며 슬퍼하고 탄식하나, 길하다.

'체涕'는 눈물 누淚이다. '타沱'는 눈물을 많이 흘리는 것이다. '타약沱若'은 눈물을 많이 흘리는 모양이다. '척戚'은 근심하고(憂), 슬퍼하는(悲) 모양이다. '차약嗟若'은 탄식하는 모양이다.

象曰 '六五'之'吉', 離王公也.
'다섯째 음효'가 '길'한 것은 왕공에게 붙어 있기 때문이다.

'리離'는 붙다는 뜻의 여麗이다. 『석문』에 정현은 '여麗'로 하였다. 다섯째 음효는 꼭대기 양효의 아래에 있으니(효위), 음이 양에 붙어 있고 신하가 왕공에게 붙어 있는 상이다(효상). 「상」은 효사의 '길吉'을, 눈물을 줄줄 흘리며 슬퍼하고 탄식하나, 길한 것은 다섯째 음효가 왕공인 꼭대기 양효에 붙어 있기 때문이라고 해석하였다. 고형은 "신하가 눈물을 줄줄 흘리며 슬퍼하고 탄식하는 것은 불행한 일을 만났기 때문이나 길한 것으로 돌아가는 것은 왕공에게 붙어 왕공의 비호와 구원을 받기 때문"이라고 해석하였다.

上九. 王用出征, 有嘉折首, 獲匪其醜, 无咎.
꼭대기 양효는 왕이 출정하여, 기쁜 일이 있어 적의 머리를 베었고, 악한 그 적을 사로잡았으니, 허물이 없다.

'가嘉'는 기쁜 일(喜事)이다. '절수折首'는 참수斬首와 같다. '비匪'는 악하다는 뜻의 악惡이다. '추醜'는 적을 가리키며, 적에 대한 증오의 표현이다. '획추獲醜'는 적의 무리를 사로잡은 것을 말한다.

象曰 '王用出征', 以正邦也. ('獲匪其醜', 大有功也).
'왕이 출정한다'는 것은 나라를 안정시킨다는 것이다.('악한 그 적을 사로잡았다'는 것은 크게 공이 있다는 것이다)

현행 통행본에는 '획비기추獲匪其醜'의 두 구절이 없으나, 『석문』에 "왕숙

본에는 이 아래에 다시 '획비기추, 대유공야'가 있다(王肅本, 此下更有 '獲匪
其醜, 大有功也')"고 하였다. '이以'는 '이지以之'의 지之를 생략한 것이며,
'지之'는 왕이 출정한 것을 가리킨다. '정正'은 정定과 같다(고형). '정방正
邦'은 나라를 안정시킨다는 뜻이다. 「상」은 효사의 '왕용출정王用出征'을, 왕
이 출정하여 싸움에 이겨 나라를 안정시켰으며, '획비기추獲匪其醜'는 왕이
악한 그 적을 사로잡았으니 크게 전공이 있다고 해석하였다.

하 전

31. 함咸

咸. 亨, 利貞. 取女吉.

함은 형통하고, 바르게 하여 이롭다. 장가들면 길하다.

'함咸'은 괘명이며, 감응하다는 뜻의 감感이다. '형亨'은 형통하다는 뜻의 통通이다. '정貞'은 바르다는 뜻의 정正이다. '이정'은 바르게 하여 이롭다는 말이다. '취取'는 『석문』에 "장가들다는 뜻의 취娶"로 하였다(本亦作娶).

象曰 咸, 感也. 柔上而剛下, 二氣感應以相與. 止而說, 男下女, 是以'亨利貞, 取女吉'也. 天地感而萬物化生, 聖人感人心而天下和平. 觀其所感, 而天地萬物之情可見矣.

함은 감응하는 것이다. 유는 위에 강은 아래에 있어, 두 기가 감응하여 함께 있다. 멈추어 기뻐하며, 남자가 여자의 아래에 있으니, 그래서 '형통하고, 바르게 하여 이롭다, 장가를 들면 길하다'고 한 것이다. 천지가 감응하니 만물이 변화하여 자라난다. 성인이 사람의 마음을 감화하니 천하가 평화롭다. 그 감응하는 바를 보고 천지 만물의 정황을 알 수 있다.

[咸] 괘명이다. '함'은 느끼다는 뜻의 감感으로 읽는다. 자연계로 말하면 음양의 감응을 말하고, 인간계로 말하면 남녀의 교감을 말한다. 『설문』에 "'감'은 사람의 마음을 움직이는 것(感, 動人心也)"이라 하였고, 『이아』「석고」에 "'감'은 움직이다는 뜻의 동(感, 動也)"이라고 하였다. 이것은 '감'을 감동의 뜻으로 해석한 것이다. '감동感動'이란 느껴서 마음이 움직이는 것이니, 곧 감응이요, 교감의 뜻이다.「단」은 감응하다,「상」은 감응하다는 것과 움직이다는 뜻으로 새겼다.

[咸, 感也.] 괘명을 해석하였다. 괘명이 '함咸'인 것은 '함'은 감응하다는 뜻의 감感이며, 강유가 서로 감응하고 남녀가 서로 교감하는 것이라는 말이다.

[柔上而剛下] 괘체를 가지고 괘명을 해석하였다. '유상이강하'에 대해 세 가지 해석이 있다. 하나는 효를 가지고 해석한 것이다. 촉재는 '유'를 꼭대기 음효, '강'을 셋째 양효로 보았다. "함괘는 비괘否卦를 근본으로 하였다. 비괘의 셋째 음효가 위로 올라가 함괘의 꼭대기 음효가 되었고, 비괘의 꼭대기 양효가 아래로 내려와 함괘의 셋째 양효가 되었다. 이것이 '유상이강하'이다(此本否卦, 六三升上, 上九降三, 是柔上而剛下)"라고 하였다. 주준성과 상병화가 이를 따랐다. 또 하나는 괘를 가지고 해석한 것이다. 공영달은 '유'를 함괘의 윗괘인 태로, '강'은 아랫괘인 간으로 보았다. "간은 강이고 태는 유이다. 만약 강이 스스로 위에 있고, 유가 스스로 아래에 있다면, 서로 교감하지 않으니 통할 수 없게 된다. 지금 유인 태는 위에 있고 강인 간은 아래에 있으니, 이것이 두 기가 감응하여 서로 주는 것이며, 감은 형통하다는 것이 되는 것이다(艮剛而兌柔. 若剛自在上, 柔自在下, 則不相交感, 无由得通. 今兌柔在上而艮剛在下, 是二氣感應以相授與, 所以爲咸亨也)"라고 하였다. 진몽뢰, 고형, 유백민 등이 이를 따랐다. 래지덕은 종괘로 해석하였다. "'유상'은 항괘의 아랫괘인 손이 위로 가서 함괘의 태가 된 것이고, '강하'는 항괘의 윗괘의 진이 아래로 와서 함괘의 간이 된 것이다(柔上者, 恒下卦之

巽, 上而爲咸之兌也. 剛下者, 恒上卦之震, 下而爲咸之艮也)"라고 하였다. 마지막 하나는 괘와 효, 두 가지를 가지고 해석한 것이다. 정이는 "함괘에서 유효는 위로 올라가고 강효는 아래로 내려와서, 유는 위에서 강을 변화시켜 태가 되고, 강은 아래에서 유를 변화시켜 간이 되니, 음양이 서로 교합하고 남녀가 교감하는 뜻이다. 또 여자인 태는 위에 있고 남자인 간은 아래에 있으니, 또한 '유상이강하'이다(在卦, 則柔爻上而剛爻下, 柔上變剛而成兌, 剛下變柔而成艮, 陰陽相交, 爲男女交感之義. 又兌女在上, 艮男在下, 亦柔上而剛下也)"라고 하였다. 정이는 '유'는 꼭대기 음효, '강'은 셋째 양효로 보았는데, 이들은 각각 강유를 변화시켜 태괘와 간괘가 되어 음양이 교합한다고 하였다. '음양상교', '남녀교감'은 곧 태괘와 간괘의 감응을 말한다. 또 태괘는 여자이고 위에, 간괘는 남자이며 아래에 있으니, 이것 또한 '유상이강하'라고 하였다. 진고응이 이와 같이 해석하였다. 주희는 "유인 태가 위에 있고, 강인 간이 아래에 있다(兌柔在上, 艮剛在下)"고 하였고, 또 '유'를 꼭대기 음효, '강'을 다섯째 양효로 보고, "혹은 괘변으로 '유상이강하'의 뜻을 말할 수 있다. 함괘는 여괘에서 온 것이다. 유는 위로 올라가 꼭대기 음효의 자리에 있고, 강은 아래로 내려와 다섯째 양효의 자리에 있다고 하여도 또한 통한다(或以卦變言柔上而剛下之義. 曰咸自旅來. 柔上居六, 剛下居五也. 亦通)"고 하였다. 여괘의 다섯째 음효와 꼭대기 양효가 자리를 바꾸어 함괘가 되었다는 말이다. 이러한 해석은 모두 통한다.

[二氣感應以相與] 괘상을 가지고 괘명을 해석하였다. '이기二氣'는 곧 유인 태兌와 강인 간艮, 즉 음양 두 기를 말한다. 태는 못이며 음이고, 간은 산이며 양이다. 「설괘」에 "산과 못은 기를 통한다(山澤通氣)"고 하였다. 「단」은 '감응'을 가지고 괘명 감을 해석하였다. '상여相與'는 더불어 있다는 뜻의 상처相處와 같다. 『석문』에 정현은 "친하다는 뜻의 친親"이라고 하였다. 함괘의 괘상은 음기가 위로 올라가고 양기가 아래로 내려오니, 음양 두 기가 감응하여 함께 있는 것이다.

[止而說] 괘덕으로 괘사를 해석하였다. 함괘는 아랫괘가 간艮이고 윗괘는

태兌이다. 간은 멈춤(止)이고 태는 기뻐함(說)이다. 그런즉 함괘는 '멈추어 기뻐한다'는 것이다.

[男下女] 괘상으로 괘사를 해석하였다. 함괘의 윗괘인 태는 소녀少女이고, 아랫괘인 간은 소남少男이다. 함괘의 괘상은 여자가 위에 있고 남자가 아래에 있으니, 곧 남자가 여자의 아래에 있는 것이다.

[是以 '亨利貞, 取女吉'也.] 「단」은 '형리정'으로 이어 썼지만, 태兌와 소과小過에서처럼 '형, 이정'으로 읽는 것이 바르다. 「단」은 괘사의 '형'을, 음양이 감응하고 남녀가 교감하므로 형통하다고 해석하였다. '이정'은 음양과 남녀가 바르게 감응하므로 바르게 하여 이롭다고 해석하였다. '취녀길'은 남녀가 서로 감응하면 길하므로 장가들면 길하다고 해석하였다.

[天地感而萬物化生. 聖人感人心而天下和平.] 이하 괘의卦義를 말하였다. '천지'는 곧 음양 두 기이다. 태괘 「단」에 "천지가 교합하여 만물이 형통하다(天地交而萬物通也)"고 하였다. 천지가 감응하니 이로써 만물이 변화하고 자라난다. 성인은 사람의 마음을 감화하니 이로써 천하는 평화롭다는 말이다.

[觀其所感, 而天地萬物之情可見矣.] '정情'은 천지 만물의 각종 현상이다. 자연계와 인간계의 모든 현상을 망라하여 '정情' 하나로 표현하였다. 천지 만물은 모두 서로 감응한다. 천지 만물이 서로 감感하는 바를 보면 천지 만물의 정황을 알 수 있다는 것이다. 「단」에서 31번 함, 32번 항, 34번 대장, 45번 췌 등, 네 괘에서 '天地萬物之情可見矣'라고 하였다.

象曰 山上有澤, 咸. 君子以虛受人.

산 위에 못이 있는 것이 함괘의 상이다. 군자는 이 괘상을 본받아 겸허하게 사람을 받아들인다.

[山上有澤, 咸.] 함괘는 아랫괘가 간艮이고 윗괘는 태兌이다. 간은 산(山)이고 태는 못(澤)이다. 그런즉 '산 위에 못이 있는 것'이 함괘의 상이다. 최경

은 "산은 높은 곳에서 내려오고 못은 아래에서 올라가니, 산과 못이 기를 통하는 것이 함괘의 상이다(山高而降, 澤下而升, 山澤通氣, 咸之象也)"고 하였다. 「상」의 대상 역시 '함'을 감응하다는 뜻으로 새겼다.

[君子以虛受人] '허虛'는 겸허謙虛, 혹은 허심虛心이다. 산 위에 못이 있으니, 산과 못은 기를 통하고, 위아래는 감응한다. 군자는 이 괘상을 보고 이를 본받아 겸허한 마음으로 사람을 받아들여 서로 감응한다.

정이는 "군자는 산과 못이 기를 통하는 상을 보고, 그 마음을 비워 사람을 받아들인다. 사람의 마음은 비면 받아들일 수 있고, 가득차면 들어갈 수 없다. 마음을 비운다는 것은 무아이다. 마음에 사사로운 주인이 없으면 감응하여 통하지 아니하는 것이 없다(君子觀山澤通氣之象, 而虛其中以受於人. 夫人中虛則能受, 實則不能入矣. 虛中者, 无我也. 中无私主, 則无感不通)"고 하였다. 정이의 해석이 아주 좋다.

初六. 咸其拇.
처음 음효는 엄지발가락을 움직인다.

'함咸'은 감感으로 읽으며, 움직이다는 뜻의 동動이다. 사람의 마음을 움직인다는 뜻이 파생되어 사물을 움직이는 것 또한 감感이라고 한다. '무拇'는 『석문』에 마융, 정현, 설우는 '엄지발가락'이라 하였고, 자하는 '무'로 하였다(馬鄭薛云 足大指也. 子夏作踇). '무'는 엄지발가락이다. '함기무'는 엄지발가락을 움직인다는 것이다.

象曰 '咸其拇', 志在外也.
'엄지발가락을 움직인다'는 것은 뜻이 밖에 있다는 것이다.

'외外'는 외괘外卦, 즉 윗괘의 넷째 양효를 가리킨다. 우번은 "(처음 음효는) 자신의 자리가 아니나 멀리 응하고 있으니, 넷째 양효로 가서 바름을 얻으므로 '지재외'라고 하였다. 넷째 양효를 말한다(失位遠應, 之四得正, 故志在外, 謂四也)"고 하였다. 왕필은 "넷째 양효는 윗괘에 속한다(四屬外也)"고 하였다. 본효와 넷째 양효는 서로 응한다. 왕필 이후 모두 이를 따랐다. 「상」은 효사의 '함기무咸其拇'를, 엄지발가락을 움직이는 것은 처음 음효가 지향하는 것이 윗괘의 넷째 양효에 있다고 해석하였다. 고형은 '외外'를 단순히 밖으로 보고, "엄지발가락을 움직이는 것은 그 뜻이 밖으로 나가는 데 있다"고 해석하였다. 이렇게 해석해도 통한다.

六二. 咸其腓, 凶. 居, 吉.

둘째 음효는 장딴지를 움직이니 흉하나, 머무르면 길하다.

'함咸'은 움직이다는 뜻의 동動이다. '비腓'는 장딴지이다. '함기비'는 장딴지를 움직인다는 것이다. '거居'는 머무르다는 뜻이다.

象曰 雖'凶居吉', 順不害也.

비록 '흉하나 머무르면 길하다'는 것은 유순하여 (혹은 삼가면) 해가 없다는 것이다.

「상」은 '순순順'으로 효사의 '거居'를, '불해不害'로 '길吉'을 해석하였다. 둘째 음효는 음이므로 '순순順'이라 하였고, 중정中正이므로 '불해不害'라고 하였다. 효사의 '흉거길凶居吉'은 둘째 음효가 유순하여 해가 없으므로, 흉하나 머무르면 길하다고 해석하였다. 고형은 '순순順'을 삼가다는 뜻의 신慎으로 읽고, "장딴지를 움직여 멀리 가는 것은 비록 흉하나, 삼가여 나가지 않

고 편안히 거하여 움직이지 않으면, 해가 없고 곧 길하다"고 해석하였다. 굴
만리도 '순'을 신으로 읽었다.

九三. 咸其股, 執其隨, 往吝.
셋째 양효는 다리를 움직여 남을 따르는 것을 견지하니, 가면 어렵다.

'함咸'은 움직이다는 뜻의 동動이다. '고股'는 다리이다. '함기고'는 다리
를 움직인다는 것이다. '집執'은 고집하다, 견지하다는 뜻이다. '수隨'는 따
르다는 뜻의 종從이다. 「상」은 '수인隨人'으로 하여, 남을 따르는 것으로 해
석하였다. '집기수'는 다른 사람을 따르는 것을 견지한다는 것이다. '인吝'
은 어렵다는 뜻의 난難이다.

象曰 '咸其股', 亦不處也. 志在'隨'人, 所'執'下也.
'다리를 움직인다'는 것은 또한 가만히 있지 않는다는 것이다. 뜻이 남을
'따르는 데' 있으니, '견지하는 것'이 아래에 있다(혹은 아래에 처한다)는
것이다.

'처處'는 지止의 뜻이며, 멈추어 움직이지 않는 것이다. '불처不處'는 가만
히 있지 않는다는 것, 즉 움직인다는 것이다. '인人'과 '하下'는 둘째 음효를
가리킨다. 셋째 양효는 둘째 음효와 이웃하고(比) 있으니(효위), 셋째 양효
(남)가 아래의 둘째 음효(여)를 따르는 상이다(효상). 「상」은 효사의 '함기
고咸其股'를, 다리를 움직인다는 것은 가만히 있지 않는 것이라고 해석하였
다. '집기수執其隨'는 셋째 양효는 비록 꼭대기 음효와 응하고 있으나, 그 뜻
이 둘째 음효를 따르는 데 있으니, 견지하는 것이 아래의 둘째 음효에 있다
고 해석하였다. 고형은 '하下'는 스스로 낮추어 아래에 처하는 것이라 하고,

"그 뜻이 다른 사람을 따르는 데 있으니, 견지하고 있는 주장은 스스로 낮추어 기꺼이 사람의 아래에 처한다는 것"이라고 해석하였다. 두 가지 해석은 모두 통한다.

九四. 貞吉, 悔亡. 憧憧往來, 朋從爾思.
넷째 양효는 바르게 하여 길하니 뉘우침이 없어진다. 뜻을 정하지 못하고 왔다 갔다 하니, 벗이 너의 생각을 따른다.

'정貞'은 바르다는 뜻의 정正이다. '회悔'는 뉘우친다, '망亡'은 없어진다는 뜻이다. '정길회망貞吉悔亡'은 뜻과 행실을 바르게 하여 길하니, 뉘우침이 장차 없어진다는 말이다. '동憧'은 뜻을 정하지 못한다는 뜻이다. '동동'은 마음이 잡히지 않는 모양, 왔다 갔다 하는 모양이다. 『석문』에 왕숙은 "갔다 왔다하는 것이 끊이지 않는 모양(往來不絕貌)", 유표는 "뜻이 정해지지 않은 것(意未定也)"이라 하였고, 우번은 '회사려懷思慮', 즉 마음이 잡히지 않는 모양으로 해석하였다. '붕朋'은 벗이다. '이爾'는 너를 가리킨다. '사思'는 생각하다는 뜻의 여慮이다(굴만리).

象曰 '貞吉悔亡', 未感害也. '憧憧往來', 未光大也.
'바르게 하여 길하니 뉘우침이 없어진다'는 것은 해로움을 느끼지 않는다는 것이다. '뜻을 정하지 못하고 왔다 갔다 한다'는 것은 (생각하는 것이) 넓고 크지 않다는 것이다.

'광光'은 넓다는 뜻의 광廣이다. 「상」은 '미감해未感害'를 가지고 효사의 '회망悔亡'을 해석하였다. 즉 효사의 '정길회망貞吉悔亡'은 뜻과 행실을 바르게 하여 길하니, 해로움을 느끼지 않는다고 해석하였다. '동동왕래憧憧往

來'는 생각하는 것이 아직 넓고 크지 않기 때문에 뜻을 정하지 못하고 왔다 갔다 한다고 해석하였다. 「계사」 하·5장에 "『역』에 말하기를 '뜻을 정하지 못하고 왔다 갔다 하니, 벗이 너의 생각을 따른다'고 하였다. 공자께서 말씀하셨다. '천하는 무엇을 생각하고 무엇을 근심하겠는가? 천하는 같은 곳으로 귀결되나 길은 다르고, 같이 한 곳에 이르나 생각은 백 가지이다. 천하는 무엇을 생각하고 무엇을 근심하겠는가? 해가 지면 달이 뜨고, 달이 지면 해가 뜬다. 해와 달이 서로 바뀌어 밝음이 생겨난다. 추위가 가면 더위가 오고, 더위가 가면 추위가 온다. 추위와 더위가 서로 바뀌어 해가 이루어진다. 가는 것은 굽는 것이고, 오는 것은 펴는 것이다. 굽는 것과 펴는 것이 서로 감응하여 이로움이 생겨난다. 자벌레가 굽는 것은 펼침을 구하기 위해서이다. 용과 뱀이 몸을 숨기는 것은 몸을 보존하기 위해서이다. (주역점의) 이치에 정통하여 신묘한 경지에 들어가는 것은 그것의 쓰임을 다하기 위해서이다. (주역점을) 잘 사용하여 몸을 편안히 하는 것은 그 덕(작용)을 높이기 위해서이다. 이것을 지나쳐서 가면 혹 (주역점의 미묘한 도리를) 알지 못한다. (주역점의) 신묘함을 다하고 그 변화를 아니, 덕이 성대한 것이다'(易曰 憧憧往來, 朋從爾思. 子曰 天下何思何慮? 天下同歸而殊涂, 一致而百慮. 天下何思何慮? 日往則月來, 月往則日來, 日月相推而明生焉. 寒往則署來, 署往則寒來, 寒暑相推而歲成焉. 往者屈也, 來者信也, 屈信相感而利生焉. 尺蠖之屈, 以求信也. 龍蛇之蟄, 以存身也. 精義入神, 以致用也. 利用安身, 以崇德也. 過此以往, 未之或知也. 窮神知化, 德之盛也)"라고 하였다. 「계사」는 뜻을 정하지 못하고 왔다 갔다 하니, 벗이 네가 점쳐 알려 준 것을 따른다고 해석하였는데, 「상」의 해석과 다르다.

九五. 咸其脢, 无悔.

다섯째 양효는 등살을 움직이니, 뉘우침이 없다.

'함咸'은 움직이다는 뜻의 동動이다. '매脢'는 등살(背肉)이다. 『정의』에 마융은 '등(背)'이라 하였고, 정현은 '등뼈살(脊肉)'이라고 하였다. 『설문』에는 '등살(背肉)'이라고 하였다. '함기매'는 등살을 움직인다는 것이다.

象曰 '咸其脢', 志末也.

'등살을 움직인다'는 것은 뜻이 끝에 있다는 것이다.

'말末'은 꼭대기 음효를 가리킨다. 28번 대과 「단」에 '본말약야本末弱也'라고 하였는데, '말'은 곧 대과괘 꼭대기 음효를 가리킨다. '지말志末'은 곧 '지재말志在末'이다. 「상」은 효사의 '함기매咸其脢'를, 그 뜻이 꼭대기 음효에 있으므로 등살을 움직인다고 해석하였다. 다섯째 양효는 꼭대기 음효의 아래에 있으니(효위), 꼭대기 음효를 등에 지고 있는 상이다(효상). 다섯째와 꼭대기는 음양이 서로 이웃하여 있으므로 뉘우침이 없다고 하였다. 이정조는 "'말'은 꼭대기 양효이다. … 다섯째 양효는 꼭대기 음효와 이웃하고 있다. … '지말'은 다섯째 양효의 뜻이 꼭대기 양효에 감응하는 것을 말한다(末猶上也. … 五比於上. … 志末者, 謂五志感於上也)"고 하였다. 고형은 '말末'은 대수롭지 않는 일(微末之事)로 보고, "사람이 등살을 움직여 물건을 지는데, 그 뜻이 대수롭지 않는 일에 있으므로 뉘우침이 없다"고 해석하였다.

上六. 咸其輔頰舌.

꼭대기 음효는 뺨과 혀를 움직인다.

'함咸'은 움직이다는 뜻의 동動이다. '보輔'는 『석문』에 "우번은 부䩉로 하고, 귀와 눈 사이(虞作䩉, 云耳目之間)"라고 하였다. '보'는 뺨이라는 뜻의 부䩉로 읽으며, '협頰' 역시 뺨이라는 뜻이다. '보협輔頰'은 뺨이다. '설舌'은

358

혀이다.

象曰 '咸其輔頰舌', 滕口說也.
'뺨과 혀를 움직인다'는 것은 구설에 올랐다는 것이다.

'등구설滕口說'에 대한 해석은 분분하다. 정현은 '등滕'을 '구송口送'으로 읽고, "함도가 지극히 엷으므로 다만 말을 보내어 서로 감응할 뿐(咸道極薄, 徒送口舌言語相感而已)"이라고 해석하였고, 우번은 '등滕'을 잉媵으로 읽어, 보내다는 뜻의 송送으로 보고, '등구설'은 말을 보내는 것(滕口說也)이라고 해석하였다. 왕필은 "뺨과 혀를 움직인다는 것은 곧 말을 잘한다는 것이다 (咸其輔頰舌, 則滕口說也)"라고 하여 '등구설'을 말을 잘하는 것(善於言說)으로, 공영달은 '등滕'을 '경여競與'의 뜻으로 읽고, 말을 다투는 것(競爲言說) 으로 해석하였다. 정이와 주희는 '등滕'을 오르다는 뜻의 등騰으로 읽고, 입 과 혀에 올랐다(騰揚於口舌)고 해석하였고, 래지덕은 입을 열어 하고 싶은 대로 말하는 모양(張口騁辭貌)이라고 하였다. 유백민은 "'협頰'은 맹희孟喜 가 협俠으로 하였는데, 가볍다는 뜻의 경輕이다. '협설俠舌'은 곧 말을 가볍 게 하는 것이다" 하고, "입과 혀가 있으나 참됨이 없는 것(有其口舌而無其 實)"이라고 해석하였다. 고형은 말을 물 흐르듯 잘하는 것(口若懸河)으로, 진고응은 '등滕'을 묶다는 뜻의 등縢으로 읽고, 입을 다물고 말이 없는 것 (緘口寡言)으로 해석하였다. 이러한 해석은 모두 통한다. 필자는 정이의 해 석을 따라 '등滕'은 오르다는 뜻의 등騰으로 읽고, '구설口說'은 오늘날의 구 설口舌이며, 시비하는 말로 해석하였다. '등구설滕口說'은 구설에 올랐다, 즉 구설수가 있다는 말이다. 「상」은 효사의 '함기보협설咸其輔頰舌'을, 뺨과 혀를 움직인다는 것은 구설에 올랐다는 것이라고 해석하였다.

32. 항恒

恒. 亨, 无咎. 利貞. 利有攸往.

항은 형통하여 허물이 없다. 바르니 이롭다. 갈 곳이 있으면 이롭다.

'항恒'은 괘명이며, 항구하다는 뜻의 구久이다. '형亨'은 형통하다는 뜻의 통通이다. '정貞'은 바르다는 뜻의 정正이다. '이정'은 바르니 이롭다는 말이다.

象日 恒, 久也. 剛上而柔下, 雷風相與, 巽而動, 剛柔皆應, 恒. 恒 '亨无咎利貞', 久於其道也, 天地之道恒久而不已也. '利有攸往', 終則有始也. 日月得天而能久照, 四時變化而能久成, 聖人久於 其道而天下化成. 觀其所恒, 而天地萬物之情可見矣.

항은 항구하다는 것이다. 강이 위에 유가 아래에 있고, 우레와 바람이 함께 있으며, 겸손하여 움직이고, 강유가 모두 응하는 것이 항이다. 항이 '형통하여 허물이 없고, 바르니 이롭다'는 것은 그 도에 항구하기 때문이다. (천지의 도는 항구하여 멈추지 않는다) '갈 곳이 있으면 이롭다'는 것은 끝나면 또 시작한다는 것이다. 천지의 도는 항구하여 멈추지 않는다. 해와 달은 하늘을 얻어 항구히 비출 수 있고, 사계절이 변화하여 항구히 이룰 수 있으며, 성인은 그 도에 항구하여 천하가 교화되고 이루어진다. 항구하는 바를 보면 천지 만물의 정황을 알 수 있다.

[恒] 괘명이다. 「서괘」에 "부부의 도는 오래가지 않을 수 없으니, 그러므로 항괘로 받는다. 항은 항구하다는 것이다(夫婦之道不可以不久也, 故受之以恒. 恒, 久也)"라 하였고, 「잡괘」에서도 "'항'은 항구하다는 뜻의 구(恒, 久也)"라고 하였다. 『설문』에 "'항'은 항상이라는 뜻의 상(恒, 常也)", 『석문』에는 "항구하다는 뜻의 구(恒, 久也)"라고 하였다. '항'은 항구하다는 뜻이다. 「단」과 「상」은 모두 항구하다는 뜻으로 새겼다.

[恒, 久也.] 괘명을 해석하였다. 괘명이 '항恒'인 것은 '항'은 항구하다는 뜻의 구久라는 말이다.

[剛上而柔下] 괘체를 가지고 괘명을 해석하였다. '강상이유하'에 대해 세 가지 해석이 있다. 하나는 효를 가지고 해석한 것이다. 촉재는 '강'은 넷째 양효, '유'는 처음 음효로 보았다. "항괘는 태괘를 근본으로 하였다. 태괘의 넷째 음효가 아래로 내려와 항괘의 처음 음효가 되었고, 태괘의 처음 양효가 위로 올라가 항괘의 넷째 양효가 되었다. 이것이 '강상이유하'이다(此本泰卦, 六四降初, 初九升四, 是剛上而柔下也)"고 하였다. 주준성과 상병화가 이를 따랐다. 정이 역시 '강'은 넷째 양효, '유'는 처음 음효로 보았다. "'강상이유하'는 건의 처음 양효가 위로 올라가서 항괘의 넷째 양효의 자리에 있고, 곤의 처음 음효가 아래로 내려와서 항괘의 처음 음효의 자리에 있어, 강효가 위에 있고 유효가 아래에 있는 것을 말한다(剛上而柔下, 謂乾之初上居於四, 坤之初下居於初, 剛爻上而柔爻下也)"고 하였다. 또 하나는 괘를 가지고 해석한 것이다. 항괘의 윗괘는 진震이고 아랫괘는 손巽이다. 진은 강이고 위에 있으며, 손은 유이고 아래에 있다는 것이다. 왕필은 "강은 높고 유는 낮

으니, 그 순서를 얻었다(剛尊柔卑, 得其序也)"고 하였는데, 공영달은 이를 해석하여 "진은 강이고 손은 유이다. 진은 강이고 높으니 위에 있고, 손은 유이고 낮으니 아래에 있어, 그 순서를 얻었으므로 항이 되는 것이다(震剛而巽柔. 震則剛尊在上, 巽則柔卑在下, 得其順序所以爲恒也)"라고 하였다. 진몽뢰, 고형, 유백민, 진고응 등이 이를 따랐다. 래지덕은 종괘로 해석하였다. "본괘의 종괘는 함괘이다. '강상'은 함괘의 아랫괘인 간이 위로 가서 항괘의 진이 된 것이고, '유하'는 함괘의 윗괘인 태가 아래로 와서 항괘의 손이 된 것이다(本卦綜咸. 剛上者, 咸下卦之艮, 上而爲恒之震也. 柔下者, 咸上卦之泰, 下而爲恒之巽也)"라고 하였다. 마지막 하나는 괘와 효, 두 가지를 가지고 해석하는 것이다. 주희는 "강인 진이 위에 있고, 유인 손이 아래에 있다(震剛在上, 巽柔在下)"고 하였고, 또 '강'은 둘째 양효, '유'는 처음 음효로 보고, "혹은 괘변으로 '강상유하'의 뜻을 말할 수 있다. 항괘는 풍괘에서 온 것이다. 강이 위로 올라가 둘째 양효의 자리에 있고, 유는 아래로 내려와 처음 음효의 자리에 있다고 하여도 또한 통한다(或以卦變言剛上柔下之義. 曰恒自豐來. 剛上居二, 柔下居初也. 亦通)"고 하였다. 풍괘의 아래 두 음양효가 서로 자리를 바꾼 것으로 해석하였다. 이러한 해석은 모두 통한다. 항괘의 괘상이 '강이 위에 유가 아래에 있다'는 것은 왕필의 해석처럼 그 순서를 얻은 것이다. 즉 임금과 신하가 위아래에 처하고, 남자와 여자가 위아래에 있는 것이 인간계의 항구적인 도(恒道)라는 말이다.

[雷風相與] 괘상으로 괘명을 해석하였다. 항괘는 윗괘가 진震이고 아랫괘는 손巽이다. 진은 우레(雷)이고 손은 바람(風)이다. 그런즉 항괘의 괘상은 '우레와 바람이 함께 있는 것'이다. 우레는 위에서 바람은 아래에서 운행하는 것은 자연계의 항구적인 도이다.

[巽而動] 괘덕으로 괘명을 해석하였다. 항괘의 아랫괘인 손은 겸손함(巽)이고, 윗괘인 진은 움직임(動)이다. 항괘는 또 '겸손하여 움직이는 것'이다. 이것은 사람의 항구적인 도이다.

[剛柔皆應, 恒.] 항괘의 처음 음효와 넷째 양효, 둘째 양효와 다섯째 음효,

셋째 양효와 꼭대기 음효는 강유가 서로 응한다. 항괘는 여섯 효가 ‘강유가 모두 응하는 것’이다. 자연계로 말하면 천지 만물이 응하고 음양 강유가 응한다. 인간계로 말하면 군신 상하가 응하고 부부 남녀가 응하니, 이것은 자연계와 인간계의 항구적인 도이다. 항괘는 위의 네 가지의 항구하다는 뜻을 지니고 있다. 그래서 괘명이 ‘항恒’이다.

[恒‘亨无咎利貞’, 久於其道也.] 이하 괘사를 해석하였다. ‘도道’는 항도恒道이다. 왕필은 ‘항구할 수 있는 도(可久之道)’, 공영달은 ‘항구한 도(恒久之道)’, 정이는 ‘항의 정도(恒之正道)’, 래지덕은 ‘천지의 정도(天地之正道)’, 진고응은 ‘항상의 도(恒常之道)’, 고형과 주백곤은 ‘정도正道’라고 하였다. 「단」은 괘사의 ‘형무구이정’을, 형통하여 허물이 없고 바르니 이롭다는 것은 항도에 항구하기 때문이라고 해석하였다. 즉 항도를 지니고 버리지 않으니, 형통하고 허물이 없으며 바르니 이롭다는 것이다.

[天地之道恒久而不已也] 고형은 “‘天地之道恒久而不已也’와 ‘利有攸往終則有始也’는 당연히 그 자리를 바꿔야 한다. 아마 옮겨 쓰면서 잘못되었을 것이다”라고 하였다. 지금 「단」은 괘사를 해석하고 있으므로 고형의 주장이 맞다.

[‘利有攸往’, 終則有始也.] ‘종즉유시’의 ‘유有’는 우又로 읽는다. 「단」은 괘사의 ‘이유유왕’을, 갈 곳이 있으면 이롭다는 것은 끝나면 또 시작하고, 이르면 또 돌아오고, 반복하는 것이 끝이 없는 것이라고 해석하였다.

[天地之道恒久而不已也.] 이하 괘의를 말하였다. ‘천지’와 ‘일월’과 ‘사시’와 ‘성인’이 나란히 항구적인 규율을 가지고 있음을 설명한 것이다. ‘천지의 도는 항구하여 멈추지 않는다’는 것은 천지는 항구적인 규율을 가지고 있다는 말이다. 항구적인 규율은 곧 변화와 불변을 겸하여 말한 것이다. ‘천도’는 아래에서 일월과 사시를, ‘지도’는 성인을 가지고 말하였다.

[日月得天而能久照] ‘해와 달이 하늘을 얻어 항구히 비칠 수 있다’는 것은 해와 달은 교대로 솟아오르며 변화하나 교대로 솟아오르는 것은 불변이다. 그러므로 해와 달의 운행에 항구한 규율이 있다는 말이다.

[四時變化而能久成] ‘사계절이 변화하여 항구히 이룰 수 있다’는 것은 사계

절은 때에 맞게 변화하나 사계절의 순환은 불변이다. 그러므로 사계절의 변화는 항구한 규율이 있다는 말이다.

[聖人久於其道而天下化成] '성인은 그 도에 항구하여 천하가 교화되고 이루어진다'는 것은 성인의 도는 변화와 불변을 겸하여 있으니, 항구한 법칙을 지니고 있다는 말이다.

[觀其所恒, 而天地萬物之情可見矣.] '천지만물'은 자연계와 인간계 모두를 가리킨다. '정情'은 정황情況이다. '천지'와 '일월'과 '사시'와 '성인'의 항구한 규율을 보면, 자연계와 인간계의 모든 정황을 알 수 있다는 말이다.

象曰 雷風, 恒. 君子以立不易方.

우레와 바람이 항괘의 상이다. 군자는 이 괘상을 본받아 변하지 않는 항구한 도를 확립한다.

[雷風, 恒.] 항괘는 윗괘가 진震이고 아랫괘는 손巽이다. 진은 우레(雷)이고 손은 바람(風)이다. 그런즉 '우레와 바람'이 항괘의 상이다.

[君子以立不易方] 공영달은 '입立'을 입신立身, '방方'을 도道, '도'는 항구지도로 보고, "군자는 입신하여 항구한 도를 얻으므로 도를 바꾸지 않는다, 방은 도와 같다(君子立身, 得其恒久之道, 故不改易其方. 方猶道也)"고 해석하였다. 정이는 '입立'을 자립自立, '방方'을 방소方所로 보고, "군자는 우레와 바람이 서로 더불어 항괘의 상을 이루는 것을 보고, 그 덕을 항구히 하고 항구한 도의 한 가운데에 스스로 서서, 그 있는 곳을 바꾸지 않는다(君子觀雷風相與成恒之象, 以常久其德, 自立於大中常久之道, 不變易其方所也)"고 해석하였다. 고형은 '입불역방'을 그 도에 서서 바꾸지 않는 것이라 하고, "군자는 그 도를 세워 이를 항구히 지녀 바꾸지 않으니, 형벌을 범하지 않고 또 덕교를 위반하지 않는다"고 해석하였다. 필자는 다음과 같이 해석하였다. '입立'은 확립하다는 뜻이다. '불역不易'은 변하지 않는다는 뜻이다. '방方'은

도, 즉 항도이다. '불역방不易方'은 곧 불변의 항도, 즉 변하지 않는 항구한 도이다. 우레는 위에 있고 바람은 아래에 있으니, 이것은 천지 간의 항구적인 현상이다. 군자는 이 괘상을 보고 이를 본받아 변하지 않는 항구한 도를 확립한다.

初六. 浚恒, 貞凶, 无攸利.
처음 음효는 깊이 파는 것이 오래 되었으니, 바르게 해도 흉하여 이로울 것이 없다.

'준浚'은 깊다는 뜻의 심深(후과), 파다는 뜻의 굴堀이며, 흙을 깊이 판다는 뜻이다. '항恒'은 항구하다는 뜻의 구久이다. '정貞'은 바르다는 뜻의 정正이다. '정흉貞凶'은 바르게 해도 또한 흉하다는 것이다.

象曰 '浚恒'之'凶', 始求深也.
'깊이 파는 것이 오래 되었으니, 흉하다'는 것은 처음부터 깊이 파고자 하였기 때문이다.

'시始'는 처음 음효를 가리킨다. 처음 음효는 괘의 처음(始)에 있으므로 (효위) 처음 시작하는 상이다(효상). 「상」은 '시始'를 가지고 처음 음효를, '심深'으로 효사의 '준浚'을 해석하였다. 효사의 '준항흉浚恒凶'은 처음부터 깊이 파고자 하였기 때문에 파는 것이 오래 되어 흉하다고 해석하였다.

九二. 悔亡.
둘째 양효는 뉘우침이 없어진다.

'회悔'는 뉘우친다는 뜻이고, '망亡'은 없어진다는 뜻이다.

象曰 '九二悔亡', 能久中也.
'둘째 양효가 뉘우침이 없어진다'는 것은 항구히 중도를 행할 수 있기 때문
이다.

'구久'는 항구하다는 뜻이다. '중中'은 둘째 양효가 아랫괘의 가운데 자리
에 있다는 것이며(효위), 항구히 중도를 행할 수 있는 상이다(효상). 중도란
뜻과 행실이 바른 것을 말한다. '구중久中'은 가운데 자리에서 항구하다는
것, 즉 항구히 중도를 행한다는 것이다. 「상」은 효사의 '회망悔亡'을, 둘째
양효가 뉘우침이 없어지는 것은 항구히 중도를 행할 수 있기 때문이라고 해
석하였다.

九三. 不恒其德, 或承之羞, 貞吝.
셋째 양효는 그 덕을 항구히 지키지 않으면, 혹 부끄러움을 받을 것이니, 바
르게 해도 어렵다.

'항恒'은 항구하다는 뜻의 구久이다. '승承'은 받는다는 뜻의 수受이다.
'수羞'는 부끄러워하다는 뜻의 치恥이다. '정貞'은 바르다는 뜻의 정正이다.
'인吝은 어렵다는 뜻의 난難이다. '정린貞吝'은 행하는 것이 비록 바르나 또
한 어려움을 만난다는 뜻이다.

象曰 '不恒其德', 无所容也.
'그 덕을 항구히 지키지 않는다'는 것은 받아들이는 곳이 없다는 것이다.

「상」은 효사의 '불항기덕不恒其德'을, 그 덕을 항구히 지키지 않고 변덕이 심하면, 사람들이 신임하지 않고 배척할 것이니, 장차 받아들이는 곳이 없어, 혹 부끄러움을 받고 바르게 해도 어렵다고 해석하였다.

九四. 田无禽.

넷째 양효는 밭에 새와 짐승이 없다.

'전田'은 밭이며, '금禽'은 새와 짐승의 총칭이다. 공영달은 '전田'을 사냥하다는 뜻의 엽獵으로 읽고 "사냥을 해도 새와 짐승을 잡지 못한다"고 해석하였는데, 이렇게 해석해도 통한다.

象曰 久非其位, 安得'禽'也.

자신의 자리가 아닌 곳에 오래 있으니, 어찌 '새와 짐승'을 잡을 수 있겠는가?

「상」은 '비기위非其位'를 가지고 효사의 '전무금田无禽'을 해석하였다. '위位'는 넷째 양효의 자리를 가리킨다. '비기위'는 넷째 양효는 양이면서 음의 자리에 있다는 것이며(효위), 처한 자리가 합당하지 않는 상이다(효상). '안安'은 의문사 하何이다. '득得'은 새와 짐승을 잡는 것이다. 「상」은 효사의 '전무금田无禽'을, 넷째 양효는 양이면서 음의 자리에 오래 있으니, 자신의 자리가 아닌데(밭에 새와 짐승이 없는데), 어찌 새와 짐승을 잡을 수 있겠는가라고 해석하였다.

六五. 恒其德, 貞, 婦人吉, 夫子凶.

다섯째 음효는 그 덕을 항구히 지키는 것은 바른 것이나, 부인은 길하고, 남편은 흉하다.

'항恒'은 항구하다는 뜻의 구久이다. '정貞'은 바르다는 뜻의 정正이다. '부자夫子'는 남편을 가리킨다.

象曰 '婦人貞吉', 從一而終也. '夫子'制義, 從婦 '凶'也.

'부인이 바르게 하여 길하다'는 것은 남편을 좇아 (일생을) 마치기 때문이다. '남편'은 상황에 따라 알맞는 조치를 취하니, 부인을 따르면 '흉하다'는 것이다.

'일一'은 일부一夫, 즉 한 남편을 가리킨다. '종終'은 종생終生, 즉 생을 마치는 것이다. '제制'는 만들다는 뜻의 조造, '의義'는 알맞다는 뜻의 의宜이다. '제의制義'는 때에 따라 알맞게 한다(隨時制宜), 즉 상황에 따라 알맞는 조치를 취한다는 뜻이다. 「상」은 효사의 '부인정길婦人貞吉'을, 부인은 한 남편을 좇아 일생을 마치기 때문에 그 덕을 항구히 하여 남편을 따르면 길하다고 해석하였다. '부자흉夫子凶'은 남편은 일의 상황에 따라 적당한 조치를 취하니, 그 덕을 항구히 하여 부인이 한 남편을 따르는 것처럼 하면 흉하다고 해석하였다.

上六. 振恒, 凶.

꼭대기 음효는 움직임이 오래 가니, 흉하다.

마융, 우번, 왕필, 공영달 등은 '진振'을 움직이다는 뜻의 동動으로 읽었다. '항恒'은 항구하다는 뜻의 구久이다.

象曰 '振恒'在上, 大无功也.

'움직임이 오래 가는 것'이 위에 있으니, 크게 공이 없다는 것이다.

'상上'은 꼭대기 음효를 가리킨다. 꼭대기 음효는 한 괘의 가장 끝에 있어 (효위), 더 이상 움직일 수 없는 상이다(효상). 「상」은 효사의 '진항振恒'을, 움직임이 오래 가니 흉하다는 것은 꼭대기 음효는 한 괘의 끝에 있어 움직임이 오래 갈 수 없는데도 움직임이 오래가니 크게 공이 없다고 해석하였다. 왕필은 "괘의 꼭대기에 처하고, 움직임의 극에 거하여, 이것을 항으로 하니 베풀어도 얻는 것이 없다(處卦之上, 居動之極, 以此爲恒, 无施而得也)"고 하였다.

33. 둔遯

遯. 亨. 小利貞.

둔은 형통하다. 바르나 조금 이롭다.

'둔遯'은 괘명이며, 은둔하다는 뜻이다. '형亨'은 형통하다는 뜻의 통通이다. '정貞'은 바르다는 뜻의 정正이다. 「단」은 '소리정'으로 읽었다. 바르나 조금 이롭다는 말이다.

象曰 遯'亨', 遯而亨也. 剛當位而應, 與時行也. '小利貞', 浸而長也. 遯之時義大矣哉.

둔이 '형통하다'는 것은 은둔하여 형통하다는 것이다. 강이 합당한 자리에서 응하니, 때와 더불어 행하는 것이다. '바르나 조금 이롭다'는 것은 유가 점점 자라나기 때문이다. 둔의 때의 의의는 크기도 하다.

[遯] 「서괘」에 "사물은 오래 그 자리에 머물 수 없으니, 그러므로 둔괘로

받는다. 둔은 물러난다는 것이다(物不可以久居其所, 故受之以遯. 遯者, 退也)”
라고 하였고, 「잡괘」에서도 “‘둔’은 물러나는 것이다(遯則退也)”라고 하였
다. 『석문』에서도 “‘둔’은 물러나 숨는 것(遯, 隱退也)”이라고 하였다. 둔遯
은 물러나 은둔하는 것이다. ‘은둔’는 세상을 피해 숨어사는 것이 아니라,
어려운 때를 만나 잠시 피하여 훗날을 기다리는 것이다. 정이는 “두 음이 아
래에서 생겨나, 음이 자라 장차 성하고 양이 사라져 물러나니, 소인은 점차
성하고 군자는 물러나 피하므로 둔이다(二陰生於下, 陰長將盛, 陽消而退, 小
人漸盛, 君子退而避之, 故爲遯也)”고 하였다. 「단」과 「상」은 모두 은둔하다는
뜻으로 새겼다.

[遯 ‘亨’, 遯而亨也.] 괘명과 괘사의 ‘형亨’을 해석하였다. 「단」은 괘사의 ‘형
亨’을 은둔하여 형통하다고 해석하였다.

[剛當位而應, 與時行也.] 괘체로 괘명을 해석하였다. ‘강剛’은 다섯째 양효
를 가리킨다. ‘당위當位’는 다섯째 양효는 양이 양의 자리에 있다는 것이다.
‘응應’은 다섯째 양효가 둘째 음효와 서로 응한다는 것이다. 둔괘는 강이 윗
괘에서 자신의 자리에 있고, 유는 아랫괘에서 이에 응하는 것이다. ‘여시與
時’는 순시順時와 같다. ‘행行’은 곧 은둔하는 것이다. 군자가 은둔하니 곧
형통한 도이며, 시세에 따라 행하므로 낌새를 보고 은둔하는 것이다.

[‘小利貞’, 浸而長也.] 괘체를 가지고 괘사를 해석하였다. 고형은 “‘침浸’자
앞에 유柔자가 있어야 한다. 임괘臨卦 「단」에 ‘강침이장剛浸而長’이라고 하
였는데, 임의 처음과 둘째의 두 양효가 강인 것을 가리켜 말한 것이다”고 하
였다. 진고응은 ‘소리정’의 ‘소小’는 유柔를 가리키기 때문에 ‘유’자가 생략
되어 있다라고 하였다. ‘유柔’는 둔괘의 처음과 둘째의 두 음효를 가리킨다.
‘침浸’은 점점이라는 뜻의 점漸이다. ‘장長’은 자라난다는 뜻이다. 둔괘는 아
래 두 음효가 점차 자라나고 양은 점차 사라지니, 소인의 세력이 점차 자라
나 군자는 은둔하는 상이다. 「단」은 괘사의 ‘소리정小利貞’을, 소인의 세력이
점차 자라나니, 군자가 은둔하는 것이 바르나 조금 이롭다고 해석하였다.

[遯之時義大矣哉.] 괘의를 말하였다. ‘시의時義’는 때의 의의이다. 음이 점

차 자라나고 양이 점차 사라지니, 소인의 세력은 점차 자라나고 군자의 세
력은 점차 사라진다. 이러한 때에 군자는 은둔을 하니, 은둔하는 때의 의의
는 크기도 하다는 말이다.

象曰 天下有山, 遯. 君子以遠小人, 不惡而嚴.
하늘 아래에 산이 있는 것이 둔괘의 상이다. 군자는 이 괘상을 본받아 소인
을 멀리하되, 미워하지 아니하고 엄하게 대한다.

[天下有山, 遯.] 둔괘는 윗괘가 건乾이고 아랫괘는 간艮이다. 건은 하늘(天)
이고 간은 산(山)이다. 그런즉 '하늘 아래에 산이 있는 것'이 둔괘의 상이다.
최경은 "하늘은 군자에, 산은 소인에 비유하였다. 소인이 점차 자라나는 것
은 산이 하늘을 침범하는 것과 같고, 군자가 은둔하는 것은 하늘이 산을 멀
리하는 것과 같다. 그러므로 '하늘 아래에 산이 있는 것을 둔'이라 말한 것
이다(天喩君子, 山比小人. 小人浸長, 若山之侵天. 君子遁避, 若天之遠山. 故言天
下有山遯也)"라고 하였다.
[君子以遠小人, 不惡而嚴.] '오惡'는 미워하다는 증오憎惡의 뜻이다. '엄嚴'
은 준엄하다는 뜻이다. 하늘 아래에 산이 있으니, 산이 하늘을 침범하듯, 소
인이 득세하여 군자를 침범하고 있다. 군자는 이 괘상을 보고 이를 본받아
소인을 멀리하되, 미워하지 아니하고 준엄한 태도로 대한다.
정이는 "군자는 그 상을 보고 소인을 멀리하되, 소인을 멀리하는 방법은
만약 나쁜 소리와 추한 낯빛을 보이면 소인의 원한과 분노를 불러들이니,
다만 엄숙하고 위엄이 있어 소인으로 하여금 두려워하게 한다면 저절로 멀
어진다(君子觀其象, 以避遠乎小人, 遠小人之道, 若以惡聲厲色, 適足以致其怨忿,
唯在乎矜莊威嚴, 使知敬畏, 則自然遠矣)"고 하였다.

初六. 遯尾, 厲, 勿用有攸往.

처음 음효는 은둔하여 꼬리를 감추니 위태롭다. 갈 곳이 있어도 가지 말라.

'둔遯'은 은둔하다는 뜻이다. '미尾'에 대해 몇 가지 해석이 있다. 육적은 '미尾'를 후後로 보고, "음기가 이미 둘째 음효에 이르렀는데, 처음 음효는 그 뒤에 있으므로 '둔미'라고 하였다(陰氣已至於二, 而初在其後, 故曰遯尾也)"고 해석하였다. 왕필 역시 '미尾'를 후後로 보고, "'미'라는 것은 가장 몸 뒤에 있는 것이다(尾之爲物, 最在體後者也)"라고 하였다. 왕필이 이렇게 해석하자 뒷사람들은 이를 따랐다. 공영달은 "가장 뒤에서 은둔하는 사람(最在後遯者也)"이라고 하였다. 정이는 "다른 괘는 아래 효(下)를 처음 효(初)라고 한다. 둔은 가서 은둔하는 것이다. 앞에 있는 사람은 먼저 나아가므로 처음(初)은 곧 꼬리(尾)가 된다. 꼬리는 뒤에 있는 것이니, 은둔하는데 뒤에 처지는 것이다. 그래서 위태로운 것이다(他卦以下爲初. 遯者往遯也, 在前者先進, 故初乃爲尾. 尾, 在後之物, 遯而在後不及者也, 是以危也)"라고 하였다. 그는 처음 음효라는 효위를 가지고 '미'를 해석하였는데, 래지덕은 이를 따라 "'미'는 처음 효이다. 아래에 있으므로 '미'라고 하였다(尾者, 初也. 因在下, 故曰尾)"고 하였다. 고형은 "'미尾'는 당연히 미微로 읽어야 하며, 몸을 숨긴다는 뜻이다. '미尾'와 '미微'는 옛날에 통용되었다. 또 '미微'에는 몸을 숨긴다는 뜻이 있으니, '둔미遯尾'는 곧 둔미遯微이며, 도망을 가서 몸을 숨기는 것을 말한다. '둔미려遯尾厲'는 도망을 가서 몸을 숨기니 몸이 위태로움에 처해 있다는 말이다. '갈 곳이 있어도 가지 말라(勿用有攸往)'는 것은 갈 곳이 있으면 다른 사람에게 발각되기 때문이다"라고 하였다. 진고응은 '미尾' 곧 미수尾隨이며, '둔미遯尾'는 곧 남의 뒤를 따라가서 은둔한다는 뜻이라고 하였다. 이러한 해석은 모두 통한다. 필자는 「상」의 해석에 따라 '둔미'를 은둔하여 꼬리를 감추는 것으로 해석하였다.

象曰 '遯尾'之'厲', 不往何災也.

'은둔하여 꼬리를 감추니 위태롭다'는 것은 가지 않으면 재앙이 없다는 것이다.

「상」은 '불왕하재야不往何災也'를 가지고 효사의 '물용유유왕勿用有攸往'을 해석하였다. 효사의 '둔미려遯尾厲'는 은둔하여 꼬리를 감추니 위태롭다는 것은 이미 은둔하여 꼭꼭 숨었으니, 갈 곳이 있어도 가지 않으면 아무런 재앙이 없는 것이라고 해석하였다.

六二. 執之用黃牛之革, 莫之勝說.

둘째 음효는 (은둔하는 사람을) 황소 가죽으로 묶어두니, 벗겨내지 못한다.

'집執'은 집縶의 가차이며, 묶다는 뜻의 반絆이다(고형). '지之'는 은둔하는 사람을 가리킨다. '혁革'은 짐승 가죽이다. '황우지혁黃牛之革'은 황소의 가죽으로 만든 끈이며, 단단하여 끊기가 어렵다. '승勝'은 능能으로 읽는다(우번). '막지승莫之勝'은 할 수 없다는 말이다. '열說'은 벗어나다는 뜻의 해解로 읽는다(우번).

象曰 '執用黃牛', 固志也.

'황소 가죽으로 묶는다'는 것은 (은둔하려는) 뜻을 견고히 하기 때문이다.

'지지志'에 대해 해석이 여러 가지이다. 공영달은 '은둔하는 사람의 뜻(遯者之志)'이라 하였고, 정이는 심지心志로 보고, "상하(둘째와 다섯째 효)가 가운데의 유순한 도로 서로 단단히 묶어 그 심지가 매우 견고한 것이 소의 가죽으로 묶어놓은 것과 같다(上下以中順之道相固結, 其心志甚堅, 如執之以牛革

374

也)"고 하였다. 주희는 '은둔하려는 뜻(遯之志)'으로 보았고, 래지덕은 '둘째와 다섯째 효가 중정하여 서로 합하는 뜻(其二五中正相合之志)'으로 보았다. 고형은 '지志'를 지之로 보았다. 그는 "황소의 가죽으로 묶으면 묶는 것이 견고한 것이지, 뜻이 견고한 것이 아니다. 옛날 책에는 지之와 지志를 종종 함께 썼다"고 하고, 『역전』에서 예를 들어, 익괘益卦 넷째 음효「상」에 "고공종告公從, 이익지야以益志也"라 하였고, 혁괘革卦 넷째 양효「상」에 "개명지길改命之吉, 신지야信志也"라고 하였는데, 두 지志자는 모두 지之로 해야 한다고 하였다. 고형은 "'황소가죽으로 묶는다'는 것은 가죽 끈이 견고하여 벗겨내지 못하기 때문"이라고 해석하였다. 진고응은 둘째 음효가 아랫괘의 가운데 자리에 있으므로 '중정지지中正之志'라고 하였다. 필자는 '고지固志'를 다섯째 양효의 '이정지야以正志也'와 같은 뜻으로 보았다. '고지固志'는 곧 '정지正志'이다. '정正'은 가운데 자리와 자신의 자리에 있다는 말이다. '지志'는 주희의 해석처럼 은둔하려는 뜻이다. 둘째 음효는 가운데 자리에 있으므로(효위) 은둔하려는 뜻이 견고한 상이다(효상).「상」은 효사의 '집용황우執用黃牛'를, 황소 가죽으로 묶는 것은 둘째 음효가 중정의 자리에 있어 은둔하려는 뜻을 견고히 하기 때문이라고 해석하였다. '황소 가죽'으로 무엇을 묶는가에 대해「상」은 해설하지 않았는데, 필자는 아래 효사를 따라 은둔하는 사람을 가리키는 것으로 여겼다.

九三. 係遯, 有疾厲, 畜臣妾吉.

셋째 양효는 은둔하는 사람을 묶어두니, 병이 있어 위태로우나, 신첩을 기르면 길하다.

'계係'는 『석문』에 "매다는 뜻의 계繫"라고 하였다(本或作繫). '둔遯'은 은둔하는 사람을 가리킨다. '계둔'은 은둔하는 사람을 끈으로 묶어둔다는 뜻이다. '여厲'는 위태롭다는 뜻의 위危이다. '축畜'은 기르다는 뜻의 양養이

다. ‘신첩臣妾’은 옛날에 남자 노예를 신臣, 여자 노예를 첩妾이라고 하였다.

象曰 ‘係遯’之‘厲’, 有疾憊也. ‘畜臣妾吉’, 不可大事也.
‘은둔하는 사람을 묶어두니, 병이 있어 위태롭다’는 것은 병이 있어 매우
힘들어한다는 것이다. ‘신첩을 기르면 길하다’는 것은 큰일은 할 수 없다는
것이다.

‘비憊’는 매우 피곤하다, 매우 지치다는 뜻이다. 「상」은 효사의 ‘계둔려系
遯厲’를, 은둔하는 사람을 묶어두니, 병이 있어 매우 힘들어한다고 해석하였
다. ‘축신첩길畜臣妾吉’은 남녀 노예를 기르면 길하다는 것은 노예를 기르는
일은 큰 일(大事)이 아니며, 노예는 기를 수 있으나 다른 큰일은 할 수 없다
고 해석하였다. 순상은 “‘대사’는 다섯째 양효와 더불어 천하를 다스리는 일
을 말한다. 은둔의 세월에 단지 집에 거하며 신첩을 기르는 것은 할 수 있으
나, 나라를 다스리는 큰일은 할 수가 없다(大事, 謂與五同任天下之政. 潛遯之
世, 但可居家畜養臣妾, 不可治國之大事)”고 하였다.

九四. 好遯, 君子吉, 小人否.
넷째 양효는 은둔을 좋아하니, 군자는 길하나 소인은 막힌다.

‘호好’는 즐기다, 좋아하다는 뜻의 낙樂이다(굴만리). ‘둔遯’은 은둔하다
는 뜻이다. ‘군자’는 도덕 수양의 경지가 높은 사람을, ‘소인’은 그렇지 못한
사람을 가리킨다. ‘비否’는 『석문』에 정현과 왕숙이 “막히다는 뜻의 색塞”이
라고 하였다. 후과는 ‘흉’으로 해석하였다.

象曰 ‘君子好遯, 小人否’也.

‘군자는 은둔을 좋아하나, 소인은 막힌다’는 것이다.

「상」은 효사를, 군자는 은둔을 좋아하기 때문에 길하고, 소인은 은둔을 좋아하면 막힌다고 해석하였다.

九五. 嘉遯, 貞吉.

다섯째 양효는 은둔을 아름답게 여기니, 바르게 하여 길하다.

‘가嘉’는 공영달이 아름답다는 뜻의 ‘미’(嘉, 美也)로 해석하였다. 뒷사람들은 모두 이를 따라 ‘가미嘉美’로 해석하였다. ‘둔遯’은 은둔한다는 뜻이다. ‘정貞’은 바르다는 뜻의 정正이다.

象曰 ‘嘉遯貞吉’, 以正志也.

‘은둔을 아름답게 여기니, 바르게 하여 길하다’는 것은 (은둔하려는) 뜻을 바르게 하기 때문이다.

‘이以’는 인因으로 읽는다. ‘정正’은 다섯째 양효가 중정의 자리에 있다는 것이다. ‘지志’는 은둔하려는 뜻이다. 다섯째 양효는 가운데 자리에 있으므로(효위) 은둔하려는 뜻이 바른 상이다(효상). 「상」은 ‘이정지야以正志也’를 가지고 효사의 ‘정길貞吉’을 해석하였다. 효사의 ‘가둔정길嘉遯貞吉’은 은둔을 아름답게 여기는 것은 다섯째 양효가 중정의 자리에 있어 은둔하려는 뜻을 바르게 하기 때문이라고 해석하였다. 정이는 “다섯째 양효는 가운데 자리에서 바른 자리를 얻었고, 중정을 얻은 둘째 음효와 응하고 있으니, 이것

이 '뜻이 바른 것'이다(居中得正, 而應中正, 是其志正也)"라고 하였다.

上九. 肥遯, 无不利.
꼭대기 양효는 나는 듯 은둔하니, 이롭지 않음이 없다.

유백민은 이부손李富孫의 『역경이문석易經異文釋』에서 인용하여 "'비둔肥遯'은 본래 비둔飛遯으로 하였다. 비飛와 비肥는 음의 바뀐 것이다. 비肥는 옛날에 비蜚로 하였는데, 옛날의 비蜚자와 글자가 서로 비슷하며, 곧 오늘날의 비飛자이다(肥遯, 本亦作飛遯. 飛·肥, 音之轉. 肥, 古作蜚, 與古蜚字相近, 卽今之飛字)"고 하였다. 굴만리도 송요관宋姚寬의 『서계총화西溪叢話』 권상卷上에서 인용하여 같은 말을 하였다. '비肥'는 날다는 뜻의 비飛로 읽는다. '비둔肥遯'은 곧 비둔飛遯이다. '둔遯'은 은둔하다는 뜻이다.

象曰 '肥遯无不利', 无所疑也.
'나는 듯 은둔하니, 이롭지 않음이 없다'는 것은 의심할 것이 없다는 것이다.

「상」은 효사를, 의심할 것도 없이 나는 듯 은둔하니, 이롭지 않음이 없다고 해석하였다. 혹은 나는 듯 은둔하니, 의심할 것도 없이 이롭지 않음이 없다고 해석하여도 통한다.

34. 대장大壯

大壯. 利貞.

대장은 바르니 이롭다.

'대장大壯'은 괘명이며, 큰 것이 건장하다는 뜻이다. '정貞'은 바르다는 뜻의 정正이다. '이정'은 바르니 이롭다는 말이다.

象曰 大壯, 大者壯也. 剛以動, 故壯. 大壯'利貞', 大者正也. 正大, 而天地之情可見矣.

대장은 큰 것이 건장한 것이다. 강건하여 움직이니, 그러므로 건장하다. 대장이 '바르니 이롭다'는 것은 큰 것이 바르다는 것이다. 큰 것을 바르게 하면 천지의 정황을 알 수 있다.

[大壯] 괘명이다. '대大'는 양을 나타내고, '장壯'은 건장하다, 기운차다는 뜻이다. 괘 그림을 보면 아래의 네 양효가 음을 밀쳐내며 기운차게 위로 올

라가고 있는 상이다. 「서괘」에 "사물은 끝까지 물러날 수 없으니, 그러므로 대장괘로 받는다. 사물은 끝까지 건장할 수 없으니, 그러므로 진괘로 받는다(物不可以終遯, 故受之以大壯. 物不可以終壯, 故受之以晉)"고 하였다. 「단」은 '대장'을 큰 것이 건장하다는 뜻으로, 「상」에서는 크게 건장하다는 뜻으로 해석하였다.

[大壯, 大者壯也.] 괘체로 괘명을 해석하였다. 괘명이 '대장大壯'인 것은 큰 것이 건장한 것이라는 말이다. 양강陽剛은 큰 것이고, 음유陰柔는 작은 것이다. '큰 것이 건장한 것'이라는 말은 양강이 건장하다는 말이다. 대장괘는 네 양이 자라나는 상이다.

[剛以動, 故壯.] 괘덕으로 괘명을 해석하였다. 대장괘는 아랫괘가 건乾이고 윗괘는 진震이다. 건은 강건함(健)이고 진은 움직임(動)이다. 그런즉 대장괘는 '강건하여 움직이는 것'이다. 강건하여 움직이면 기운차고 힘이 있다. 그러므로 '건장하다'는 것이다.

[大壯 '利貞', 大者正也.] 괘사를 해석하였다. 「단」은 '정正'으로 괘사의 '정貞'을 해석하였다. 즉 괘사의 '이정利貞'은 큰 것이 바르다고 해석하였다. '큰 것(大)'은 곧 양을 가리킨다. '양은 정正이다. 자연계로 말하면 하늘이 바른 것이고, 인간계로 말하면 한 나라의 임금이 바르고, 한 집안의 아버지가 바른 것이다. 「단」은 '이'를 말하지 않았지만, '큰 것이 바르다' 그러므로 이롭다라고 여긴 것이다. 즉 '바르니 이롭다'는 것이다.

[正大, 而天地之情可見矣.] '정情'은 천지 만물의 각종 현상이다. 자연계와 인간계의 모든 현상을 망라하여 '정情' 하나로 표현하였다. 고형은 "큰 것이 바르면 작은 것도 바르지 않음이 없다. 하늘이 바르면 만물도 바르고, 임금이 바르면 신하도 바르며, 아비가 바르면 집안사람도 바르다"고 하였다. 이렇게 되면 천지의 정황을 알 수 있다는 것이다.

象曰 雷在天上, 大壯. 君子以非禮弗履.

우레가 하늘 위에 있는 것이 대장괘의 상이다. 군자는 이 괘상을 본받아 예가 아니면 행하지 아니한다.

[雷在天上, 大壯.] 대장괘는 윗괘가 진震이고 아랫괘는 건乾이다. 진은 우레(雷)이고 건은 하늘(天)이다. 그런즉 '우레가 하늘 위에 있는 것'이 대장괘의 상이다.

[君子以非禮弗履] '이履'는 밟는다는 뜻의 천踐이다. 우레가 하늘 위에 있으니, 소리와 위엄이 건장하여 백리를 진동한다. 군자는 이 괘상을 보고 이를 본받아 예에 어긋나는 일은 행하지 아니한다. '비례불이非禮弗履'는 군자가 크게 건장한 것(大壯), 즉 매우 공명정대한 것을 표현한 것이다. 『논어』「안연顏淵」에 공자는 "예가 아니면 보지도, 듣지도, 말하지도, 움직이지도 말라(非禮勿視, 非禮勿聽, 非禮勿言, 非禮勿動)"고 하였는데, 이 네 가지를 총괄한 것이 바로 「상」의 '비례불이'이다.

정이는 "우레가 하늘 위에서 진동하니 크고 씩씩하다. 군자는 대장괘의 상을 보고 그 씩씩함을 행한다. 군자가 크게 씩씩하다는 것은 자신을 이기고 예로 돌아가는 것 만한 것이 없다. 옛사람이 말하기를 '스스로 이기는 것을 강이라 한다'고 하였고, 『중용』의 '군자는 화和하면서도 흐르지 아니하고', '중中에 서서 기울지 아니한다'고 한 것에 대해, 모두 '강하다 굳꿋함이여', '물불을 가리지 않는다', '흰 칼날을 밟는다'고 말하였으니, 무부의 용맹으로도 할 수 있는 것이다. 극기복례에 이르러서는 군자가 크게 씩씩한 것이 아니면 불가능한 것이니, 그러므로 '군자는 예가 아니면 행하지 아니한다'고 한 것이다(雷震於天上, 大而壯也. 君子觀大壯之象, 以行其壯. 君子之大壯者, 莫若克己復禮. 古人云 '自勝之謂强.' 『中庸』於 '和而不流', '中立而不倚', 皆曰 '强哉矯', '赴湯火', '蹈白刃', 武夫之勇可能也. 至於克己復禮, 則非君子之大壯不可能也, 故云 君子以非禮弗履)"라고 하였다.

初九. 壯于趾, 征凶, 有孚.
처음 양효는 발이 튼튼하나 출행하면 흉하니, 믿음이 있다.

‘장壯’은 건장하다는 뜻이다. ‘지趾’는 발(足)이다. ‘정征’은 행行이며(우
번), 출행이다. ‘부孚’는 믿음이라는 뜻의 신신信이다.

象曰 ‘壯于趾’, 其 ‘孚’窮也.
‘발이 튼튼하다’는 것은 그 ‘믿음’이 궁하기 때문이다.

「상」은 ‘궁窮’으로 효사의 ‘흉凶’을 해석하였다. 효사의 ‘장우지壯于趾’는
발이 튼튼하나 출행하면 흉한 것은 믿음이 궁하기 때문이라고 해석하였다.

九二. 貞吉.
둘째 양효는 바르게 하여 길하다.

‘정貞’은 바르다는 뜻의 정正이다.

象曰 ‘九二貞吉’, 以中也.
‘둘째 양효의 바르게 하면 길하다’는 것은 중도를 행하기 때문이다.

‘이以’는 인因으로 읽는다. ‘중中’은 둘째 양효가 아랫괘의 가운데 자리에
있다는 것이다. 둘째 양효는 아랫괘의 가운데 자리에 있으니(효위), 중도를
행하는 상이다(효상). 중도란 뜻과 행실이 바른 것을 말한다. 「상」은 효사의

'정길貞吉'을, 둘째 양효가 가운데 자리에서 뜻과 행실을 바르게 행하기 때문에 길하다고 해석하였다.

九三. 小人用壯, 君子用罔, 貞厲. 羝羊觸藩, 羸其角.

셋째 양효는 소인은 힘을 쓰고 군자는 망을 사용하니, 바르게 해도 위태롭다. 숫양이 울타리를 받아 그 뿔을 매어 놓는다.

'장壯'은 건장하다는 뜻이다. '망罔'은 그물이라는 뜻의 망網이다.『석문』에는 "그물이라는 뜻의 라(罔, 羅也)"라고 하였다. '저양羝羊'은 숫양(牡羊)이다. '번藩'은 울타리(籬)이다. '리羸'에 대해,『석문』에 "마융은 큰 밧줄(馬云 大索), 왕숙은 검은 새끼(王肅作縲), 정현, 우번은 매다는 뜻의 류(鄭虞作纍), 촉재는 매다는 뜻의 루(蜀才作累), 장번은 칡덩굴 류(張作藟)"라고 하였는데, 모두 매다, 묶다는 뜻으로 말하였다. 공영달은 "잡아서 매어 묶는 것(羸, 拘纍纏繞也)"이라 하였고, 고형은 "'리羸'는 루累자의 가차이며, 매다는 뜻의 계係와 같다"고 하였다.

象曰 '小人用壯, 君子罔'也.

'소인은 힘을 쓰고, 군자는 망을 사용한다'는 것이다.

'망罔'자 앞에 '용用'자가 있어야 한다.『교감기校勘記』에 "고본에는 망罔자 앞에 용用자가 있다(古本罔上有用字)"고 하였다(고형). '용用'자가 있어야 효사와 일치하고 뜻이 통한다.「상」은 네 글자씩 짝을 맞추기 위해 '용'자를 생략한 것이다.「상」은 효사를 인용하였을 뿐 해석은 하지 않았다.

九四. 貞吉, 悔亡. 藩決不羸, 壯于大輿之輹.

넷째 양효는 바르게 하니 길하고 뉘우침이 없어진다. 울타리가 부서졌는데
양의 뿔을 매어놓지 않으면, 큰 수레의 바퀴통을 상하게 할 것이다.

'번藩'은 울타리(籬)이다. '결決'은 깨뜨리다는 뜻의 파破이다. '리羸'는
매다는 계係의 뜻이다. '장壯'은 상하다는 뜻의 상傷이다. '복輹'은 수레의
바퀴통이다. 『석문』에 "복輻으로 한다(本又作輻)"고 하였는데, '복輻'은 수
레의 바퀴살이다.

象曰 '藩決不羸', 尚往也.

'울타리가 부서졌는데 양의 뿔을 매어놓지 않는다'는 것은 또 가서 받는다
는 것이다.

'상尙'은 여전히라는 뜻의 환還이며, 동작이나 상태가 지속됨을 나타낸다.
'왕往'은 가다는 뜻의 행行이다. 「상」은 효사의 '번결불리藩決不羸'를, 숫양
이 뿔로 받아 울타리가 이미 부서졌는데, 그 뿔을 매어놓지 않으면 양은 여
전히 가서 큰 수레의 바퀴통을 받는다고 해석하였다.

六五. 喪羊于易, 无悔.

① 다섯째 음효는 양을 쉽게 잃었으나, 뉘우침이 없다.
② 다섯째 음효는 양을 밭두둑에서 잃었으나, 뉘우침이 없다.

'상喪'은 잃는다는 뜻의 실失이다. '이易'에 대해 두 가지 해석이 있다. 하
나는 『석문』에 육적이 "역場"으로 하고, 밭두둑이라고 하였다(陸作場, 謂壇

場也). 또 하나는 '이易'는 쉽다는 뜻의 용이容易의 이易이다. 왕필은 '이易'를 험난險難의 반대되는 뜻으로 읽었고, 공영달은 '평이平易'로, 정이는 '화이和易'로, 주희는 '용이容易'로 읽었다. 주희는 "'이'는 용이의 이이다. 홀연히 잃어버린 것을 깨닫지 못함을 말한다. 혹은 밭두둑이라는 역場으로 해도 통한다(易, 容易之易. 言忽然不覺其亡也. 或作疆場之場, 亦通)"고 하였고, 래지덕은 "'역'은 역場이며, 밭두렁이다(易卽場, 田畔地也)"고 하였다. 두 가지 모두 통한다.

象曰 '喪羊于易', 位不當也.

'양을 쉽게 잃었다'는 것은 자리가 합당하지 않기 때문이다.

'부당不當'은 다섯째 음효가 음이면서 양의 자리에 있다는 것이며(효위), 처한 자리가 합당하지 않는 상이다(효상).「상」은 효사의 '상양우이喪羊于易'를, 양을 쉽게 잃은 것은 다섯째 음효의 자리가 합당하지 않기 때문이라고 해석하였다.

上六. 羝羊觸藩, 不能退, 不能遂, 无攸利. 艱則吉.

꼭대기 음효는 숫양이 울타리를 받아 물러설 수도 나아갈 수도 없으니, 이로울 것 없다. 어려움은 길하다.

'저양羝羊'은 숫양(牡羊)이다. '번藩'은 울타리(籬)이다. '수遂'는 나아가다는 뜻의 진進이다(우번). '간艱'은 어렵다는 뜻의 난難이다.

象曰 ‘不能退, 不能遂’, 不詳也. ‘艱則吉’, 咎不長也.

‘물러설 수도 나아갈 수도 없다’는 것은 상서롭지 않다는 것이다. ‘어려움은 길하다’는 것은 허물은 오래가지 않는다는 것이다.

「상」은 ‘불상不詳’을 가지고 효사의 ‘무유리’를 해석하였다. 『석문』에 정현과 왕숙이 ‘상詳’을 상祥으로 하고 “잘하다는 뜻의 선”이라 하였다(鄭王肅作祥, 善也). 공영달은 ‘상詳’을 상서롭다는 뜻의 상祥으로 읽었다. ‘부장不長’은 꼭대기 음효의 효위를 가지고 말한 것이다. 꼭대기 음효는 한 괘의 꼭대기에 있으므로(효위) 오래 가지 않는 상이다(효상). 「상」은 효사의 ‘불능퇴不能退, 불능수不能遂’를, 숫양이 물러설 수도 나아갈 수도 없으니 상서롭지 않다고 해석하였다. ‘간즉길艱則吉’은 숫양이 어려움에 처하여도 곧 벗어날 수 있으므로 허물은 오래가지 않는다고 해석하였다.

35. 진晉

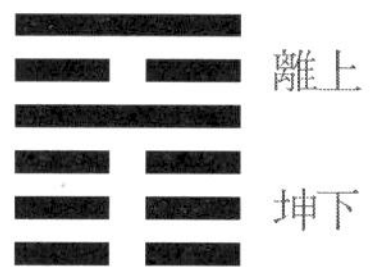

晉. 康侯用錫馬蕃庶, 晝日三接.

진은 강후가 하사받은 말을 많이 번식시켰는데, 하루에 세 번 교접시켰다.

'진晉'은 괘명이며, 나아가다는 뜻의 진進이다. '강후康侯'에 대해, 『석문』에 마융과 육적은 "편안하다는 뜻의 안(康, 安也)"이라고 하였다. 우번도 "편안하다는 뜻의 안(康, 安也)"이라 하였고, 후과는 "아름답다는 뜻의 미(康, 美也)"라고 하였는데, 뒷사람들은 대개 이런 뜻으로 해석하였다. 왕필은 "'강'은 아름다운 이름(康, 美之名也)"이라 하였고, 공영달은 "'강'은 아름다운 이름이고, '후'는 승진한 신하이다(康者, 美之名也. 侯謂升進之臣也)"라고 하였다. 정이는 "'강후'는 잘 다스리는 제후(康侯者, 治安之侯也)"라 하였고, 주희는 '안국지후安國之侯'라고 하였다. 「단」에서도 이와 같은 뜻으로 사용하였다. '석錫'은 주다, 하사하다는 뜻의 사賜이다. '번서蕃庶'는 동사이며, 번식繁殖시키다는 뜻이다. '주일晝日'은 일일一日과 같다. '접接'은 교접하다는 뜻이다.

象曰 晉, 進也, 明出地上. 順而麗乎大明, 柔進而上行, 是以 '康侯
用錫馬蕃庶, 晝日三接'也.

진은 나아간다는 것이니, 해가 땅 위에 떠오르는 것이다. 유순하여 해에 붙
어 있고, 유가 나아가 위로 오르니, 그래서 '강후가 하사 받은 말을 많이 번
식시켰는데, 하루에 세 번 교접시켰다'는 것이다.

[晉] 괘명이다. 「서괘」에 "사물은 끝까지 건장할 수 없으니, 그러므로 진괘
로 받는다. 진은 나아간다는 것이다(物不可以終壯, 故受之以晉. 晉, 進也)"라
고 하였다. 『설문』에 "'진'은 나아간다는 것이다. 해가 떠올라 만물이 나아
간다(晉, 進也. 日出而萬物進)"고 하였다. '진'은 나아간다는 뜻이다. 「단」과
「상」에서도 이와 같은 뜻으로 해석하였다. 정이는 "괘는 리가 곤 위에 있으
니, 밝음이 땅 위에 나오는 것이다. 해가 땅에서 나오면 위로 올라가 더욱 밝
아지므로 진이다. 진은 나아가 밝음이 성대하다는 뜻이다(爲卦, 離在坤上, 明
出地上也. 日出於地, 升而益明, 故爲晉. 晉, 進而光明盛大之意也)"라고 하였다.

[晉, 進也, 明出地上.] 괘상으로 괘명을 해석하였다. '진晉'은 나아가다는
뜻의 진進이다. '명明'은 해(日)이다. 진괘는 윗괘가 리離이고 아랫괘는 곤
坤이다. 리는 해(日)이고 곤은 땅(地)이다. 그런즉 진괘의 괘상은 해가 땅
위에 떠오르는 것이다. 해가 땅 위에 떠오르면 위로 나아간다. 그래서 괘명
이 '진晉'이다.

[順而麗乎大明] 괘덕으로 괘사를 해석하였다. '여麗'는 붙다는 뜻의 부附이
다. '대명大明'은 해(日)이다. 진괘는 아랫괘가 곤坤이고 윗괘는 리離이다.
곤이 리에 붙어 있는 것이다. 곤은 유순함(順)이고, 리는 해, 즉 대명大明이
다. 그런즉 진괘는 '유순하여 해에 붙어 있는 것'이다. 정이는 "곤은 리에 붙
어 있어, 유순하여 해에 붙어 있는 것이니, 순덕한 신하가 위로 해인 임금에
게 붙어 있는 것이다(坤麗於離, 以順麗於大明, 順德之臣上附於大明之君也)"라
고 하였다. 즉 곤이 리에 붙어 있는 것은 유순한 신하가 해와 같은 임금에

붙어 있는 것을 상징한다는 말이다.

[柔進而上行] 괘체를 가지고 괘사를 해석하였다. ‘유柔’는 다섯째 음효를 가리키나, 해석은 서로 다르다. 첫째, 촉재는 “진괘는 관괘를 바탕으로 하였다. 관괘의 다섯째 양효가 진괘의 넷째 양효로 내려오고, 관괘의 넷째 음효가 진괘의 다섯째 음효로 올라간 것이 ‘유진이상행’이다(此本觀卦. 九五降四, 六四進五, 是柔進而上行也)”라고 하였다. 즉 관괘의 넷째 음효가 다섯째 양효와 자리를 바꾸어 진괘의 다섯째 음효로 올라갔다는 것이다. 둘째, 왕필은 “‘상행’이라는 것은 가는 바가 귀한 자리에 있는 것이다(凡言上行者, 所之在貴也)”라고 하였는데, ‘귀한 자리’는 곧 다섯째 음효를 가리킨다. 뒷사람들은 모두 왕필을 따라 ‘유’를 다섯째 음효로 보았다. 공영달은 “다섯째 음효는 유이면서 위로 올라가 귀한 자리로 나아간다(六五以柔而進上行貴位)”고 하였다. 진고응이 이와 같이 해석하였다. 셋째, 정이는 “무릇 괘에서 리괘가 위에 있는 것은, 유가 임금의 자리에 있으므로 대개 ‘유진이상행’을 말하였는데, 서합괘, 규괘, 정괘가 그렇다(凡卦, 離在上者, 柔居君位, 多云柔進而上行, 噬嗑, 睽, 鼎是也)”고 하였다. 21번 서합괘는 ‘유득중이상행柔得中而上行’이라 하였고, ‘유진이상행’을 말한 괘는 35번 진괘, 38번 규괘, 50번 정괘, 세 괘이다. 그는 유가 임금의 자리에 있는 것으로 ‘유진이상행’을 해석하였다. 상병화가 이를 따랐다. 넷째, 주희는 괘변으로 해석하였다. “진괘는 관괘에서 나왔다. 관괘의 넷째 음효의 유가 위로 올라가, 진괘의 다섯째 자리에 이른 것이다(又其變自觀而來. 爲六四之柔, 進而上行, 以至於五)”라고 하였다. 즉 관괘의 넷째 음효가 위로 올라가 진괘의 다섯째 음효가 되었다는 것인데, 촉재의 해석와 비슷하다. 왕부지가 이를 따랐다. 다섯째, 래지덕은 종괘로 해석하였다. “진괘의 종괘는 명이이다. 명이의 아랫괘인 리가 나아가 진의 윗괘인 리가 되었다(晉綜明夷. 明夷下卦之離, 進而爲晉上卦之離也)”고 하였다. 즉 명이괘의 둘째 음효가 진괘의 다섯째 음효의 자리에 있게 되었다는 것이다.(虛中下賢之君, 而居于五之位也) 진몽뢰, 굴만리, 유백민이 이를 따랐다. 여섯째, 고형은 “진괘는 유가 처음 효(初爻)부터 위로 올라 둘째, 셋째,

다섯째에 이르니, 이것이 '유가 나아가 위로 오르는 것'이다"라고 하였다. 이러한 해석은 모두 통한다.

[是以 '康侯用錫馬蕃庶, 晝日三接'也.] 「단」은 '순이려호대명順而麗乎大明'으로 괘사의 '강후용석마康侯用錫馬'를 해석하였다. 즉 곤이 유순하여 해에 붙어 있으니, 유순한 신하가 임금에 붙어 있는 것이다. 이것은 강후가 천자에게 붙어 말을 하사받았다는 것이다. 또 '유진이상행柔進而上行'을 가지고 괘사의 '주일삼접晝日三接'을 해석하였다. 즉 진괘의 괘상이 유가 나아가 위로 오르는 것이며, 이것은 강후가 하사받은 말을 하루에 세 번 교접시켜 많이 번식시켰다는 것이다. 그래서 '강후가 하사받은 말을 많이 번식시켰는데, 하루에 세 번 교접시켰다'는 것이다.

象曰 明出地上, 晉. 君子以自昭明德.
해가 땅 위에 떠오르는 것이 진괘의 상이다. 군자는 이 괘상을 본받아 스스로 밝은 덕을 밝힌다.

[明出地上, 晉.] 진괘는 윗괘가 리離이고 아랫괘는 곤坤이다. 리는 해(日)이고 곤은 땅(地)이다. 그런즉 '해가 땅 위에 떠오르는 것'이 진괘의 상이다.

[君子以自昭明德.] '소昭'는 밝다는 뜻의 명明이다(공영달). '명덕明德'은 사람이 본래 갖고 있는 밝은 덕성, 즉 도덕심이다. 해가 땅 위에 떠오르면 위로 올라간다. 군자는 이 괘상을 보고 이를 본받아 자신이 본래 가지고 있는 밝은 덕성을 더욱 밝게 닦는다.

『대학』에 "강고에 이르기를 '잘 덕을 밝혔다'고 하였고, 태갑에 이르기를 '이 하늘의 밝은 명을 돌아보셨다'고 하였으며, 제전에는 '큰 덕을 밝힐 수 있으셨다'고 말하였으니, 모두 스스로 밝히는 것이다(康誥曰 '克明德.' 太甲曰 '顧諟天之明命.' 帝典曰 '克明峻德.' 皆自明也)"라고 하였다. 『대학』의 '자명自明'이 곧 「상」의 '자소自昭'이다. 「상」의 '소명덕昭明德'은 바로 『대학』의

390

'명명덕明明德'이다.

初六. 晉如摧如, 貞吉. 罔孚, 裕无咎.
처음 음효는 나아가기도 하고 물러나가도 하니, 바르게 하여 길하다. 믿음
이 없으나 관대하여 허물이 없다.

'진晉'은 나아가다는 뜻의 진進이며, 적을 공격한다는 말이다. '여如'는 지
之와 같다. '최摧'는 『석문』에 "물러나다는 뜻의 퇴退"라고 하였는데, 후퇴
한다는 말이다. 왕필은 '진명퇴순進明退順(밝음에 나아가고 유순함에 물러
난다)'이라고 하였는데, 공영달은 하씨何氏의 말을 인용하여 "'최'는 물러나
다는 뜻의 퇴(摧, 退也)"라고 하였다. '정貞'은 바르다는 뜻의 정正이다. '망
罔'은 없다는 뜻의 무無이다. '부孚'는 믿음이라는 뜻의 신信이다. '유裕'는
너그럽다, 관대하다는 뜻의 관寬이다(굴만리). 「상」은 '유무구'로 붙여 읽
었다.

象曰 '晉如摧如', 獨行正也. '裕无咎', 未受命也.
'나아가기도 하고 물러나기도 한다'는 것은 홀로 바름을 행한다는 것이다.
'관대하여 허물이 없다'는 것은 명령을 받지 않았다는 것이다.

「상」은 '정正'으로 효사의 '정貞'을 해석하였다. 효사의 '진여최여晉如摧
如'는 나아가기도 하고 물러나기도 한다는 것은 홀로 그 바름을 행하는 것이
니 길하다고 해석하였다. '유무구裕无咎'는 믿음이 없으나 명령을 받지 않고
바르게 하니 관대하여 허물이 없다고 해석하였다. 「상」은 '미수명'을 과연
무슨 뜻으로 말한 것인지 필자는 이해할 수 없다.

六二. 晉如愁如, 貞吉. 受玆介福于其王母.
둘째 음효는 나아가기도 하고 근심하기도 하니, 바르게 하여 길하다. 이에
왕모에게 큰 상을 받는다.

'진晉'은 나아가다는 뜻의 진進이다. '수愁'는 근심이다. 공영달은 "밝지
않는 것을 근심하는 것(憂其不昭也)"이라고 하였다. '정貞'은 바르다는 뜻의
정正이다. '자玆'는 지금, 이에의 뜻이다. 『석문』에 마융과 『집해』에 우번은
"'개介'는 크다는 뜻의 대大"라고 하였다. '복福'은 곧 상이다. '대복大福'에
대해 구가역은 "말과 많은 물건(大福, 謂馬與蕃庶之物是也)"이라고 하였다.
'왕모王母'는 조모이다.

象曰 '受玆介福', 以中正也.
'큰 상을 받는다'는 것은 중정의 도를 행하기 때문이다.

'이以'는 인因으로 읽는다. '중정中正'은 둘째 음효가 아랫괘의 가운데 자
리에 있고 또 음이 음의 자리에 있다는 것이며(효위), 중정의 도를 행하는
상이다(효상). 「상」은 효사의 '수자개복受玆介福'을, 왕모에게 큰 상을 받는
다는 것은 둘째 음효가 가운데와 바른 자리에서 중정의 도를 행하기 때문이
라고 해석하였다.

六三. 衆允, 悔亡.
셋째 음효는 많은 사람들이 믿으니, 뉘우침이 없어진다.

'윤允'은 믿다는 뜻의 신信이다(우번). '회悔'는 뉘우친다는 뜻이고, '망

亡'은 없어진다는 뜻이다.

象曰 '衆允之志', 上行也.
'많은 사람들이 믿는 뜻'은 위로 행하기 때문이다.

왕필은 "여러 음과 더불어 같이 믿고, 유순하게 밝음에 붙어 있다(與衆同信, 順而麗明)"고 하여, '상'을 윗괘로 보았는데, 공영달이 이를 따랐다. 정이는 "'상행'은 위로 유순하게 해에 붙어 있는 것이다. 위로 크게 밝은 임금을 좇으니, 많은 뜻이 같은 것이다(上行, 上順麗於大明也. 上從大明之君, 衆志之所同也)"라고 하였다. 래지덕은 "'상'은 해(上者, 大明也)"라고 하였다. 「상」은 효사의 '중윤지지衆允之志'를, 많은 사람들이 믿는 뜻은 셋째 음효가 위로 행하기 때문이라고 해석하였다. 혹은 '상'을 꼭대기 양효로 보고, 셋째 음효는 꼭대기 양효와 뜻이 서로 응하기 때문에 많은 사람들이 믿는다고 해석하여도 통한다. 굴만리가 이렇게 해석하였다.

九四. 晉如鼫鼠, 貞厲.
넷째 양효는 나아가는 것이 다람쥐와 같으니, 바르게 해도 위태롭다.

'진晉'은 나아가다는 뜻의 진進이다. '여如'는 같다는 뜻의 사似이다. '석서鼫鼠'는 다람쥐이다. 다람쥐는 빠르기는 하나 상대에게 두려움을 줄 만한 위엄은 없다. '정貞'은 바르다는 뜻의 정正이다. '여厲'는 위태롭다는 뜻의 위危이다.

象曰 ‘齜鼠貞厲’, 位不當也.

‘다람쥐와 같으니, 바르게 해도 위태롭다’는 것은 자리가 합당하지 않기 때문이다.

‘부당不當’은 넷째 양효가 양이면서 음의 자리에 있다는 것이며(효위), 처한 자리가 합당하지 않는 상이다(효상). 「상」은 효사의 ‘석서정려齜鼠貞厲’를, 넷째 양효의 자리가 합당하지 않기 때문에 바르게 해도 위태롭다고 해석하였다.

六五. 悔亡, 失得勿恤. 往吉, 无攸利.

다섯째 음효는 뉘우침이 없어지니, 잃고 얻는 것은 근심하지 말라. 가면 길하여 이롭지 않음이 없다.

‘회悔’는 뉘우친다는 뜻이고, ‘망亡’은 없어진다는 뜻이다. ‘휼恤’은 근심이라는 뜻의 우憂이다(우번).

象曰 ‘失得勿恤’, 往有慶也.

‘잃고 얻는 것은 근심하지 말라’는 것은 가면 경사가 있다는 것이다.

「상」은 ‘왕유경往有慶’으로 효사의 ‘왕길往吉, 무불리无不利’를 해석하였다. 효사의 ‘실득물휼失得勿恤’은 잃고 얻는 것은 근심하지 말라는 것은 가면 경사가 있다고 해석하였다.

上九. 晉其角, 維用伐邑, 厲吉, 无咎, 貞吝.

꼭대기 양효는 뿔을 앞세워 나아가 고을을 정벌하니, 위태로우나 길하며,
허물이 없으나 바르게 해도 어렵다.

'진晉'은 나아가다는 뜻의 진進이다. '진기각晉其角'은 짐승이 그 뿔을 앞
세워 물건을 떠받는 것이다(고형). '유維'는 발어사이다. '읍邑'은 대부가
다스리는 봉읍封邑이다. '정린貞吝'은 고을을 정벌하는 것이 비록 바르다 해
도 또한 어려움이 있다는 말이다. '인吝'은 어렵다는 뜻의 난難이다.

象曰 '維用伐邑', 道未光也.

'고을을 정벌한다'는 것은 도가 밝지 않기 때문이다.

'도道'는 치도治道 즉 다스림의 방법이다. 「상」은 효사의 '유용벌읍維用伐
邑'을, 고을을 정벌하는 것은 그 곳에서 다스리는 방법(도)이 좋지 않기 때
문이라고 해석하였다. 즉 잘못 다스리니 고을을 정벌한다는 말이다.

36. 명이明夷

明夷. 利艱貞.

명이는 어려움을 만나 바르게 하면 이롭다.

'명이明夷'는 괘명이다. '명明'은 해(日)이고, '이夷'는 없어지다는 뜻의 멸滅(촉재), 다치다는 뜻의 상傷이다(우번). '명이明夷'는 해가 땅속으로 들어가는 것이며, 현인이 어려운 때를 만나 숨는 것에 비유한 것이다. '간艱'은 어렵다는 뜻의 난難이다. '정貞'은 바르다는 뜻의 정正이다. '이간정'은 어려움을 만나 바르게 하면 이롭다는 말이다.

象曰 明入地中, 明夷. 内文明而外柔順, 以蒙大難, 文王以之. '利艱貞', 晦其明也, 内難而能正其志, 箕子以之.

해가 땅 속으로 들어가는 것이 명이이다. 안으로는 문명하고 밖으로는 유순하며, 큰 어려움을 받으니, 문왕이 이와 같다. '어려움을 만나 바르게 하면 이롭다'는 것은 그 밝음이 어두워졌다는 것이며, 안으로는 어려우나 그 뜻을 바르게 할 수 있으니, 기자가 이와 같다.

[明入地中, 明夷.] 괘상으로 괘명을 해석하였다. 명이괘는 아랫괘가 리離이고 윗괘는 곤坤이다. 리는 해(日)이고 곤은 땅(地)이다. 그런즉 명이괘의 괘상은 '해가 땅 속으로 들어가는 것'이니, 즉 밝음이 땅 속으로 숨어버리는 것이다. 이것은 현인이 어려운 때를 만나 숨어버리는 것을 상징한다. '명이明夷'의 '명明'은 해이다. '이夷'는 없어지다는 뜻의 멸滅(촉재), 다치다는 뜻의 상傷이다(우번). 「단」과 「상」은 '명이'를 '해가 땅 속으로 들어가는 것(明入地中)'이라고 해석하였다. 해가 땅 속으로 들어가면 당연히 어두워진다. 따라서 '명이'는 밝음을 잃은 것, 밝음이 상한 것, 밝음이 숨은 것, 밝음이 어두워진 것이라는 뜻이다. 정이는 "괘는 곤이 위에 리가 아래에 있으니 밝음이 땅 속으로 들어가는 것이다. 진괘晉卦를 거꾸로 하면 명이괘가 되므로 뜻도 진괘와 서로 반대가 된다. 진은 밝음이 성한 괘이며, 현명한 임금이 위에 있고, 여러 현인들이 더불어 나아가는 때이다. 명이는 어두운 괘이며, 어리석은 임금이 위에 있고, 현명한 사람이 상하게 되는 때이다. 해가 땅 속으로 들어갔으니, 밝음이 상하여 어둡다. 그러므로 명이이다(爲卦, 坤上離下, 明入地中也. 反晉成明夷, 故義與晉正相反. 晉者明盛之卦, 明君在上, 羣賢並進之時也. 明夷昏暗之卦, 暗君在上, 明者見傷之時也. 日入於地中, 明傷而昏暗也. 故爲明夷)"라고 하였다.

[內文明而外柔順] 이하 괘덕으로 괘의를 해석하였다. 명이괘는 아랫괘가 리離이고 윗괘는 곤坤이다. 리는 문명文明이고, 곤은 유순柔順이다. 그런즉 명이괘는 또 '안으로는 문명하고 밖으로는 유순함'이다.

[以蒙大難, 文王以之.] 『석문』에 정현은 "'몽蒙'은 입다, 당하다는 뜻의 조遭와 같다(鄭云蒙猶遭也)"고 하였다. '이以'에 대해, 『석문』에 정현, 순상, 향수는 "같다는 뜻의 사似"로 하였다(鄭荀向作似). '이以'는 사似로 읽는다. 주나라 문왕이 안으로는 문명의 덕을 지니고 밖으로는 유순하였으니, '끊임없이 공경하시고(緝熙敬止)'(『시경』, 「대아大雅·문왕文王」), '천하를 삼 분

하여 그 둘을 가지고도 은을 섬겼다(三分天下有其二, 以服事殷)'(『논어』, 「태백泰伯」). 그러나 마침내 큰 어려움을 당하여(以蒙大難) 은의 주왕紂王에 의해 유리羑里에 갇히게 되었으니, 문왕이 바로 이 괘명(또는 괘상)과 같다는 것이다.

['利艱貞', 晦其明也.] 이하 괘사를 해석하였다. '이간정利艱貞'의 '간艱'은 해가 땅속으로 들어가 그 밝음이 어두워진 것(晦其明), 즉 현인이 '어려움'을 만난 것을 말한다. 「단」은 괘사의 '이간정'의 '간'을 괘명과 결부시켜 해석한 것이다.

[內難而能正其志, 箕子以之.] '기자箕子'는 은의 마지막 왕인 주왕紂王의 숙부이며, 서형庶兄인 미자微子, 서형 혹은 숙부인 비간比干과 더불어 은의 삼인三仁이라고 불리는 사람이다. '이以'는 사似로 읽는다. 「단」은 '내란內難'으로 괘사의 '간艱'을, '정正'으로 '정貞'을 해석하였다. 즉 괘사의 '이간정利艱貞'을, 어려움을 만나 바르게 하면 이롭다는 것은 현인이 안으로는 어려우나 그 뜻을 바르게 할 수 있기 때문이라고 해석하였다. 기자는 밝은 덕을 지니고 있었으나 어려운 때를 만나 노예로 신분을 감추고 숨어 살다가 마침내 옥사에 갇히게 되었다. 그러나 그 뜻을 굳게 지켜 변하지 않았으니, 기자가 바로 이 괘사와 같다는 것이다.

象曰 明入地中, 明夷. 君子以莅衆用晦而明.

해가 땅속으로 들어가는 것이 명이괘의 상이다. 군자는 이 괘상을 본받아 백성에 임하는 것이 밖으로는 어두우나 안으로는 밝다.

[明入地中, 明夷.] 명이괘는 아랫괘가 리離이고 윗괘는 곤坤이다. 리는 해(日)이고 곤은 땅(地)이다. 그런즉 '해가 땅속으로 들어가는 것'이 명이괘의 상이다. 즉 해의 밝음이 땅 밖에 나타나지 않고 땅속에 있는 것이다.

[君子以莅衆用晦而明.] '이莅'는 임하다는 뜻의 임臨이다. 공영달은 '이중莅

398

衆'을 '임어중臨於衆'이라고 하였다. '임하다(莅)'는 것은 곧 다스리다, 사용하다는 뜻이다. '중衆'은 백성이다. '회晦'는 어둡다는 뜻이며, '명明'과 서로 짝이 된다. 해가 땅속으로 들어가니, 밖은 어두우나 안은 밝다. 군자는 이 괘상을 보고 이를 본받아 백성에 임하는 것이 밖으로는 어두우나 안으로는 밝다. 즉 밖으로는 어리석고 어두운 것 같으나 안으로는 실로 밝고 명석하다는 말이다.

初九. 明夷于飛, 垂其翼. 君子于行, 三日不食. 有攸往, 主人有言.
처음 양효는 어두울 때 나는데, 날개를 드리운다. 군자가 가는데, 삼 일을 먹지 못한다. 갈 곳이 있으니 주인이 말이 있다.

'명이明夷'는 해가 땅속으로 들어간 것이니, 어둡다는 뜻이다. '우비于飛'는 새가 날아가는 것을 말한다. '수기익垂其翼'은 새가 날아가면서 날개를 드리우는 것이다. '행行'은 군자가 어두울 때를 만나 은둔하는 것이다.

象曰 '君子于行', 義 '不食'也.
'군자가 간다'는 것은 마땅히 '먹지 못한다'는 것이다.

'의義'는 마땅하다는 뜻의 의宜이다. 「상」은 효사의 '군자우행君子于行'을, 군자가 어두울 때를 만나 은둔하는데, 삼 일 동안 먹지 못하는 것은 마땅한 것이라고 해석하였다. 순상은 "어두운 군주가 위에 있으니, 밝은 덕이 있는 사람은 마땅히 녹을 먹지 않는다(暗昧在上, 有明德者, 義不食祿也)"고 해석하였다.

六二. 明夷夷于左股, 用拯馬壯, 吉.

둘째 음효는 어두울 때 왼쪽 다리를 다쳤는데, 타고 가는 말이 튼튼하니, 길
하다.

'명이明夷'는 해가 땅속으로 들어간 것이니, 어둡다는 뜻이다. 뒤의 '이
夷'자는 다치다는 뜻의 상傷이다. '증拯'은 공영달이 '증제拯濟'라고 하였는
데, '증拯'은 곧 구원하다는 뜻의 구救, 구제하다는 뜻의 제濟이다. 『석문』에
도 "증은 구제하다는 증(拯, 救之拯)"이라고 하였다. '증마拯馬'는 곧 구제하
는 말을 가리킨다. '장壯'은 건장하다, 튼튼하다는 뜻이다.

象曰 '六二'之 '吉', 順以則也.

'둘째 음효가 길한 것'은 (말이) 유순하여 잘 달리기 때문이다.

「상」은 '순이칙順以則'으로 효사의 '용증마장用拯馬壯'을 해석하였다. '칙
則'은 법칙이며, 말이 잘 달리는 법칙을 가리킨다. 둘째 음효는 음이 음의 자
리에 있으며(효위), 유순한 상이다(효상). 「상」은 효사를, 어두울 때 왼쪽
다리를 다쳤으나 길한 것은 타고 가는 말이 유순하여 잘 달리기 때문이라는
해석하였다. 정이는 둘째 음효의 효위를 가지고 해석하여, '칙則'은 중정의
도라고 하였다. "둘째 음효가 길을 얻은 것은 유순한 곳에서 법칙이 있기 때
문이다. 칙은 중정의 도를 말한다. 유순하여 중정을 얻었으니, 밝음이 상한
때에 처하여 그 길함을 보존할 수 있는 것이다(六二之得吉者, 以其順處而有法
則也. 則, 謂中正之道. 能順而得中正, 所以處明傷之時而能保其吉也)"라고 하였
다. 즉 둘째 음효가 길한 것은 유순하여 중정을 얻었기 때문이라는 것이다.
「상」의 '식食', '칙則', '득得', '식息', '국國', '칙則'은 모두 운이다.

九三. 明夷于南狩, 得其大首, 不可疾貞.

셋째 양효는 어두울 때 남쪽으로 사냥을 가서 큰 머리의 짐승을 얻었다. 바른 것을 싫어해서는 안 된다.

'명이明夷'는 해가 땅속으로 들어간 것이니, 어둡다는 뜻이다. '수狩'는 사냥하다는 뜻의 엽獵이다. '대수大首'는 큰 머리의 짐승, 맹수라는 뜻이다. '질疾'은 미워하다, 싫어하다는 뜻의 오惡로 읽는다. '정貞'은 바르다는 뜻의 정正이다.

象曰 '南狩'之志, 乃大得也.

'남쪽으로 사냥을 간 뜻은 곧 크게 얻었다는 것이다.

「상」은 '대득大得'을 가지고 효사의 '득기대수得其大首'를 해석하였다. 효사의 '남수南狩'는 남쪽으로 사냥을 간 뜻은 곧 큰 머리의 짐승을 잡았으니, 크게 얻은 것이라고 해석하였다. 필자는 '불가질정不可疾貞'에 대해 「상」이 어떻게 해석하였는지 효사를 바로 이해할 수 없다.

六四. 入于左腹, 獲明夷之心, 于出門庭.

넷째 음효는 왼쪽 배에 들어가, 어두울 때 숨으려는 마음을 얻어서, 문 앞뜰에 나간다.

'명이明夷'는 해가 땅속으로 들어간 것이니, 어둡다는 뜻이다. '명이지심明夷之心'은 어두울 때 숨으려는 마음이다. '문정門庭'은 문 앞뜰이다. 주희는 "이 효의 뜻은 자세히 알 수 없다(此爻之義, 未詳)"고 하였다. 고형은 '복

腹'은 복覆으로 읽고, 동굴이란 뜻이며, '획獲'은 도달하다는 뜻이라 하고, "군자가 왼쪽 동굴로 들어가, 머물 수 있는가를 보고 머물기를 결정하였는데, 여기에 이르자 어려움을 만나 물러나 은거하려는 뜻을 달성하였으니, 즉 문 앞뜰을 나설 때 품은 뜻이다"라고 해석하였다.

象曰 '入于左腹', 獲心意也.

'왼쪽 배에 들어간다'는 것은 마음의 뜻을 얻었다는 것이다.

「상」은 '심의心意'를 가지고 효사의 '명이지심明夷之心'을 해석하였다. 효사의 '입우좌복入于左腹'은 왼쪽 배에 들어가 어두울 때 숨으려는 마음의 뜻을 얻었다고 해석하였다. 필자는 이 구절이 무엇을 말하는지 이해할 수 없다. 고형은 "군자가 거할 수 있는 좋은 곳을 만나, 물러나 은거하려는 마음의 뜻을 이루었다"고 해석하였다.

六五. 箕子之明夷, 利貞.

다섯째 음효는 기자가 밝음을 숨기니, 바르게 하여 이롭다.

'기자箕子'는 은나라 마지막 왕인 주紂의 숙부이다. '지之'는 주격조사로 사용되었다. '명이明夷'의 '명明'은 밝음이다. '이夷'는 없어지다는 뜻의 멸滅이다. '명이'는 곧 밝음을 숨긴다는 뜻이다. '정貞'은 바르다는 뜻의 정正이다.

象曰 '箕子'之'貞', '明'不可息也.

'기자가 바르다'는 것은 '밝음'은 소멸할 수 없다는 것이다.

‘명明’은 곧 ‘명이明夷’의 명明이다. ‘식息’은 식熄으로 읽으며, 소멸하다는 뜻의 멸滅이다(공영달). 「상」은 효사의 ‘기자지정箕子之貞’을, 기자가 어려움을 만나 자신의 밝음을 숨기나 그 밝음은 소멸할 수 없으니, 바르게 하여 이롭다고 해석하였다.

上六. 不明晦. 初登于天, 後入于地.

꼭대기 음효는 해가 지고 어둡다. 처음에는 하늘로 올랐다가 뒤에는 땅으로 들어갔다.

‘회晦는 어둡다는 뜻의 명冥이다. ‘불명회不明晦’는 해가 지고 어둡다는 뜻이다. ‘초初’와 ‘후後’는 시간적 전후 순서를 나타낸 것이다.

象曰 ‘初登于天’, 照四國也. ‘後入于地’, 失則也.

‘처음에는 하늘로 올랐다’는 것은 사방을 비춘다는 것이다. ‘뒤에는 땅으로 들어갔다’는 것은 (밝음의) 법도를 잃었다는 것이다.

‘사국四國’은 곧 사방四方이다. ‘칙則’은 법칙, 법도이다(공영달). 「상」은 효사의 ‘초등우천初登于天’을, 해가 처음에는 하늘로 올라가 사방을 비춘다고 해석하였다. ‘후입우지後入于地’는 뒤에는 해가 땅으로 들어가 밝음의 법도를 잃고 어둡다고 해석하였다.

37. 가인家人

家人. 利女貞.

가인은 여자가 바르게 하면 이롭다.

'가인家人'은 괘명이며, 집안사람이라는 뜻이다. '정貞'은 바르다는 뜻의 정正이다. '이녀정'은 여자가 바르게 하면 이롭다는 말이다.

象曰 家人, 女正位乎内, 男正位乎外. 男女正, 天地之大義也. 家人有嚴君焉, 父母之謂也. 父 父, 子子, 兄兄, 弟弟, 夫夫, 婦婦, 而家道正. 正家而天下定矣.

가인은 여자가 안에서 바른 자리에 있고, 남자는 밖에서 바른 자리에 있다. 남녀가 바른 것은 천지의 대의이다. 집안사람에게 존엄한 어른이 있으니, 부모를 말한다. 어버이는 어버이답고 자식은 자식다우며, 형은 형답고 아우는 아우다우며, 남편은 남편답고 아내는 아내다우면 집안의 도는 바르다. 집안을 바르게 하면 천하는 안정된다.

[家人] 괘명이다. 「서괘」에 "밖에서 다친 사람은 반드시 제 집으로 돌아오니, 그러므로 가인괘로 받는다(傷於外者, 必反其家. 故受之以家人)"고 하였다. 공영달은 "집안의 도를 밝히고, 한집안 사람을 바르게 한다(明家內之道, 正一家之人)"고 하였다. '가인家人'은 곧 집안사람, 가정이라는 뜻이다. 정이는 "'가인'은 집안의 도이다. 부자의 친함, 부부의 올바름, 존비 장유의 순서, 윤리를 바르게 하고, 은혜와 의리를 돈독히 하는 것이 집안사람의 도이다(家人者, 家內之道. 父子之親, 夫婦之義, 尊卑長幼之序, 正倫理, 篤恩義, 家人之道也)"라고 하였다.

[女正位乎內] 왕필은 '여女'는 둘째 음효를 가리킨다고 하였다. 뒷사람들은 모두 이를 따랐다. '정위正位'는 둘째 음효는 음이 음의 자리에 있다는 것이다. '내內'는 내괘이다. '여정위호내'는 여자가 집안에서 자신의 바른 자리에 처하여 그 직분을 다한다는 말이다.

[男正位乎外] 왕필은 '남男'은 다섯째 양효를 가리킨다고 하였다. 뒷사람들은 모두 이를 따랐다. '정위正位'는 다섯째 양효는 양이 양의 자리에 있다는 것이다. '외外'는 외괘이다. '남정위호외'는 남자가 집밖에서 자신의 바른 자리에 처하여 직분을 다한다는 말이다.

[男女正, 天地之大義也.] '남녀정男女正'은 남자는 밖에서 여자는 안에서, 각각 자신의 바른 자리에 처하여 그 직분을 다 한다는 말이다. '의義'는 도리이다. '대의'는 큰 도리, 정도이다. 남녀가 바른 것은 곧 천지간의 중대한 도리이다. '대의'의 내용은 바로 아래 구절이다.

[家人有嚴君焉, 父母之謂也.] 이하 괘의를 말하였다. '엄嚴'은 존엄의 뜻이다. '군君'은 임금이 아니라 어른(長)이란 뜻이다. 집안사람에게 존엄한 어른이 있으니, 즉 부모라는 말이다. 이정조는 "둘째 음효와 다섯째 양효는 서로 응하며, 괘의 주인이다. 다섯째 양효는 밖에 있고, 둘째 음효는 안에 있으니 부모를 말한다(二五相應, 爲卦之主. 五陽在外, 二陰在內, 父母之謂也)"고 하였다.

[父父, 子子, 兄兄, 弟弟, 夫夫, 婦婦, 而家道正. 正家, 而天下定矣.] 순상은

"아버지는 다섯째 양효를, 아들은 넷째 음효를, 형은 셋째 양효를, 아우는 처음 양효를, 남편은 다섯째 양효를, 아내는 둘째 음효를 말한다. 각각 자신의 자리를 얻었으므로 천하는 안정된다(父謂五, 子謂四. 兄謂三. 弟謂初. 夫謂五. 婦謂二也. 各得其正, 故天下定矣)"고 하였다. 주희는 "꼭대기는 아버지이고 처음 양효는 아들이다. 다섯째와 셋째 양효는 남편이고, 넷째와 둘째 음효는 아내이다. 다섯째 양효는 형이고 셋째 양효는 동생이다(上父初子, 五三夫, 四二婦, 五兄三弟)"라고 하였다. 어버이는 어버이답고 자식은 자식다우며, 형은 형답고 아우는 아우다우며, 남편은 남편답고 아내는 아내다우면 집안의 도는 바르다. 집안을 바르게 하면 천하는 안정된다. 남녀가 바른 것이 천지의 대의가 되는 것은 남녀가 바르면 집안이 바르고, 집안이 바르면 천하가 안정되기 때문이다. 『논어』「안연顏淵」에 다음과 같은 말이 있다. "제나라 경공이 공자에게 정치를 묻자 공자께서 대답하셨다. '임금은 임금다워야 하고, 신하는 신하다워야 하며, 어버이는 어버이다워야 하고, 자식은 자식다워야 합니다.' 경공이 말하였다. '훌륭한 말이오. 정말 임금이 임금답지 못하고, 신하가 신하답지 못하며, 어버이가 어버이답지 못하고, 자식이 자식답지 못하면, 비록 곡식이 가득하다 해도 내 어찌 먹을 수 있겠소?(齊景公問政於孔子. 孔子對曰 '君君, 臣臣, 父父, 子子.' 公曰 '善哉! 信如君不君, 臣不臣, 父不父, 子不子, 雖有粟, 吾得而食諸?')" 가정과 사회 구성원 각자가 자신의 자리에서 자신의 임무에 충실하면 천하는 반듯해진다는 말이며, 이것이 곧 정치라는 것이다. 「단」의 내용은 곧 공자의 정명론을 들어 말한 것이다.

象曰 風自火出, 家人. 君子以言有物, 而行有恒.
바람이 불에서 나오는 것이 가인괘의 상이다. 군자는 이 괘상을 본받아 말에는 내용이 있고, 행동에는 항심이 있다.

[風自火出, 家人.] 가인괘는 윗괘가 손巽이고 아랫괘는 리離이다. 손은 바람(風)이고 리는 불(火)이다. 그런즉 '바람이 불에서 나오는 것'이 가인괘의 상이다.

[君子以言有物, 而行有恒.] '물物'은 어떤 내용이 있음을 말한다. '항恒'은 항구한 마음이라는 뜻이다. 공영달은 '일정함(常)'으로 읽었다. 바람이 불에서 나오니, 안에서 밖으로 이르는 상이다. 군자는 이 괘상을 보고 이를 본받아 말에는 내용이 있고, 행동에는 항심을 지녀야 한다.

정이는 "'물物'은 사실이고, '항恒'은 상도법칙을 말한다. 덕업이 밖에서 드러나는 것은 언행을 안에서 삼가는 데서 비롯되는 것이다. 말을 삼가고 행동을 닦으면, 몸은 바르게 되고 집안은 다스려진다(物謂事實, 恒謂常度法則也. 德業之著於外, 由言行之謹於內也. 言愼行修, 則身正而家治矣)"고 하였다. 정이는 「상」을 "말은 사실을 근거하고, 행동에는 일정한 법칙이 있다"고 해석하였다.

초九. 閑有家, 悔亡.
처음 양효는 집안에서 한가하니, 뉘우침이 없어진다.

'한閑'은 한가하다는 뜻의 한閒이다. 순상은 "처음 효는 잠겨 있는 자리에 있다. 나라 일에 간여하지 않고 한가로이 집안의 일을 익힐 뿐이다(初在潛位, 未干國政, 閑習家事而已)"라고 하였다. 『석문』에 마융은 '한閑'을 막다는 뜻의 난闌, 방비하다는 뜻의 방防으로 읽어(馬云 闌也, 防也) "집안을 방비한다"고 해석하였는데, 왕필 이후 이 해석을 따랐다. '유有'는 어於와 같다. '한어가閑於家'는 집안에서 한가하게 지내는 것이다.

象曰 '閑有家', 志未變也.
'집안에서 한가하다'는 것은 뜻이 변하지 않는다는 것이다.

'지志'는 출사하지 않는 뜻이다. 「상」은 효사의 '한유가閑有家'를, 집안에서 한가하다는 것은 출사하지 않겠다는 뜻이 변하지 않는 것이라고 해석하였다.

六二. 无攸遂, 在中饋, 貞吉.
둘째 음효는 가는 곳 없이 집안에서 음식을 하여 가족에게 주니, 바르게 하여 길하다.

'수遂'는 대장괘 꼭대기 음효의 '불능수不能遂, 불능퇴不能退'의 '수遂'와 같으며, 나아가다는 뜻의 진進이다. 『광아』 「석고」에 "'수'는 가다는 뜻의 왕(遂, 往也)"이라고 하였다. '무유수无攸遂'는 곧 가는 곳이 없다는 뜻이다. '중中'은 가중家中이다. '궤饋'는 음식을 갖추어 사람에게 주는 것이다. 『석문』에 "먹이는 것(食也)"이라고 하였다. '중궤中饋'는 곧 내궤內饋이며, 집안에서 음식을 하여 가족에게 주는 것이다. '정貞'은 바르다는 뜻의 정正이다.

象曰 '六二'之 '吉', 順以巽也.
'둘째 음효가 길하다'는 것은 유순하여 복종하기 때문이다.

'손巽'은 복종이다. 둘째 음효가 유순하고 복종하는 대상에는 두 가지가 있다. 하나는 다섯째 양효이다(구가역). 둘째 음효는 다섯째 양효와 응하고 있으니(효위), 음이 유순하여 양에게 복종하는 상이다(효상). 또 하나는 셋

째 양효이다(고형). 둘째 음효는 셋째 양효의 아래에 있으니(효위), 음이 유
순하여 양에게 복종하는 상이다(효상). 두 가지 해석은 모두 통한다.「상」은
효사를, 여자가 밖으로 나돌아다니지 아니하고 집안에서 음식을 하여 가족
에게 주는 것은 유순하여 남자에게 복종하기 때문이라고 해석하였다.

九三. 家人嗃嗃, 悔厲吉. 婦子嘻嘻, 終吝.
　셋째 양효는 집안사람들이 슬피 우니, 뉘우치고 위태로우나 길하다. 부녀
자가 웃음소리를 내나, 마침내 어렵다.

『집해』에 후과는 "'학학'은 엄한 것, '희희'는 웃는 것(嗃嗃, 嚴也. 嘻嘻, 笑
也)"이라고 하였다. '학嗃'은 왕필이 엄하다는 뜻의 엄嚴으로 읽은 후, 뒷사
람들은 대개 이를 따랐다. '학학嗃嗃'은 오오嗷嗷와 같으며(정이), 슬피 우
는 소리이다. '희희嘻嘻'는 웃음소리이다. 『석문』에 마음은 '소성笑聲'이라
고 하였다. '학학'과 '희희'를 짝으로 사용하였다.

象曰 '家人嗃嗃', 未失也. '婦子嘻嘻', 失家節也.
　'집안사람들이 슬피 운다'는 것은 집안의 절도를 잃지 않았다는 것이다.
'부녀자가 웃음소리를 낸다'는 것은 집안의 절도를 잃었다는 것이다.

　'미실未失'은 '실가절失家節'과 짝이 되며, 집안의 절도를 잃지 않았다(未
失家節)는 말이다.「상」은 효사의 '가인학학家人嗃嗃'을, 집안사람이 슬피 우
는 것은 집안의 절도를 잃지 않았기 때문에 길하다고 해석하였다. '부자희
희婦子嘻嘻'는 부녀자가 웃음소리를 내는 것은 집안의 절도를 잃었기 때문
에 마침내 어렵다고 해석하였다.

六四. 富家, 大吉.
넷째 음효는 부유한 집이니, 크게 길하다.

象曰 '富家大吉', 順在位也.
'부유한 집이니, 크게 길하다'는 것은 순종하여 자신의 자리에 있기 때문
이다.

'순順'은 넷째 음효가 다섯째 양효의 아래에 있으니(효위), 양에게 순종하
는 상이다(효상). '재위在位'는 넷째 음효는 음이 음의 자리에 있다는 것이
며(효위), 자신의 자리에 처하여 직분을 다하고 있는 상이다(효상). 「상」은
효사의 '부가대길富家大吉'을, 넷째 음효가 순종하여 자신의 자리에서 직분
을 다하고 있기 때문에 집이 부유하게 되어 크게 길하다고 해석하였다.

九五. 王假有家, 勿恤, 吉.
다섯째 양효는 왕이 집에 왔으니, 근심하지 말라. 길하다.

'격假'은 이르다는 뜻의 지至이다(왕필). 『석문』에 "이르다는 뜻의 지至"
라 하고, "정현은 오르다는 뜻의 등"이라고 하였다(鄭云 登也). '유有'는 어
於와 같다. '가家'는 신하나 백성의 집을 가리킨다. '휼恤'은 근심하다는 뜻
의 우憂이다(육적).

象曰 '王假有家', 交相愛也.
'왕이 집에 왔다'는 것은 서로 사랑한다는 것이다.

410

「상」은 '교상애'를 가지고 효사의 '물휼'을 해석하였다. 다섯째 양효는 임금이고 둘째 음효는 신하(혹은 백성)이다. 다섯째 양효와 둘째 음효는 서로 응하고 있으니(효위), 왕과 신하(혹은 백성)가 서로 사랑하는 상이다(효상). 「상」은 효사의 '왕격유가王假有家'를, 왕이 집에 온 것은 왕과 신하(혹은 백성)가 서로 사랑하기 때문이라고 해석하였다. 고형은 '격假'을 격格으로 읽고 '격'은 바르다는 뜻의 정正이며, '유有'는 기其로 읽고 왕을 가리킨다 하고, "왕이 그 집안을 바르게 하니, 집안사람이 서로 사랑한다"고 해석하였다.

上九. 有孚威如, 終吉.

꼭대기 양효는 믿음이 있고 위엄이 있으니, 마침내 길하다.

'부孚'는 믿음이라는 뜻의 신信이다. '위威'는 위엄이 있다는 것이다. '여如'는 연然과 같다. '위여威如'는 위연威然과 같으며, 위엄이 있는 모양을 가리킨다.

象曰 '威如'之'吉', 反身之謂也.

'위엄이 있으니 길하다'는 것은 자신을 되돌아보는 것을 말한다.

'반反'은 되돌아본다는 뜻이다. '반신反身'은 자신을 되돌아보고 잘못을 반성한다는 말이다. 건蹇 「상」에 "군자는 이 괘상을 본받아 자신을 되돌아보고 덕을 닦는다(君子以反身修德)"고 하였는데 그 뜻은 같다. 「상」은 효사를, 자신을 되돌아보고 잘못을 자신에게서 구하니, 위엄이 있어 마침내 길하다고 해석하였다.

옛말에 자신을 되돌아보고 반성하는 것을 '반신'이라고 하였다. 『맹자』

「진심盡心」상에 "자신을 되돌아보고 참되면, 즐거움이 이보다 큰 것이 없다 (反身而誠, 樂莫大焉)"라 하였고, 『중용』에 "자신을 되돌아보고 참되지 않으면, 어버이에게 효순치 못하다(反諸身不誠, 不順乎親矣)"고 하였다(21장). 또 자신을 되돌아보고 반성하는 것을 '자반自反'이라고도 하였다. 『맹자』 「이루離婁」하에 "자신을 되돌아보아서 인자하고, 자신을 되돌아보아서 예의롭고, 자신을 되돌아보아서 정성스럽다(自反而仁矣. 自反而有禮矣. 自反而忠矣)"고 하였고, 『예기禮記』「악기樂記」에 "그런 후에 자신을 되돌아볼 수 있다(然後能自反也)"고 하였다. 또 '반反'이라고도 하였다.『맹자』「이루」상에 "남을 사랑하는데도 가까워지지 않으면, 그 인자함을 반성하라. 남을 다스리는데 다스려지지 않으면, 그 지혜를 반성하라. 남을 예로써 대하는데 반응이 없으면, 그 공경함을 반성하라. 행하여 기대하는 바를 얻지 못하는 것이 있으면, 모두 자신에게서 그 원인을 구하라(愛人不親, 反其仁. 治人不治, 反其智. 禮人不答, 反其敬. 行有不得者, 皆反求諸己)"고 하였고, 『중용』에 "공자께서는 '활쏘기는 군자에 비슷함이 있으니, 정곡을 잃으면 되돌아보고 자신에게서 구하는 것이다'라고 하였다(孔子曰 '射有似乎君子, 失諸正鵠, 反求諸其身)"라고 한 것(14장) 등이 그 예이다.

38. ䷥睽

離上
兌下

睽. 小事吉.

규는 작은 일을 하면 길하다.

'규睽'는 괘명이며, 어긋나다는 뜻의 괴乖이다. 『백서』에는 '규睽'를 괴乖로 하였는데, 두 글자는 옛날에 통용되었다.

象曰 睽, 火動而上, 澤動而下. 二女同居, 其志不同行. 說而麗乎明, 柔進而上行, 得中而應乎剛, 是以'小事吉'. 天地睽而其事同也, 男女睽而其志通也, 萬物睽而其事類也, 睽之時用大矣哉.

규는 불이 움직여 올라가고, 못이 움직여 내려간다. 두 여자가 동거하나, 그 뜻은 함께 행하지 아니한다. 기뻐하여 밝음에 붙어 있고, 유가 나아가 위로 올라가서, 가운데 자리를 얻어 강에 응하니, 그래서 '작은 일을 하면 길하다'는 것이다. 천지는 어긋나지만 그 일은 같고, 남녀는 어긋나지만 그 뜻은 통하며, 만물은 어긋나지만 그 일은 유사하니, 규의 때의 쓰임은 크기도 하다.

[睽] 괘명이다. 「서괘」에 "가도가 궁하면 반드시 어긋나니, 그러므로 규괘로 받는다. 규는 어긋난다는 것이다(家道窮必乖, 故受之以睽. 睽, 乖也)"라고 하였다. 『광아』「석고」에 "'괴'는 떨어지다는 뜻의 리(乖, 離也)"라고 하였다. 『설문』에 "'규'는 눈을 서로 보지 않는 것(睽, 目不相視也)"이라고 하였는데, 서로가 어긋난다는 뜻이다. '규'는 서로 어긋나는 것이고, 서로 떨어지는 것이다. 「단」과 「상」은 이와 같은 뜻으로 새겼다.

[睽, 火動而上, 澤動而下.] 이하 괘상을 가지고 괘명을 해석하였다. 규괘는 윗괘가 리離이고 아랫괘는 태兌이다. 리는 불(火)이고 태는 못(澤)이다. 그런즉 규괘의 괘상은 불이 위에 있고 못이 아래에 있는 것이다. 불은 움직여 위로 올라가고 못의 물은 움직여 아래로 내려가니, 서로 어긋난다.

[二女同居, 其志不同行.] '거居'는 부모의 집에 사는 것을 말하고, '행行'은 시집으로 가는 것을 말한다. 규괘의 윗괘인 리는 둘째딸(中女)이고 아랫괘인 태는 막내딸(少女)이다. 그런즉 규괘의 괘상은 또 두 여자가 동거하는 것이나 각자 지향하는 바는 같지 않은 것이다. 자매가 어릴 때는 같이 살지만 자라서는 각자 시집가니, 두 여자가 동거하나 그 뜻은 함께 행하지 아니하는 것이다. 그래서 어긋나는 것이다.

[說而麗乎明] 괘덕을 가지고 괘사를 해석하였다. '열說'은 기뻐하다는 뜻의 열悅이다. '여麗'는 붙다는 뜻의 부附이다. 규괘는 아랫괘가 태이고 윗괘는 리이다. 태는 기뻐함(悅)이고, 리는 밝음(明)이다. 아랫괘는 윗괘에 붙어 있으니, 규괘는 또 '기뻐하여 밝음에 붙어 있는 것'이다.

[柔進而上行] 이하 괘체를 가지고 괘사를 해석하였다. '유柔'는 다섯째 음효를 가리킨다. 유는 나아가 위로 올라가 다섯째 음효의 자리에 있게 되었다는 말이다. 35번 진晉 「단」의 설명을 참고하라.

[得中而應乎剛, 是以 '小事吉'.] '득중得中'은 다섯째 음효가 윗괘의 가운데 자리에 있다는 말이다. '강剛'은 둘째 양효를 가리킨다. 다섯째 음효는 윗괘

의 가운데 자리에서 아랫괘의 가운데 자리에 있는 둘째 양효와 호응한다.
「단」은 괘사의 ‘소사길’을, 아랫괘는 기뻐하면서 윗괘의 밝음에 붙어 있고,
유가 위로 올라가 가운데 자리를 얻어 아래의 강과 응하니, 그래서 ‘작은 일
이면 길하다’고 해석하였다.

[天地睽而其事同也] 이하 괘의를 말하였다. ‘사事’는 천지가 하는 일이다.
하늘은 높고 땅은 낮으며, 하늘은 양이고 땅은 음이니, ‘천지가 어긋나는
것’이다. 그러나 천지는 서로 교접하여 만물을 낳아 기르니, 하는 일은 같다.
공영달은 “하늘은 높고 땅은 낮으니, 서로 현격한 것이 ‘천지가 어긋나는
것’이다. 그러나 만물을 생성하니, 그 일은 곧 같은 것이다(天高地卑, 其體懸
隔, 是天之睽也. 而生成品物, 其事則同也)”라고 하였다.

[男女睽而其志通也] ‘지志’는 남녀가 지향하는 것이다. 남자는 강이고 여자
는 유이며, 남자는 밖이고 여자는 안이니, ‘남녀가 어긋나는 것’이다. 그러
나 남녀는 짝이 되어 가정을 이루고 자녀를 기르니 그 뜻은 통한다. 공영달
은 “남자는 밖에, 여자는 안에 있어 자리의 구별이 있는 것이 ‘남녀가 어긋
나는 것’이다. 그러나 가정을 이루어 일을 처리하니, 그 뜻은 곧 통하는 것이
다(男外女內, 分位有別, 是男女睽也. 而成家理事, 其志則通也)”라고 하였다.

[萬物睽而其事類也] ‘사事’는 만물이 생멸 변화하는 일이다. ‘유類’는 유사
하다는 뜻이며, 앞의 ‘동同’, ‘통通’과 같은 의미이다. 만물은 형체와 속성이
각양각색이니, ‘만물이 어긋나는 것’이다. 그러나 만물이 생멸 변화하는 것
을 보면 서로 유사하다. 공영달은 “만물은 모양이 다르고 각각 상을 갖는 것
이 ‘만물이 어긋나는 것’이다. 그러나 나서 자라나는 것이 고르니, 그 일은
곧 유사한 것이다(萬物殊形, 各自爲象, 是萬物睽也. 而均於生長, 其事卽類)”라
고 하였다.

[睽之時用大矣哉] 천지는 어긋나지만 하는 일이 같고, 남녀는 어긋나지만
지향하는 것은 통하며, 만물은 어긋나지만 생멸 변화하는 것은 유사하니,
어긋나고 같은 것은 모두 ‘때(時)’에 따라 하는 것이다. 그러므로 규의 때의
쓰임은 크기도 하다는 말이다.

象曰 上火下澤, 睽. 君子以同而異.

위는 불이고 아래가 못인 것이 규괘의 상이다. 군자는 이 괘상을 본받아 사물의 같은 것과 다른 것을 구별한다.

[上火下澤, 睽.] 규괘는 윗괘가 리離이고 아랫괘는 태兌이다. 리는 불(火)이고 태는 못(澤)이다. 그런즉 '위는 불이고 아래가 못인 것'이 규괘의 상이다. 「단」의 '불이 움직여 올라가고, 못이 움직여 내려간다(火動而上, 澤動而下)'는 것과 같다.

[君子以同而異] '동同'은 사물의 같은 점을 말하고, '이異'는 사물의 다른 점을 말한다. 「단」의 '이녀동거二女同居'는 동同이며, '기지부동행其志不同行'은 이異이다. 또 '천지규天地睽'는 이異이나 '기사동其事同'은 동同이다. 위는 불이고 아래가 못이니, 불은 위로 올라가고 못의 물은 아래로 내려가 성질이 서로 다르다. 군자는 이 괘상을 보고 이를 본받아 사물의 같은 것과 다른 것을 서로 구별한다.

정이는 "위가 불이고 아래가 못이니, 이 두 가지의 물성은 어긋나 다르다. 그래서 어긋나 떨어지는 상이다. 군자는 어긋나 다른 상을 보고, 크게 같은 것 가운데에서 당연히 다른 것을 안다(上火下澤, 二物之性違異, 所以爲睽離之象. 君子觀睽異之象, 於大同之中而知所當異也)"고 하였다.

初九. 悔亡. 喪馬勿逐自復. 見惡人, 无咎.

처음 양효는 뉘우침이 없어진다. 잃은 말은 뒤쫓지 않아도 스스로 돌아온다. 나쁜 사람을 만나보니 허물이 없다.

'복復'은 돌아오다는 뜻의 반返이다. '악惡'은 악하다(不善, 不良)는 뜻이다. '견見'은 만나보는 것이다. 찾아가서 만나든지, 찾아온 사람을 만나든

지, 우연히 만나든지, 모두 통한다.

象曰 ‘見惡人’, 以辟 ‘咎’也.

‘나쁜 사람을 만나본다’는 것은 허물을 피한다는 것이다.

‘이以’는 ‘이지以之’의 지之를 생략한 것이며, ‘지之’ 나쁜 사람을 만나보는 것을 가리킨다. 『집해』에는 ‘벽辟’을 피避로 하였다. ‘벽辟’은 피하다는 뜻의 피避로 읽는다. 「상」은 ‘피구避咎’를 가지고 효사의 ‘무구无咎’를 해석하였다. 효사의 ‘견악인見惡人’은 나쁜 사람을 만나보니 허물이 없다는 것은 나쁜 사람을 만나보는 것으로 허물을 피하는 것이라고 해석하였다.

九二. 遇主于巷, 无咎.

둘째 양효는 주인을 골목에서 만나니, 허물이 없다.

‘우遇’는 만나다는 뜻이다. ‘주主’는 주인이다. ‘항巷’은 골목이다.

象曰 ‘遇主于巷’, 未失道也.

‘주인을 골목에서 만난다’는 것은 길을 잃지 않는다는 것이다.

‘도道’는 길(路)이다. ‘실도失道’는 길을 잃는 것이다. 「상」은 효사의 ‘우주우항遇主于巷’을, 주인을 골목에서 만났으니 길을 잃지 않는다고 해석하였다. 또는 ‘주主’를 다섯째 음효로 보고, 둘째 양효는 다섯째 음효와 서로 응하므로 “정도를 잃지 않는다”고 해석하여도 통한다.

六三. 見輿曳, 其牛掣, 其人天且劓, 无初有終.

셋째 음효는 수레를 끌고 가는 것을 보았는데, 소는 힘들게 당기고, 사람은 이마에 새기고 코가 잘린 죄인이었다. 처음은 없으나 마침은 있다.

'여輿'는 수레이다. '예曳'는 끌다는 뜻의 납拉이다. '체掣'는 끌다는 뜻의 예曳, 당기다는 뜻의 만挽이며, 매우 힘들게 당기는 모양이다. 우번은 "이마에 자자刺字한 것이 천, 코를 벤 것이 의(黥額爲天, 割鼻爲劓)"라고 하였다. '천天'은 이마에 문신을 새겨 넣는 형벌인 묵형墨刑이고, '의劓'는 코를 베는 형벌인 의형劓刑이다. '기인천차의'는 소를 끌고 가는 사람이 묵형과 의형을 받은 죄인이라는 말이다.

象曰 '見輿曳', 位不當也. '无初有終', 遇剛也.

'수레를 끌고 가는 것을 본다'는 것은 자리가 합당하지 않기 때문이다. '처음은 없으나 마침은 있다'는 것은 강을 만났기 때문이다.

'부당不當'은 셋째 음효가 음이면서 양의 자리에 있다는 것이며(효위), 처한 자리가 합당하지 않은 상이다(효상). '강剛'에 대해 두 가지 해석이 있다. 하나는 전통적인 해석이다. '강'은 꼭대기 양효를 가리킨다. 셋째 음효와 꼭대기 양효는 음양이 서로 응한다. 왕필이 이렇게 해석하자 뒷사람들은 모두 이를 따랐다. 또 하나는 고형의 해석이다. '강'은 넷째 양효를 가리킨다. 셋째 음효는 음효이고 유이며, 넷째 양효는 양효이고 강이다. 셋째 음효는 위로 나아가 넷째 양효를 만나니, 이것이 유가 강을 만나는 것이며, 약한 사람이 강한 사람을 만나 도움을 받는 것을 상징한다. 굴만리도 이렇게 해석하였다. 두 가지 해석은 모두 통한다. 「상」은 효사의 '견여예見輿曳'를, 수레를 끌고 가는 것을 보았는데, 소는 힘들게 당기고, 사람은 이마에 새기고 코가

잘린 죄인이었다는 것은 셋째 음효의 자리가 합당하지 않기 때문이라고 해석하였다. 즉 수레를 끌고 가는 사람이 수레를 끌고 갈 능력이 부족하면서 수레를 끌고 가고 있다는 말이다. '무초유종无初有終'은 처음은 없으나 마침은 있는 것은 셋째 음효가 꼭대기 양효 혹은 넷째 양효를 만났기 때문이라고 해석하였다. 즉 수레를 끌고 가는 사람이 수레를 끌고 갈 능력이 부족하여 힘들게 수레를 끌고 가다가 강한 힘을 지닌 사람을 만나 도움을 받았으므로 좋은 결과가 있게 되었다는 말이다.

九四. 睽孤遇元夫, 交孚, 厲, 无咎.
넷째 양효는 떨어져서 외로운 사람이 큰 사내를 만나, 믿음으로 사귀니, 위태로우나 허물이 없다.

'규睽'는 어긋나다는 뜻의 괴乖, 떨어지다는 뜻의 리離이다. '고孤'는 외로운 사람을 가리킨다. '규고'는 떨어져서 외로운 사람이라는 뜻이다. '우遇'는 만나다는 뜻의 봉逢이다. '원元'은 크다는 뜻의 대大이다. '원부元夫'는 곧 큰 사내라는 뜻이다. 굴만리는 '이혼한 사내(離婚之夫)'라고 하였다. '교交'는 사귄다는 뜻이다. '부孚'는 믿음이라는 뜻의 신信이다. '여厲'는 위태롭다는 뜻의 위危이다.

象曰 '交孚无咎', 志行也.
'믿음으로 사귀니, 허물이 없다'는 것은 뜻이 행한다는 것이다.

'지행志行'은 뜻이 행한다는 것, 즉 목적이 이루어졌다는 것이다. 「상」은 효사의 '교부무구交孚无咎'를, 믿음으로 사귀니 뜻이 행하여 허물이 없다고 해석하였다.

六五. 悔亡, 厥宗噬膚, 往何咎.
다섯째 음효는 뉘우침이 없어진다. 종묘에 가서 고기를 먹으니, 가면 무슨
허물이 있겠는가.

『백서』에는 '궐厥'을 오르다는 뜻의 등登으로 하였다. 「상」은 '왕往'으로
해석하였다. '종宗'은 조상을 모신 사당, 종묘이다. '서噬'는 씹다는 뜻의 설
齧, 먹는다는 뜻의 흘吃이다. '부膚'는 고기라는 뜻의 육肉이다.

象曰 '厥宗噬膚', 往有慶也.
'종묘에 가서 고기를 먹는다'는 것은 가면 경사가 있다는 것이다.

「상」은 '왕往'으로 효사의 '궐厥'을, '유경有慶'으로 '서부噬膚'를 해석하
였다. '유경有慶'은 경사스런 일이 있다는 것이다. 「상」은 효사의 '궐종서부
厥宗噬膚'를, 종묘에 가서 고기를 먹는다는 것은 종묘에 가면 경사스런 일이
있는 것이라고 해석하였다.

上九, 睽孤見豕負塗, 載鬼一車, 先張之弧, 後說之弧, 匪寇婚媾.
往遇雨則吉.
꼭대기 양효는 떨어져서 외로운 사람이 돼지가 등에 가득 진흙을 묻힌 것
과 한 수레에 가득 귀신을 싣고 있는 것을 보고, 먼저 활을 당겨 쏘려고 하
다가 뒤에 활을 내려놓으니, 도적이 아니라 혼인하는 것이다. 가다가 비를
만나니 길하다.

'규睽'는 어긋나다는 뜻의 괴乖, 떨어지다는 뜻의 리離이다. '고孤'는 외로

420

운 사람을 가리킨다. '시豕'는 돼지이다. '부負'는 등이라는 뜻의 배背이다
(우번). '도塗'는 진흙이라는 뜻의 니泥이다(우번). '장張'은 활을 당긴다는
뜻이다. '지之'는 기其와 같다. '호弧'는 활(弓)이다. '열說'은 탈脫로 읽으
며, 놓다는 뜻의 치置이다(우번). '비匪'는 비非로 읽는다. '혼구婚媾'는 혼
인婚姻과 같다.

象曰 '遇雨'之'吉', 群疑亡也.
'비를 만나니 길하다'는 것은 모든 의심이 없어졌다는 것이다.

'군의群疑'는 효사의 돼지가 등에 가득 진흙을 묻힌 것, 한 수레 가득 귀신
을 싣고 있는 것, 활을 당겼다가 내려놓은 것, 혼인하는 것을 도적으로 여긴
것 등등의 의심을 말한다. 「상」은 효사의 '우우즉길遇雨則吉'을, 가다가 비
를 만나니 길한 것은 효사의 모든 의심이 없어졌기 때문이라고 해석하였다.

39. 건蹇

蹇. 利西南, 不利東北. 利見大人. 貞吉.

건은 서남쪽이 이롭고, 동북쪽은 이롭지 않다. 대인을 만나보는 것이 이롭다. 바르게 하여 길하다.

'건蹇'은 괘명이며, 어렵다는 뜻의 난難이다. '정貞'은 바르다는 뜻의 정正이다. '정길貞吉'은 뜻과 행실을 바르게 하여 길하다는 뜻이다.

象曰 蹇, 難也, 險在前也. 見險而能止, 知矣哉. 蹇, '利西南', 往得中也. '不利東北', 其道窮也. '利見大人', 往有功也. 當位'貞吉', 以正邦也. 蹇之時用大矣哉.

건은 어렵다는 것이니, 험난함이 앞에 있다. 험난함을 보고 멈출 수 있으니, 지혜롭기도 하다. 건이 '서남쪽이 이롭다'는 것은 가면 중도를 얻기 때문이다. '동북쪽은 이롭지 않다'는 것은 그 길이 궁하기 때문이다. '대인을 만나보는 것이 이롭다'는 것은 가면 공이 있다는 것이다. 합당한 자리에 처하

여 '바르게 하여 길하다'는 것은 나라를 바르게 한다는 것이다. 건의 때의
쓰임은 크기도 하다.

[蹇] 괘명이다. 「서괘」에 "어긋나는 것은 반드시 어려움이 있으니, 그러므
로 건괘로 받는다. 건은 어렵다는 것이다(乖必有難, 故受之以蹇. 蹇者, 難也)"
라고 하였고, 「잡괘」에서도 "'건'은 어렵다는 뜻의 난(蹇, 難也)"이라고 하
였다. '건'은 어렵다는 뜻의 난難이다. 「단」과 「상」에서도 같은 뜻으로 새겼
다. 정이는 "괘는 감이 위에 간이 아래에 있다. 감은 험난함이고 간은 멈춤이
니, 험난함이 앞에 있어 멈추어 나아갈 수 없는 것이다. 앞에는 험난함이 있
고 뒤에는 막혀 있으니, 그러므로 건이다(爲卦, 坎上艮下. 坎, 險也, 艮, 止也,
險在前而止不能進也. 前有險陷, 後有峻阻, 故爲蹇也)"라고 하였다. 주희는 "발
이 나아갈 수 없으니, 가는 것이 어려운 것이다(足不能進, 行之難也)"라고 하
였다.

[蹇, 難也, 險在前也.] 이하 괘덕으로 괘명을 해석하였다. 괘명이 '건蹇'인
것은 건의 뜻이 어렵다는 난難이고, 험난함이 앞에 있기 때문에 어렵다는 말
이다. 건괘는 윗괘가 감坎이고 아랫괘는 간艮이다. 감은 험난함(險)이고 간
은 멈춤(止)이다. 윗괘는 전前이고 아랫괘는 후後이다. 그런즉 건괘는 '험난
함이 앞에 있는 것'이다.

[見險而能止, 知矣哉.] 감은 험난함(險)이고 간은 멈춤(止)이다. '지知'는
지혜롭다는 뜻의 지智로 읽는다. 건괘는 또 '험난함을 보고 멈출 수 있는
것'이다. 험난함을 보고 멈추어 화를 당하지 않으니, 지혜롭기도 하다는 말
이다.

[蹇, '利西南', 往得中也.] 이하 괘체를 가지고 괘사를 해석하였다. '이서남
利西南, 불리동북不利東北'에 대해, 우번은 "곤은 서남괘(坤, 西南卦)", "간은
동북괘(艮, 東北之卦)"라고 하였고, 순상 역시 "서남은 곤을 말한다(西南, 謂
坤)", "동북은 간이다(東北, 艮也)"라고 하였다. 왕필은 "서남쪽은 땅이고,
동북쪽은 산이다. 어려움으로 평탄한 곳으로 가면 어려움이 풀리고, 어려움

으로 산으로 가면 길이 궁하다(西南, 地也. 東北, 山也. 以難之平則難解, 以難之山則道窮)"고 하였다. 이들은 「설괘」 5장의 팔괘방위의 설을 가지고 해석하였는데, 이후 뒷사람들은 모두 이러한 해석을 따랐다. 「설괘」의 팔괘 방위의 설을 가지고 서남쪽이 이롭고 동북쪽은 불리하다는 해석은 모두 이들에게서 비롯된 것이다. '중中'에 대해 우번과 순상은 다섯째 양효를 가리킨다고 하였는데, 뒷사람들은 또 모두 이를 따랐다. 다섯째 양효는 윗괘의 가운데 자리에 있으니(효위), 중도를 행하는 상이다(효상). 「단」은 괘사의 '이서남'을, 서남쪽은 곤방坤方이고, 곤은 땅(地)이며, 땅은 평탄하여 서남쪽으로 가면 중도를 얻기 때문에 이롭다고 해석하였다.

['不利東北', 其道窮也.] 순상은 "동북은 간괘이다. 간은 감의 아래에 있으니, 험난함을 보고 멈추는 것이다. 그러므로 그 도가 궁한 것이다(東北, 艮也. 艮在坎下, 見險而止, 故其道窮也)"라고 하였다. 「단」은 괘사의 '불리동북'을, 동북쪽은 간방艮方이고, 간은 산山이며, 산은 높고 험하여 동북쪽으로 가면 그 길이 궁하여 통하지 않는다고 해석하였다.

['利見大人', 往有功也.] 우번은 "대인은 다섯째 양효를 가리킨다. 둘째 음효가 자리를 얻어 다섯째 양효와 응하고 있으므로 '이견대인, 왕유공'이라 하였다(大人, 謂五. 二得位應五, 故利見大人, 往有功也)"고 하였다. 뒷사람들은 대부분 이를 따랐다. 정이는 "어려울 때, 성현이 아니면 천하의 어려움을 구제할 수 없으니, 그러므로 대인을 만나보는 것이 이롭다(蹇難之時, 非聖賢不能濟天下之蹇, 故利見大人也)"고 하였다. 그는 '대인'을 어려울 때 천하의 어려움을 구해주는 사람으로 해석하였다. 「단」은 또 괘사의 '이견대인'을, 대인을 만나보는 것이 이롭다는 것은 가면 공이 있는 것이라고 해석하였다.

[當位 '貞吉', 以正邦也.] '당위當位'에 대해 여러 가지 해석이 있다. 첫째, 순상은 "다섯째 양효는 존위에서 바르게 거하고 있고, 여러 음이 순종하므로 나라를 바르게 할 수 있다(五當尊位, 正居是, 群陰順從, 故能正邦國)"고 하였다. 그는 '당위'를 다섯째 양효가 존위에 있는 것이라고 하였다. 굴만리가 이를 따랐다. 둘째, 공영달은 "둘째, 셋째, 넷째, 다섯째 효가 모두 합당한

자리이니, 그래서 바른 자리를 얻어 길하다(二三四五爻皆當位, 所以得正而吉)"고 하였다. 건괘는 처음 음효를 제외하고 나머지 다섯 효는 모두 음양이 자신의 자리에 있으므로 '당위'라고 하였다는 말이다. 정이, 주희, 진몽뢰, 왕부지, 유백민 등 뒷사람들은 대부분 이를 따랐다. 셋째, 정이는 "대인이 합당한 자리에 있어 어려움을 구하는 공을 이루니, 가면 공이 있는 것이다(大人當位, 則成濟蹇之功矣, 往有功也)"라고 하여, 대인이 합당한 자리에 있다고 해석하였다. 넷째, 래지덕은 '당위'를 셋째, 다섯째 두 양효가 자신의 자리에 있는 것이라고 하였다(陽剛皆當其位). 다섯째, 고형은 다섯째 양효와 둘째 음효를 가리킨다고 하였다. 다섯째 양효와 둘째 음효는 위 아래괘의 가운데 자리에서 각각 자신의 자리에 있으며, 합당한 자리에 처해 중정의 도를 지니고 있다는 것이다. 진고응도 이와 같이 해석하였다. 이러한 해석은 모두 통한다. 「단」은 괘사의 '정길貞吉'을, 건괘의 음양효가 각각 자신의 자리에 처하여 있는 것을 나라의 임금과 신하와 백성들이 각각 자신의 직분에 충실한 것에 비유하여, 합당한 자리에 처하여 바르게 하여 길한 것은 나라를 바르게 하는 것이라고 해석하였다.

[蹇之時用大矣哉.] 괘의를 말하였다. 건괘가 험난한 것을 보고 멈추고, 서남쪽이 이롭고, 동북쪽은 이롭지 않으며, 대인을 만나보는 것이 이롭고, 또 자신의 자리에 처하여 바르게 하여 길하다는 것은 모두 건괘의 때에 따른 쓰임이니, 그때의 쓰임은 크기도 하다는 말이다.

象曰 山上有水, 蹇. 君子以反身修德.
산 위에 물이 있는 것이 건괘의 상이다. 군자는 이 괘상을 본받아 자신을 되돌아보고 덕을 닦는다.

[山上有水, 蹇.] 건괘는 아랫괘가 간艮이고 윗괘는 감坎이다. 간은 산(山)이고 감은 물(水)이다. 그런즉 '산 위에 물이 있는 것'이 건괘의 상이다.

[君子以反身修德] '반신反身'은 반구어신反求於身이며, 자신을 되돌아보고 잘못을 반성한다는 말이다. 산 위에 물이 있으니, 물은 평지처럼 흘러가기 어렵다. 군자는 이 괘상을 보고 이를 본받아 자신을 반성하고 그 덕을 닦아 어려움을 건넌다.

정이는 "군자가 험난함을 만나면 반드시 자신을 되돌아보고 잘못을 자신에게서 찾아서 스스로 수양함을 증진시킨다. 맹자가 말하기를 '행하여 기대하는 바를 얻지 못하는 것이 있으면, 모두 자신에게서 그 원인을 구하라'고 하였다. 그러므로 어려움을 만나면 반드시 스스로 자신을 반성하니, 잃는 것이 있겠는가? 이것이 자신을 되돌아본다는 것이다(君子之遇險阻, 必反求諸己而益自修. 孟子曰 '行有不得者, 皆反求諸己.' 故遇艱蹇, 必自省於身, 有失而致之乎? 是反身也)"라고 하였다.

初六. 往蹇, 來譽.
처음 음효는 가는 것은 어려우나, 오는 것은 영예가 있다.

'건蹇'은 어렵다는 뜻의 난難이다. '예譽'는 영예榮譽이다.

象曰 '往蹇來譽', 宜待也.
① '가는 것은 어려우나, 오는 것은 영예가 있다'는 것은 때에 알맞기 때문이다.
② '가는 것은 어려우나, 오는 것은 영예가 있다'는 것은 마땅히 때를 기다리기 때문이다.

'의대宜待'에 대해, 『석문』에 "장번본에서 의시宜時라 하였고(張本作宜時也), 정현본에는 의대시야宜待時也라고 하였다(鄭本宜待時也)"고 했는데, 두

가지 모두 통한다. 장번본에 의하면, '대待'는 시時로 읽은 것이며, '의대宜待'는 곧 '의시宜時'이니, 시의時宜라는 뜻이다.「상」은 효사의 '왕건래예往蹇來譽'를, 가는 것은 어려우나 오는 것은 영예가 있는 것은 가고 오는 것이 때에 알맞기(時宜) 때문이라고 해석하였다. 또 정현본에 의하면, '의대宜待'는 의대시야宜待時也이며, 마땅히 때를 기다린다는 뜻이다.「상」은 효사의 '왕건래예往蹇來譽'를, 가는 것은 어려우나 오는 것은 영예가 있는 것은 마땅히 가고 오는 그 때를 기다리기 때문이라고 해석하였다.

六二. 王臣蹇蹇, 匪躬之故.
둘째 음효는 왕의 신하들이 어렵고 또 어려우나, 자신으로 말미암은 것이 아니다.

'건蹇'은 어렵다는 뜻의 난難이다. '건건蹇蹇'은 어렵고 또 어렵다는 뜻이다. '비匪'는 비非로 읽는다. '궁躬'은 자신을 가리킨다. '고故'는 연고, 까닭이라는 뜻이다.

象曰 '王臣蹇蹇', 終无尤也.
'왕의 신하들이 어렵고 또 어렵다'는 것은 끝내 (그들에게) 허물이 없다는 것이다.

'우尤'는 허물이라는 뜻의 구씀이다.「상」은 '종무우終无尤'를 가지고 효사의 '비궁지고匪躬之故'를 해석하였다. 효사의 '왕신건건王臣蹇蹇'은 왕의 신하들이 어렵고 또 어려운 것은 자신으로 말미암은 것이 아니므로 끝내 그들에게 허물이 없다고 해석하였다.

九三. 往蹇, 來反.

셋째 양효는 가는 것은 어려우나, 오는 것은 쉽다.

'건蹇'은 어렵다는 뜻의 난難이다. '반反'은 건蹇의 반대라는 뜻이므로, 당연히 쉽다는 것이다.

象曰 '往蹇來反', 內喜之也.

'가는 것은 어려우나, 오는 것은 쉽다'는 것은 속으로 기뻐한다는 것이다.

'희喜'는 기뻐한다는 뜻이다. '내희內喜'는 마음속으로 기뻐하는 것이다. 「상」은 효사의 '왕건래반往蹇來反'을, 가는 것은 어려우나 오는 것은 쉬우므로 마음속으로 기뻐한다고 해석하였다. 우번은 "'내'는 처음과 둘째의 두 음효를 말한다(內, 謂二陰也)"고 하였고, 굴만리는 '둘째 음효(六二)'를 말한 것이라고 하였다.

六四. 往蹇, 來連.

넷째 음효는 가는 것은 어려우나, 오는 것은 연을 타고 온다.

'건蹇'은 어렵다는 뜻의 난難이다. '연連'은 손수레라는 뜻의 연輦이다(우번). '연連'과 '연輦'은 옛날에 통용되었다. 연輦은 신분이 높은 사람들이 타는 수레이다. '내연來輦'은 올 때에 연을 타고 온다는 말이다.

象曰 '往蹇來連', 當位實也.

'가는 것은 어려우나, 오는 것은 연을 타고 온다'는 것은 합당한 자리에서
부유하기 때문이다.

'당위當位'는 넷째 음효는 음이 음의 자리에 있다는 것이며(효위), 합당한
자리에 처해 있는 상이다(효상). '실實'에 대해, 순상은 "바른 자리에 처하
여 다섯째 양효를 잇는 것(處正承陽)"이라고 해석하였고, 정이는 "음이 음의
자리에 있는 것(以陰居陰)"으로 해석하였다. 『설문』에 "'실'은 부유하다는
뜻의 부(實, 富也)"라고 하였다. 「상」은 효사의 '왕건래연往蹇來連'을, 가는
것은 어려우나 오는 것은 연을 타고 온다는 것은 넷째 음효가 합당한 자리
에 처하여 부유하기 때문이라고 해석하였다.

九五. 大蹇, 朋來.

다섯째 양효는 크게 어려우니, 벗들이 온다.

'건蹇'은 어렵다는 뜻의 난難이다. '대건大蹇'은 크게 어렵다는 것이다.
'붕래朋來'는 벗들이 와서 돕는다는 것이다.

象曰 '大蹇朋來', 以中節也.

'크게 어려우니, 벗들이 온다'는 것은 중도를 얻어 절개가 있기 때문이다.

'이以'는 인因으로 읽는다. '중中'은 다섯째 양효가 윗괘의 가운데 자리에
있다는 것이며(효위), 중정의 절개가 있는 상이다(효상). '절節'은 절개이
다. 『설문』에 "지조, 절개라는 뜻의 조操"라고 하였다. 「상」은 효사의 '대건

붕래大蹇朋來'를, 크게 어려우니, 벗들이 와서 도와주는 것은 다섯째 양효가 중도를 얻어 절개가 있기 때문이라고 해석하였다.

上六. 往蹇, 來碩, 吉. 利見大人.
꼭대기 음효는 가는 것은 어려우나, 오는 것은 크니 길하다. 대인을 만나보는 것이 이롭다.

'건蹇'은 어렵다는 뜻의 난難이다. '석碩'은 크다는 뜻의 대大이다(공영달). 공영달은 "뜻을 크게 얻었다(志大得矣)"고 하였고, 후과는 "셋째 양효의 덕이 크다(三德碩大)"고 하였다.

象曰 '往蹇來碩', 志在內也. '利見大人', 以從貴也.
'가는 것은 어려우나, 오는 것은 크다'는 것은 뜻이 안에 있다는 것이다. '대인을 만나보는 것이 길하다'는 것은 귀인을 따르기 때문이다.

'내內'는 아랫괘의 셋째 양효를 가리킨다(왕필). 꼭대기 음효는 셋째 양효와 서로 응하고 있으니(효위), 뜻이 안에 있는 상이다(효상). 「상」은 '귀貴'를 가지고 효사의 '대인大人'을 해석하였다. '귀貴'는 곧 다섯째 양효를 가리킨다(정이). 꼭대기 음효는 다섯째 양효와 서로 이웃하고(比) 있으니(효위), 귀인을 따르는 상이다(효상). 「상」은 효사의 '왕건래석往蹇來碩'을, 가는 것은 어려우나 오는 것은 크다는 것은 꼭대기 음효의 뜻이 셋째 양효에 있기 때문이라고 해석하였다. '이견대인利見大人'은 꼭대기 음효가 다섯째 양효와 이웃하여 그를 따르기 때문에 대인을 만나보는 것이 이롭다고 해석하였다.

40. 해解

解. 利西南. 无所往, 其來復吉. 有攸往, 夙吉.

해는 서남쪽이 이롭다. 갈 곳이 없다면 돌아오는 것이 길하다. 갈 곳이 있
다면 일찍 가는 것이 길하다.

'해解'는 괘명이며, 벗어나다는 뜻의 면免, 풀다는 뜻의 완緩이다. '복復'
은 돌아오다는 뜻의 반返이다. '숙夙'은 이르다는 뜻의 조무이다(우번).

象曰 解, 險以動, 動而免乎險, 解. 解'利西南', 往得衆也. '其來
復吉', 乃得中也. '有攸往夙吉', 往有功也. 天地解而雷雨作, 雷
雨作而百果草木皆甲坼. 解之時大矣哉.

해는 험난하여 움직이는 것이니, 움직여 험난함에서 벗어나는 것이 해이
다. 해가 '서남쪽이 이롭다'는 것은 가면 무리를 얻기 때문이다. '갈 곳이
없다면 돌아오는 것이 길하다'는 것은 중도를 얻기 때문이다. '갈 곳이 있
다면 일찍 가는 것이 길하다'는 것은 가면 공이 있기 때문이다. 천지가 풀

리니 우레와 비가 일어나며, 우레와 비가 일어나니 백과와 초목이 모두 땅에서 나와 잎을 피운다. 해의 때는 크기도 하다.

[解] 괘명이다. 「서괘」에 "사물은 끝까지 어려울 수 없으니, 그러므로 해괘로 받는다. 해는 풀다는 것이다(物不可以終難, 故受之以解. 解者, 緩也)"라고 하였고, 「잡괘」에서도 "'해'는 풀다는 뜻의 완(解, 緩也)"이라고 하였다. '해'는 벗어나다, 풀다는 뜻이다. 「단」과 「상」의 뜻도 이와 같다. 정이는 "괘는 진이 위에 감이 아래에 있다. 진은 움직임이고 감은 험난함이니, 험난함 밖에서 움직여 험난함에서 벗어나는 것이다. 그러므로 환난이 풀어지는 상이다(爲卦, 坎上震下. 震, 動也, 坎, 險也, 動於險外, 出乎險也, 故爲患難解散之象)"라고 하였다.

[解, 險以動, 動而免乎險, 解.] 괘덕를 가지고 괘명을 해석하였다. 두 개의 '해解'자는 모두 괘명을 들은 것이다. 해괘는 아랫괘가 감坎이고 윗괘는 진震이다. 감은 험난함(險)이고 진은 움직임(動)이다. 그런즉 해괘는 '험난하여 움직이는 것'이다. 움직임은 윗괘이고, 험난함은 아랫괘이다. 움직임이 험난함의 밖에 있으니, 험난함의 밖에서 움직이는 것이다. 험난함의 밖에서 움직인다는 것은 곧 '움직여 험난함에서 벗어난다'는 것이다. 그래서 괘명이 '해解'이다. 「단」은 '면免'을 가지고 괘명 '해'를 해석하였다. '해'는 벗어나다는 뜻이다.

[解 '利西南', 往得衆也.] 이하 괘사를 해석하였다. 서남쪽은 곤방坤方이고, 곤은 무리(衆)이다(「설괘」 11장). 「단」은 괘사의 '이서남'을, 서남쪽이 이로운 것은 가면 많은 사람(衆人)을 얻기 때문이라고 해석하였다.

['其來復吉', 乃得中也.] '중中'에 대해, 순상은 '중中'을 둘째 양효로 보았는데(來復居二, 處中成險), 주희, 래지덕, 굴만리, 유백민이 이렇게 해석하였다. 공영달은 "어려움을 해결할 수 없으니, 물러나 침묵을 지켜 이치의 가운데를 얻는다(无難可解, 退守靜默, 得理之中)"고 하였고, 정이는 "갈 곳이 없으니, 연후에 선왕의 다스림으로 돌아와 곧 중도를 얻으니, 마땅함과 합하

는 것을 말한다(无所往, 然後來復先王之治, 乃得中道, 謂合宜也)”고 하여, ‘중도中道’로 해석하였다. 진고응은 ‘중’을 ‘정도’로 해석하였다. 「단」은 괘사의 ‘기래복길’을, 갈 곳이 없다면 돌아오는 것이 길한 것은 곧 중도를 얻기 때문이라고 해석하였다.

[‘有攸往夙吉’, 往有功也.] 「단」은 괘사의 ‘유유왕숙길’을, 갈 곳이 있다면 일찍 가는 것이 길한 것은 가면 공이 있기 때문이라고 해석하였다. 주희는 ‘득중得中’과 ‘유공有功’은 모두 둘째 양효를 가리킨다고 하였다.

[天地解而雷雨作] 이하 괘상으로 괘의를 해석하였다. ‘천지해天地解’는 봄이 오니, 천지가 풀리고, 음양이 풀리고, 기후가 풀린다는 것이다. ‘해’는 또 풀다는 뜻이다. ‘작作’은 일어나다는 뜻의 기起이다. 해괘는 윗괘가 진震이고 아랫괘는 감坎이다. 진은 우레(雷)이고 감은 비(雨)이다. 그런즉 해괘의 괘상은 ‘우레와 비가 일어나는 것’이다. 천지가 풀리니 우레와 비가 일어난다는 말이다.

[雷雨作而百果草木皆甲坼.] ‘갑甲’은 초목이 땅에서 나오는 것이다. 『석문』에 마융과 정현은 ‘탁坼’을 택宅으로 하였다. 『집해』에도 ‘택宅’으로 하였다. 왕인지王引之는 “탁坼과 택宅은 모두 풀잎이라는 뜻의 적乇의 가차이다. 글자이다. 초목이 잎을 피우는 것이다(坼, 宅皆借爲乇, 草木生葉也)”라고 하였다. 공영달은 ‘부갑개탁孚甲開坼’이라고 하였는데, ‘부갑’은 싹이 나오는 것, ‘개탁’은 입을 피우는 것이다. ‘갑탁’은 초목이 땅에서 나와 싹을 내미는 것이다. 천지가 풀린 후에 우레와 비가 일어난다. 우레와 비가 일어나니 백과 초목이 모두 땅에서 나와 잎을 피운다는 말이다.

[解之時大矣哉.] 천지가 풀리니, 우레와 비가 일어나고, 백과 초목이 모두 땅에서 나와 잎을 피운다. 그러므로 해의 때는 크기도 하다는 말이다.

象曰 雷雨作, 解. 君子以赦過宥罪.

우레와 비가 일어나는 것이 해괘의 상이다. 군자는 이 괘상을 본받아 잘못이 있는 자는 용서하고 죄를 지은 자는 관대히 대한다.

[雷雨作, 解.] 해괘는 윗괘가 진震이고 아랫괘는 감坎이다. 진은 우레(雷)이고 감은 비(雨)이다. 그런즉 '우레와 비가 일어나는 것'이 해괘의 상이다.

[君子以赦過宥罪] '사赦'는 용서하다는 뜻의 면免이다. '과過'는 과실이다. '유宥'는 관대하다는 뜻의 관寬이다. 우레와 비가 일어나니, 천지가 풀린다. 군자는 이 괘상을 보고 이를 본받아 과실이 있는 자는 용서하고 죄를 지은 자는 관대히 대하여 이들을 풀어준다.

공영달은 "'사'는 방면을 말하고, '과'는 과실을 말하고, '유'는 관유를 말하고, '죄'는 이전에 범한 것을 말한다. 과실이 가벼우면 방면하고, 죄가 무거우면 관대히 처리하니, 모두 풀다는 뜻이다(赦謂放免, 過謂誤失, 宥謂寬宥, 罪謂故犯. 過輕則赦, 罪重則宥, 皆解緩之義也)"라고 하였다.

初六. 无咎.
처음 음효는 허물이 없다.

象曰 剛柔之際, 義 '无咎'也.
강유가 교접하니, 마땅히 '허물이 없다'는 것이다.

'강유'에 대해 두 가지 해석이 있다. 하나는 처음 음효와 넷째 양효가 서로 응한다고 보는 것이다. 정이는 "처음 음효와 넷째 양효가 서로 응하는 것이 강과 유가 서로 교접하는 것이다(初四相應, 是剛柔相際接也)"라고 하였다. 뒷사람들은 이를 따랐다. 또 하나는 고형의 해석이다. '강유'는 처음 음효와 둘째 양효가 교접하는 것을 말하며, 두 효는 서로 접하고 있으니 음양이 교접한다는 것이다. 굴만리, 진고응도 이렇게 보았다. 두 가지 해석은 모

두 통한다. '제際'는 서로 교접交接한다는 뜻이다. '의義'는 마땅하다는 뜻의 의宜이다. 「상」은 효사의 '무구无咎'를, 처음 음효인 유와 넷째(혹은 둘째) 양효인 강이 서로 교접하고 있으므로 허물이 없다고 해석하였다.

九二. 田獲三狐, 得黃矢, 貞吉.

둘째 양효는 밭에서 여우 세 마리를 잡고, 누런 화살촉을 얻었으니, 바르게 하여 길하다.

'전田'은 밭이다. 사냥하다는 뜻의 엽獵으로 읽어도(우번) 통한다. '황시黃矢'는 누런 화살촉이다. '정貞'은 바르다는 뜻의 정正이다.

象曰 '九二' '貞吉', 得中道也.

'둘째 양효가 바르게 하여 길하다'는 것은 중도를 얻었기 때문이다.

「상」은 '중도'를 가지고 효사의 '정'을 해석하였다. '중도中道'는 둘째 양효가 아랫괘의 가운데 자리에 있다는 것이며(효위), 중도를 얻은 상이다(효상). '중도'란 곧 뜻과 행실이 바르다는 말이다. 「상」은 효사의 '정길貞吉'을, 바르게 하여 길한 것은 둘째 양효가 중도를 얻었기 때문이라고 해석하였다.

六三. 負且乘, 致寇至, 貞吝.

셋째 음효는 물건을 지고 수레를 타고 있으니, 도적을 불러들인다. 바르게 해도 어렵다.

'부負'는 등에 물건을 지는 것이다. '차且'는 이而와 같다. '승乘'은 수레(車)를 타는 것이다. '치致'는 불러오다, 초래하다는 뜻의 초招이다. '구寇'는 도적이다. '정貞'은 바르다는 뜻의 정正이다. '정린貞吝'은 하는 일이 비록 바르나 또한 어려움이 있다는 것이다.

象曰 '負且乘', 亦可醜也. 自我 '致' 戎, 又誰咎也.

'물건을 지고 수레를 타고 있다'는 것은 또한 추하다는 것이다. 스스로 도적을 불러들이니, 또 누구를 탓하겠는가?

'치융致戎'은 곧 효사의 '치구致寇'이다. 『석문』에는 "본래 또 치구로 하였다(本又作致寇)"고 하였다. '구咎'는 허물 과過이다. 「상」은 효사의 '부차승負且乘'을, 물건을 지고 수레를 타고 있으니, 추한 일이라고 해석하였다. 또 스스로 도적을 불러들이니 다른 사람을 탓할 수 없다고 해석하였다. 「계사」 상·8장에 "공자께서 말씀하셨다. 『역』을 지은 사람은 도적을 아는 것인가. 『역』에 이르기를 '물건을 지고 수레를 타고 있으니, 도적을 불러들인다'고 하였다. 짐을 진다는 것은 소인의 일이다. 수레라는 것은 군자의 기구이다. 소인이면서 군자의 수레를 탔으니, 도적이 이를 강탈하려고 생각하는 것이다. 윗사람은 나태하고 아랫사람은 난폭하면, 도적이 이를 치려고 생각하는 것이다. 재물을 간직하는 데 게을러 도적을 가르치고, 용모를 요염하게 꾸며 음란을 가르친다. 『역』에 이르기를 '물건을 지고 수레를 타고 있으니, 도적을 불러들인다'고 한 것은 도적을 끌어들인다는 것이다(子曰 作易者其知盜乎. 易曰 '負且乘, 致寇至.' 負也者, 小人之事也. 乘也者, 君子之器也. 小人而乘君子之器, 盜思奪之矣. 上慢下暴, 盜思伐之矣. 慢藏誨盜. 冶容誨淫. 易曰 '負且乘, 致寇至.' 盜之招也)"라고 하였다. 「계사」는 자신의 신분에 맞지 않는 일을 하여 도적을 끌어들이게 되니, 행동을 신중히 해야 한다고 해석하였는데, 「상」의 해석과 다르다.

九四. 解而拇, 朋至斯孚.
넷째 양효는 너의 엄지발가락을 벗기는데, 벗이 와서 곧 믿게 되었다.

'해解'는 벗기다는 뜻의 탈脫이다. '이而'는 너 이爾이다. '무拇'는 엄지발가락이다. '붕朋'은 붕우朋友이다. '사斯'는 곧(卽)이라는 뜻이다. '부孚'는 믿음이라는 뜻의 신신이다.

象曰 '解而拇', 未當位也.
'너의 엄지발가락을 벗긴다'는 것은 합당한 자리가 아니라는 것이다.

'당위當位'는 음양이 각각 자신의 자리에 있는 것이다. '미당위未當位'는 넷째 양효가 양이면서 음의 자리에 있다는 것이며(효위), 처한 자리가 합당하지 않은 상이다(효상). 「상」은 효사의 '해이무解而拇'를, 너의 엄지발가락을 벗긴다는 것은 넷째 양효가 합당한 자리에 있지 않기 때문이라고 해석하였다. 필자는 「상」이 효사를 어떻게 해석한 것인지 이해할 수 없다.

六五. 君子維有解, 吉. 有孚于小人.
다섯째 음효는 군자가 풀려나니 길하다. 소인에게 (군자에 대한) 믿음이 있다.

'군자'는 도덕 수양의 경지가 높은 사람이고, '소인'은 그렇지 못한 사람이다. '유維'는 매다는 뜻의 계係로 읽어도 되고, 어조서로 보아도 된다. 필자는 「상」에 '유維'자가 없으므로 어조사로 보았다. 해解는 풀려나다는 뜻의 석釋이다. '부孚'는 믿음이라는 뜻의 신신이다.

象曰 ‘君子有解’, ‘小人’退也.

‘군자가 풀려난다’는 것은 ‘소인’이 물러난다는 것이다.

「상」은 효사의 ‘군자유해君子有解’를, 군자가 풀려나니, 소인은 군자에 대한 믿음이 있어 그 자리에서 물러난다고 해석하였다.

上六. 公用射隼于高墉之上, 獲之, 无不利.

꼭대기 음효는 공公이 높은 성벽 위에서 매를 쏘아 잡으니, 이롭지 않음이 없다.

‘준隼’은 매(鷹)다. ‘용墉’은 성벽이다. 『석문』에 마융은 ‘성城’이라고 하였다. ‘획獲’은 얻는다는 뜻의 득得이다.

象曰 ‘公用射隼’, 以解悖也.

‘공이 매를 쏜다’는 것은 사나운 것을 없앤다는 것이다.

‘이以’는 ‘이지以之’의 지之를 생략한 것이며, ‘지之’는 공이 매를 쏘는 것을 가리킨다. 「상」은 ‘해解’를 가지고 효사의 ‘사射’를, ‘패悖’를 가지고 ‘준隼’을 해석하였다. ‘해解’는 없애다, 제거하다는 뜻의 제거除去이다(공영달). ‘패悖’는 사납다, 거스르다는 뜻의 역逆이다(공영달). 「상」은 효사의 ‘공용사준公用射隼’을, 공이 매를 쏘아 사나운 것을 제거한다고 해석하였다. 이것은 곧 공이 패역한 자를 깨끗이 없애는 것에 비유한 것이다. 「계사」하·5장에 “『역』에 이르기를 ‘공이 높은 성벽 위에서 매를 쏘아 잡으니, 이롭지 않음이 없다’고 하였다. 공자께서 말씀하셨다. ‘매는 새이다. 활과 화살은 도구이

다. 활을 쏘는 것은 사람이다. 군자는 몸에 도구를 감추고 때를 기다려 움직이니 무슨 불리함이 있겠는가. 움직여도 막힘이 없으니, 그래서 나가면 얻는 바가 있는 것이다. 이것은 도구를 이룬 이후에 움직인다는 것을 말한 것이다'(易曰 公用射隼于高墉之上, 獲之, 无不利. 子曰 隼者, 禽也. 弓矢者, 器也. 射之者, 人也. 君子藏器于身, 待時而動, 何不利之有. 動而不括, 是以出而有獲. 語成器而動者也)"고 하였다. 이 해석은 「상」과 같지 않다.

41. 손損

損. 有孚, 元吉, 无咎, 可貞, 利有攸往. 曷之用? 二簋可用享.

손은 믿음이 있으니 크게 길하여 허물이 없으며, 바르게 할 수 있고, 갈 곳
이 있으면 이롭다. (제사에) 무엇을 사용하겠는가? 두 개의 대나무 제기로
제사를 올릴 수 있다.

'손損'은 괘명이며, 덜다는 뜻의 감減이다. '부孚'는 믿음이라는 뜻의 신信
이다. '원元'은 크다는 뜻의 대大이다. '정貞'은 바르다는 뜻의 정正이다.
'갈曷'은 의문사 하何와 같다(최경). '갈지용曷之用'은 무엇을 사용하여 제
사를 올리겠는가? 라는 뜻이다. '궤簋'는 대로 만든 제기이다. 순상은 "종묘
에 사용하는 그릇(簋, 宗廟之器)"이라고 하였다. '향享'은 제사를 올린다는
뜻의 헌獻이다.

象曰 損, 損下益上, 其道上行. 損而 '有孚, 元吉, 无咎, 可貞, 利有
攸往. 曷之用, 二簋可用享', 二簋應有時. 損剛益柔有時, 損益盈

虛, 與時偕行.

손은 아래를 덜어 위를 더하는 것이니, 그 도는 위로 운행한다. 손은 '믿음이 있으니 크게 길하여 허물이 없으며, 바르게 할 수 있고, 갈 곳이 있으면 이롭다. (제사에) 무엇을 사용하겠는가? 두 개의 대나무 제기로 제사를 거행할 수 있다'는 것이니, 두 개의 대나무 제기는 마땅히 때가 있는 것이다. 강을 덜어 유에 더하는 것은 때가 있으니, 덜고 더하고 채우고 비우는 것은 때와 더불어 함께 행한다.

[損] 괘명이다. 「서괘」에 "푼 것은 반드시 잃는 바가 있으니, 그러므로 손괘로 받는다(緩必有所失, 故受之以損)"고 하였다. 『석문』에 "'손'은 덜다는 뜻이다. 또 잃다는 뜻의 실로도 새긴다(損, 省減之義也. 又訓失)"고 하였다. '「단」'은 '손'을 덜다, 「상」'은 덜다와 잃다의 뜻으로 새겼다.

[損, 損下益上, 其道上行.] 괘체를 가지고 괘명을 해석하였다. 이 구절에 대해 여러 가지 해석이 있다. 촉재는 효를 가지고 해석하였다. "손괘는 태괘를 근본으로 하였다. 태괘의 윗괘인 곤의 꼭대기 음효가 아래로 내려와 건의 셋째 효에 처하고, 태괘의 아랫괘인 건의 셋째 양효가 위로 올라가 곤의 꼭대기 효가 된 것이 '손하익상'이다. 양의 덕이 위로 올라가므로 '기도상행'이라고 하였다(此本泰卦. 坤之上六, 下處乾三. 乾之九三, 上升坤六, 損下益上者也. 陽德上行, 故曰其道上行矣)" 즉 손괘의 아랫괘인 태는 건의 한 양효를 덜어낸 것이고, 윗괘인 간은 곤의 한 음효에 양을 더한 것이니, 아랫괘는 건이 변하여 태가 되었고, 윗괘는 곤이 변하여 간이 된 것이다. 이것이 곧 아랫괘의 한 양효를 덜어내어 윗괘에 양효를 더한 것(損下益上)이라는 말이다. 양은 셋째 효에서 꼭대기로 올라갔으니 곧 그 도는 위로 운행한다(其道上行)는 것이다. 왕필은 괘를 가지고 해석하였다. 즉 '상上'을 윗괘인 간괘로, '하下'를 아랫괘인 태괘로 보았다. "간은 양이고, 태는 음이니, 무릇 음은 양에게 유순한 것이다. 양은 위에서 멈추어 있고, 음은 기뻐하여 순종하니, 아래를 덜어 위를 더해주므로, 위로 운행한다는 뜻이다(艮爲陽, 兌爲陰, 凡陰順於

陽者也. 陽止於上, 陰說而順, 損下益上, 上行之義也)"라고 하였다. 공영달은 이 해석을 따랐다. 정이는 이 구절을 네 가지로 해석하였다. 첫째, "손괘는 간이 위에 있고 태가 아래에 있다. 산의 형체는 높고 못의 형체는 깊다. 아래가 깊으면 위는 더욱 높아지니, '손하익상'의 뜻이다(爲卦, 艮上兌下. 山體高, 澤體深, 下深則上益高, 爲損下益上之義)." 둘째, "또 못이 산 아래에 있으니, 그 기는 위로 통하여, 초목과 백물을 윤택하게 한다. 이것이 아래를 덜어 위를 더하는 것이다(又澤在山下, 其氣上通, 潤及草木百物, 是損下而益上也)." 셋째, "또 아래의 태는 기뻐하는 것이고, 세 효는 모두 위로 응하고 있으니, 이것은 기뻐하여 위를 받드는 것이므로, 또한 '손하익상'의 뜻이다(又下爲兌說, 三爻皆上應, 是說以奉上, 亦損下益上之義)." 넷째, "또 아래의 태가태가 되는 것은 셋째 음효가 변하였기 때문이고, 위의 간이 간이 되는 것은 꼭대기 양효가 변하였기 때문이다. 셋째 효는 본래 강이나 유를 이루고, 꼭대기는 본래 유이나 강을 이루니, 또한 '손하익상'의 뜻이다(又下兌之成兌, 由六三之變也, 上艮之成艮, 自上九之變也, 三本剛而成柔, 上本柔而成剛, 亦損下益上之義)." 주희는 "괘는 아랫괘의 윗 획인 양효를 덜어서 윗괘의 윗 획인 음효에 보태는 것이다. 못의 깊음을 덜어서 산의 높음에 보태고, 아래를 덜어 위를 보태고, 안을 덜어 밖을 보태니, 백성을 벗겨서 임금을 받드는 상이다. 그래서 손이다(爲卦, 損下卦上畫之陽, 益上卦上畫之陰. 損兌澤之深, 益艮山之高, 損下益上, 損內益外, 剝民奉君之象, 所以爲損也)"라고 하였다. 래지덕은 종괘로 해석하였다. "손괘의 종괘는 익괘이다. … 익괘는 유괘가 위에 있고, 강괘가 아래에 있다. '손하익상'은 익괘의 아랫괘인 진을 덜어내어, 위로 올라가 손괘의 윗괘에 거하여 간이 되는 것이다. 그러므로 그 도는 위로 운행하는 것이니, '유진이상행'이라고 말한 것과 같다(本卦綜益卦. … 益卦, 柔卦居上, 剛卦居下. 損下益上者, 損益下卦之震, 上行居損卦之上而爲艮也. 故其道上行, 如言柔進而上行也)." 유백민도 종괘로 해석하였다. 고형은 "손의 윗괘는 간이고 아랫괘는 태이다. 간은 산이고 태는 못이다. 간은 양괘이고 강이며 귀족을 상징하고, 태는 음괘이고 유이며 백성을 상징한다. 그런즉 그 괘상

은 귀족이 백성 위에 높이 거하는 것이다. 귀족이 백성 위에 높이 거하여 백
성들에게 부세를 취하고 노동을 시켜 그 재물을 늘이며, 백성은 귀족에게
부세를 납부하고 노동을 제공하며 그 재물을 들어낸다. 이것이 '아래를 들
어 위를 더하는 것'이다"라고 하였다. 굴만리는 "셋째 효를 덜어 꼭대기 효
에 더한 것(損三益上)"이라 하였고, 진고응은 "손괘 괘상은 아랫괘 건의 한
양효를 덜어 윗괘인 곤에 보태어, 아랫괘인 건은 태로 변하고, 윗괘인 곤은
간으로 변하였다"고 하였는데, 주희의 해석과 같다. 또 '하下'는 신민이고
'상上'은 임금이며, '기도상행'의 '상'은 임금이고 '행行'은 받들다는 뜻의
봉奉이다. '기도상행'은 신민이 임금을 받드는 것이라고 해석하였다. 이러
한 해석은 모두 통하나, 바로 뒤의 '손강익유損剛益柔'라고 한 것을 보면 주
희의 해석이 「단」의 본뜻일 것이다. 손괘의 의의는 곧 아래를 덜어 위를 더
하는 것(損下益上)이다. 그러므로 손괘의 도는 위로 운행하는 것(上行)이 되
는 것이다.

　[損而 '有孚, 元吉, 无咎, 可貞, 利有攸往. 曷之用, 二簋可用亨', 二簋應有時.]
괘사를 해석하였다. '손損'은 괘명이고 '이而'는 주격조사로 사용하였다. 손
은 '믿음이 있으니 크게 길하여 허물이 없으며, 바르게 할 수 있고, 갈 곳이
있으면 이롭다'는 것이다. '이궤二簋'는 제례에서 아주 보잘것없는 제물이
다. 마음속에 믿음을 간직하면 두 개의 대나무 제기라는 보잘것없는 제물로
도 제사를 올릴 수 있다는 말이다. '시時'는 어떤 상황이며, 덜어내는 때(減
損之時)를 가리킨다. 이렇게 간소한 제사를 올리는 것은 항상 그러한 것이
아니며, 마땅히 덜어내는 특수한 상황일 때에 그렇게 한다는 말이다. 왕필
은 '이궤응유시二簋應有時'를 "(두 개의 대나무 제기는 마땅히 때가 있으니)
지극히 간소한 도는 항상 그러할 수는 없다(至約之道, 不可常也)"고 해석하
였다.

　[損剛益柔有時, 損益盈虛, 與時偕行.] 괘의를 말하였다. '손강익유損剛益柔'
는 앞의 '손하익상損下益上'과 같다. 즉 아래의 강을 덜어서 위의 유에 더한
다는 말이다. '해偕'는 함께라는 뜻의 구俱이다. '여시해행與時偕行'은 곧 인

시이행因時而行이며, 곧 때에 따라 행한다는 말이다. 강을 덜어 유에 더하는 것은 때가 있으니, 덜고 더하고 채우고 비우는 것은 때와 더불어 함께 행한다는 말이다.

象曰 山下有澤, 損. 君子以懲忿窒欲.
산 아래에 못이 있는 것이 손괘의 상이다. 군자는 이 괘상을 본받아 분노를 제지하고 탐욕을 막는다.

[山下有澤, 損.] 손괘는 윗괘가 간艮이고 아랫괘는 태兌이다. 간은 산(山)이고 태는 못(澤)이다. 그런즉 '산 아래에 못이 있는 것'이 손괘의 상이다. 공영달은 "못이 산 아래에 있으니, 못은 낮고 산은 높은 것이, 못이 스스로 덜어내어 산을 높이는 상과 같다(澤在山下, 澤卑山高, 似澤之自損, 以崇山之象也)"고 하였다.

[君子以懲忿窒欲] '징懲'은 『석문』에 '지止'라고 하였는데, 제지制止하다는 뜻이며, '질窒'과 같은 뜻으로 사용되었다. '분忿'은 분노이다. '질窒'은 막다는 뜻의 색塞이다. '욕欲'은 탐욕이다. 산 아래에 못이 있으니, 못은 자신을 낮추어 산을 높인다. 군자는 이 괘상을 보고 이를 본받아 분노를 제지하고 탐욕을 막아 스스로 덕행을 높인다.

初九. 巳事遄往, 无咎, 酌損之.
처음 양효는 제사를 지내는 일은 빨리 가야 허물이 없으니, (제품을) 헤아려 덜어낼 수 있다.

'사巳'는 『석문』에 우번은 "제사라는 뜻의 사祀"로 하였다(虞作祀). 『집해』에는 사祀로 하였다. '사巳'는 제사라는 뜻의 사祀이다. 굴만리는 "'사祀'는

444

갑골문에 사巳로 하였다"고 하였다. '천遄'은 빠르다는 뜻의 속速이다(우번). '작酌'은 헤아리다, 고려하다는 뜻이다. 굴만리는 "헤아려 제품을 덜어낸다(酌損祭品)"고 하였다.

象曰 '巳事遄往', 尙合志也.
'제사를 지내는 일은 빨리 가야 한다'는 것은 위와 뜻을 합하기 때문이다.

'상尙'은 상上이며, 넷째 음효를 가리킨다. 처음 양효는 넷째 음효와 음양이 응하므로 '합지合志'라고 하였다. 우번은 '상'을 위의 둘째 양효로 보고 다섯째 음효와 뜻을 합한다(二上合志於五)고 하였다.「상」은 효사의 '사사천왕巳事遄往'을, 제사를 지내는 일은 빨리 가야하는 것은 처음 양효가 넷째 음효와 뜻을 합하기 때문이라고 해석하였다.

九二. 利貞. 征凶. 弗損益之.
둘째 양효는 바르게 하여 이롭다. 정벌하면 흉하다. 덜지도 더하지도 않는다.

'정貞'은 바르다는 뜻의 정正이다. 우번은 '정征'을 행行으로 읽었다. 출행하면 흉하다는 말이다. '불弗'은 불不과 같다. '손損'은 덜어내다, '익益'은 더하다는 뜻이다. '지之'는 형식목적어이다.

象曰 '九二' '利貞', 中以爲志也.
'둘째 양효가 바르게 하여 이롭다'는 것은 중도를 뜻으로 하기 때문이다.

'中以爲志'는 以中爲志이다. 「상」은 '중'으로 '정'을 해석하였다. '중中'은 둘째 양효가 아랫괘의 가운데 자리에 있다는 것이며(효위), 중도를 지키고 있는 상이다(효상). '중도'란 뜻과 행실이 바르다는 말이다. 「상」은 효사의 '이정利貞'을, 바르게 하여 이롭다는 것은 둘째 양효가 아랫괘의 가운데 자리에서 중도를 뜻으로 하기 때문이라고 해석하였다. '바르게 하여 이롭다'는 것은 곧 '정벌하면 흉하다'는 것이요, '덜지도 더하지도 않는다'는 것이다. 이것이 곧 중도를 뜻으로 하는 것이다.

六三. 三人行則損一人, 一人行則得其友.
셋째 음효는 세 사람이 가면 한 사람을 잃게 되고, 한 사람이 가면 그 벗을 얻게 된다.

象曰 '一人行', '三'則疑也.
한 사람이 가면 그 벗을 얻게 되고, 세 사람이 가면 의심한다는 것이다.

'일인행一人行'은 한 사람이 가면 그 벗을 얻게 된다는 말이다. '삼즉의三則疑'는 세 사람이 가면 의심한다는 말이다. 「상」은 효사를, 한 사람이 가면 벗을 얻게 되고, 세 사람이 가면 의심하여 한 사람을 잃게 된다고 해석하였다. 「계사」 하 · 5장에 "천기와 지기가 뒤섞이니, 만물이 화육하고 가지런하다. 남녀가 정기를 합하니, 만물이 화육하고 태어난다. 『역』에 이르기를 '세 사람이 가면 한 사람을 잃게 되고, 한 사람이 가면 그 벗을 얻게 된다'고 하였다. 하나에 이르는 것을 말한 것이다(天地絪縕, 萬物化醇. 男女構精, 萬物化生. 易曰 '三人行, 則損一人. 一人行, 則得其友'. 言致一也)"라고 하였다. 「계사」는 '세 사람이 가면 한 사람을 잃게 되고, 한 사람이 가면 그 벗을 얻게 된다'는 것은 결국 두 사람이 있게 되며, 둘이 하나가 된다는 것으로 해석하였다. 이것은 곧 천기와 지기가 하나가 되어 만물이 화순하고, 남자와 여자가 하나가 되어 만물이 화생한다는 것이다. 「계사」는 이 구절을 천지 남녀가 하나로 합하는 것으로 해석하였으니, 「상」의 해석과 아주 다르다.

六四. 損其疾, 使遄有喜, 无咎.
넷째 음효는 병을 덜어내려고, 사람으로 하여금 빨리 제사를 지내게 하여 병이 나으니, 허물이 없다.

'사使'는 사람으로 하여금 제사를 지내게 한다는 말이다. '천遄'은 빠르다는 뜻의 속速이다. '유희有喜'는 병이 낫는 것이다.

象曰 '損其疾', 亦可 '喜' 也.
'병을 덜어낸다'는 것은 또한 나을 수 있다는 것이다.

「상」은 효사의 '손기질損其疾'을, 병을 덜어내려고 사람으로 하여금 빨리 제사를 지내게 하니, 또한 나을 수 있다고 해석하였다.

六五. 或益之十朋之龜, 弗克違, 元吉.
다섯째 음효는 어떤 사람이 10붕의 값이 있는 거북을 더해주니, 어길 수 없어 크게 길하다.

'혹或'은 어떤 사람이다. '익益'은 더하다는 뜻의 가加이다. 주나라 때는 조개(貝)를 화폐로 사용하였는데, 10패貝를 붕朋이라고 하였다(고형). '십붕十朋'은 가치가 있다는 말이다. '극克'은 할 수 있다는 능能의 뜻이며, '가

可'와 같다(굴만리). '위違'는 어기다, 거절하다는 뜻의 거拒이다.

象曰 '六五''元吉', 自上祐也.
'다섯째 음효가 크게 길하다'는 것은 하늘이 보우하기 때문이다.

'상上'에 대해, 후과는 '꼭대기 양효의 보우(上九之祐)'라고 하였다. 공영달은 "'상'은 하늘을 말한다(上謂天也)"고 하였는데, 정이와 래지덕이 이를 따랐다. 두 가지는 모두 통한다. '우祐'는 돕는다는 뜻의 조助이다. 「상」은 효사의 '원길元吉'을, 하늘이 보우하여 어떤 사람이 가치 있는 거북을 더해 주니 거절할 수 없어 크게 길하다고 해석하였다.

上九. 弗損益之, 无咎, 貞吉. 利有攸往, 得臣无家.
꼭대기 양효는 덜지도 더하지도 않으니, 허물이 없으며 바르게 하여 길하다. 갈 곳이 있으면 이로우니, 집 없는 신복을 얻는다.

'정貞'은 바르다는 뜻의 정正이다. '정길貞吉'은 덜지도 더하지도 않으니 곧 바른 것이어서 길하다는 말이다. '신臣'은 남자노예이다. '무가无家'는 신복에게 집이 없음을 말한다.

象曰 '弗損益之', 大得志也.
'덜지도 더하지도 않는다'는 것은 크게 뜻을 얻었다는 것이다.

「상」은 효사의 '불손익지弗損益之'를, 덜지도 더하지도 않으니, 크게 뜻을 얻은 것이라고 해석하였다.

42. 익益

益. 利有攸往. 利涉大川.

익은 갈 곳이 있으면 이롭다. 큰 내를 건너면 이롭다.

'익益'은 괘명이며, 이롭다는 뜻의 이利, 돕는다는 뜻의 조助, 더하다는 뜻의 증增이다.

象曰 益, 損上益下, 民說无疆, 自上下下, 其道大光. '利有攸往', 中正有慶. '利涉大川', 木道乃行. 益動而巽, 日進无疆. 天施地生, 其益无方. 凡益之道, 與時偕行.

익은 위를 덜어 아래를 더하는 것이니, 백성들의 기쁨은 끝이 없다. 스스로 위에 있으면서 아래(사람)에 낮추니, 그 도는 크게 빛난다. '갈 곳이 있으면 이롭다'는 것은 중정의 자리를 얻어 경사가 있기 때문이다. '큰 내를 건너면 이롭다'는 것은 나무배가 물위를 갈 수 있기 때문이다. 익은 움직여 겸손하니 날로 나아감이 끝이 없다. 하늘은 베풀고 땅은 낳으니, 그 이로움은 경계가 없다. 무릇 익의 도는 때와 더불어 함께 행한다.

[益] 괘명이다. 「서괘」에 "잃는 것이 멈추지 않으면 반드시 더하니, 그러므로 익괘로 받는다(損而不已必益, 故受之以益)"고 하였다. 『석문』에 "'익'은 증가하다는 말이며, 또 크게 넉넉하다는 뜻이다(益, 增長之名, 又以弘裕爲義)"라고 하였고, 『광아』 「석고」에 "'익'은 더하다는 뜻의 가(益, 加也)"라고 하였다. 「단」은 더하다, 「상」은 더하다, 돕는다는 뜻으로 새겼다.

[益, 損上益下] 이하 괘체를 가지고 괘명을 해석하였다. '손상익하'에 대해 여러 가지 해석이 있다. 촉재는 효를 가지고 해석하였다. "익괘는 비괘를 근본으로 하였다. 비괘의 윗괘인 건의 꼭대기 양효가 아래로 내려와 곤의 처음 효에 처하고, 비괘의 아랫괘인 곤의 처음 음효가 위로 올라가 건의 넷째 효가 된 것이 '손상익하'이다(此本否卦. 乾之上九, 下處坤初. 坤之初六, 上升乾四, 損上益下者也)"라고 하였다. 즉 익괘의 아랫괘인 진은 건의 한 양효를 더한 것이고, 윗괘인 손은 건의 한 양효를 덜어낸 것이니, 아랫괘는 곤이 변하여 진이 되었고, 윗괘는 건이 변하여 손이 된 것이다. 이것이 곧 윗괘의 한 양효를 덜어내어 아랫괘에 양효를 더한 것(損上益下)이라는 말이다. 왕필은 괘를 가지고 해석하였다. "진은 양이고, 손은 음이다. 손은 진을 어기지 않는 것이며, 위에 처하여 겸손하여, 아래를 어기지 않으니, '손상익하'라고 말한 것이다(震, 陽也. 巽, 陰也. 巽非違震者也, 處上而巽, 不違於下, 損上益下之謂也)"라고 하였다. 그는 '상上'은 손이고 음이며, '하下'는 진이고 양인데, 음이 위에 처하여 겸손하게 아래의 양을 어기지 않는 것을 '손상익하'라고 해석하였다. 공영달이 이를 따랐다. 정이는 "진손 두 괘는 아래 효가 변하여 이루어진 것이다. 양이 변하여 음이 된 것이 덜어내는 것(損)이고, 음이 변하여 양이 된 것이 더하는 것(益)이다. 윗괘는 덜어내고 아랫괘는 더하니, '손상익하'이며 익이 되는 것이고, 이것은 뜻으로 말한 것이다(震巽二卦, 皆由下變而成. 陽變而爲陰者, 損也. 陰變而爲陽者, 益也. 上卦損而下卦益, 損上益下, 所以爲益, 此以義言也)"라고 하였다. 주희는 "괘는 윗괘의 처음 획인

양효을 덜어서 아랫괘의 처음 획인 음에 더하니, 윗괘로부터 아랫괘의 아래로 내려오므로 익이다(爲卦, 損上卦初畫之陽, 益下卦初畫之陰, 自上卦而下於下卦之下, 故爲益)"라고 하였다. 래지덕은 종괘로 해석하였다. "익괘와 손괘는 서로 종괘이다. 익괘의 아랫괘인 진이 위로 가서 손괘의 간이 되니, 아래를 덜어서 위에 더하는 것이다. 그래서 이름이 손이다. 손괘의 윗괘인 간이 아래로 내려와 익괘의 진이 되니, 위를 덜어서 아래를 더하는 것이다. 그래서 이름이 익이다(益與損相綜. 益之震, 上而爲艮, 則損下以益上, 所以名損. 損之艮, 下而爲震, 則損上以益下, 所以名益)"라고 하였다. 유백민도 종괘로 해석하였다. 고형은 "본괘의 이름이 익인 것은 그 괘상이 위를 덜어 아래를 더하는 것이기 때문이다. 익의 아랫괘는 진이고 윗괘는 손이다. 진은 양괘이고 강이며 임금을 상징하고, 손괘는 음괘이고 유이며 백성을 상징한다. 그런즉 그 괘상은 임금이 스스로 백성 아래에 거하는 것이다. 부세를 경감하여 임금의 재물 수입이 조금 감소하고 백성들의 재물이 조금 더하는 것이니, 이것이 '위를 덜어 아래를 더하는 것'이다"라고 하였다. 굴만리는 "넷째 효를 덜어 처음 효에 더한 것(損四益初)"이라 하였고, 진고응은 "익괘는 윗괘인 건의 한 양효를 덜어, 아래의 곤에 보탠 것"이라고 하였는데, 주희의 해석과 같다. 이러한 해석은 모두 통한다. 괘명이 '익益'인 것은 그 괘상이 위를 덜어 아래를 더하는 것이기 때문이다.

[民說无疆] '열說'은 열悅로 읽으며, 기쁘다는 뜻이다. '무강无疆'은 끝이 없다는 뜻이다. 익괘의 아랫괘인 진괘는 양괘이며 임금을 상징한다. 윗괘인 손괘는 음괘이고 백성을 상징한다. 혹은 익괘의 넷째 음효는 음이고 백성이며, 처음 양효는 양이고 임금이다. 그런즉 그 괘상은 임금이 스스로 백성 아래에 있는 것이다. 위에 있는 임금이 자신을 덜어 아래에 처하여 백성을 더하니, 백성들이 기뻐하는 것이 끝이 없다는 말이다.

[自上下下, 其道大光.] 이 구절에 대해 두 가지 해석이 있다. 하나는 효를 가지고 해석한 것이다. 왕필은 "다섯째 양효는 중정에 처하여, 위로부터 아래로 내려가므로 경사가 있다는 것이다(五處中正, 自上下下, 故有慶也)"라고

하였다. 그는 '자自'는 어디에서부터라고 해석하고, '상上'은 다섯째 양효, 앞의 '하下'는 아래로 내려오다는 동사로, 뒤의 '하下'는 처음 음효로 보고, '자상하하'를 익괘의 다섯째 양효가 아래로 내려와 아랫괘의 처음 효에 있게 된 것이라고 해석하였다. 정이는 "위에서 내려와 아래에 처하니, 그 도는 크게 빛난다. 양이 내려와 처음 효에 거하고, 음이 올라가 넷째 효에 거하니, '자상하하'의 뜻이 되는 것이다(自上而降己以下下, 其道之大光顯也. 陽下居初, 陰上居四, 爲自上下下之義)"라고 하였다. 정이 역시 '자自'는 어디에서부터라고 해석하고, '상上'은 다섯째 양효, 앞의 '하下'는 하거下居, 뒤의 '하下'는 처음 효로 보고, '자상하하'를 익괘의 다섯째 양효가 아래로 내려와 아랫괘 처음 효에 처한 것이라고 해석하였다. 또 하나는 괘를 가지고 해석한 것이다. 즉 익괘의 아랫괘인 진은 양괘이며 높은 것이고, 윗괘인 손은 음괘이고 낮은 것인데, 지금 진이 아래에 거하여 손의 아래에 있으니, 이것으로 '자상하하'를 해석하는 것이다. 즉 임금은 높으나 백성 아래에 있으니, 임금은 겸손하고 낮은 태도로 백성에 임하는 것이며, 이것이 '스스로 위에 있으면서 아래 (사람)에 낮춘다(自上下下)'는 것이다. 그래서 그 도는 빛난다고 하였다. 고형과 진고응 등이 이렇게 해석하였다. 두 가지 해석은 모두 통한다. '기도其道'는 곧 더하는 도(益道)이다.

['利有攸往', 中正有慶.] 괘체를 가지고 괘사를 해석하였다. '중정中正'에 대해, 우번은 "다섯째 양효를 말한다. 둘째 음효와 응한다(中正謂五, 而二應之)"고 하였다. 뒷사람들은 모두 우번을 따랐다. 다섯째 양효는 양의 자리에 있고 윗괘의 가운데 자리에 있으며, 둘째 음효는 음의 자리에 있고 아랫괘의 가운데 자리에 있다. 이들은 서로 응한다. 이것은 임금과 백성이 각각 자신의 바른 자리를 얻어 중도를 행하면서 서로 응하는 것을 상징한다. 「단」은 괘사의 '이유유왕'을, 다섯째 양효와 둘째 음효가 각각 자신의 바른 자리를 얻어 중도를 행하여 경사가 있기 때문에 갈 곳이 있으면 이롭다고 해석하였다. 정이는 "다섯째 양효는 양강이 중정하여 존위에 거하고, 둘째 음효 역시 중정의 자리에서 이에 응하니, 이것이 중정의 도로써 천하를 더하는 것이

452

며, 천하는 그 경사스러움을 받는 것이다(五以剛陽中正居尊位, 二復以中正應之, 是以中正之道益天下, 天下受其福慶也)"라고 하였다.

['利涉大川', 木道乃行.] 괘상으로 괘사를 해석하였다. '목도木道'는 곧 나무배이다. 익괘는 윗괘가 손巽이고 아랫괘는 진震이다. 손은 나무(木)이고 진은 움직임(動)이다. 그런즉 익괘의 괘상은 나무가 움직이는 것이니, 즉 나무배가 물에 떠서 가는 것이다. 「단」은 괘사의 '이섭대천'을, 큰 내를 건너면 이로운 것은 나무배가 물위를 갈 수 있기 때문이라고 해석하였다.

[益動而巽, 日進无疆.] 이하 괘의를 말하였다. '익益'은 괘명이다. '손巽'은 겸손謙遜이다. 익괘는 아랫괘가 진이고 윗괘는 손이다. 진은 움직임(動)이고 손은 겸손함(巽)이다. 그런즉 익괘는 또 '움직여 겸손한 것'이다. 익은 움직여 겸손하니 날로 앞으로 나아감이 끝이 없다는 말이다.

[天施地生, 其益无方.] '시施'는 펴다는 뜻의 포布, 베풀다는 뜻의 설設이다. '천시天施'는 하늘이 만물에 혜택을 베푼다는 것이다. '지생地生'은 땅이 만물을 낳는다는 것이다. '방方'은 지역이라는 뜻의 역域이다. '무방无方'은 경계가 없다는 뜻이며, 앞의 '무강无疆'과 같다. 하늘은 만물에 베풀고 땅은 만물을 낳으니, 그 이로움은 경계가 없다는 말이다.

[凡益之道, 與時偕行.] '익지도益之道'는 곧 '위를 덜어서 아래를 더하는(損上益下)' 도를 가리킨다. '해偕'는 함께라는 뜻의 구俱이다. '여시해행與時偕行'은 곧 인시이행因時而行이다. 익은 움직여 겸손하니 날로 나아감에 끝이 없고, 하늘은 만물에 베풀고 땅은 만물을 낳고 기르며, 만물에 더해주는 것은 경계가 없으니, 이것이 곧 익의 도이며, 그 도는 때와 더불어 함께 행한다는 말이다.

象曰 風雷, 益. 君子以見善則遷, 有過則改.

바람과 우레가 익괘의 상이다. 군자는 이 괘상을 본받아 선을 보면 옮겨 따르고, 과실이 있으면 고친다.

[風雷, 益.] 익괘는 윗괘가 손巽이고 아랫괘는 진震이다. 손은 바람(風)이고 진은 우레(雷)이다. 그런즉 '바람과 우레가 함께 있는 것'이 익괘의 상이다.

[君子以見善則遷, 有過則改.] 바람과 우레가 함께 있으니, 바람과 우레는 서로 그 힘을 더한다. 군자는 이 괘상을 보고 이를 본받아 선행을 보면 옮겨 따르고, 과실이 있으면 고쳐서, 자신의 덕성을 날로 더해 나간다.

정이는 "바람이 세차면 우레는 빠르고, 우레가 격렬하면 바람이 심하니, 이 두 가지는 서로 더하는 것이다. 군자는 바람과 우레가 서로 더하는 상을 보고 자신에게 더하는 것을 구한다. 익의 도를 행하는데, 선을 보면 옮겨 따르고 과실이 있으면 고치는 것만 한 것은 없다(風烈則雷迅, 雷激則風怒, 二物相益者也. 君子觀風雷相益之象, 而求益於己. 爲益之道, 无若見善則遷, 有過則改也)"고 하였다. 정이의 해석이 아주 좋다. 굴만리의 해석도 좋다. "옛사람들은 바람과 우레를 두려워했는데, 하늘의 꾸짖음으로 여겼다. 그래서 선을 보면 옮겨 따르고, 과실이 있으면 고쳤다(古人畏風雷, 以爲天譴, 故曰遷善改過)"고 하였다.

初九. 利用爲大作, 元吉, 无咎.
처음 양효는 큰일을 하면 이롭고, 크게 길하여 허물이 없다.

'용用'은 어於와 같다(굴만리). '대작大作'은 대사大事이다. 「상」은 '사事'를 가지고 효사의 '대작'을 해석하였다. 공영달은 "큰일을 일으키는 것(大作 謂興作大事也)"이라고 하였다. '원元'은 크다는 뜻의 대大이다.

象曰 '元吉无咎', 下不厚事也.
'크게 길하여 허물이 없다'는 것은 아랫사람이 큰일을 하는데 게으르지 않다는 것이다.

'하下'는 처음 양효를 가리키며(효위), 아래에 처한 사람의 상이다(효상). 공영달은 '후사厚事'를 대사라고 하였다(厚事猶大事). 정이는 '후사'를 중대한 일(重大之事)이라고 하였는데, 주희는 "아랫사람은 본래 중대한 일을 맡는 것은 마땅하지 않기 때문에, 중대한 일을 맡기게 되면 허물을 막기에 부족하다(下本不當任厚事, 故不如是, 不足以塞咎也)"고 해석하였다. 즉 "'크게 길하여 허물이 없다'는 것은 아랫사람이 큰일을 하지 않는다는 것이다"고 해석한 것이다. 유월兪樾은 "'후'는 뒤 후後로 읽는다(厚讀爲後)"고 하였다. 두 글자는 음이 같으므로 서로 빌려 쓸 수 있다. '사事'는 곧 효사의 '대작'을 가리킨다. '불후사不後事'는 일의 뒤에 있지 않다는 것, 즉 일을 하는데 태만하지 않다는 뜻이다. 유월의 해석이 좋다. 「상」은 효사의 '원길무구元吉无咎'를, 큰일을 하는데 아랫사람(처음 양효)이 게으르지 않으므로 크게 길하여 허물이 없다고 해석하였다.

六二. 或益之十朋之龜, 弗克違, 永貞吉. 王用享于帝, 吉.

둘째 음효는 어떤 사람이 10붕의 값이 있는 거북을 더해주니, 어길 수 없어, 영원히 바르게 하면 길하다. 왕이 상제에게 제사를 올리니 길하다.

'혹或'은 어떤 사람이다. '익益'은 더하다는 뜻의 가加이다. 주나라 때는 조개(貝)를 화폐로 사용하였는데, 10패貝를 붕朋이라고 하였다(고형). '십붕十朋'은 가치가 있다는 말이다. '극克'은 할 수 있다는 능能의 뜻이다. '위違'는 어기다, 거절하다는 뜻의 거拒이다. '정貞'은 바르다는 뜻의 정正이다. '이영정利永貞'은 영원히 바르게 하면 길하다는 것이다. '향享'은 제사를 올리는 것이다. '제帝'는 상제上帝, 즉 하느님을 가리킨다.

象曰 '或益之', 自外來也.

'어떤 사람이 10붕의 값이 있는 거북을 더해준다'는 것은 밖에서 왔다는
것이다.

'외外'에 대해 세 가지 해석이 있다. 하나는 '외外'를 외부, 혹은 외지라고
해석하는 것이다. 왕필은 "'자외래'는 부르지 않았는데 스스로 온 것이다(自
外來, 不召自至)"라고 하였는데, 공영달은 "'자외래'는 더해주는 사람이 외
지에서 스스로 와서 부르지도 않았는데 이른 것임을 밝힌 것이다(自外來者,
明益之者, 從外自來, 不召而至也)"라고 하였다. 정이는 "둘째 음효는 중정이
면서 가운데가 비었으니, 여러 사람의 도움을 얻을 수 있는 것이다. … 여러
사람이 외지에서 와서 도와주는 것이다(二, 中正虛中, 能得衆人之益者也. …
衆人自外來益之矣)"라고 하였다. 또 하나는 '외外'를 효로 해석하는 것이다.
우번은 "건괘의 꼭대기 효를 '외'라고 칭하는데, 이것이 와서 익괘의 처음
효가 되었다(乾上稱外, 來益初也)"고 하였다. 즉 익괘는 비괘를 근본으로 하
였는데, 비괘의 윗괘인 건의 꼭대기 양효가 아래로 내려와 곤의 처음 효가
되었다는 말이다. 처음 양효를 가지고 둘째 음효를 해석한 것은 납득하기가
어렵다. '외外'를 종괘로 해석하면, 익괘의 종괘는 손괘이므로, 손괘의 다섯
째 음효가 익괘의 둘째 음효가 되었다고 해석할 수 있다. 그러나 종괘를 즐
겨 사용한 래지덕은 오히려 "어디서 왔는지 알지 못함을 말한 것이다. 꼭대
기 양효의 '자외래'와 같다(言不知所從來也. 與上九自外來同)"고 하였다. 그
가 이 구절을 종괘로 해석하지 못한 것은 이 구절과 똑같은 꼭대기 양효의
'자외래'를 종괘로 해석할 수 없었기 때문이다. 마지막 하나는 '외外'를 다
섯째 양효로 해석하는 것이다. 다섯째 양효는 윗괘(外)에 있고 둘째 음효와
음양이 응하고 있으므로 이런 해석도 가능하다. 굴만리, 유백민이 이렇게
해석하였다. '외外'는 효위를 가지고 해석하는 것보다 문장으로 해석하는
것이 본뜻에 가깝다. 「상」은 효사의 '혹익지或益之'를, 어떤 사람이 외지에

서 와서 10붕의 값이 있는 거북을 더해준다고 해석하였다.

六三. 益之用凶事, 无咎. 有孚中行, 告公用圭.
셋째 음효는 흉한 일을 도와주니 허물이 없다. 믿음을 지니고 길 가운데로
가서, 규圭를 가지고 공公에게 알린다.

'익益'은 돕는다는 뜻의 조助이다. '용用'은 어於와 같다. '부孚'는 믿음이
라는 뜻의 신信이다. '유부有孚'는 믿음이 있다는 말이다. '중행中行'은 중도
中道, 즉 길 가운데이다. '규圭'는 규珪로 읽으며, 옥으로 만든 신표信標이다.

象曰 '益用凶事', 固有之也.
'흉한 일을 도와준다'는 것은 본래 있던 것이다.

'고固'는 원래, 본래부터라는 뜻이다. 「상」은 효사의 '익용흉사益用凶事'
를, 흉한 일을 도와주는 것은 본래 있던 것이라고 해석하였다. 즉 흉한 일을
도와주는 것은 본래 그러했다는 말이다.

六四. 中行告公從, 利用爲依遷國.
넷째 음효는 길 가운데로 가서 공에게 알려 (공이) 따르니, 이를 좇아 나라
를 옮기는 것이 이롭다.

'중행中行'은 중도中道이며, 길 가운데라는 말이다. '의依'는 앞의 '종從'
과 같으며, 의종依從은 따르다는 뜻이다. '천국遷國'은 천도遷都를 말하며,
제후의 나라를 옮기는 것을 말한다. '국國'은 제후의 나라이다.

象曰 ‘告公從’, 以益志也.

‘공에게 알려 (공이) 따른다’는 것은 (나라를 옮기는) 뜻을 도와준다는 것
이다.

‘지志’는 천국지지遷國之志, 곧 나라를 옮기는 뜻이다. 「상」은 효사의 ‘고
공종告公從’을, 공에게 알려 공이 따르는 것은 공이 나라를 옮기는 뜻을 도
와준다는 것이라고 해석하였다. 고형은 “‘지志’는 당연히 지之로 읽어야 한
다”고 하였다. 즉 “‘공에게 알려 따른다’는 것은 천국을 도와준다는 것이다”
라고 해석하였다.

九五. 有孚惠心, 勿問元吉. 有孚惠我德.

다섯째 양효는 믿음을 가지고 마음을 베푸니, 묻지 않아도 크게 길하다. 믿
음을 가지고 나의 덕을 베푼다.

‘부孚’는 믿음이라는 뜻의 신신이다. ‘혜惠’는 주다는 뜻의 사賜, 베풀다는
뜻의 시施이다. ‘물勿’은 불不과 같다. ‘원元’은 크다는 뜻의 대大이다.

象曰 ‘有孚惠心’, 勿問之矣. ‘惠我德’, 大得志也.

‘믿음을 가지고 마음을 베푼다’는 것은 묻지 않는다는 것이다. ‘나의 덕을
베푼다’는 것은 크게 뜻을 얻는다는 것이다.

「상」은 효사의 ‘유부혜심有孚惠心’을, 믿음을 가지고 마음을 베푸니 묻지
않아도 크게 길하다고 해석하였다. ‘혜아덕惠我德’은 나의 덕을 베푸니 사람
들이 믿고 따르므로 크게 뜻을 얻는 것이라고 해석하였다.

上九. 莫益之, 或擊之, 立心勿恒, 凶.

꼭대기 양효는 도와주는 사람이 없는데 어떤 사람이 공격을 하니, 마음을 세워 항구하지 말라. 흉하다.

'혹或'은 어떤 사람이다. '항恒'은 항구하다는 뜻의 구久이다.

象曰 '莫益之', 偏辭也. '或擊之', 自外來也.

'도와주는 사람이 없다'는 것은 (많은 사람이) 두루 거절한다는 것이다. '어떤 사람이 공격을 한다'는 것은 밖에서 왔다는 것이다.

『집해』에는 '편偏'을 변徧으로 하였다. '편偏'은 변徧으로 읽으며, 두루, 널리라는 뜻의 보普이다. 『석문』에 "맹희는 변徧으로 하고 주잡이라 하였다(孟作徧, 云周匝也)"고 하였고, 우번은 "'변'은 주잡(徧, 周帀也)"이라고 하였는데, 주잡周匝과 주잡周帀은 같으며, 역시 이 뜻이다. '사辭'는 거절하다는 뜻이다. '변사徧辭'는 곧 두루 거절한다, 많은 사람이 거절한다는 뜻이다. '편사偏辭'에 대해, 왕필은 '한 사람의 말(一家之言)'로, 정이는 '자신에 치우친 말(偏己之辭)로 해석하였다. '외外'는 외부, 외지라는 뜻이다. 「상」은 효사의 '막익지莫益之'를, 도와주는 사람이 없다는 것은 많은 사람이 두루 거절하는 것이라고 해석하였다. '혹격지或擊之'는 어떤 사람이 공격을 하니 그 공격은 외부에서 온 것이라고 해석하였다. 「계사」 하·5장에 "공자께서 말씀하셨다. 군자는 그 몸을 편안히 한 후에 움직이고, 그 마음을 평온하게 한 후에 말을 하며, 사귐을 정한 후에 도움을 구한다. 군자는 이 세 가지를 닦으므로 안전하다. 위태로움을 무릅쓰고 움직이면 백성들은 함께 하지 않는다. 두려움을 품고 말을 하면 백성들은 응하지 않는다. 사귐이 없이 구하면 백성들은 도와주지 않는다. 도와주는 사람이 없으면 해치는 사람이 있게 된다. 『역』에 이르기를 '도와주는 사람이 없는데 어떤 사람이 공격을 하니, 마음을 세워 항구하지 말라. 흉하다' 하였다(子曰 君子安其身而後動, 易其心而後語, 定其交而後求, 君子脩此三者, 故全也. 危以動, 則民不與也. 懼以語, 則民不應也. 无交而求, 則民不與也. 莫之與, 則傷之者至矣. 易曰 莫益之, 或擊之, 立心勿恒, 凶)"라고 하였다. 「계사」는 '막익지'와 '혹격지'의 원인은 그 사람이 위태로움을 무릅쓰고 움직이고, 두려움을 품고 말을 하며, 사귐이 없이 도움을 구하는 것으로 해석하였으니, 「상」의 해석과는 다르다.

43. 쾌夬

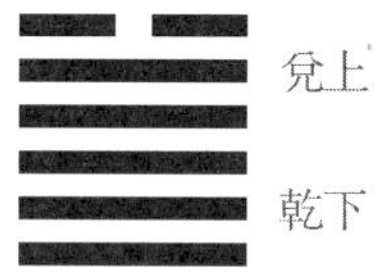

夬. 揚于王庭, 孚號有厲. 告自邑不利卽戎, 利有攸往.

쾌는 왕정에 드날리는데, 믿음으로 위태롭다고 소리 지른다. 자기 고을에
적에게 나아가면 이롭지 않다고 알린다. 갈 곳이 있으면 이롭다.

'쾌夬'는 괘명이며, 결단한다는 뜻의 결決이다. '양揚'은 드날리다는 뜻이
다. '부孚'는 믿음이라는 뜻의 신신信이다. '호號'는 큰 소리로 부르는 것이다.
'즉卽'은 나아가다는 뜻의 취취就이며, 곧 적에게 나아가 싸우는 것이다. '융
戎'은 군사라는 뜻의 병병兵이다.

象曰 夬, 決也, 剛決柔也. 健而說, 決而和. '揚于王庭', 柔乘五剛
也. '孚號有厲', 其危乃光也. '告自邑不利卽戎', 所尙乃窮也. '利
有攸往', 剛長乃終也.

쾌는 결단한다는 것이니, 강이 유를 결단하는 것이다. 강건하여 기뻐하며,
결단하여 온화하다. '왕정에 드날린다'는 것은 유가 다섯 강을 탔다는 것이

다. '믿음으로 위태롭다고 소리지른다'는 것은 그 위태로움이 곧 영광스럽
다는 것이다. '자기 고을에 적에게 나아가면 이롭지 않다고 알린다'는 것은
숭상하는 것이 곧 궁하다는 것이다. '갈 곳이 있으면 이롭다'는 것은 강이
자라서 곧 끝을 맺기 때문이다.

[夬] 괘명이다. 「서괘」에 "더하는 것이 멈추지 않으면 반드시 터지니, 그러
므로 쾌괘로 받는다. 쾌는 터진다는 것이다(益而不已必決, 故受之以夬. 夬者,
決也)"라고 하였다. 「잡괘」에서는 "'쾌'는 결단하는 것이니, 강이 유를 결단
하는 것이다(夬, 決也, 剛決柔也)"라고 하였다. 「단」에서는 결단하다, 「상」에
서는 터지다는 뜻으로 새겼다. '쾌'는 곧 결단하다, 터지다는 뜻이다. 정이
는 "쾌는 강이 결단한다는 뜻이다. 여러 양이 나아가 한 음을 결단하여 없애
니, 군자의 도는 자라나고 소인은 사라져 장차 없어지려는 때이다(夬者, 剛
決之義. 衆陽進而決去一陰, 君子道長, 小人消衰將盡之時也)"라고 하였다.

[夬, 決也, 剛決柔也.] 괘체를 가지고 괘명을 해석하였다. 괘명인 '쾌夬'는
그 뜻이 '결쾌決'이며, 강이 유를 결단한다는 말이다. '강剛'은 쾌괘의 아래 다
섯 양효를 가리키고, '유柔'는 꼭대기의 한 음을 가리킨다. 쾌괘는 다섯 양
효가 아래에 있고 한 음효가 꼭대기에 있다. 그런즉 쾌괘는 아래의 다섯 양
의 세력이 위로 올라가 꼭대기의 한 음을 결단하는 상이다. 즉 아래의 다섯
군자가 위의 한 소인을 결단하는 것이다. 쾌괘와 상반되는 괘가 박괘剝卦이
다. 박괘는 한 양효가 꼭대기에 있고, 아래에 다섯 음효가 있다. 「단」은 '유
변강柔變剛'이라고 하였다.

[健而說, 決而和.] 괘덕으로 괘명을 해석하였다. 쾌괘는 아랫괘가 건乾이고
윗괘는 태兌이다. 건은 강건함(健)이고 태는 기뻐함(悅)이다. 그런즉 쾌괘
는 '강건하여 기뻐함'이다. 또 건은 강건하니 과감하게 결단하는 것이고, 태
는 기뻐하여 온화한 것이다. 그래서 '결단하여 온화하다'고 한 것이며, 이것
은 괘의卦義를 말한 것이다. 양(군자)이 음(소인)을 결단하는데, 강건 과감
하고 기뻐하고 온화한 덕을 지닌다는 말이다.

462

['揚于王庭', 柔乘五剛也.] 이하 괘체를 가지고 괘사를 해석하였다. 쾌괘는 꼭대기의 한 유가 아래의 다섯 강을 타고 있으며, 한 소인이 다섯 군자의 위에 있으니, 한 소인이 왕정에 드날리고 있는 상이다. 「단」은 괘사의 '양우왕정'을, 유가 다섯 강을 타고(한 소인이 다섯 군자를 타고) 왕정에 드날리고 있다고 해석하였다.

['孚號有厲', 其危乃光也.] '위危'는 곧 괘사의 '여厲'이다. '광光'은 빛난다는 것, 곧 영광이라는 뜻이다. 「단」은 괘사의 '부호유려'를, 한 소인이 다섯 군자를 타고 조정에서 드날리고 있으나, 군자의 세력이 점차 자라나 장차 소인을 결단할 것이니, 그 위태로움은 끝내 극복하여 곧 영광스럽다고 해석하였다.

['告自邑不利卽戎', 所尙乃窮也.] '융戎'은 꼭대기 음효를 가리킨다. '상尙'은 숭상하다는 뜻이다. 「단」은 괘사의 '고자읍불리즉융'을, 자기 고을에 적에게 나아가면 이롭지 않다고 알리는 것은 군사를 움직여 꼭대기 음효 즉 소인을 정벌하는 것은 숭상하는 것이 다만 무력이니, 무력을 숭상하는 것은 곧 궁한 것이어서 이롭지 않다고 해석하였다. 왕필은 "무력을 숭상하여 승리를 취하는 것은 만물 공동의 재앙이다(尙力取勝, 物所同疾也)"라고 하였고, 정이는 "당연히 먼저 스스로 다스리는 것이지, 오로지 강한 무력을 숭상하는 것은 마땅치 않다. 적에게 나아가면 숭상하는 것이 곧 궁극에 이르게 된다(當先自治, 不宜專尙剛武. 卽戎, 則所向乃至窮極矣)"고 하였다.

['利有攸往', 剛長乃終也.] '종終'은 종결의 뜻이며, 강이 자라나 마침내 유를 결단한다는 말이다. 「단」은 괘사의 '이유유왕'을, 갈 곳이 있으면 이로운 것은 강의 세력이 자라나 마침내 유를 결단하여 끝을 맺기 때문이라고 해석하였다. 즉 군자의 세력이 자라나 소인을 결단하여 끝을 맺는다는 것이다.

象曰 澤上於天, 夬. 君子以施祿及下, 居德則忌.

못이 하늘 위에 있는 것이 쾌괘의 상이다. 군자는 이 괘상을 본받아 백성들에게 녹을 베풀고, 덕에 안주하는 것을 꺼린다.

[澤上於天, 夬.] 쾌괘는 윗괘가 태兌이고 아랫괘는 건乾이다. 태는 못(澤)이고 건은 하늘(天)이다. 그런즉 '못이 하늘 위에 있는 것'이 쾌괘의 상이다.

[君子以施祿及下, 居德則忌.] '시施'는 베풀다는 뜻이다. '녹祿'은 봉록이며, 군자가 베푸는 은택恩澤에 비유한 말이다. '하下'는 백성을 가리킨다. '거居'는 안거安居, 즉 안주하는 것이다. '덕德'은 은택이다. '거덕居德'은 덕을 베풀지 않고 자신의 덕에 안주한다는 말이다. '기忌'는 꺼리다는 뜻의 휘諱이다. 못이 하늘 위에 있으니, 못은 터져 반드시 비가 되어 아래로 내려 만물을 윤택하게 한다. 군자는 이 괘상을 보고 이를 본받아 백성들에게 은택을 베풀고, 덕을 베풀지 않고 이에 안주하는 것을 꺼린다.

주희는 "'거덕즉기'는 자세하게 알지 못한다(居德則忌未詳)"고 하였다. 즉 분명히 몰라 해석하지 못하겠다고 하였다. 고형은 '거덕'은 덕에 처하는 것, '기忌'는 이異로 읽고, 등용하여 사용한다는 뜻이라 하고, '거덕즉기'를 "백성은 스스로 덕에 거하고, 군자는 이들을 등용하여 사용한다"고 해석하였다. 굴만리는 '즉기則忌'를 '명기明忌'로 읽고, "마땅히 꺼리는 것을 밝힌다(應明其禁忌也)"고 하였다.

初九. 壯于前趾, 往不勝, 爲咎.
처음 양효는 씩씩하게 앞으로 나아가나, 가도 이기지 못하여 허물이 된다.

'장壯'은 건장하다는 뜻이다. '지趾'는 발(足)이다. '장우전지壯于前趾'는 씩씩하게 앞으로 나아간다는 말이다.

象曰 '不勝而往', '咎'也.
'이기지 못하는데 간다'는 것은 '허물'이라는 것이다.

「상」은 효사의 '왕불승往不勝'을, 이기지 못하는데 가는 것은 허물이라고 효사 그대로 해석하였다.

九二. 惕號, 莫夜有戎, 勿恤.
둘째 양효는 두려워하여 울부짖으니, 밤이 아닌데 적이 쳐들어 왔으나 근심하지 말라.

'척惕'은 두려워하다는 뜻의 구懼이다(우번). '호號'는 울부짖는다는 뜻이다. '막莫'은 『석문』에 "정현은 '무'라 하고, '무야'는 밤이 아닌 것(鄭云 無也. 無夜非一夜)"이라고 하였다. '막'은 불不, 비非의 뜻이다. '융戎'은 군사라는 뜻의 병兵이며, 적이다. '휼恤'은 근심하다는 뜻의 우憂이다.

象曰 '有戎勿恤', 得中道也.
'적이 쳐들어 왔으나 근심하지 말라'는 것은 중도를 얻었기 때문이다.

'중도中道'는 둘째 양효가 아랫괘의 가운데 자리에 있다는 것이며(효위), 중도를 행하는 상이다(효상). 중도란 뜻과 행실이 바르다는 말이다. 「상」은 효사의 '유융물휼有戎勿恤'을, 밤이 아닌데 적이 쳐들어 왔으나 둘째 양효가 중도를 얻었기 때문에 근심할 필요가 없다고 해석하였다.

九三. 壯于頄, 有凶. 君子夬夬, 獨行遇雨若濡, 有慍, 无咎.

셋째 양효는 얼굴에 씩씩한 기색을 띠니 흉하다. 군자가 과단성이 있어, 혼자 가다가 비를 만나 옷이 젖으니, 불쾌하나 허물은 없다.

'장壯'은 건장하다는 뜻이다. '규頄'는 『석문』에 적원이 "광대뼈(面顴頰間骨也)"라고 하였는데, 얼굴(面)을 가리킨다. '장우규壯于頄'는 얼굴에 씩씩한 기색을 띤다는 것이다. '쾌夬'는 결단하다는 뜻의 결決이며, '쾌쾌夬夬'는 결단하는 모양, 즉 과단성이 있다는 것이다. '약若'은 이而와 같다(왕념손). '유濡'는 젖다는 뜻의 습濕이다. '온慍'은 불쾌하다는 뜻이다.

象曰 '君子夬夫', 終 '无咎'也.

'군자가 과단성이 있다'는 것은 마침내 '허물'이 없다는 것이다.

「상」은 효사의 '군자쾌쾌君子夬夬'를, 군자가 과단성이 있어, 홀로 가다가 비를 만나 옷이 젖으니, 불쾌하나 마침내 허물이 없다고 해석하였다.

九四. 臀无膚, 其行次且. 牽羊悔亡, 聞言不信.

넷째 양효는 엉덩이에 살이 없어 걷는 것이 어렵다. 양을 끌고 가면 뉘우침이 없어지니, 들은 말은 믿지 않는다.

'둔臀'은 엉덩이이다. '부膚'는 살을 말한다. 우번은 '차차次且'를 자저趑趄로 읽었는데, 『석문』에 마융은 "'자'는 뒷걸음치며 앞으로 가지 못하는 것(卻行不前也), '저'는 어조사(語助也)"라고 하였다. '자저'는 걷는 것이 어려운 모양이다.

象曰'其行次且', 位不當也. '聞言不信', 聰不明也.

'걷는 것이 어렵다'는 것은 자리가 합당하지 않기 때문이다. '들은 말은 믿지 않는다'는 것은 들은 것이 분명하지 않기 때문이다.

'위부당位不當'은 넷째 양효가 양이면서 음의 자리에 있다는 것이며(효위), 처한 자리가 합당하지 않는 상이다(효상). '총청聰'은 듣다는 뜻의 청聽이다(공영달). 「상」은 효사의 '기행차차其行次且'를, 넷째 양효가 양이면서 음의 자리에 있어 처한 자리가 합당하지 않기 때문에 걷는 것이 어렵다고 해석하였다. '문언불신聞言不信'은 들은 말을 믿지 않는 것은 들은 것이 분명하지 않기 때문이라고 해석하였다.

九五. 莧陸夬夬, 中行无咎.

다섯째 양효는 기뻐하고 화목하고 과단성이 있으니, 중도를 행하여 허물이 없다.

우번은 "'현'은 기뻐하다는 뜻의 열이다. '현'은 공자가 빙그레 웃는다는 현莧으로 읽는다. '목睦'은 화목이다(莧, 說也. 莧, 讀夫子莞爾而笑之莧. 睦, 和睦也)"라고 하였다. 우번이 말한 '목睦'은 '육陸'자가 잘못 쓰인 것이다. 『석문』에 육陸을 "촉재는 목이라고 하였는데, 목은 친하다, 통하다는 뜻이다(蜀才作睦. 睦, 親也, 通也)"라고 하였다. 「상」은 '현莧'을 기뻐하다는 뜻의 열悅로 읽고, '육陸'은 화목하다는 뜻의 목睦으로 읽었다. '열목悅睦'은 기뻐하고 화목하다는 뜻이다. '쾌夬'는 결단하다는 뜻의 결決이며, '쾌쾌夬夬'는 과단성이 있다는 말이다. '중행中行'은 중도를 행한다는 뜻이다.

象曰 ‘中行无咎’, 中未光也.
‘중도를 행하여 허물이 없다’는 것은 중도는 넓지 않다는 것이다.

‘중中’은 다섯째 양효가 윗괘의 가운데 자리에 있다는 것이며(효위), 중도를 행하는 상이다(효상). 「상」은 ‘중中’을 가지고 효사의 ‘중행中行’을 해석하였다. 중도를 행하는 것이 곧 기뻐하고(莧), 화목하고(睦), 과단성이 있는 것(夬夬)이다. ‘광光’은 넓다는 뜻의 광廣이다. 「상」은 효사의 ‘중행무구中行无咎’를, 중도를 행하여 허물이 없다는 것은 중도를 실행하는 것이 어려운 것이기 때문에 중도를 행하는 것이 넓지 않다고 해석하였다.

上六. 无號, 終有凶.
꼭대기 음효는 울부짖는 소리가 없으니, 마침내 흉하다.

‘호號’는 울부짖는다는 뜻이다.

象曰 ‘无號’之‘凶’, 終不可長也.
‘울부짖는 소리가 없으니 마침내 흉하다’는 것은 마침내 오래 갈 수 없다는 것이다.

‘종終’은 꼭대기 음효를 가리킨다. 꼭대기 음효는 한 괘의 끝에 처하여(효위), 다섯 양에 의해 결단 나는 상이므로(효상) ‘마침내 오래 갈 수 없다’고 한 것이다. 「상」은 효사의 ‘무호흉无號凶’을, 울부짖는 소리가 없으니 흉한 것은 꼭대기 음효가 괘의 끝에 처하여 마침내 오래 갈 수 없기 때문이라고 해석하였다.

44. 구姤

姤. 女壯, 勿用取女.
구는 여자가 건장하니 (남자를 상하게 한다), 장가들지 말라.

'구姤'는 괘명이며, 만나다는 뜻의 우遇이다. '장壯'은 건장하다는 뜻이다. 구괘는 한 음효가 아래에 있고 다섯 양효가 위에 있다. 한 음이 다섯 양을 만나고, 한 여자가 다섯 남자를 만나므로 여자가 지나치게 건장한 것이다. '취取'는 『석문』에 '취娶'로 하였다. 장가들다는 뜻이다. 정이는 "한 음이 처음 생겨나 자라나서 점차 강성하여지니, 이것은 여자가 장차 자라나서 건장해지려는 것이다. 음이 자라나면 양은 사라지고, 여자가 건장하면 남자는 유약하므로, 이러한 여자에게 장가들지 말라고 경계한 것이다(一陰始生, 自是而長, 漸以盛矣, 是女之將長壯也. 陰長則陽消, 女壯則男弱, 故戒勿用取如是之女)"라고 하였다.

象曰 姤, 遇也, 柔遇剛也. ‘勿用取女’, 不可與長也. 天地相遇, 品
物咸章也. 剛遇中正, 天下大行也. 姤之時義大矣哉.

구는 만난다는 것이니, 유가 강을 만나는 것이다. ‘장가들지 말라’는 것은
(이 여자와) 함께 오래 있을 수 없기 때문이다. 천지가 서로 만나니, 만물이
모두 번성한다. 강이 중정의 자리를 만나니, (중정의 도가) 천하에 크게 행
한다. 구의 때의 의의는 크기도 하다.

[姤] 괘명이다. 「서괘」에 “터지는 것은 반드시 만나는 바가 있으니, 그러므
로 구괘로 받는다. 구는 만난다는 것이다(決必有所遇, 故受之以姤. 姤者, 遇
也)”라고 하였고, 「잡괘」에서도 “‘구’는 만난다는 것이니, 유가 강을 만나는
것이다(姤, 遇也, 柔遇剛也)”라고 하였다. 「단」과 「상」의 뜻과 같다. 『석문』에
“설우는 고문에 구遘로 하였다고 했는데, 정현도 같다(薛云 古文作遘, 鄭同)”
고 하였다. ‘구姤’는 구遘로 읽는다. 『설문』에 “‘구’는 만나다는 뜻의 우(遘,
遇也)”라고 하였다. ‘구’는 곧 만난다는 뜻이다. 정이는 “한 음이 아래에서
처음 생겨나, 음과 양이 만나는 것이므로 구이다(又一陰始生於下, 陰與陽遇
也, 故爲姤)”라고 하였다.

[姤, 遇也, 柔遇剛也.] 괘체를 가지고 괘명을 해석하였다. 구괘는 한 음효가
아래에 있고 다섯 양효가 위에 있다. ‘유柔’는 아래의 한 음효를 가리키고,
‘강剛’은 위의 다섯 양효를 가리킨다. ‘유우강’은 아래의 한 음효가 위의 다
섯 양효를 만난다는 뜻이다. 공영달은 “‘구’는 만나는 것이다. 이 괘의 한 유
가 다섯 강을 만나므로 이름이 구이다(姤, 遇也. 此卦一柔而遇五剛, 故名爲
姤)”라고 하였다. 또 윗괘인 건은 양괘이고 아랫괘인 손은 음괘이니, 괘를
가지고 ‘유우강’을 해석하여도 통한다. 괘명인 구姤는 그 뜻이 만나다는 우
遇이며, ‘유가 강을 만나는 것’이라는 말이다.

[‘勿用取女’, 不可與長也.] 괘사를 해석하였다. ‘불가여장不可與長’은 건장한
여자와 오래 함께 있을 수 없다는 말이다. 정이는 “한 음이 생겨나 점차 자

라나 강성하니, 음이 강성하면 양은 쇠약해진다. 여자에게 장가든다는 것은 오랫동안 가정을 이루고자 하는 것이니, 점차 강성해지는 음이 장차 양을 이겨 사라지게 할 것이므로 이와 더불어 오래 있을 수 없다는 것이다(一陰旣生, 漸長而盛, 陰盛則陽衰矣. 取女者, 欲長久而成家也, 此漸盛之陰, 將消勝於陽, 不可與之長久也)"라고 하였다. 「단」은 괘사의 '물용취녀'를, 여자가 건장하여 남자를 상하게 하니, 이런 여자와 오랫동안 함께 있을 수 없기 때문에 여자에게 장가들지 말라고 해석하였다.

[天地相遇, 品物咸章也.] 이하 괘의를 말하였다. '천지'는 음양, 강유, 남녀를 가리킨다. '품물品物'은 만물이며, 천지의 사물을 가리킨다. '함咸'은 모두라는 뜻의 개皆이다. '장章'에 대해 공영달은 나타나다, 드러나다는 뜻의 '창현彰顯', 정이는 밝다는 뜻의 '장명章明', 고형은 번성하다는 뜻의 '성盛', 굴만리는 드러나다는 뜻의 '현저顯著'로 읽었는데, 모두 통한다. 천지가 서로 교합하고 음양이 서로 교류하며 남녀가 서로 정기를 합하니, 만물이 모두 번성하게 자란다는 말이다. 정이는 "음이 아래에서 처음 생겨나 양과 서로 만나니, 천지가 서로 만나는 것이다. 음양이 서로 만나지 않는다면 만물은 생겨날 수 없다. 천지가 서로 만나니, 여러 사물을 화육하고 만물이 모두 드러나, 만물은 분명히 나타난다(陰始生於下, 與陽相遇, 天地相遇也. 陰陽不相交遇, 則萬物不生. 天地相遇, 則化育庶類, 品物咸章, 萬物章明也)"고 하였다.

[剛遇中正, 天下大行也.] '강剛'에 대해 세 가지 해석이 있다. 첫째, '강'은 다섯째 양효를 가리키는 것이다. 적원은 "강은 다섯째 양효를 가리키며, 가운데 자리를 얻고 바른 자리에 처하여, 천하에 교화가 크게 행하고 있다(剛謂九五, 遇中處正, 敎化大行於天下也)"고 하였다. 주희가 이를 따랐다. 둘째, '강'은 둘째와 다섯째 양효를 가리키는 것이다. 정이는 "다섯째와 둘째는 모두 양강이면서 가운데와 바른 자리에 거하니, 중정으로 서로 만난 것이다. 임금이 강중의 신하를 얻고, 신하는 중정의 임금을 얻으니, 군신이 강양으로 중정을 만났으므로, 그 도는 천하에 크게 행할 수 있는 것이다(五與二皆以陽剛居中與正, 以中正相遇也. 君得剛中之臣, 臣遇中正之君, 君臣以剛陽遇中

正, 其道可以大行於天下矣)”라고 하였다. 고형과 진고응이 이를 따랐다. 셋째 '강'은 둘째 양효를 가리키는 것이다. 래지덕은 "강은 둘째 양효를 가리킨다. '강우중정'은 둘째 양효의 양의 덕이 다섯째 양효의 중정을 만나는 것이다(剛指九二. 剛遇中正者, 九二之陽德, 遇乎九五之中正也)”라고 하였다. 세 가지는 모두 통한다. '강'은 다섯째, 혹은 둘째와 다섯째, 혹은 둘째 양효를 가리킨다. '중정中正'은 둘째와 다섯째 양효가 위아래 괘의 가운데 자리에 있으며 또 다섯째 양효는 바른 자리에 있다는 것이다. '강우중정'은 둘째와 다섯째가 가운데와 바른 자리를 만나, 중정의 도를 행하고 있다는 것이며, 이것은 곧 중정의 도가 천하에 크게 행하고 있다는 말이다.

[姤之時義大矣哉] 천지가 서로 만나 만물이 모두 번성하고, 강이 중정의 자리를 만나, 중정의 도가 천하에 크게 행하니, 구의 때의 의의는 크기도 하다는 말이다. 정이는 "구의 때와 구의 의의가 지극히 큰 것을 찬양하였다. 천지가 서로 만나지 않으면 만물은 생겨나지 않는다. 군신이 서로 만나지 않으면 정치는 흥하지 않는다. 성현이 서로 만나지 않으면 도덕은 형통하지 않는다. 사물이 서로 만나지 않으면 효용은 이루어지지 않는다. 구의 때와 의는 모두 심대한 것이다(贊姤之時, 與姤之義至大也. 天地不相遇, 則萬物不生. 君臣不相遇, 則政治不興. 聖賢不相遇, 則道德不亨. 事物不相遇, 則功用不成. 姤之時與義, 皆甚大也)”라고 하였다.

象曰 天下有風, 姤. 后以施命誥四方.
하늘 아래에 바람이 있는 것이 구괘의 상이다. 임금은 이 괘상을 본받아 교령을 베풀어 사방에 알린다.

[天下有風, 姤.] 구괘는 윗괘가 건乾이고 아랫괘는 손巽이다. 건은 하늘(天)이고 손은 바람(風)이다. 그런즉 '하늘 아래에 바람이 있는 것'이 구괘의 상이다.

[后以施命誥四方.] ‘후后’는 임금(君)이다. ‘시명施命’은 교령敎令 혹은 정령政令을 내리는 것이다. ‘고誥’는 알리다는 뜻의 고告이다. 하늘 아래에 바람이 있으니, 바람은 만물에 두루 불어 바람과 만물이 서로 만나지 않는 것이 없다. 임금은 이 괘상을 보고 이를 본받아 교령을 베풀어 사방에 알린다.

공영달은 “바람이 하늘 아래에 불고 있으니, 만나지 않는 것이 없으므로 만나는 상이다. ‘후이시명고사방’은 바람이 불어 풀이 눕는 것은 하늘의 위엄 있는 교령이니, 임금은 이를 본받아 교명을 베풀어 사방에 알린다(風行天下, 則无物不遇, 故爲遇象. 后以施命誥四方者, 風行草偃, 天之威令, 故人君法此, 以施敎命, 誥於四方也)”고 하였다.

初六. 繫于金柅, 貞吉. 有攸往, 見凶, 羸豕孚蹢躅.
처음 음효는 금 실패에 매여 있으니, 바르게 하여 길하다. 갈 곳이 있으면 흉함을 보니, 돼지를 끈으로 묶어 당기나 멈추어 나아가지 않는다.

‘니柅’에 대해 두 가지 해석이 있다. 공영달은 “‘니’에 대해 여러 주장이 같지 않다. 왕숙의 무리는 모두 실을 뽑는 기구이며 부인이 사용하는 것이라고 하였다. 오직 마융은 ‘수레 아래에서 바퀴를 멈추게 하여 움직이지 않게 하는 것’이라고 하였다(柅之爲物, 衆說不同. 王肅之徒, 皆爲織績之器, 婦人所用. 惟馬云 柅者, 在車之下, 所以止輪令不動者也)”라고 하였는데, 즉 하나는 실패라는 것이고, 또 하나는 제동기라는 것이다. 왕필은 ‘제동의 중심(制動之主)’, 정이와 주희는 ‘수레를 멈추게 하는 것(止車之物)’이라고 하여 제동기로 보았고, 우번은 ‘실이 실패에 매여 있다(絲繫於柅)’, 래지덕은 ‘실을 감는 도구(收絲之具)’라고 하여 실패로 보았다. 두 가지 해석은 모두 통한다. 필자는 실을 감는 실패로 해석하였다. ‘정貞’은 바르다는 뜻의 정正이다. ‘리羸’는 『석문』에 “육적은 루累로 읽었다(陸讀爲累)”고 하였는데, 끈으로 물건을 매는 것이다. 송충은 ‘큰 밧줄(大索)’이라 하고, “돼지를 매는 것(所

以繫豕者也)"이라고 하였다. '부孚'는 당기다는 뜻의 부捊로 읽는다(고형). '척촉躑躅'은 발을 멈춘 채 나아가지 않는 모습이다.

象曰 '繫于金柅', 柔道牽也.
'금 실패에 매여 있다'는 것은 유한 것이 이끌린다는 것이다.

'니柅'에 대해, 우번은 둘째 양효로 보고 "둘째 양효에 이끌린다(牽於二也)"고 해석하였다. 왕필은 넷째 양효(柅者, … 謂九四也)로 보았다. 처음 음효는 유이고, 둘째 혹은 넷째 양효는 강이다. 처음 음효는 둘째 양효의 아래에 있으니, 혹은 넷째 양효와 응하고 있으니(효위), 유한 것이 강한 것에 이끌리는 상이다(효상). '유도柔道'는 곧 음도陰道이며(우번), 유한 것, 부드러운 것이다. 「상」은 효사의 '계우금니繫于金柅'를, 부드러운 실이 강한 금 실패에 매여 있는 것은 처음 음효의 유한 것이 둘째 혹은 넷째 양효의 강한 것에 이끌리는 것이라고 해석하였다.

九二. 包有魚, 无咎, 不利賓.
둘째 양효는 부엌에 물고기가 있으니 허물이 없으나, 손님에게 대접하면 이롭지 않다.

'포包'는 『석문』에 "본래 또한 포庖로 하였다(本亦作庖)"고 하였다. '포包'는 부엌이라는 뜻의 포庖로 읽는다. '빈賓'은 손님이다. '불리빈不利賓'은 물고기를 손님에게 대접하면 이롭지 않다는 말이다.

象曰 ‘包有魚’, 義不及 ‘賓’也.
‘부엌에 물고기가 있다’는 것은 마땅히 ‘손님’에게 대접하지 않는 것이다.

‘의義’는 의宜로 읽는다. 「상」은 ‘불급빈不及賓’을 가지고 효사의 ‘불리빈
不利賓’을 해석하였다. 즉 효사의 ‘포유어包有魚’는 부엌에 물고기가 있으나
손님에게 대접하면 이롭지 않은 것은 마땅히 손님에게 대접하지 않는 것이
라고 해석하였다.

九三. 臀无膚, 其行次且, 厲, 无大咎.
셋째 양효는 엉덩이에 살이 없어 걷는 것이 어려우니, 위태로우나 큰 허물
은 없다.

‘둔臀’은 엉덩이이다. ‘부膚’는 살을 말한다. 우번은 ‘차차次且’를 자저趑
趄로 읽었는데, 걷는 것이 어려운 모양이다. ‘여厲’는 위태롭다는 뜻의 위危
이다.

象曰 ‘其行次且’, 行未牽也.
‘걷는 것이 어렵다’는 것은 끌려가는 것이 아니라는 것이다.

‘행미견行未牽’은 ‘미견행未牽行’으로 하는 것이 맞다. 운을 맞추기 위해
의도적으로 도치하였다. 「상」의 ‘견牽’, ‘빈賓’, ‘견牽’, ‘민民’은 운이다.
「상」은 효사의 ‘기행차차其行次且’를, 엉덩이에 살이 없어 걷는 것이 어려우
나, 끌려가는 것이 아니므로 위태로우나 큰 허물은 없다고 해석하였다.

九四. 包无魚, 起凶.
넷째 양효는 부엌에 물고기가 없으니, 흉함을 일으킨다.

'포包'는 부엌이라는 뜻의 포庖로 읽는다. '기起'는 일어나다는 뜻의 흥興(굴만리), 야기하다는 뜻이다.

象曰 '无魚'之'凶', 遠民也.
'부엌에 물고기가 없어 흉하다'는 것은 백성에서 멀어졌다는 것이다.

'원민遠民'은 원어민遠於民이다. 「상」은 효사를, 부엌에 물고기가 없어 흉한 것은 백성에서 멀어져 백성들이 물고기를 잡아주지 않기 때문이라고 해석하였다. 넷째 양효는 양효이면서 음의 자리에 있으니(효위), 자신의 자리를 잃은 상이다(효상). 자리를 잃었으니 백성에게서 멀어졌다는 말이다.

九五. 以杞包瓜, 含章, 有隕自天.
다섯째 양효는 냇버들로 참외를 싸니, 아름다움을 머금고 있으며, 하늘에서 내려온 것이다.

'기杞'는 냇버들이다. 『석문』에 정현은 '버드나무(柳)'라 하였고, 우번은 "'기'는 냇버들이며, 나무 이름이다(杞, 杞柳, 木名也)"라고 하였다. '포包'는 싸다는 뜻의 과裹이다. '함含'은 품고 있다는 뜻이다. '장章'은 아름답다는 뜻의 미美이다. '함장含章'은 속에 중정의 미덕을 품고 있다는 말이다. '운隕'은 내려오다는 뜻의 강降, 떨어지다는 뜻의 낙落이다(우번).

象曰 ‘九五’‘含章’, 中正也. ‘有隕自天’, 志不舍命也.

‘다섯째 양효’가 ‘아름다움을 품고 있다’는 것은 중정의 덕이 있다는 것이다. ‘하늘에서 내려온 것이다’는 것은 (다섯째 양효의) 뜻이 천명을 어기지 않는다는 것이다.

‘중정中正’은 다섯째 양효가 윗괘의 가운데와 바른 자리에 있다는 것이며(효위), 중정의 덕을 지닌 상이다(효상). ‘사舍’는 사捨로 읽으며 버리다, 어기다는 뜻의 위違이다. ‘명命’은 효사를 해석한 것이므로 천명이다. ‘사명舍命’은 천명을 어긴다는 것이다. 「상」은 효사의 ‘함장含章’을, 아름다움을 품고 있다는 것은 다섯째 양효가 중정의 미덕을 품고 있는 것이라고 해석하였다. ‘유운자천有隕自天’은 하늘에서 내려온 것이라는 것은 다섯째 양효의 뜻이 하늘의 명을 어기지 않는 것이라고 해석하였다. 필자는 「상」이 효사를 어떻게 해석한 것인지 분명하게 이해할 수 없다.

上九. 姤其角, 吝, 无咎.

꼭대기 양효는 짐승의 뿔을 만나니, 어려우나 허물은 없다.

‘구姤’는 구遘로 읽으며, 만나다는 뜻의 우遇이다. ‘인吝’은 어렵다는 뜻의 난難이다.

象曰 ‘姤其角’, 上窮 ‘吝’也.

‘짐승의 뿔을 만난다’는 것은 위가 궁하여 ‘어렵다’는 것이다.

‘상上’은 꼭대기 양효를 가리킨다. 꼭대기 양효는 한 괘의 꼭대기에 있어

(효위) 궁한 지경에 빠져 어려움에 처해 있는 상이다(효상). 「상」은 효사의 '구기각姤其角'을, 짐승의 뿔을 만난다는 것은 꼭대기 양효가 궁하여 어려움에 처하였다고 해석하였다. 「상」은 '무구'에 대해서는 말하지 않았다. 진고응은 이 구절은 '姤其角吝, 上窮也'로 해야 한다고 하였다. 이 주장이 맞을 것이다. 「상」의 '정正', '명命', '궁窮'은 운이다.

45. 췌萃

兌上

坤下

萃. 亨, 王假有廟. 利見大人, 亨. 利貞. 用大牲吉, 利有攸往.
췌는 제사를 올리려고 왕이 종묘에 온다. 대인을 만나보는 것이 이롭고, 형
통하다. 바르게 하여 이롭다. 큰 희생을 사용하면 길하며, 갈 곳이 있으면
이롭다.

'췌萃'는 괘명이며, 모이다는 뜻의 취聚이다. '형亨'은 향享으로 읽으며,
제사를 올린다는 뜻이다. 주희는 '왕王'자 앞의 '형亨'자는 잘못 들어간 글
(亨字衍文)이라고 하였다. 『백서』에는 '형'자가 없으나, 왕필본과 『집해』에
는 있다. 『석문』에는 "왕숙본은 같으나, 마융, 정현, 육적 등은 모두 이 글자
가 없다(王肅本同, 馬鄭陸等並无此字)"고 하였다. 「단」은 '향享'을 가지고 괘
사의 '형亨'을 해석하였다. '격假'은 이르다는 뜻의 지至이다(우번). '유有'
는 우于와 같다. 『백서』에는 '우于'로 하였다. '정貞'은 바르다는 뜻의 정正
이다. '이정'은 바르게 하여 이롭다는 말이다.

象曰 萃, 聚也. 順以說, 剛中而應, 故聚也. '王假有廟', 致孝享也.
'利見大人亨', 聚以正也. '用大牲吉, 利有攸往', 順天命也. 觀其
所聚, 而天地萬物之情可見矣.

췌는 모인다는 것이다. 유순하여 기뻐하고, 강이 가운데 자리에서 응하니,
그러므로 모인다는 것이다. '왕이 종묘에 온다'는 것은 효를 다하여 제사를
올린다는 것이다. '대인을 만나보는 것이 이롭고, 형통하다'는 것은 바른
것으로 모인다는 것이다. '큰 희생을 사용하면 길하며, 갈 곳이 있으면 이
롭다'는 것은 천명에 순응한다는 것이다. 그 모이는 것을 보고, 천지 만물의
정황을 알 수 있다.

[萃] 괘명이다. 「서괘」에 "사물은 서로 만난 이후에 모이게 되니, 그러므로
췌괘로 받는다. 췌는 모인다는 것이다(物相遇而後聚, 故受之以萃. 萃者, 聚
也)"라고 하였고, 「잡괘」에서도 "'췌'는 모인다는 뜻의 취(萃, 聚也)"라고 하
였다. '췌'는 곧 모인다는 뜻이다. 「단」과 「상」도 이와 같은 뜻으로 새겼다.
정이는 "괘는 태가 위에 곤이 아래에 있으니, 못이 땅위에 있는 것이며, 물
이 모이는 것이므로 췌이다(爲卦, 兌上坤下, 澤上於地, 水之聚也, 故爲萃)"라
고 하였다.

[萃, 聚也.] 괘명을 해석하였다. 괘명인 '췌萃'는 그 뜻이 모인다는 취聚라
는 말이다.

[順以說] 괘덕으로 괘명을 해석하였다. 췌괘는 아랫괘가 곤坤이고 윗괘는
태兌이다. 곤은 유순함(順)이고 태는 기뻐함(悅)이다. 그런즉 췌괘는 '유순
하여 기뻐함'이다. 임금이 백성의 마음에 순종하면 백성들은 기뻐하여 모이
게 된다.

[剛中而應, 故聚也.] 괘체를 가지고 괘명을 해석하였다. '강剛'은 다섯째 양
효를 가리키고, '중中'은 다섯째 양효가 윗괘의 가운데 자리에 있다는 것이
다. '응應'은 다섯째 양효가 윗괘의 가운데 자리에서 아랫괘의 가운데 자리

에 있는 둘째 음효와 서로 응한다는 것이다. 임금이 뜻과 행실을 바르게 하여 백성과 응하면 백성은 모이게 된다. 즉 임금은 민심에 순응하여 백성들이 기뻐하고, 뜻과 행실을 바르게 하여 백성이 호응하므로 그래서 '췌'는 모인다는 것이다. 순상은 "다섯째 양효는 강이 가운데 자리에 있어, 여러 음이 유순하여 기뻐하며 따른다. 그러므로 무리를 모을 수 있다(謂五以剛居中, 羣陰順悅而從之, 故能聚衆也)"고 하였다.

['王假有廟', 致孝享也.] 이하 괘사를 해석하였다. '왕王'자 앞에 '형亨'자가 있어야 한다. '향享'은 제사를 지내는 것(享祀)이다(우번). 왕이 종묘에 온다는 것은 곧 제사를 지내기 위해서이다. 「단」은 괘사의 '형, 왕격유묘'를, 왕이 종묘에 와서 효를 다하여 조상에게 제사를 올린다고 해석하였다.

['利見大人亨', 聚以正也.] 「단」은 '정正'으로 괘사의 '정貞'을 해석하였고, '정貞'을 가지고 괘사의 '이견대인형'을 해석하였다. 괘사의 '이견대인, 형'은 바른 것으로 모이기 때문에 대인을 만나보는 것이 이롭고, 형통하다고 해석하였다. 『집해』에는 '취이정야' 뒤에 '이정'이 별도로 기록되어 있다.

['用大牲吉, 利有攸往', 順天命也.] '큰 희생을 사용한다'는 것은 앞의 '효를 다하여 제사를 올린다'는 구절을 이어서 말한 것이며, 곧 제사에 대해 말한 것이다. 「단」은 괘사의 '용대생길, 이유유왕'을 천명에 순응하는 것이라고 해석하였다. 즉 큰 희생을 사용하여 제사를 올리고, 갈 곳이 있으면 이로운 것은 곧 천명에 순응하는 것이어서 하늘의 보살핌을 받는다는 말이다.

[觀其所聚, 而天地萬物之情可見矣.] 괘의를 말하였다. '정情'은 천지 만물의 각종 현상이다. 자연계와 인간계의 모든 현상을 망라하여 '정情' 하나로 표현하였다. 천지 만물은 동류로써 서로 모인다. 천지 만물이 서로 모이는 바를 보고 천지 만물의 정황을 알 수 있다는 것이다. 건乾「문언」에 "같은 소리는 서로 응하고, 같은 기운은 서로 구한다. 물은 습한 곳으로 흐르고, 불은 건조한 곳으로 나아간다. 구름은 용을 좇고 바람은 범을 좇는다. 성인이 일어나니 만인이 따른다. 하늘에 근본을 둔 것은 위에 따르고, 땅에 근본을 둔 것은 아래에 따르니, 곧 각각 그 동류를 좇는다(同聲相應, 同氣相求, 水流濕,

火就燥, 雲從龍, 風從虎, 聖人作而萬物覩, 本乎天者親上, 本乎地者親下, 則各從
其類也)"고 하였다. 그런즉 천지 만물이 모이는 바를 보고 천지 만물의 정황
을 알 수 있는 것이다.

象曰 澤上於地, 萃. 君子以除戎器, 戒不虞.
못이 땅 위에 있는 것이 췌괘의 상이다. 군자는 이 괘상을 본받아 병기를
수리하고, 의외의 환난을 경계한다.

[澤上於地, 萃.] 췌괘는 윗괘가 태兌이고 아랫괘는 곤坤이다. 태는 못(澤)이
고 곤은 땅(地)이다. 그런즉 '못이 땅 위에 있는 것'이 췌괘의 상이다.

[君子以除戎器, 戒不虞.] 우번은 "'제'는 수리하다는 뜻의 수, '융'은 병사라
는 뜻의 병(除, 脩. 戎, 兵也)"이라고 하였다. '제융기除戎器'는 곧 병기를 수
리하는 것이다. '우虞'는 헤아리다는 뜻의 탁度이다. '불우不虞'는 헤아릴 수
없는 일, 즉 의외의 환난을 말한다(고형). 못이 땅 위에 있으니, 못의 물이
모여 넘쳐나 의외의 수재를 일으킨다. 군자는 이 괘상을 보고 이를 본받아
병기를 수리하고 의외의 환난을 경계한다.

공영달은 "'제'는 수리하는 것이다. 사람들이 이미 모였다면 방비가 없어
서는 안 된다. 그러므로 군자는 이러한 때에 병기를 수리하여 의외의 환난
을 경계한다(除者, 治也. 人旣聚會, 不可无防備. 故君子於此時, 脩治戎器, 以戒
備不虞也)"고 하였다. 정이는 "무릇 사물이 모이면, 생각지도 않은 일이 일
어난다. 그러므로 무리가 모이면 다툼이 있고, 사물이 모이면 쟁탈이 있다.
대체로 모인 것이 많기 때문이다. 그러므로 모인 상을 보고 경계하는 것이
다(凡物之萃, 則有不虞度之事, 故衆聚則有爭, 物聚則有奪. 大率旣聚則多故矣,
故觀萃象而戒也)"라고 하였다.

初六. 有孚不終, 乃亂乃萃. 若號, 一握爲笑, 勿恤, 往无咎.

처음 음효는 믿음이 있으나 끝까지 가지 못하고, (뜻이) 어지러워 서로 모인다. 만약 울부짖는다면 한 집에 있는 사람들이 웃을 것이니, 근심하지 말고 가면 허물이 없다.

'부孚'는 믿음이라는 뜻의 신신이다. '부종不終'은 믿음이 끝까지 계속되지 않는다는 뜻이다. '난亂'은 뜻이 어지럽다는 것이다. '췌萃'는 모이다는 뜻의 취취이다. '호號'는 울부짖는다는 뜻이다. '악握'은 『석문』에 정현이 "집이라는 뜻의 옥屋"으로 읽었다. 『백서』에도 '악握'을 옥屋으로 하였다. '휼恤'은 근심하다는 뜻의 우憂이다.

象曰 '乃亂乃萃', 其志亂也.

'어지러워 서로 모인다'는 것은 그 뜻이 어지럽다는 것이다.

「상」은 효사의 '내란내췌乃亂乃萃'를, 어지러워 서로 모인다는 것은 뜻이 어지러워 서로 모인다고 해석하였다. 효사의 해석은 일정한 것이 없으며, 「상」의 내용을 가지고 효사를 이해한다는 것은 불가능하다.

六二. 引吉, 无咎, 孚乃利用禴.

둘째 음효는 크게 길하여 허물이 없으니, 믿음으로 간소한 제사를 지내면 이롭다.

'인길引吉'은 서로 이끄니 길하다고 해석할 수도 있고, 또 '대길大吉'로 읽어, 크게 길하다고 해석할 수도 있고, 또 '인引'을 홍弘으로 읽어, 크게 길하

다고 해석할 수도 있다. 갑골문에는 자주 '홍길弘吉'을 말하였다. '홍弘'은
크다는 뜻의 대大이다. 「상」은 '대길' 혹은 '홍길'로 읽은 것 같이 보인다.
'부孚'는 믿음이라는 뜻의 신信이다. '약禴'은 제사 이름이다. 왕필은 "사철
제사에 간소한 것(四時祭之省者也)"이라 하고 또 "귀신에게 간소한 제사를
올리는 것(省薄薦於鬼神也)"이라고 하였다. 밥과 채소 등만을 사용하고 큰
희생은 사용하지 않는 간소한 제사를 가리킨다.

象曰 '引吉无咎', 中未變也.

'크게 길하여 허물이 없다'는 것은 중도를 행하는 것이 변하지 않기 때문
이다.

'중中'은 둘째 음효가 아랫괘의 가운데 자리에 있다는 것이며(효위), 중도
를 행하는 상이다(효상). 「상」은 효사의 '인길무구引吉无咎'를, 둘째 음효가
아랫괘의 가운데 자리에 있어 중도를 행하는 것이 변하지 않기 때문에 크게
길하여 허물이 없다고 해석하였다. 또 '중中'을 심중心中으로 읽어(진고응),
"마음속이 변하지 않기 때문이다"라고 해석하여도 통한다.

六三. 萃如嗟如, 无攸利. 往无咎, 小吝.

셋째 음효는 모여서 한숨을 쉬니, 이로울 것 없다. 가면 허물이 없으나 조금
어렵다.

'췌萃'는 모이다는 뜻의 취聚이다. '차嗟'는 한숨을 쉬는 것이다. '췌여차
여'는 사람이 서로 모여 탄식하는 것이다. '인吝'은 어렵다는 뜻의 난難이다.

象曰 '往无咎', 上巽也.
'가면 허물이 없다'는 것은 위에 복종하기 때문이다.

'상上'에 대해, 우번은 넷째 양효를 가리킨다고 하였다(動之四, 故上巽).
즉 셋째 음효는 넷째 양효의 아래에 있으니(효위), 아래가 위에 복종하는 상
이라는 것이다(효상). 고형, 유백민, 진고응이 이를 따랐다. 왕필은 꼭대기
음효로 보았다. "꼭대기 음효는 유순하여 사물을 기다리는 것(巽以待物者
也)"이라고 하였는데, 공영달이 이를 따랐다. 정이, 주희, 래지덕, 진몽뢰,
굴만리 등도 꼭대기 음효를 가리킨다고 하였다. 셋째 음효는 꼭대기 음효와
서로 응하는 관계에 있기 때문이라는 것이다. 왕부지는 '상'을 윗괘의 두 양
효를 가리킨다고 하였는데, 상병화가 이를 따랐다. 이러한 해석은 모두 통
한다. '손巽'은 복종하는 것이다. 「상」은 효사의 '왕무구往无咎'를, 가면 허
물이 없는 것은 위에 복종하기 때문이라고 해석하였다.

九四. 大吉, 无咎.
넷째 양효는 크게 길하나 허물이 없다.

象曰 '大吉无咎', 位不當也.
'크게 길하나 허물이 없다'는 것은 자리가 합당하지 않기 때문이다.

'위부당位不當'은 넷째 양효는 양이면서 음의 자리에 있다는 것이며(효
위), 처한 자리가 합당하지 않는 상이다(효상). 「상」은 효사의 '대길무구大
吉无咎'를, 크게 길하나 다만 허물이 없다는 것은 넷째 양효의 자리가 합당
하지 않기 때문이라고 해석하였다.

九五. 萃有位, 无咎. 匪孚, 元永貞, 悔亡.
다섯째 양효는 자리에 모이니 허물이 없다. 믿음이 없으나 크고 영원히 바
르게 하면 뉘우침이 없어진다.

'췌萃'는 모이다는 뜻의 취취聚이다. '유有'는 어於와 같다. '비匪'는 비非이
다. '부孚'는 믿음이라는 뜻의 신信이다. '원元'은 크다는 뜻의 대大이다.
'정貞'은 바르다는 뜻의 정正이다.

象曰 '萃有位', 志未光也.
'자리에 모인다'는 것은 뜻이 밝지 않다는 것이다.

'지미광志未光'은 모이는 뜻이 아직 밝지 않다는 뜻이다. 「상」은 효사의
'췌유위萃有位'를, 모이는 뜻이 아직 밝지 않기 때문에 자리에 모이니 허물
이 없다고 해석하였다.

上六. 齎咨涕洟, 无咎.
꼭대기 음효는 한숨을 쉬며 눈물 콧물을 흘리나, 허물이 없다.

왕필은 "'재자'는 탄식하는 글(齎咨, 嗟嘆之辭也)"이라고 하였는데, 뒷사
람들은 대개 이를 따랐다. '재자齎咨'는 곧 자차咨嗟이며(정이), 한숨을 쉰
다는 뜻이다. 『석문』에 "정현은 눈에서 나오는 것이 '체', 코에서 나오는 것
이 '이'(鄭云 自目曰涕, 自鼻曰洟)"라고 하였다. '체涕'는 눈물, '이洟'는 콧물
을 흘리는 것이다. 고형은 '재齎'는 가지다는 뜻의 지持, '자咨'는 『집해』에
서 자資로 하였으며, 재물의 뜻이라 하고, "재화를 지니고 눈물 콧물을 흘리

486

나, 허물이 없다"고 해석하였다.

象曰 ‘齎咨涕洟’, 未安上也.

‘한숨을 쉬며 눈물 콧물을 흘린다’는 것은 윗자리에서 편안하지 않다는 것
이다.

‘미안상未安上’은 ‘상미안上未安’으로 하는 것이 맞다. 운을 맞추기 위해
의도적으로 도치하였다. 「상」의 ‘당當’, ‘광光’, ‘상上’은 운이다. ‘상上’은 꼭
대기 음효를 가리킨다. 꼭대기 음효는 한 괘의 꼭대기에 있으니(효위), 궁한
지경에 처해 있는 상이다(효상). 「상」은 효사의 ‘재자체이齎咨涕洟’를, 한숨
을 쉬며 눈물 콧물을 흘리는 것은 꼭대기 음효가 윗자리에서 편안하지 않기
때문이라고 해석하였다.

46. 승升

坤上

巽下

升. 元亨. 用見大人, 勿恤. 南征吉.

승은 크게 형통하다. 대인을 만나보는 것이 이로우니, 근심하지 말라. 남쪽
을 정벌하면 길하다.

'승升'은 괘명이며, 위로 오르다는 뜻의 상上이다. '원元'은 크다는 뜻의
대大이다. '형亨'은 형통하다는 뜻의 통通이다. '원형'은 크게 형통하다는
뜻이다. '용견用見'은 이견利見이다. 『석문』에는 '이견'으로(本或作利見),
『백서』에도 '이견利見'으로 하였다. '휼恤'은 근심하다는 뜻의 우憂이다.

象曰 柔以時升, 巽而順, 剛中而應, 是以大'亨'. '用見大人勿恤',
有慶也. '南征吉', 志行也.

유가 때에 따라 위로 오르고, 겸손하여 유순하며, 강이 가운데 자리에 있어
응하니, 그래서 크게 '형통하다'는 것이다. '대인을 만나보는 것이 이로우
니 근심하지 말라'는 것은 경사가 있다는 것이다. '남쪽을 정벌하면 길하

다'는 것은 뜻이 행하여진다는 것이다.

[柔以時升] 괘체를 가지고 괘명을 해석하였다. 이 구절에 대해 해석이 여러 가지이다. 우번은 '유柔'는 다섯째 음효, '승升'은 둘째 양효를 가리키며, 둘째가 다섯째 음으로 오르는 것이라고 하였다(柔, 謂五, 坤也. 升, 謂二. 坤邑无君, 二當升五虛). 공영달은 다섯째 음효를 가리킨다고 보고, 다섯째 음효는 음이면서 존위에 올랐다고 하였다(六五以陰柔乏質, 起升貴位). 정이는 '곤괘가 위로 간 것(柔升謂坤上行)'이라 하였고, 주희는 '해괘의 셋째 음효가 위로 올라가 넷째 효에 거한 것(卦自解來, 柔上居四)'이라고 하였다. 진몽뢰가 이를 따랐다. 래지덕은 '유柔'는 곤괘를 가리키며, "췌괘의 아랫괘인 곤괘가 위로 올라가 승괘의 윗괘가 되었다(萃下卦之坤, 升而爲升之上卦)"고 하였다. 굴만리가 이를 따랐다. 유백민은 "승의 처음 음효가 췌의 꼭대기 음효로 올라간 것"이라고 하였다. 고형은 '유柔'는 처음 음효가 위로 올라가 넷째 효, 다섯째 효, 꼭대기 효에 이르는 것이라고 하였다. 진고응이 이를 따랐다. 이러한 해석은 모두 통한다. '이시以時'는 인시因時 또는 수시隨時와 같다. 승괘는 '유가 때에 따라 위로 오르는 것'이며, 사람의 지위가 때에 맞게 위로 오르는 것을 상징한다.

[巽而順] 괘덕으로 괘사 '원형'을 해석하였다. 승괘는 아랫괘가 손巽이고 윗괘는 곤坤이다. 손은 겸손함(巽)이고 곤은 유순함(順)이다. 그런즉 승괘는 '겸손하여 유순함'이며, 사람이 위로 오를 때 겸손하고 또 유순한 것을 말한다.

[剛中而應] 괘체를 가지고 괘사 '원형'을 해석하였다. '강剛'은 둘째 양효를 가리킨다. '중中'은 둘째 양효가 아랫괘의 가운데 자리에 있다는 것이다. '응應'은 둘째 양효가 윗괘의 가운데 자리에 있는 다섯째 음효와 서로 응한다는 것이다. 승괘는 '강이 가운데 자리에 있어 음과 응한다'는 것이다.

[是以大 '亨'] 승괘는 유가 위로 올라가고, 겸손하여 유순하며, 강이 중도를 행하여 유와 호응하니, 그래서 크게 '형통하다'는 것이다.

['用見大人勿恤', 有慶也.] 이하 괘사를 해석하였다. '용견用見'은 이견利見이다. '유경有慶'은 경사스런 일이 있다는 것이다. 「단」은 괘사의 '용견대인물휼'을, 대인을 만나보면 이로우니 근심하지 말라는 것은 위로 오르는데 경사가 있는 것이라고 해석하였다.

['南征吉', 志行也.] 「단」은 '지志'를 가지고 괘사의 남정南征을, '행行'으로 길吉을 해석하였다. '지志'는 남정지지南征之志, 즉 남쪽을 정벌하는 뜻이다. '행行'은 행한다는 뜻이다. 「단」은 괘사의 '남정길'을, 남쪽을 정벌하면 길한 것은 남쪽을 정벌하는 뜻이 행하여지는 것이라고 해석하였다. 즉 남쪽을 정벌하려는 뜻이 이루어진다는 말이다.

象曰 地中生木, 升. 君子以順德, 積小以高大.
땅속에서 나무가 자라나오는 것이 승괘의 상이다. 군자는 이 괘상을 본받아 덕을 좇아 나아가고, 작은 것을 쌓아 큰 것을 이룬다.

[地中生木, 升.] 승괘는 윗괘가 곤坤이고 아랫괘는 손巽이다. 곤은 땅(地)이고 손은 나무(木)이다. 그런즉 '땅속에서 나무가 자라나오는 것'이 승괘의 상이다.

[君子以順德, 積小以高大.] '순順'은 순서를 좇아 점차 나아간다는 뜻이다. 『석문』에 '이고대以高大'를 '이성고대以成高大'로 하였는데(本或作以成高大), 『집해』에도 '성成'자가 있다. '고高'자는 '성成'자가 잘못 쓰인 것이 아닌가 한다. '이성대以成大'라고 해야 '적積'과 '성成' '소小'와 '대大'가 서로 짝이 된다. 땅속에서 나무가 나오니, 점차 위로 올라간다. 군자는 이 괘상을 보고 이를 본받아 덕을 좇아 나아가고, 작은 것을 쌓아 큰 것을 이룬다.

공영달은 "땅속에서 나무가 나오니, 미세한 것에서 시작하여 높고 큰 것에 이르는 것이므로, 올라가는 상이다(地中生木, 始於微細, 以至高大, 故爲升象也)"고 하였다. 정이는 "군자는 승의 상을 보고 순응으로써 그 덕을 닦아,

미소한 것을 쌓아서 높고 큰 것에 이른다. 순응하면 나아갈 수 있고, 거스르면 곧 물러나게 된다. 만물이 나아가는 것은 모두 순응하는 도로써 한다(君子觀升之象, 以順脩其德, 積累微小, 以至高大也. 順則可進, 逆乃退也. 萬物之進, 皆以順道也)"라고 하였다.

初六. 允升, 大吉.
처음 음효는 믿음이 있어 위로 오르니, 크게 길하다.

'윤允'은 믿다는 뜻의 신信이다. '승升'은 위로 오르다는 뜻의 상上이다.

象曰 '允升大吉', 上合志也.
'믿음이 있어 위로 오르니, 크게 길하다'는 것은 위와 뜻이 부합한다는 것이다.

'상上'에 대해, 구가역, 왕필, 공영달, 진고응은 둘째와 셋째 양효로 보았고, 정이는 둘째 양효, 래지덕은 넷째 음효, 유백민은 윗괘의 세 음을 가리킨다고 하였다. 고형은 '상上'을 상尙으로 읽고, "또한 뜻과 부합한다"고 해석하였다. 이러한 해석은 모두 통한다. 필자는 정이의 해석을 따랐다. '합지合志'는 뜻이 부합한다는 것이다. '상上'은 둘째 양효를 가리키며, 처음 음효는 둘째 양효와 서로 이웃하고 있으니(효위), 뜻이 부합하는 상이다(효상). 「상」은 효사의 '윤승대길允升大吉'을, 믿음이 있어 위로 오르니 크게 길하다는 것은 처음 음효가 둘째 양효와 뜻이 부합하는 것이라고 해석하였다. 정이는 '윤允'을 믿고 따르다는 신종信從으로 뜻을 새기고 "'상'은 둘째 양효이다. 둘째 양효를 따라 위로 오르니, 곧 둘째 양효와 뜻을 같이 하는 것이다. 강중의 현인을 믿고 따를 수 있으니, 그래서 크게 길하다(上謂九二. 從二

而升, 乃與二同志也. 能信從剛中之賢, 所以大吉)"고 하였다.

九二. 孚乃利用禴, 无咎.
둘째 양효는 믿음으로 간소한 제사를 지내면 이로우니, 허물이 없다.

'부孚'는 믿음이라는 뜻의 신信이다. '약禴'은 제사 이름이다. 밥과 채소 등만을 사용하고 큰 희생은 사용하지 않는 간소한 제사를 가리킨다.

象曰 '九二'之'孚', 有喜也.
'둘째 양효'가 '믿음으로 간소한 제사를 지낸다'는 것은 기쁜 일이 있다는 것이다.

「상」은 효사를, 간소한 제사를 올린다 해도 믿음을 다 한다면, 장차 귀신이 복을 내려 기쁜 일이 있다고 해석하였다.

九三. 升虛邑.
셋째 양효는 텅 빈 고을에 오른다.

'허虛'는 공허이다(공영달). 『석문』에는 '공空'과 같다고 하였다. '허읍虛邑'은 사람이 없는 텅 빈 고을이라는 뜻이다. 굴만리는 "지키지 않는 고을(無守備之邑也)"이라고 하였다.

象曰 '升虛邑', 无所疑也.

'텅 빈 고을에 오른다'는 것은 의심할 바가 없다는 것이다.

왕필은 "가면 반드시 고을을 얻는다(往必得邑)"고 하였고, 공영달은 "텅 빈 고을에 가면 반드시 고을을 얻을 수 있으니, 무엇을 의심하겠는가?(往必得邑, 何所疑乎?)"라고 하였다. 「상」은 효사의 '승허읍升虛邑'을, 텅 빈 고을에 오르면, 고을을 얻을 수 있는 것은 의심할 바가 없다고 해석하였다.

六四. 王用亨于岐山, 吉, 无咎.

넷째 음효는 왕이 기산에 제사를 올리니, 길하여 허물이 없다.

'형亨'은 향享으로 읽으며, 제사를 올린다는 뜻이다. 『석문』에 마융은 '제(祭也)', 정현은 '헌(獻也)'이라고 하였는데, 같은 뜻이다. '기산岐山'은 주나라 경내의 산 이름이다. 문왕의 할아버지 고공단보古公亶父는 기산에 정착하여 주나라의 기틀을 닦았다. 지금의 섬서성陝西省 기산현岐山縣 동북쪽에 있다.

象曰 '王用亨于岐山', 順事也.

'왕이 기산에 제사를 올린다'는 것은 제사를 신중히 한다는 것이다.

'순順'은 신중하다는 뜻의 신愼으로 읽는다(고형, 굴만리). 「상」은 '사事'를 가지고 효사의 '형亨'을 해석하였다. '사事'는 제사를 가리킨다. 「상」은 효사의 '왕용형우기산王用亨于岐山'을, 왕이 신중히 기산에 제사를 올리니, 길하여 허물이 없다고 해석하였다.

六五. 貞吉, 升階.
다섯째 음효는 바르게 하여 길하니, 점차 위로 오른다.

'정貞'은 바르다는 뜻의 정正이다. '정길貞吉'은 뜻과 행실을 바르게 하여
길하다는 말이다. '승계升階'는 계단을 오르는 것, 점차 위로 올라가는 것
이다.

象曰 '貞吉升階', 大得志也.
'바르게 하여 길하니, 점차 위로 오른다'는 것은 크게 뜻을 얻었다는 것
이다.

다섯째 음효는 음이나 임금의 자리에 있으며, 아래로 둘째 양효와 응하고
있으니(효위), 크게 뜻을 얻은 상이다(효상). 「상」은 효사를, 바르게 하여
길하니 점차 위로 오른다는 것은 크게 뜻을 얻은 것이라고 해석하였다.

上六. 冥升, 利于不息之貞.
꼭대기 음효는 밤에 오르니, 멈추지 않고 바르게 하여 이롭다.

'명冥'은 밤이라는 뜻의 야夜이다. '명승冥升'은 어두운 밤에 쉬지 않고 위
로 올라간다는 말이다. '식息'은 멈추다는 뜻의 지止이다. '정貞'은 바르다
는 뜻의 정正이다.

象曰 ‘冥升’在上, 消不富也.

‘밤에 오른다’는 것이 위에 있으니, 부유하지 아니한 것을 사라지게 한다는
것이다.

‘상上’은 꼭대기 음효를 가리킨다. 꼭대기 음효는 한 괘의 꼭대기에 있으
니(효위), 윗자리에 처하고 있는 상이다(효상). ‘소消’는 사라지다, 꺼지다
는 뜻의 멸滅, 제거하다, 없애다는 뜻의 제除이다. 「상」은 효사의 ‘명승冥升’
을, 사람이 윗자리에 있으면서도 밤에 멈추지 않고 위로 오르니(밤에도 쉬
지 않고 부지런히 일하니), 부유하지 아니한 것을 없애고 부유해진다고 해
석하였다.

47. 곤困

困. 亨. 貞大人吉, 无咎. 有言不信.

곤은 형통하다. 바르게 하여 대인은 길하고 허물이 없다. 말을 하여도 사람들이 믿지 않는다.

'곤困'은 괘명이며, 곤궁하다는 뜻의 궁窮이다. '형亨'은 형통하다는 뜻의 통通이다. '정貞'은 바르다는 뜻의 정正이다. '대인大人'은 도덕 수양의 경지가 높은 사람을 가리킨다. '유언불신有言不信'은 말을 하여도 사람들이 믿지 않는다는 뜻이다.

象曰 困, 剛揜也. 險以說, 困而不失其所, '亨', 其唯君子乎. '貞大人吉', 以剛中也. '有言不信', 尚口乃窮也.

곤은 강이 가려진 것이다. 험난하나 기뻐하며, 곤궁하나 그 있을 곳을 잃지 않으니, '형통하다'는 것이며, 오직 군자만이 그렇게 하는 것이다. '바르게 하여 대인은 길하다'는 것은 강이 가운데 자리에 있기 때문이다. '말을 하여도 사람들이 믿지 않는다'는 것은 말하는 것을 숭상하여 곧 궁하다는 것이다.

[困] 괘명이다. 「서괘」에 "올라가 멈추지 않으면 반드시 곤란하게 되니, 그러므로 곤괘로 받는다(升而不已必困, 故受之以困)"고 하였다. 공영달은 "궁박하고 빈곤하여 지치다는 뜻(窮厄委頓之名)"이라 하였고, 주희는 "궁하여 스스로 구제할 수 없다는 뜻(窮而不能自振之義)"이라고 하였다. '곤'은 곤궁하다, 곤란하다는 뜻이다. 「단」은 곤궁하다, 「상」은 곤궁하다, 곤란하다는 뜻으로 새겼다. 정이는 "괘는 태가 위에 감이 아래에 있다. 물이 못 위에 있으면, 곧 못 속에 물이 있는 것이나, 물이 못 아래에 있어서 말라 물이 없는 상이니, 곤궁하다는 뜻이다(爲卦, 兌上而坎下. 水居澤上, 則澤中有水也, 乃在澤下, 枯涸无水之象, 爲困乏之義)"고 하였다.

[困, 剛揜也.] 괘체를 가지고 괘명을 해석하였다. '엄揜'은 『석문』에 '엄掩'(本又作掩), 『집해』에는 '엄弇'으로 하였다. 엄揜, 엄掩, 엄弇은 옛날에 통용되었다(고형). '엄掩'은 덮다는 뜻의 복覆, 가리다는 뜻의 폐蔽이다. '강엄剛掩'은 강이 유에 의해 덮여 가려졌다는 뜻이다. 이에 대해 세 가지 해석이 있다. 하나는 효로 해석하는 것이다. 순상은 둘째 양효가 셋째 음효에, 다섯째 양효가 꼭대기 음효에 덮여 가려져 있다고 해석하였다(謂二五爲陰所弇也). 유백민이 이를 따랐다. 또 하나는 괘로 해석하는 것이다. 곤괘의 아랫괘 감坎은 양괘이고 강이며, 윗괘 태兌는 음괘이고 유이다. 강이 아래에 있고 유가 위에 있으니, 강이 유에 의해 덮여 가려져 있다는 것이다. 왕필이 이렇게 주장하자(剛見揜於柔也) 공영달, 정이, 고형, 굴만리 등 뒷사람들은 대개 이 주장을 따랐다. 마지막 하나는 괘와 효 두 가지로 해석한 것이다. 주희는 아랫괘 감이 윗괘 태에 의해 덮여 가려져 있고, 또 둘째 양효는 처음과 셋째 음효에, 넷째와 다섯째 양효는 꼭대기 음효에 덮여 가려져 있다고 해석하였다(坎剛爲兌柔所揜. 九二爲二陰所揜. 四五爲上六所揜). 래지덕, 진고응이 이를 따랐다. 세 가지 해석은 모두 통한다. '강엄'은 유덕한 군자가 천박한 소인

에 의해 덮여 가려져 곤궁한 지경에 처해 있는 것을 상징한다. 정이는 "양강의 군자가 음유한 소인에게 덮여 가려져 있으니, 군자의 도가 곤궁하여 막힌 때이다(陽剛君子而爲陰柔小人所掩蔽, 君子之道困窒之時也)"라고 하였다.

[險以說] 괘덕으로 괘사 '형'을 해석하였다. 곤괘의 아랫괘인 감坎은 험난함(險)이고, 윗괘인 태兌는 기뻐함(悅)이다. 그런즉 곤괘는 '험난하나 기뻐함'이다. 즉 군자가 험난한 가운데 있으나 내심으로 기뻐하는 것이다.

[困而不失其所, '亨', 其唯君子乎.] '소所'는 사람이 처해 있어야 할 곳을 가리킨다. 험난한 가운데 있으면서 내심으로 기뻐하며, 곤궁에 처하고 있으나 그 있을 곳을 잃지 않으니, 그래서 괘사에서 '형통하다'고 한 것이며, 이렇게 할 수 있는 것은 오직 군자밖에 없다는 말이다. '군자'는 곧 괘사의 '대인'과 같다(정이).

['貞大人吉', 以剛中也.] 이하 괘사를 해석하였다. '강剛'에 대해, 순상은 다섯째 양효를, 공영달은 둘째와 다섯째 양효를 가리킨다고 하였다. '강'은 곧 괘사의 '대인'이다. '중中'은 둘째와 다섯째 양효는 각각 위 아랫괘의 가운데 자리에 있다는 것이며(효위), 대인이 중도를 얻은 상이다(효상). 「단」은 괘사의 '정대인길'을, 바르게 하여 대인은 길하다는 것은 강이 가운데 자리에 있기 때문이라고 해석하였다.

['有言不信', 尚口乃窮也.] '상尙'은 숭상하다는 뜻이다. 「단」은 '구口'를 가지고 괘사의 '유언有言'을, '궁窮'으로 '불신不信'을 해석하였다. 「단」은 괘사의 '유언불신'을 말을 하여도 사람들이 믿지 않으니, 말하는 것을 좋아하여 스스로 곤궁함을 불러들인다고 해석하였다.

象曰 澤无水, 困. 君子以致命遂志.

못에 물이 없는 것이 곤괘의 상이다. 군자는 이 괘상을 본받아 생명을 버리고 뜻을 행한다.

[澤无水, 困.] 곤괘는 윗괘가 태兌이고 아랫괘는 감坎이다. 태는 못(澤)이고 감은 물(水)이다. 그런즉 물이 못 아래의 땅 속으로 스며들어 '못에 물이 없는 것'이 곤괘의 상이다.

[君子以致命遂志] '치명致命'은 곧 수명授命이다. 『논어』「자장子張」에 "선비는 위태로움을 보면 생명을 버린다(土見危致命)"고 하였고, 「헌문憲問」에 "위태로움을 보면 생명을 버린다(見危授命)"고 하였는데, '치명致命'은 곧 '수명授命'이며, 생명을 버린다는 뜻이다(고형). '수遂'는 행하다는 뜻의 행行이다. '수지遂志'는 그 뜻을 행한다는 것이다. 못에 물이 없으니, 수초와 고기는 말라죽는다. 군자는 이 괘상을 보고 이를 본받아 곤궁한 지경에 처하여 생명을 버리고 그 뜻을 행한다.

初六. 臀困于株木, 入于幽谷, 三歲不覿.
처음 음효는 엉덩이가 나무 그루터기에 곤란을 받다가, 어두운 골짜기로 들어가 삼 년을 보지 못한다.

'둔臀'은 엉덩이이다. '주목株木'은 나무 그루터기이다. '유幽'는 어둡다는 뜻의 암暗이다. '유곡幽谷'은 어두운 골짜기이다. '적覿'은 『석문』에 "보다는 뜻의 견見"이라고 하였다.

象曰 '入于幽谷', 幽不明也.
'어두운 골짜기로 들어간다'는 것은 어두워 밝지 않다는 것이다.

「상」은 효사의 '입우유곡入于幽谷'을, 어두워 밝지 않은 골짜기로 들어가 삼 년을 보지 못한다고 해석하였다.

九二. 困于酒食, 朱紱方來. 利用享祀, 征凶, 无咎.
둘째 양효는 술과 음식을 너무 먹어 곤란을 받고 있는데, 주홍색 앞가리개
가 왔다. 제사를 지내면 이로우나, 정벌하면 흉하다. 허물이 없다.

'곤우주사困于酒食'는 술을 지나치게 마시고 음식을 너무 많이 먹었다는
것이다. '주불朱紱'에 대해, 이정조는 "종묘의 제사 때 입는 옷(宗廟之服)"이
라 하였고, 고형은 "'주불'은 주홍색 앞가리개이다. 긴 옷의 무릎 부분에 이
어서 장식한 것이다. 주나라 때 천자가 주홍색 앞가리개를 입었고, 천자의
명으로 제후나 공경들 또한 이를 입었다"고 하였다.

象曰 '困于酒食', 中有慶也.
'술과 음식을 너무 먹어 곤란을 받는다'는 것은 중도를 행하여 경사가 있다
는 것이다.

'중中'은 둘째 양효가 아랫괘의 가운데 자리에 있다는 것이며(효위), 중도
를 행하는 상이다(효상). 중도란 뜻과 행실이 바르다는 말이다. 「상」은 효사
의 '곤우주사困于酒食'를, 술과 음식을 너무 먹어 곤란을 받는데, 천자가 하
사한 주홍색 앞가리개를 받으니, 뜻과 행실을 바르게 하여 경사가 있다고
해석하였다.

六三. 困于石, 據于蒺藜, 入于其宮, 不見其妻, 凶.
셋째 음효는 돌에 곤란을 받고, 가시나무에 의지하여, 집에 들어가도 아내
를 보지 못하니, 흉하다.

'곤우석困于石'은 돌에 걸려 넘어진다는 뜻이다. '거據'는 의지하다는 뜻의 의依이다(굴만리). '질려蒺藜'는 가시가 있는 나무 이름이다. 두 개의 '기其'는 자신을 가리킨다. '궁宮'은 집이라는 뜻의 실室이다.

象曰 '據于蒺藜', 乘剛也. '入于其宮, 不見其妻', 不祥也.
'가시나무에 의지한다'는 것은 강을 탔기 때문이다. '집에 들어가도 아내를 보지 못한다'는 것은 상서롭지 않다는 것이다.

'승강乘剛'은 유가 강을 탔다는 것이며, 셋째 음효가 둘째 양효의 위에 있다는 것이다. 셋째 음효가 둘째 양효 위에 있으니(효위), 약한 것이 강한 것에 의지하고 있는 상이다(효상). 「상」은 효사의 '거우질려據于蒺藜'를, 가시나무에 의지한다는 것은 셋째 음효가 둘째 양효를 탔기 때문이라고 해석하였다. '입우기궁入于其宮, 불견기처不見其妻'는 집에 들어가도 아내를 보지 못한다는 것은 상서롭지 않은 일이라고 해석하였다. 「상」은 '불상不祥'을 가지고 효사의 '흉凶'을 해석하였다. 「계사」 하 · 5장에 "『역』에 이르기를 '돌에 곤란을 받고, 가시나무에 의지하여, 집에 들어가도 아내를 보지 못하니, 흉하다'고 하였다. 공자께서 말씀하셨다. '곤경을 당할 바가 아닌데 곤경을 당하고 있으니, 이름은 반드시 욕된다. 의지할 바가 아닌데 의지하고 있으니, 몸은 반드시 위태롭다. 이미 욕되고 또 위태로워 죽을 때가 장차 이른 것이니, 어찌 아내를 볼 수 있겠는가?'(易曰 '困于石, 據于蒺藜, 入于其宮, 不見其妻, 凶.' 子曰 非所困而困焉, 名必辱, 非所據而據焉, 身必危. 旣辱且危, 死期將至, 妻其可得見邪)"라고 하였다.

九四. 來徐徐, 困于金車, 吝, 有終.
넷째 양효는 오는 것이 더딘 것은 금수레에게 곤란을 받기 때문이니, 어려우나 마침이 있다.

'서서徐徐'는 천천히 더딘 것을 말한다. '금거金車'는『석문』에 '금여金輿'라고 하였는데, 황금으로 장식한 수레이며, 수레가 호화롭고 귀한 것이다. 금수레는 이를 타고 있는 귀인을 상징한다. '종終'은 좋은 결과를 말한다.

象曰 '來徐徐', 志在下也. 雖不當位, 有與也.
'오는 것이 더디다'는 것은 뜻이 아래에 있다는 것이다. 비록 합당한 자리는 아니나, 도움이 있다.

'하下'에 대해, 왕필은 처음 음효를 가리킨다고 하였는데(下, 謂初也), 뒷사람은 모두 이를 따랐다. 넷째 양효와 처름 음효는 음양이 서로 응한다. 고형은 넷째 양효라고 하였는데, 넷째 양효는 다섯째 양효의 아래에 있으며, 작은 관리가 기꺼이 대관大官의 아래에 있는 것을 상징한다고 하였다. 진고응이 이를 따랐다. 두 가지 해석은 모두 통한다. '부당위'는 넷째 양효는 양이면서 음의 자리에 있다는 것이며(효위), 처한 자리가 합당하지 않는 상이다(효상). '여與'는 돕다는 뜻의 원援(최경), 조助이다(고형). 정이와 래지덕은 넷째 양효와 처음 음효는 서로 응하므로, 처음 음효와 더불어 같이 있는 것이라고 하였다. 「상」은 효사의 '래서서來徐徐'를, 넷째 양효의 뜻이 처음 음효 (혹은 다섯째 양효의 아래)에 있으므로 오는 것이 더디다고 해석하였다. 넷째 양효는 양이면서 음의 자리에 있어, 비록 합당한 자리에 있지 않으나 처음 음효 (혹은 다섯째 양효)의 도움이 있으므로, 어려우나 마침이 있다고 해석하였다.

九五. 劓刖, 困于赤紱, 乃徐有說, 利用祭祀.

다섯째 양효는 코가 잘리고 발이 잘리니, 대부에게 곤란을 받으나, 서서히 벗어나, 제사를 지내면 이롭다.

'의劓'는 죄인의 코를 베는 형벌이다. '월刖'은 발을 자르는 형벌이다. '적불赤紱'은 붉은색 앞가리개이며, 천자의 명으로 대부가 입었던 것이다. '적불'은 곧 붉은색 앞가리개를 입은 대부를 상징한다(고형). '서徐'는 천천히라는 뜻의 완緩이다. '열說'은 벗어나다는 뜻의 탈脫이다.

象曰 '劓刖', 志未得也. '乃徐有說', 以中直也. '利用祭祀', 受福也.

'코가 잘리고 발이 잘린다'는 것은 뜻을 얻지 못하였다는 것이다. '서서히 벗어난다'는 것은 중정의 도가 있기 때문이다. '제사를 지내면 이롭다'는 것은 복을 받기 때문이다.

'지미득志未得'은 '미득지未志得'로 하는 것이 맞다. 운을 맞추기 위해 의도적으로 도치하였다. '득得'로 '직直'과 '복福'은 운이다. '중직中直'은 곧 중정中正이다. '득得', '복福'과 운을 맞추기 위해 '직直'이라고 하였다. 다섯째 양효는 윗괘의 가운데와 바른 자리에 있으며(효위), 중정의 도를 행하는 상이다(효상). 「상」은 효사의 '의월劓刖'을, 코가 잘리고 발이 잘리는 것은 뜻을 얻지 못한 것이라고 해석하였다. '내서유열乃徐有說'은 중정의 도를 행하므로 서서히 대부에게 곤란을 받는 지경에서 벗어난다고 해석하였다. '이용제사利用祭祀'는 제사를 지내면 귀신의 보살핌을 얻어 복을 받는다고 해석하였다.

上六. 困于葛藟, 于臲硊, 曰動悔有悔, 征吉.

꼭대기 음효는 칡덩굴에 곤란을 받아, 마음이 불안하니, 움직이면 뉘우치
고 또 뉘우친다. 가면 길하다.

'갈류葛藟'는 칡덩굴(葛蔓)이다. '곤우갈류'는 칡덩굴에 걸려 넘어진다는
말이다. '우于'는 잘못 들어간 것이거나, '이以'자가 잘못 쓰인 것이 아닌가
한다. '얼臲'은 불안한 모양, '올硊'은 위태하다는 뜻의 위危이다. '얼올'은
마음이 불안한 모양이다. '왈曰'은 발어사(고형)이거나, 잘못 들어간 글자
이다. 「상」에는 '왈'자를 인용하지 않았다. '유有'는 우又로 읽는다. 「상」은
'정征'을 '행行'으로 읽었다.

象曰 '困于葛藟', 未當也. '動悔有悔', '吉'行也.

'칡덩굴에 곤란을 받는다'는 것은 마땅하지 않다는 것이다. '움직이면 뉘
우치고 또 뉘우친다'는 것은 가면 '길하다'는 것이다.

'미당未當'은 마땅하지 않다는 것이다. 「상」은 '행行'을 가지고 효사의 '정
征'을 해석하였다. '길행吉行'은 곧 효사의 '정길征吉'이며, 가면 길하다는
말이다. '행길行吉'이라 하지 않고 '길행吉行'이라고 한 것은 '당當'과 운을
맞추기 위해서이다. 「상」은 효사의 '곤우갈류困于葛藟'를, 칡덩굴에 곤란을
받는 것은 마땅하지 않은 것이나 곤란을 받는다고 해석하였다. '동회유회動
悔有悔'는 뉘우치고 또 뉘우쳐, 뒷날의 교훈으로 삼으면 가는 것은 곧 길하
다고 해석하였다. 우번은 "양을 타고 있으므로 움직이면 뉘우친다(乘陽, 故
動悔)"고 하였다.

48. 정井

井. 改邑不改井, 无喪无得. 往來井井, 汔至亦未繘井, 羸其甁, 凶.
정은 고을을 개축하여도 우물은 개조하지 않으니, 잃는 것도 얻는 것도 없
다. 사람들이 왕래하며 우물에서 물을 길어가, 물이 말라 긷지 못하게 되어
두레박을 부수니, 흉하다.

'정井'은 괘명이며, 물을 긷는 우물이다. '개改'는 고치다(왕필), 옮기다는
뜻의 천遷(정이)이다. '읍邑'은 옛날에 작은 마을을 '읍'이라고 하였다. '상
喪'은 물이 마르는 것이고, '득得'은 물이 넘치는 것이다. 정이는 "물을 길어
도 다하지 않고, 그냥 두어도 가득하지 않는 것이 '무상무득'이다(汲之而不
竭, 存之而不盈, 无喪无得也)"고 하였다. '왕래往來'는 사람들이 우물에 왕래
한다는 말이다. '정정井井'은 우물에서 물을 퍼 올린다는 뜻이다. 앞의 '정'
은 동사이고 뒤의 '정'은 명사이다. '흘汔'은 물이 고갈되다는 뜻이며, '흘지
汔至'는 물이 바싹 마르는 데까지 이르게 되었다는 말이다. '율繘'은 『석문』
에 정현이 "두레박줄이라는 뜻의 경(綆也)"이라고 하였다. '미율정'은 우물
물을 긷지 못한다는 뜻이다. '리羸'는 부수다는 뜻의 훼毁이다(정이). '병

缾'은 두레박이다.

象曰 巽乎水而上水, 井. 井養而不窮也. '改邑不改井', 乃以剛中
也. '汔至亦未繘井', 未有功也. '贏其缾', 是以凶也.

나무 두레박을 물속에 넣어 물을 퍼 올리는 것이 정이다. 우물은 사람을 길
러도 물은 다하지 않는다. '고을을 개축하여도 우물은 개조하지 않는다'는
것은 강이 가운데 자리에 있기 때문이다. '물이 말라 긷지 못하게 되었다'
는 것은 (우물의) 효용이 없다는 것이다. '두레박을 부순다'는 것은 그래서
흉하다는 것이다.

[巽乎水而上水, 井. 井養而不窮也.] 괘상을 가지고 괘명을 해석하였다. '손
호수巽乎水'는 목손호수木巽乎水라고 해야 한다. 고형은 "손巽자 앞에 목木
자가 빠졌다"고 하였고, 진고응은 '木巽乎坎水'라고 하였다. '木入於水'의 뜻
이다. 정괘는 아랫괘가 손巽이고 윗괘는 감坎이다. 손은 나무(木)이고 또 들
어감(入)이며, 감은 물(水)이다. '손호수巽乎水'는 나무 두레박을 물에 넣는
다는 말이다. '상수上水'는 물을 퍼 올린다는 뜻이다. 공영달은 "정괘의 감
은 물이고 위에 있으며, 손은 나무이고 아래에 있다. 또 손은 들어가는 것이
다. 나무가 물에 들어가 물을 퍼 올리는 것이 정의 상이다(此卦坎爲水在上,
巽爲木在下, 又巽爲入. 以木入於水而又上水, 井之象也)"라고 하였다. 정이는
"괘는 감이 위에 손이 아래에 있다. 감은 물이고, 손의 상은 나무이며, 손의
뜻은 들어감이다. 나무는 도구의 상이다. 나무가 물속에 들어가 물을 퍼 올
리니, 우물물을 긷는 상이다(爲卦, 坎上巽下. 坎水也, 巽之象則木也, 巽之義則
入也. 木, 器之象. 木入於水下而上乎水, 汲井之象也)"라고 하였다. 주희는 "나
무 두레박을 물속에 넣어 그 물을 퍼 올리므로 정이다(以巽木入乎坎水之下,
而上出其水, 故爲井)"라고 하였다. 나무 두레박을 우물 속에 던져 넣어 물을
퍼 올리는 것이 '정井'이다. '정양이불궁'은 우물은 사람을 기르나 물은 영

506

원히 다하지 않는다는 말이다.

['改邑不改井', 乃以剛中也.] 이하 괘사를 해석하였다. '강강剛'은 둘째와 다섯째 양효를 가리킨다. 둘째와 다섯째 양효는 강이고 위 아랫괘에서 가운데 자리에 있으며(효위), 우물이 강건하여 불변의 덕을 지니고 있는 상이다(효상). 「단」은 괘사의 '개읍불개정'을, 고을을 개축하여도 우물은 개조하지 않는 것은 강이 가운데 자리에서 불변의 덕을 지니고 있기 때문이라고 해석하였다. 『집해』에는 '내이강중야' 아래에 '무상무득无喪无得', '왕래정정往來井井' 두 구절이 들어가 있다.

['汔至亦未繘井', 未有功也.] '공功'은 효용, 즉 우물이 사람을 기르는 기능이다. '미유공未有功'은 우물이 사람을 기르는 기능을 다할 수 없다는 말이다. 「단」은 괘사의 '흘지역미율정'을, 사람들이 왕래하며 우물에서 물을 길어가, 물이 말라 긷지 못하게 되었으니, 우물이 사람을 기르는 기능을 다 할 수 없게 되었다고 해석하였다.

['羸其瓶', 是以凶也.] 「단」은 괘사의 '리기병, 흉'을, 물을 긷지 못하게 되어 두레박을 부수니, 그래서 흉하다고 해석하였다.

象曰 木上有水, 井. 君子以勞民勸相.
나무 위에 물이 있는 것이 정괘의 상이다. 군자는 이 괘상을 본받아 백성을 위로하고 서로 돕기를 권장한다.

[木上有水, 井.] 정괘는 아랫괘가 손巽이고 윗괘는 감坎이다. 손은 나무(木)이고 감은 물(水)이다. 그런즉 '나무 위에 물이 있는 것', 즉 나무 두레박을 우물에 넣어 물을 퍼 올리는 것이 정괘의 상이다.

[君子以勞民勸相.] '노勞'는 위로慰勞의 뜻이다. '권勸'은 권장하다는 뜻이다. '상相'은 돕는다는 뜻의 조助이다(우번). 나무 위에 물이 있으니, 즉 나무 두레박을 우물에 넣어 물을 퍼 올리니, 우물은 사람을 기르는 무궁한 덕

을 지니고 있다. 군자는 이 괘상을 보고 이를 본받아 백성을 위로하고, 서로 돕기를 권장한다.

정이는 "군자는 정의 상을 보고, 정의 덕을 본받아, 백성을 위로하고, 서로 돕는 도를 권장한다. 백성을 위로한다는 것은 우물의 쓰임을 본받는 것이고, 백성을 권장하여 서로 돕게 하는 것은 우물의 베풂을 본받는 것이다(君子觀井之象, 法井之德, 以勞徠其民, 以勸勉以相助之道也. 勞徠其民, 法井之用也. 勸民使相助, 法井之施也)"라고 하였다.

初六, 井泥不食, 舊井无禽.
처음 음효는 우물에 진흙이 차서 물을 마실 수 없고, 오래된 우물에 새가 날아오지 않는다.

'니泥'는 진흙이다. 두 '정井'자는 같은 우물이다. 우물이 오래되어 진흙이 찼으며, 또 폐정廢井이 되어 새가 날아오지 않는다는 말이다. 왕필은 "새는 오래된 우물물을 먹지 않는다(禽所不嚮)"고 하였다. '금禽'은 새를 가리킨다.

象曰 '井泥不食', 下也. '舊井无禽', 時舍也.
'우물에 진흙이 차서 물을 마실 수 없다'는 것은 아래에 있기 때문이다. '오래된 우물에 새가 날아오지 않는다'는 것은 때가 지나서 버렸다는 것이다.

'하下'는 유재하柔在下이며, 28번 대과 「상」 처음 음효의 '유재하柔在下'와 같다. 처음 음효를 가리킨다. 처음 음효는 한 괘의 가장 아래에 있으니(효위), 우물의 위치가 낮은 상이다(효상). 『석문』에 "'사舍'는 사捨로 읽으며, 버리다는 뜻의 기棄(棄舍, 音捨)"라고 하였다. 「상」은 효사의 '정니불식

508

井泥不食'을, 우물에 진흙이 차서 물을 마실 수 없다는 것은 처음 음효가 아래에 있기 때문이라고 해석하였다. 즉 우물이 낮은 곳에 있어 진흙이 차서 더 이상 사용할 수가 없다는 것이다. ‘구정무금舊井无禽'은 오래된 우물에 새가 날아오지 않는다는 것은 우물을 사용한 때가 이미 오래되어 내버려두고 사용하지 않기 때문이라고 해석하였다.

九二. 井谷射鮒, 甕敝漏.
둘째 양효는 우물 속의 붕어를 활로 쏘아 잡으려다, 두레박을 깨뜨리니 물이 새어 나온다.

‘곡谷'은 밑이라는 뜻의 저底, 속이라는 뜻의 중中과 같다. 우번은 “‘부鮒'는 작은 물고기(小鮮也)”라 하였고, 『석문』에는 “물고기 이름(魚名也)”이라고 하였다. ‘옹甕'은 물을 긷는 두레박이다. ‘폐敝'는 깨다는 뜻의 파破이다. ‘루漏'는 물이 새다는 뜻의 설泄이다.

象曰 ‘井谷射鮒’, 无與也.
‘우물 속의 붕어를 활로 쏘아 잡는다'는 것은 함께 있지 않는다는 것이다.

‘여與'에 대해 몇 가지 해석이 있다. 첫째, ‘무여无與'는 곧 무응無應의 뜻이다. 둘째 양효가 다섯째 양효와 응하지 않는다는 것이다. 즉 “서로 응하지 않는다는 것이다”라고 해석한 것이다. 왕필이 이렇게 해석하자 뒷사람들은 모두 이를 따랐다. 둘째, 최경은 “붕어를 잡아 사람에게 주지 않는다(唯得於鮒, 无與於人也)”고 해석하였다. 『석문』에도 ‘막지여莫之與'라고 하였다. 셋째, 고형은 ‘여與'는 돕는다는 뜻의 조助이며, 조助는 더하다는 뜻의 익益이다. ‘무여无與'는 무익無益과 같으며, “무익하다는 것이다”라고 해석한 것이

다. 넷째, 필자는 문맥을 보고 우물 속의 붕어를 활로 쏘아 잡으려다가 두레
박을 깨뜨리니, 우물과 두레박은 더불어 있지 않다라고 해석하였다. 이러한
해석은 모두 통한다. 「상」은 효사의 ‘정곡사부井谷射鮒’를, 우물 속의 붕어
를 활로 쏘아 잡으려다가 두레박을 깨뜨리니, 우물과 두레박은 함께 있지
않다라고 해석하였다.

九三. 井渫不食, 爲我心惻. 可用汲, 王明並受其福.
셋째 양효는 우물을 치워도 먹지 않으니, 내 마음이 슬프다. 물을 길을 수
있으나, 왕이 현명해야 모두 그 복을 받는다.

‘설渫’은 우물을 치워 물을 깨끗하게 하는 것이다. ‘측惻’은 슬프다는 뜻
의 비悲이다. 『설문』에는 “아프다는 뜻의 통痛”이라고 하였다. ‘용用’은 이以
와 같다. ‘급汲’은 물을 긷는다는 뜻이다. ‘명明’은 영명英明, 현명賢明의 뜻
이다. ‘병並’은 함께라는 뜻의 구俱이다.

象曰 ‘井渫不食’, 行‘惻’也. 求‘王明’, ‘受福’也.
‘우물을 치워도 먹지 않는다’는 것은 행하는 것이 ‘슬프다’는 것이다. ‘왕
의 현명함’을 구하여야 ‘복을 받는다’는 것이다.

‘행行’은 곧 ‘정설불식井渫不食’을 가리킨다. ‘측惻’은 슬퍼하다는 뜻이다.
「상」은 효사의 ‘정설불식井渫不食’을, 우물을 치워도 먹지 않으니 이것이 슬
프다는 것이라 해석하고, 왕이 현명해야 복을 받는다고 하였다.

六四. 井甃, 无咎.
넷째 음효는 우물의 벽을 쌓으니, 허물이 없다.

‘추甃’는 돌이나 벽돌로 우물 벽을 쌓는 것이다.

象曰 ‘井甃无咎’, 脩井也.
‘우물의 벽을 쌓으니, 허물이 없다’는 것은 우물을 수리한다는 것이다.

‘수脩’는 수修이다. 우번은 “‘수’는 고치다는 뜻의 치(脩, 治也)”라고 하였다. 「상」은 효사의 ‘정추무구井甃无咎’를, 우물의 벽을 쌓아 수리를 하니 허물이 없다고 해석하였다.

九五. 井洌, 寒泉食.
다섯째 양효는 우물이 맑고 차가운 샘물은 마신다.

『석문』에 “‘열洌’은 깨끗하다는 뜻의 결潔”, 『설문』에는 “물이 맑은 것(水淸也)”이라고 하였다. ‘열洌’은 맑다는 뜻의 청淸이다. 옛사람들은 우물은 곧 샘물이 아래에서 나오는 것이라고 여겼다.

象曰 ‘寒泉之食’, 中正也.
‘차가운 샘물은 마신다’는 것은 중정의 덕이 있기 때문이다.

‘중정中正’은 다섯째 양효가 윗괘의 가운데 자리와 바른 자리에 있다는 것

이며(효위), 중정의 덕을 지니고 있는 상이다(효상). 「상」은 효사를, 다섯째 양효가 중정의 덕을 지니고 있으므로 우물이 맑고 차가운 샘물은 마신다고 해석하였다.

上六. 井收勿幕, 有孚, 元吉.
꼭대기 음효는 우물물을 다 길러 두레박과 줄을 거두고 덮개를 덮지 않으니 (다른 사람이 물을 긴는데 편하게 하므로), 믿음이 있어, 크게 길하다.

'수收'는 물을 다 긷고 두레박과 줄을 거두는 것이다. 『석문』에 마융은 "물을 긷는 것(汲也)"이라고 하였다. 우번은 "'수'는 도르래로 두레박줄을 거두는 것을 말한다(收謂以轆轤收縮也)"고 하였다. '물勿'은 불不과 같다. '막幕'은 덮개(蓋)이다(우번). 왕필은 "'막'은 덮는 것(幕, 猶覆也)"이라고 하였는데 『석문』도 같다. '부孚'는 믿음이라는 뜻의 신신信이다. '원元'은 크다는 뜻의 대大이다.

象曰 '元吉'在'上', 大成也.
'크게 길하다'는 것이 위에 있으니, 크게 이루었다는 것이다.

'상上'은 꼭대기 음효를 가리킨다. 꼭대기 음효는 한 괘의 꼭대기에 있으니(효위), 우물이 사람을 기르는 공이 끝에 이른 상이다(효상). 「상」은 '대성大成'을 가지고 효사의 '원길元吉'을 해석하였다. '대성大成'은 곧 우물이 사람을 기르는 공이 이미 크게 이루어졌다는 뜻이다. 「상」은 효사의 '원길元吉'을, 꼭대기 음효는 정괘의 꼭대기 자리에 있으니, 우물이 사람을 기르는 공이 이미 크게 이루었으므로 크게 길하다고 해석하였다. 정이는 "크게 길한 것이 괘의 꼭대기에 있으니, 우물의 도가 크게 이루어진 것이다. 우물은 꼭대기로써 공을 이룬다(以大善之吉, 在卦之上, 井道之大成也. 井以上爲成功)"고 하였다.

49. 혁革

革. 巳日乃孚, 元亨, 利貞. 悔亡.

혁은 개혁을 이룬 날에 (백성이) 믿음을 가지니, 크게 형통하고, 바르게 하
여 이롭다. 뉘우침이 없어진다.

'혁革'은 괘명이며, 개혁, 변혁, 바꾸다는 뜻의 개改이다. 「단」은 '혁革'을
가지고 괘사의 '사일巳日'을, '신信'을 가지고 '부孚'를 해석하였다. '사일巳
日'은 곧 개혁을 이룬 날이다. 왕필은 "변혁의 도는 변혁하는 그날에 믿는 것
이 아니라, 변혁을 이룬 날에 믿는다(革之爲道, 卽日不孚, 巳日乃孚也)"라고
하였다. '부孚'는 믿음이라는 뜻의 신信이다. '사일내부巳日乃孚'는 개혁을
이룬 날에 백성이 믿음을 가진다는 뜻이다. '원元'은 크다는 뜻의 대大이다.
'형亨'은 형통하다는 뜻의 통通이다. '정貞'은 바르다는 뜻의 정正이다. 「단」
은 '원형, 이정'으로 읽었다. '원형'은 크게 형통하다, '이정'은 바르게 하여
이롭다는 뜻이다.

象曰 革, 水火相息, 二女同居, 其志不相得曰革. '巳日乃孚', 革而信之. 文明以說, 大'亨'以正. 革而當, 其'悔'乃'亡'. 天地革而四時成, 湯武革命, 順乎天而應乎人. 革之時大矣哉.

혁은 물과 불이 서로 없애고, 두 여자가 동거하여, 그 뜻이 서로 사이좋게 지낼 수 없는 것을 '혁'이라고 한다. '개혁을 이룬 날에 믿음을 가진다'는 것은 개혁하여서 (백성이) 믿는다는 것이다. 문명하여 기뻐하니, 크게 '형통하고' 바르다. 개혁하는 것이 합당하니, 그 '뉘우침'은 곧 '없어진다'. 천지가 개혁하니 사계절이 이루어진다. 탕과 무왕이 천명을 바꾸니, 하늘에 순응하고 사람에 응하는 것이다. 혁의 때는 크기도 하다.

[革] 괘명이다. 「서괘」에 "우물의 도는 바꾸지 않을 수 없으니, 그러므로 혁괘로 받는다(井道不可不革, 故受之以革)"고 하였다. 「잡괘」에 "'혁'은 옛 것을 없애는 것(革, 去故也)"이라고 하였다. 『설문』에 "'혁'은 짐승 가죽에서 털을 제거하는 것이니, 바꾸는 상이다(革, 獸皮治去其毛, 革更之象)"고 하였다. 『석문』에 마음은 "'혁'은 바꾸다는 뜻의 개(革, 改也)"라고 하였다. '혁'은 본래 가죽의 뜻이나, 이것이 파생되어 고치다, 바꾸다, 개혁, 변혁의 뜻으로 사용되었다. 「단」에서는 개혁과 바꾸다는 뜻으로, 「상」에서는 변혁의 뜻과 처음 양효에서는 '가죽'의 뜻, 둘째 음효와 셋째 양효, 꼭대기 음효는 바꾸다는 뜻으로 사용하였다.

[革, 水火相息] 이하 괘상을 가지고 괘명을 해석하였다. '식식'은 『석문』에 마음이 "없애다는 뜻의 멸(滅也)"이라고 하였다. 혁괘는 윗괘가 태兌이고 아랫괘는 리離이다. 태는 못(澤)이고 못에는 물(水)이 있으며, 리는 불(火)이다. 그런즉 혁괘의 괘상은 물이 불 위에 있는 것이다. 물이 불 위에 있어, 물의 힘이 강하면 물은 불을 끄고, 불의 힘이 강하면 불은 물을 없애버린다. 이것이 물과 불이 서로 없애는 것이니, 따라서 반드시 변혁이 일어난다. 주희는 "태의 못이 위에 있고, 리의 불이 아래에 있으니, 불이 타오르면 물은

마르고, 물이 터지면 불은 꺼진다(兌澤在上, 離火在下, 火然則水乾, 水決則火滅)"고 하였다.

[二女同居, 其志不相得曰革.] '불상득不相得'은 불상합不相合, 불상용不相容의 뜻이며, 서로 사이 좋게 지낼 수 없다는 말이다. 혁괘의 윗괘인 태는 막내딸(少女)이고, 리는 둘째딸(中女)이다. 그 괘상은 또 두 여자가 동거하는 것이니, 두 여자가 한 집에 동거하면 서로 질투하고 다투어 그 뜻이 서로 사이좋게 지낼 수 없다. 따라서 반드시 변화가 일어난다. 혁괘는 물과 불이 서로 없애고, 두 여자가 동거하는 상이다. 그래서 괘명이 '혁革'이라는 말이다. 주희는 "둘째와 막내딸이 합하여 한 괘가 되어, 막내딸은 위에 둘째딸은 아래에 있으니, 뜻이 서로 사이좋게 지낼 수 없다. 그러므로 괘는 혁이다(中少二女, 合爲一卦, 而少上中下, 志不相得, 故其卦爲革也)"고 하였다.

['巳日乃孚', 革而信之.] 이하 괘사를 해석하였다. 「단」은 '혁革'으로 '사일巳日'을, '신信'으로 '부孚'를 해석하였다. '사일巳日'은 개혁을 이룬 날이다. '부孚'는 믿음이라는 뜻의 신신이다. '혁이신지'는 개혁을 하여서 백성이 믿는다는 뜻이다. 「단」은 괘사의 '사일내부'를, 개혁을 이룬 날에 믿음을 가진다는 것은 개혁을 하여서 백성이 믿는 것이라고 해석하였다.

[文明以說, 大'亨'以正.] 괘덕으로 괘사의 '원형이정'을 해석하였다. '열說'은 기뻐하다는 뜻의 열悅이다. 혁괘는 아랫괘가 리離이고 윗괘는 태兌이다. 리는 문명文明이고 태는 기뻐함(悅)이다. 그런즉 혁괘는 '문명하여 기뻐하는 것'이니, 그래서 크게 '형통하고' 바르다는 것이다. 「단」은 '이利'를 말하지 않았지만, '크게 형통하고 바르다' 그러므로 '이롭다'고 여긴 것이다. 즉 '바르게 하여 이롭다'는 것이다. 「단」은 괘사 '원형, 이정'을 문명하여 기뻐하니, 크게 형통하고, 바르게 하여 이롭다고 해석하였다.

[革而當, 其'悔'乃'亡'.] 괘사의 '회망悔亡'을 해석하였다. '이而'는 주격 조사로 사용하였다. '당當'은 합당하다는 뜻이다. 개혁하는 것이 합당하니, 그 '뉘우침'은 곧 '없어진다'는 말이다.

[天地革而四時成, 湯武革命, 順乎天而應乎人.] 괘의를 말하였다. 개혁은 곧

자연계와 인간계의 보편 규율이다. 자연계로 말하면, 천지가 개혁하니 사계절이 이루어진다. 즉 음양이 바뀌니 계절이 오고 간다는 말이다. 인간계로 말하면, 탕과 무왕이 천명을 바꾸어 새 왕조를 세우니, 이것은 하늘의 명에 순응하고 사람의 마음에 호응하는 것이라는 말이다. '탕'은 하나라 마지막 왕인 걸桀을 치고 은나라를, '무왕'은 은나라 마지막 왕인 주紂를 치고 주나라를 세웠다.

[革之時大矣哉] 개혁은 반드시 때(時)의 필요에 응해야 한다. 천지가 때에 맞게 개혁하니 사계절이 이루어지고, 탕과 무왕이 때에 응하여 천명을 바꾸니, 하늘에 순응하고 사람에 응하는 것이다. 때에 이르면 곧 개혁하는 것이니, 혁의 때는 크기도 하다는 말이다.

象曰 澤中有火, 革. 君子以治曆明時.

못 속에 불이 있는 것이 혁괘의 상이다. 군자는 이 괘상을 본받아 역법을 고쳐 절기를 밝힌다.

[澤中有火, 革.] 혁괘는 윗괘가 태兌이고 아랫괘는 리離이다. 태는 못(澤)이고 리는 불(火)이다. 그런즉 '못 속에 불이 있는 것'이 혁괘의 상이다.

[君子以治曆明時.] 공영달은 '치治'를 고치다는 뜻의 수치脩治로 읽었다. '치력治曆'은 역법을 고친다는 뜻이다. '시時'에 대해, 우번은 「단」을 따라 '사시四時'로, 공영달은 '천시天時'로, 고형은 '시령時令'(절기)으로 읽었다. 모두 통한다. 그러나 '시時' 앞에 '역曆'을 말하였으므로 절기로 보는 것이 타당하다. 못 속에 불이 있으니, 물과 불은 서로 없애 변혁이 일어난다. 군자는 이 괘상을 보고 이를 본받아 역법을 고쳐 절기를 명확히 한다. 즉 변혁의 때를 알고 절기에 적응하여 백성을 이끌어 나간다는 말이다.

정이는 「단」을 따라 '시時'를 사시四時로 보았다. "군자는 변혁의 상을 보고, 일월성신이 옮겨지는 것을 미루어서 역수를 고치고, 사시의 순서를 밝

힌다. 무릇 변역의 도는 일이 지극히 크고, 원리가 지극히 밝으며, 조화가
지극히 드러나는 것은 사시만 한 것이 없다. 사시를 살펴 변혁에 순응하면
곧 천지와 더불어 그 순서를 합하는 것이다(君子觀變革之象, 推日月星辰之遷
易, 而以治麻數, 明四時之序也. 夫變易之道, 事之至大, 理之至明, 跡之至著, 莫如
四時. 觀四時而順變革, 則與天地合其序矣)"라고 하였다. 주희와 래지덕이 이
를 따랐다.

初九. 鞏用黃牛之革.
처음 양효는 황소의 가죽으로 만든 끈을 사용하여 묶는다.

'공공鞏'은 견고하다는 뜻의 고固(간보), 묶는다는 뜻의 속束이며, 가죽으로
물건을 묶는 것(以皮束物)이다. '혁革'은 짐승의 가죽에 털을 제거한 것이
다. '황우지혁黃牛之革'은 황소의 가죽을 사용하여 만든 끈이다.

象曰 '鞏用黃牛', 不可以有爲也.
'황소의 가죽으로 만든 끈을 사용하여 묶는다'는 것은 움직일 수 없다는 것
이다.

'위爲'는 어떤 행위이며, 움직이다는 뜻의 동動과 같다. 「상」은 효사를, 황
소의 가죽으로 만든 끈을 사용하여 단단히 묶었으므로 묶인 사람은 움직일
수 없다고 해석하였다.

六二. 巳日乃革之, 征吉, 无咎.
둘째 음효는 개혁을 이룬 날에 바꾸니, 정벌하면 길하여 허물이 없다.

‘사일巳日’은 개혁을 이룬 날이다. ‘혁革’은 바꾸다는 뜻의 개改이다. ‘혁지革之’는 정벌하는 날을 바꾸는 것을 말한다.

象曰 ‘巳日革之’, 行有嘉也.

‘개혁을 이룬 날에 바꾼다’는 것은 가면 경사스런 일이 있다는 것이다.

‘가嘉’는 경사스런 일이다. 「상」은 ‘행行’으로 효사의 ‘정征’을, ‘가嘉’로 ‘길吉’을 해석하였다. ‘행유가行有嘉’는 정벌하면 경사스런 일이 있다는 것이다. 「상」은 효사의 ‘사일혁지巳日革之’를, 개혁을 이룬 날에 정벌하는 날을 바꾸니, 정벌하면 경사스런 일이 있다고 해석하였다.

九三. 征凶, 貞厲. 革言三就有孚.

셋째 양효는 정벌하면 흉하니, 바르게 해도 위태롭다. 말을 바꾸니 세 번 나아가면 믿음이 있다.

‘정貞’은 바르다는 뜻의 정正이다. ‘여厲’는 위태롭다는 뜻의 위危이다. ‘혁언革言’은 정벌하려는 말을 바꾸는 것이다. ‘취就’는 나아가다는 뜻의 즉卽이며, 정벌하러 나아가는 뜻이다. ‘부孚’는 믿음이라는 뜻의 신信이다.

象曰 ‘革言三就’, 又何之矣.

‘말을 바꾸니 세 번 나아가면 믿음이 있다’는 것은 또 어디로 가겠는가 하는 것이다.

‘지之’는 가다는 뜻의 왕往이다. ‘하지의何之矣’는 어디로 가겠는가, 어찌하

겠는가라는 말이다. 「상」은 효사의 '혁언삼취革言三就'를, 말을 바꾸니 세 번
나아가면 믿음이 있다는 것은 정벌하려는 말을 바꾸니 사람들이 믿지 않으
므로 세 번 나아가면 사람들이 믿지 않고 또 어찌하겠는가라고 해석하였다.

九四. 悔亡. 有孚改命, 吉.
넷째 양효는 뉘우침이 없어진다. 믿음이 있어 명을 바꾸니, 길하다.

'회悔'는 뉘우치다는 뜻이다. '부孚'는 믿음이라는 뜻의 신신信이다. '개명改
命'은 명령을 바꾼다는 뜻이다.

象曰 '改命'之'吉', 信志也.
'명을 바꾸니 길하다'는 것은 뜻을 믿는다는 것이다.

'지지志'는 명을 바꾸는 뜻이다. 「상」은 '신신信'으로 효사의 '부孚'를 해석하
였다. 효사의 '개명길改命吉'을, 명을 바꾸니 길하다는 것은 명을 바꾸는 뜻
을 믿어 길하다고 해석하였다.

九五. 大人虎變, 未占有孚.
다섯째 양효는 대인이 호랑이처럼 변하니, 점을 치지 않아도 믿음이 있다.

'대인'은 도덕 수양의 경지가 높은 사람이다. '점占'은 곧 시초점을 가리
킨다. '부孚'는 믿음이라는 뜻의 신신信이다.

象曰 '大人虎變', 其文炳也.
'대인이 호랑이처럼 변한다'는 것은 그 풍채가 빛난다는 것이다.

'문文'은 문채文采이며, 아름다운 모양, 즉 풍채를 가리킨다. '병炳'은 빛
나다, 선명하다는 뜻의 광光이다. 「상」은 효사의 '대인호변大人虎變'을, 대
인이 호랑이처럼 변한다는 것은 대인의 풍채가 호랑이처럼 빛나는 것이라
고 해석하였다.

上六. 君子豹變, 小人革面. 征凶, 居貞吉.
꼭대기 음효는 군자는 표범처럼 변하고, 소인은 얼굴을 바꾼다. 정벌하면
흉하나, 바름에 거하면 길하다.

'군자'는 도덕 수양의 경지가 높은 사람이고, '소인'은 그렇지 못한 사람
이다. '혁革'은 바꾸다는 뜻의 개改이다. '면面'은 얼굴이다. '정貞'은 바르다
는 뜻의 정正이다.

象曰 '君子豹變', 其文蔚也. '小人革面', 順以從君也.
'군자는 표범처럼 변한다'는 것은 그 풍채가 아름답다는 것이다. '소인은
얼굴을 바꾼다'는 것은 순응하여 군자를 따른다는 것이다.

'문文'은 문채文采이며, 아름다운 모양, 즉 풍채를 가리킨다. 『석문』에
"'위蔚'는 『광아』에 무성하다는 뜻의 무茂, 『설문』에 문채가 아름답다는 뜻
의 비斐"라고 하였다. '군君'은 군자이다. 「상」은 효사의 '군자표변君子豹變'
을, 군자가 표범처럼 변한다는 것은 군자의 풍채가 표범처럼 아름다운 것이

라고 해석하였다. 또 효사의 '소인혁면小人革面'은 소인은 얼굴을 바꾼다는 것은 순응하여 군자를 따르는 것이라고 해석하였다.

50. 정鼎

鼎. 元吉, 亨.

정은 크게 길하고, 형통하다.

'정鼎'은 괘명이며, 음식을 삶는 그릇이다. '원元'은 크다는 뜻의 대大이다. '형亨'은 형통하다는 뜻이 통通이다. 정이와 주희는 「단」에 의거하여 '길吉'자는 잘못 들어간 글자(衍文)라고 하였다.

象曰 鼎, 象也, 以木巽火, 亨飪也. 聖人亨以享上帝, 而大亨以養聖賢. 巽而耳目聰明, 柔進而上行, 得中而應乎剛, 是以 '元(吉)亨'.

정괘의 상은 나무를 불에 넣어 요리하는 것이다. 성인은 요리하여 상제에게 제사를 올리고, 크게 요리하여 성인과 현인을 기른다. 겸손하여 이목이 총명하고, 유가 나아가 위로 오르며, 가운데 자리를 얻어 강에 응하니, 그래서 '크게 (길하고) 형통하다'는 것이다.

[鼎] 괘명이다. 「서괘」에 "사물을 바꾸는 것은 솥만 한 것이 없으니, 그러므로 정괘로 받는다(革物者莫如鼎, 故受之以鼎)"고 하였다. 「잡괘」에 "'정'은 새 것을 취하는 것(鼎, 取新也)"이라고 하였다. 『석문』에 "'정'은 상을 본뜬 것이니, 즉 솥이라는 그릇이다(鼎, 法象也, 卽鼎器也)"라고 하였다. '정鼎'이라는 글자는 솥의 모양을 본뜬 것이라는 말이다. 공영달은 "정이 그릇이 되는 것은 또 두 가지 뜻이 있다. 하나는 요리하는 데 사용하는 것이고, 또 하나는 사물의 모양을 본뜬 것이다(鼎之爲器, 且有二義. 一有烹飪之用, 二有物象之法)"라고 하였다. '정'은 세 발에 두 귀를 가진 음식을 삶는 그릇이며, 종묘 제사에 많이 사용하였으므로 국가 권력을 상징하는 것으로도 여기게 되었다.

[鼎, 象也] 이하 괘상을 가지고 괘명을 해석하였다. '정상야鼎象也'에 대해 몇 가지 해석이 있다. 하나는 전통적인 해석인데, '정鼎, 상야象也.'라고 읽는다. 왕필은 "정은 상을 본뜬 것이다(法象也)"라고 하였다. 정은 곧 솥이라는 그릇의 모양을 본뜬 것이라는 말이다. 뒷사람들은 대개 이 해석을 따랐다. 정이는 "괘가 정이 되는 것은 솥의 상을 취한 것이다. 솥이 그릇이 되는 것은 괘의 상을 본뜬 것이다(卦之爲鼎, 取鼎之象也. 鼎之爲器, 法卦之象也)"라고 하였다. 주희는 "정괘는 처음 음효는 솥의 발이고, 둘째 셋째 넷째 양효는 배이며, 다섯째 음효는 귀이고, 꼭대기 양효는 고리이니, 솥의 상이 있다(爲卦下陰爲足, 二三四陽爲腹, 五陰爲耳, 上陽爲鉉, 有鼎之象)"고 하여 본뜬 괘의 상을 구체적으로 설명하였다. 래지덕은 주희의 설을 따라 "'상'은 여섯 효가 솥의 상이 있는 것이다(象者, 六爻有鼎之象也)"라고 하였다. 따라서 이 구절의 해석은 당연히 "정은 형상(혹은 괘상)이다"라고 하여야 한다. 또 하나는 『집해』의 해석인데, 순상과 구가역九家易은 "솥은 삶아 요리하는 상이다(鼎鑊, 烹飪之象也)"라고 하였다. 즉 정은 나무를 불에 넣어 요리하는 상(以木巽火, 亨飪之象)이라는 말이다. '정상鼎象'은 곧 정괘의 상이라는 말이다. 고형이 이 해석을 따랐다. 따라서 이 구절의 해석은 "정괘의 상은 나무를 불에 넣어 요리하는 것이다"라고 하여야 한다. 또 하나는 유월俞樾의 해

석인데, '상야象也'는 '상야像也'로 해야 한다고 하였다. 그는 "『설문』인부人部에 '상像은 상象이다. 인人과 상象의 성음으로 되어 있다. 양養자의 양養과 같이 읽는다(像, 象也. 從人象聲. 讀若養字之養)'고 하였다. 그런즉 '정鼎, 상야象也'는 '정鼎, 양야養也'라고 한 것과 같다. 뒤에 이어지는 구절은 바로 이 뜻이며, 상象은 양養자의 가차"라고 하였다.(『古書疑義擧例』) 따라서 이 구절은 "정은 기르는 것이다"라고 해석할 수 있다. 또 이렇게도 해석할 수 있다. '상야象也'는 '형야亨也'로 해야 하며, 뒤에 이어지는 세 개의 '형亨'자는 곧 이 '형야亨也'를 해석한 것으로 보는 것이다. 따라서 이 구절은 "정은 삶는 것이다"라고 해석할 수 있다. 이러한 해석은 모두 통한다. 필자는 『집해』의 해석을 따랐다.

[以木巽火, 亨飪也.] '손巽'은 들어가다는 뜻의 입入이다. '형亨'은 삶다는 뜻의 팽烹이다. 뒤 구절의 두 개의 '형亨'자는 모두 삶다는 뜻의 팽烹이다. '임飪'은 『석문』에 "익다는 뜻의 숙熟"이라고 하였다. '팽임烹飪'은 삶아 익힌다. 즉 요리하다는 뜻이다. 정괘는 아랫괘가 손巽이고 윗괘는 리離이다. 손은 나무(木)이고 리는 불(火)이다. 그런즉 정괘의 괘상은 나무를 불 속에 넣는 것이다. 나무를 불 속에 넣는다는 것은 곧 요리하는 것이니, 정괘의 상은 나무를 불에 넣어 요리하는 것이다.

[聖人亨以享上帝, 而大亨以養聖賢.] '성인'에 대해 정이는 "옛날의 성왕(古之聖王)", 굴만리는 '천자天子'라고 하였는데, 「단」에서 말하는 성인은 구체적으로 어떤 사람을 가리키는지 분명히 알 수 없다. '형亨'은 요리하다는 뜻이고, '향享'은 제사를 올린다는 뜻이다. '상제'는 하느님이다. '대大'는 정이가 "넓다(言其廣)"는 뜻이라고 하였는데, 많다(多)는 뜻이다. 성인은 솥을 사용하여 음식물을 요리하여 상제에게 제사를 올리고 또 많이 요리하여 성인과 현인을 기른다는 말이다. 이것은 곧 솥의 중요한 용도이다.

[巽而耳目聰明] 이하 괘체를 가지고 괘사를 해석하였다. 정괘는 아랫괘가 손巽이고 윗괘는 리離이다. 손은 겸손함이고 리는 총명함이다. 그런즉 정괘는 '겸손하여 이목이 총명한 것'이다.

[柔進而上行]「단」은 리괘가 윗괘에 있을 때, 대개 '유진이상행'이라고 하였다. 35번 진괘, 38번 규괘, 50번 정괘鼎卦가 그렇고, 21번 서합괘는 '유득 중이상행柔得中而上行'이라고 하였다. 진괘를 참고하라.

[得中而應乎剛] 이 구절의 주어는 '유柔'이며, 다섯째 음효를 가리킨다. '중中'은 다섯째 음효가 윗괘의 가운데 자리에 있다는 것이며(효위), 중도를 행하는 상이다(효상). '응應'은 다섯째 음효가 둘째 양효와 응한다는 것이며, '강剛'은 둘째 양효를 가리킨다. 유는 위로 올라가 가운데 자리를 얻어 강에 응한다는 말이다.

[是以 '元亨'.] '원元'자 아래에 '길吉'자가 있어야 한다. 괘사에서 '원길형元吉亨'이라고 하였다. 정괘는 안으로는 겸손하고 밖으로는 이목이 총명하며, 유는 위로 올라가 가운데 자리를 얻어 강에 응하니 그래서 '크게 길하고 형통하다'는 말이다.

象曰 木上有火, 鼎. 君子以正位凝命.

나무 위에 불이 있는 것이 정괘의 상이다. 군자는 이 괘상을 본받아 자리를 바르게 하여 사명을 완성한다.

[木上有火, 鼎.] 정괘는 아랫괘가 손巽이고 윗괘는 리離이다. 손은 나무(木)이고 리는 불(火)이다. 그런즉 '나무 위에 불이 있는 것'이 정괘의 상이다.

[君子以正位凝命]『석문』에 정현과 『집해』에 우번은 "'응凝'은 이루다는 뜻의 성成"이라고 하였다. '명命'은 곧 자신에게 주어진 사명이다. 나무 위에 불이 있으니, 곧 밥을 짓는 솥의 상이다. 솥은 반듯하게 자신의 자리에서 그 임무를 완수한다. 군자는 이 괘상을 보고 이를 본받아 반듯하게 자신의 자리에 처하여 자신의 사명을 완성한다.

정이는 "정은 상을 본뜬 그릇이다. 그 모양은 단정하고 그 몸은 안정되고 무게가 있다. 솥의 단정한 상을 취하면 그 자리를 바르게 하는 것이니, 있는 자리를 바르게 하는 것을 말한다. 군자는 처한 곳을 반드시 바르게 하니, 그 자리가 조금이라도 바르지 않다면 앉지 않으며, 어느 쪽으로 기울거나 기대어서는 안 된다. 솥의 안정되고 무게가 있는 상을 취하면 명령을 모으는 것이니, 그 명령을 안정되고 무게가 있게 하는 것이다(鼎者法象之器, 其形端正, 其體安重. 取其端正之象, 則以正其位, 謂正其所居之位. 君子所處必正, 其小至於席不正不坐, 毋跛毋倚. 取其安重之象, 則凝其命令, 安重其命令也)"라고 하였다.

初六. 鼎顚趾, 利出否. 得妾以其子, 无咎.
처음 음효는 솥의 발을 뒤집어 나쁜 것을 제거하니 이롭다. 시녀와 그 자식을 얻으니, 허물이 없다.

'전顚'은 『석문』에 "뒤집다는 뜻의 도倒"라고 하였다. '지趾'는 발(足)이다(우번). '출出'은 배척하여 내치는 것이다. '비否'는 『석문』에 "나쁘다는 뜻의 악惡"이라고 하였다. 왕필은 "좋지 않은 물건(不善之物)"이라고 하였다. '첩妾'은 시녀, 계집종이다. '이以'는 접속사 여與와 같다(고형, 굴만리).

象曰 '鼎顚趾', 未悖也. '利出否', 以從貴也.
'솥의 발을 뒤집는다'는 것은 어긋난 것이 아니라는 것이다. '나쁜 것을 제거하니 이롭다'는 것은 귀인을 따르기 때문이다.

'패悖'는 『석문』에 "거스르다, 어긋나다는 뜻의 역逆"이라고 하였다. '미패未悖'는 도리에 어긋난 것이 아니라는 말이다. '이以'는 인인으로 읽는다. '귀貴'는 귀인이다. 왕필은 '새것을 받아들이는 것(納新)'이라고 하였는데, 공영달은 이를 따라 '새로운 것(新貴也)'이라고 하였다. 정이는 넷째 양효를 가리킨다고 하였다. 처음 음효는 넷째 양효와 음양이 서로 응한다. 주희가

이를 따랐다. 고형은 둘째 양효를 가리킨다고 하였다. 처음 음효는 둘째 양
효 아래에 있으니(효위), 낮은 사람이 귀인에게 복종하는 상이다(효상).
「상」은 효사의 '정전지鼎顚趾'를, 솥의 발을 뒤집는 것은 솥 속의 더러운 것
을 깨끗이 제거한다는 것이니 도리에 어긋난 것이 아니라고 해석하였다.
'이출비利出否'는 나쁜 것(간악한 사람)을 제거하니 이롭다는 것은 처음 음
효가 넷째 양효 혹은 둘째 양효라는 귀인을 따르기 때문이라고 해석하였다.

九二. 鼎有實, 我仇有疾, 不我能卽, 吉.
둘째 양효는 솥 속에 먹을 것이 있는데, 아내가 병이 들어 나에게 올 수 없
으니, 길하다.

'실實'은 음식물을 가리킨다. '구仇'는 『석문』에 "짝이라는 뜻의 필匹"이
라고 하였다. '즉卽'은 나아가다는 뜻의 취취就이다. 고형은 "'불아능즉不我能
卽'은 '불능즉아不能卽我'의 도치문이며, 나에게 올 수 없다는 말이다"라고
하였다.

象曰 '鼎有實', 愼所之也. '我仇有疾', 終无尤也.
'솥 속에 먹을 것이 있다'는 것은 가는 것을 삼간다는 것이다. '아내가 병
이 들었다'는 것은 끝내 허물이 없다는 것이다.

'지之'는 가다는 뜻의 왕往이다. '신소지愼所之'는 가는 것을 삼간다는 말
이다. 「상」은 '종무우終无尤'를 가지고 효사의 '길吉'을 해석하였다. '우尤'
는 허물이라는 뜻의 과過이다. '종무우'는 끝내 허물이 없다는 말이다. 「상」
은 효사의 '정유실鼎有實'을, 솥 속에 먹을 것을 놓아두고 다른 곳으로 가는
것을 삼간다고 해석하였다. '아구유질我仇有疾'은 아내가 병이 들어 나에게

올 수 없으니, 음식을 혼자 먹을 수 있어 끝내 허물이 없다고 해석하였다.

九三. 鼎耳革, 其行塞, 雉膏不食, 方雨, 虧, 悔, 終吉.
셋째 양효는 솥의 귀가 떨어져나가 옮기지 못하여, 꿩고기를 먹지 못했는데, 마침 비가 내려 꿩고기의 맛이 헐었으니, 뉘우치나 마침내 길하다.

'혁革'은 제거하다, 떨어져나가다는 뜻의 거去이다. '정이혁鼎耳革'은 솥의 귀가 떨어져나갔다는 것이다. '행行'은 솥을 옮기는 것이다. '색塞'은 멈추다는 뜻의 지止이다. '고膏'는 고기(肉)이다. '휴虧'는 헐다는 뜻의 훼毁이다.

象曰 '鼎耳革', 失其義也.
'솥의 귀가 떨어져나갔다'는 것은 (솥이) 마땅함을 잃었다는 것이다.

'의義'는 마땅하다는 뜻의 의宜로 읽는다. 「상」은 효사의 '정이혁鼎耳革'을, 솥의 귀가 떨어져나갔다는 것은 솥이 솥으로서의 마땅함을 잃었다고 해석하였다. 우번은 "솥은 그 귀를 들고 가는 것인데, 귀가 떨어져나가 들고 가지 못하므로, 그 마땅함을 잃은 것이다(鼎以耳行, 耳革行塞, 故失其義也)"라고 하였다.

九四. 鼎折足, 覆公餗, 其形渥, 凶.
넷째 양효는 솥의 다리가 부러져 공公의 음식을 엎질러, 온몸이 젖으니 흉하다.

'복覆'은 엎지르다는 뜻의 도倒이다. '공公'은 어느 제후를 가리킨다. '속

餗'은 솥 안에 든 음식물이다. '형形'은 몸이라는 뜻의 체體이며, 솥으로 음
식을 한 사람을 가리킨다. '악渥'은 『석문』에 "젖다는 뜻의 점霑"이라고 하
였다.

象曰 '覆公餗', 信如何也.
'공의 음식을 엎질렀다'는 것은 참으로 어찌하겠는가 하는 것이다.

'신信'은 참으로라는 뜻의 실實, 진眞, 성誠이다. 「상」은 효사의 '복공속覆
公餗'을, 공의 음식을 엎질러 온몸이 젖으니 이 일을 참으로 어찌하면 좋겠
는가, 흉하다고 해석하였다. 즉 어찌할 수 없다는 말이다. 「계사」하·5장에
"공자께서 말씀하셨다. 덕은 부족하면서 자리는 높고, 지혜는 작으면서 도
모하는 것은 크며, 역량은 작으면서 임무가 무거우면, 화가 미치지 않음이
드물다. 『역』에 이르기를 '솥의 다리가 부러져 공公의 음식을 엎질러, 형벌
을 받으니 흉하다'고 한 것은 그 임무를 감당해낼 수 없음을 말한 것이다(子
曰 德薄而位尊, 知小而謀大, 力小而任重, 鮮不及矣, 易曰 鼎折足, 覆公餗, 其形
渥, 凶. 言不勝其任也)"라고 하였다. 「계사」는 솥이 임무를 감당하지 못해 다
리가 부러져 공의 음식을 엎질러 형벌을 받으니 흉하다, 즉 능력이 부족하
면서 큰 임무를 맡아 감당해 낼 수 없는 것으로 해석하였는데, 「상」의 해석
과 다르다. 『집해』에는 '형악形渥'을 '형악刑渥'으로 하였다. 우번은 "'악渥'
은 큰 형벌(大刑)"이라고 하였는데, 『석문』에 정현은 "형벌을 가하다는 뜻의
옥"으로 하였다(鄭作剭). 「계사」는 이와 같이 해석한 것이다.

六五. 鼎黃耳金鉉, 利貞.
다섯째 음효는 솥에 황색귀와 금고리를 걸었으니, 바르게 하여 이롭다.

'황이黃耳'는 솥의 귀가 황색이라는 것이다. '현鉉'은 솥을 들어 올리는 고리이다. '정貞'은 바르다는 뜻의 정正이다.

象曰 '鼎黃耳', 中以爲實也.
'솥에 황색 귀와 금고리를 걸었다'는 것은 중도를 행하여 부유해졌다는 것이다.

'中以爲實'은 以中爲實이다. '중中'은 다섯째 음효가 윗괘의 가운데 자리에 있다는 것이며(효위), 중도를 행하는 상이다(효상). 중도란 뜻과 행실이 바르다는 말이다. 육적은 '득중승양得中承陽'이라고 하여, '실實'을 양으로 해석하였다. 『설문』에 "'실'은 부유하다는 뜻의 부(實, 富也)"라고 하였다. 「상」은 효사의 '정황이鼎黃耳'를, 솥에 황색 귀와 금고리를 걸었다는 것은 솥의 주인이 뜻과 행실을 바르게 하여 부유해진 것이라고 해석하였다.

上九. 鼎玉鉉, 大吉, 无不利.
꼭대기 양효는 솥에 옥고리를 걸었으니, 크게 길하여 이롭지 않음이 없다.

'옥현玉鉉'은 옥으로 고리를 한 것이다. 옥고리는 금고리보다 더욱 호화롭고 진귀한 물건이다.

象曰 '玉鉉'在上, 剛柔節也.
'옥고리를 걸었다'는 것이 위에 있으니, 강과 유가 절도가 있다는 것이다.

'강유절剛柔節'에 대해 세 가지 해석이 있다. 하나는 꼭대기 양효는 양이면서(剛) 음의 자리(柔)에 있다는 것이다. 왕필은 "몸은 강인데 유의 자리에 있다(體剛履柔)"고 하였는데, 뒷사람들은 모두 '이양거음以陽居陰'이라고 하여 이를 따랐다. 또 하나는 송충은 "비록 자신의 자리는 아니나, 음양이 서로 이어서 강과 유가 절도가 있다(雖非其位, 陰陽相承, 剛柔之節也)"고 하였다. 즉 '강剛'은 꼭대기 양효를, '유柔'는 다섯째 음효로 보고, 꼭대기 양효는 비록 음의 자리에 있으나, 다섯째 음효와 음양이 서로 이었으므로 강과 유가 조화를 이룬다고 해석하였다. 고형, 굴만리가 이를 따랐다. 마지막 하나는 필자의 해석이다. '상上'은 꼭대기 양효를 가리킨다. 꼭대기 양효는 한 괘의 꼭대기에 있으며(효위), 솥의 윗부분의 상이다(효상). '강剛'은 솥을, '유柔'는 옥고리를 가리킨다. '절節'은 절도가 있다는 것, 즉 조화를 이룬다는 뜻이다. 「상」은 효사를, 솥의 꼭대기에 옥고리를 걸었으니, 솥과 옥고리가 조화를 잘 이루어 크게 길하여 이롭지 않음이 없다고 해석하였다. 세 가지 해석은 모두 통한다.

51. 진震

震. 亨. 震來虩虩, 笑言啞啞. 震驚百里, 不喪匕鬯.

진은 형통하다. 우레가 울려 두려워하다가, 웃음소리를 낸다. 우레가 백 리를 놀라게 하여도 숟가락과 창주鬯酒 그릇을 떨어뜨리지 않는다.

'진震'은 괘명이며, 우레이다. '형亨'은 형통하다는 뜻의 통通이다. '혁虩'은 두려워하다는 뜻의 구懼이며, '혁혁虩虩'은 두려워하는 모양이다. 『석문』에 마융과 정현이 "두려워하는 모양(恐懼貌)"이라 하였고, 순상은 '색색愬愬'으로 하였는데, 역시 두려워하는 모양이다. '아아啞啞'는 웃음소리(笑聲)이다(마융). '백리百里'는 곧 제후국이다. 제후국은 지방이 백리였다. '진경백리震驚百里'는 곧 우레가 한 나라를 놀라게 한다는 뜻이다. 정현은 "우레가 소리를 내는 것이 백리에 들리니, 옛날 제후의 상이다. 제후가 교령을 발하여 그 나라를 방비하고 경계할 수 있다(雷發聲, 聞於百里, 古者諸侯之象. 諸侯出教令, 能警戒其國)"고 하였다. '상喪'은 잃다는 뜻의 실失이며, 손에 들고 있는 것을 떨어뜨리는 것을 말한다. '비匕'는 숟가락이다. 모양이 오늘날의 숟가락과 비슷하며, 솥 속의 고기나 그릇 속의 밥을 푸거나 술그릇 속의 술을 뜨는 데 사용한다. '창鬯'은 공영달과 『석문』에 '향주香酒'라고 하였다. 고형은 "검은 기장(黑黍)과 향초香草를 사용하여 빚어낸 향기로운 술의 이름이며, 창주鬯酒를 담는 그릇 또한 창鬯이라고 한다. '비匕'와 '창鬯'은 모두 제사를 지낼 때 사용하는 도구이다"고 하였다. '불상비창'의 주어는 '진경백리'의 주인인 어느 제후이다.

象曰 震, '亨'. '震來虩虩', 恐致福也. '笑言啞啞', 後有則也. '震驚百里', 驚遠而懼邇也. '不喪匕鬯', 出可以守宗廟社稷, 以爲祭主也.

진은 '형통하다'. '우레가 울려 두려워한다'는 것은 두려워하는 것이 복을 가져온다는 것이다. '웃음소리를 낸다'는 것은 두려워한 뒤에 법도가 있다는 것이다. '우레가 백 리를 놀라게 한다'는 것은 멀리 있는 사람을 놀라게 하고 가까이 있는 사람을 두려워하게 한다는 것이다. '숟가락과 창주鬯酒 그릇을 떨어뜨리지 않는다'는 것은 임금이 나아가 종묘사직을 지키고 제사의 주인이 될 수 있다는 것이다.

[震] 괘명이다. 「설괘」에 "진은 우레(震爲雷)"라 하고, 또 '맏아들(長男)'이라고 하였다. 「서괘」에 "나라의 주인은 맏아들만 한 것이 없으니, 그러므로 진괘로 받는다. 진은 움직임이다(主器者莫若長子, 故受之以震. 震者, 動也)"라고 하였다. '진'은 우레이며, 이것이 파생되어 움직임, 진동이라는 뜻을 갖게 되었다. 정이는 "진은 한 양이 두 음 아래에서 생겨나 움직여 위로 오르는 것이니, 그러므로 진이다. 진은 움직임이다(震之爲卦, 一陽生於二陰之下, 動而上者也, 故爲震. 震, 動也)"라고 하였다.

[震, '亨'.] 공영달은 "'진형'은 다른 뜻이 없고, 혹 (「단」에) 본래 이 두 글자가 없었다(震亨, 更无他義, 或本无此二字)"고 하였다. 정이는 "양이 아래에서 생겨나 위로 오르니, 형통하다는 뜻이 있다(陽生於下而上進, 有亨之義)"

고 하였다. 진괘는 형통하다는 말이며, 괘사를 그대로 인용하였다.

['震來虩虩', 恐致福也.] 이하 괘사를 해석하였다. '공恐'은 두려워하다는 뜻의 구懼이다. 「단」은 '공恐'을 가지고 괘사의 '혁虩'을 해석하였다. '치致'는 도치導致이며, 어떤 사태를 야기하다, 가져오다는 뜻이다. '공치복恐致福'은 우레가 울려 두려워하는 것이 복을 초래한다는 뜻이다. 「단」은 괘사의 '진래혁혁'을, 우레가 울려 두려워하는 것이 결과적으로 복을 가져온다고 해석하였다.

['笑言啞啞', 後有則也.] '후後'는 두려워한 뒤를 가리킨다. '칙則'은 법도이며, 곧 일상의 법도를 가리킨다. 굴만리는 '상常'이라고 하였는데, 같은 말이다. '후유칙後有則'은 우레가 울려 두려워한 뒤에 일상의 법도, 즉 정상을 되찾는다는 말이다. 「단」은 괘사의 '소언아아'를, 우레가 울려 두려워한 뒤에 웃음소리를 내니 일상의 법도를 되찾은 것이라고 해석하였다. 진이 형통한 것은 우레가 울려 두려워하는 것이 결과적으로 복을 가져오고, 또 우레가 울려 두려워한 뒤에 웃음소리를 내니 일상의 법도를 되찾았기 때문이라는 말이다.

['震驚百里', 驚遠而懼邇也.] '경驚'은 놀라다, '구懼'는 두려워하다는 뜻이다. '원遠'은 멀다, '이邇'는 가깝다는 뜻의 근近이다. 「단」은 괘사의 '진경백리'를, 우레가 백 리를 놀라게 한다는 것은 멀리 있는 사람을 놀라게 하고 가까이 있는 사람을 두려워하게 한다고 해석하였다. 즉 멀고 가까운 데 있는 사람이 모두 놀라고 두려워한다는 것이다.

['不喪匕鬯', 出可以守宗廟社稷, 以爲祭主也.] 현행 통행본에는 '불상비창不喪匕鬯' 네 글자가 없다. 곽경郭京본에는 이 네 글자가 있으며, 왕필은 주에서 이 네 글자를 인용하였다. 정이와 주희는 당연히 있어야 한다고 하였다. 괘사 '불상비창' 다음에 「단」의 해석이 이어지므로 당연히 이 네 글자는 있어야 한다. '출出'에 대해 해석이 여러 가지이다. 왕필은 "숟가락과 창주 그릇을 잃지 않으니, 자신이 밖으로 나가도 종묘를 지킬 수 있다(不喪匕鬯, 則己出可以守宗廟)"고 하였는데, '기己'는 곧 임금 자신을 가리키는 것이며, 자

신(임금)이 밖으로 나가도, 여전히 맏아들이 종묘사직을 지킨다는 말이다. 공영달은 "'출'은 임금이 순시나 사냥 등의 일로 나가는 것(出謂君出巡狩等事也)"이라고 하여, '출'의 내용을 구체적으로 밝혔다. 정이도 왕필의 해석을 따랐다. 주희는 "'출'은 대를 이어 제사를 주관하는 것이다. 어떤 사람은 '출은 창鬯자가 잘못된 것'이라 하였다(出謂繼世而主祭也. 或云, 出卽鬯字之誤)"고 하였다. 래지덕이 이를 따랐다. 주준성은 '출'자는 잘못 들어간 글자라고 하였다. 고형은 "왕과 제후가 되는 것", 굴만리는 "천자가 되는 것"이라고 하였다. 필자는 '출'의 주어는 이 문장의 주어인 '제주祭主'이며, 곧 종묘사직을 지키는 임금(제후)이라고 생각한다. '사직社稷'에 대해, 옛날에 토신土神을 사社라 하고 또 토신에게 제사 올리는 단壇도 사社라고 하였다. 곡신穀神을 직稷이라 하고 또 곡신에 제사 올리는 단壇도 직稷이라고 하였다. '종묘사직'은 곧 국가이며, 종묘사직을 지킨다는 것은 나라를 지킨다는 뜻이다. '제주祭主'는 곧 제사를 올리는 중심인물, 즉 한 나라의 주인이다. 「단」은 괘사의 '불상비창不喪匕鬯'을, 우레가 백리를 놀라게 하여도 숟가락과 창주 그릇을 떨어뜨리지 않으니, 그 임금은 나아가 종묘사직을 지키고 제사의 주인, 즉 나라의 주인이 될 수 있다고 해석하였다.

象曰 洊雷, 震. 君子以恐懼脩省.

우레가 겹쳐 있는 것이 진괘의 상이다. 군자는 이 괘상을 본받아 두려워하여 몸을 닦고 허물을 살핀다.

[洊雷, 震.] '천洊'은 겹치다는 뜻의 중重이다(공영달). 진괘는 두 개의 진震이 서로 겹쳐 있으며, 진은 우레(雷)이다. 그런즉 '우레가 겹쳐 있는 것'이 진괘의 상이다.

[君子以恐懼脩省] '수脩'는 수修로 읽는다. '성省'은 살피다는 뜻의 찰察이다. '수성修省'은 공영달이 '수신성찰기과修身省察己過'라고 하였는데, 곧

수신성과修身省過이며, 자신의 몸을 닦고 허물을 살핀다는 뜻이다. 우레가 겹쳐 있으니, 우레가 연이어 일어난다. 군자는 이 괘상을 보고 이를 본받아 두려워하여 몸을 닦고 허물을 살핀다.

정이는 "군자는 우레가 겹쳐 위엄 있는 상을 보고, 두려워하여 스스로 닦고 살핀다. 군자는 하늘의 위엄을 두려워하면, 그 몸을 닦아 바르게 하고, 그 허물을 살피며, 잘못이 있으면 고친다. 우레뿐만 아니라 놀라고 두려워하는 일을 만나면 모두 당연히 이와 같이 해야 한다(君子觀洊雷威震之象, 以恐懼自修飭循省也. 君子畏天之威, 則修正其身, 思省其過, 咎而改之. 不唯雷震, 凡遇驚懼之事, 皆當如是)"고 하였다. 정이의 해석이 아주 좋다.

初九. 震來虩虩, 後笑言啞啞, 吉.
처음 양효는 우레가 울려 두려워하다가, 웃음소리를 내니, 길하다.

'진震'은 우레이다. '혁虩'은 두려워하다는 뜻의 구懼이며, '혁혁虩虩'은 두려워하는 모양이다. '후後'자는 잘못 들어간 글자이다. 「상」에는 '후'자가 없다. 효사는 괘사의 앞부분을 그대로 인용하였는데, 괘사에도 '후'자가 없다. '아아啞啞'는 웃음소리이다.

象曰 '震來虩虩', 恐致福也. '笑言啞啞', 後有則也.
'우레가 울려 두려워한다'는 것은 두려워하는 것이 복을 가져온다는 것이다. '웃음소리를 낸다'는 것은 두려워한 뒤에 법도가 있다는 것이다.

「상」과 「단」의 해석은 같다. '공恐'은 두려워하다는 뜻의 구懼이다. '치致'는 도치導致이며, 어떤 사태를 야기하다, 가져오다는 뜻이다. '공치복恐致福'은 우레가 울려 두려워하는 것이 복을 초래한다는 뜻이다. '후後'는 두려

위한 뒤를 가리킨다. '칙則'은 법도이며, 곧 일상의 법도를 가리킨다. '후유
칙後有則'은 우레가 울려 두려워한 뒤에 일상의 법도, 즉 정상을 되찾는다는
말이다. 「상」은 효사의 '진래혁혁震來虩虩'을, 우레가 울려 두려워하는 것이
결과적으로 복을 가져온다고 해석하였다. '소언아아笑言啞啞'는 우레가 울
려 두려워한 뒤에 웃음소리를 내니 일상의 법도를 되찾은 것이라고 해석하
였다.

六二. 震來厲, 億喪貝, 躋于九陵, 勿逐, 七日得.
둘째 음효는 우레가 울려 위태로워, 크게 재화를 잃고, 높은 언덕에 올랐는
데, 찾지 않아도 칠 일이면 얻는다.

'여厲'는 위태롭다는 뜻의 위危이다. 「상」은 다섯째 음효에서 '억億'을 '대
大'로 해석하였다. '패貝'는 화폐를 가리킨다(공영달). 옛날에는 조개(貝)를
화폐로 사용하였다. '제躋'는 오르다는 뜻의 승升이다(공영달). 『설문』에는
'등登'이라고 하였다. '능陵'은 고개라는 뜻의 영嶺이다. '구릉九陵'은 정이
가 "언덕이 높은 것(陵之高也)"이라 하였고, 고형은 "아홉 번 겹친 고개, 즉
고개가 높음을 형용한 것"이라고 하였다. '축逐'은 쫓는다는 뜻의 추追이며,
여기에서는 찾는다는 뜻의 심尋이다.

象曰 '震來厲', 乘剛也.
'우레가 울려 위태롭다'는 것은 강을 탔기 때문이다.

'승강乘剛'은 유가 강을 탔다는 말이다. '강剛'은 처음 양효를 가리키며,
둘째 음효가 처음 양효 위에 있다는 것이다. 둘째 음효는 처음 양효 위에 있
으니(효위), 우레가 울려 위태로워 크게 재화를 잃은 상이다(효상). 「상」은

효사의 '진래려震來厲'를, 우레가 울려 위태로워 크게 재화를 잃은 것은 둘째 음효가 처음 양효를 탔기 때문이라고 해석하였다.

六三. 震蘇蘇, 震行, 无眚.
셋째 음효는 우레가 울려 무서워서 불안하나, 우레 속을 걸어가도 재앙이 없다.

'소소蘇蘇'는 무서워서 불안한 모양이다. 『석문』에 정현은 "불안하다는 것(不安也)"이라고 하였다. '행行'은 우레가 울리는데 걸어가는 것이다. 다섯째 음효「상」의 '위행危行'과 같다. '생眚'은 재앙이라는 뜻의 재災이다.

象曰 '震蘇蘇', 位不當也.
'우레가 울려 무서워서 불안하다'는 것은 자리가 합당하지 않기 때문이다.

'위부당位不當'은 셋째 음효가 음이면서 양의 자리에 있다는 것이며(효위), 처한 자리가 합당하지 않는 상이다(효상). 「상」은 효사의 '진소소震蘇蘇'를, 우레가 울려 무서워서 불안한 것은 셋째 음효의 자리가 합당하지 않기 때문이라고 해석하였다.

九四. 震遂泥.
넷째 양효는 우레가 일어나 진흙 위에 떨어졌다.

『석문』에 "순상본은 수遂를 대隊로 하였다(荀本遂作隊)"고 하였는데, 고형은 '대隊'는 옛 추墜자이다"라고 하였다. '수遂'는 추墜로 읽으며, 떨어지다는 뜻의 낙落이다. '니泥'는 진흙(泥土)이다.

象曰 '震遂泥', 未光也.
'우레가 일어나 진흙 위에 떨어졌다'는 것은 넓지 않다는 것이다.

'광光'은 넓다는 뜻의 광廣으로 읽는다. '미광未廣'은 우레가 떨어진 것이
그리 넓지 않다는 말이다. 「상」은 효사를, 우레가 일어나 떨어진 것이 다만
진흙 위일 뿐, 그 범위가 그리 넓지 않다고 해석하였다.

六五. 震往來厲, 億无喪有事.
다섯째 음효는 우레가 갔다 왔다 하여 위태로우나, 일에는 크게 잃는 것이
없다.

'여厲'는 위태롭다는 뜻의 위危이다. 「상」은 '대大'를 가지고 효사의 '억
億'을 해석하였다. 『석문』에 "10만을 억이라 한다(十萬曰億)"고 하였는데,
이것이 많다, 크다는 뜻으로 사용된 것이다. '유有'는 우于와 같다.

象曰 '震往來厲', 危行也. 其事在中, 大 '无喪'也.
'우레가 왔다 갔다 하여 위태롭다'는 것은 위태로움 속에 행한다는 것이다.
그 일은 중도를 얻은 데에 있으므로 크게 '잃는 것이 없다'는 것이다.

'위행危行'은 우레가 일어나 위태로움 속에 행한다는 것이다. '기사其事'
는 위행, 즉 위태로움 속에 행하는 일을 가리킨다. 우번은 '제사를 지내는
일(祭祀之事)'이라고 하였다. '중中'은 다섯째 음효가 윗괘의 가운데 자리에

있다는 것이며(효위), 중도를 얻은 상이다(효상). '기사재중, 대무상야'는 당연히 '대무상大无喪, 기사재중야其事在中也'라고 해야 한다(진고응). 앞의 '강剛', '당當', '광光', '행行'과 '상喪'은 운이며, 운을 맞추기 위해 의도적으로 도치하였다. 「상」은 효사의 '진왕래려震往來厲'를, 우레가 왔다 갔다 하여 위태롭다는 것은 곧 위태로움 속에 행하는 것이라고 해석하였다. '억무상億无喪'은 위태로움 속에 행하는 그 일은 다섯째 음효가 가운데 자리에 있으므로 크게 잃는 것이 없다고 해석하였다.

上六. 震索索, 視矍矍, 征凶. 震不于其躬于其鄰, 无咎. 婚媾有言.
꼭대기 음효는 우레 소리에 놀라 떨며, 두려워하여 둘러보니, 정벌하면 흉하다. 우레는 그 몸에 미치지 아니하고 이웃에 미치니, 허물이 없다. 혼인을 하면 말이 있다.

'삭索'은 『석문』에 "두려워하다는 뜻의 구懼"라고 하였다. '삭삭索索'은 무서워 벌벌 떠는 모양이다. 『석문』에 마음은 "마음이 불안한 모양(內不安貌)"이라고 하였다. '진삭삭震索索'은 우레 소리에 놀라 부들부들 떠는 것을 말한다. '확矍'은 놀라 돌아보는 것이다. '확확矍矍'은 두려워하며 사방을 둘러보는 모습이다. '정흉征凶'은 길을 걸어가면 위험하다는 말이다. '궁躬'은 신身身이며, 자신을 가리킨다. '혼구婚媾'는 혼인婚姻과 같다. '언言'은 말이 있다는 뜻이며, 과실이 있다는 말이다.

象曰 '震索索', 中未得也. 雖 '凶' '无咎', 畏鄰戒也.
'우레 소리에 놀라 떤다'는 것은 중도를 얻지 못했기 때문이다. 비록 '흉하나' '허물이 없다'는 것은 이웃의 재난을 두려워하여 경계하기 때문이다.

‘중미득中未得’은 미득중未得中이다. 꼭대기 음효가 가운데 자리를 얻지 못하였다는 것이며(효위), 중도를 얻지 못한 상이다(효상). ‘외린畏鄰’은 우레가 이웃에 미쳐, 이웃이 당한 재난을 두려워한다는 것이다. 「상」은 효사의 ‘진삭삭震索索’을, 꼭대기 음효가 가운데 자리를 얻지 못하여, 중도를 행하지 못하기 때문에 우레 소리에 놀라 떨고, 정벌하면 흉하다고 해석하였다. ‘흉’ ‘무구’는 우레가 그 몸에 미치지 아니하고 이웃에 미치니, 이웃의 재난을 두려워하여 경계하기 때문에 비록 흉하나 허물이 없다고 해석하였다.

52. 간艮

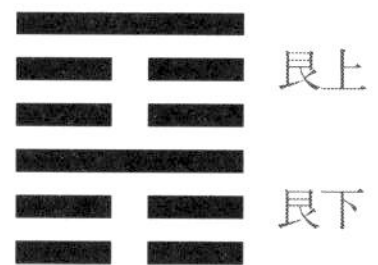

艮其背, 不獲其身, 行其庭, 不見其人, 无咎.

등을 멈추니, 몸을 얻지 못하고, 뜰을 걸어가도, 사람을 보지 못하니, 허물
이 없다.

'간艮'은 괘명이며, 멈추다는 뜻의 지止이다. '획獲'은 얻다는 뜻의 득得이
다. '간기배艮其背'는 등을 멈추어 등을 움직일 수 없다는 말이다. '불획기
신不獲其身'은 몸 전체를 움직일 수 없다는 말이다. '행기정行其庭, 불견기
인不見其人'은 뜰을 걸어가도 사람을 보지 못한다는 말이다.

象曰 艮, 止也. 時止則止, 時行則行, 動靜不失其時, 其道光明.
'艮其止', 止其所也. 上下敵應, 不相與也. 是以 '不獲其身, 行其
庭, 不見其人, 无咎'也.

간은 멈춘다는 것이다. 멈출 때에 멈추고, 행할 때에 행하여, 행함과 멈춤이
그 때를 잃지 아니하니, 그 도는 밝다. '등을 멈춘다'는 것은 멈추는 곳에

멈춘다는 것이다. 위아래가 적대하여 응하여 서로 함께 하지 않는다. 그래서 '몸을 얻지 못하고, 뜰을 걸어가도, 사람을 보지 못하니, 허물이 없다'는 것이다.

[艮] 괘명이다. 「서괘」에 "사물은 끝까지 움직일 수 없으니, 그러므로 간괘로 받는다. 간은 멈춘다는 것이다(物不可以終動, 止之, 故受之以艮. 艮, 止也)"라고 하였고, 「잡괘」에서도 "'간'은 멈춘다는 뜻의 지(艮, 止也)"라고 하였다. 「단」과 「상」도 이와 같이 새겼다. 주희는 "간은 멈추는 것이다. 한 양이 두 음 위에서 멈추고 있으니, 양은 아래에서 올라와 위의 끝에 이르러 멈추는 것이다(艮, 止也. 一陽止於二陰之上, 陽自下升, 極上而止也)"라고 하였다.

[艮, 止也.] 이하 괘의를 가지고 괘명을 해석하였다. 간괘는 두 개의 간艮이 서로 겹쳐 있다. 간은 산山이며, 산은 곧 고요히 멈추어 움직이지 않는 것이니, 간은 멈추다는 지止의 뜻을 가지고 있는 것이다.

[時止則止, 時行則行, 動靜不失其時, 其道光明.] 멈추는 것과 행하는 것은 반드시 그 때가 있으니, 때에 맞게 멈출 때에 멈추고, 때에 맞게 행할 때에 행하여, 행함과 멈춤이 그 때를 잃지 아니하니, 그 도는 밝다는 것이다. '도'는 간도艮道, 즉 멈추는 도이다.

['艮其止', 止其所也.] 이하 괘사를 해석하였다. '간기지艮其止'는 괘사의 '간기배艮其背'를 잘못 인용한 것이다. 왕필 이후 모두 '간기배艮其背'로 해야 한다고 하였다. 『백서』에는 '배北'로 하였는데, 곧 '배背'의 옛 글자이다. '소所'는 괘사의 '배背'를 해석한 것이며, '지기소止其所'는 곧 멈추는 곳에 멈춘다는 것이다. 「단」은 괘사의 '간기배'를, 등을 멈춘다는 것은 멈추는 곳에 멈추는 것이라고 해석하였다.

[上下敵應, 不相與也.] 괘체로 괘사를 해석하였다. '상하'는 괘체의 상하 효를 가리킨다. '적응敵應'은 서로 적대시하여 응한다는 것이다. 간괘는 처음과 넷째, 둘째와 다섯째는 서로 음이며, 셋째와 꼭대기는 서로 양이어서 적대시하여 응하고 있다. '여與'는 더불어, 함께라는 뜻이다. 즉 간괘는 상하

544

가 적대하여 응하여 서로 함께 하지 않는다는 말이다.

[是以 '不獲其身, 行其庭, 不見其人, 无咎'也.] 간괘는 상하가 적대하여 응하여 서로 함께 하지 않으므로, 그래서 '몸을 얻지 못하고, 뜰을 걸어가도, 사람을 보지 못하니, 허물이 없다'고 하였다는 것이다.

象曰 兼山, 艮. 君子以思不出其位.
산이 겹쳐 있는 것이 간괘의 상이다. 군자는 이 괘상을 본받아 생각하는 것이 그 본분을 벗어나지 아니한다.

[兼山, 艮.] '겸삼兼山'은 두 개의 산이 겹쳐 있는 것이다. 간괘는 두 개의 간艮이 서로 겹쳐 있으며, 간은 산山이다. 그런즉 '산이 겹쳐 있는 것'이 간괘의 상이다.

[君子以思不出其位.] '사思'는 자신의 일에 대해 생각하는 것이다. '출出'은 벗어나는 것이다. '위位'는 지위, 신분, 본분을 가리킨다. '사불출기위'는 곧 「단」의 '지기소止其所'이다. 두 개의 산이 겹쳐 있으니, 산은 그 위치를 벗어나지 아니한다. 군자는 이 괘상을 보고 이를 본받아 생각하는 것이 그 본분을 벗어나지 아니한다. 이 구절은『논어』「헌문憲問」에 나오는 말이다.

정이는 "군자는 간괘의 멈춤의 상을 보고, 멈추는 곳에서 생각하는 것이 편안하여 그 본분을 벗어나지 아니한다. '위位'는 처한 곳의 본분이다. 만사는 각각 그 처한 곳이 있고, 그 처한 곳을 얻으면 멈추어 편안하다. 만약 당연히 가야할 때 멈추고, 빨라야 할 때 느리며, 혹은 지나치고 혹은 미치지 못하는 것은 모두 그 본분을 벗어난 것이다. 하물며 본분을 벗어난다면 본분에 의거한 것이 아닌 것이다(君子觀艮止之象, 而思安所止, 不出其位也. 位者, 所處之分也. 萬事各有其所, 得其所則止而安. 若當行而止, 當速而久, 或過或不及, 皆出其位也, 況踰分非據乎)"라고 하였다.

初六. 艮其趾, 无咎. 利永貞.
처음 음효는 발을 멈추니 허물이 없다. 영원히 바르게 하면 이롭다.

'간艮'은 멈추다는 뜻의 지止이다. '지趾'는 발(足)이다. '정貞'은 바르다는 뜻의 정正이다. '영정永貞'은 영원히 바르게 한다는 뜻이다.

象曰 '艮其趾', 未失正也.
'발을 멈춘다'는 것은 바름을 잃지 않는다는 것이다.

'간기지艮其趾'는 발을 멈추어 움직이지 않는다는 뜻이다. 「상」은 '정正'으로 효사의 '정貞'을 해석하였다. 처음 음효는 간괘의 가장 아래에 있으니(효위), 발의 상이다(효상). 처음 음효는 멈춰야 할 때 가장 아래에서 움직이지 않고 있으니, 바름을 잃지 않은 것이다. 「상」은 효사의 '간기지艮其趾'를, 발을 멈추어 움직이지 않으니, 바름을 잃지 않는 것이라고 해석하였다.

六二. 艮其腓, 不拯其隨, 其心不快.
둘째 음효는 장딴지를 멈추고, 추종을 계속하지 않으니, 그 마음이 불쾌하다.

'간艮'은 멈추다는 뜻의 지止이다. '비腓'는 장딴지(足肚)이다. '간기비艮其腓'는 장딴지를 멈추고 움직이지 않는 것이다. 『석문』에는 '부증不拯'을 불승不承으로 하였다. '증拯'은 승承으로 읽으며, 계속하다는 뜻의 계繼이다. '수隨'는 따르다는 뜻의 종從이다. 30번 함괘咸卦 셋째 양효의 '집기수執其隨'의 수隨와 같으며, 다른 사람을 추종하는 것이다.

象曰 ‘不拯其隨’, 未退聽也.
‘추종을 계속하지 않는다’는 것은 물러나 듣지 않는다는 것이다.

「상」은 효사의 ‘부증기수不拯其隨’를, 장딴지를 멈추고 추종을 계속하지 않는 것은 물러나 추종하는 사람의 말을 듣지 않는 것이라고 해석하였다. 정이는 ‘퇴청’을 아래에 따르는 것(下從)이라고 하였다. ‘하下’는 처음 음효를 가리킨다.

九三. 艮其限, 列其夤, 厲, 薰心.
셋째 양효는 허리를 멈추고 등살을 찢으니, 위태로워 마음이 혼란하다.

‘간艮’은 멈추다는 뜻의 지止이다. ‘한限’은 허리(腰)이다. 『석문』에 “마음이 한限을 요要라고 하였는데, 정현, 순상, 우번도 같다(馬云 限要也, 鄭荀虞同)”고 하였다. ‘요要’는 허리 요腰이다. 간기한艮其限은 허리를 멈추고 움직이지 않는다는 뜻이다. 『집해』에는 열列을 열裂로 하였다. ‘열列’은 열裂로 읽으며, 가죽과 고기를 찢는 것이다. ‘인夤’은 『석문』에 마음이 “등뼈에 끼인 살(夾脊肉也)”이라 하였고, 우번은 “등살(脊肉)”, 왕필도 “등살(夤, 當中脊之肉也)”이라고 하였다. 『집해』에는 ‘훈薰’을 혼閣으로 하였다. 훈薰과 혼閣은 모두 혼惛으로 읽으며 마음이 혼란하다는 뜻이다(고형).

象曰 ‘艮其限’, 危 ‘薰心’也.
‘허리를 멈춘다’는 것은 위태로워 마음이 혼란하다는 것이다.

「상」은 ‘위危’를 가지고 효사의 ‘여厲’을 해석하였다. 효사의 ‘간기한艮其

限'은 허리를 멈춘다는 것은 위태로워 마음이 혼란한 것이라고, 효사 그대로 해석하였다. 필자는 「상」이 효사를 어떻게 이해한 것인지 알 수 없다.

六四. 艮其身, 无咎.
넷째 음효는 몸을 멈추니, 허물이 없다.

간艮은 멈추다는 뜻의 지止이다. '신身'은 몸이라는 뜻의 궁躬이다.

象曰 '艮其身', 止諸躬也.
'몸을 멈춘다'는 것은 몸을 멈춘다는 것이다.

'저諸'는 '지어之於'이다. 「상」은 '지止'를 가지고 효사의 '간艮'을, '궁躬' 을 가지고 '신身'을 해석하였다. 효사의 '간기신艮其身'은 몸을 멈추는 것이 라고 해석하였다.

六五. 艮其輔, 言有序, 悔亡.
다섯째 음효는 뺨을 멈추니, 말에 조리가 있어, 뉘우침이 없어진다.

'간艮'은 멈추다는 뜻의 지止이다. '보輔'는 뺨이라는 뜻의 부䩉이며, 입 (口)을 상징한다. '간기보艮其輔'는 입을 움직이지 않는 것, 즉 말을 아낀다 는 뜻이다. '언유서言有序'는 말에 조리가 있다는 것이다. 『집해』에는 '언유 서'를 '언유부言有孚'로 하였다. 말에 믿음이 있다는 뜻이다.

象曰 '艮其輔', 以中正也.

'뺨을 멈춘다'는 것은 중정의 도를 행하기 때문이다.

'이以'는 인因으로 읽는다. '중정中正'은 다섯째 음효가 윗괘의 가운데 자리에 있다는 것이며(효위), 중정의 도를 행하는 상이다(효상). 중정의 도는 곧 말을 아끼고, 말에 조리가 있는 것이다. 「상」은 효사의 '간기보艮其輔'를, 뺨을 멈춘다는 것은 다섯째 음효가 중정의 도를 행하기 때문에 말을 아끼고, 말에 조리가 있다고 해석하였다.

上九. 敦艮, 吉.

꼭대기 양효는 돈후하게 멈추니, 길하다.

'돈敦'은 도탑다는 뜻의 후厚이다(공영달). '간艮'은 멈추다는 뜻의 지止이다.

象曰 '敦艮'之'吉', 以厚終也.

'돈후하게 멈추니, 길하다'는 것은 돈후한 것으로 끝난다는 것이다.

「상」은 '후厚'를 가지고 효사의 '돈敦'을 해석하였다. '종終'은 꼭대기 양효를 가리킨다. 꼭대기 양효는 한 괘의 꼭대기에 있으니(효위), 일이 끝나는 상이다(효상). 「상」은 효사를, 돈후하게 멈춘다는 것은 돈후한 것으로 끝난다는 것이니, 길하다고 해석하였다.

53. 점漸

漸. 女歸吉. 利貞.

점은 여자가 시집가면 길하다. 바르게 하여 이롭다.

'점漸'은 괘명이며, 나아가다는 뜻의 진進이다. '귀歸'는 여자가 시집을 가다는 뜻의 가嫁이다(우번). '여귀길女歸吉'은 여자가 시집가면 길하다는 말이다. '정貞'은 바르다는 뜻의 정正이다. '이정'은 바르게 하여 이롭다는 말이다.

象曰 漸之進也. '女歸吉'也, 進得位, 往有功也. 進以正, 可以正邦也, 其位剛得中也. 止而巽, 動不窮也.

점은 나아간다는 것이다. '여자가 시집가면 길하다'는 것은 나아가 자리를 얻으니, 가면 공이 있다는 것이다. 나아가는 것이 바르니 나라를 바르게 할 수 있고, 그 자리는 강이 가운데 자리를 얻은 것이다. 멈추어 겸손하니, 움직임이 궁하지 않은 것이다.

[漸] 괘명이다. 「서괘」에 "사물은 끝까지 멈출 수 없으니, 그러므로 점괘로 받는다. 점은 나아간다는 것이다(物不可以終止, 故受之以漸. 漸者, 進也)"라고 하였다. 「단」과 「상」의 해석과 같다. 왕필은 "점은 점차 나아가는 괘(漸者, 漸進之卦也)"라 하였고, 공영달은 "점은 빠르지 않은 것을 말한 것(漸者, 不速之名也)"이라고 하였다. '점'은 점차 나아간다는 뜻이다. 정이는 "괘는 윗괘가 손이고 아랫괘는 간이다. 산 위에 나무가 있으니, 나무가 높은 것은 산으로 인한 것이어서, 그 높은 것은 까닭이 있다. 높은 것이 까닭이 있다는 것은 곧 나아가는 것이 순서가 있다는 것이다. 그래서 점이다(爲卦, 上巽下艮. 山上有木, 木之高而因山, 其高有因也. 其高有因, 乃其進有序也, 所以爲漸也)"라고 하였다.

[漸之進也] 괘명을 해석하였다. '점漸'은 괘명이다. 주희는 "'지'자는 잘못 들어간 글자인 것 같다(之字疑衍)"고 하고, 또 "혹은 '점'자이다(或是漸字)"고 하였다. 주희의 두 가지 설명은 모두 맞는 말이다. '漸, 進也.'라고 하면, 점괘의 '점'은 그 뜻이 나아간다는 것이며, 곧 '진進'을 가지고 괘명을 해석한 것이다. 또 '漸, 漸進也.'라고 하면, 점괘의 '점'은 그 뜻이 점차 나아간다는 것이며, 곧 '점진漸進'을 가지고 괘명을 해석한 것이다. 점漸자 아래의 '지之'자는 이 두 가지로 설명할 수 있다. 앞의 것은 「단」에서 두 번 '진進'자를 사용하였으므로 본뜻이며, 뒤의 것은 괘명의 뜻을 명백히 나타낸 것이다.

['女歸吉'也, 進得位, 往有功也.] 괘체를 가지고 괘사의 '여귀길'을 해석하였다. '야也'는 잘못 들어간 글자이다. 괘사에는 이 글자가 없다. '진득위進得位'에 대해 여러 가지 해석이 있다. 우번은 "비괘否卦의 셋째 음효가 넷째 양효로 나아가 자리를 얻었으니, 음양이 바르다(三進四, 得位. 陰陽體正)"고 하였다. '음양체정陰陽體正'은 셋째 양효와 넷째 음효가 각각 자신의 자리에 있다는 것이다. 왕필은 "점차 나아가 자리를 얻는 것(以漸進得位也)"이라고 하였는데, 공영달은 "다섯째 양효가 자리를 얻은 것(九五得位)"이라 하고 "나아가 존귀한 자리를 얻었다(進而得於貴位)"고 하였다. 유백민이 이를 따랐다. 정이는 "음양이 각각 바른 자리를 얻은 것(陰陽各得正位)"이라 하고,

"넷째 음효는 다시 위로 나아가 바른 자리를 얻었고, 셋째 양효는 아래에서 떨어져 아랫괘의 위가 되어 마침내 바른 자리를 얻었으니, 또한 '진득위'의 뜻이다(四復由上進而得正位, 三離下而爲上, 遂得正位, 亦爲進得位之義)"라고 하였다. 주희는 "점괘의 변화가 환괘에서 온 것은 양효가 나아가 셋째 양효의 자리에 있게 되었고, 여괘에서 온 것은 양효가 나아가 다섯째 양효의 자리에 있게 되었으니, 모두 자리를 얻은 것이 바른 것이다(蓋此卦之變, 自渙而來, 九進居三. 自旅而來, 九進居五. 皆爲得位之正)"라고 하였다. 즉 환괘의 둘째 양효가 셋째 음효와 자리를 바꾸어 점괘의 셋째 양효가 되었고, 여괘의 넷째 양효가 다섯째 음효와 자리를 바꾸어 점괘의 다섯째 양효가 되었는데, 이것이 '진득위'라는 말이다. 래지덕은 종괘로 설명하였다. "점괘의 종괘는 귀매괘이다. … 귀매괘의 아랫괘인 태가 나아가 점괘의 윗괘인 손이 되어, 다섯째 양효의 자리를 얻은 것이다(進得位者, 本卦綜歸妹, … 言歸妹下卦之兌, 進而爲漸上卦之巽, 得九五之位也)"라고 하였다. 진몽뢰가 이를 따랐다. 왕부지는 "진은 음이 나아가니, 넷째 음효를 말한다(進, 陰進, 謂六四也)"고 하였다. 굴만리는 다섯째 양효를 가리키는 것으로 보았다. 고형은 "점의 처음 음효는 양의 자리에, 둘째 음효는 음의 자리에, 넷째 음효는 음의 자리에 있다. 유는 처음 효에서 위로 나아가 둘째, 넷째 효에 이르러 모두 자리를 얻었다"고 하였다. 진고응은 "음효가 처음 효에서 점차 나아가 둘째 효에 이르러, 가운데 자리에서 바름을 얻은 것"이라고 하였다. 이러한 해석은 모두 통한다. 필자는 '진득위'의 주어는 괘사의 '여女', 즉 음효이고, '득위得位'의 '위位'는 다음 구절의 '기위其位'의 '위位'와 짝이 되며, '기위其位'의 '위位'는 다섯째 양효를 가리키므로, '득위得位'의 '위位'는 당연히 둘째 음효를 가리킨 것이라고 생각한다. 즉 '진득위進得位'는 음효가 처음 음효에서 점차 나아가 둘째 음효에 이르러 가운데 자리를 얻었고(得中) 또한 바른 자리를 얻은 것(得位)이다. '왕유공往有功'의 '왕往'은 여자가 시집을 가는 것이다. 둘째 음효는 다섯째 양효와 음양이 서로 응하므로 '가면 공이 있다'고 한 것이다. 「단」은 '왕往'으로 괘사의 '귀歸'를, '공功'으로 괘사의 '길吉'을 해석하였다. 괘사의 '여귀길'은 여자가 바른 자리를 얻었고 또 남녀가 서로 응하므로 시집가면 길하다고 해석하였다.

[進以正, 可以正邦也] 이하 괘사의 '이정利貞'을 해석하였다. 「단」은 '정正'으로 괘사의 '정貞'을 해석하였다. '진이정'은 처음 음효가 나아가 둘째의 바른 자리를 얻은 것을 말한다. 즉 둘째 음효가 자신의 자리를 얻은 것이다. 이와 같이 나아가는 것이 바르면 나라를 바르게 할 수 있다는 말이다. 정이는 "정도로 나아가니, 나라를 바르게 할 수 있고 천하를 바르게 하는 데에 이를 수 있다. 무릇 일에 나아가고, 덕에 나아가고, 자리에 나아가는 것은 모두 마땅히 바른 것으로 하지 않는 것이 없다(以正道而進, 可以正邦國, 至於天下也. 凡進於事, 進於德, 進於位, 莫不皆當以正也)"고 하였다. 「단」은 '이利'를 말하지 않았지만, '나아가는 것이 바르니' 그러므로 '이롭다'고 여긴 것이다. 즉 '바르게 하여 이롭다'는 것이다.

[其位剛得中也] '기위其位'는 다섯째 양효의 자리를, '강剛'은 다섯째 양효를, '득중得中'은 다섯째 양효가 윗괘의 가운데 자리를 얻었다는 것이며(효위), 자신의 자리에서 중정의 도를 행하는 상이다(효상). 「단」은 괘사의 '이정'을, 나아가는 것이 바르니 나라를 바르게 할 수 있고, 또 자신의 자리에서 중정의 도를 행하므로 바르게 하여 이롭다고 해석하였다.

[止而巽, 動不窮也.] 괘덕으로 괘의를 해석하였다. 점괘는 아랫괘가 간艮이고 윗괘는 손巽이다. 간은 멈춤(止)이고 손은 겸손함(巽)이다. 그런즉 점괘는 '멈추어 겸손한 것'이다. 고요히 멈추어 겸손하니, 움직임이 정도에 부합하여 궁하지 않은 것이다.

象曰 山上有木, 漸. 君子以居賢德善俗.

산 위에 나무가 있는 것이 점괘의 상이다. 군자는 이 괘상을 본받아 밝은 덕을 축적하여 풍속을 좋게 한다.

[山上有木, 漸.] 점괘의 아랫괘는 간艮이고 윗괘는 손巽이다. 간은 산山이고 겸은 나무(木)이다. 그런즉 '산 위에 나무가 있는 것'이 점괘의 상이다.

[君子以居賢德善俗.] '거居'는 쌓다는 뜻의 축蓄이다. '현덕賢德'은 곧 명덕明德이며, 밝은 덕성이다. 주희는 "'현'자는 잘못 들어간 글자이거나 혹은 '선'자 아래에 빠진 글자가 있을 것이다(疑賢字衍, 或善下有脫字)"라고 하였다. 『석문』에 "'선속'은 왕숙본에서 '선풍속'으로 하였다(善俗, 王肅本作善風俗)"고 하였는데, '선善'자 아래에 '풍風'자가 빠졌을 것이다. '거현덕居賢德'은 「단」의 '진이정進以正'이며, 곧 내성內聖이다. '선풍속善風俗'은 「단」의 '가이정방可以正邦'이며, 곧 외왕外王이다(진고응). 산 위에 나무가 있으니, 나무는 점차 자라나 위로 나아간다. 군자는 이 괘상을 보고 이를 본받아 밝은 덕을 점차 축적하여 풍속을 좋게 한다.

初六. 鴻漸于干, 小子厲, 有言, 无咎.

처음 음효는 기러기가 물가로 날아가는데, 어린아이가 위태로우니, 말을 하여 가지 못하게 하면 허물이 없다.

'홍鴻'은 기러기(雁)이다. '점漸'은 나아가다는 뜻의 진進이다. '간干'은 안岸으로 읽으며, 물가, 기슭이라는 뜻이다. '소자小子'는 어린아이이다. '유언有言'은 가지 못하게 말하는 것이다.

象曰 '小子'之'厲', 義'无咎'也.

'어린아이가 위태롭다'는 것은 마땅히 허물이 없다는 것이다.

'의義'는 마땅하다는 뜻의 의宜이다. 「상」은 효사의 '소자려小子厲'를, 어린아이가 물가로 가면 위태로우니, 말을 하여 가지 못하게 하면 마땅히 허

물이 없다고 해석하였다.

六二. 鴻漸于磐, 飮食衎衎, 吉.
둘째 음효는 기러기가 물가 너럭바위로 날아가, 마시고 먹으며 즐거워하
니, 길하다.

'반磐'은 반석, 너럭바위라는 뜻이며, 물가의 너럭바위를 말한다. '간衎'
은 기뻐하다는 뜻의 희喜, 즐거워하다는 뜻의 락樂이다. '간간衎衎'은 즐거
워하는 모양이다.

象曰 '飮食衎衎', 不素飽也.
'마시고 먹으며 즐거워한다'는 것은 그저 배불리 먹는 것이 아니라는 것
이다.

'소素'는 공연히라는 뜻의 공空이다(우번). 『시경』「벌단伐檀」에 "불소찬
혜不素餐兮"라고 하였는데, '소포素飽'는 곧 '소찬素餐'과 같으며, 놀고먹다
는 뜻이다. '불소포不素飽'는 그저 배불리 먹는 것이 아니라는 말이다. 「상」
은 효사의 '음식간간飮食衎衎'을, 기러기가 마시고 먹으며 즐거워하는 것은
자신이 물에 들어가 물을 마시고 물고기를 잡아먹는 것이지, 그저 배불리
먹는 것이 아니라고 해석하였다(이것은 고형의 해석이다). 주준성은 "'소
는 혹은 당연히 색으로 해야 하며, 구하다는 뜻의 구이다. 『논어』에 '먹음에
배부름을 구하지 아니한다'고 하였다(素, 或當作索, 求也. 『論語』食無求飽)"
고 하였다. '소素'를 구求의 뜻으로 읽는다면, 배부른 것을 구하지 아니한다
고 해석할 수 있다. 즉 기러기가 물가 너럭바위로 날아가 마시고 먹으며 즐
거워한다는 것은 음식을 알맞게 먹는 것이지, 지나치게 많이 먹는 것이 아

니라는 말이다. 둘째 음효는 가운데(得中)와 바른 자리(得正)를 얻었으므로 이러한 해석도 통한다.

九三. 鴻漸于陸, 夫征不復, 婦孕不育, 凶. 利禦寇.
셋째 양효는 기러기가 높은 평지로 날아가는데, 남편은 출정하여 돌아오지 않고, 부인은 아이를 가졌으나 유산하였으니, 흉하다. 도적을 막으면 이롭다.

'육陸'은 높은 평지(高平稱陸)이다(우번). 『석문』에 마융은 "산 위의 높은 평지(山上高平曰陸)"라고 하였다. '복復'은 돌아오다는 뜻의 반返이다. '잉孕'은 『설문』에 "자식을 회임하는 것을 잉이라 한다(懷子曰孕)"고 하였다. '잉'은 아이를 배다는 뜻의 임신姙娠이다(우번). '육育'은 아이를 낳는다는 뜻의 생生이고(우번), '불육不育'은 유산을 말한다.

象曰 '夫征不復', 離群醜也. '婦孕不育', 失其道也. '利用禦寇', 順相保也.
'남편은 출정하여 돌아오지 않는다'는 것은 무리에서 떨어졌기 때문이다. '부인은 아이를 가졌으나 유산하였다'는 것은 그 도를 잃었다는 것이다. '도적을 막으면 이롭다'는 것은 화순하여 서로 보위한다는 것이다.

「상」은 '추醜'는 무리라는 뜻의 중衆이다. '군추群醜'는 무리이다. 「상」은 효사의 '부정불복夫征不復'을, 남편은 출정하여 돌아오지 않는 것은 출정한 남편이 동료의 무리에서 떨어졌기 때문이라고 해석하였다. 고형은 "남편은 출정하여 돌아오지 않는 것은 출정한 남편이 대오에서 낙오하여 무리에서 떨어졌기 때문"이라고 해석하였다. 「상」은 또 효사의 '부잉불육婦孕不育'을,

부인이 임신하였으나 유산한 것은 부인의 도를 잃은 것이라고 해석하였다. '도道'는 곧 부도婦道이며, 부인의 길을 말한다. '이어구利御寇'는 도적을 막으면 이롭다는 것은 사람들이 화순하여 서로 나라를 보위하는 것이라고 해석하였다.

六四. 鴻漸于木, 或得其桷, 无咎.
넷째 음효는 기러기가 나무로 날아가서, 혹 서까래를 얻었으니, 허물이 없다.

'각桷'은 서까래라는 뜻의 연椽이며, 네모진 것(方者謂之桷)을 가리킨다 (우번). 이것은 기러기가 앉을 곳이다. '혹득기각或得其桷'은 기러기가 앉을 곳을 얻었다는 말이다.

象曰 '或得其桷', 順以巽也.
'혹 서까래를 얻었다'는 것은 유순하여 복종하기 때문이다.

'순順'은 유순한 것이고, '손巽'은 복종하는 것이다. 넷째 음효가 유순하고 복종한다는 것이다. 넷째 음효는 다섯째 양효의 아래에 있으니(효위), 음이 양에게 유순하여 복종하는 상이다(효상). 「상」은 효사의 '혹득기각或得其桷'을, 기러기가 나무로 날아가서 혹 그 앉을 곳을 얻은 것은 넷째 음효가 다섯째 양효에게 유순하여 복종하기 때문이라고 해석하였다.

九五. 鴻漸于陵, 婦三歲不孕, 終莫之勝, 吉.
다섯째 양효는 기러기가 산릉으로 날아가는데, 부인이 삼 년 동안 아이를 갖지 못하나, 마침내 이기지 못하니, 길하다.

‘능陵’은 언덕, 고개의 영嶺의 뜻이며, ‘육陸’보다 높다. ‘잉孕’은 아이를 배다는 뜻이다. ‘막지승莫之勝’의 ‘지之’는 곧 ‘불잉不孕’을 가리키며, 마침내 아이를 가졌다는 뜻이다.

象曰 ‘終莫之勝吉’, 得所願也.
‘마침내 이기지 못하니 길하다’는 것은 원하는 바를 얻었다는 것이다.

‘종막지승終莫之勝’은 마침내 아이를 가졌다는 말이다. 「상」은 효사의 ‘종막지승길終莫之勝吉’을, 부인이 삼 년 동안 아이를 갖지 못하다가 마침내 아이를 갖게 되었으니, 원하는 바를 이루어 길하다고 해석하였다.

上九. 鴻漸于陸, 其羽可用爲儀, 吉.
꼭대기 양효는 기러기가 높은 평지로 날아가니, 그 깃털을 용모를 꾸미는 데 사용할 수 있어 길하다.

‘육陸’은 높은 평지(高平稱陸)이다. ‘의儀’에 대해 여러 가지 해석이 있다. 왕필은 “(꼭대기 양효는) 숭고하고 맑고 심원하니, 용모가 고귀할 수 있다(峨峨淸遠, 儀可貴也)”고 하여, ‘의儀’를 의표儀表라고 해석하였다. ‘의표’는 곧 풍채, 의용, 용모, 외양, 모양, 모습이라는 뜻이다. 공영달은 이를 따라 “그 깃털을 사물의 용모로 사용할 수 있다(其羽可用爲物之儀表)”고 하고, ‘용우표의用羽表儀(깃털을 가지고 용모를 드러내다)라고 하였다. 즉 깃털을 가지고 용모를 꾸민다는 말이다. 정이는 ‘의법儀法’으로 읽었는데, ‘의법’은 곧 의전儀典이며, 예의의 규범, 본보기, 혹은 의식儀式이라는 뜻이다.

그는 「상」을 해석하면서, "예의의 규범으로 사용할 수 있는 것은 순서가 있으므로 어지럽게 해서는 안 된다(可用爲儀法者, 以其有序而不可亂也)"고 하였다. 주희는 '의儀'를 '의식儀飾'이라 하고, 깃털을 가지고 깃발을 꾸미는 것으로 해석하였는데, 상병화가 이를 따랐다. 래지덕은 '의儀'를 의칙儀則으로 읽고 '백세지사百世之師'라고 하였다. 즉 사람이 지켜야 할 법칙으로 해석한 것인데, 왕부지가 이를 따랐다. 주준성은 '우의羽儀'라 하고, 우익羽翼, 즉 보좌하는 사람(此鴻羽爲賢人之喩)이라고 하였다. 굴만리는 "닭의 깃털로 관을 장식한 것(蓋冠上飾, 若後世之錦雞翎也)"이라고 하였다. 유백민은 『서경』「익직益稷」과 『주례』「악사樂師」에서 '의'자의 용례를 들어, "'의'는 춤춘다는 뜻의 무이며, 무구 또한 의라고 한다(儀, 舞也. 舞具亦謂之儀)"고 하였다. 즉 새의 깃으로 엮어 만든 춤출 때 사용하는 도구로 해석한 것이다. 고형도 이와 같이 해석하였다. 진고응은 '의식儀飾'이라고 하였는데, 깃털을 가지고 용모를 꾸민다는 뜻으로 해석하였다. 필자는 왕필의 해석이 비교적 「상」의 본뜻과 부합한다고 생각하여 이를 따랐다.

象曰 '其羽可用爲儀吉', 不可亂也.

'그 깃털을 용모를 꾸미는 데 사용할 수 있어 길하다'는 것은 함부로 해서는 안 된다는 것이다.

'난亂'은 어지럽게 아무렇게나 하는 것이다. 「상」은 효사의 '기우가용위의길其羽可用爲儀吉'을, 기러기의 깃털을 용모를 꾸미는 데 사용하는 것은 사용하는 방식이 있는 것이지, 함부로 아무렇게나 해서는 안 된다고 해석하였다.

54. 귀매歸妹

歸妹. 征凶, 无攸利.

귀매는 정벌하면 흉하니, 이로울 것 없다.

'귀매歸妹'는 괘명이며, '귀歸'는 시집가다는 뜻의 가嫁(우번), '매妹'는 소녀를 칭한 것이다(왕필). '귀매歸妹'는 곧 여자가 시집가는 것이다. '정征'은 시집가는 일을 가리킨다. '유攸'는 곳이라는 뜻의 소所이다.

象曰 歸妹, 天地之大義也. 天地不交, 而萬物不興. 歸妹, 人之終始也. 說以動, 所歸妹也. '征凶', 位不當也. '无攸利', 柔乘剛也.

귀매는 천지의 대의이다. 천지가 교합하지 않으면 만물은 생겨날 수 없다. 남녀가 짝이 되는 것은 인간사의 끝과 시작이다. 기뻐하여 움직이니, 그래서 귀매이다. '정벌하면 흉하다'는 것은 자리가 합당하지 않기 때문이다. '이로울 것 없다'는 것은 유가 강을 탔기 때문이다.

[歸妹] 괘명이다. 옛날에 여자가 시집가는 것을 ‘귀歸’라 하고, 소녀少女를 매妹라고 하였다. 귀매는 곧 여자가 시집간다는 뜻이다. 왕필은 “‘매’는 소녀를 칭한 것이다. 태는 소음이고, 진은 장양이니, 소음이 장양으로 이었고, 기뻐하여 움직이니, 여자가 시집가는 상이다(妹者, 少女之稱. 兌爲少陰, 震爲長陽, 少陰而承長陽, 說而動, 嫁妹之象也)”라고 하였다. 정이는 “귀매괘는 진이 위에 태가 아래에 있으니, 소녀가 장남을 따르는 것이다. 남자는 움직이고 여자는 기뻐하며, 또 기뻐하여 움직이니, 모두 남자가 여자를 기쁘게 하고 여자가 남자를 따르는 뜻이다(爲卦, 震上兌下, 以少女從長男也. 男動而女說, 又以說而動, 皆男說女, 女從男之義)”라고 하였다.

[歸妹, 天地之大義也.] 이하 괘의를 가지고 괘명을 해석하였다. ‘귀매’는 괘명이며, 남녀가 장가들고 시집가는 것을 가리킨다. ‘천지’는 천지, 음양, 남녀 모두를 가리킨다. ‘의義’는 도리이다. 남녀가 장가들고 시집가는 것은 곧 천지음양과 남녀 인간사의 중대한 도리라는 말이다. ‘대의’의 내용은 바로 아래 구절이다. 정이는 “하나의 음과 하나의 양을 도라고 한다. 음양이 교감하고 남녀가 배합하는 것은 천지의 변하지 않는 도리이다. 귀매는 여자가 남자에게 시집가는 것이니, 그러므로 천지의 대의라고 한 것이다(一陰一陽之謂道. 陰陽交感, 男女配合, 天地之常理也. 歸妹, 女歸於男也, 故云天地之大義也)”라고 하였다. 주백곤은 괘상으로 해석하여 “귀매괘는 윗괘가 진이고 아랫괘는 태이다. 진은 맏아들이고 태는 막내딸이니, 또한 천지가 서로 교합하는 상이다. 그래서 ‘귀매는 천지의 대의’라고 한 것이다”라고 하였다.

[天地不交, 而萬物不興.] ‘흥興’은 생겨나다는 뜻의 생生이다. 천지음양이 교합하지 않으면 만물은 생겨날 수 없고, 남녀가 교합하지 않으면 사람은 생겨날 수 없다. ‘귀매’가 천지의 대의가 되는 것은 곧 천지가 교합하여 만물을 낳고 또 낳기 때문이다.

[歸妹, 人之終始也.] ‘종시終始’는 끝과 시작, 즉 모든 것이라는 뜻이며, 중요성을 표현한 말이다. 남녀가 장가들고 시집가서 서로 짝이 되는 것은 인간사의 처음과 끝, 즉 가장 중요한 것이라는 말이다. 정이는 “천지가 교합하

지 않으면 만물은 어디서 생겨나겠는가? 여자가 남자에게 시집가는 것은 곧 낳고 또 낳아 서로 이어가는 도이다. 남녀가 교합한 후에 자식을 낳고, 자식을 낳은 후에 그 마침은 끝이 없는 것이다. 앞의 것은 마침이 있는 것이고, 뒤의 것은 시작이 있는 것이다. 서로 이어가는 것이 다함이 없으니, 이것이 인간사의 끝과 시작이다(天地不交, 則萬物何從而生? 女之歸男, 乃生生相續之道. 男女交而後有生息, 有生息而後其終不窮. 前者有終, 而後者有始, 相續不窮, 是人之終始也)"라고 하였다. 정이는 '종終'을 여자가 시집가는 것, '시始'는 자식을 낳는 것으로 해석하였다.

[說以動, 所歸妹也.] 괘덕으로 괘명을 해석하였다. 귀매괘는 아랫괘가 태兌이고 윗괘는 진震이다. 태는 기뻐함(悅)이고 진은 움직임(動)이다. 그런즉 귀매괘는 '기뻐하여 움직이는 것'이니, 남녀가 서로 기뻐하여 혼인한다는 것이다. 『석문』에 "'소귀매야'는 본래 혹 '소이귀매'라 하였다(所歸妹也, 本或作所以歸妹)"고 하였는데, '이以'자가 있는 것이 문장이 순조롭다. 혹은 '소所'를 '고故'자가 잘못 쓰인 것으로도 볼 수 있다. 「단」은 34번 대장괘, 45번 췌괘, 55번 풍괘에서 먼저 괘덕을 열거한 후 괘명 앞에 '고故'자를 썼다. 남녀가 서로 기뻐하여 혼인하므로, 그래서 '귀매'라는 말이다.

['征凶', 位不當也.] 이하 괘체를 가지고 괘사를 해석하였다. '정征'은 곧 시집가는 일을 가리킨다. '위부당位不當'은 귀매괘의 가운데 네 효의 자리가 합당하지 않다는 것이다. 왕필은 '이어부정履於不正'이라고 하였는데, 공영달은 "둘째, 셋째, 넷째, 다섯째 효는 모두 합당한 자리가 아니다(二三四五皆不當位)"고 하였다. 둘째, 넷째는 양이면서 음의 자리에 있고, 셋째, 다섯째는 음이면서 양의 자리에 있어 모두 자리가 합당하지 않다는 것이다. 최경은 "가운데 네 효는 모두 자신의 자리가 아니어서, 시집가는 여자가 정실이 아님을 상징한다(中四爻皆失位, 以象歸妹非正嫡)"고 하였다. 「단」은 괘사의 '정흉'을, 귀매괘 가운데 네 효는 모두 합당한 자리가 아니므로 정벌하면(시집가면) 흉하다고 해석하였다.

['无攸利', 柔乘剛也.] '유柔'에 대해, 공영달은 셋째와 다섯째 음효를 가리

킨다고 하였는데, 뒷사람은 모두 이를 따랐다. '유승강'은 셋째 음효가 둘째 양효 위에, 다섯째 음효는 넷째 양효 위에 있어, 유가 강을 타고 있다는 것이다. 고형은 "셋째 음효는 처음과 둘째 양효 위에. 다섯째와 꼭대기 음효는 넷째 양효 위에 있는 것", 굴만리는 "다섯째 음효가 넷째 양효 위에 있는 것"이라고 하였다. 「단」은 괘사의 '무유리'를 유가 강을 타고 있으므로 이로울 것이 없다고 해석하였다.

象曰 澤上有雷, 歸妹. 君子以永終知敝.
못 위에 우레가 있는 것이 귀매괘의 상이다. 군자는 이 괘상을 본받아 오래 가서 끝을 맺고 (끝을 맺지 못하는) 폐단을 안다.

[澤上有雷, 歸妹.] 귀매괘는 아랫괘가 태兌이고 윗괘는 진震이다. 태는 못(澤)이고 진은 우레(雷)이다. 그런즉 '못 위에 우레가 있는 것'이 귀매괘의 상이다. 천기가 따뜻할 때 우레는 못 위로 나온다. 정이는 "우레는 위에서 움직이고, 못은 이를 따라 움직인다. 양은 위에서 움직이고, 음은 기뻐하여 따르니, 여자가 남자를 따르는 상이다(雷震於上, 澤隨而動, 陽動於上, 陰說而從, 女從男之象也)"라고 하였다.

[君子以永終知敝] '영종永終'은 부부가 함께 오래 살고 끝을 맺는 것이다. '폐敝'는 『석문』에서 '폐弊'로 하였다. '폐敝'는 병폐, 폐단이라는 뜻의 폐弊이며, '지폐知敝'는 곧 '지부종지폐知不終之敝', 즉 함께 끝을 맺지 못하는 좋지 않은 점을 안다는 뜻이다. 못 위에 우레가 있으니, 때는 봄이요, 남녀가 결혼할 때이다. 군자는 이 괘상을 보고 이를 본받아 남녀가 짝을 이루어 검은머리가 흰머리 되도록 오래 가서 끝을 맺고, 끝을 맺지 못하는 폐단을 안다.

정이는 '영종'과 '지폐'를 두 가지로 해석하였다. 하나는, "군자는 남녀가 교합하여 자식을 낳아 대를 이어가는 상을 보고, 그 마침을 영원히 하고, 나쁜 점이 있음을 안다(君子觀男女配合, 生息相續之象, 而以永其終, 知有敝也)"
고 하여, '영종'은 자식을 낳아 대를 이어, 그 전함을 영원히 한다는 것(永終
謂生息嗣續, 永久其傳也)이고, '지폐'는 사물의 나쁜 점을 안다는 것이니, 서
로 이어가는 도(知敝謂知物有敝壞, 而爲相續之道也)라고 하였다. 또 하나는
"부부의 도는 당연히 항상 영원하여 마침이 있어야 하며, 반드시 폐단의 이
치가 있음을 알고 경계하고 삼가야 한다. 폐괴는 부부의 사이가 멀어지는
것이다(夫婦之道, 當常永有終, 必知其有敝壞之理而戒愼之. 敝壞謂離隙)"라고
하여, '영종'은 부부가 함께 영원히 오래 살아 끝남이 있는 것이고, '폐'는
부부 사이가 멀어지는 것이라고 하였다.

初九. 歸妹以娣, 跛能履, 征吉.
처음 양효는 여자가 시집을 가면서 여동생과 함께 간다. 절름발이가 걸을
수 있으니, 정벌하면 길하다.

'귀歸'는 시집가다는 뜻의 가嫁이다. '매妹'는 소녀를 칭한 것이다. '이以'
는 함께 여與와 같다. '제娣'는 여동생이다. '파跛'는 절름발이이며, 「상」에
서 시집가는데 딸려 가는 여동생에 비유하였다. 여동생은 정실부인이 아니
므로 '파跛'라고 한 것이다. '이履'는 밟다는 뜻의 천踐이다. '파능이跛能履'
는 곧 여동생이 함께 시집갈 수 있다는 뜻이다.

象曰 '歸妹以娣', 以恒也. '跛能履吉', 相承也.
'여자가 시집을 가면서 여동생과 함께 간다'는 것은 옛부터 항상 있어 온 일
이다. '절름발이가 걸을 수 있으니 길하다'는 것은 서로 받든다는 것이다.

주준성은 " '이항以恒'은 어떤 책에는 '이以'자가 없다(象傳以恒也. 一本無

以字)"고 하였는데, '이以'자는 잘못 들어간 글자일 것이다. '항恒'은 항상이
라는 뜻의 상常이다. '상相'은 시집간 여자와 함께 간 여동생이다. '승承'은
받들다는 뜻의 봉奉이다. '상승相承'은 시집간 여자와 그 여동생이 서로 남
편을 받든다는 말이다. 「상」은 효사의 '귀매이제歸妹以娣'를, 여자가 시집을
가면서 여동생과 함께 가는 것은 옛날부터 항상 있어 온 일이라고 해석하였
다. 당시 귀족들은 딸을 시집보내면서 흔히 그 여동생을 함께 보냈는데, 함
께 딸려간 사람을 '잉媵'이라고 하였다. '파능이길跛能履吉'은 절름발이가
걸을 수 있으니 길하다는 것은 시집간 여자와 그 여동생이 함께 남편을 받
드는 것이라고 해석하였다.

九二. 眇能視, 利幽人之貞.
둘째 양효는 눈먼 사람이 볼 수 있으니, 여자가 바르게 하여 이롭다.

'묘眇'는 눈이 멀다는 뜻의 맹盲이다. '유인幽人'은 여자를 가리킨다. 옛말
에 여자가 거주하는 방을 '유인지실幽人之室'이라고 하였다. '정貞'은 바르
다는 뜻의 정正이다.

象曰 '利幽人之貞', 未變常也.
'여자가 바르게 하여 이롭다'는 것은 항상 그러함(바르게 함)을 변하지 않
는다는 것이다.

'상常'은 항恒이며(우번), 항상 그러함이다. 둘째 양효는 아랫괘의 가운데
자리에 있으니(효위), 항상 바르게 함을 지키는 상이다(효상). 「상」은 '상
常'으로 효사의 '정貞'을 해석하였다. 효사의 '이유인지정利幽人之貞'은 여
자가 바르게 하는 것은 항상 그러해야 하며, 이것을 변하지 않는 것이라고

해석하였다.

六三. 歸妹以須, 反歸以娣.
셋째 음효는 여자가 시집을 가면서 언니와 함께 갔다가, 그 언니는 시집간
여동생과 함께 친정으로 돌아온다.

'귀歸'는 시집가다는 뜻의 가嫁이다. '매妹'는 소녀를 칭한 것이다. '이以'
는 급及과 같다. '수須'는 수㜪로 읽으며, 언니(姉)라는 뜻이다(고형). '반귀
反歸'는 시집에서 쫓겨나 친정으로 돌아오는 것을 말한다. '제娣'는 여동생
이다. 당시의 귀족들은 딸을 시집보내면서 여동생을 딸려 보내는 것이 상례
였지, 언니를 딸려 보내지 않았다. 언니를 딸려 보냈다가 그 여동생과 함께
친정으로 되돌아오니 좋지 않은 상이다.

象曰 '歸妹以須', 未當也.
'여자가 시집을 가면서 언니와 함께 간다'는 것은 합당하지 않다는 것이다.

'미당未當'은 셋째 음효는 음이면서 양의 자리에 있다는 것이며(효위), 처
한 자리가 합당하지 않는 상이다(효상). 시집가는 여자는 정실正室이고, 딸
려간 여자는 첩妾이었다. 정실은 존귀하나 첩은 비천하다. 지금 시집가는 여
자가 언니를 시녀로 데리고 가니, 이것은 합당한 일이 아니다. 「상」은 효사
의 '귀매이수歸妹以須'를, 여자가 시집을 가면서 언니와 함께 가는 것은 합
당한 일이 아니라고 해석하였다.

566

九四. 歸妹愆期, 遲歸有時.

넷째 양효는 여자가 시집가는 때를 넘겼는데, 늦게 시집가는 것은 기다리
는 것이 있기 때문이다.

'귀歸'는 시집가다는 뜻의 가嫁이다. '매妹'는 소녀를 칭한 것이다. 『석문』
에 마융은 "'건愆'은 지나치다는 뜻의 과過"라고 하였다. 우번도 같은 뜻으
로 말하였다. '건기愆期'는 과기過期이며(공영달), 시집가는 나이를 넘기는
것이다. '지遲'는 『석문』에 "늦다는 뜻의 만晩, 늦추다, 미루다는 뜻의 완緩"
이라고 하였다. 때를 놓치다(失時)는 뜻이다. 「상」은 '시時'를 기다리다는
뜻의 대待로 해석하였다.

象曰 '愆期'之志, 有待而行也.

'시집가는 때를 넘기는' 뜻은 기다렸다가 시집간다는 것이다.

「상」은 '대待'를 가지고 효사의 '시時'를 해석하였다. '행行'은 시집가다는
뜻의 가嫁와 같다. 「상」은 효사의 '건기愆期'를, 여자가 시집가는 때를 넘기
는 뜻은 기다렸다가 시집간다고 해석하였다. 기다리는 것이 좋은 짝인지 아
니면 좋은 때인지 「상」은 말하지 않았다.

六五. 帝乙歸妹, 其君之袂不如其娣之袂良. 月幾望, 吉.

다섯째 음효는 제을이 딸을 시집보내는데, 부인의 용모가 그 여동생보다
아름답지 못하다. 보름이 지난 후면 길하다.

'제을帝乙'은 은의 마지막 왕인 주紂의 아버지이다. '귀매歸妹'는 그 딸을

주나라 문왕文王에게 시집보내는 것이다. '군君'은 왕의 부인 혹은 제후의 부인을 칭하는 말이다. '메袂'는 소매라는 뜻의 수袖이다. 고형은 "'메袂'는 얼姝자의 가차이며, 용모라는 뜻의 모貌와 같다"고 하였다. 고형의 해석이 「상」의 뜻과 부합한다. '양良'은 아름답다는 뜻의 미美이다. '기幾'는 이미 기旣로 읽는다. 『석문』에 순상은 '기'로 하였고(荀作旣), 『백서』에도 '기旣'로 하였다. '망望'은 보름날(음력 열닷새)이다. '기망旣望'은 음력 열엿새, 즉 보름이 지난 후이다.

象曰 '帝乙歸妹', '不如其娣之袂良'也, 其位在中, 以貴行也.
'제을이 딸을 시집보내는데', '부인의 용모가 그 여동생보다 아름답지 못하다'라고 하나, 그 자리가 가운데에 있어 존귀한 몸으로 시집가는 것이다.

문장 가운데의 '야也'자는 잘못 들어간 글자이다. 효사에는 이 글자가 없다. '중中'은 다섯째 음효가 윗괘의 가운데 자리에 있다는 것이고(효위), '귀貴' 역시 다섯째 음효가 존귀한 자리에 있다는 것이며(효위), 여자가 가운데 자리를 얻어 존귀한 자리에 처해 있는 상이다(효상). '행行'은 시집가다는 뜻의 가嫁이다. 「상」은 효사를, 제을이 딸을 시집보내는데, 부인의 용모가 그 여동생보다 아름답지 못하나, 부인의 자리가 정실正室이므로 존귀한 신분으로 시집을 가는 것이라고 해석하였다.

上六. 女承筐无實, 士刲羊无血, 无攸利.
꼭대기 음효는 여자가 대바구니를 들었으나 과일이 없고, 남자가 양을 칼로 찔렀으나 피가 없으니, 이로울 것 없다.

'여女'는 아직 시집가지 않은 여자를 가리킨다. '승承'은 두 손으로 받들

다는 뜻의 봉捧이다. '광筐'은 대광주리이고, '실實'은 열매, 과일이다. '사
士'는 아직 장가들지 않은 남자를 가리킨다. '규刲'는『석문』에 마음이 "찌르
다는 뜻의 자刺"라고 하였다.

象曰 '上六' '无實', '承'虛'筐'也.
'꼭대기 음효가 과일이 없다'는 것은 빈 '대바구니'를 '들었다'는 것이다.

'허虛'는 비다는 뜻의 공空이다. 「상」은 효사의 '여승광무실女承筐无實'을,
여자가 대바구니를 들었으나 과일이 없다는 것은 빈 대바구니를 들은 것이
라고 해석하였다.

55. 풍豐

震上
離下

豐. 亨, 王假之. 勿憂, 宜日中.

풍은 형통하니, 왕이 온다. 근심하지 말라, 마땅히 해가 중천에 있다.

'풍豐'은 괘명이며, 크다는 뜻의 대大이다. '형亨'은 형통하다는 뜻의 통通이다. '격假'은 『석문』에 "이르다는 뜻의 지至"라고 하였다. '왕격지王假之'는 왕이 친히 온다, 즉 귀인이 친림한다는 뜻이다. '물우勿憂'는 근심하지 말라는 뜻이다. '의일중宜日中'은 마땅히 해가 중천에 있어 천하를 비춘다는 말이다.

象曰 豐, 大也. 明以動, 故豐. '王假之', 尙大也. '勿憂, 宜日中', 宜照天下也. 日中則昃, 月盈則食, 天地盈虛, 與時消息, 而況於人乎, 況於鬼神乎.

풍은 크다는 것이다. 밝게 움직이므로 풍이다. '왕이 온다'는 것은 풍대한 것을 숭상한다는 것이다. '근심하지 말라, 마땅히 해가 중천에 있다'는 것은 마땅히 천하를 비춘다는 것이다. 해는 중천에 있으면 기울고 달은 차면 이지러진다. 천지가 차고 비는 것은 사시四時와 더불어 사라지고 자라나는 것이니, 하물며 사람이겠는가! 하물며 귀신이겠는가!

[豐] 괘명이다. 「서괘」에 "돌아가는 바를 얻은 자는 반드시 크니, 그러므로 풍괘로 받는다. 풍은 크다는 것이다(得其所歸者必大, 故受之以豐. 豐者, 大也)"라고 하였다. 『설문』에 "'풍'은 제사 그릇이 풍만한 것(豐, 豆之豐滿者)"이라 하였고, 『석문』에 정현은 "'풍'은 풍성함을 말한 것이니, 충만하다는 뜻이다(豐之言腜, 充滿意也)"라고 하였다. 공영달은 "「단」과 「서괘」는 모두 크다는 뜻으로 풍을 새겼다. 그런즉 풍은 많다, 크다는 말이요, 가득하다, 넉넉하다는 뜻이다(彖及序卦皆以大訓豐也. 然則豐者, 多大之名, 盈足之義)"라고 하였다. 「단」과 「상」은 '풍'을 크다는 뜻으로 새겼다. 정이는 "풍은 성대하다는 뜻이다. 괘는 진이 위에 있고 리가 아래에 있다. 진은 움직임이고 리는 밝음이다. 밝은 것으로 움직이고 움직여 밝을 수 있으니, 모두 풍에 이르는 도이다. 밝음은 비추기에 충분하고 움직임은 형통하기에 충분하니, 그런 연후에 풍대한 것에 이를 수 있는 것이다(豐, 盛大之義. 爲卦, 震上離下. 震, 動也. 離, 明也. 以明而動, 動而能明, 皆致豐之道. 明足以照, 動足以亨, 然後能致豐大也)"라고 하였다.

[豐, 大也.] 이하 괘명을 해석하였다. '풍豐'은 괘명이다. 괘명인 '풍'은 그 뜻이 크다는 대大라는 말이다. '대大'는 곧 풍대豐大하다는 뜻이라는 말이다.

[明以動, 故豐.] 괘덕으로 괘명을 해석하였다. 풍괘는 아랫괘가 리離이고 윗괘는 진震이다. 리는 밝음(明)이고 진은 움직임(動)이다. 그런즉 풍괘는 '밝게 움직이는 것'이다. 밝게 움직여 일을 추구하면 이루는 바가 크다. 그래서 괘명이 '풍豐'이다.

['王假之', 尙大也.] 이하 괘사를 해석하였다. '왕격지王假之' 앞에 당연히 '형亨'자가 있어야 한다. '상尙'은 숭상하다는 뜻이다. '대大'는 곧 풍대豐大이며, 나라의 대사를 가리킨다. 굴만리는 '제사(祭祀爲大事)'라고 하였다.

'상대尙大'는 왕이 친히 와서 나라의 대사를 주관한다는 말이다. 「단」은 괘사의 '왕격지王假之'를, 왕이 오는 것은 큰 것을 숭상하는 것이므로 (나라의 큰일을 주관하는 것이므로) 형통하다고 해석하였다.

['勿憂, 宜日中', 宜照天下也.] '일중日中'은 해가 하늘 한가운데 있는 것, 즉 정오 때이며, 해가 풍대한 것이다. 해가 하늘 한가운데 있다는 것은 하늘 한가운데에서 천하 사방을 고루 비춘다는 말이며, 이것은 왕이 천하를 두루 잘 다스린다는 말에 비유한 것이다. 「단」은 '조천하照天下'를 가지고 괘사의 '일중日中'을 해석하였다. 즉 괘사의 '물우, 의일중'은 해가 하늘 한가운데에서 천하를 고루 비추고 있으니 (왕이 천하를 두루 잘 다스리고 있으니), 근심하지 말라고 해석하였다.

[日中則昃, 月盈則食] 이하 괘의를 말하였다. '측昃'은 해가 서쪽으로 기우는 것이다. '식食'은 『석문』에 "일식, 월식의 식蝕"이라 하였는데(字或作蝕), 손상하다는 뜻의 손損이다. 해는 중천에 있으면 기울고 달은 차면 이지러진다. 자연계와 인간계는 극에 이르면 반드시 되돌아온다.

[天地盈虛, 與時消息] '하늘이 차고 비는 것'은 일월성신의 변화를 가리키고, '땅이 차고 비는 것'은 백과 초목이 철에 따라 무성하고 시드는 것을 가리킨다. '시時'는 곧 천시天時, 사계절을 가리킨다. '소식消息'은 소장消長이며, 사라지고 자라난다는 뜻이다. 천지가 차고 비는 것은 사시와 더불어 사라지고 자라나는 것이니, 우주 만물은 그 어느 것도 이러한 자연 규율에서 예외일 수 없다.

[而況於人乎, 況於鬼神乎.] 해는 중천에 있으면 기울고 달은 차면 이지러진다. 천지가 차고 비는 것은 사시와 더불어 사라지고 자라나는 것이니, 우주 만물은 그 어느 것도 이러한 자연 규율에서 예외일 수 없다. 하물며 사람이 이러한 '천지영허, 여시소식'의 자연 규율에서 벗어나겠는가! 귀신이 벗어나겠는가! 「단」에서 11번 태괘, 12번 비괘, 23번 박괘, 24번 복괘, 41번 손괘, 42번 익괘, 55번 풍괘는 모두 소식영허消息盈虛의 도를 말하였다. 이것은 『장자』의 용어이다.

象曰 雷電皆至, 豐. 君子以折獄致刑.

우레와 번개가 모두 일어나는 것이 풍괘의 상이다. 군자는 이 괘상을 본받아 송사를 판결하고 형벌을 행한다.

[雷電皆至, 豐.] 풍괘는 윗괘가 진震이고 아랫괘는 리離이다. 진은 우레(雷)이고 리는 번개(電)이다. 그런즉 '우레와 번개가 모두 일어나는 것'이 풍괘의 상이다. 정이는 "'리'는 밝음이니, 비추어 살피는 상이다. '진'은 움직임이니, 위엄 있게 결단하는 상이다(離, 明也, 照察之象. 震, 動也, 威斷之象)"라고 하였다.

[君子以折獄致刑] '절折'은 『석문』에 "판단하다는 뜻의 단斷"이라고 하였다. '옥獄'은 송사이다. '절옥折獄'은 송사를 판결하는 것이다. '치형致刑'은 용형用刑, 행형行刑이며, 형벌을 행하는 것이다. 우레와 번개가 모두 일어나니, 우레는 위엄이 있고 번개는 밝게 비추는 상이다. 군자는 이 괘상을 보고 이를 본받아 밝게 송사를 판결하고 위엄 있게 형벌을 행한다.

初九. 遇其配主, 雖旬无咎, 往有尚.

처음 양효는 여주인을 만나니, 십 일 안에는 허물이 없으며, 가면 상이 있다.

『설문』에 "'배配'는 짝이라는 뜻의 필匹"이라고 하였다. 『석문』에 정현은 "배우자라는 뜻의 '비'로 하고, 좋은 짝을 비라 한다(鄭作妃, 云嘉耦曰妃)"고 하였다. '배주配主'는 여주인을 말한다. '수雖'는 유唯로 읽는다(고형). 『백서』에는 '유唯'로 하였다. '유'로 읽는 것이 「상」의 뜻과 부합한다. '유'는 '다만', '단지'라는 부사로 새길 수 있고, 혹은 어조사 혹은 발어사로 읽어도 통한다. '순旬'은 십 일 동안을 가리킨다. '상尙'은 상賞으로 읽는다.

象曰 '雖旬无咎', 過旬災也.
'십 일 안에는 허물이 없다'는 것은 십 일이 지나면 재앙이 있다는 것이다.

「상」은 효사의 '수순무구雖旬无咎'를, 십 일 안에는 허물이 없다는 것은 십 일이 지나면 때를 놓쳐 재앙이 있는 것이라고 해석하였다.

六二. 豐其蔀, 日中見斗. 往得疑疾, 有孚發若, 吉.
둘째 음효는 큰 막을 쳐놓고, 한낮에 북두성을 본다. 가면 의심하는 병을 얻으니, 믿음을 가지고 (뜻을) 나타내면 길하다.

'풍豐'은 크다는 뜻의 대大이다. '부蔀'는 막, 차양이라는 뜻의 붕棚이다. 나무를 받치고 그 위를 막으로 덮어 해를 가리는 것이다. '두斗'는 북두성이다. '의질疑疾'은 의심하는 병이다. '부孚'는 믿음이라는 뜻의 신信이다. '발發'은 나타내다는 뜻이다. '약若'은 지之와 같다(고형). 진고응은 어조사라고 하였다.

象曰 '有孚發若', 信以發志也.
'믿음을 가지고 나타낸다'는 것은 믿음을 가지고 뜻을 나타낸다는 것이다.

「상」은 '신信'으로 효사의 '부孚'를 해석하였다. '지志'는 의심하는 병을 없애려는 뜻이다. 「상」은 효사의 '유부발약有孚發若'을, 믿음을 가지고 의심하는 병을 없애려는 뜻을 나타내면 길하다고 해석하였다.

九三. 豐其沛, 日中見沬. 折其右肱, 无咎.
셋째 양효는 큰 막을 쳐놓고, 한낮에 작은 별을 본다. 오른팔을 부러뜨리나,
허물이 없다.

'패沛'는 『석문』에 "기旗라는 뜻의 패斾로 하고, 천막, 휘장, 장막을 말한
다(本或作斾, 謂幡幔也)"고 하였다. '매沬'는 작은 별이다(우번). '굉肱'은 팔
이라는 뜻의 비臂이다.

象曰 '豐其沛', 不可大事也. '折其右肱', 終不可用也.
'큰 막을 쳐놓는다'는 것은 큰일은 할 수 없다는 것이다. '오른팔을 부러뜨
린다'는 것은 끝내 사용할 수 없다는 것이다.

「상」은 효사의 '풍기패豐其沛'를, 큰 막을 쳐 햇빛을 가리고 외부와 단절
하니, 큰일은 할 수 없다고 해석하였다. '절기우굉折其右肱'은 오른팔을 부
러뜨린다는 것은 부러진 그 팔을 끝내 사용할 수 없다고 해석하였다.

九四. 豐其蔀, 日中見斗. 遇其夷主, 吉.
넷째 양효는 큰 막을 쳐놓고, 한낮에 북두성을 본다. 항상 기숙했던 주인을
만나니 길하다.

'풍豐'은 크다는 뜻의 대大이다. '부蔀'는 막, 차양이라는 뜻의 붕棚이다.
나무를 받치고 그 위를 막으로 덮어 해를 가리는 것이다. '두斗'는 북두성이
다. '이夷'는 항상이라는 뜻의 상常이다. '이주夷主'는 항상 기숙했던 곳의
주인이다(고형).

象曰 '豐其蔀', 位不當也. '日中見斗', 幽不明也. '遇其夷主',
'吉'行也.

'큰 막을 쳐놓는다'는 것은 자리가 합당하지 않다는 것이다. '한낮에 북두
성을 본다'는 것은 어두워 밝지 않다는 것이다. '항상 기숙했던 주인을 만
난다'는 것은 가는 것이 길하다는 것이다.

'위부당位不當'은 넷째 양효가 양이면서 음의 자리에 있다는 것이며(효
위), 막을 쳐놓은 자리가 합당하지 않는 상이다(효상). '유幽'는 어둡다는
뜻의 암暗이다. 「상」은 효사의 '풍기부豐其蔀'를, 큰 막을 쳐놓고 햇빛을 가
리니, 막을 쳐놓은 자리가 합당하지 않다고 해석하였다. '일중견두日中見
斗'는 한 낮에 북두성을 보는 것은 큰 막을 쳐 햇빛을 가리니, 어두워 밝지
않다고 해석하였다. '우기이주遇其夷主'는 항상 기숙했던 주인을 만난다는
것은 주인을 만나 거주할 곳을 얻었으니, 가는 것이 길하다고 해석하였다.
'길행'은 '행길'이라고 해야 한다. 운을 맞추기 위해서 의도적으로 도치한
것이다. '당當', '명明', '행行', '경慶', '상翔', '장藏'은 모두 운이다.

六五. 來章有慶譽, 吉.

다섯째 음효는 아름다움이 오니, 경사도 있고 명예도 있어 길하다.

'장章'에 대해, 우번은 드러나다는 뜻의 현顯으로 새겼는데, 왕필과 공영
달이 이를 따랐다. 정이는 아름답다는 뜻의 '장미章美'로, 주희는 밝다는 뜻
의 명明으로 읽었는데, 래지덕, 굴만리, 유백민, 진고응 등이 이를 따랐다.
고형은 '문장文章'의 장章으로 읽었다. 「상」은 곤괘坤卦 셋째 음효와 구괘姤
卦 다섯째 양효의 '함장含章'을 모두 아름답다는 뜻의 장미章美의 '장章'으
로 읽었다. '래장來章'은 아름다움이 온다는 뜻이다. '경慶'은 경사이다. '예

譽'는 명예이다.

象曰 '六五'之'吉', '有慶'也.
'다섯째 음효'가 '길하다'는 것은 '경사가 있다'는 것이다.

「상」은 효사의 뜻을 분명히 해석하지 않고, 내용을 그대로 인용하였다. 즉 다섯째 음효가 길한 것은 경사가 있기 때문이라고 해석하였다. 「상」은 '경慶'을 가지고 효사의 '길'을 해석하였다.

上六. 豐其屋, 蔀其家, 闚其戶, 閴其无人, 三歲不覿, 凶.
꼭대기 음효는 집이 크고 막을 쳐 집안을 가렸으니, 집 안을 들여다보아도 사람이 없어 텅 비어 고요하다. 삼 년이 지나도 사람을 볼 수 없으니, 흉하다.

'부蔀'는 동사로 사용되었으며, 막을 치는 것이다. '규闚'는 규窺와 같으며, 보다는 뜻의 시視이다(공영달). '격閴'은 우번이 공空으로, 공영달은 고요하다는 뜻의 적寂으로 읽었다. 텅 비어 고요한 것(空靜)이다. '적覿'은 보다는 뜻의 견見이다.

象曰 '豐其屋', 天際翔也. '闚其戶, 閴其无人', 自藏也.
'집이 크다'는 것은 하늘가를 난다는 것이다. '집 안을 들여다보아도 사람이 없어 텅 비어 고요하다'는 것은 스스로 숨었다는 것이다.

'상翔'은 날다는 뜻의 비飛이다. 굴만리는 '천제상'을 "집이 높고 큰 것을 말한 것(言屋之高大也)"이라고 하였다. '장藏'은 숨는다는 뜻의 은隱이다. 「상」은 효사의 '풍기옥豐其屋'을, 집이 크다는 것은 집이 하늘가를 나는 것 같이 크다고 해석하였다. '규기호闚其戶, 격기무인闃其无人'은 큰 집에 사는 사람이 스스로 숨었으므로 집 안을 들여다보아도 사람이 없어 텅 비어 고요하다고 해석하였다.

56. 여旅

旅. 小亨, 旅貞吉.

여는 조금 형통하니, 나그네가 바르게 하여 길하다.

‘여旅’는 괘명이며, 나그네이다. ‘형亨’은 형통하다는 뜻의 통通이다. ‘정貞’은 바르다는 뜻의 정正이다.

彖曰 旅‘小亨’, 柔得中乎外, 而順乎剛, 止而麗乎明, 是以‘小亨旅貞吉’也. 旅之時義大矣哉.

여는 ‘조금 형통하다’는 것이니, 유가 밖에서 가운데 자리를 얻었고, 강에 순종하며, 멈추어 밝음에 붙어 있으니, 그래서 ‘조금 형통하니, 나그네가 바르게 하여 길하다’는 것이다. 여의 때의 의의는 크기도 하다.

[旅] 괘명이다. 「서괘」에 “큰 것을 다한 것은 반드시 그 있던 곳을 잃으니, 그러므로 여괘로 받는다(窮大者必失其居, 故受之以旅)”고 하였는데, ‘있던

곳을 잃는 것(失其居)을 가지고 '여旅'를 해석하였다. 공영달은 "'여'는 떠돌다는 뜻이고, 타향에 머무는 것을 칭한 것이다. 본래 있던 곳을 잃고 타향에 머무는 것을 여라고 한다(旅者, 客寄之名, 羈旅之稱. 失其本居, 而寄他方, 謂之爲旅)"고 하였다. 괘효사의 '여旅'는 모두 꼭대기 양효 효사의 '여인旅人'의 뜻이며, 나그네라는 뜻이다. 정이는 "괘는 리가 위에 간이 아래에 있다. 산은 멈추어 옮기지 아니하고, 불은 번져 멈추지 않으니, 떨어져서 멈추지 않는 상이다. 그러므로 여이다(爲卦, 離上艮下. 山止而不遷, 火行而不居, 違去而不處之象, 故爲旅也)"라고 하였다.

[旅 '小亨', 柔得中乎外] 이하 괘체를 가지고 괘사를 해석하였다. '소형小亨'은 잘못 들어간 글자가 아닌가 한다. 바로 뒤에 '소형'이 또 나오는데, 「단」은 괘사를 중복하여 인용한 예가 없다. '유柔'는 다섯째 음효를 가리킨다. '득중得中'은 다섯째 음효가 윗괘의 가운데 자리를 얻었다는 것이며(효위), 중정의 도를 얻은 상이다(효상). '외外'는 곧 윗괘이다. 여는 다섯째 음효가 윗괘에서 가운데 자리를 얻었다는 말이다.

[而順乎剛] '강剛'에 대해 두 가지 해석이 있다. 하나는 '강'을 꼭대기 양효로 보는 것이다. 촉재는 "위로 강에 순종한다(上順於剛)"고 하였고, 왕필은 "오직 다섯째 음효는 강을 타고 다시 윗괘에서 가운데 자리를 얻어 꼭대기에 잇는다(唯六五乘剛而復得中乎外, 以承于上)"고 하여, '강'을 꼭대기 양효로 보았다. 즉 다섯째 음효는 꼭대기 양효의 아래에 있으니, 이것이 '유가 강에 순종한다'는 것이다. 공영달, 왕부지, 주준성, 고형, 진고응 등이 이를 따랐다. 또 하나는 '강'을 넷째 양효와 꼭대기 양효로 보는 것이다. 정이는 "음이 윗괘의 다섯째 자리에 있으니, 유가 윗괘의 가운데 자리를 얻은 것이다. 위아래의 강에 붙어 있으니, 강에 순종하는 것이다(六上居五, 柔得中乎外也. 麗乎上下之剛, 順乎剛也)"라고 하여, '강'을 넷째 양효와 꼭대기 양효로 보았다. 즉 다섯째 음효는 넷째 양효와 꼭대기 양효의 사이에 있으니, 이것이 '유가 강에 순종한다'는 것이다. 주희, 래지덕, 진몽뢰, 상병화 등이 이를 따랐다. 두 가지 해석은 모두 통한다.

[止而麗乎明] 괘덕을 가지고 괘사를 해석하였다. '여麗'는 붙다는 뜻의 부附이다. 여괘는 아랫괘가 간艮이고 윗괘는 리離이다. 간은 멈춤(止)이고 리는 밝음(明)이다. 그런즉 여괘는 '멈추어 밝음에 붙어 있는 것'이다.

[是以 '小亨旅貞吉'也] 여괘는 유가 윗괘에서 가운데 자리를 얻었고, 강에 순종하며, 멈추어 밝음에 붙어 있으니, 그래서 괘사에서 '조금 형통하니, 나그네가 바르게 하여 길하다'고 한 것이라는 말이다.

[旅之時義大矣哉] 괘의를 말하였다. 여괘는 나그네가 중정의 도를 얻었고, 강한 사람에게 순종하며, 멈추어 윗사람에 붙어 있으니, 조금 형통하다. 나그네가 바르게 하여 길한 것은 나그네가 때에 맞게 처신하기 때문이니, 여의 때의 의의는 크기도 하다는 말이다.

象曰 山上有火, 旅. 君子以明愼用刑, 而不留獄.
산 위에 불이 있는 것이 여괘의 상이다. 군자는 이 괘상을 본받아 밝고 신중하게 형벌을 사용하여, 송사를 남겨 두지 아니한다.

[山上有火, 旅.] 여괘는 아랫괘가 간艮이고 윗괘는 리離이다. 간은 산山이고 리는 불(火)이다. 그런즉 '산 위에 불이 있는 것'이 여괘의 상이다.

[君子以明愼用刑, 而不留獄.] 산 위에 불이 있으니, 불은 이곳저곳으로 빨리 옮겨 붙으며, 온 산을 밝게 비춘다. 군자는 이 괘상을 보고 이를 본받아 밝고 신중하게 형벌을 사용하고, 송사를 신속히 처리하여 남겨 두지 않는다.

初六. 旅瑣瑣, 斯其所取災.
처음 음효는 나그네가 꾀죄죄하니, 이것이 재앙을 불러들인 것이다.

'여旅'는 나그네이다. '쇄瑣'는 자질구레하다, 하찮다는 뜻이다. '쇄쇄'에

대해, 『석문』에 정현은 "잘다(小也)", 마융은 "피폐한 모양(疲弊貌)", 왕숙은 "자질구레한 모양(細小貌)"이라 하였고, 공영달은 "자질구레하고 하찮은 모양(細小卑賤之貌)", 정이는 "천하고 자질구레한 모양(猥細之狀)", 래지덕은 "하찮고 비루한 모양(細屑猥鄙貌)"이라고 하였는데, 뒷사람들은 모두 이렇게 해석하였다. 고형은 의심하다는 뜻의 쇄毳로 읽고, '쇄쇄毳毳'는 의심이 많은 것이라고 하였다. 진고응이 이를 따랐다. 굴만리는 "성정이 넓지 않고 인색한 것"이라고 하였다. '사斯'는 이것 차此이다. '사기소취재斯其所取災'는 곧 '차기소이취재此其所以取災'이며, 이것이 재앙을 불러들인 까닭이라는 말이다.

象曰 '旅瑣瑣', 志窮 '災'也.
'나그네가 꾀죄죄하다'는 것은 뜻이 궁하여 '재앙'을 불러들인다는 것이다.

'지志'는 나그네의 심지心志이다. '궁窮'은 곧 효사의 '쇄쇄瑣瑣'를 해석한 것이다. 「상」은 효사의 '여쇄쇄旅瑣瑣'를, 나그네가 꾀죄죄하다는 것은 심지가 궁하여 재앙을 불러들이는 것이라고 해석하였다.

六二. 旅卽次, 懷其資, 得童僕貞.
둘째 음효는 나그네가 객사에 들어, 품속에 재화를 간직하고, 사내종을 바르게 얻었다.

구가역은 "'즉卽'은 나아가다는 뜻의 취就, '차次'는 집이라는 뜻의 사舍, '자資'는 재화라는 뜻의 재財"라고 하였다. '차次'는 객사를 가리킨다. '회懷'는 품속에 간직하다는 뜻의 장藏이다. '자資'는 재화이다. 『석문』에는 '회기자'를 '회기자부'로 하였다(本或作懷其資斧). 넷째 양효에도 '회기자부'로

하였다. '동복童僕'은 사내종이다. '정貞'은 바르다는 뜻의 정正이다. '득동
복정得童僕貞'은 나그네가 사내종을 바르게 얻은 것이라는 말이다.

象曰 '得童僕貞', 終无尤也.

'사내종을 바르게 얻었다'는 것은 마침내 허물이 없다는 것이다.

'우尤'는 허물, 과오라는 뜻의 과過이다. 「상」은 효사의 '득동복정得童僕
貞'을, 나그네가 사내종을 바르게 얻은 것이므로, 마침내 허물이 없다고 해
석하였다. 고형은 '정'자 아래에 길吉자가 빠졌다 하고, 「상」의 '무우'는 곧
'길'을 해석한 것이라고 하였다.

九三. 旅焚其次, 喪其童僕, 貞厲.

셋째 양효는 나그네가 객사를 불태우고, 사내종을 잃었으니, 바르게 해도
위태롭다.

'차次'는 객사이다. '상喪'은 잃다는 뜻의 실失이다. '동복童僕'은 사내종
이다. '정貞'은 바르다는 뜻의 정正이다. '정려貞厲'는 나그네가 비록 바르게
해도 또한 위태롭다는 말이다.

象曰 '旅焚其次', 亦以傷矣. 以旅與下, 其義 '喪'也.

'나그네가 객사를 불태운다'는 것은 또한 (마음이) 상하였다는 것이다. 나
그네와 사내종이 함께 있다가, 마땅히 '잃었다'는 것이다.

'상傷'은 나그네의 마음이 상하였다는 뜻이다. '여與'는 두 사람이 함께

있는 것이다. '하下'는 사내종을 가리킨다. '의義'는 마땅하다는 뜻의 의宜
로 읽는다. 「상」은 효사의 '여분기차旅焚其次'를, 나그네가 객사를 불태운다
는 것은 또한 나그네의 마음이 상하였다고 해석하였다. '상기동복喪其童僕'
은 나그네와 사내종이 함께 있었는데, 객사에 불이나 사내종을 잃은 것은
마땅한 것이라고 해석하였다.

九四. 旅于處, 得其資斧, 我心不快.
넷째 양효는 나그네가 머무를 곳을 얻고, 재화도 얻었으나, 내 마음이 불쾌
하다.

'처處'는 거주하는 곳을 말한다. 고형은 "'자資'는 재화이고, '부斧'는 도
끼 모양(斧形)의 동으로 만든 화폐이며, '자부資斧'는 화폐를 말한다"고 하
였다. '아我'는 나그네를 가리킨다.

象曰 '旅于處', 未得位也. '得其資斧', '心'未'快'也.
'나그네가 머무를 곳을 얻었다'는 것은 합당한 자리를 얻지 못했다는 것이
다. '재화도 얻었다'는 것은 마음이 유쾌하지 않다는 것이다.

'미득위未得位'는 넷째 양효는 양이면서 음의 자리에 있다는 것이며(효
위), 처한 자리가 합당하지 않는 상이다(효상). 「상」은 효사의 '여우처旅于
處'를, 나그네가 다시 머무를 곳을 얻었으나, 합당한 자리를 얻지 못하였다
고 해석하였다. '득기자부得其資斧'는 나그네가 잃은 재화를 다시 얻었으나
마음이 유쾌하지 않다고 해석하였다.

六五. 射雉, 一矢亡, 終以譽命.
다섯째 음효는 꿩을 쏘아 화살 하나로 잡으니, 마침내 명예와 작명을 받
는다.

'치雉'는 꿩이다. '망亡'은 죽다는 뜻의 사死이다. '이以'는 이르다는 급及
이다(굴만리). '예譽'는 명예이다. '명命'은 작명爵命이다(공영달).

象曰 '終以譽命', 上逮也.
'마침내 명예와 작명을 받는다'는 것은 위에서 명예와 작명을 내린다는 것
이다.

'상上'은 꼭대기 양효를 가리킨다. 다섯째 음효는 꼭대기 양효의 아래에
있으니(효위), 꼭대기 양효로부터 명예와 작명을 받는 상이다(효상). '체
逮'는 주다는 뜻의 여與(정이), 하사하다는 뜻의 사賜이다(고형). 「상」은 효
사의 '종이예명終以譽命'을, 꿩을 쏘아 화살 하나로 명중시켜 잡으니 마침내
명예와 작명을 받는다는 것은 위에 있는 사람이 명예와 작명을 내린다고 해
석하였다.

上九. 鳥焚其巢, 旅人先笑後號咷, 喪牛于易, 凶.
꼭대기 양효는 새가 둥지를 불태우고, 나그네가 먼저 웃다가 뒤에 울부짖
는다. 소를 쉽게 잃으니, 흉하다.

'소巢'는 새의 둥지이다. '조분기소鳥焚其巢'는 나그네가 머무는 곳이 불
에 탔다는 말이다. '호도號咷'는 크게 울부짖는 것이다. '이易'는 쉽다는 뜻

의 용이容易의 이이다. 34번 대장괘 다섯째 음효의 설명을 보라.

'나그네'이면서 '윗자리'에 있으니, 마땅히 '불태워진 것'이다. '소를 쉽게 잃었다'는 것은 끝내 (소에 대해) 듣지 못했다는 것이다.

'상上'은 꼭대기 양효를 가리킨다. 꼭대기 양효는 한 괘의 꼭대기에 있으니(효위), 윗자리에 있는 상이다(효상). '의義'는 마땅하다는 뜻의 의宜로 읽는다. 『석문』에 마융은 "의義는 의宜이다. 어떤 책(一本)에는 '宜其焚也'로 하였다"라고 하였다. '문문聞'은 잃은 소에 대해 듣는 것을 말한다. 「상」은 효사의 '조분기소鳥焚其巢'를, 새가 둥지를 불태운다는 것은 나그네이면서 윗자리에 있으니, 마땅히 머무는 곳이 불태워진 것이라고 해석하였다. '상우우이喪牛于易'는 소를 쉽게 잃었다는 것은 끝내 잃은 소에 대해 듣지 못한 것이라고 해석하였다.

57. 손巽

巽. 小亨, 利有攸往, 利見大人.

손은 조금 형통하니, 갈 곳이 있으면 이롭고, 대인을 만나보는 것이 이롭다.

'손巽'은 괘명이며, 들어가다는 뜻의 입入이다. '형亨'은 형통하다는 뜻의 통通이다. '대인大人'은 도덕 수양의 경지가 높은 사람이다.

象曰 重巽以申命. 剛巽乎中正而志行. 柔皆順乎剛, 是以'小亨, 利有攸往, 利見大人.'

손을 겹쳐 교명을 거듭한다. 강이 가운데 자리에 들어가 뜻이 실행된다. 유는 모두 강에 순종하니, 그래서 '조금 형통하니, 갈 곳이 있으면 이롭고, 대인을 만나보는 것이 이롭다'는 것이다.

[巽] 괘명이다. 「서괘」에 "나그네는 몸을 둘 곳이 없으니, 그러므로 손괘로 받는다. 손은 들어간다는 것이다(旅而无所容, 故受之以巽. 巽者, 入也)"라고

하였고, 「설괘」에서도 "'손'은 들어간다는 뜻의 입(巽, 入也)"이라고 하였는데, 「단」과 「상」의 뜻과 같다. 「잡괘」에서는 "'손'은 엎드리다는 뜻의 복(巽, 伏也)"이라고 하였다. 공영달은 "손은 낮추어 순종한다는 뜻이다. 「설괘」에 '손은 들어가다는 뜻의 입入'이라고 하였다. 손은 바람을 상징하는 괘이며, 바람은 불어 들어가지 않는 곳이 없으므로 들어가는 것으로 뜻을 새겼다. 만약 인간사에 적용한다면, 스스로 낮추어 겸손할 수 있는 사람은 또한 받아들이지 않는 곳이 없다. 그러나 손의 뜻은 낮추어 겸손한 것을 체로 하고, 받아들이는 것을 용으로 하므로, 손의 이름을 받은 것이다(巽者, 卑順之名. 「說卦」云巽, 入也. 蓋以巽是象風之卦, 風行無所不入, 故以入爲訓. 若施之於人事, 能自卑巽者, 亦無所不容. 然巽之爲義, 以卑順爲體, 以容入爲用, 故受巽名矣)"라고 하였다. 손은 순종하다, 엎드리다, 들어가다는 뜻이다. 정이는 "괘는 한 음이 두 양의 아래에 있어, 양에 순종하니, 손이 되는 것이다(爲卦, 一陰在二陽之下, 巽順於陽, 所以爲巽也)"라고 하였다.

[重巽以申命] 이하 괘체를 가지고 괘명을 해석하였다. '중손重巽'은 손괘는 두 개의 손巽이 서로 겹쳐 있다는 것이다. '신申'은 거듭하다, 되풀이하다는 뜻의 중重이다. '명命'에 대해, 육적은 '명령命令'이라고 하였는데, 뒷사람들은 모두 이를 따랐다. 고형은 임금이 내리는 '교명敎命'이라고 하였는데, 진고응이 또 이를 따랐다. '교명'은 곧 하교下敎와 같다. 두 가지 해석은 모두 통한다. '명령'과 '교명'은 같은 말이다. 「상」의 '군자신명君子申命'도 '명령' 혹은 '교명', 두 가지 모두 통한다. 두 개의 손이 서로 겹쳐 있으므로 교명을 거듭한다고 말하였다.

[剛巽乎中正而志行] '강剛'에 대해 두 가지 해석이 있다. 하나는 '강'을 다섯째 양효로 보는 것이다. 우번, 주희, 래지덕, 굴만리, 유백민, 진고응이 이렇게 해석하였다. 또 하나는 둘째 양효와 다섯째 양효로 보는 것이다. 육적, 공영달, 정이, 고형 등 뒷사람들은 대부분 이렇게 해석하였다. 두 가지 해석은 모두 통한다. '손巽'은 들어가다는 뜻의 입入이며, 거하다는 뜻의 거居로 사용하였다. '중정中正'은 다섯째 양효가 윗괘의 가운데와 바른 자리에 있

다는 것, 혹은 둘째 양효가 아랫괘의 가운데 자리에, 다섯째 양효는 윗괘의 가운데와 바른 자리에 있다는 것이며(효위), 중정의 도를 행하는 상이다(효상). 따라서 그 뜻은 실행할 수 있는 것이다.

[柔皆順乎剛] 이하 괘체를 가지고 괘사를 해석하였다. '유柔'는 처음과 넷째 음효를 가리킨다. '강剛'에 대해 두 가지 해석이 있다. 하나는 앞의 '강'과 같은 것으로 여기고, 둘째와 다섯째 양효로 보는 것이다. 즉 처음 음효는 둘째 양효에, 넷째 음효는 다섯째 양효에 순종한다는 것이다. 공영달, 정이, 굴만리, 유백민, 진고응 등이 이렇게 해석하였다. 또 하나는 '강'을 둘째, 셋째, 다섯째, 꼭대기 양효로 보는 것이다. 즉 아랫괘의 처음 음효는 둘째와 셋째 양효의 아래에 있고, 윗괘의 넷째 음효는 다섯째와 꼭대기 양효의 아래에 있다. 이것이 유는 모두 강에 순종한다는 것이다. 래지덕과 고형 등이 이렇게 해석하였다. 두 가지 해석은 모두 통한다.

[是以 '小亨, 利有攸往, 利見大人.'] 유는 모두 강에 순종하니, 그래서 괘사에서 '조금 형통하니, 갈 곳이 있으면 이롭고, 대인을 만나보는 것이 이롭다'고 한 것이라는 말이다.

象曰 隨風, 巽. 君子以申命行事.

바람과 바람이 서로 따라서 부는 것이 손괘의 상이다. 군자는 이 괘상을 본받아 교명을 거듭하고 정사를 행한다.

[隨風, 巽.] '수隨'는 따르다는 뜻의 종從이다. 손괘는 두 개의 손이 서로 겹쳐 있으며, 손은 바람(風)이다. 그런즉 '바람과 바람이 서로 따라서 부는 것'이 손괘의 상이다.

[君子以申命行事.] '신申'은 거듭하다, 되풀이하다는 뜻의 중重이다. '명命'은 군자가 내리는 명령, 즉 교명이다. '사事'는 정사政事이다. 바람과 바람이 서로 따라서 불고 있으니, 바람이 거듭 불고 있다. 군자는 이 괘상을 보고

이를 본받아 교명을 거듭하고 정사를 추진한다.

정이는 "두 개의 바람이 서로 겹쳐 있으니, 바람을 따르는 것이다. 따른다(隨)는 것은 서로 잇는다는 뜻이다. 군자는 두 개의 손이 서로 이어서 유순한 상을 보고, 명령을 거듭하여 정사를 행한다. 따르는 것이 더불어 겹쳐 있으니, 위아래 모두 유순하다. 위가 아래에 유순하여 명령을 내고, 아래는 위에 유순하여 명령을 따른다. 위아래 모두 유순하니 손이 겹친 뜻이다. 정사를 명령하니, 이치에 순응하면 민심과 합하여, 백성은 순종하는 것이다(兩風相重, 隨風也. 隨, 相繼之義. 君子觀重巽相繼以順之象, 而以申命令, 行政事. 隨與重, 上下皆順也. 上順下而出之, 下順上而從之, 上下皆順, 重巽之義也. 命令政事, 順理則合民心, 而民順從矣)"라고 하였다. 정이는 「상」의 '손巽'을 순순으로, '명命'을 명령으로 해석하였다.

初六. 進退, 利武人之貞.

처음 음효는 진격하거나 퇴각하거나, 무인이 바르게 하면 이롭다.

'진퇴進退'는 행군을 가리켜 말한 것이다. '정貞'은 바르다는 뜻의 정正이다.

象曰 '進退', 志疑也. '利武人之貞', 志治也.

'진격하거나 퇴각하거나 한다'는 것은 뜻이 의심한다는 것이다. '무인이 바르게 하면 이롭다'는 것은 뜻이 다스려진다는 것이다.

'지志'는 무인의 심지心志이다. '치治'는 다스리다, 안정되다는 뜻이다. 「상」은 효사의 '진퇴進退'를, 진격하거나 퇴각하거나 무인의 심지가 의심하여 결정하지 못한다고 해석하였다. '이무인지정利武人之貞'은 무인이 바르

게 하면, 심지가 안정되어 진격과 퇴각을 결정할 수 있으므로 이롭다고 해
석하였다.

九二. 巽在牀下, 用史巫紛若, 吉, 无咎.
둘째 양효는 상 아래로 들어가니, 사무史巫로 하여금 (귀신을 쫓는다고) 어
수선하나, 길하여 허물이 없다.

'손巽'은 들어가다는 뜻의 입入이다. '상牀'은 사람이 눕는 곳이다. '사무
史巫'는 조정안에서 귀신과 교역하는 일을 맡고 있는 정식 직관이며, 미신
활동에 종사하는 사람, 즉 무당이다. '분紛'은 분잡하다는 뜻의 잡雜, 어지럽
다는 뜻의 난亂이다. '분약紛若'은 어수선한 모양이다.

象曰 '紛若'之'吉', 得中也.
'어수선하나 길하다'는 것은 중도를 얻었기 때문이다.

'득중得中'은 둘째 양효가 아랫괘의 가운데 자리를 얻었다는 것이며(효위),
중도를 얻은 상이다(효상). 「상」은 효사를, 사람이 상 아래로 들어간 것은
뭔가 잘못된 것이며, 사무로 하여금 이를 바로잡게 한다고 사방이 어수선하
나 길한 것은 둘째 양효가 가운데 자리를 얻었기 때문이라고 해석하였다.

九三. 頻巽, 吝.
셋째 양효는 찡그리며 들어가니, 어렵다.

'빈頻'은 찡그리다는 뜻의 축蹙이다. '손巽'은 들어가다는 뜻의 입入이다.

‘인吝’은 어렵다는 뜻의 난難이다.

象曰 ‘頻巽’之 ‘吝’, 志窮也.
‘찡그리며 들어가니, 어렵다’는 것은 뜻이 궁하다는 것이다.

‘지志’는 심지이다. ‘궁窮’은 심지가 궁하다는 말이다. 「상」은 ‘궁’을 가지고 효사의 ‘인’을 해석하였다. 「상」은 효사를, 찡그리며 들어가니 심지가 궁하여 어렵다고 해석하였다.

六四. 悔亡, 田獲三品.
넷째 음효는 뉘우침이 없어지니, 밭에서 세 종류의 짐승을 잡았다.

‘전田’은 밭이다. 사냥하다는 뜻의 엽獵(공영달)으로 읽어도 통한다. ‘획獲’은 짐승을 잡다는 뜻의 포捕, 얻다는 뜻의 득得이다. ‘품品’은 종류라는 뜻의 종種, 유類, 또는 가지, 물건이라는 뜻의 물物이다. ‘삼품三品’은 삼종三種, 삼물三物, 즉 세 종류의 짐승이라는 말이다(굴만리).

象曰 ‘田獲三品’, 有功也.
‘밭에서 세 종류의 짐승을 잡았다’는 것은 공이 있다는 것이다.

‘공功’은 세 종류의 짐승을 잡은 공이다. 「상」은 효사의 ‘전획삼품田獲三品’을, 밭에서 세 종류의 짐승을 잡은 것은 짐승을 잡은 공이 있는 것이라고 해석하였다.

九五. 貞吉, 悔亡, 无不利. 无初有終. 先庚三日, 後庚三日, 吉.

다섯째 양효는 바르게 하여 길하고 뉘우침이 없어지니, 이롭지 않음이 없다. 처음은 없으나 마침은 있다. 경일庚日의 삼 일 전과 경일庚日의 삼 일 후가 길하다.

'정貞'은 바르다는 뜻의 정正이다. '정길貞吉'은 뜻과 행실을 바르게 하여 길하다는 말이다. 좋은 결과를 '종終'이라고 한다. 경일庚日의 삼 일 전은 정일丁日이고, 삼 일 후는 계일癸日이다

象曰 '九五'之'吉', 位正中也.

'다섯째 양효가 길하다'는 것은 자리가 바르기 때문이다.

'위정중位正中'은 다섯째 양효가 윗괘의 가운데와 바른 자리에 있다는 것이며(효위), 중정의 도를 행하는 상이다(효상). 「상」은 효사를, 다섯째 양효가 중정의 자리에 있으므로 바르게 하여 길하다고 해석하였다.

上九. 巽在牀下, 喪其資斧, 貞凶.

꼭대기 양효는 상 아래에 들어가, 재화를 잃으니, 바르게 해도 흉하다.

'손巽'은 들어가다는 뜻의 입入이다. '상牀'은 사람이 눕는 곳이다. '자資'는 재화이다. '부斧'는 도끼 모양의 동으로 만든 화폐이다. '자부資斧'는 화폐를 말한다(고형). '정貞'은 바르다는 뜻의 정正이다.

象曰 '巽在牀下', 上窮也. '喪其資斧', 正乎 '凶'也.

'상 아래에 들어간다'는 것은 위가 궁하다는 것이다. '재화를 잃는다'는 것
은 바르게 해도 '흉하다'는 것이다.

'상上'은 꼭대기 양효를 가리킨다. 꼭대기 양효는 한 괘의 꼭대기에 있으
니(효위), 궁한 상이다(효상). 「상」은 '정正'으로 효사의 '정貞'을 해석하였
다. '호乎'는 이而와 같다(고형). 「상」은 효사의 '손재상하巽在牀下'를, 상 아
래로 들어가는 것은 꼭대기 양효가 위에서 궁하기 때문이라고 해석하였다.
'상기자부喪其資斧'는 재화를 잃으니, 바르게 해도 흉하다고 해석하였다.

58. 태兌

兌. 亨, 利貞.

태는 형통하고, 바르게 하여 이롭다.

'태兌'는 괘명이며, 기뻐하다는 뜻의 열悅이다. '형亨'은 형통하다는 뜻의
통通이다. '정貞'은 바르다는 뜻의 정正이다. '이정'은 바르게 하여 이롭다
는 말이다.

象曰 兌, 說也. 剛中而柔外, 說以'利貞', 是以順乎天而應乎人.
說以先民, 民忘其勞, 說以犯難, 民忘其死, 說之大, 民勸矣哉.

태는 기뻐하는 것이다. 강이 가운데 자리에 있고 유는 밖에 있으며, 기뻐하
여 '바르게 하여 이로우니', 그래서 하늘에 순응하고 사람에 응한다. 기뻐
하여 백성보다 먼저 하니, 백성들은 수고로움을 잊는다. 기뻐하여 위험을
무릅쓰니, 백성들은 죽음을 잊는다. 기뻐하는 것이 크니, 백성들은 힘쓰는
것이다.

[兌] 괘명이다. 「서괘」에 "들어간 이후에 기뻐하니, 그러므로 태괘로 받는다. 태는 기뻐한다는 것이다(入而後說之, 故受之以兌. 兌者, 說也)"라고 하였는데, 「단」과 「상」의 뜻과 같다. '태'는 기뻐한다는 뜻이다. 주희는 "태는 기뻐하는 것이다. 한 음이 두 양의 위로 나아가니, 기쁨이 밖에서 나타나는 것이다(兌, 說也. 一陰進乎二陽之上, 喜之見乎外也)"고 하였다.

[兌, 說也.] 괘명을 해석하였다. 괘명인 '태兌'는 그 뜻이 기뻐하는 것이라는 말이다.

[剛中而柔外] 이하 괘체를 가지고 괘사를 해석하였다. '강剛'은 둘째와 다섯째 양효를 가리킨다. '중中'은 둘째 양효는 아랫괘의 가운데 자리에, 다섯째 양효는 윗괘의 가운데 자리에 있다는 것이며(효위), 군자가 안으로 강건하게 중도를 행하는 상이다(효상). '유柔'는 셋째와 꼭대기 음효를 가리킨다. '외外'는 셋째 음효는 아랫괘의 밖에, 꼭대기 음효는 윗괘의 밖에 있다는 것이며(효위), 군자가 밖으로 부드러운 상이다(효상).

[說以 '利貞', 是以順乎天而應乎人.] 「단」은 괘사의 '이정'을, 군자는 안으로 강건하게 중정의 도를 행하고 밖으로 부드러우니, 기뻐하여 '바르게 하여 이롭다'고 해석하였다. 군자는 기뻐하여 바르게 하여 이로우니, 그래서 하늘에 순응하고 사람에 응한다고 하였다.

[說以先民, 民忘其勞] 이하 괘의를 말하였다. '선민先民'은 백성 앞에 서서 백성보다 먼저 한다는 뜻이다. 군자가 기뻐하여 백성보다 먼저 하니 백성들은 수고로움을 잊는다.

[說以犯難, 民忘其死] '범난犯難'은 위험을 무릅쓰다는 뜻이다. 군자가 기뻐하여 위험을 무릅쓰니, 백성들은 죽음을 잊는다.

[說之大, 民勸矣哉.] '권勸'은 힘쓰다는 뜻의 면勉이다. 기뻐하여 백성보다 먼저 하고, 기뻐하여 위험을 무릅쓰니, 기뻐하는 것이 큰 것이다. 기뻐하는 것이 크니, 백성들은 모두 수고로움도 잊고 죽음도 잊고 분발하여 힘쓰는 것이라는 말이다.

象曰 麗澤, 兌. 君子以朋友講習.

두 개의 못이 서로 연이어 있는 것이 태괘의 상이다. 군자는 이 괘상을 본받아 벗들과 강습한다.

[**麗澤, 兌.**] 왕필은 "'여'는 잇다는 뜻의 연과 같다(麗猶連也)"고 하였다. 정이는 붙어 있다는 뜻의 부려附麗라고 하였다. '여택麗澤'은 곧 연택連澤, 양택兩澤이며, 두 개의 못이 서로 연이어 있는 것이다. 태괘는 두 개의 태兌가 서로 겹쳐 있으며, 태는 못(澤)이다. 그런즉 '두 개의 못이 서로 연이어 있는 것'이 태괘의 상이다.

[**君子以朋友講習.**] 두 개의 못이 서로 연이어 있으니, 그 물은 교류한다. 군자는 이 괘상을 보고 이를 본받아 벗들과 강습하여 지식을 교류한다.

공영달은 "같이 수학한 사람을 '붕'이라 하고, 같은 뜻을 가진 사람을 '우'라고 한다. 붕우가 모여 더불어 도의를 강습하니, 서로 기뻐함이 지극한 것이 이보다 더 큰 것은 없다(同門曰朋, 同志曰友. 朋友聚居, 講習道義, 相說之盛, 莫過於此也)"고 하였다.

初九. 和兌, 吉.

처음 양효는 온화하게 기뻐하니, 길하다.

'화和'는 온화하다는 뜻이다. '태兌'는 기뻐하다는 뜻의 열悅이다. '화태和兌'는 온화하게 기뻐하는 것이다.

象曰 '和悅'之 '吉', 行未疑也.

'온화하게 기뻐하니, 길하다'는 것은 행함에 의심이 없다는 것이다.

「상」은 효사를, 얼굴에 온화한 화색을 띠고 기뻐한다는 것은 행함에 의심이 없는 것이라고 해석하였다.

九二. 孚兌, 吉, 悔亡.
둘째 양효는 믿음 있게 기뻐하니, 길하여 뉘우침이 없어진다.

'부孚'는 믿음이라는 뜻의 신信이다. 태兌는 기뻐하다는 뜻의 열悅이다. '부태孚兌'는 믿음 있게 기뻐하는 것이다.

象曰 '孚兌'之 '吉', 信志也.
'믿음 있게 기뻐하니, 길하다'는 것은 (기뻐하는) 뜻을 믿는다는 것이다.

「상」은 '신信'으로 효사의 '부孚'를 해석하였다. '지志'는 기뻐하는 뜻이다. 「상」은 효사를, 믿음 있게 기뻐한다는 것은 사람들이 기뻐하는 뜻을 믿는 것이니 길하다고 해석하였다. 고형은 '지志'를 지之로 읽고, "사람이 믿는다는 것"이라고 해석하였다.

六三. 來兌, 凶.
셋째 음효는 와서 기뻐하니, 흉하다.

'태兌'는 기뻐하다는 뜻의 열悅이다. '내태來兌'에 대해, 우번은 "대장괘에서 왔다(從大壯來)"고 하였는데, 대장괘의 다섯째 음효가 태괘의 셋째 음효로 왔다는 말이다. 왕필은 "음이 자신의 자리가 아닌데 거하여, 와서 기쁨을 구하는 것이다(以陰柔之質, 履非其位, 來求說者也)"라고 하였는데, 공영달,

굴만리가 이를 따랐다. 정이는 "'래태'는 나아가서 기쁨을 구하는 것이다. 아래의 양과 이웃하여, 자신을 굽히는 것이 도가 아닌데, 나아가 기쁨을 구하니, 그래서 흉하다(來兌, 就之以求說也. 比於在下之陽, 枉己非道, 就以求說, 所以凶也)"고 하였다. 주희는 "위로 응하는 것이 없어 되돌아와 두 양에게 나아가 기쁨을 구하니, 흉의 도이다(上无所應, 而反來就二陽以求說, 凶之道也)"라고 하였는데, 래지덕이 이를 따랐다. 고형은 "'래태'는 외부의 사물이 와서 기뻐하는 것이니, 시비선악을 따지지 않는 것이다"고 하였다. 진고응은 "억지로 기뻐한다(勉强豫悅)"고 해석하였다. 왕필의 해석이 「상」의 뜻과 비교적 부합한다.

象曰 來兌'之'凶', 位不當也.

'와서 기뻐하니, 흉하다'는 것은 자리가 합당하지 않기 때문이다.

'위부당位不當'은 셋째 음효가 음이면서 양의 자리에 있다는 것이며(효위), 처한 자리가 합당하지 않는 상이다(효상). 「상」은 효사를, 와서 기뻐하니 흉한 것은 셋째 음효의 자리가 합당하지 않기 때문이라고 해석하였다.

九四. 商兌, 未寧. 介疾有喜.

넷째 양효는 상의하여 기뻐하나, 편안하지 못하다. 큰 병이 낫는다.

'상商'은 의논하다(商量)는 뜻이다(왕필). 『석문』에도 '상량'이라고 하였다. '태兌'는 기뻐하다는 뜻의 열열悅이다. '녕寧'은 편안하다는 뜻의 안安이다. 『석문』에 마음은 "'개介'는 크다는 뜻의 대(大也)"라고 하였다. '유희有喜'는 병이 낫는 것이다.

象曰 ‘九四’之 ‘喜’, 有慶也.
‘넷째 양효가 낫는다’는 것은 경사가 있다는 것이다.

「상」은 ‘경경慶’을 가지고 효사의 ‘희喜’를 해석하였다. 즉 효사의 큰 병이 낫는다는 것은 곧 경사가 있는 것이라고 해석하였다.

九五. 孚于剝, 有厲.
다섯째 양효는 몰락할 때 믿음이 있으나, 위태롭다.

‘부孚’는 믿음이라는 뜻의 신신信이다. ‘박剝’은 박락剝落, 박삭剝削, 몰락하다는 뜻이다.

象曰 ‘孚于剝’, 位正當也.
‘몰락할 때 믿음이 있다’는 것은 자리가 바르고 합당하기 때문이다.

‘위정당位正當’ 다섯째 양효가 윗괘의 가운데와 바른 자리에 있다는 것이며(효위), 정도를 지켜 합당한 자리에 처해 있는 상이다(효상). 「상」은 효사의 ‘부우박孚于剝’을, 몰락할 때 처하여 믿음이 있는 것은 다섯째 양효의 자리가 바르고 합당하기 때문이라고 해석하였다.

上六. 引兌.
꼭대기 음효는 이끌려서 기뻐한다.

‘태兌’는 기뻐하다는 뜻의 열悅이다. 왕필은 ‘인引’을 ‘견인見引’이라고 하였는데, 이끌림을 받는다는 뜻이다. 굴만리는 ‘견인牽引’이라고 하였다. ‘인태引兌’는 이끌려서 기뻐한다는 뜻이다.

象曰 ‘上六’ ‘引兌’, 未光也.
‘꼭대기 음효가 이끌려서 기뻐한다’는 것은 밝지 않다는 것이다.

「상」은 효사를 이끌려서 기뻐한다는 것은 그 덕이 밝지 않은 것이라고 해석하였다. 혹은 ‘광光’을 광廣으로 읽어, 이끌려서 기뻐한다는 것은 그 덕이 넓지 않는 것이라고 해석하여도 통한다.

59. 환渙

渙. 亨, 王假有廟. 利涉大川. 利貞.

환은 형통하니, 왕이 종묘에 온다. 큰 내를 건너면 이롭다. 바르게 하여 이롭다.

'환渙'은 괘명이며, 물이 거침없이 흘러간다는 뜻이다. '형亨'은 형통하다는 뜻의 통通이다. '격假'은 이르다는 뜻의 지至이다(우번). 『백서』에는 '유有'를 '우于'로 하였다. '유有'는 우于와 같다. '섭涉'은 물을 건너다는 뜻의 도渡이다. '정貞'은 바르다는 뜻의 정正이다. '이정'은 바르게 하여 이롭다는 말이다.

象曰 渙 '亨', 剛來而不窮, 柔得位乎外而上同. '王假有廟', 王乃在中也. '利涉大川', 乘木有功也.

환이 '형통하다'는 것은, 강이 와서 다하지 아니하고, 유가 밖에서 바른 자리를 얻어 위와 같기 때문이다. '왕이 종묘에 온다'는 것은 왕이 곧 가운데

에 있다는 것이다. '큰 내를 건너면 이롭다'는 것은 배를 타면 공이 있다는
것이다.

[渙] 괘명이다. 「서괘」에 "기뻐한 후에 흩어지니, 그러므로 환괘로 받는다.
환은 떨어진다는 것이다(說而後散之, 故受之以渙. 渙者, 離也)"라고 하였다.
『설문』에 "'환'은 물이 흘러 흩어지는 것(渙, 水流散也)"이라 하였고, 『석문』
에 "'환'은 흩어지는 것(渙, 散也)"이라고 하였다. '환'은 물이 세차게 흘러간
다는 뜻이다. 「상」에서도 이 뜻으로 해석하였다. 정이는 "괘는 손괘가 위에
감괘가 아래에 있다. 물위에 바람이 부니, 물이 바람을 만나면 흩어지므로
환이다(爲卦, 巽上坎下. 風行於水上, 水遇風則渙散, 所以爲渙也)"라고 하였다.
　[渙 '亨'] 이하 괘체를 가지고 괘명과 괘사의 '형亨'을 해석하였다. "괘명인
'환渙'이 '형통하다'고 하는 것은"이라는 말이다. 아래에 설명이 이어진다.
　[剛來而不窮] '강래剛來'에 대해 해석이 여러 가지이다. 노씨는 "환괘는 비
괘否卦를 근본으로 하였다. 비괘의 윗괘인 건괘의 넷째 양효가 곤괘의 가운
데 자리에 와서 거하니, 강이 와서 감괘를 이루어, 물이 흘러 다하지 않는
것이다(此本否卦. 乾之九四, 來居坤中, 剛來成坎, 水流而不窮也)"라고 하였다.
왕필은 "둘째는 강이 와서 아랫괘에 거하여 감괘인 험난함에서 다하지 않는
다(二以剛來居內, 而不窮於險)"고 하였다. 공영달은 "둘째는 강의 덕을 가지
고 감괘의 험난함 중에 와서 거하여 험난함에서 다하지 않는다(二以剛德來
居險中, 而不窮於險)"고 하였다. 정이는 "양이 와서 둘째 자리에 거한다(由九
來居二)"고 하였고, 주희는 "그 괘변은 본래 점괘에서 왔다. 양이 와서 둘째
자리에 거하여 가운데 자리를 얻었다(其變則本自漸卦. 九來居二而得中)"고
하였다. 점괘의 셋째 양효와 둘째 음효가 자리를 바꾸었다는 말이다. 래지
덕은 종괘로 해석하였다. "환괘의 종괘는 절괘이다. … 절괘의 윗괘인 감괘
의 가운데 양이 환괘의 둘째 자리에 와서 거한 것을 말한다. 강이 와서 또한
아랫괘의 가운데 자리에 있으니, 다함에 이르지 않는 것을 말한다(本卦綜節.
… 言節上卦坎中之陽, 來居于渙之二也. 言剛來亦在下之中, 不至于窮極也)"고

하였다. 유백민도 이렇게 해석하였다. 굴만리는 "'강'은 둘째 양효이다. 가운데에 있으므로 다함이 없다"고 하였다. 고형은 둘째와 다섯째 양효를 가리킨다고 하였다. "환괘의 둘재 양효는 양효이고 강이며 아랫괘의 우두머리 효이다. 윗괘의 다섯째 양효는 양효이고 강이며 한 괘의 높은 자리에 있다. 강이 안에서 우두머리를 하고 밖에서 높은 자리에 있으니, 이것이 '강래이불궁'이다"고 하였다. 진고응은 "'강'은 둘째 양효, '래'는 건의 처음 양효가 아래로 와서 곤의 둘째 효에 이른 것이다. 건의 처음 양효가 곤의 둘째 효에 이르러 감괘의 험난함이 되었다"고 하였다. 이러한 해석은 모두 통한다. '강剛'은 둘째 혹은 둘째와 다섯째 양효를 가리킨다. '래來'는 강이 둘째 혹은 다섯째 양효의 자리에 왔다는 말이다. '불궁不窮'은 무궁無窮과 같으며, 다함이 없다는 뜻이다.

[柔得位乎外而上同.] '유柔'는 넷째 음효를 가리킨다. '득위得位'는 넷째 음효는 음이 음의 자리를 얻었다는 말이다. '외外'는 윗괘를 가리킨다. '상上'은 다섯째 양효를 가리킨다. '동同'은 넷째 음효는 다섯째 양효와 같이 윗괘에 있다는 말이다. 노씨는 "비괘의 아랫괘인 곤괘의 둘째 음효가 위로 건괘의 넷째 자리로 올라가, 유가 윗괘에서 바른 자리를 얻어 위로 존귀한 왕에게 이어서 위와 더불어 같다(坤之六二, 上升乾四, 柔得位乎外, 上承貴王, 與上同也)"고 하였다. 왕필은 "넷째는 유가 윗괘에서 바른 자리를 얻어 위의 다섯째 양효와 더불어 같다(四以柔得位乎外, 而與上同)"고 하였다. 공영달은 "넷째는 유순하여 윗괘에서 바른 자리를 얻어 위의 다섯째와 더불어 같다(四以柔順得位於外, 而上與五同)"고 하였다. 굴만리와 유백민이 이렇게 해석하였다. 정이는 "음이 올라가 넷째 자리에 거하는 것(六上居四也)"이라 하였고, 주희는 "음이 셋째 자리에 가서 거하여 양의 자리를 얻어, 위로 넷째 음효와 같은 것이다(六往居三, 得九之位, 而上同於四)"라고 하였다. 점괘의 둘째 음효와 셋째 양효가 자리를 바꾸어 둘째 음효가 셋째 양효의 자리를 얻어, 위로 넷째 음효와 같다는 말이다. 래지덕은 "절괘의 아랫괘인 태괘의 셋째 음효가 위로 가서 손괘의 넷째 음효가 되어, 다섯째 양효와 더불어 같은 덕을

가지고 다섯째 양효를 보좌하는 것이다(節下卦兌三之柔, 上行而爲巽之四, 與 五同德, 以輔佐乎五也)"라고 하였다. 고형은 "넷째 음효는 음효이고 유이며 윗괘의 음의 자리에 있으니, 이것이 '유득위호외'이며, 신민이 조정 밖에 처 하여 각각 그 자리를 얻고 그 직분을 다하는 것을 상징한다. 또 넷째 음효는 유이고 다섯째 양효는 강이다. 넷째 음효는 다섯째 양효의 아래에 있으니, 이것은 유가 강에 순종하는 것이며, 신민이 왕에게 순종하여 말과 행동이 위 로 임금과 같음을 상징하니, 이것이 '상동'이다"라고 하였다. 진고응은 "'유' 는 넷째 음효이며, 대신이 자리에 있으므로 '득위'라고 하였다. (윗괘에서) 곤의 둘째 효가 건의 처음에 들어가서 넷째 음효가 되니, 아랫괘에서 윗괘에 거하므로 '외'라고 하였다. 넷째 음효는 위의 다섯째 양효와 이웃하여 덕을 같이 하므로 '상동'이라 하였다"고 하였다. 이러한 해석은 모두 통한다. '유 득위호외이상동'은 유(넷째 음효)가 윗괘에서 자신의 자리를 얻어 다섯째 양효와 같이 윗괘에 있다는 말이다. 그래서 환은 형통하다는 것이다.

['王假有廟', 王乃在中也.] 이 구절은 두 가지 해석이 있다. 하나는 괘체로 해석한 것이다. '왕王' 다섯째 양효이고, '중中'은 윗괘의 가운데 자리이다. 다섯째 양효가 윗괘의 가운데 자리에 있다는 것이다. 순상은 "다섯째의 큰 자리에 거하여 윗괘의 가운데에 있다(居五大位, 上體之中)"고 하였고, 래지 덕은 "다섯째 양효는 윗괘의 가운데 자리에 있다(九五居上體之中)"고 하였 다. 진몽뢰, 유백민, 진고응이 이를 따랐다. 또 하나는 괘의로 해석한 것이 다. '왕'은 종묘에 온 왕이며, '중'에 대해 왕필은 '흩어지는 가운데'라 하고, "왕은 곧 흩어지는 가운데 있으니, 그러므로 종묘에 오는 것이다(王乃在乎渙 然之中, 故至有廟也)"라고 하였다. 공영달이 이를 따랐다. 정이는 '사람의 심 중'이라 하고, "천하가 흩어지는 때 왕은 인심을 거두어들이기 위해 종묘에 오니, 곧 사람의 마음속에 있다는 것이다. '재중'은 마음속을 구하여 얻는다 는 말이며, 인심을 흡수하는 것을 말한 것이다. 중은 마음의 상이다(天下離 散之時, 王者收合人心, 至於有廟, 乃是在其中也. 在中謂求得其中, 攝其心之謂也. 中者心之象)"라고 하였다. 주희는 "'중'은 종묘 속(中, 廟中)"이라고 하였다.

고형은 "'왕격유묘'는 왕이 종묘 제사를 받들 수 있다는 말이다. 왕이 종묘 제사를 받들 수 있는 것은 왕의 행실이 정중의 도에 있기 때문이다"고 하였다. 이러한 해석은 모두 통한다. 「단」은 괘사의 '왕격유묘'를, 왕이 종묘에 온다는 것은 다섯째 양효가 윗괘의 가운데 자리에 있는 것이라고 해석하였다. 이것은 다섯째 양효가 윗괘의 가운데 자리에 있으니(효위), 왕이 중도를 행하는 상이다(효상).

['利涉大川', 乘木有功也.] 괘상으로 괘사 '이섭대천'을 해석하였다. 환괘는 윗괘가 손巽이고 아랫괘는 감坎이다. 손은 나무(木)이고 감은 물(水)이다. '목木'은 배를 가리킨다. 환괘의 괘상은 나무가 물 위에 있는 것이니, 즉 배가 내 위에 떠서 건너가는 것이다. 「단」은 괘사의 '이섭대천'을, 배를 타고 물을 건너면 공이 있다고 해석하였다. 「단」에서 '손巽'으로 '이섭대천'을 말한 것은 세 곳이 있는데, 모두 '목木'으로 말하였다. 42번 익괘 '목도내행木道乃行', 59번 환괘 '승목유공야乘木有功也', 61번 중부괘 '승목주허야乘木舟虛也' 등 세 곳이다.

象曰 風行水上, 渙. 先王以享于帝立廟.
바람이 물 위에서 부는 것이 환괘의 상이다. 선왕은 이 괘상을 본받아 상제에게 제사를 올리고 종묘를 세운다.

[風行水上, 渙.] 환괘는 윗괘가 손巽이고 아랫괘는 감坎이다. 손은 바람(風)이고 감은 물(水)이다. 그런즉 '바람이 물 위에서 부는 것'이 환괘의 상이다.

[先王以享于帝立廟] '향享'은 제사를 올린다는 뜻의 제祭이다(우번). '제帝'는 천제(순상), 상제(공영달)이다. '천제'나 '상제'는 같은 개념이며, 우리말의 '하느님'이다. 16번 예「상」과 50번 정鼎「단」에 '상제'라고 하였다. 바람이 물 위에서 불면 물결은 크게 일어나 물은 사방으로 흩어진다. 선왕은 이 괘상을 보고 이를 본받아 상제에 제사를 올리고 종묘를 세워, 민심을

수습하여 백성이 흩어지는 것을 막는다.

정이는 "바람이 물 위에 부니, 흩어지는 상이 있다. 선왕은 이 상을 보고 천하가 흩어지는 것을 구하기 위해, 상제에게 제사를 올리고 종묘를 세우는 것에 이른다. 인심을 거두어들이는 데는 종묘만 한 것이 없다. 제사를 올려 보답하는 것은 그 마음에서 나온다. 그러므로 상제에게 제사를 올리고 종묘를 세우는 것은 인심이 귀착하는 곳이다. 인심을 묶고 흩어짐을 합하는 방법은 이것보다 큰 것이 없다(風行水上, 有渙散之象. 先王觀是象, 救天下之渙散, 至于享帝立廟也. 收合人心, 无如宗廟. 祭祀之報, 出于其心. 故享帝立廟, 人心之所歸也. 繫人心, 合離散之道, 无大於此)"고 하였다.

初六. 用拯馬壯, 吉.
처음 음효는 타고 가는 말이 튼튼하니, 길하다.

'증증拯'은 공영달이 '증제拯濟'라고 하였다. '증증拯'은 곧 구제하다는 뜻의 구救, 구제하다는 뜻의 제濟이다.『석문』에도 "증은 구제하다는 증(拯, 救之拯也)"이라고 하였다. '증마拯馬'는 곧 구제하는 말을 가리킨다.『백서』에는 '증마拯馬'를 '증마撜馬'로 하였는데, '증撜' 역시 건지다, 구제하다는 뜻의 증拯이다. '장壯'은 건장하다, 튼튼하다는 뜻이다. 36번 명이괘의 둘째 음효의 효사 '용증마장'과 같다.

象曰 '初六'之 '吉', 順也.
'처음 음효가 길하다'는 것은 순종하기 때문이다.

'순順'은 처음 음효의 효위를 가지고 말하였다. 처음 음효는 둘째 양효의 아래에 있으니(효위), 유가 강에 순종하며, 말이 사람에게 순종하는 상이다

(효상). 「상」은 효사를, 타고 가는 말이 온순하여 사람에 순종하기 때문에
길하다고 해석하였다.

九二. 渙奔其机, 悔亡.

둘째 양효는 물이 섬돌을 세차게 휩쓸고 흘러가니, 뉘우침이 없어진다.

'환渙'은 물이 세차게 휩쓸고 흘러간다는 뜻이다. '분奔'은 급히 달리는
(急赴) 것이다. 『백서』에는 '궤机'를 계階로 하였다. '궤机'는 당연히 계階로
읽어야 하며, 섬돌 혹은 계단이라는 뜻이다.

象曰 '渙奔其机', 得願也.

'물이 섬돌을 세차게 휩쓸고 흘러간다'는 것은 원하는 바를 얻었다는 것
이다.

「상」은 '득원得願'을 가지고 효사의 '회망悔亡'을 해석하였다. '득원'은 원
하는 바를 얻었다는 것이다. 「상」은 효사를, 물이 섬돌을 세차게 휩쓸고 흘
러가 주위를 깨끗이 청소하니, 이것은 원하는 바를 얻은 것이어서 뉘우침이
없어진다고 해석하였다.

六三. 渙其躬, 无悔.

셋째 음효는 물이 몸을 세차게 휩쓸고 흘러가나, 뉘우침이 없다.

'환渙'은 물이 세차게 휩쓸고 흘러간다는 뜻이다. '궁躬'은 신身이며, 자신
을 가리킨다.

象曰 '渙其躬', 志在外也.
'물이 몸을 세차게 휩쓸고 흘러간다'는 것은 뜻이 밖에 있다는 것이다.

'지志'는 재난을 구제받으려는 뜻이다. '외外'는 윗괘의 꼭대기 양효를 가리킨다. 왕필은 "강과 뜻을 합한다(與剛合志)"고 하였는데, '강剛'은 꼭대기 양효를 가리켜 말한 것이다. 셋째 음효와 꼭대기 양효는 음양이 서로 응하고 있다. 「상」은 효사를, 물이 몸을 세차게 휩쓸고 흘러가나 뉘우침이 없는 것은 셋째 음효의 뜻이 꼭대기 양효의 구원을 받아 재난에서 벗어나는데 있기 때문이라고 해석하였다.

六四. 渙其羣, 元吉. 渙有丘, 匪夷所思.
넷째 음효는 물이 무리를 세차게 휩쓸고 흘러가니, 크게 길하다. 물이 언덕을 세차게 휩쓸고 흘러간다면, 평소의 생각이 아니다.

'환渙'은 물이 세차게 휩쓸고 흘러간다는 뜻이다. '군羣'은 무리라는 뜻의 중衆이다. '원元'은 크다는 뜻의 대大이다. '유有'는 어於와 같다. '비匪'는 비非로 읽는다. '이夷'는 평상平常이라는 뜻이다. '비이소사匪夷所思'는 평소에 생각하는 바가 아니라는 것이다(고형).

象曰 '渙其羣元吉', 光大也.
'물이 무리를 세차게 휩쓸고 흘러가니, 크게 길하다'는 것은 넓고 크다는 것이다.

'광光'은 넓다는 뜻의 광廣으로 읽는다. '광대光大'는 물이 세차게 휩쓸고

흘러가는 것이 넓고 크다는 말이다. 「상」은 효사의 '환기군渙其羣, 원길元吉'을, 물의 힘이 넓고 커서 사악한 무리를 세차게 휩쓸고 흘러가니, 크게 길하다고 해석하였다.

九五. 渙汗其大號. 渙王居, 无咎.
다섯째 양효는 땀을 흘리며 크게 울부짖는다. 물이 왕의 거소를 세차게 휩쓸고 흘러가나, 허물이 없다.

'환한기渙汗其'는 '환기한渙其汗'으로 읽어야 한다(고형).『백서』에는 '환기간渙其肝'으로 하였는데, '간肝'과 '한汗'은 같은 발음 계열이며, 옛날에는 통용되었다. 앞의 '환渙'은 땀을 흘리는 것이다. '호號'는 울부짖는 것이다. '환기한대호'의 주어는 앞 효사의 '무리(羣)'이다. 「상」은 사악한 무리로 본 것이다. '왕거王居'는 왕의 거소를 말한다.

象曰 '王居无咎', 正位也.
'물이 왕의 거소를 세차게 휩쓸고 흘러가나, 허물이 없다'는 것은 자리가 바르기 때문이다.

'정위正位'는 위정位正으로 하는 것이 맞다. 운을 맞추기 위해 의도적으로 도치하였다. 「상」의 '외外', '대大', '위位', '해害'는 운이다. '정위正位'는 다섯째 양효가 윗괘의 가운데와 바른 자리에 있다는 것이며(효위), 왕이 바른 자리에 처하여 중도를 행하는 상이다(효상). 「상」은 효사의 '왕거무구王居无咎'를, 물이 사악한 무리를 세차게 휩쓸고 흘러가니, 사악한 무리들이 땀을 흘리며 크게 울부짖는다. 물이 왕의 거소를 세차게 휩쓸고 흘러가나 허물이 없는 것은 다섯째 양효가 윗괘의 가운데와 바른 자리에 있기 때문이라

고 해석하였다. 즉 왕이 자신의 자리에 처하여 중도를 행하기 때문이라는
말이다.

上九. 渙其血, 去逖出, 无咎.
꼭대기 양효는 피를 흘리니, 멀리 떠나가면 허물이 없다.

'환渙'은 피를 흘리는 것이다. '거去'는 떠나가다는 뜻의 이離이다. 「상」은
'적逖'을 멀다는 뜻의 원遠으로 읽었다. '출出'은 가다는 뜻의 주走와 같다.

象曰 '渙其血', 遠害也.
'피를 흘린다'는 것은 피해를 멀리한다는 것이다.

「상」은 '원遠'을 가지고 효사의 '적逖'을, '해害'를 가지고 '혈血'을 해석하
였다. 효사의 '환기혈渙其血'은 피를 흘리니 멀리 떠나가면 피해를 멀리하는
것이라고 해석하였다.

60. 절節

節. 亨. 苦節不可貞.

절은 형통하다. 절도를 고통으로 여기면 바를 수 없다.

'절節'은 괘명이며, 절도節度, 절제節制의 뜻이다. '형亨'은 형통하다는 뜻의 통通이다. '고절苦節'은 절도를 고통으로 여긴다는 뜻이다. '정貞'은 바르다는 뜻의 정正이다.

象曰 節 '亨', 剛柔分而剛得中. '苦節不可貞', 其道窮也. 說以行險, 當位以節, 中正以通. 天地節, 而四時成. 節以制度, 不傷財, 不害民.

절이 '형통하다'는 것은 강유가 나뉘어져 강이 가운데 자리를 얻었기 때문이다. '절도를 고통으로 여기면 바를 수 없다'는 것은 그 도가 궁하다는 것이다. 기뻐하여 험난함을 행하고, 합당한 자리에서 절도가 있으며, 중정을 행하여 통한다. 천지는 절도가 있어 사계절이 이루어진다. 절도로써 법도를 제정하니, 재물을 축내지 아니하고 백성을 해치지 아니한다.

[節] 괘명이다. 「서괘」에 "사물은 끝까지 떨어질 수 없으니, 그러므로 절괘로 받는다. 절도(혹은 제도)가 있으면 믿으니, 그러므로 중부괘로 받는다(物不可以終離, 故受之以節. 節而信之, 故受之以中孚)"고 하였고, 「잡괘」에서는 "'절'은 제지하다는 뜻의 지(節, 止也)"라고 하였다. 공영달은 "'절'은 제도라는 이름이고, 제지하다는 뜻이다(節者, 制度之名, 節止之義)"라고 하였다. 정이는 "괘는 못 위에 물이 있는 것이다. 못이 물을 받아들이는 것은 한계가 있으니, 못 위에 물을 담아 가득 차면 담을 수 없으니, 절제가 있는 상이다. 그러므로 절이다(爲卦, 澤上有水. 澤之容有限, 澤上置水, 滿則不容, 爲有節之象, 故爲節)"라고 하였다. '절'은 본래 대나무 마디라는 뜻이나, 이것이 제지, 절제, 절약, 절도의 뜻을 갖게 되었다. 「단」은 절도, 「상」은 절제의 뜻으로 새겼다.

[節, '亨'] 이하 괘체를 가지고 괘명과 괘사의 '형亨'을 해석하였다. "괘명인 '절節'이 '형통하다'고 하는 것은"이라는 말이다. 아래에 설명이 이어진다.

[剛柔分而剛得中.] 이 구절에 대해 세 가지 해석이 있다. 하나는 노씨의 해석이다. "절괘는 태괘를 근본으로 하였다. 태괘의 아랫괘인 건괘의 셋째 양효가 위로 올라가 곤괘의 다섯째 자리에 있고, 태괘의 윗괘인 곤괘의 다섯째 음효가 아래로 내려와 건괘의 셋째 자리에 있는 것이 '강유가 나뉘어져 강이 가운데 자리를 얻었다'는 것이다(此本泰卦. 分乾九三升坤五, 分坤六五下處乾三, 是剛柔分而剛得中也)." 즉 '강유분'는 절괘의 다섯째 양효와 셋째 음효를 가리키며, '득중'은 다섯째 양효를 가리킨다는 것이다. 또 하나는 왕필의 해석이다. "감은 양이고 태는 음이다. 양이 위에 있고 음이 아래에 있으니, 강유가 나뉘어진 것이다. 강유가 나뉘어져 어지럽지 않으며, 강이 가운데 자리를 얻어 절제를 하니, 절제의 주인의 뜻이다. 절제가 큰 것은 강유가 나뉘어지고 남녀가 유별한 것만 한 것이 없다(坎陽而陰兌也. 陽上而陰下, 剛柔分也. 剛柔分而不亂, 剛得中而爲制, 主節之義也. 節之大者, 莫若剛柔分, 男女

別也)." 절괘는 윗괘가 감坎이고 아랫괘는 태兌이다. 감은 양괘이고 태는 음괘이다. 강이 위에 있고 유가 아래에 있으니, '강유가 나뉘어져 있다'는 것이다. '득중得中'은 곧 둘째와 다섯째 양효를 가리키며, 이 두 효가 절제를 하여 절제의 주인이 된다는 것이다. 공영달, 래지덕, 유백민, 고형 등이 이를 따랐다. 마지막 하나는 주희의 해석이다. "괘체는 음양이 각각 반이고, 둘째와 다섯째는 모두 양이다(其體陰陽各半, 而二五皆陽)." '강유분'은 절괘는 음효와 양효가 각각 세 개인 것을 가리키며, '득중'은 곧 둘째와 다섯째 양효를 가리킨다는 것이다. 진몽뢰, 왕부지, 굴만리, 진고응 등이 이를 따랐다. 이러한 해석은 모두 통한다. 절괘의 괘체는 음양이 나뉘어져 있고, 강이 가운데 자리를 얻었다는 것이며, 그래서 형통하다는 것이다.

['苦節不可貞', 其道窮也.] 괘사를 해석하였다. '도'는 절도지도節度之道를 가리킨다. '궁'은 절도의 도가 다하였다는 것이다. 우번은 "자리가 꼭대기에서 다하고, 양을 타고 있으므로 궁하다(位極於上, 乘陽, 故窮也)"라고 하여, 꼭대기 음효의 효위를 가지고 '궁'을 해석하였다. 「단」은 괘사의 '고절불가정'을, 절도를 고통으로 여기면 바를 수 없는 것은 절도의 도를 다하였기 때문이라고 해석하였다.

[說以行險] 괘덕으로 괘의를 해석하였다. '열說'은 기쁘다는 뜻의 열悅이다. 절괘는 아랫괘가 태兌이고 윗괘는 감坎이다. 태는 기뻐함(悅)이고 감은 험난함(險)이다. 그런즉 절괘는 '기뻐하여 험난함을 행하는 것'이다.

[當位以節] 이하 괘체를 가지고 괘의를 해석하였다. '당위當位'에 대해, 공영달은 넷째 음효와 다섯째 양효를 가리킨다고 하였다. 넷째와 다섯째는 음양이 각각 그 자리를 얻은 것이다. 진고응이 이를 따랐다. 우번, 정이, 주희, 래지덕 등은 다섯째 양효로 보았다. 고형은 넷째, 다섯째, 꼭대기, 세 효는 음양이 모두 합당한 자리에 있다고 하였다. 이들의 주장은 모두 통한다. 절괘는 처음, 넷째, 다섯째, 꼭대기 효가 음양이 합당한 자리에서 절도가 있다는 말이다.

[中正以通] '중정'은 우번, 정이, 주희, 래지덕 등이 다섯째 양효를 가리킨

다고 하였다. 다섯째 양효는 윗괘의 가운데와 바른 자리에 있으며(효위), 중
정의 도를 행하는 상이다(효상). 고형은 둘째와 다섯째 양효로 보았다. 진고
응은 넷째 음효와 다섯째 양효는 바른자리(正)를 얻었고, 다섯째 양효는 또
가운데 자리(中)에 있다고 하였다. 절괘는 중정의 도를 행하여 막힘없이 통
한다는 말이다.

[天地節, 而四時成. 節以制度, 不傷財, 不害民.] 괘의를 말하였다. '천지'는
자연계를 가리키고, '제도'는 인간계를 가리킨다. '천지절'은 곧 천지의 규
율이다. 천지는 자신의 변화 규율, 즉 음양 유행의 절도를 가지고 있어 사계
절이 이루어진다. 인간에게도 절도가 있다. 이것으로 법도를 제정하니, 재
물을 축내지 아니하고 백성을 해치지 아니한다는 말이다.

象曰 澤上有水, 節. 君子以制數度, 議德行.
못 위에 물이 있는 것이 절괘의 상이다. 군자는 이 괘상을 본받아 제도를
만들고 덕행을 논의한다.

[澤上有水, 節.] 절괘는 아랫괘가 태兌이고 윗괘는 감坎이다. 태는 못(澤)이
고 감은 물(水)이다. 그런즉 '못 위에 물이 있는 것'이 절괘의 상이다.

[君子以制數度, 議德行.] '제制'는 제정하는 것이다. '수도數度'는 제도制度
와 같다. 제도에는 등급의 수가 있으므로 '수도'라고 하였다(고형). 못 위에
물이 있으니, 물은 못 밖으로 넘쳐흘러 둑을 쌓아 절제해야 한다. 군자는 이
괘상을 보고 이를 본받아 제도를 만들어 백성을 절제하고 덕행을 논의하여
결정하다.

정이는 "못이 물을 담는 것은 한계가 있어, 지나치면 가득 차 넘치니, 그
래서 절제가 있으므로 절이다. 군자는 절괘의 상을 보고, 많고 적은 법제를
제정한다. 무릇 사물의 대소, 경중, 고하高下, 문질文質은 모두 많고 적은 법
제가 있으니 그래서 절이다. '수'는 많고 적음이다. '도'는 법제이다. '의덕

행'은 심중에 간직하고 있는 것은 '덕'이고, 밖으로 나타나는 것은 '행'이다. 사람의 덕행은 당연히 의로우면 절도에 맞는다. '의'는 의논하여 절도에 맞는 것을 구하는 것이다(澤之容水有限, 過則盈溢, 是有節, 故爲節也. 君子觀節之象, 以制立數度. 凡物之大小, 輕重, 高下, 文質, 皆有數度, 所以爲節也. 數, 多寡. 度, 法制. 議德行者, 存諸在中爲德, 發於外爲行. 人之德行當義則中節. 議, 謂商度求中節也)"라고 하였다.

初九. 不出戶庭, 无咎.
처음 양효는 집 뜰을 나가지 않으니, 허물이 없다.

'호정戶庭'은 집 마당, 안마당이란 뜻이다.

象曰 '不出戶庭', 知通塞也.
'집 뜰을 나가지 않는다'는 것은 통하고 막히는 것을 알기 때문이다.

'통通'은 통하는 것이고, '색塞'은 막혀서 통하지 않는 것이다. 「상」은 효사의 '불출호정不出戶庭'을, 집 뜰을 나가지 않는 것은 통하고 막히는 것을 알기 때문이라고 해석하였다. 즉 지금 막혀 있으므로 집 뜰을 나가지 않으니 허물이 없다는 말이다. 「계사」 상 · 8장에 "'집 뜰을 나가지 않으니 허물이 없다.' 공자께서 말씀하셨다. '어지러움이 일어나는 것은 말이 씨가 된다. 임금이 비밀을 지키지 않으면 신하를 잃게 되고, 신하가 비밀을 지키지 않으면 몸을 잃게 되며, 기밀 사항이 지켜지지 않으면 해를 당하게 된다. 그래서 군자는 신중히 비밀을 지켜 집 뜰을 나가지 않는 것이다'('不出戶庭, 无咎'. 子曰 亂之所生也, 則言語以爲階. 君不密則失臣, 臣不密則失身, 幾事不密則害成. 是以君子愼密而不出也)"라고 하였다. 「계사」는 집 뜰을 나가지 않는 것을 말을 신중히 하고 비밀을 지키는 것으로 해석하였으니, 「상」의 해석과 매우 다르다.

九二. 不出門庭, 凶.
둘째 양효는 문 밖 뜰을 나가지 않으니, 흉하다.

'문정門庭'은 집 앞의 뜰이란 뜻이다.

象曰 '不出門庭凶', 失時極也.
'문 밖 뜰을 나가지 않으니 흉하다'는 것은 때를 잃은 것이 극히 지나쳤다는 것이다.

'극極'은 극에 이르다, 매우 지나치다는 뜻이다. 「상」은 효사를, 문 밖 뜰을 나가지 않는 것은 나가야 할 때를 잃은 것이 매우 지나쳤기 때문이니, 흉하다고 해석하였다. 우번은 "'극'은 중(極, 中也)"이라고 하였는데, '극極'을 중中으로 읽어, "때의 알맞음을 잃었다"고 해석하여도 통한다.

六三. 不節若, 則嗟若, 无咎.
셋째 음효는 절제하지 않으니, 한탄하게 될 것이나, 허물이 없다.

'절節'은 절제이다. '약若'은 언焉과 같은 어조사이다. '차嗟'는 한탄하다는 뜻의 탄嘆이다.

象曰 ‘不節之嗟’, 又誰 ‘咎’也.

‘절제하지 않으니 한탄하게 된다’는 것은 또 누구의 허물이겠는가.

「상」은 효사를, 절제하지 않으니 한탄하게 되는 것은 다른 사람의 허물이 아니라, 절제하지 않은 자신의 허물이라고 해석하였다. 왕필은 “음이 양의 자리에 처하고, 유가 강을 탔으니, 절제의 도를 어겨 한탄함에 이른 것이다. 자신이 불러들인 것이니, 허물을 탓할 바가 없다(以陰處陽, 以柔乘剛, 違節之道以至哀嗟. 自己所致, 无所怨咎)”고 하였다.

六四. 安節, 亨.

넷째 음효는 절제에 안주하니, 형통하다.

‘절節’은 절제이다. ‘안절’은 안어절安於節이다(굴만리). ‘형亨’은 형통하다는 뜻의 통通이다.

象曰 ‘安節’之 ‘亨’, 承上道也.

‘절제에 안주하니 형통하다’는 것은 윗사람의 도를 받든다는 것이다.

‘승承’은 받들다는 뜻의 봉奉이다. ‘상上’은 다섯째 양효를 가리키며, 넷째 음효는 다섯째 양효의 아래에 있으니(효위), 윗사람의 도를 받드는 상이다(효상). ‘도道’는 절제지도節制之道이다. 「상」은 효사를, 절제에 안주한다는 것은 넷째 음효가 다섯째 양효의 절제의 도를 받드는 것이므로 형통하다고 해석하였다.

九五. 甘節, 吉. 往有尙.

다섯째 양효는 절제를 달게 여기니 길하다. 가면 상이 있다.

'절節'은 절제이다. '감절甘節'은 절제를 달게 여긴다는 뜻이다. '상尙'은
상賞으로 읽는다.

象曰 '甘節'之'吉', 居位中也.

'절제를 달게 여기니 길하다'는 것은 바른 자리에 거하여 중도를 행하기 때
문이다.

'거위居位'는 다섯째 양효는 양이 양의 자리에 있다는 것이고, '중中'은 다
섯째 양효가 윗괘의 가운데 자리에 있다는 것이며(효위), 바른 자리에서 중
도를 행하는 상이다(효상). 「상」은 효사를, 절제를 달게 여기니 길한 것은
다섯째 양효가 바른 자리에 거하여 중도를 행하기 때문이라고 해석하였다.
그래서 가면 상이 있다는 것이다.

上六. 苦節, 貞凶, 悔亡.

꼭대기 음효는 절제를 고통으로 여기니, 바르게 해도 흉하나, 뉘우침이 없
어진다.

'절節'은 절제이다. '정貞'은 바르다는 뜻의 정正이다.

象曰 ‘苦節貞凶’, 其道窮也.

‘절제를 고통으로 여기니, 바르게 해도 흉하다’는 것은 그 도가 궁하다는
것이다.

‘도道’는 절제지도節制之道이다. ‘궁窮’은 꼭대기 음효의 효위를 가리킨
다. 꼭대기 음효는 한 괘의 꼭대기에 있으니(효위), 궁한 상이다(효상).
「상」은 효사를, 절제를 고통으로 여기니, 꼭대기 음효의 절제의 도가 꼭대기
에 이르러 궁하므로 바르게 해도 흉하다고 해석하였다. 순상은 “위로 양을
타고, 아래로 응하는 것이 없으니, 그 도가 궁한 것이다(乘陽於上, 无應於下,
故其道窮也)”고 하였다.

61. 중부中孚

中孚.豚魚, 吉.利涉大川.利貞.

중부는 돼지와 물고기면 길하다. 큰 내를 건너면 이롭다. 바르게 하여 이롭다.

'중부中孚'는 괘명이며, 믿음이라는 뜻의 신신信이다. '돈豚'은 작은 돼지이고, '어魚'는 작은 물고기이다. 왕필은 "'어'는 벌레가 은미한 것이고, '돈'은 짐승이 미천한 것(魚者, 蟲之隱者也. 豚者, 獸之微賤者也)"이라고 하여, 하찮은 사물(微隱之物)을 가리키는 것이라고 하였다. '중부돈어中孚豚魚'는 믿음이 돼지와 물고기라는 하찮은 것에까지 미친다는 뜻이다. '섭涉'은 물을 건너다는 뜻의 도渡이다. '정貞'은 바르다는 뜻의 정正이다. '이정'은 바르게 하여 이롭다는 말이다.

象曰 中孚, 柔在內而剛得中, 說而巽, 孚乃化邦也. '豚魚吉', 信及豚魚也. '利涉大川', 乘木舟虛也. 中孚以 '利貞', 乃應乎天也.

중부는 유가 안에 있고 강이 가운데 자리를 얻었으며, 기뻐하여 겸손하니, 믿음은 곧 나라를 교화한다. '돼지와 물고기면 길하다'는 것은 믿음이 돼지와 물고기에 미친다는 것이다. '큰 내를 건너면 이롭다'는 것은 빈 나무배를 탄다는 것이다. 중부가(혹은 믿음이 있어) '바르게 하여 이롭다'는 것은 곧 천도에 응하는 것이다.

[中孚] 괘명이다. 「서괘」에 "절도(혹은 제도)가 있으면 믿으니, 그러므로 중부괘로 받는다(節而信之, 故受之以中孚)"고 하였고, 「잡괘」에서도 "'중부'는 믿음이라는 뜻의 신(中孚, 信也)"이라고 하였는데, 「단」 역시 '신信'의 뜻으로 새겼다. 공영달은 "믿음이 마음속에서 나타나니, 이를 '중부'라 한다(信發於中, 謂之中孚)"고 하였는데, '중中'은 곧 마음속이고, '부孚'는 곧 믿음이다. '중부中孚'는 마음속이 진실한 것(誠信)이다. 주희는 "'부'는 믿음이다. 괘는 두 음이 안에 있고, 네 양이 밖에 있다. 둘째와 다섯째의 양은 모두 가운데 자리를 얻었다. 한 괘로 말하면 가운데가 허하고, 상하 두 괘로 말하면 가운데가 실하니, 모두 믿음의 상이다(孚, 信也. 爲卦, 二陰在內, 四陽在外. 而二五之陽, 皆得其中. 以一卦言之爲中虛, 以二體言之爲中實, 皆孚信之象也)"라고 하였다.

[柔在內而剛得中] 이하 괘체를 가지고 괘명을 해석하였다. '유柔'는 셋째와 넷째 음효를 가리킨다. '유재내柔在內'는 중부괘 여섯 효에서 두 음효가 안에 있고 네 양효가 밖에 있는 것을 말하며, 사람이 안으로 유순한 덕을 지니고 있는 것을 상징한다. '강剛'은 둘째와 다섯째 양효를 가리킨다. '강득중剛得中'은 둘째와 다섯째 양효는 각각 위 아랫괘의 가운데 자리를 얻었다는 것이며, 사람이 강건하여 중도를 행하는 것을 상징한다.

[說而巽, 孚乃化邦也.] '화化'는 교화이다. 중부괘는 아랫괘가 태兌이고 윗괘는 손巽이다. 태는 기뻐함(悅)이고 손은 겸손함(巽)이다. 그런즉 중부괘는 '기뻐하여 겸손함'이다. 사람이 안으로 유순한 덕을 지니고, 밖으로 강건하여 중도를 행하며, 기뻐하여 겸손하니, 믿음은 곧 나라를 교화한다는 말이다.

['豚魚吉', 信及豚魚也.] 이하 괘사를 해석하였다. 「단」은 괘사의 '돈어길'을, 돼지와 물고기면 길하다는 것은 믿음이 돼지와 물고기라는 하찮은 것에까지 미치는 것이라고 해석하였다. 공영달은 "'어'는 벌레가 은미한 것이고, '돈'은 짐승이 미천한 것이다. 사람의 마음속이 진실하면, 비록 하찮은 사물이라도, 믿음이 모두 이른다(魚者, 蟲之幽隱. 豚者, 獸之微賤. 人主內有誠信, 則雖微隱之物, 信皆及矣)"고 하였다.

['利涉大川', 乘木舟虛也.] 괘상으로 괘사 '이섭대천'을 해석하였다. 중부괘는 윗괘가 손巽이고 아랫괘는 태兌이다. 손은 나무(木)고 태는 못(澤)이다. 그런즉 중부의 괘상은 나무가 못 위에 있는 것이니, 즉 나무배가 물위에 떠 있는 것이다. 또 중부괘는 두 음효가 가운데에 있어, 가운데가 비어 있는 상이다. 나무를 깎아 가운데를 비워 배를 만든다. 「단」은 괘사의 '이섭대천'을, 큰 내를 건너면 이롭다는 것은 가운데가 빈 나무배를 타고 물을 건너는 것이라고 해석하였다.

[中孚以 '利貞', 乃應乎天也.] '중부'는 괘명으로 읽을 수도 있고, 또 믿음이라는 뜻으로 해석할 수도 있다. 효위로 말하면, '중中'은 다섯째 양효를 가리킨다. 다섯째 양효는 윗괘의 가운데 자리에 있다. '부孚'는 다섯째 양효가 양이고 바른 자리에 있으므로 '부'라고 한 것이다. 또 다섯째 양효는 하늘의 자리이므로 '응호천應乎天'이라고 하였다. '응호천'은 곧 하늘의 도에 순응한다는 뜻이다. 「단」은 괘사의 '이정'을, 중부가(혹은 믿음이 있어) '바르게 하여 이롭다'는 것은 곧 천도에 응하는 것이라고 해석하였다. 즉 천도에 응하는 것이 바르게 하는 것이므로 이롭다는 말이다.

象曰 澤上有風, 中孚. 君子以議獄緩死.

못 위에 바람이 있는 것이 중부괘의 상이다. 군자는 이 괘상을 본받아 송사를 심의하여 사형을 늦춘다.

[澤上有風, 中孚.] 중부괘는 아랫괘가 태兌이고 윗괘는 손巽이다. 태는 못(澤)이고 손은 바람(風)이다. 그런즉 '못 위에 바람이 있는 것'이 중부괘의 상이다.

[君子以議獄緩死.] '의議'는 의논議論, 상의商議, 심의審議하다는 뜻이다. '옥獄'은 송사이다. '완緩'은 늦추다는 뜻의 지遲이다. 못 위에 바람이 있으니, 바람에 따라 물결이 움직이는 것이 거짓이 없다. 군자는 이 괘상을 보고 이를 본받아 송사를 심의하여 사형을 늦추어, 마음속에 믿음이 있음을 보여준다.

공영달은 "바람이 못 위에 불고 있으니, 이르지 않는 곳이 없다. 이것은 믿음이 사물에 미치는 것이 이르지 않는 것이 없는 것과 같다(風行澤上, 无所不周. 其猶信之被物, 无所不至)"고 하였다.

初九. 虞吉, 有它不燕.

처음 양효는 (믿음에) 편안히 있으면 길하나, 다른 것을 구하려 하면 편안하지 못하다.

'우虞'는 순상이 편안하다는 뜻의 안安으로, 왕필은 오로지라는 뜻의 전專으로, 정이는 헤아리다는 뜻의 탁度으로 읽었다. '유타有它'는 다른 것을 얻으려 한다는 뜻이다. '연燕' 역시 편안하다는 뜻의 안安이다(공영달).

象曰 '初九' '虞吉', 志未變也.

'처음 양효가 (믿음에) 편안히 있으면 길하다'는 것은 뜻이 변하지 않는다는 것이다.

'지志'는 중부지지中孚之志이다. 「상」은 '지미변志未變'을 가지고 효사의

'유타불연有它不燕'을 해석하였다. 효사의 '우길虞吉'은 마음속에 믿음을 지니고 편안히 있으면 길한 것은 다른 것을 얻으려고 하지 않으므로 믿음에 대한 뜻이 변하지 않는 것이라고 해석하였다.

九二. 鳴鶴在陰, 其子和之. 我有好爵, 吾與爾靡之.
둘째 양효는 학이 나무 그늘에서 울고 있으니, 그 새끼가 화답하네. 나에게 좋은 술이 있으니, 너와 함께 마시네.

'음陰'은 그늘이라는 뜻의 음蔭이며, 나무 그늘을 말한다. '자子'는 학의 새끼이다. '화和'는 응應하다는 뜻이다. '작爵'은 작은 참새 모양의 술잔이며(고형), 여기에서는 술을 가리킨다. '미靡'는 함께라는 뜻의 공共이다(우번).

象曰 '其子和之', 中心願也.
'그 새끼가 화답한다'는 것은 마음속으로 원한다는 것이다.

'중中'은 둘째 양효가 아랫괘의 가운데에 있다는 것이며(효위), 마음속의 상이다(효상). '중심원中心願'에 대해, 공영달은 '믿음을 가지고 응하는 것(得誠信而應之)'이라 하였고, 정이는 '참으로 원하는 것(誠意所願)'이라고 하였다. '중심中心'은 곧 심중이다. 「상」은 효사의 '기자화지其子和之'를, 학의 새끼가 어미의 울음소리에 화답하는 것은 학의 새끼가 그 어미를 마음속으로 원한다는 것, 즉 진실로 원하는 것이라고 해석하였다. 「계사」상·8장에 "'학이 나무 그늘에서 울고 있으니, 그 새끼가 화답하네. 나에게 좋은 술이 있으니 너와 함께 마시네.' 공자께서 말씀하셨다. '군자가 집에 있으면서 말하는 것이 선하면 천리 밖에서도 응하니, 하물며 가까운 데 있는 사람이겠는가. 집에 있으면서 말하는 것이 불선하면 천리 밖에서도 따르지 않으니,

하물며 가까운 데 있는 사람이겠는가. 말은 몸에서 나와 백성에 미치고, 행동은 가까운 데서 시작하여 멀리까지 나타난다. 말과 행동은 군자의 중요한 관건이다. 중요한 관건이 발하니 영광과 욕됨의 주인이다. 말과 행동은 군자가 천지를 움직이는 것이니, 신중하지 않을 수 있겠는가!'('鳴鶴在陰, 其子和之. 我有好爵, 吾與爾靡之.' 子曰 君子居其室, 出其言善, 則千里之外應之, 況其邇者乎. 居其室, 出其言不善, 則千里之外違之, 況其邇者乎. 言出乎身, 加乎民. 行發乎邇, 見乎遠. 言行君子之樞机, 樞机之發, 榮辱之主也. 言行君子之所以動天地也, 可不愼乎)"라고 하였다. 「계사」는 군자의 언행이 선하면 사람들이 따르고, 불선하면 따르지 않으니, 언행에 신중해야 한다는 것으로 효사를 해석한 것이니, 「상」의 해석과 매우 다르다.

六三. 得敵, 或鼓或罷, 或泣或歌.
셋째 음효는 적을 사로잡았으나, 혹 북을 두드리기도 하고, 혹 지쳐 있기도 하며, 혹 울기도 하고, 혹 노래를 부르기도 한다.

'득적得敵'은 적을 사로잡는 것이다. '고鼓'는 북을 두드리는 것이다. '피罷'는 피로하다는 뜻의 피疲이다.

象曰 '或鼓或罷', 位不當也.
'혹 북을 두드리기도 하고, 혹 지쳐 있기도 한다'는 것은 자리가 합당하지 않기 때문이다.

'위부당位不當'은 셋째 음효는 음이면서 양의 자리에 있다는 것이며(효위), 처한 자리가 합당하지 않은 상이다(효상). 「상」은 효사의 '혹고혹피或鼓或罷'를, 혹 북을 두드리고 혹 지쳐 있기도 하는 것은 셋째 음효의 자리가 합당하지 않기 때문이라고 해석하였다.

六四. 月幾望, 馬匹亡, 无咎.
넷째 음효는 보름이 지난 후에 말을 잃었으나, 허물이 없다.

'기幾'는 『석문』에 경방은 '근近', 순상은 '기旣'로 하였다. 『백서』에는 '기旣'로 하였다. '기幾'는 '기旣'로 읽는다. '망望'은 보름날(음력 열닷새)이다. '기망旣望'은 음력 열엿새, 즉 보름이 지난 후이다. 왕필과 공영달은 '기幾'를 근近으로 읽고 "보름에 가까운 날"이라고 해석하였는데, 이렇게 해석해도 통한다. '필匹'은 말을 세는 수사이다. '망亡'은 잃다는 뜻의 실失이다.

象曰 '馬匹亡', 絶類上也.
'말을 잃었다'는 것은 동류와 끊고 위를 따른다는 것이다.

'절류상絶類上'에 대해 몇 가지 해석이 있다. 첫째, 우번은 "송괘의 처음 음효가 넷째의 자리로 가서 윗괘와 끊는 것이다(訟初之四, 體與上絶)"라고 하였다. 즉 송괘의 처음 음효와 넷째 양효가 자리를 바꾸면, 윗괘인 건괘와 끊고, 송괘가 변하여 중부괘가 된다는 말이다. 주준성이 이를 따랐다. 둘째, 왕필은 "'유'는 셋째 음효를 말한다. 넷째와 셋째는 모두 음효이므로 '유'라 한다(類, 謂三. 俱陰爻, 故曰類也)"고 하였는데, 공영달은 "셋째의 동류와 끊고, 둘째와 더불어 다투지 않으며, 위로 다섯째 양효를 받든다(絶三之類, 不與二爭, 而上承於五也)"고 하였다. 즉 넷째 음효는 셋째 음효의 동류와 끊고 위로 다섯째 양효를 받든다고 해석한 것이다. 왕부지, 굴만리가 이를 따랐다. 셋째, 정이는 "그 동류를 끊고 위로 다섯째 양효를 따르는 것이다. '유'는 응을 말한다(絶其類而上從五也. 類, 謂應也)"고 하였다. 동류는 곧 처음 양효를 가리킨다. 넷째 음효와 처음 양효는 음양이 서로 응하므로 ‘유類’라고 한 것이라는 말이다. 또 말하기를 “위로 다섯째 양효를 따르고 처음 양효에 매이지 않는 것이 그 짝을 잃은 것이다. 처음 양효에 매이면 나아가지 못하고, 믿음의 공을 이룰 수 없다(上從五而不繫於初, 是亡其匹也. 繫初則不進, 不能成孚之功也)”고 하였다. 즉 넷째 음효는 처음 양효의 동류와 끊고 위로 다섯째 양효를 따른다고 해석한 것이다. 주희, 래지덕, 진몽뢰, 상병화, 유백민 등이 이를 따랐다. 진고응은 둘째와 셋째 모두 취하였다. 넷째, 고형은 “말을 잃은 후에 경계심을 더욱 강화하여 예방하고 방지하니, 지난번과 유사한 사건을 끊어버리므로 허물이 없다”고 해석하였다. 이러한 해석은 모두 통한다. 「상」은 효사의 ‘마필망馬匹亡’을, 말을 잃었다는 것은 동류와 끊고 위를 따르는 것이라고 해석하였다.

九五. 有孚攣如, 无咎.
다섯째 양효는 믿음을 가지고 이어 묶으면, 허물이 없다.

‘부孚’는 믿음이라는 뜻의 신信이다. ‘연攣’은 『설문』에 “매다는 뜻의 계係”라고 하였으며, ‘연여攣如’는 서로 이어 묶는 모양이다.

象曰 ‘有孚攣如’, 位正當也.
‘믿음을 가지고 이어 묶는다’는 것은 자리가 바르고 합당하기 때문이다.

‘위정당位正當’은 다섯째 양효가 윗괘의 가운데와 바른 자리에 있다는 것이며(효위), 행하는 일과 처한 자리가 합당한 상이다(효상). 「상」은 효사를, 믿음을 가지고 이어 묶으면 허물이 없는 것은 다섯째 양효의 자리가 바르고 합당하기 때문이라고 해석하였다.

上九. 翰音登于天, 貞凶.

꼭대기 양효는 닭이 하늘로 올라가니, 바르게 해도 흉하다.

‘한음翰音’은 닭(鷄)의 다른 이름이다. 우번은 "제사 때 희생으로 올리는 닭을 ‘한음’이라 칭한다(薦牲雞稱翰音)"고 하였다. ‘등登’은 오르다는 뜻의 승升이다. ‘정貞’은 바르다는 뜻의 정正이다.

象曰 ‘翰音登于天’, 何可長也.

‘닭이 하늘로 올라갔다’는 것은 오래갈 수 없다는 것이다.

‘하가장何可長’은 꼭대기 양효를 가리켜 말한 것이다. 꼭대기 양효는 한 괘의 꼭대기에 있으니(효위), 오래갈 수 없는 상이다(효상). 「상」은 효사를, 날지 못하는 닭이 하늘로 날아 올라갔으니, 오래가지 않고 땅에 떨어진다고 해석하였다.

62. 소과小過

小過. 亨, 利貞. 可小事, 不可大事. 飛鳥遺之音, 不宜上, 宜下, 大
吉.

소과는 형통하고, 바르게 하여 이롭다. 작은 일은 할 수 있으나, 큰일은 할
수 없다. 날아가는 새가 소리를 내는데, 위로 올라가면 마땅하지 못하고, 아
래로 내려오면 마땅하니, 크게 길하다.

'소과小過'는 괘명이며, 작은 것이 잘못되었다는 뜻이다. '형亨'은 형통하
다는 뜻의 통通이다. '정貞'은 바르다는 뜻의 정正이다. '이정'은 바르게 하
여 이롭다는 말이다. '유遺'는 주다는 뜻의 여予이다.

象曰 小過, 小者過而亨也. 過以'利貞', 與時行也. 柔得中, 是以
'小事吉'也. 剛失位而不中, 是以'不可大事'也. 有'飛鳥'之象焉,
'飛鳥遺之音, 不宜上, 宜下, 大吉', 上逆而下順也.

소과가 '형통하다'는 것은 작은 것이 잘못되었으나 형통하다는 것이다.

"

(작은 것이) 잘못되었으나 '바르게 하여 이롭다'는 것은 때와 더불어 행하기 때문이다. 유가 가운데 자리를 얻었으므로 '작은 일은 할 수 있다'는 것이고, 강이 바른 자리를 잃고 가운데 자리에 있지 않으므로 '큰일은 할 수 없다'는 것이다. '날아가는 새'의 상이 있으며, '날아가는 새가 소리를 내는데, 위로 올라가면 마땅하지 못하고, 아래로 내려오면 마땅하니, 크게 길하다'는 것은 위로 날아가면 거스르는 것이고 아래로 날아가면 순응하는 것이라는 말이다.

[小過] 괘명이다. 「서괘」에 "믿음이 있는 사람은 반드시 행하니, 그러므로 소과괘로 받는다(有其信者必行之, 故受之以小過)"고 하였다. 사람이 어떤 일을 행하는 데는 반드시 작은 과실이 있기 마련이라는 것이다. 「잡괘」에는 "'소과'는 과실이다(小過, 過也)"라고 하였다. 주희는 "'소'는 음을 말한다. 괘는 네 음이 밖에 있고, 두 양이 안에 있어, 음이 양보다 많으니, 작은 것이 지나친 것이다(小, 謂陰也. 爲卦, 四陰在外, 二陽在內, 陰多於陽, 小者過也)"라고 하였다. 괘체로 보면, 위아래에 두 개씩 모두 네 음이 있고, 가운데에 두 양이 있으니, 음(소)이 많으므로 '소과'라고 한 것이라는 말이다. 「단」은 작은 것이 잘못되었다, 「상」은 '과過'를 지나치다는 뜻으로 해석하였다. 28번 대과괘大過卦와 비교하여 읽어보라.

[小過, 小者過而亨也.] 괘명과 괘사 '형亨'을 해석하였다. '소과' 아래에 당연히 '형'자가 있어야 한다(왕념손). 괘사의 '형亨'자가 있는 것이 「단」의 통례이다. 「단」은 '소과형小過亨'을, 소과괘가 '형통하다'는 것은 작은 것이 잘못되었으나 형통하다고 해석하였다.

[過以 '利貞', 與時行也.] 괘사의 '이정利貞'을 해석하였다. '이以'는 앞의 '이而'와 같다. '여시행與時行'은 객관 상황에 상응하는 행동을 한다는 것이다. 이렇게 하기 때문에 바르게 하여 이롭다는 것이다. 「단」은 괘사의 '이정'을, 작은 것이 잘못되었으나 '바르게 하여 이롭다'는 것은 때와 더불어 행하기 때문이라고 해석하였다.

[柔得中, 是以 ‘小事吉’也.] 이하 괘체를 가지고 괘사를 해석하였다. ‘유柔’는 둘째와 다섯째 음효를 가리킨다. ‘득중得中’은 둘째와 다섯째 음효가 각각 위 아랫괘에서 가운데 자리를 얻었다는 것이며(효위), 유약한 사람이 중도를 얻은 상이다(효상). ‘소사길小事吉’은 괘사를 따라 당연히 ‘가소사可小事’라고 해야 한다. 「단」은 괘사의 ‘가소사’를, 둘째와 다섯째 음효가 가운데 자리를 얻었으므로 작은 일은 할 수 있다고 해석하였다. 즉 유약한 사람이 중도를 얻었으므로 작은 일은 할 수 있다는 말이다.

[剛失位而不中, 是以 ‘不可大事’也.] ‘강剛’은 셋째와 넷째 양효를 가리킨다. ‘실위失位’는 넷째 양효가 양이면서 음의 자리에 있다는 것이고, ‘부중不中’은 셋째와 넷째 양효가 가운데 자리에 있지 않다는 것이며(효위), 강건한 사람이 합당한 자리에 처하지 못하고 또 중도를 얻지 못한 상이다(효상). 「단」은 괘사의 ‘불가대사’를, 넷째 양효가 바른 자리를 잃고, 셋째와 넷째 양효가 가운데 자리에 있지 않으므로 큰일은 할 수 없다고 해석하였다. 즉 강건한 사람이 합당한 자리에 처하지 못하고 또 중도를 얻지 못했으므로 큰일은 할 수 없다는 말이다.

[有 ‘飛鳥’之象焉] 이하 괘체를 가지고 괘사를 해석하였다. 송충은 “두 양이 안에 있고, 위아래가 각각 음이니, 날아가는 새가 날개를 펴는 상과 같다(二陰在內, 上下各陰, 有似飛鳥舒翮之象)”고 하였다. 정이는 “가운데가 강이고 밖은 유이니, 날아가는 새의 상(中剛外柔, 飛鳥之象)”이라 하였고, 주희와 래지덕은 “괘체는 안은 실하나 밖은 허하니, 날아가는 새의 상이다(卦體內實外虛, 有飛鳥之象)”라고 하였다. 정이는 “이 한 구절은 「단」의 문체와 같지 않으니, 아마 해석한 사람의 말인데, 잘못해서 「단」 속에 들어갔을 것이다(此一句, 不類彖體. 蓋解者之辭, 誤入彖中)”라고 하였다. 필자는 정이의 말에 동의한다.

[‘飛鳥遺之音, 不宜上, 宜下, 大吉’, 上逆而下順也.] ‘상역이하순上逆而下順’에 대해 몇 가지 해석이 있다. 첫째, 왕숙은 “넷째 양효와 다섯째 음효는 바른 자리를 잃었으니 ‘상역’이라 하고, 둘째 음효와 셋째 양효는 바른 자리를 얻

었으니 ‘하순’이라 한다(四五失位, 故曰上逆. 二三得正, 故曰下順也)”고 하였다. 넷째 양효는 양이면서 음의 자리에 있고 다섯째 음효는 음이면서 양의 자리에 있으니, 위가 거스른다는 것이고, 둘째 음효는 음이 음의 자리에, 셋째 양효는 양이 양의 자리에 있으니, 아래가 순응한다는 말이다. 유백민이 이를 따랐다. 둘째, 왕필은 “위는 강을 타고 있으니 역이고, 아래는 양을 잇고 있으니, 순이다(上則乘剛, 逆也. 下則承陽, 順也)”라고 하였다. 즉 다섯째 음효는 넷째 양효를 타고 있으니 거스르는 것이고, 둘째 음효는 셋째 양효를 이으니 순응하는 것이라는 말이다. 공영달이 이를 따랐다. 셋째, 정이는 “소리가 거슬러서 위로 올라가면 듣기가 어렵고, 순응하여 아래로 내려오면 듣기가 쉽다(夫聲逆而上則難, 順而下則易)”고 하였다. 즉 새의 울음소리가 위로 올라가면 거스르는 것이니 듣기가 어렵고, 아래로 내려오면 순응하는 것이니 듣기가 쉽다는 말이다. 고형이 이를 따랐다. 넷째, 래지덕은 “윗괘는 양을 타고 또 넷째 다섯째가 바른 자리를 잃었으니 역이고, 아랫괘는 양을 잇고 또 둘째와 셋째가 바른 자리를 얻었으니, 순이다(上卦乘陽, 且四五失位, 逆也. 下卦承陽, 且二三得正, 順也)”라고 하였다. 즉 윗괘의 다섯째와 꼭대기 음효는 넷째 양효를 타고 있고, 또 넷째 양효가 양이면서 음의 자리에, 다섯째 음효가 음이면서 양의 자리에 있으니 거스르는 것이고, 아랫괘의 처음과 둘째 음효는 셋째 양효를 잇고 있고, 또 둘째 음효와 셋째 양효는 음양이 각각 자신의 바른 자리에 있으니 순응하는 것이라는 말이다. 진고응은 “‘상上’은 나아가 행하는 것이고, ‘하下’는 물러나 편안히 지키는 것이다. 음이 강하고 양이 약할 때, 나아가 행하는 것은 때를 거슬러 움직이는 것이고, 물러나 자신을 지키는 것은 때에 부합하는 것이다”라고 하였다. 이러한 해석은 모두 통한다.「단」은 괘사의 ‘비조유지음, 불의상, 의하, 대길’을, 날아가는 새가 소리를 내는데, 위를 향해 날아가면 사람이 들을 수 없으니 거스르는 것이고, 아래를 향해 날아가면 사람이 들을 수 있으니 순응하는 것이라고 해석하였다. 그러므로 위로 올라가면 마땅하지 못하고, 아래로 내려오면 마땅하니, 그 마땅함을 얻어 크게 길하다는 것이다.

象曰 山上有雷, 小過. 君子以行過乎恭, 喪過乎哀, 用過乎儉.

산 위에 우레가 있는 것이 소과괘의 상이다. 군자는 이 괘상을 본받아 행함에 공손함이 지나치고, 상을 치르면서 슬퍼함이 지나치며, 재물을 쓰면서 검소함이 지나친다.

[山上有雷, 小過.] 소과괘는 아랫괘가 간艮이고 윗괘는 진震이다. 간은 산山이고 진은 우레(雷)이다. 그런즉 '산 위에 우레가 있는 것'이 소과괘의 상이다.

[君子以行過乎恭, 喪過乎哀, 用過乎儉.] '상喪'은 죽은 사람을 위해 장례를 치르는 것이다. '용用'은 재물을 쓰는 것이고, '검儉'은 검소함이다. 산 위에 우레가 있으니, 우레는 높은 산 위에 있을 뿐 아직 하늘에는 이르지 않았다. 이것은 조금 지나친 것이다. 군자는 이 괘상을 보고 이를 본받아 행함에 조금 지나칠 정도로 공손하고, 상을 치르면서 조금 지나칠 정도로 슬퍼하며, 재물을 쓰면서 조금 지나칠 정도로 절약한다.

정이는 "우레가 산 위에서 진동하니, 그 소리가 평소보다 지나치므로 소과이다. 천하의 일은 때로는 마땅히 지나쳐야 할 것이 있으나, 심히 지나쳐서는 안 되기 때문에 소과(조금 지나치는 것)이다. 군자는 소과의 상을 보고, 일이 마땅히 지나쳐야 할 것은 힘쓰니, 행함에 공손함이 지나치고, 상을 치르면서 슬퍼함이 지나치며, 재물을 쓰면서 검소함이 지나치는 것이 그것이다. 지나쳐야 할 것을 지나치는 것은 곧 그 마땅함이다. 지나치지 말아야 할 것을 지나치면 지나친 것이다(雷震於山上, 其聲過常, 故爲小過. 天下之事, 有時當過, 而不可過甚, 故爲小過. 君子觀小過之象, 事之宜過者則勉之, 行過乎恭, 喪過乎哀, 用過乎儉是也. 當過而過, 乃其宜也. 不當過而過, 則過矣)"라고 하였다.

初六. 飛鳥以凶.

처음 음효는 나는 새가 흉을 가져온다.

이 구절에 대해 여러 가지 해석이 있다. 왕필은 "소과는 위로 날아가면 거스르는 것이고 아래로 날아가면 순응하는 것인데, 처음 음효는 윗괘(넷째 양효)와 응한다. 나아가 거스르는 곳으로 가니, 앉을 곳이 없으므로 나는 새의 흉이다(小過, 上逆下順, 而應在上卦. 進而之逆, 无所錯足, 飛鳥之凶也)"라고 하였다. 공영달도 같이 말했다. 정이는 "처음 음효는 지나침이 날아가는 새가 빠른 것과 같으니, 그래서 흉하다(其過如飛鳥迅疾, 所以凶也)," 주희는 "(처음 음효는 넷째 양효와 응하므로) 나는 새가 위로 날아가니 흉하다", 래지덕은 '이以'를 인因으로 읽고, "날아가니 흉하다(飛鳥以致凶)", 왕부지 역시 "날아가니 흉하다(以飛故凶)," 상병화는 "간은 새이다. 처음 음효는 넷째 양효와 응하나 둘째 음효라는 적이 가로막고 있다. 또 음이 양의 자리에 있으니 흉하다," 굴만리는 '이以'를 급及과 이而, 두 가지로 읽었다. "나는 새가 흉함에 이른다(飛鳥及凶)," "(나는 새는 높이 올라가는 것이 마땅하고, 아래로 내려가는 것이 마땅하지 않으므로) 나는 새가 아래로 날아가니 흉하다(飛鳥而凶)"고 하였다. 유백민은 '이以'를 유有로 읽고, "(넷째 양효와 응하므로) 나는 새가 위로 날아가니 흉함이 있다," 이경지는 "나는 새가 지나가며 흉을 가져온다(飛鳥經過, 帶來了凶兆)," 고형은 '이以'자 아래에 시矢자가 빠졌다 하고, "나는 새가 화살에 맞은 채 날아가니 흉하다," 진고응은 "(위로 올라가 대사를 도모하므로) 나는 새가 위로 날하가니 흉하다"고 하였다. 필자는 '이以'는 주다는 뜻의 여與로 새기고, "나는 새가 흉을 가져온다"고 해석하였다. 이러한 해석은 다 통한다.

象曰 ‘飛鳥以凶’, 不可如何也.
‘나는 새가 흉을 가져온다’는 것은 어찌할 도리가 없다는 것이다.

‘불가여하不可如何’는 어찌할 도리가 없다(无可奈何)는 것이다. 「상」은 효사를, 나는 새가 흉을 가져오는 것은 어찌할 수 없는 것이라고 해석하였다.

六二. 過其祖, 遇其妣, 不及其君, 遇其臣, 无咎.
둘째 음효는 할아버지 앞을 지나쳐 할머니를 만나고, 임금의 뒤에 떨어져 신하를 만나니, 허물이 없다.

‘과過’는 그 앞을 지나가다는 뜻이다. ‘조祖’는 할아버지이다. ‘비妣’는 할머니이다. ‘불급不及’은 그 뒤에서 가는 것이다.

象曰 ‘不及其君’, 臣不可過也.
‘임금의 뒤에 떨어진다’는 것은 신하가 임금을 지나칠 수 없다는 것이다.

「상」은 효사의 ‘불급기군不及其君’을, 신하는 임금을 앞서 갈 수 없으므로 임금의 뒤에 떨어져 가니 허물이 없다고 해석하였다.

九三. 弗過防之, 從或戕之, 凶.
셋째 양효는 지나치지 않았을 때 방지해야 하며, (지나침을) 따르면 혹 그 몸을 망치니, 흉하다.

'불弗'은 불不과 같다. '과過'는 지나치다는 뜻이다. '종從'은 따르다는 뜻의 수隨이다. '장戕'은 죽이다는 뜻의 살殺(우번), 다치다는 뜻의 상傷이다.

象曰 '從或戕之', '凶'如何也.
'(지나침을) 따르면 혹 그 몸을 망친다'는 것은 흉함을 어찌하겠는가 하는 것이다.

'흉여하凶如何'는 그 흉함을 어찌할 수 없다는 것이다. 「상」은 효사의 '종혹장지從或戕之'를, 지나치게 되면 혹 그 몸을 망친다는 것은 흉함을 어찌하지 못한다고 해석하였다.

九四. 无咎, 弗過遇之, 往厲必戒, 勿用, 永貞.
넷째 양효는 허물이 없으니, 지나치지 않았을 때 만나며, 가면 위태로우니 반드시 경고한다. (이런 일은) 하지 말라. 영원히 바르게 해야 한다.

'우遇'는 만나다는 뜻의 봉逢이다. '계戒'는 경고하는 것이다. '물용勿用'은 하지 말라는 뜻이다. '영정永貞'은 영원히 바르게 해야 한다는 뜻이다.

象曰 '弗過遇之', 位不當也. '往厲必戒', 終不可長也.
'지나치지 않았을 때 만난다'는 것은 자리가 합당하지 않기 때문이다. '가면 위태로우니 반드시 경고한다'는 것은 끝내 오래갈 수 없다는 것이다.

'위부당位不當'은 넷째 양효가 양이면서 음의 자리에 있다는 것이며(효위), 처한 자리가 합당하지 않는 상이다(효상). 「상」은 효사의 '불과우지弗

過遇之’를, 만나는 것은 장차 지나치기 때문이니, 이것은 넷째 양효의 자리가 합당하지 않기 때문이라고 해석하였다. ‘왕려필계往厲必戒’는 경고해야 하는 것은 장차 가면 위태롭기 때문이니, 위태로운 데로 가면 끝내 오래갈 수 없다고 해석하였다.

六五. 密雲不雨, 自我西郊, 公弋取彼在穴.
다섯째 음효는 짙은 구름이 일어도 비가 오지 않으니, 우리 서쪽들에서부터이다. 공公이 주살을 새에게 쏘아 그 새를 굴에서 취한다.

‘밀운密雲’은 짙은 구름이라는 뜻이다. ‘서교西郊’는 서쪽 교외이다. ‘익弋’은 가느다란 끈을 화살에 매어 새를 쏘는 것이다. ‘피彼’는 새를 가리킨다.

象曰 ‘密雲不雨’, 已上也.
① ‘짙은 구름이 일어도 비가 오지 않는다’는 것은 다섯째 음효가 위에 있다는 것이다.
② ‘짙은 구름이 일어도 비가 오지 않는다’는 것은 (구름이) 이미 (하늘로) 올라갔다는 것이다.

‘이상已上’에 대해, 왕필은 “양이 이미 위에 있으므로 멈추었다(陽已上, 故止也)”고 하였는데, 공영달은 “아랫괘인 간괘의 양효가 이미 한 괘의 꼭대기에 있으므로 멈춤을 이루었다(以艮之陽爻, 已上於一卦之上, 而成止)”고 하였다. 이들은 ‘상’을 아랫괘인 간괘의 꼭대기 양효로 보았다. 정이는 “양은 내려오고 음은 올라가, 음양이 교합하면 조화를 이루어 비가 된다. 음은 이미 위에 있으니 구름이 비록 짙으나 어찌 비를 이룰 수 있겠는가? 음이 지나쳐 큰 것을 이룰 수 없다는 뜻이다(陽降陰升, 合則和而成雨. 陰已在上, 雲雖密, 豈

能成雨乎? 陰過不能成大之義也)"라고 하였는데, '상'을 다섯째 음효가 위에 있는 것으로 해석하였다. 주희는 "'이상'은 매우 높은 것(已上, 太高也)"이라고 하였는데, 래지덕 역시 다섯째 음효가 위에 있는 것으로 해석하였다. 유백민은 다섯째와 꼭대기가 위에 있는 것으로 해석하였다. 고형은 "구름이 이미 하늘로 올라갔다"고 해석하였다. 진고응은 "다섯째 음효가 위로 올라갔다"고 해석하였다. 이러한 해석은 모두 통한다. '이상已上'은 다섯째 음효가 위에 있다, 혹은 구름이 이미 하늘로 올라갔다는 말이다. 「상」은 효사의 '밀운불우密雲不雨'를, 짙은 구름이 일어도 비가 오지 않는 것은 다섯째 음효가 위에 있기 때문, 혹은 구름이 이미 하늘로 올라갔기 때문이라고 해석하였다.

上六. 弗遇過之, 飛鳥離之, 凶, 是謂災眚.
꼭대기 음효는 만나지 않아 지나치게 하여, 날아가는 새를 그물로 잡으니, 흉하다. 이것을 재앙이라고 한다.

'우遇'는 만나다는 뜻의 봉逢이다. '과지過之'는 지나치게 하는 것이다. '리離'는 공영달이 '라망羅網'으로 읽었다. '리'는 그물이라는 뜻의 라羅로 읽으며, 그물을 쳐서 날아가는 새를 잡는 것을 말한다. '생眚'은 재앙이라는 뜻의 재災와 같다.

象曰 '弗遇過之', 已亢也.
'만나지 않아 지나치게 한다'는 것은 이미 끝에 이르렀다는 것이다.

'이已'는 이미, '항亢'은 끝이라는 뜻의 극極이다(공영달). 건괘 꼭대기 양효의 '항룡유회亢龍有悔'의 '항亢'과 같으며, 꼭대기 음효를 가리켜 말한 것

이다. 꼭대기 음효는 한 괘의 꼭대기에 있으니(효위), 지나쳐 끝에 이른 상이다(효상). 「상」은 효사의 '불우과지弗遇過之'를, 만나지 않아 지나치게 한다는 것은 꼭대기 양효가 이미 끝에 이르렀기 때문이라고 해석하였다.

63. 기제旣濟

旣濟. 亨小. 利貞. 初吉終亂.

기제는 작은 것은 형통하다. 바르게 하여 이롭다. 처음은 길하나 끝은 어지럽다.

'기제旣濟'는 괘명이며, 일이 이미 이루어졌다는 뜻이다. '기旣'는 이미라는 뜻의 이己(정현), '제濟'는 이루다는 뜻의 성成이다. '형亨'은 형통하다는 뜻의 통通이다. 주희는 "'형소亨小'는 당연히 '소형小亨'으로 해야 한다(亨小當爲小亨)"고 하였다. 「단」에서도 '소형'으로 해석하였다. 옮겨 쓰면서 글자의 위치가 바뀌었을 것이다. 『석문』에는 "'소'를 '이정'에 이어 쓴 것은 틀린 것(以小連利貞者非)"이라고 하였다. '소형小亨'은 작은 것은 형통하다는 것이다. '정貞'은 바르다는 뜻의 정正이다. '이정'은 바르게 하여 이롭다는 말이다.

象曰 旣濟'亨', 小者亨也. '利貞', 剛柔正而位當也. '初吉', 柔得中也. ‘終’止則‘亂’, 其道窮也.

기제가 ‘형통하다’는 것은 작은 것은 형통하다는 것이다. ‘바르게 하여 이롭다’는 것은 강유가 바르고 자리가 합당하기 때문이다. ‘처음은 길하다’는 것은 유가 가운데 자리를 얻었기 때문이다. ‘끝은 어지럽다’는 것은 그 도가 궁하다는 것이다.

[旣濟] 괘명이다. 「서괘」에 “그릇된 일이 있는 사람은 반드시 이루니, 그러므로 기제괘로 받는다(有過物者必濟, 故受之以旣濟)”고 하였고, 『이아』 「석언」에 “‘제’는 이루다는 뜻의 성(濟, 成也)”이라고 하였다. 「잡괘」에는 “‘기제’는 정하다는 뜻의 정(旣濟, 定也)”이라고 하였는데, ‘정定’은 곧 ‘성成’과 같다. ‘기제旣濟’는 ‘기성旣成’이며, 일이 이미 이루어졌다는 뜻이다. 주희는 “기제는 일이 이미 이루어졌다는 것이다. 괘는 물과 불이 서로 교합하니, 각각 그 쓰임을 얻었다. 여섯 효의 자리가 각각 바른 자리를 얻었으므로 기제이다(旣濟, 事之旣成也. 爲卦, 水火相交, 各得其用. 六爻之位, 各得其正, 故爲旣濟)”라고 하였다.

[旣濟‘亨’, 小者亨也.] 괘사의 ‘소형小亨’을 해석하였다. 주희는 “‘제濟’자 아래에 ‘소小’자가 빠져나간 것 같다(濟下疑脫小字)”고 하였다. 옮겨 쓰면서 빠졌을 것이다. 괘사에서 ‘소형小亨’이라고 하였으므로, 「단」에서는 이를 해석하여 ‘소자형야小者亨也’라고 한 것이다. ‘기제旣濟’는 괘명이고, ‘소형小亨’은 괘사이며, ‘소자형야小者亨也’는 괘사를 해석한 것이다. 「단」은 괘사의 ‘소형’을 작은 것은 형통하다고 해석하였다.

[‘利貞’, 剛柔正而位當也.] 괘체를 가지고 괘사의 ‘이정利貞’을 해석하였다. ‘강유정剛柔正’에 대해 세 가지 해석이 있다. 첫째, 후과는 “기제괘는 태괘를 근본으로 하였다. 태괘의 다섯째 음효가 기제괘의 둘째 자리로 내려오고, 태괘의 둘째 양효가 기제괘의 다섯째 자리로 올라간 것이다. 이것이 강유가 바르고 자리가 합당한 것이다(此本泰卦. 六五降二, 九二升五, 是剛柔正當位也)”라고 하였다. 그는 ‘강’을 다섯째 양효, ‘유’를 둘째 음효로 보았다. 다섯째

642

양효는 윗괘의 가운데 자리에 있고, 양이 양의 자리에 있다. 둘째 음효는 아 랫괘의 가운데 자리에 있으며, 음이 음의 자리에 있다. 그래서 '바르다(正)' 는 것이다. 둘째, 공영달은 "둘째, 셋째, 넷째, 다섯째 모두 바른 자리를 얻 은 것으로 '이정'을 해석하였다. 강유가 모두 바르면 사악함이 행할 수 없다 (此就二三四五, 並皆得正, 以釋利貞也. 剛柔皆正, 則邪不可行)"고 하였다. 즉 '강剛'은 처음, 셋째, 다섯째 양효를 가리키고, '유柔'는 둘째, 넷째, 꼭대기 음효를 가리킨다. '정正'과 '위당位當'은 같은 뜻이다. 처음, 셋째, 다섯째 양 효는 양이 양의 자리에, 둘째, 넷째, 꼭대기 음효는 음이 음의 자리에 있다 는 말이다. 그래서 '바르다(正)'는 것이다. 뒷사람들은 모두 이를 따랐다. 래 지덕은 "처음, 셋째, 다섯째는 양이 양의 자리에 있고, 둘째, 넷째, 꼭대기는 음이 음의 자리에 있으니, 강유가 바르고 자리가 합당한 것이다. 강유가 바 른 것이 곧 자리가 합당한 것이며, '바르다(貞)'는 뜻이 있다. 그러므로 '이 정'이라 한 것이다(初三五, 陽居陽位, 二四六, 陰居陰位, 剛柔正而位當也. 剛柔 正, 即是位當, 有貞之義, 故曰利貞)"라고 하였다. 셋째, 고형은 "기제괘의 윗 괘는 감이고 아랫괘는 리이다. 감은 양괘이고 강이며, 리는 음괘이고 유이 다. 강은 위에 있고 유는 아래에 있으니, 이것이 '강유정'이다. 또 기제의 처 음, 셋째, 다섯째 양효는 모두 양효이고 강이며 양의 자리에 있고, 둘째, 넷 째, 꼭대기는 모두 음효이고 유이며 음의 자리에 있다. 이것이 '위당'이다." 고 하였다. 세 가지 해석은 모두 통한다. 「단」은 괘사의 '이정'을, 괘체에서 강유가 각각 자신의 바른 자리에 있기 때문에 바르게 하여 이롭다고 해석하 였다.

['初吉', 柔得中也.] 괘사의 '초길初吉'을 해석하였다. '유柔'는 둘째 음효를 가리킨다. '득중得中'은 둘째 음효가 아랫괘의 가운데 자리를 얻었다는 것 이며(효위), 중정의 도를 얻은 상이다(효상). 「단」은 괘사의 '초길'을, 둘째 음효가 아랫괘의 가운데 자리를 얻었으므로 처음은 길하다고 해석하였다.

['終'止則'亂', 其道窮也.] 괘사의 '종란終亂'을 해석하였다. '종終'과 '궁窮' 은 꼭대기 음효를 가리켜 말한 것이다. 꼭대기 음효는 한 괘의 꼭대기에 있

으니(효위), '끝(終)'이고, '궁(窮道)'한 상이다(효상). '지즉止則' 두 글자는
잘못 들어간 것이다. 「단」은 먼저 괘사를 들고 이어 해석하였다. 이것이 64
괘의 통례이다. 또 이 두 글자가 없어야 '초길, 유득중야', '종란, 기도중야'
가 서로 짝이 되며 운도 맞다. '도'는 기제의 도, 즉 이미 이루어진 도이다.
「단」은 괘사의 '종란'을, 끝은 어지럽다는 것은 기제의 도가 궁하다는 것이
라 해석하였다. 진고응은 이 구절은 '종란終亂, 지즉란止則亂'의 생략한 글
이라고 하였다. 이렇게 읽어도 통한다. 「단」은 '지止'를 가지고 '종終'을 해
석한 것이다. '지止'는 기제既濟의 제濟의 뜻이다. '끝이 어지럽다는 것은
일을 이루면 어지럽다'는 말이다. 기제의 끝(終)은 모든 것이 이미 다 이루
어졌다. 사물은 극에 이르면 반드시 돌아오니, 이루어지면(止) 반드시 어지
러워지며(亂), 이것은 기제, 즉 이미 이루어진 도道가 다하였다(窮)는 말이
다. 「단」은 괘사의 '종란終亂'을, 끝은 어지럽다는 것은 일을 이루면 어지럽
다는 것이니, 기제의 도가 궁한 것이라고 해석하였다. 두 가지 해석은 모두
통한다.

象曰 水在火上, 旣濟. 君子以思患而豫防之.
물이 불 위에 있는 것이 기제괘의 상이다. 군자는 이 괘상을 본받아 재난을
생각하고 이를 미리 방비한다.

[水在火上, 旣濟.] 기제괘는 윗괘가 감坎이고 아랫괘는 리離이다. 감은 물
(水)이고 리는 불(火)이다. 그런즉 '물이 불 위에 있는 것'이 기제괘의 상
이다.

[君子以思患而豫防之.] '환患'은 재난이다. '예豫'는 예預와 같으며, 미리,
먼저라는 뜻의 선先이다. 물이 불 위에 있으니, 물은 아래로 내려오고 불은
위로 올라가, 음양이 교합하여 일은 이미 이루어졌다. 군자는 이 괘상을 보
고 이를 본받아 일이 이루어졌을 때 장차 일어날 재난을 생각하고 이를 미

리 방비한다.

정이는 "물과 불이 이미 교합하여 각각 그 쓰임을 얻으니 기제이다. 때는 이미 이루어진 때이나, 다만 재난이 일어날 것을 염려하므로 재난을 생각하고 예방하여, 재난에 이르지 않도록 하는 것이다. 예로부터 천하가 이미 이루어졌는데 재앙을 불러오는 것은 대개 재난을 생각하여 예방하지 않았기 때문이다(水火旣交, 各得其用, 爲旣濟. 時當旣濟, 唯慮患害之生, 故思而(患)豫防, 使不至於患也. 自古天下旣濟而致禍亂者, 蓋不能思患而豫防也)"라고 하였다. 굴만리는 "물과 불은 모두 재난을 일으킬 수 있다(以水火皆可以成災也)"고 하였다.

初九. 曳其輪, 濡其尾, 无咎.
처음 양효는 수레바퀴를 끌며, 그 뒤를 적시나, 허물이 없다.

'예曳'는 끌다는 뜻의 납拉이다. '윤輪'은 수레바퀴이다. '유濡'는 물에 젖다는 뜻이다.

象曰 '曳其輪', 義 '无咎'也.
'수레바퀴를 끈다'는 것은 마땅히 '허물이 없다'는 것이다.

'의義'는 마땅하다는 뜻의 의宜로 읽는다. 「상」은 효사의 '예기륜曳其輪'을, 수레바퀴를 끌며, 그 뒤를 적시나 마땅히 허물이 없다고 해석하였다.

六二. 婦喪其茀, 勿逐, 七日得.
둘째 음효는 부인이 머리 장식물을 잃었으나, 찾지 않아도 칠 일이면 얻

는다.

‘상喪’은 잃다는 뜻의 실失이다. 『백서』에는 ‘불茀’을 ‘발發’로 하였고, 『집
해』와 『석문』에 마융과 자하는 ‘불髴’로 하였다. ‘불茀’과 ‘발發’은 모두 불髴
로 읽으며, 부인이 머리를 장식하는 것이다. 우번은 “부인이 머리를 꾸미는
것(婦人之首飾)”, 『석문』에는 “머리를 꾸미는 것(首飾)”이라고 하였다. ‘축
逐’은 찾는다는 뜻의 심尋이다.

象曰 ‘七日得’, 以中道也.
‘칠 일이면 얻는다’는 것은 중도를 행하기 때문이다.

‘이以’는 인因으로 읽는다. ‘중도中道’는 둘째 음효가 아랫괘의 가운데 자
리에 있다는 것이며(효위), 부인이 중도를 행하는 상이다(효상). 「상」은 효
사의 ‘칠일득七日得’을, 부인이 머리 장식물을 잃었으나, 찾지 않아도 칠일
이면 얻는 것은 부인이 중도를 행하기 때문이라고 해석하였다.

九三. 高宗伐鬼方, 三年克之, 小人勿用.
셋째 양효는 고종이 귀방을 정벌하는데, 삼 년만에 이겼다. 소인은 쓰지
말라.

‘고종高宗’은 은나라 왕인 무정武丁이다. ‘귀방鬼方’은 중국 서북 지역에
있었던 나라 이름이다. ‘극克’은 이기다는 뜻의 승勝이다.

象曰 '三年克之', 憊也.
'삼 년 만에 이겼다'는 것은 몹시 지쳤다는 것이다.

'비憊'는 고달프다, 매우 피곤하다, 몹시 지치다는 뜻이다. 「상」은 효사의 '삼년극지三年克之'를, 고종이 귀방을 정벌하는데, 삼 년의 긴 세월이 걸려 몹시 지쳤다고 해석하였다. 즉 귀방을 정벌하는 것이 그만큼 힘들었다는 말이다.

六四. 繻有衣袽, 終日戒.
넷째 음효는 해진 저고리가 젖었으니, 종일 조심해야 한다.

'수繻'는 젖다는 뜻의 유濡이다(왕필). '유有'는 어於와 같다. '의衣'는 윗옷이다. 아래옷은 상裳이라고 한다. '녀袽'는 우번이 '패의敗衣'라고 하였는데, 해진 옷이다. '의녀衣袽'는 저고리가 해어졌다는 뜻이다. '계戒'는 조심하다, 삼가다는 뜻의 신愼이다.

象曰 '終日戒', 有所疑也.
'종일 조심해야 한다'는 것은 의심하는 바가 있다는 것이다.

「상」은 효사의 '종일계終日戒'를, 해진 저고리가 젖었으니 종일 조심해야 하는 것은 혹 추위에 병들지 않을까 등의 의심하는 바가 있는 것이라고 해석하였다.

九五. 東鄰殺牛, 不如西鄰之禴祭, 實受其福.

다섯째 양효는 동쪽 이웃에서 소를 잡는 것이, 서쪽 이웃의 간소한 제사만
못하니, 실제 그 복을 받는다.

『백서』에는 '살우殺牛' 아래에 '이제以祭' 두 글자가 있으나, 「상」은 '이
제' 없이 해석하였다. '동린東鄰'은 은나라를, '서린西鄰'은 주나라를 가리킨
다. 왕필은 "'우'는 제사가 성대한 것이고, '약'은 제사가 간소한 것이다(牛,
祭之盛者也. 禴, 祭之薄者也)"라고 하였다. '약제禴祭'는 밥과 채소만을 사용
하고 큰 희생은 사용하지 않은 간소한 제사의 이름이다.

象曰 '東鄰殺牛', '不如西鄰'之時也. '實受其福', 吉大來也.

'동쪽 이웃에서 소를 잡는 것이' '서쪽 이웃의 간소한 제사를 지낼 때만 못
하다.' '실제 그 복을 받는다'는 것은 길함이 크게 온다는 것이다.

'시時'에 대해, 왕필은 '합시合時'라고 하였는데, 공영달은 '합제사지시合
祭祀之時'로 해석하였다. 최경은 '기제지시旣濟之時'라고 하였다. 정이는 "둘
째 음효의 때(二之時)"라 하고, 둘째 음효는 아래에 있으니 "나아감이 있을
때(有進之時)"라고 하였다. 주희는 "다섯째 음효는 존위에 거하여 때가 이미
지나갔으니, 둘째 음효가 아래에서 비로소 때를 얻은 것만 못하다(九五居尊
而時已過, 不如六二之在下而始得時也)"고 하였다. 래지덕은 '지시知時'라고
하였다. 고형은 『광아』「석고」에 '시는 훌륭하다는 뜻의 선(時, 善也)'이라
고 하였다. '시時'는 제물이 훌륭한 것을 말한다. 옛말에 식품이나 제물이 훌
륭한 것을 '시時'라 하였다"라고 하였다. 굴만리는 '시의時宜'로, 진고응은
'천시天時'라고 해석하였다. 필자는 '약제지시禴祭之時'로 보았다. '시'는 곧
간소한 제사를 지낼 '때'를 가리킨다. 「상」은 효사를, 동쪽 이웃이 소를 잡아

648

성대한 제사를 지내는 것이 서쪽 이웃이 밥과 채소 등만을 사용한 간소한 제사를 지낼 때만 못하다고 해석하였다. 또 효사의 '실수기복實受其福'은 실제 그 복을 받는다는 것은 그 길복이 장차 크게 오는 것이라고 해석하였다.

上六. 濡其首, 厲.
꼭대기 음효는 머리를 적시니, 위태롭다.

'유濡'는 물에 젖다는 뜻이다. '여厲'는 위태롭다는 뜻의 위危이다.

象曰 '濡其首厲', 何可久也.
'머리를 적시니 위태롭다'는 것은 오래갈 수 없다는 것이다.

'하가구何可久'는 꼭대기 음효를 가리켜 말한 것이다. 꼭대기 음효는 한 괘의 꼭대기에 있으니(효위), 오래갈 수 없는 상이다(효상). 「상」은 효사를, 물을 건너다가 머리를 적시니, 오래갈 수 없으므로 위태롭다고 해석하였다.

64. 미제未濟

未濟. 亨. 小狐汔濟, 濡其尾, 无攸利.

미제는 형통하다. 작은 여우가 물을 거의 건너다가, 꼬리를 적시니, 이로울 것 없다.

'미제未濟'는 괘명이며, 일이 이루어지지 않았다는 뜻이다. '제濟'는 이루다는 뜻의 성성成成이다(우번). '형亨'은 형통하다는 뜻의 통通이다. '흘汔'은 『석문』에 정현이 "거의, 대체로라는 뜻의 기幾"라고 하였는데, 『집해』에 우번도 같은 뜻으로 말하였다. '제濟'는 물을 건너다는 뜻의 도渡이다. '유濡'는 물에 젖다는 뜻이다.

象曰 未濟'亨', 柔得中也. '小狐汔濟', 未出中也. '濡其尾, 无攸利', 不續終也. 雖不當位, 剛柔應也.

미제가 '형통하다'는 것은 유가 가운데 자리를 얻었기 때문이다. '작은 여우가 물을 거의 건넌다'는 것은 물속에서 나오지 않았다는 것이다. '꼬리를 적시니 이로울 것 없다'는 것은 계속하여 끝까지 건널 수 없다는 것이다. 비록 합당한 자리는 아니나, 강과 유는 응한다.

[未濟] 괘명이다. 「서괘」에 "사물은 다할 수 없으니, 그러므로 미제괘로 받아서 끝난다(物不可窮也, 故受之未濟終焉)"고 하였다. 주희는 "미제는 일이 이루어지지 않은 때이다. 물과 불이 교합하지 않으니, 서로 쓰임이 되지 않는다. 괘의 여섯 효는 모두 바른 자리를 잃었으므로 미제이다(未濟, 事未成之時也. 水火不交, 不相爲用. 卦之六爻, 皆失其位, 故爲未濟)"라고 하였다. 미제는 미완성이라는 뜻이다. 우주와 인간의 생멸 변화는 영원히 끝나지 않는다. 자연계와 인간계의 변화는 한 과정이 끝나면 또 다른 과정이 시작하여, 낳고 또 낳는 것이 끝없이 이어진다. 그러므로 『주역』은 미제(미완성)로 끝을 맺었다.

[未濟'亨', 柔得中也.] 괘체를 가지고 괘사의 '형亨'을 해석하였다. '미제未濟'는 괘명이고, '형亨'은 괘사이며, '유득중柔得中'은 괘사를 해석한 것이다. '유柔'는 다섯째 음효를 가리킨다. '득중得中'은 다섯째 음효가 윗괘의 가운데 자리를 얻었다는 것이며(효위), 중도를 얻은 상이다(효상). 「단」은 괘사의 '형'을, 유가 윗괘의 가운데 자리를 얻었으므로 형통하다고 해석하였다.

['小狐汔濟', 未出中也.] 이하 괘사를 해석하였다. '흘汔'은 거의라는 뜻의 기幾이다(우번). '중中'에 대해, 우번은 "둘째 양효는 변하지 않으니, 감괘 중에 있음을 말한다(謂二未變, 在坎中也)"고 하여, '중'을 아랫괘의 가운데 자리에 있는 둘째 양효로 보았다. 왕필은 "위험 속에서 나올 수 없다(未能出險之中)"고 하였는데, '험'은 아랫괘 감坎을 가리킨다. 공영달도 이와 같이 해석하였다. 정이는 "둘째 양효에 의거하여 말한 것이다. 둘째 양효는 양강으로 위험 가운데 있고 장차 건너려는 것이며, 또 위로 다섯째 음효와 응하고 있다. … 그러므로 꼬리를 적시는 환난이 있으니, 위험 속에서 나올 수 없는 것이다(據二而言也. 二以剛陽居險中, 將濟者也, 又上應於五. … 故有濡尾

之患, 未能出於險中也)"라고 하였다. 미제괘는 아랫괘가 감이며, 감은 험險이니, 둘째 양효가 감괘의 가운데, 즉 위험 속에서 나올 수 없는 것이라고 해석한 것이다. 뒷사람들은 대개 이 해석을 따랐다. 왕부지는 "'미출중'은 음이 꼭대기로 건너려 하나 다섯째 자리에 멈추어 꼭대기에 이르지 못하는 것이다. 양의 자리는 다섯째에서 다하고, 음의 자리는 꼭대기에서 다하니, 꼭대기는 음의 존위이다(未出中者, 欲上濟而止於五, 未達乎上也. 陽位極於五, 陰位極於上. 上者, 陰之尊位也)"라고 하였다. 즉 음이 꼭대기에 이르고자 하나 다섯째 자리에서 멈추었으므로 '미출중'이라고 하였다는 말이다. 고형은 '중'을 정正으로 보고, "정도에서 나온 것이 아니다"라고 해석하였다. 진고응은 전통적 해석을 따라 '미출감험지중未出坎險之中'이라고 하였다. 이러한 해석은 모두 통한다. 필자는 '중中'을 문장을 따라 '물 속'이라고 해석하였다. 「단」은 괘사의 '소호흘제'를, 작은 여우가 물을 거의 건넌다는 것은 작은 여우가 아직 물속에서 나오지 않은 것이라고 해석하였다.

['濡其尾, 无攸利', 不續終也.] '불속종不續終'은 계속하여 끝까지 건널 수 없다는 뜻이다. 「단」은 괘사의 '유기미, 무유리'를, 작은 여우가 꼬리를 적시니, 이로울 것 없는 것은 계속하여 끝까지 건널 수 없는 것이라고 해석하였다.

[雖不當位, 剛柔應也.] 괘체를 설명하였다. '부당위不當位'는 미제괘 여섯 효 모두 합당한 자리에 있지 않다는 것이다. 처음, 셋째, 다섯째는 모두 음이면서 양의 자리에 있고, 둘째, 넷째, 꼭대기는 모두 양이면서 음의 자리에 있다. '강유응剛柔應'은 여섯 효 모두 음양이 서로 응하고 있다는 것이다. 처음 음효와 넷째 양효, 둘째 양효와 다섯째 음효, 셋째 음효와 꼭대기 양효는 모두 음양이 서로 응하고 있다. 미제괘는 여섯 효 모두 합당한 자리에 있지 않으나 음양이 서로 응하고 있다는 것이다.

象曰 火在水上, 未濟. 君子以愼辨物居方.

불이 물 위에 있는 것이 미제괘의 상이다. 군자는 이 괘상을 본받아 신중히 사물을 분별하여 각각 그 자리에 있게 한다.

[火在水上, 未濟.] 미제괘는 윗괘가 리離이고 아랫괘는 감坎이다. 리는 불(火)이고 감은 물(水)이다. 그런즉 '불이 물 위에 있는 것'이 미제괘의 상이다.

[君子以愼辨物居方.] '신愼'은 신중하다는 뜻이고, '변辨'은 분별하다는 뜻의 별別(우번), '물物'은 만물이다. '거居'는 처處의 뜻이며, '방方'은 소所의 뜻이다. '변물거방辨物居方'에 대해, 왕필은 "사물을 각각 있을 곳에 있게 하는 것(令物各當其所也)"이라고 하였는데, '각당기소各當其所'를 『석문』에서 '각득기소各得其所'라고 하였다. 불이 물위에 있으니, 불은 위로 올라가고 물은 아래로 내려와, 음양이 교합하지 않으니 일은 이루어지지 않는다. 군자는 이 괘상을 보고 이를 본받아 신중히 사물을 분별하여 각각 그 자리에 있게 한다.

공영달은 "군자는 미제의 때를 보고, 강유가 바른 자리를 잃었으니, 그러므로 신중을 덕으로 하여, 사물을 분별하여 각각 그 자리에 있게 하여, 모두 편안히 있을 곳을 얻게 하니 그래서 이루는 것이다(君子見未濟之時, 剛柔失正, 故用愼爲德, 辨別衆物, 各居其方, 使皆得安其所, 所以濟也)"라고 하였다. 정이는 "물과 불이 서로 교합하지 않으니 서로 이루지 아니하는 것을 쓰임으로 하므로 미제이다. 불이 물위에 있으니, 있을 곳이 아니다. 군자는 처한 것이 부당한 상을 보고, 신중히 사물에 처하고 그 합당함을 분별하여, 각각 그 있을 곳에 있게 하니, 그 있을 곳에 멈추는 것을 말한 것이다(水火不交, 不相濟爲用, 故爲未濟. 火在水上, 非其處也. 君子觀其處不當之象, 以愼處於事物, 辨其所當, 各居其方, 謂止於其所也)"라고 하였다.

初六. 濡其尾, 吝.

처음 음효는 뒤를 적시니, 어렵다.

‘유濡’는 물에 젖다는 뜻이다. ‘인吝’은 어렵다는 뜻의 난難이다.

象曰 ‘濡其尾’, 亦不知極也.
‘뒤를 적신다’는 것은 또한 뒤를 모른다는 것이다.

‘부지극不知極’에 대해, 왕필은 ‘부지기극자不知紀極者’라고 하였는데, 공영달은 “그칠 줄 모르는 것을 말한 것(言无休已也)”이라고 해석하였다. 정이는 “재주와 힘을 헤아리지 못하고 나아가다가, 뒤를 적시는 데 이르렀으니, 이것은 알지 못하는 것의 극치이다(不度其才力而進, 至於濡尾, 是不知之極也)”고 하였다. 래지덕과 유백민이 이와 같이 해석하였다. 주희는 “‘극’자는 자세히 알지 못한다. 위아래는 또한 운이 맞지 않는다. 혹 ‘경’자가 아닌가 한다. 지금 또 해석을 비워둔다(極字未詳, 考上下韻亦不叶. 或恐是敬字. 今且闕之)”라고 하였다. 굴만리는 ‘종’은 끝(終極)이라 하고, ‘부지극’은 「단」의 ‘불속종不續終’과 같다고 하였다. 고형은 “‘극極’은 당연히 경徼으로 해야 한다. 글자 모양이 비슷하여 잘못되었다. ‘경徼’과 아래 문장의 ‘정正’자는 함께 운이다. 『설문』에 ‘경은 경계하다는 뜻의 계(徼, 戒也)’라고 하였다. ‘경徼’과 ‘경警’은 같은 뜻이다. ‘역부지경야亦不知徼也’는 경계하는 것을 모른다는 말이다”라고 하였다. 진고응은 ‘극’을 시극時極, 시무時務로 읽고, “상황를 알지 못한다(不識時務)”고 해석하였다. 필자는 ‘극’을 미尾로 해석하였다. ‘미尾’는 신체의 끝이므로 ‘극’이라고 한 것이다. 「상」은 ‘극’을 가지고 효사의 ‘미’를 해석하였다. 즉 효사의 ‘유기미濡其尾’를, 뒤를 적시는 것은 뒤를 모르기 때문이라고 해석하였다. 즉 뒤를 조심할 줄 몰랐다는 말이다.

九二. 曳其輪, 貞吉.

둘째 양효는 수레바퀴를 끌고 가니, 바르게 하여 길하다.

'예曳'는 끌다는 뜻의 납拉이다. '윤輪'은 수레바퀴이다. '정貞'은 바르다
는 뜻의 정正이다.

象曰 '九二' '貞吉', 中以行正也.

'둘째 양효가 바르게 하여 길하다'는 것은 중도를 지니고 바름을 행하기 때
문이다.

'中以行正'은 以中行正이다. '중中'은 둘째 양효가 아랫괘의 가운데 자리에
있다는 것이며(효위), 중도를 행하는 상이다(효상). 「상」은 '정正'으로 효사
의 '정貞'을 해석하였다. 효사의 '정길貞吉'은 둘째 양효가 아랫괘의 가운데
자리에서 중도를 지니고 바름을 행하기 때문에 바르게 하여 길하다고 해석
하였다.

六三. 未濟, 征凶. 利涉大川.

셋째 음효는 건널 수 없으니 정벌하면 흉하다. 큰 내를 건너면 이롭다.

'제濟'는 건너다는 뜻의 도渡이다. '미제未濟'는 물을 건너려는데 건널 수
없는 것이다. '섭涉'은 건너다는 뜻의 도渡이다.

象曰'未濟征凶', 位不當也.
'건널 수 없으니 정벌하면 흉하다'는 것은 자리가 합당하지 않기 때문이다.

'위부당位不當'은 셋째 음효가 음이면서 양의 자리에 있다는 것이며(효위), 처한 자리가 합당하지 않는 상이다(효상). 「상」은 효사의 '미제정흉未濟貞凶'을, 건널 수 없으니 정벌하면 흉한 것은 셋째 음효가 음이면서 양의 자리에 있기 때문이라고 해석하였다.

九四. 貞吉, 悔亡. 震用伐鬼方, 三年, 有賞于大國.
넷째 양효는 바르게 하여 길하고 뉘우침이 없어진다. 진이 귀방을 정벌하는 데 삼 년이 걸렸다. 대국으로부터 상을 받는다.

'정貞'은 바르다는 뜻의 정正이다. '정길貞吉'은 행하는 일을 바르게 하여 길하다는 것이다. '진震'은 사람 이름이다. '귀방鬼方'은 나라 이름이다. '대국大國'은 은을 가리킨다.

象曰'貞吉悔亡', 志行也.
'바르게 하여 길하고 뉘우침이 없어진다'는 것은 뜻이 실행된다는 것이다.

'지志'는 곧 진이 귀방을 정벌하려는 뜻이다. '행行'은 목적이 달성된다는 것, 즉 진이 귀방을 정벌하려는 뜻이 실행된다는 것이다. 「상」은 효사의 '정길회망貞吉悔亡'을, 바르게 하여 길하고 뉘우침이 없어지는 것은 진이 귀방을 정벌하려는 뜻이 이루어지는 것이라고 해석하였다.

六五. 貞吉, 无悔. 君子之光, 有孚, 吉.

다섯째 음효는 바르게 하여 길하고 뉘우침이 없다. 군자의 빛남은 믿음이 있는 것이니, 길하다.

'정貞'은 바르다는 뜻의 정正이다. '군자'는 도덕 수양의 경지가 높은 사람이다. '광光'은 「상」에서 '빛남(暉)'으로 해석하였다. '부孚'는 믿음이라는 뜻의 신신이다.

象曰 '君子之光', 其暉吉也.

'군자가 빛난다'는 것은 그 빛남이 길하다는 것이다.

'휘暉'는 『석문』에 "글자는 또 휘輝로 하였다(字又作輝)"고 하였다. '휘暉'는 휘輝, 휘煇와 같으며, 빛난다는 뜻이다. 「상」은 '휘暉'를 가지고 효사의 '광光'을 해석하였다. 효사의 '군자지광君子之光'은 군자가 빛난다는 것은 믿음이 있는 것이니, 그 빛남이 길하다고 해석하였다.

上九. 有孚于飮酒, 无咎. 濡其首, 有孚失是.

꼭대기 양효는 술을 마시는데 믿음이 있으니 허물이 없다. 머리를 적시니 믿음은 있으나 바름을 잃었다.

'부孚'는 믿음이라는 뜻의 신신이다. '시是'는 바르다는 뜻의 정正이다(우번).

象曰 '飮酒濡首', 亦不知節也.

'술을 마셔 머리를 적신다'는 것은 또한 절제를 모른다는 것이다.

'절節'에 대해, 우번은 '지止'라 하였고, 공영달은 '지절止節'이라고 하였는데, 모두 절제의 뜻이다. 「상」은 효사의 '음주유수飮酒濡首'를, 술을 마셔 머리를 적시는 것은 또한 자신을 절제할 줄 모르는 것이라고 해석하였다.

내 눈으로 읽는 주역(역전편 상)

초판 1쇄 인쇄일 ǀ 2011년 6월 10일
초판 1쇄 발행일 ǀ 2011년 6월 15일

발행처 지호출판사
발행인 장인용
출판등록 1995년 1월 4일
등록번호 제10-1087호
주소 경기도 고양시 일산동구 호수로 662 삼성라끄빌 1319호
전화 031-903-9350
팩시밀리 031-903-9969
이메일 chihobook@naver.com

ISBN 978-89-5909-058-7
ISBN 978-89-5909-057-0(세트)